JING SHI WEI XUE LUN

经世为学论

——构建现代士人的知识体系

蒋凡 著

中国文史出版社
CHINA CULTURAL AND HISTORICAL PRESS

图书在版编目（CIP）数据

经世为学论：构建现代士人的知识体系 / 蒋凡著 .
北京：中国文史出版社，2024. 9(2025. 4重印). -- ISBN
978-7-5205-4777-2
Ⅰ. B82
中国国家版本馆 CIP 数据核字第 2024Y2P513 号

责任编辑：薛媛媛

出版发行：中国文史出版社
社　　址：北京市海淀区西八里庄路 69 号院　邮编：100142
电　　话：010-81136606　81136602　81136603（发行部）
传　　真：010-81136655
印　　装：嘉业印刷（天津）有限公司
经　　销：全国新华书店
开　　本：720×1020　1/16
印　　张：50.75　字数：667 千字
版　　次：2024年 9 月第 1 版
印　　次：2025年 4 月第 2 次印刷
定　　价：86.00 元

现代儒门经世之学的方法与道路

唐文明

2022年8月，我收到一封陌生人的来信，是通过清华大学哲学系的秘书工作邮箱转发给我的。写信者就是蒋凡，自述其在京东工作，希望我对其书稿《经世为学论》提出意见。作为一个以哲学为志业而活动多限于书斋的人，我首先为该书稿的系统性所吸引。该书稿以《大学》的三纲领、八条目为线索，从经世为学的立场逐步展开作者所认为的一个现代儒者所应具备的关于现代世界的知识体系。很显然作者的视野非常宏大，且具有强烈的现实关切，而写法既有百科全书式的考虑，又能够将之有机地整合在一个系统之内。

细读之下，我更为蒋凡的敏锐所吸引。可以说，《经世为学论》扣到了现代以来儒学所面临的一个重要挑战：身、家、国、天下仍在，但已发生了巨大变化；儒者若要在现代世界继续实现修、齐、治、平的理想，首先需要重新认识新的身、家、国、天下。蒋凡的工作，就是在重申儒学经典中关于身、家、国、天下的理想的同时将关于现代世界的新知识补充进来，以期回应这个挑战。也正是因为这个重要的现实关切，蒋凡在该书中最重视的是现代儒门经世之学的方法与道路，或如他在绪论中所显示的，在阐述儒学本有原理的基础上补充具体实行的方法，乃是他这本书的主要内容。如果说现代性对儒学的挑战是导致儒学在现代社会难免于“体用两橛”的地步，那么，试图通过“承体接用”之法，使儒学在现代社会再次成为有体有用之学，正是蒋凡这本书的主要目的。

在此我想简要地讲两点，供蒋凡在做进一步思考时参考。首先，《经世为学论》一书的思路，在儒学史上其来有自。在漫长的演变过程中，儒学在历史上已呈现出多种面向，而空疏之弊的批评，往往针对宋明理学。于是，在儒门内部伴随着宋代儒学出现了一个重视“实学”的传统。但“实学”这一概念，在儒门内亦有歧义：或为了将儒学区别于佛、老玄虚之学而称儒学为实学，如程、朱之流裔；或为了强调功利的重要性、批评宋明理学流入玄虚而主张实学，如清人颜元等。如果关联于与基督教文明相遇的现代，那么，思考实学主张的一个合适的起点应当是曾国藩。曾国藩曾将儒学划分为辞章之学、考据之学、义理之学与经济之学，正是因为他在他所处的时代里意识到了儒学内部的分裂及所面临的挑战。到曾国藩的时代，儒学内部的辞章之学、考据之学与义理之学不能相合的问题已很突出。且不论此，曾国藩所感受到的最大挑战即是儒学正在失去其经世济用的教化功能，所以他特别提出“经济之学”的概念来应对。而其后的儒学，有新意的都试图在这个问题上做文章。即使是辛亥以后形成的“大学儒学”，其实也汲汲于经世致用，虽然思考的方式与方向已然发生了更大的改变。在现代以来的研究中，“实学”也往往被称为经世儒学，而这显然也适合用来概括蒋凡此书中的思想进路。必须强调指出的是，这一思想进路是立足于儒学的义理而言经世，并非脱离儒学的义理而言经世，所以我说这是现代儒门的经世之学。

其次，我想就儒学的义理与科学知识之间可能存在的冲突问题做一说明。蒋凡此书非常重视知识体系的建构，按他自己的说法，格物的精神贯穿全书始终。于是，问题就是，如果说儒学的义理也构成一种类型的知识，而经世的需要又要求我们掌握另一种类型的知识——科学知识——的话，那么，这两种知识之间就可能存在冲突。解决这两种知识的可能冲突的一个方便的做法是区分两种知识的不同层次。在此我直接引入现代儒学应对科学的一个基本方案来呈现这一做法。至晚到贺麟，现代儒门学者已然接受了康德关于两个世界的区分，即本体界与现象界的区分。而牟宗三建构两层存有论，也是借助康德的哲学架构从儒学义理出发而接纳科学，正如我在《隐秘的颠覆》一书中已经分析过的。

依康德，两个世界的区分意味着两种认知对象的区分，即感知对象与理知对象的区分；而科学知识是关于感知对象的知识，哲学知识则是关于理知对象的知识。在这一系列的区分之下，哲学知识与科学知识属于不同层次的知识，而只要明了了这一点，二者就不会发生冲突。我们知道，康德重建形而上学的一个重要意图就是为牛顿物理学之后的科学知识划定界限，从而也为形而上学保留地盘，其实亦是调停哲学与科学之间的可能冲突。这一点最明显地表现在他对四个二律背反的解决方法上。如果我们将儒学的义理作为哲学知识来看待，那么，儒学的义理与现代科学知识就不会冲突，因为二者是不同层次上的知识。以《周易》“穷理尽性以至于命”的说法而言，我们可以将科学知识看作是物理与事理之知——物理之知对应自然科学，事理之知对应人文社会科学，而将儒学的义理所提供的哲学知识看作是物性与天命之知，即我们现在惯常使用的形而上学。科学知识意在掌握这个世界的实际运行过程，故言“格物穷理”；而哲学知识意在领会这个世界的本质存在，故言“知性知天”。或者用《论语》中的话说，科学知识是关于物与事理的知识，是关于现象的科学；而哲学知识是关于性与天道的知识，是关于本质的科学。

此处所讲的现代儒学接纳科学的方法，只是儒学面对现代社会的权宜之计。至于更进一步的思考，就可能涉及对现代性的全盘反思了。面对现代科学技术日新月异的发展，人类将何去何从？直面日渐被技术所宰制的人类生活，包括儒学在内的各种哲学传统，还能给我们提供什么样的批判性思考？蒋凡此书并未探讨此类问题，所以我也未提及。然而，这显然已经是摆在我们面前的重大时代问题了。

蒋凡大作即将出版，嘱我作序，我为其儒学经世之主张略作一脉络性疏通，以为推荐，并在最后提一问题，以期激发。

唐文明

于海淀学清苑止而巽斋

孔元 2575 年国庆日

绪　论

《礼记·大学》里提到：“大学之道，在明明德，在亲民，在止于至善。”这是《大学》里最重要的三纲，是儒学经世致用理念的精髓所在。三纲对应八目，是“格物、致知、诚意、正心、修身、齐家、治国、平天下”，展示了儒学指导人生道路上治学修为、超凡入圣的递进阶梯。纵览四书五经，遍阅传注笺释，几千年来人们都是在围绕着这“三纲八目”展开论述。

三纲之中，“明明德”是要内化知识，修炼意、心、身的状态，对应着“格物、致知、诚意、正心、修身”；“亲民”是要将修为在外界实际生活中得以应用，对应着“齐家、治国”；“止于至善”是要保持并扩散这种状态，对应着“平天下”。

《大学》教导我们首先要“明明德”，提高个人学识修养，弘扬光明正大的品德。

《论语·雍也》里记载：“子曰：君子博学于文，约之以礼，亦可以弗畔矣夫！”这里的意思是，君子之学要具备广博的文化知识，同时又能恪守礼法，将外在的知识内化成自身的道德修养，就不至于离经叛道，可以在正确的道路上前进了。所以，“明明德”的过程需要经历“博文约礼”的步骤。

《礼记·中庸》里也记载了为学要经历的几个阶段：“博学之，审问之，慎思之，明辨之，笃行之。”这其实是对“博文约礼”做了五个阶段更为细致的拆分。

清代学者恽敬在《读〈孟子〉二》中也曾提到：“孔子之教，曰博文、曰约礼，曰博学之、审问之、慎思之、明辨之、笃行之。”这就明确将“博文约礼”和“博学、审问、慎思、明辨、笃行”之间做了对应。其中，“博学之，审问之”指的是广泛学习、不断求索时应有的学问态度，可看作对应着“博学于文”的阶段；“慎思之，明辨之，笃行之”指的则是内审反思、作用于身时采取的修为做法，可看作对应着“约之以礼”的阶段。

再将“明明德”的五目和这五个阶段对应起来，前两目“格物”和“致知”很容易理解为属于“博学于文”的必经途径。《易经·说卦》曰：“穷理、尽性，以至于命。”意思是说：穷究天下万物的根本原理，彻底明了人类的心体自性，才可以达到改变人类命运的崇高目标。所以有“穷理格物”和“尽性致知”。

而后两目“正心”和“修身”则可以归入“约之以礼”。清楚辨别才能端正心态，切实力行才能修炼作为，这些都是在约束自己的行为。所以有“明辨正心”和“笃行修身”。

只有中间一目“诚意”最为关键，最是微妙。

“诚意”是内修过程中，从学习外界知识转化到探索内在意识的关键环节。究竟该如何把握，千百年来一直是一个最大的问题。朱熹在此之外又提出一个“敬”，主张通过“持敬”的内在道德修养，摒弃过分的欲望诉求，达到“天理”澄明。王阳明则认为朱熹为了完成从物到心的转化，妄自揣度圣意，实属自添概念。他于是径自跳过“格物致知”，训“格物”就是“正心”，解“致知”就是“致良知”，直接进入修为的精神境界。

为了彻底解决这个问题，需要从人类外在表情达意和内在心理活动的分界面入手，也就是语言和思维。前者可依《周易·乾卦·文言》的“修辞立其诚，所以居业也”，要形成良好的言辞才能建立品行，所以有“修辞立诚”，可以归为“博学于文”；后者是要经过慎重地思考才能运用意识，所以有“慎思用意”，可以归为“约之以礼”。于是，“博文”和“约礼”这两个阶段也就通过在语言和思维之处进行修为的“诚意”而有机地衔接在了一起。

由于“礼”在古文语境中多会被理解成礼法、礼仪，后世对此又做了进一步的解释。程颐和朱熹都提到过“礼即理”。王阳明的弟子徐爱在《传习录·徐爱录》中也问过：“先生以博文为约礼功夫，深思之未能得，略请开示。”王阳明回答道：“‘礼’字即是‘理’字。……‘约礼’只是要此心纯是一个天理。”所以，我们今天可以理解成，修“意、心、身”也都是在“约之以理”。

《大学》教导我们其次要“亲民”，要让身边的人友爱和睦，都愿意亲近自己。

“亲民”的含义在学术史上也存在争论。一派是程颐和朱熹改订的新本，主张改作“新民”，重在对民施行革新，使民新；一派是王阳明维护的古本，主张“亲民”，重在发扬良好品德，让民亲。本书赞同王阳明的说法，认为“亲民”顺接“明明德”而来，其目的在于进一步将美好的品德让周边的民众知晓，验证“明”后的效果，通过身边人都友爱和睦，愿意和自己亲近来完成“明德”的扩散。这个阶段要在日常生活中践行自己的修为，并且能在一定范围内得到民众认可和事功验证，这就对应着八目中的“齐家”和“治国”。

不过，古代的“家”不同于现代意义上的“家庭”，齐家不是只要求处理好自己与父母和子女的关系。春秋战国时期的“家”是指士大夫经由天子或诸侯分封，得以在一块封地上建立有血缘、军事和经济关系的政治集团。如果要治理好这么大规模的社会群体，就必须以史为鉴，理解大大小小社会群体治乱兴衰背后的规律，才能在自己所统领的群体内做到上下一心，政通人和。所以有“鉴史齐家”。

在古代比“家”更大范围的团体是封国，对应着现代的国家。在这个阶段就需要了解整个国家在经济、政治、学术、思想和谋略五个层面上的历史和现状，并能做出清晰的判断和预测。所以有“经略治国”。

《大学》教导我们要一直保持这种“至善”的状态，并将其扩散到更远的范围。

这对应着接下来的最后一目“平天下”，是儒学经世致用目标的最高层次。通常人们会把“平天下”理解为“平定天下”。在古代，平定可以是通过武力统一中原、羁縻边疆、朝贡番邦，也可以是安抚天下苍生，使得人人丰衣足食、安居乐业。但在今天，天下的含义发生了很大变化，整个地球是由许多民族、国家、宗教和文化组合在一起、共存共生的世界。《说文解字》也将“平”解释为“亏八”，亏为亏损、消除，八就是分别。因此“平天下”就是要做到天人合一，消除一切不平等，达到天下大同的理想。

天下大同究竟是怎样的一个世界，这又得从孔子的理想说起。孔子在春秋时期对大同世界的期望是一种“礼乐”文明，主张用“礼”和“乐”作为教化万民、建立秩序的基本途径。《礼记·乐记》里记载：“乐也者，情之不可变者也；礼也者，理之不可易者也。乐统同，礼辨异，礼乐之说，管乎人情矣。”《礼记正义》里注解道：“乐主相亲，统同即合同；礼别贵贱，辨异即别异。”这里说的是要通过音乐让人们消融情感上的界限，通过礼制让人们知道身份上的差序，从而达到调和人类社会关系的作用。

当今世界自然不可能再用韶乐和周礼来达到天下大同的境界，但“合同别异”的思想仍然是实现整个人类命运共同体的重要工具。因此，通过“平天下”来复兴“礼乐”文明的目标可以拆分成两个阶段实现：

首先是“别异复礼”，就是要充分辨别当今世界存在各种差异的历史渊源，了解人类发展过程中为什么会出现民族、国家、宗教、种族、性别和阶级上的各种不平等现象，以及这些不平等给人类带来的巨大痛苦，从而为未来恢复合理的世界秩序找到答案。

其次是“合同兴乐”，就是要竭力找出人类社会复杂表象下的共通规律，调动人类文明在科学、经济、政治、社会、价值及文化层面上能发挥的所有积极因素，找到全人类未来发展都必须遵循的最大公约数，从而为建设人类命运共同体提供源源不断的底层动力。

这样，儒学的“三纲八目”在新的历史条件下就被拆分成了“十条”，即：穷理格物、尽性致知、修辞立诚、慎思用意、明辨正心、笃行修身、鉴史齐家、经略治国、别异复礼、合同兴乐。每一条也都在原有本体的基础上补充了方法，即所谓格物是穷理的本体，穷理是格物的功夫，诸如此类。

唯有格物的精神需要贯穿始终，因为每一条的内容都不过是在不同的层次上去格不同的物。本书的宗旨就是为人们提供这每一条的格物方法：阅读与实践。去读这个领域最严谨的书，获得这个领域最先进的思想，加深自己对这个领域的理解，指导自己在这个层次的实践，循序渐进、触类旁通，最终达到经世致用的“至善”境界，可谓是在现代社会的中国人继续成为“士人”的必经之路。

目 录

第一篇　博学于文

“博学于文”在字面上的意思是要广泛学习文化典籍。在古代，人们所能接触到的文献材料主要指的就是四书五经了，古人们就只能在这些资料上想尽办法去格物致知。

随着人类认识世界能力的提升和范围的扩大，“文”的内涵更加广“博”，远远不限于儒家经典文献了。其中，“穷理格物”对应的物理学和天文学，“尽性致知”对应的生物学、心理学和智能科学，“修辞立诚”对应的文学和语言学，已经拓展出一片极为广袤的学习天地。

有志博学于文的人，再也不用困惑于还要对着竹子去格物，只能静坐冥想去致知，找不到从外部物质探索到内在心灵修养的转化路径，而是可以踏在现代学术坚实的道路上，广泛吸取各门现代学科的精华，循序渐进地实现圣人指明的要求。

相较之下，古代的学子们由于对博学于文的片面理解，或是埋首于故纸堆做寻章摘句的功夫，或是堆砌着新辞藻吟风花雪月的故事，不经意间错失了发展出现代思想中最重要的科学与民主精神的机会。近代以来，文化改革先锋们意识到了这个问题，急呼“赛先生”和“德先生”，就是想补上这课。只是当时急于破除“旧文化”，非要以树立“新文化”的形式，于是在“修辞立诚”这一条上下了太重的功夫，选择了文学开刀，进而动摇起随后“明辨正心”一条所依赖的小学的学术基础。结果儒学文化中最精髓、最该强调的“格物致知”部分反而没能借此机会得以充实。

今天的学者不再有亡国灭种的急迫压力，再加上积累丰厚的学术资源，因而可以充分遵从“博学于文”的治学规律，循序渐进：

做好“穷理格物”这一条，才能培养起深厚的科学土壤，他日方可培育出参天大树；

做好“尽性致知”这一条，才能觉悟到人类认知的机理，从而设计更好的决策机制；

做好“修辞立诚”这一条，才能注重在言辞间修养品德，由博文外察而至约理内省。

第 1 章　穷理格物

格物是大学之道的首要环节,前人的讨论主要围绕在“什么是物”和“如何格”这两个问题上。

朱熹的解释是：“物”是外在于人心的客观存在，“天理”体现在其中，但由于“理一分殊”而表现为各种形态,因而需要用“心”一步步地去“格”、去“即物”，也就是要在各种生活事务中接触、探求“天理”的存在。

王阳明的解释是：“物”可以从内在的人心之中发现，根本不需要向外部去探究什么“天理”，而应该是“心即理”，只要“默坐澄心”就可以“体认天理”了，因而“格物”就是“正心”，进而“致知”就是要“致良知”。这就跳过了“格物致知”阶段，直接到“诚意正心”了。

应该说，朱熹对格物的理解在方向上是正确的，要格的物也包括了世间万物，只是格的方法不应只限于注解儒家经典文献，探究出的理也不只是儒家伦理。王阳明也看出了这些问题，但觉得朱熹的学说太过于支离烦琐，于是径直连这套方法都不要了，直接省去格世间万物的过程，这就误入歧途了。

今天人们知道，只是端坐在竹子前观看冥想是格不出竹子的理的，但这不代表没有别的方法可以对竹子格物。在现代科学技术的帮助下，人们可以用仪器观察竹子体内的生物结构，可以用实验分析竹子材料的化学成分，可以用器械测量竹子在各种条件下的物理指标。穷理格物这个阶段不但不能省略掉，而且还是人们开始了解真实世界的必要基础。

但由于古代的中国学者们在经世为学的道路上还没有来得及讨论清楚格物这一目的的真实含义和实践方法，儒者们疏于格物，只是错误地在“心”

上寻找解决方法。结果到了近代，中国在科学技术水平上被西方文明赶超，在政治和军事上成为西方列强们瓜分欺辱的对象。意料之外的如此落后挨打的局面于是让人们对整个中华文化的底层价值产生了怀疑，但只要弄清楚真正的原因，人们就会知道这其实大可不必，而且有法可医。

因此，今天我们重新强调经世致用之学，首先需要补上的就是穷理格物这一目。本章想要介绍的，就是现代以来人类不断穷究物质世界所获得的真理。相比宋明时代的先人，我们已经有了充分优越的条件可以知晓物理世界从宏观到微观层面上的诸多真相：

从 20 世纪初的两朵乌云开始，心存疑虑的物理学家们在看似坚固的经典物理大厦上发现越来越多无法自洽的现象。二三十年代量子力学和相对论理论的突飞猛进让人们恍然大悟，开拓出全新的时空观念，在物质世界的微观和宏观层面上分别建立起两套奇妙的解释理论。战后，更多的物理学家不断试图弥合这两个世界的裂缝，于是涌现出各种让世人看起来异想天开，但又有着坚实物理学基础的创新理论。

新理论在验证过程中又推进了人们对现实世界的认识，不断有新的微观粒子行为被检测到，有新的天体现象被观察到，有遥远时空发生的事件被探测到，经典物理学中的时间、空间、力、物质、光速等概念在现代物理学里有了全新的意义。物质世界的规律从来没有这么清晰完整地被呈现在世人面前，穷理格物的努力终于得到了巨大的回报。我们今天再重新倡导儒家思想中的格物理念，也完全不可能绕过这些人类经过几百年探索而得到的智慧结晶。

生活在落后物质环境下的先人们无法想象传统自然观念与现代科技文明在人类智慧发展等级阶梯上的差距。儒家最为倡导的格物有了这么高的起点，我们也没有理由不比先人们抵达更高远的境界。也许等到人类发展到星际文明阶段，还会对物质世界有更加深刻的理解。那时的人们恐怕还会再发展出一套更为崭新的、从格物做起的修为理念。

1.1 现代物理学与格物致知

直到几百年前，中国的古代圣贤还在试图通过陈旧的方法去格物致知，结果只能是缘木求鱼，落后的技术手段和数学工具让他们只能在低水平上重复做无用功。但自从20世纪以来，随着现代物理学的不断进展，人们沿着还原论的方法对客观世界的认识越来越深入与精细。人类有文字记载以来已经根深蒂固的心智认知不断被打破，人作为万物之长的地位逐渐从宇宙的中心被边缘化到一个小小的蓝色星球上，近代以来经深化后形成的空间、时间、质量、能量这些人们再熟悉不过的概念发生动摇，甚至连像多重宇宙的产生和消亡似乎都已经成了完全随机而且正在不断发生的小概率事件，量子领域发生的那些匪夷所思的奇特现象则更是让经过亿万年演化出来的高等智力发展到对自身的物质存在性都产生了深刻的怀疑。

今天的现代人，尤其是有志于经世为学者，完全有条件、有必要去了解这一百多年来人类在“格物”方面的丰硕成果，沿着这些蔚为壮观的物理学大道“求是”，探求客观世界小心翼翼隐藏起来的最终奥秘与规律。意大利理论物理学家卡洛·罗韦利总结过20世纪以来物理学在七大领域的发现和最新进展，分别是广义相对论、量子力学、宇宙学、标准粒子模型、圈量子理论、热力学和科学哲学，用诗意的话语和形象的故事向人们解释现代物理学进展和人们日常生活之间的关系，引发所有对无限星空还有着好奇心的孩子们对格物的向往①。

了解这些进展是非常必要的，哪怕只是一知半解，但只要是在逐渐接近真理，就比茫然无知，仍然还在殿堂之外徘徊游荡要好上许多倍。只是这座

① [意]卡洛·罗韦利：《七堂极简物理课》，文铮、陶慧慧译，湖南科学技术出版社，2016。

知识殿堂实在是富丽堂皇、博大精深，每一个导游每一次进入都会有不同的游览路线，不可能说清楚每一座亭台轩榭；也没有一本书能适应所有层次的人，让他们都满意合卷。了解它们的本质是非常困难的，不可能只靠几本科普书就能理解这些看似简单的理论背后深邃的含义。唯一的办法只能是不断地格物——反复阅读，不断扩大知识面，提高认知能力，期待通过人脑潜意识的逐渐深入加工，通过勤奋思索后的突然触类旁通，才有可能摆脱作为人类所固有的时空和物质观念，进入自由的认知世界。

从本质上讲，物理学是研究组成万物最基本的物质、能量、时间和空间，以及它们相互作用和运动规律的自然科学，揭示的是所有物理现象背后最本质的规律。它要穷的“理”，包括黑洞的本质和演化过程、广义相对论对引力理论的意义、暗物质暗能量的本质、标准粒子模型的完备性、宇宙的起源和演化、量子力学与相对论的对立统一、时间与空间的存在方式，以及大一统理论的各种尝试等等。它要格的“物”，小到最精密对撞仪器都探测不到的基本组分夸克，大到最大型天文望远镜都捕捉不到的星云，乃至浩瀚无边的整个宇宙。理论物理的世界分布在凝聚态物理、粒子物理、广义相对论和宇宙论、非线性物理多个领域，延展到生物体系、社会复杂系统、能源利用等方面的诸多应用话题①。

现代物理学为“格物”开辟的空间虽然广袤无垠，但人们还需要知其来龙去脉，只有身临其境、深入到知识被发掘出的历史现场才能理解那些物理学概念的深意与价值。曾经为剑桥大学物理学系本科生授课的天体物理学家马尔科姆·朗盖尔教授在教学过程中就真切地感受到，“学生在学习大学本科物理学课程时，如果不理解其内涵、处理方法以及专业物理学家研究工具

① 中国科学院理论物理研究所：《从夸克到宇宙：理论物理的世界》，科学出版社，2018。

的具体技术，就领会不到人类的智慧激情与物理学之美"[①]。攀登物理学山峰的过程必然是充满艰辛的，朗盖尔教授在山下想尽办法鼓起这些物理学本科生的勇气，引发他们终生投身于这项艰苦事业的兴趣和动力。他认为，应该"从物理学如何产生以及物理学家和理论物理学家在实际中如何工作的角度，阐述和补充相关教学内容"。通过了解过去几十年间闪耀着无数科学家们智慧结晶光芒的探索过程，以及登上科学巅峰时刻的欢喜激动，才"能使学生像专业物理学家那样了解和热爱物理学，或者哪怕只是使学生提高了一点对物理学的欣赏能力"，也就达到了"授之以鱼，不如授之以渔"的目标。

这些物理学中的理论概念更像是对现实世界的一种高度抽象和解释，以其无比的简洁与美不断给予人们启迪。美籍犹太裔物理学家，1965 年诺贝尔物理学奖得主理查德·费曼在康奈尔大学讲学时就认为，像物理学这样和现实世界联系这么紧密的学科，人类数学起源中的巴比伦传统是相比古希腊传统能够更好地符合物理学对世界的理解模式[②]。在他看来，物理定律是用来描述现实世界的，物理学家的职责是要从众多数学理论中找出能更简洁、准确地描述这个世界的那套公式，优秀的物理学家则能进一步用具象的语言向公众描述这套公式的直观理解，比如引力定律的牛顿表达、场和势的作用方式。当然，还有费曼自己最拿手的路径积分方法。

物理定律中的守恒性、对称性、方向性和不确定性是最引起费曼感悟的四种特征，它们对人类思维方式的开拓都有着举足轻重的贡献。深刻理解现有物理定律中的这些特征，还将有助于进一步发现新的物理定律。然而费曼指出，引力定律、对称性原理、相对论、量子论等理论各自都是正确的，但把它们放在一起却会陷入无尽的矛盾之中。在回顾了寻找新定律的猜想过程

① [英] 马尔科姆·朗盖尔：《物理学中的理论概念》，向守平、郑久仁、朱栋培、袁业飞译，中国科学技术大学出版社，2017。

② [美] 理查德·费曼：《物理定律的本性》，关洪译，湖南科学技术出版社，2012。

后，费曼最担心的反而是人们遇到了最不希望出现的可能——新的定律似乎不再会被发现了。狡黠的现代物理学大师轻拍四下，将这个开放性问题留给了我们。有心人则仍然会继续理论物理学的征程，通过领悟人类所探索到的物质世界最核心的规律来理解这个世界。

1.2 相对论对现代思想的颠覆

如果历史的镜头能够回放，可以让人们观察那些最影响历史进程事件的画面，那么最引人注目的通过智力改变历史的事件，当数爱因斯坦从 1905 年到 1915 年连续发表的那些震惊世界的论文了。他以一己之力，汇聚当时众多智慧头脑的思想结晶，将整个物理学的面貌推进到之前完全无法想象的阶段。这些论文涵盖了爱因斯坦的物理思想从流体力学到电动力学，再到量子力学的概念转变。在建立起狭义相对论之后，他继续思考时空的本质，学习数学语言，奋力开创出广义相对论这一伟大理论，终于彻底改变了人类对自身所处物质世界的认知。

1905 年是整个人类的奇迹之年，爱因斯坦在这一年之内竟然接连发表了五篇经典性论文，分别是：测定分子大小的博士论文《分子大小的新测定》、论布朗运动的论文《热的分子动理论所要求的静止液体中悬浮小粒子的运动》、奠定狭义相对论的两篇论文《论动体的电动力学》和《物体的惯性同它所含的能量有关吗？》，以及关于量子假说的论文《关于光的产生和转化的一个试探性观点》。爱因斯坦凭借智力完成了一连串惊心动魄的突破，在对物理世界的观念上快步跨越了从经典的流体力学到新颖的电动力学，再到崭新的量子力学的概念转变，最终打破人们关于物质是以一种连续分布状态存在的假设。物理学家罗杰·彭罗斯为此称赞相对论作为物理学第一次革命的重大意义，认为它“推翻了我们的空间观和时间观，把两者结合为我们现在称为时空的东西，人们发现这种时空以一种微妙的方式弯曲着，从而引起人们早就熟悉的、无处不在而又神秘的引力现象”[①]。

爱因斯坦发现，微观世界的不连续性和概率分布的特性贯穿了人们在分子层面观察到的布朗运动和量子层面观察到的衍射现象，经典方法假设连续场和单个粒子彼此共存、相互作用的物理图景并不存在。于是他向新生的量子理论观点打开了一扇窗户，宣告粒子具有波的属性，而场也具有粒子的属性，粒子和波实际上原来是同一种东西。可惜的是，他随后又迅速关上了这扇窗。

另一方面，在洛伦兹和庞加莱思想的基础上，爱因斯坦带给人们关于空间和时间的全新图景，废除了绝对时间的概念，提出了著名的 $E=mc^2$ 公式，石破天惊地创立了狭义相对论，并为随后更加全面的广义相对论奠定了理论基础，扫清了思想障碍。原先为了从不同维度描述物质的物理变量被前所未有地统一到了一起，光速在所有惯性系中一致，时间和长度、质量和能量，都是可以转化的。

漫漫的相对论之路还在继续，爱因斯坦在随后的十年中独自迈上了这条孤独而又充实的道路。当时只有他身边很少的同事和好友在与他相互支持陪伴，很少有人了解这其中的曲折故事。直到 1919 年，爱丁顿勋爵带队完成的日食测量实验验证了爱因斯坦的广义相对论，他才一夜之间成了世人皆知的公众人物。

今天，人们从保存在希伯来大学爱因斯坦档案馆里的爱因斯坦当年手写的论文文稿中，才得以从第一手资料中了解到他不断发展智力，通向广义相对论的思想发展过程。以色列希伯来大学的哈诺赫·古特弗罗因德和德国马

---

① [美]约翰·施塔赫尔：《爱因斯坦奇迹年：改变物理学面貌的五篇论文》，许良英译，上海科技教育出版社，2020。

克斯·普朗克科学促进学会的于尔根·雷恩钻研过这份爱因斯坦于 1916 年正式提交的广义相对论论文的手稿摹本，可以帮助人们解开爱因斯坦从狭义相对论推导出广义相对论的思想过程[①]。

从狭义相对论讨论静止与匀速运动状态下光速不变性出发，爱因斯坦进一步将他的思想扩展到了加速运动与引力作用状态下，即光速不变性在所有惯性系中都成立，而经典物理假设的以太并不存在，相对性原理得以扩展到所有的物理现象。因此，惯性质量与引力质量相等不再只是实验测量值，而是在等效原理的假设下永远相等。

爱因斯坦为他的这个发现而欣喜不已，开始着手寻求合适的数学语言描述在任何坐标参考系变换下，都能计算任何形式运动规律的方程。为此，他得到了多名数学家的帮助，先是在保证质量能量守恒的前提下发展出一套纲领理论，而后又意识到必须保证场方程公式两边的广义协变性，随后经历了一段艰辛的思想探索后，终于产生了革命性的突破：引力场本身可以作为源，物质和场之间相互依赖，就好像演员和舞台必须总是同时出现、互相成就一样，世界上并没有独立的物质和场，因而所谓的质量能量守恒是包含了对引力场的计算在内才得以实现的。

在采用了新的思想和数学工具之后，爱因斯坦于 1915 年完成了他那篇震惊世界的论文。遗憾的是，在数学上更擅长的希尔伯特由于坚持要将电磁场与引力场整合在一起，虽然已经非常接近最终的广义相对论，但还是在这场确定引力场场方程的竞争中与正确结果失之交臂，落后了爱因斯坦半个身位。

爱因斯坦非常注重将他的学说在公众中普及。他在发展出广义相对论之

---

① ［以］哈诺赫·古特弗罗因德、［德］于尔根·雷恩：《相对论之路》，李新洲、翟向华译，湖南科学技术出版社，2019。

后，很快就于 1916 年动笔写出了科学普及著作《狭义与广义相对论浅说》[①②]，意在“尽可能使那些从一般科学和哲学的角度对相对论有兴趣，而又不熟悉理论物理的数学工具的读者，对相对论有一个正确的了解”。

在狭义相对论部分内容里，爱因斯坦首先从经典力学里常见的空间和时间概念、伽利略坐标系讲起，提出实际观测中发现的现象：任意两个惯性系（匀速直线无转动）测得的光速都一致，而经典力学假设的以太又被迈克尔逊 – 莫雷实验所否定。于是，要么放弃光速不变性，要么放弃绝对时空观。于是，爱因斯坦迈出了关键性的一步，放弃了牛顿力学里至关重要的绝对时空观，指出在惯性系中光速永远保持 30 万公里 / 秒，是惯性系本身的时空发生了变化，两个惯性系之间存在加入了光速常数的时空转换公式。

从此，时间和空间不再各自独立存在，而是有一个称之为时空的客观存在；同时性被打破，对于同一个时空事件，在不同的速度上观测到的现象可以各不相同。

在广义相对论部分内容里，爱因斯坦进一步将他的理论发展到在两个非惯性系里也存在与坐标无关的物理定律转化方式，并找到了人们最常见的匀加速运动和引力运动来考察他的理论，得出惯性质量与引力质量相等作为广义相对性公设的论据。根据这个事实，经典力学和狭义相对论必须引入外力才能运动的基础不复存在，是物质存在本身产生了引力，产生了惯性，具体来说：是质量、能量和相对论意义上的压强产生了引力。

因此，爱因斯坦广义相对论公式从直观上理解更像是一个物质的能量 – 动量（T_uv）分布与空间的弯曲状况（R_uv）关联关系的数学描述。现代

---

① ［美］爱因斯坦，《狭义与广义相对论浅说》，杨润殷译，北京大学出版社，2006。译者是天津师范大学外国语学院教授，语言流畅，通俗易懂，版本历史悠久。

② ［美］爱因斯坦，《狭义与广义相对论浅说》，张卜天译，商务印书馆，2013。译者是清华大学人文学院科学史系教授，专攻科学史翻译，近年学术成果丰硕。

物理学大师费曼曾在加州理工学院的课堂上用他风趣的语言和熟练的数学工具来描绘这些物理规律，手把手地在课堂上教大家推导这些公式[①]。在基于黎曼几何与张量分析等数学知识的场方程和运动方程预测下，广义相对论可以验证像引力红移、水星近日点进动和光线偏折这类的著名实验，还可以解释引力波、脉冲星和黑洞等天文现象，以及宇宙学理论和时空理论[②③]。这个理论带给现代人们的思想冲击是颠覆性的。也许正确的说法并不是大众通常所理解的物质导致了空间弯曲，或者说是时空弯曲产生了引力，而是惠勒的那句“能量物质告诉时空如何弯曲，时空弯曲告诉物质能量如何运动”更加贴切。

1.3 引力与时空带来的困扰

相对论的提出让人们开始重新思考宏观尺度上的时间与空间，重新思考找不到推动者但又无处不在的引力。除了将相对论应用于验证和解释已经发现的各种奇怪现象，比如引力红移、水星近日点进动和光线偏折，物理学家们更将视线投射到了浩瀚的宇宙深处，开始思考引力波、黑洞、时空弯曲这些由相对论预言的自然现象会怎样影响这个宇宙诞生、演变，甚至灭亡的过程。

现代物理学告诉我们，在宇宙中大天体之间起主要作用的是引力。引力是支配宇宙万物的神秘之力，人们对引力认识不断加深的过程，同样也是现

---

① [美] 理查德·费曼：《费曼讲物理：相对论》，周国荣译，湖南科学技术出版社，2012。

② 赵峥、刘文彪：《广义相对论基础》，清华大学出版社，2010。作者是北京师范大学物理系教授。

③ 陈斌：《广义相对论》，北京大学出版社，2018。作者是北京大学物理学院教授。

代物理学从狭义相对论、广义相对论，到黑洞、宇宙学，再到量子理论和超弦理论的发展过程①。引力确实有很多不可思议之处，它被牛顿定义为最重要的一种力，决定了从天体运行到苹果落地所有现象的最终解释。然而引力又是那么的弱小，小到要通过扭秤实验才能确认它的普遍存在。引力是一种超距的力，这意味着它无须接触即能作用，这大大超越了人们在日常中的观察。引力不分物体质量大小，从两个铁球同时落地的实验，到越来越精密仪器的测量，都在用小数点后更多的位数验证这个结论。引力在自由落体的电梯里会自然消失，这让爱因斯坦找到了广义相对论的思想源头。是谁设计了引力的大小，让它组装出来的宇宙恰到好处，竟然能孕育出复杂的生命现象？又是谁第一把推动了引力作用，让今天的世界可以继续运转下去？

带着这些疑问，人们可以跟随一百多年来物理学对引力认识的深化，重新温习一遍相对论、宇宙衍生、量子理论和超弦理论的发展过程，最终将认识到：引力其实不是力，至少不是像电磁力、强力和弱力那样的外力，而是时空这一客体本身在弯曲伸缩变化。在这个认知下，静止、运动、长度和速度都是一种幻想，是人的大脑忽略了诸多细节之后高度抽象出来、用以理解这个不断变化世界的概念。

引力更可怕之处在于由它推导出的极限状况：巨大的向心吸引力将衰老的恒星收缩成致密的天体，所有经过的物质都会被它吞噬，甚至连光也无法逃离，成为无法观察到的黑洞。这是理论物理预言先于天文观察的天体，而且竟然真的存在，如今人们已经发现了很多黑洞存在于宇宙各处，类星体便是位于星系中心的超巨大黑洞。

对黑洞的研究，虽然会不断挑战基础物理理论的很多假设，但其更重大

---

①［日］大栗博司：《引力是什么：支配宇宙万物的神秘之力》，逸宁译，人民邮电出版社，2015。作者是美国加州理工学院理论物理教授。

的意义却在于能够指引物理学家们接近爱因斯坦大一统理论的最终目标。不断地有物理学家加入黑洞研究的行列，爱因斯坦、米歇尔、史瓦西、钱德拉塞卡、爱丁顿、奥本海默、惠勒、霍金、索恩[①]……有人兴奋地寻找出旧大厦理论基础的漏洞，有人顽强地抵抗着这荒唐推论带给物理学体系的挑战。再声名显赫的权威也有可能在黑洞这条阴沟里翻船，反而是那些物理学界的小辈，才有可能不受传统理论的干扰，不惧越来越显得无意义的物质世界认知的挫败感，一点点地在推动理论物理和科学实验的进展。直到 2016 年，LIGO（激光干涉引力波天文台）向全世界宣布，人类首次直接探测到了引力波。这是两个黑洞在合并时发出的信号，这成为黑洞确实存在的证据，也给了爱因斯坦在广义相对论中所预言的引力波最完美的验证数据。

除了黑洞之外，爱因斯坦的幽灵还附着在时空之上。是他在广义相对论中将时间和空间统一在了一起，称之为“时空”。这是一种特殊的客体，并不是如我们想象般是一个四方四正的空盒子，随着时间线在不停移动。它在本质上是弯曲的，只不过很难为人们所发现。时空弯曲的极限结果，除了在宇宙深处的某个地方会让恒星在自身引力作用下发生坍缩，形成黑洞，远在天边；还会以普遍存在的时空弯曲曲率更加广泛而深入地影响我们的生活，近在眼前[②]。逐步得到更多认知的引力波，在未来将不再只是枯燥的物理学测试对象，而是人类在突破了可见光、电磁波的限制之后，更加深入认识宇宙的信息载体；《星际穿越》里描绘的虫洞情景，也不再是脑洞大开的奇思

---

① ［美］玛西亚·芭楚莎：《黑洞简史：从史瓦西奇点到引力波，霍金痴迷、爱因斯坦拒绝、牛顿错过的伟大发现》，杨泓、孙红贵译，湖南科学技术出版社，2016。作者是麻省理工学院教授。

② ［美］基普·索恩：《黑洞与时间弯曲：爱因斯坦的幽灵》，李泳译，湖南科学技术出版社，1999。作者是加州理工学院费曼物理学荣誉教授，电影《星际穿越》的科学顾问，LIGO 引力波探测项目的主要发起者，并因此获得了 2017 年诺贝尔物理学奖。

妙想，而是人类未来进入星际航行时代可以利用的交通工具。

改变时间是线性延展的原有观念后，人们可以进而设想时间可能不是头脑中通过感受虚构出的假象，它就是万物的绝对起源，是时间衍生出了空间和物质，物质在空间中运动反而才是一种假象[①]。宇宙的诞生与其说是一场大爆炸，不如说是一场大冷却。随着宇宙温度的不断下降，空间维度的联系不断丧失，直到今天稳定留存下来的三维空间。这种非常反直觉的思维方式可以重新解释光速、因果关系、宇宙膨胀等常见的物理学概念，而且进而向物理学的根基——数学发起了挑战。

从牛顿时代开始一脉相承、虽有颠覆但根基未动的数学公式推导物理定律的方法也会走到尽头。在模型越来越近似精细但描述宏观宇宙和微观世界的能力越来越被挑战的现代物理学框架之外，将原先人们固有概念中的一些常量（物质）看作变量，将一些变量（时间）看作常量，打破习惯性假设（将自身看作研究对象的外部观察者），也能重新得出许多脑洞大开的观念。

而根据宇宙膨胀学说与广义相对论，英国理论物理学家史蒂芬·霍金和罗杰·彭罗斯推演出，宇宙是在约 150 亿年前从一个奇点爆炸而来，也就是说他们还是认为宇宙在时间上存在开端[②]。只是随后人们还需要解释：这个爆炸事件是精心设计的吗？宇宙随后为什么会发展成现今这个样子，是在初始时就设定了必然会演化到今天的条件吗？还是作为无数偶然事件中的幸运儿，只是由于人择原理让我们提出这些问题？结果霍金后来又开始支持暴胀宇宙模型，借用量子力学中费曼的路径积分概念，提出宇宙演化的无边界假设，推翻了自己为宇宙确定起点的大爆炸理论。

---

① ［美］李·斯莫林：《时间重生：从物理学危机到宇宙的未来》，钟益鸣译，浙江人民出版社，2017。

② ［英］史蒂芬·霍金：《时间简史：从大爆炸到黑洞》，吴忠超、许明贤译，湖南科学技术出版社，1992。

现代物理学家们这样折腾,其实都还是在竭力抗拒不确定性原理的挑战,继续维持决定论的世界观,希望能找到一个理论,给出与观察一致的预言,并坚信它会一直正确下去。理论物理学所引发的思考发展到极限,在这里终于引发了哲学观念的根本对撞。

1.4 微观粒子研究打开的新世界

一边是理论推动观测,从提出相对论,到应用相对论发现宏观世界现象。爱因斯坦以一己之力打开相对论的大门,启发人们用新的时空观看待宇宙。从理论和公式推导出种种不可思议的现象,引发物理学家们去寻求之前想象不到、实验观察不到,但理论预言由于时空发生完全而必然存在的引力波与黑洞。

另一边则是观测推动理论,去深入探测原子内部结构,发现亚原子级别粒子[①]。众多物理学家不断地设计出各种奇妙的测试仪器和方法,不断去穷尽原子内部的奥秘,找到一批又一批更加微观的亚原子粒子。从电子、质子和中子开始,到光子、中微子和正电子,再到 μ 子、π 介子、W 粒子和 Z 粒子,最后是强子、夸克和胶子,物理学家们在这几十年里像掰开俄罗斯套娃一样,辛辛苦苦地发现成果,耐心地将它们一件件、一粒粒地摆在世人面前,并不辞辛劳地为它们找到各种分类模型和理论说明,最终构建出一套量子理论来描述这些微观世界中粒子的运动规律。

追寻这一路的发现历程,人们可以看到实验物理学家在测试技术上的突破在引领理论物理的发展。真空泵、能够观察到湿空气中凝结矿物油的云室、

① [美]斯蒂芬·温伯格:《亚原子粒子的发现》,杨建邺、肖明译,湖南科学技术出版社,2007。

能够发现放射性粒子的盖格计数器、高能粒子轰击、偏转磁场、宇宙射线胶板、大型强子对撞机，这些不断发展的测量技术改变了人们对微观世界的看法。从原来的无法感知，到运用高投入的实验装置，在设定的条件下逼迫自然界吐露出隐藏已久的实情，粒子物理学终于在短短的几十年里获得了丰硕的成果。

庞大的标准粒子家族在夸克的帮助下分别找到了对应的谱系，可以很成功地描述现在人们已知的基本粒子及其电磁相互作用、弱相互作用及强相互作用。这是一个非常成功的理论，但仍然存留很多问题无法得到解释。物理学家们在修补理论时，为了保证那最不可动摇的能量和动量的守恒定理，于是引入了神秘的“鬼魅粒子”——中微子。追寻它的猎手包括泡利、马约拉纳、费米、蓬泰科尔沃、居里夫妇。猎手们的工具遍及全球，“从安大略的镍矿到意大利中部穿山而过的悠长隧道，从新墨西哥州的核废料基地到中国的大亚湾，从深埋于地下的奥运会规格的水池到巨大的南极冰立方”[①]。它无影无踪、难以捕捉，但充斥于物理学论文的字里行间，扮演着终极解释者的角色。它可以被用以解释宇宙中的物质为什么远远多于反物质，对它的各种补充修改版本可以用来调试标准粒子模型里理论与实验结果不相符的现象。

不过，在研究中微子过程中一直困扰物理学家们的是，诸多亚原子粒子都可以在粒子物理标准模型里通过希格斯机制获得质量，也就是粒子的左旋和右旋的波函数通过“汤川耦合”在希格斯场里获得质量，但中微子只有左旋，物理学家们找不到右旋的中微子，汤川耦合没法实现，所以中微子的质量在粒子物理标准模型里面就只能是零。这时就得引入著名的“上帝粒

① [加]雷·贾亚瓦哈纳：《中微子猎手：如何追寻“鬼魅粒子”》，李学潜、沈彭年、丁亦兵译，上海科技教育出版社，2015。

子”——希格斯玻色子了[①]。

希格斯玻色子之所以被称为创造宇宙的上帝粒子，是因为它所对应的希格斯机制区分出了标准模型理论中的电磁力和弱核力，基本粒子在电磁力和强核力的作用下形成了夸克、原子核和原子，原子和原子再结合成分子；它构成的希格斯场让绝大多数基本粒子获得了质量，正是质量弯曲了时空，产生了引力。原子和分子在引力的作用下形成分子云，分子云再在引力坍缩下发生核聚变反应，产生了恒星和行星。这才有了今天我们赖以生存的世界。

实验物理学家们一直没有停下追赶的脚步，也回报了在时间前头耐心等待的理论物理学家们：

1987 年，日本东京大学物理学教授小柴昌俊领导的实验团队，利用在福冈建造的“神冈探测器”观测到了世界首例来自超新星的中微子，并从此创立了中微子天体物理学[②]。

2012 年 7 月 4 日，欧洲核子研究中心的大型强子对撞机终于发现了酷似希格斯玻色子的新粒子，宣告了这一理论的成功。

2013 年的诺贝尔物理学奖因此被授予 40 多年前预测希格斯子的英国物理学家希格斯和比利时物理学家恩格勒。

2015 年的诺贝尔物理学奖也被授予了物理学家梶田隆章和阿瑟·麦克唐纳。他们不负众望发现了中微子振荡现象，为中微子找到了存在质量的证据，填补了粒子物理大厦的最后一块空缺，从而为粒子物理学的标准模型画上了圆满的句号。

---

① [英] 吉姆·巴戈特：《希格斯：“上帝粒子”的发明与发现》，邢志忠译，上海科技教育出版社，2013。

② [日] 小柴昌俊：《幽灵粒子：透视未知的宇宙》，逸宁译，人民邮电出版社，2020。

1.5 量子力学改变物我关系

随着人们对亚原子世界的粒子越来越了解，在微观世界里积累越来越多的经验，许多奇怪的事情就发生了。微观世界的物理规律和我们平时在日常世界里观察到的现象是如此不同，甚至相悖，乃至打破人们对物质世界真实客观性的假设。这些问题也在困扰身处人类认知最前沿地带的物理学家们，但他们还是带着巨大的困惑，在几十年里披荆斩棘，费力地开拓出一条不那么确定、充满争吵，但却体现了人类最杰出智力成就的量子理论道路。如今，这套理论就摆在人们面前，等着大家去理解，去争论，去进一步探索。

从普朗克为了解决两套分别处理不同波长计算公式的冲突，引入当时不为人重视的量子概念开始，到爱因斯坦在解决光电效应中光子能级与频率关系时，推动了光量子概念的正式登场；从卢瑟福的太阳系原子核模型的各种困难问题出发，到波尔用普朗克量子概念创立氢原子理论加以解决；从海森堡的矩阵公式和薛定谔的波函数方程分别很好地描述了量子世界的运动规律起步，到波恩和狄拉克在此基础上进行概括，最终确定了量子理论的基础。

当时世界上最聪明的那群大脑沿着波粒二象性、运动随机性、测量不确定性和量子纠缠这些完全背离常规的线索，一步步提出解释，一层层发展出了诸如哥本哈根解释、隐变量、坍缩、多世界这些属于量子理论体系的模型①，也留下了像普朗克量子论、爱因斯坦光量子论、波尔氢原子理论、德布罗意波、海森堡矩阵力学、狄拉克量子泊松括号、薛定谔波动力学、波恩

① [英]约翰·波尔金霍恩：《量子理论》，张用友、何玉红译，译林出版社，2015。作者在1968至1979年曾任剑桥大学数学物理学教授。但他在47岁时退出物理学界，成为一名专职牧师，并担任剑桥三一教堂院长直到退休。从科学到神学的转变似乎是英国科学家的特色，科普作家则是他的第三个身份。

波函数统计解释、海森堡不确定性、泡利不相容原理、哥本哈根解释、EPR佯谬这些以物理学家姓名命名的基本概念。这些概念如同接力赛选手，环环相扣，逻辑紧密，完整地将近现代量子理论的发展历程串联起来①。

运用量子论思想还可以重新解释电动力学。原先传统力学能描述的现象，除了引力和放射性现象之外，如今在量子理论下也都能得到满意的解释。原来，人们通常在宏观世界里观察到的结果其实只是数学上的统计结果，但具体到每个光子却无法预言其将要发生什么，只能预言可能发生什么。

所幸有天才的费曼教授能运用讲故事式的语言风格和独有的费曼图小箭头，向人们解释在量子论观点下光在传播、反射、衍射、透射和折射过程中，物理世界里究竟发生了什么事情②：是波函数的振幅决定了未来发生什么的概率大小，多个事件的矢量箭头首尾相连就能合成最终的振幅大小。计算概率振幅，就是计算费曼箭头，它的平方代表事件发生的可能性。

矢量合成的思想告诉人们，光也并不是只走两点间最短路径直线传播的；相反，光的路径弥漫了所有可能的路径。只不过最终与合成向量方向不同的箭头的发生概率如此之小，效应如此之弱，宏观世界的人们无法观察到而已。

光甚至也不是一直在空间中行进，而是不断地和电子发生作用，接触到一个电子，然后又激发出新的光子，这样一路传播下去。光也不是仅以光速前进，c只是一个在数学意义上的均值，光快于或慢于c时，对应的是光波的振幅不等于零。在光波的长距离传播中，这些波动都被抵消了，在宏观尺度下可以不关心，但在量子尺度下必须考虑到。

虽然经过50多年的检验，量子电动力学计算和实验值差异的问题已经

① 黄永义：《量子力学基本概念的发展》，中国科学技术大学出版社，2018。

② [美]理查德·费曼：《QED：光和物质的奇妙理论》，张钟静译，湖南科学技术出版社，2012。

得到了完美的解决，实验和理论之间不再存在重大的分歧，但费曼从常识认知的角度让人们理解到的这些图景仍然是很有价值的。

对于这套全新奇妙的知识体系，著名的理论物理学家、科学史家、中山大学物理学教授关洪老师从教学实践出发，为了让普通人都能尽可能地接触到量子力学的基本理念，创立了自己的一套学习路径[①]。作为国内少有的既懂物理学最新进展，又对物理学史有深入研究的专家，他先是整理出有关量子力学的一些必要基本假设，然后在仔细分析量子力学建立初期所提出的一些原始观念之后，出人意料地向世人提出：

人们通常着重提到的波粒二象性和互补原理，并不是进入量子力学理论体系所必须要首先解释的概念。态叠加原理、波函数的统计诠释和不确定关系的物理内容及其本质意义，才是量子力学基本假设中所包含或可以由此导出的基本结论。由此入门，方能解惑。

跟循关洪老师的思路可以感受到，量子力学的思考方式和经典力学还真是完全相反，极具颠覆性：

（1）力学变量不再是被计算的对象，而是对应一个线性算符，也就是一套计算方法；

（2）宏观测量到的力学变量值，只是满足这个算符在矩阵计算过程中的一个特征值，这导致了物理量的离散性；

（3）所有物质以态函数 ψ 的形式存在，只在概率上表示某种分布，它的模平方表示发现粒子的概率；

（4）时间既不是物质，也不是任何力学变量，只是用来强迫态函数按照薛定谔方程演进，满足统计决定论的微分变数；

（5）没有了时间，没有了轨迹，微观粒子没有历史，不可识别，永远是

① 关洪：《量子力学的基本概念》，高等教育出版社，1990。

新的。

这些量子力学的基本假设，绕开了波粒二象性，不用再借助经典力学概念也能完全理解量子力学。这也更让人惊叹于爱因斯坦当年在想象力和直觉上的跨时代性，以一己之力完成了这空前绝后概念转变的最初一步。

量子力学确实违背了人们习以为常的很多经验，动摇了客观实在的基础。它的理论提出背后也必然有着深厚的哲学动力。历史上曾兴盛过一段时间的实证主义哲学，在量子力学体系形成的过程中就发挥过正面和负面的不同影响。由于量子力学的不确定性打破了客观因果律，德国哲学家汉斯·赖欣巴哈经过分析认为是态函数 ψ 的完备性导致了因果关系出现异常[①]。为此，他从哲学推理上突破真假二值逻辑的假设，引入了不确定真值，即三值逻辑，从而试图消除量子力学中的某些因果异常。

今天人们已经很难判断，是这些观念影响了物理学家们摆脱经典力学的思想束缚，开创出量子力学理论；还是哲学家们从当时新兴的物理学进展中得到灵感，并在哲学话语体系里进行总结概况。

但有一点可以确定的是，量子力学对人类思想认知的颠覆作用还远远没有发挥出来，人类自以为是的概念大厦只是被稍微撬动了一个小角。封闭在大厦顶端的人们并没有觉察到楼体微微的摇晃，还是继续在习惯的观念下行事。量子理论已经提出 100 多年，现代人有责任在理解这些理论背后的深刻含义之后，勇敢地改造自己的世界观，并形成一套新的行事哲学，或许真能如美籍英裔数学物理学家弗里曼·戴森所希望的那样，“总有一天，会把量子力学的基本概念教给中学生。学生学习量子力学一般分成三个阶段。第一个阶段主要学习计算的技巧；第二阶段则为其中的物理解释而烦恼；第三阶段是，经过了痛苦和困惑之后，终于放弃了运用经典概念理解量子图像的努

① [德] 汉斯·赖欣巴哈：《量子力学的哲学基础》，侯德彭译，商务印书馆，2015。

力，幡然大悟地说：‘我现在明白了，这里面没有什么要弄明白的’。”[①] 从此进入一个崭新的认知状态。

1.6 站在更高维度的统一场论

相对论与量子理论分别在宏观世界和微观世界都能有非常好的解释能力，可是如何将两者统一起来建立一套统一理论却成了大问题。物理学家们在随后的几十年里一开始是漠不关心，只专注完善各自的理论，只有爱因斯坦长期偏离主流物理学界在独自探索。可是两者之间的矛盾越来越大，问题越来越多，不由得人们不重视起来。宏观世界和微观世界，到底在不在同一个世界里？如果在，那为什么不能有一套统一解释这两个世界内现象规律的物理理论；如果不在，那它们又是在何处断裂开来的呢？

美国量子物理学家戴维·玻姆在 20 世纪 80 年代曾基于对量子理论的深刻理解而独立向前探寻过这个问题[②]。整体性和破碎性是他的独到发现，可以用来解释人们在真实世界中遇到的种种不明障碍。首先，世界的本源出自一个整体，这是能为大多人所认可的。戴维·玻姆随后在量子理论的基础上引入了“隐缠序”的概念，并把它作为推演真实世界为什么会在从“实在”到“思想”的转变过程中变得支离破碎的基本动力。

这是一种想将低维度观察到的破碎性在更高的维度重新统一起来的尝试。一切看似没有关联、呈现出不同貌态的事物，甚至如“思考”和“行动”这样在经典哲学里反复讨论的概念，都不过是更高维度某个本源同时在不同方向上的展开。因此，唯有获取一种整体性思维，才能真正把握这种事物发

① 关洪：《量子力学的基本概念》，高等教育出版社，1990。

② [美]戴维·玻姆：《整体性与隐缠序：卷展中的宇宙与意识》，洪定国、张桂权、查有梁译，上海科技教育出版社，2013。

展的真正规律，抛开原先因为思维局限必须固化下来的名词，用一种动态的观点看待各种因缘际会的现象。隐缠序似乎就可以理解为归隐在高维空间，但又能对各种展开形态产生缠绕关系的秩序。而意识与物质与时空一样，都是高维在低维的投影。“这样，我们的总进路便把关于宇宙、一般物质、生命以及意识的本性问题弄到一起来了。所有这些都被看成是一个共同基础的各种投影。”

戴维·玻姆的整体观念和隐缠关系超越了普通的四维时空，这种思想放在他的那个年代无疑是超前的，但已经被近年来量子理论的继续发展所验证，平行宇宙、11 维空间都可以看作在沿用相似的思路继续探索这个话题。只是他那枯燥晦涩的理论推演显得有些曲高和寡，只有对艰涩的量子理论有相当功力者在理解起这种自创的概念时才能运转自如。作为一家之言来说，如果不具有较为通俗的话语就很难流传开，而只能成为自说自话的封闭体系。其结果也是后来跟进者太稀少，并没有继续发展成为主流学说。

所幸沿着这条道路探索超时空理论的物理学家还有很多，他们前赴后继、孜孜以求，今天终于能为人们展现出一条通往“物理学圣杯”——统一场论的可能路径，让人们能更加生动地接近这一终极理论①。

首先是黎曼，他引进一组 10 个数来描述空间每一点的性质，将这组数排列成 4×4 的矩阵（矩阵的对角元素相等，因此有 6 个数是多余的），得到了黎曼度规张量。于是，四维空间的扭曲得到了描述形式。

接着是爱因斯坦，他发现空间中的能量和质量的总和能够决定时空的弯曲程度，得到了爱因斯坦场方程式，在黎曼几何的基础上建立了质能扭曲空间的转换方式。于是，引力不再存在，只要变换空间就能预测运动。

① [美]加来道雄：《超越时空：通过平行宇宙、时间卷曲和第十维度的科学之旅》，刘玉玺、曹志良译，上海科技教育出版社，2009。作者是美籍日裔物理学家，纽约市立大学城市学院理论物理学教授。

可是空间的几何形变却解释不了电磁力、强力和弱力的存在和作用。微观世界里的空间不是平滑的，无数的粒子像精力充沛的孩子一样在不停地上蹿下跳。广义相对论与量子理论无法统一，成为最困扰现代物理学的难题。

终于，物理学家们发展出来超弦理论，引入了弦和多维空间的概念，认为组成世界的基本元素并不是零维的粒子，而是一维的弦。是弦在空间中运动，各种不同的粒子只不过是弦的不同振动模式而已。弦也并不是在人们熟知的三维空间运动，而是在多达 11 维的空间中运动。宇宙是一个比我们想象的复杂得多的巨大实在，它有太多的观测角度留给我们，而人们只能筛选出其中的四维空间去生活和思考。超弦理论中既有人能观察到的、延展出的四个维度，也包含人无法探测、卷缩起来的七个维度。这些多余的维度紧紧地卷缩在微小的空间里，无处不在，但又不可触摸。

这样，原先想象成为点状的粒子还包含更微小的空间结构，只是还没有更精微的探测技术才看起来像是一个个点。弦的振动模式与粒子的引力作用之间也存在联系，并且决定了弦所携带的电磁力、弱力和强力。四大力终于在超弦理论中得到了统一。

相对于量子力学的匪夷所思，弦理论更加惊世骇俗[①]：广义相对论和量子力学在普朗克长度空间内由于连续空间假设和量子涨落存在根本冲突。为此必须舍弃点空间而选择线空间的弦作为万物不可再分割的初始。弦的缠绕能和振动能互为倒数的性质使得距离测量在普朗克长度以上和以下成为或难或易的两种选择，从而解释了微观世界和宏观世界在不同测量尺度上的冲突。然而人类社会的很多概念还都是建立在以点为万物初始的直觉之上。如果从此出发，不知又要颠覆多少观念。

高维空间中可能存在着空间扭曲和断裂。只要找到这些裂缝，就有可能

① [美] 布赖恩·格林：《宇宙的琴弦》，李泳译，湖南科学技术出版社，2018。

实现时空穿越，也就是低维生物眼中的随意出现和消失。

在宇宙大爆炸的起点，所有的维度都卷曲在一起。巨大的能量让两个卷曲维相互碰撞，打开维度。随着能量的下降，维度相撞的概率变小，今天我们所看到的世界只展开了四个维度。

弦会把维度展开的空间用膜包裹起来，这很有可能解释人们所生活的宇宙实际是一个正在不断膨胀的三维膜。当然，可能还有更多的三维膜宇宙，它们彼此隔离，形成多宇宙。

物理学家们对宇宙结构的拷问就这样不断地深入下去，看起来无穷无尽，远没有终结的迹象，逼迫着人们从更高的角度讨论时间、空间和物理学之间的关系[①]。对于时空这个概念的由来和变迁，量子物理学已经给出了详尽的解释。它为此构造出了一套暴胀宇宙学理论，引入了弦和膜的概念来重新探讨宇宙的组成和演变，并最终希望将一个完整、实在的宇宙统一在一个 11 维的高维结构中。如果说这是目前为止最经得起理性思辨和实验验证的科学真理，代表了“格物”方法所能取得最“穷尽”处的“理”，那么儒学也自然有必要将此间结论纳入自己认真思考的范围之内，并由此重新梳理“天”（宇宙）、“理”（规律）、“气”（物质）这些儒学基本概念的全新含义。

1.7 现代物理学重新启发哲学

在经历了近现代物理学发展过程之后，今天的人们对自己身处宇宙的坐标位置有了全新的认识[②]。从一开始认为是神按照自己的意志创造了符合各

① [美]布赖恩·格林：《宇宙的结构：空间、时间以及真实性的意义》，刘茗引译，湖南科学技术出版社，2013。

② [美]查尔斯·塞费：《阿尔法与奥米伽：寻找宇宙的始与终》，隋竹梅译，上海科技教育出版社，2010。作者是著名科普作家。

种规律、严丝合缝运转的宇宙，到哥白尼的日心说将人类所处的地球拉低到围绕太阳周而复始旋转的小小行星地位，再到哈勃望远镜发现的红移现象让人们开始猜想宇宙的膨胀，并发展出充满想象力但又能不断得到实验和观测验证的宇宙大爆炸和暴胀理论，直到平行宇宙、多宇宙理论的提出，让人们进一步怀疑宇宙不止一个，而且处于不断的新生、发展和死亡过程中。人类更加像宇宙海洋惊涛骇浪里一片落叶上的蚂蚁，处于极度不安的动荡状态中，享受的只是暴风雨来临前的片刻安宁。

面向宇宙深处的思考最可怕的地方在于，人类可能是过早地知晓了宇宙的真相，就像一个懵懂的孩子过早地接触到成人的世界，反而会震惊于现实的逻辑性和荒谬感。他只能快速地成熟起来，建立起新的认知去重新理解这个世界。信息论、衍生论和宗教观是人们尝试从不同视角解释宇宙是什么、看待宇宙形成发展过程、回答基本哲学问题的努力方向。

美国纽约大学新闻系教授查尔斯·塞费认为宇宙也许就是一台复杂庞大的计算机①。他定义了信息的概念，然后用信息论解释了生命本质、热力学、相对论、量子力学、黑洞、多重宇宙等话题，最终描述了按照信息定律决定的宇宙命运。麦克斯韦妖、薛定谔猫、海森堡测不准原理、量子纠缠、波函数坍缩、退相干解释、多世界解释，都可以在信息论里找到依据。现代物理学的发展在指示人们，要将一切物质和能量都服从热力学定律的认知，转变到一切物质和能量也都要服从信息定律。

按照信息论的解释，生命就是一段繁衍和复制信息的进程，生物体本身只是载体，生理机能只是在维护信息的完整性，防止信息在传输过程中被修改。光速的限制取决于信息的传递过程，这带来了量子纠缠的悖论，量子信

① [美] 查尔斯·塞费：《解码宇宙：新信息科学看天地万物》，隋竹梅译，上海科技教育出版社，2010。

息论将其解释为比特的叠加态。比特在量子世界里以各种可能性共存的叠加状态存储，是不确定的。直到宏观世界里发生了观测行为，信息又退相干到经典比特，再以不超过光速的速度传播。黑洞就是这样一个信息存储设备，将宇宙中发生过的事件都记录下来，在黑洞日常辐射蒸发或下一次大爆炸的时候再重新释放出来。信息就是这样在不同的宇宙中来回传递，就像格式化后的硬盘，又能存储、编辑和计算新一段程序。因此，宇宙就是一台超级计算机。

从衍生的角度来理解宇宙的形成问题也会有殊途同归的感觉。人们可以发现，物理学的发展就是不断将原来认为存在于微观和宏观中不同的概念都最终归为大一统，这种现象反复发生在近现代物理学探索的道路上。所以，在日本理化学研究所脑神经科学研究中心研究员傅渥成看来：微观世界和宏观世界是可以利用复杂系统衍生机制联系起来的；物质与能量之间的关系，从热力学开始一直到暗物质暗能量的研究,不但不断验证着守恒与对称定律，而且界限越来越模糊；生命与信息，本来完全不相关的两个概念，被熵联系在了一起。玻尔兹曼、薛定谔、香农这一条线索，不但启发了物理学，也开启了生命科学和信息科学的新探索；甚至物质、能量和信息也是可以统一在一起的，万物起源于信息。[①]

因此，整个宇宙就是一台量子计算机，万物都是这台计算机衍生出来并不断处理计算的大数据。基于这个判断，也许未来人类能更好地利用黑洞和虫洞，去改写属于自己的时间和空间程序。

---

① 傅渥成：《宇宙从何而来》，湖南科学技术出版社，2018。作者是知乎专栏作者，了解受众群体的兴趣和理解特点，在书中广泛采用了很多比喻来解释庞杂的物理学概念，比如认知洞穴、铅笔直立原理、鸟群机制、信息球、时空社交网络，让广大读者在无法深入掌握物理学知识的情况下，能够先建立起来模糊笼统但鲜明形象的感受，激发人们去进一步探索这个未知但充满隐秘意义的世界。

不过物理学家们自己则早已不惊奇于这些发现，而已经开始探讨“新物理学对以前属于宗教的问题所产生的影响”①，选择从宗教和信仰层面看待宇宙学最新进展对那些基本哲学问题的回答：为什么大自然的规律是现在这样？为什么宇宙是由现在组成的各种东西所组成的？这些东西是如何起始的？宇宙如何获得了组织？借用爱因斯坦的名言：“没有科学的宗教是盲目的，没有宗教的科学是跛足的。”宗教曾经给科学的发展带来巨大的启发和阻力，但在今天，“科学已经进展到可以人证地解决以前是属于宗教的问题的地步了”，这是一个伟大的进步。

根据目前宇宙创生理论所提供的解释，大爆炸将能量转化成物质，正反物质相遇湮灭后残存的那一些质量构成了我们今天的宇宙；随后的抵抗熵增、导致生命起源的自组织活动，一旦越过临界点便会自然发生。以浩瀚久远的宇宙尺度来看，也是必然发生的事件，没有什么好惊讶的。更可怕的是，量子力学否定了因果律的存在，微观粒子的本质就是不可预测的，因果链条只存在于概率函数之间，只具有统计意义。就连意识的产生和作用机制，这种在历史上一直讨论也没有定论的话题，如今在量子世界里也可以得到新的解释：因为观测也是一种感知，既然在微观世界里受不确定性原理支配，那么宏观世界里发生的意识行为也对应着一次次的波函数坍缩。

但正是这些量子跃迁的选择行为把我们的精神世界带入一个又一个的平行宇宙。于是时间出问题了，时间感可能是一种错觉：时间的方向性在于过去和将来的不对称性，不可逆的熵增过程构成了时间箭。然而分子水平上的碰撞过程是完全可逆的，物理学家们看不出任何异常，时间在这里成为一种客观存在，跟空间密不可分。在微观世界发生过的事件构成序列的时间感觉，只是宏观世界的大脑经过处理后的一种假象而已。

---

①［英］保罗·戴维斯：《上帝与新物理学》，徐培译，湖南科学技术出版社，2012。

没有了时间序列，没有了因果链条，新物理学为自由意志观念提供了新的支撑证据。然而时空作为整体存在和量子不确定性带给人们的是真正的自由吗？人在其中是真正做了选择，还是随着不断起伏的波函数在游荡？

新物理学所有的这些研究，或者说“格物”的成果，都在向上帝或者说超自然的“天”，提出新的挑战。现代物理学家们在经过一番努力之后，突然发现自己走到了哲学和宗教前面，带领人类进入一个全新的认识空间。世间万物之“理”在这个全新的时代得以阶段性地被“穷”尽，并留下一系列延伸的开放性问题给人们继续钻研。当然，这也为儒学实现更高层次的格物致知提供了新的基础和条件。

第 2 章　尽性致知

现代儒学面临的巨大挑战，除了“天”“理”的概念已经发生了巨大的变化，还有就是人们对“知”的作用和性质也都有了全新的理解。从某种意义上讲，这两者就是相辅相成、互为因果的：认知能力的提升，有助于人们扩大认知范围，可以去格更多的物，格出更多的理；对“物”和“理”认知程度的深入，又反过来促进人们思考自身的真实处境，从而找出更为正确的“格”法。过去，无论是按照朱熹所说的随处体认“天理”来致知，还是按照王阳明所说的通过“致良知”向内心探究觉悟的状态，其实都需要回答的一个问题就是：人类对物质世界的正确认知能力从哪里来？这也是在现代社会中经世为学的“致知”一目里首先要解决的问题。

在人类发展出对自然现象和社会事物的认知能力之前，生物其实已经在漫长的进化历程中经历了太多次的认知升级。人们今天具备的视、听、触、嗅、味等感知能力，都是亿万年间生物进化链条上不断突破的成果，人们努力培养的阅读、分析、思考能力，乃至现在希望生物和计算机技术帮助人类完成的智能认知，也都还继续是生物进化进程上不同的认知阶段。

因此，要从“格物”进而“致知”，人们有必要借助生物学和智能科学的帮助，回到生命的源头，去了解在漫长的演化过程中，那些一开始非常弱小的生物，是怎么在异常严苛的自然环境里摸索出独有的认识周边世界方法的；从科学的角度去看看人们常说的“性”到底是什么，为什么由着自然的天性，非生物界能孕育出生命，生命能演化出各种生物，生物界能出现人类，人类能具备意识，甚至还能有意识地让无机的材料再产生新形态。

认知的这种演化特性还预示了人类社会作为一个整体在产生群体认知时，也必须遵循“多源共生、协同涌现”的原则。天性存在于每个人的体内，每个人既是群体的感受者，也是群体的决策者，单独强调任何一个方面都是不完整的。过去儒家思想强调更多的是个人对群体规范的遵守，而不注重个人天性的发挥和个人意志的体现，因而导致古代中国思想中民主精神的缺失，皇权只能通过士大夫们的道德感召去干预，结果是很不成功的。近代以来，民主也越来越被看作治愈这个国家各种疾病的猛药良方，但又有矫枉过正之嫌。

回到修为的根本，则是要在“致知”这一目把握“尽性”的本质。要往前再推几十亿年，去了解人之为人、人之有生以来的“天性”到底是什么，有哪些发展规律，这些规律又该如何适用到今天的人类社会里。有了这些基础知识，人们才好进入到后面更多有关修齐治平的修为层次。

本章想要介绍的，就是现代以来人类在生命科学、脑科学和计算机领域的相关进展，能够帮助人们将视野拓展到几十亿年的跨度范围，从自然界到人类观察生物演化的规律，了解人脑形成主动意识的关键环节，并对未来认知形态的演进做出前瞻性的判断。

对人类来说，“致知”虽在“格物”之后，但生物界早在产生人类之前就开始发展认知能力了。因而，“穷理”与“尽性”也就像一枚硬币的两面，前者要格的物早在40亿年前就出现了，但那个时候宇宙中还没有意识，是随着人所内具天性的展开，自然界的不断演化，生命体才发展出各种不同等级的认知能力理解这个世界。直到高级生物有了触觉才能探索所处空间位置，有了视觉才能形成三维影像概念，有了意识才能进行推理判断。

所以，“理”所能被穷究探索的程度就是“性”所能尽致演化的边界，“知”与“行”自宇宙诞生之时就是合在一起、同步进展的：前者由还原论一直拆分到最小的粒子，后者则符合演化论一直展开到意识，最终人类在物之尽头上探寻到真知——观察微观层面粒子的状态受到意识作用的影响，而意识的出现和进化又在受到量子力学的作用。

如此理解的话，人们需要在观念上打破生物种界的限制，首先站在整体层面上去把握“尽性致知”的本质，然后再回到人类社会的范围内解决具体问题，这样就会找寻到庖丁解牛的道理，体会出游刃有余的感受。

2.1 生命是什么？

“性”是儒学的一个重要概念，在《说文解字》里的字面解释是：“人之阳气，性善者也。从心，生声。”《中庸》开篇就以“天命之谓性，率性之谓道，修道之谓教”来指示人们“天以阴阳五行化生万物，气以成形，而理亦赋焉，犹命令也。于是人物之生，因各得其所赋之理，以为健顺五常之德，所谓性也”[①]的道理。可以说，儒家理解“性”是一件顺应天命、化生万物、诞生生命、各得其所的事情。

所以，生命是什么，地球上为什么会出现生命，生命存在、演化的形态是怎样的，这些最基本的思考决定了在此基础上人类所有历史、社会、经济和思想学说的基调，也是儒学研究的起点。人们必须从这些最基本的概念钻研起来，了解在 21 世纪时，人类自身已经对这些问题有了哪些最新的认识，先前流行的观念是否还能和今天更加科学准确的认知相匹配。然后再不厌其烦地逐步去“格”——验证那些约定俗成的概念，才能着手去“致”——推导更加适应未来人类生存状态的新观念。

那么，生命究竟是什么？在活细胞的物理观看来，生命首先是一种以

① 朱熹在《四书章句集注》里对“天命之谓性”的注释。

“负熵”为生，抵消其自身产生的熵增现象[①]。这样就解释了，生物有机体的吃喝、呼吸其实是一个摄取“负熵”的过程，生物有机体还会不断排放代谢产物和散发热量，再把熵交还给环境。由于生物排放的熵大于摄取的负熵，所以最终满足熵增原理。因此，生命的意义就在于具备抵抗自身熵增的能力，即熵减的能力。

其次，生命中更为重要的基因突变现象，实际是由基因分子中的量子跃迁引起。量子力学参与了生命中最重要的遗传变异过程，不同能级的偶然涨落所能产生的生物大分子的异构变化是非常罕见的事件，这保证了基因结构的稳定性。然而量子跃迁对应的自发突变，这种在物理学意义上不存在中间形态的、跳跃式的变异能够很好地解释基因突变这一惊人事实。

现代生命科学开始从负熵和量子跃迁的角度思考生命有机体在宏观和微观上的崭新含义，这为日后分子生物学的诞生和 DNA 的发现做好了概念上的准备，吸引并鼓舞了大批科研人员开始走上探索生命奥秘的道路。量子生物学家们很快就发现了存在于生命过程中的量子效应的诸多作用，比如酶的催化（量子隧穿）、光合作用（量子漫步）、鸟的导航（量子纠缠）、鱼的嗅觉（量子自旋）和基因突变（量子跃迁）等生命现象[②]。在微观量子世界中，量子力学起作用让生物分子之间发生了奇特变化，从而在宏观上呈现出生命现象。生命利用量子现象维持自身秩序的存在，而死亡则意味着将权柄交由热力学定律重新统治一切。生命就这样在宏观经典世界与微观量子世界之间

① [奥]埃尔温·薛定谔：《生命是什么：活细胞的物理观》，张卜天译，商务印书馆，2014。作者是 1933 年诺贝尔物理学奖获得者。本书写于 1944 年，书中所依赖的生物学科知识虽然比较陈旧，但开拓性地将生物学和当时新兴的量子力学结合起来，扩展了人们的眼界，极具启发性。

② [英]吉姆·艾尔-哈利利、约翰乔·麦克法登：《神秘的量子生命》，侯新智、祝锦杰译，浙江人民出版社，2016。

游走，维持着一种精妙的平衡。

这种平衡感还体现于生物与非生物之间的那种动态边界上，究竟是什么让人们能毫无疑问地将两者划分出来？答案自然还是生命，是生命的特性及其发挥作用的独有方式：自我复制、新陈代谢和时序展开[①]。生命就是利用庞大数量的蛋白质分子，在动态平衡中执行一段写定秩序的反应过程。最终抵达彼岸的，早已不是当初的那堆大分子了，有秩序的演化过程本身才是生命的意义。

也许用渡船的意象能更好地解释生物/生命的意义。没有生命的物质之所以能够表现出生命形态而成为生物，在于不断地复制自己，而且这个“自己”又在不停地消失和出现中延续存在。这就好像一艘行驶在时间长河上的渡船，驱动渡船向前演化生命的力量则是物质、能量、自我复制、细胞、细胞间分工这五个逐层递进的层次作用[②]，是它们发展出为人们所熟知的感觉、学习、社交、自我意识和自由意志等生命现象。船上每天都在更换甲板、船舷和桅杆的木材，抛下来的废料又被组装成其他渡船。直到有一天渡船到岸，船身早已不知被更换了多少遍。如果人们认为这趟航行是有意义的，那么渡船也是一种生命形态。

生命的反面是死亡。生命与时间的较量从未停歇，生命与生殖一直在博弈，这是一种更高层面的动态平衡。活细胞的衰败不完全由物理规律支配，而是受到创造生命的原始力量的影响[③]。在这里，生命不仅仅是个体的存活状态，而是整个物种与生存环境之间不断交换信息和能量的持续过程。如果能繁育出更健康、更适合环境的后代，甚至物种向短命进化也是一种可取的

---

① [日]福冈伸一：《生物与非生物之间》，曹逸冰译，南海出版公司，2017。

② 王立铭：《生命是什么》，人民邮电出版社，2018。

③ [英]罗杰·戈斯登：《欺骗时间：科学、性与衰老》，刘学礼、陈俊学、毕东海译，上海科技教育出版社，2014。

方向。人们通常认为不那么直接相关的寿命与生殖的概念，在这个视角下发生了联系和转变。

从某种意义上讲，疾病也是如此，是生命在某种博弈和平衡后的妥协。对人类个体来说，疾病是避之唯恐不及的事物。可从生命角度来看，疾病却自有其意义所在。它指向死亡，却又可能启示生命。

举例来说，必须承认的是，在人类对抗心血管疾病的奋斗史中就铭记了一段段凝重而又坚实的历史事实：人类在心脏外科医学领域被迫接受的失败不胜枚举，无数的病人亡故在了医学黎明的前夜[①]。但也正是他们的不幸遭遇和医护人员的不断探索努力，才推动了人类对心脏疾病的逐步认识，才有了今天成熟的心脏外科手术技术，随后才能挽救更多的病人。在人类和疾病的对抗中，每一个生命都是值得尊重的，尤其是那些在生死关头选择牺牲个人生命，换取医学进步的先驱。是他们的存在，让人们今天还在继续探索生命本质意义的时候充满无限力量。

而人类在不断攻克癌症这一伴随人类社会多年的顽疾时，也逐渐认识到，从本质上来说，癌症不过是生命体自我复制这一基本特征的过度展开现象[②]。最早出现的癌症治疗曾经是最简单直观的手术切除方案。然而，尽管恶性肿瘤与良性肿瘤之间存在巨大的生物学区别，可切除术却并未能触及更深层的癌症本质，因此对于发展到晚期的癌症病人并不能起到治愈的效果。为此，医学探索者们展开了长期艰苦卓绝的战斗，在一场场智力和伦理的较量中收获了患者们的健康，也逐渐逼近了生命的本质。

也许到了最后人们还是要永远接受癌症是作为生物体必须承受的负担

---

① 李清晨：《心外传奇》，清华大学出版社，2012。作者是哈尔滨市儿童医院心胸外科医生。

② ［美］悉达多·穆克吉：《重病之王：癌症传》，李虎译，中信出版社，2013。作者是美国哥伦比亚大学医学中心的印裔癌症专科医师。

的现实，但更加前沿的科学家们却已经在与癌症的无数次博弈中意识到，这种源于人类自身负责调节细胞生长的基础基因的突变，却奇迹般地绕开了衰老为人类设置的障碍，悄悄地打开了可能通往人类向往已久的永生的一道小门，似乎向人们暗示着什么。它至少在告诉人们，有关生命本质的认知还远远没有穷尽。

2.2 生命演化的意义

如果想穷尽对生命的认知，还需要将眼光投放得更为久远些。今天人们已经知道，生命出现在地球上已经 40 亿年了。在这漫长的岁月里，生命发生过多少次重大的转变，曾经探索过多少种可能的形态，进化出多少种策略应对自然界的挑战，又将会在生物科技的帮助下走向何方，是人们从生命原点开始一路追寻下来需要继续思索的问题。

这个问题首先要从时间的线性积累过程来回答。漫长的 40 亿年生物演化史要从海床深处不起眼的缕缕“黑烟囱”说起，从寒武纪的生命大爆发，到奥陶纪的生命大灭绝、植物和动物纷纷离开海洋来到陆地；从白垩纪恐龙称霸地球，到哺乳动物崛起，人类完成了从古猿到智人的转变、开始改造自然界[①]。以今天的眼光来看，地球上的芸芸众生不过是 40 亿年间发生的无数偶然事件积累而成。生命在这个星球上已经实验了无数种方案，人类只是最近的一次偶然事件。如果将生命看作一场赌博，运气不好的物种已经消失在历史长河中，那么人类的好运还能持续多久呢？

进化论是人类试图回答这个问题，同时也是论证自身得以幸存并还能继

① [英]理查德·福提：《生命简史：地球生命 40 亿年的演化传奇》，高环宇译，中信出版社，2018。作者是英国自然历史博物馆古生物学专家，剑桥大学教授。

续生存下去的重要学说。乘“小猎犬”号返回的达尔文汇集了当时还在少数几个科学家脑中的“进化”观念，潜心 20 年写成《物种起源》。这引导了后辈们去探索那些分散在世界各处的古生物化石，一点点拼成今天蔚为壮观的演化蓝图[①]。进化的成果无处不在，至今还在影响着现代人的生活。人们所熟练掌握的语言能力和习以为常的社交习俗，其实都来自亿万年里漫长进化历程的积累。儒学中最为关注的人性也是进化中的一项重要产物，进化在人性的形成和发展中起到了举足轻重的作用。可以说，进化论为人们探讨“尽性致知”这个主题提供了持续开放的证据和动力。

回到最原始的生态，人们可以看到季节变更如何雕琢自然界的勃勃生机，以及万物在其中的适应之道。在繁茂的夏季，充沛的资源和炎热的温度如何影响动物的交配、蜕变、迁徙和生长？不同生态位里的物种如何尽可能地利用进化而来的能力扩大自己的生存范围？是个体的存活重要，还是种族的繁衍优先？生物们都会绞尽脑汁，各自找到属于自己的解决方案，令人叹为观止[②]。这不禁让人重新审视起被现代人奉为圭臬的“自然”理念。因为一旦真正了解每天自然界里真实发生的暗黑事例，那可能还是非自然更能让人感到安心一些。

等到了残酷的寒冬，食物和水资源的短缺又会成为困扰生物的头等难题。所有生物都必须在生理和行为上发生重大改变才能应对好这种环境的变革[③]。贮藏、休眠、御寒，生物们同样依靠进化的力量，在凛冽的寒冬里解

① [美]卡尔·齐默：《演化：跨越 40 亿年的生命记录》，唐嘉慧译，上海人民出版社，2011。

② [美]贝恩德·海因里希：《夏日的世界：恩赐的季节》，朱方、刘舒译，上海科技教育出版社，2016。作者是美国加利福尼亚大学洛杉矶分校动物学博士、佛蒙特大学生物系荣誉退休教授、科普作家。

③ [美]贝恩德·海因里希：《冬日的世界：动物的生存智慧》，赵欣蓓、岑少宇译，上海科技教育出版社，2015。

决了自然界提出的挑战，其适应力之强令人叹为观止。唯有人类可以对其他生物报以怜悯的目光，因为我们的祖先早已通过对火的利用摆脱了寒冷的困扰。据此开创出文明的后代们于是可以暂缓自然界的进化，又开始另一种意义上的演化。

不过仍然让人困惑的是，自然界里的这些演化过程已延续了亿万年，但人类在最近这几十万年突然之间在进化路径上能够取得如此突飞猛进成就的背后，究竟是什么样的推动力？基因遗传可以说是其中一种最具有说服力的解释，并在随后得到人们的不断引用和讨论。

遗传学让人们在讨论人的本质属性时可以引入 DNA 的概念，其理论基础是：只要基因序列不发生改变，那么机体表达就不会发生异常——人性的外在表现和内在本质得到了一一对应。表观遗传学则更进一步，认为即便 DNA 序列没有发生改变，但机体的表达也有可能发生异常[①]——环境在塑造人性方面也可以通过实质影响到本质内容而发生作用。DNA 在遗传过程中的角色像是一段话剧剧本，拿到相同剧本的演员完全可以在环境的影响下有着不同的演绎，从而成为两场不同的演出：一场大获欢迎，一场应者寥寥。所以，同生而为人，则可为盗跖，亦可为颜渊。

在这个理论的指导下，人们可以在技术上更好地研究非编码 DNA 的作用，理解基因甲基化、乙酰化如何影响遗传，重新解释肥胖、衰老、癌症等问题，改进基因治疗方法，从而更好地保护人类身体健康；人们也能在生态上更好地理解自然环境变化对生物多样性的塑造力量，外因和内因一起推动着生物演化的进程，直到有一天人类的出现；当然不止于此，人们还能够在

① [英] 内莎·凯里：《遗传的革命：表观遗传学将改变我们对生命的理解》，贾乙、王亚菲译，重庆出版社，2015。作者是表观遗传学领域的权威，她对遗传学领域中具革命性的表观遗传学进行了抽丝剥茧般的讲解，其内容的科学性和新颖性奠定了本书在遗传学界的重要地位。

人性的话题上更为充分地讨论“性善”“性恶”的成因和转变，重新塑造现代社会培养和发掘自身心灵深处力量的哲学体系。

2.3 意识的起源

不过，与古人们想当然的不一样，产生人类知觉与意识的地方不是心脏，而是大脑，或者更准确地说是脑神经的复杂活动。21 世纪以来，有关人类意识领域的研究成果越来越多来自脑神经科学。尤其是在脑神经疾病的研究过程中，人类获得了大脑功能和意识产生的最初理解。不幸的病例为医学贡献了一个又一个值得探研的实例，逼迫人们去思考这些偏离正常情况产生的根源。追随这些病例留下的线索，一代又一代神经科学和认知科学的学者逐步收集到越来越多的证据，开始认清意识产生的机制，明白心智运行的机理，最终逼近那人之所以为人的最终答案。

最初将人们引导到这个领域的是那些由于大脑病变而引发的奇异案例，在经过分析后都可以解释为脑的不同部位受到损伤所致[①]。然而科学家们没有止步于此，进一步顺藤摸瓜探察到了人类心智的本质：人为什么会有情绪？决策的机制是怎样的？记忆、感觉都存储在哪里，又如何被唤起？身体和大脑究竟是怎么协调，才构成完整的存在感？宗教与信仰，是否对应脑中实体部分的改变？这些触及神经科学最前沿的问题如同打开了一扇扇发现心智的大门，启迪人们不断向内心探索，寻求连通物质世界和心灵世界的通道，重新思考自己有关大脑功能的肤浅认识。

在认识脑和心智所做出的探索过程中，人们曾经展开过激烈的争论，但

① [美]拉马钱德兰、[英]布莱克斯利：《脑中魅影》，顾凡及译，湖南科学技术出版社，2018。拉马钱德兰是美国加利福尼亚大学圣迭戈分校脑和认知研究中心教授兼主任。

也逐步取得诸多重大共识，在大脑皮层功能、神经系统工作机制、认知行为实验、大脑进化过程和意识产生机理等重大基础方向上积累了扎实的知识体系[①]，在知觉、记忆、情绪、智能、语言和意识等领域上取得了全新的理论进展[②]。

所有这些努力都是为了回答一个问题：人类独一无二的本质在哪里？这是人之所以为人的根本意义。认知神经科学家们在研究大脑的物质基础时逐步提出了模块应对、心智推理、同态模仿等概念；生物学和心理学则关注人的社会性，通过分析人与动物在社交、道德和同理心等方面的差异找出人的独特性；人所独有的艺术才能也指示出，人投入额外精力发展艺术，倾向于用外物拟似自身，甚至试图让其发展出自我意识，将有可能引导生物和机械的进一步结合，人工智能与人类智能迟早有一天会角逐出未来智慧发展的领导权[③]。到了那个时刻，人类独一无二的荣耀还能继续维持吗？

好消息是人类智能还有不断开发的潜力。与长久以来盛行的“基因决定论”不同，分子生物学、表观遗传学、动力系统理论、进化论以及复杂理论等领域的研究成果支持人类智力还可以得到继续发展[④]。因为从历史上看，人的智力发展本来就是一个动态演化的生物系统，并且还会在日常生活过程中不断吸收外界环境的信息，产生新的变化，实现自我更新。一句话，环境决定基因的表达。而教育可以帮助人类不断探索大脑的未知边界，激发出未

---

① 顾凡及：《脑海探险：人类怎样认识自己》，上海科学技术出版社，2014。作者是复旦大学生命科学学院教授。

② 顾凡及：《三磅宇宙与神奇心智》，上海科技教育出版社，2017。

③ [美]迈克尔·加扎尼加：《人类的荣耀：是什么让我们独一无二》，彭雅伦译，北京联合出版公司，2016。作者是美国加州大学圣巴巴拉分校圣哲研究中心主任，认知神经科学研究所负责人。

④ [英]肯·理查森：《基因、大脑和人类潜能》，武越译，中信出版社，2018。作者是英国开放大学人类发展与学习中心的名誉高级研究员。

来发展的无限可能。社会体系也同样必须建立在这个假设上，不是去强化已有的不公平，而是去实现未来的更加公正。

对脑科学的研究近年来已经越发深入到人们的日常生活中，甚至还能发挥出改造社会的作用。这些研究结果在提醒人们，智力潜能并不存在不可突破的“上限”，个体之间的潜能也没有根本差异。脑神经科学领域的进展不能成为少数群体控制社会大众的理论武器。这更提醒人们不要被纷繁复杂的科学实验和指标体系弄昏了头脑，要把这些科普知识运用到改造社会现实的实践中去。

就以人们每天日用而不察的“知”觉——也就是意识为例，其足以证明还有许多未“尽”之处。因为如果说智力现象在一些动物，比如狗、猴子、猩猩、海豚，甚至蜜蜂和蚂蚁身上也能观察到类似的表现，那么人类还是为自己留下了最后的一块保留地，可以孤芳自赏、聊以自慰，那就是意识了。目前为止，人们还是无可辩驳地认为只有人类才有独立的意识，有灵魂，会不断追寻形而上的意义所在。意识的产生机制，无疑是脑神经科学领域至高无上的圣杯。

认知神经科学领域的进展正在探明全新的意识运作模式：意识是一个思想工厂，其主要任务是发现深层结构。这就能解释我们的大脑为何会贪婪地寻求意义，尤其是那些具有模式的信息[①]。这种探寻结构的行为具有重大的进化意义，是它引导人类发现了火，学会了耕种。虽然这看起来只是一种可以自圆其说的理论，相当于把“意识”等价换成“追寻模式”，却能重新论述很多概念，提供新颖角度的解释。这种解释为人们带来了很多启迪，使人可以更好地理解自身的认知习惯：哪些是高效的，比如用元知识理解已知世

① [英] 丹尼尔·博尔：《贪婪的大脑：为何人类会无止境地寻求意义》，林旭文译，机械工业出版社，2013。作者是剑桥大学认知神经科学博士。

界，用组块化概念开拓未知领域；哪些是进化的遗存，比如对糖分热量的热衷、对爬行动物的恐惧。这样至少也是在多“尽”一层对“性”的理解。

也许从刺激人类产生意识的重要来源——视知觉的生物基础出发，即大脑如何根据视网膜对光的感知生成视觉感官，人们可能就会对意识产生的机理有更加直观深刻的理解。为此而设计的各种精巧实验在一点点地深入探测平时为人们所忽视的角落，终于构造出了基于现代科学知识的意识产生机制①。不过，结论却很让人尴尬：

意识的产生不在于你看到了什么，而在于你在看到的当中忽略了什么。大脑无时无刻不在接收海量的信号，究竟放弃哪些，选取哪些信息，构成最新的意识并发送命令出去，是一件需要平衡能量投入和风险控制的事情。为了进化出如今这么完善的功能，让人类可以在充满危险的真实世界中生存下去，大脑做了很多取巧的事情，并允许无意识 / 潜意识下的神经元活动，不断为有意识的思考贡献可供挑选的方案。那么问题来了，我们究竟是一个有意识的行为主体，还是无数无意识的综合体？或者，有意识这件事情，本身就是一种幻觉。再“尽”一层“性”后，人们似乎又绕到了“知”的反面。

而选择还是放弃，其实原来就是一次脑神经元的连接过程。最新的脑神经科学已经可以将人类的独特性解释为大脑神经元的连接方式，是连接组（神经系统中神经元连接的总和）记录并产生着遗传和环境之间发生的相互作用②。于是，先天因素与后天改变这两大永恒的主题就这样被统一在

① [美] 克里斯托夫·科赫：《意识探秘：意识的神经生物学研究》，顾凡及、侯晓迪译，上海科学技术出版社，2012。作者是美国加州理工学院认知和行为生物学教授，长期从事计算生物物理以及视知觉、注意和意识的神经基础研究。科赫是诺贝尔生理学或医学奖得主弗朗西斯·克里克在完成 DNA 双螺旋结构这一重大科学发现之后，进入意识领域学术生涯的主要合作者。他们共同开拓了对意识的早期科学研究。

② [美] 承现峻：《连接组：造就独一无二的你》，孙天齐译，清华大学出版社，2015。作者是韩裔美国普林斯顿大学神经科学研究所与计算机科学系教授。

了一起。

连接组的作用贯穿了人的一生，始终在不断发生着改变：重新赋权、重新连接、重新连线、重新生成。基因在人类的早年发育过程中确实会发生很重大的初始作用，指挥神经元建立连接。然而，连接的强弱程度甚至连接与否，都会随着人的经历发生改变。构成人类意识的物质基础本身就处于不断变化中，“我”从来就不是一个稳定静态的存在。大脑总是在选择保存已学到的连接组结构与保持能力构建新生成连接组结构这两件事情之间，做着微妙的平衡。而此时此刻的意识，就好像一股水流，在连接组的河床上流过。河水会冲刷河道，改变随后水流的走向。而在某时某刻，都确切存在过那么一条意识的河流，承载着我们所有经历过的事件。

在经过几十年的发展之后，人们终于意识到是基因和神经元活动构成了人类心智机制的物质基础，因而也反过来有了更多更完善的方法，去研究那些曾经困扰心智正常活动的疾病。抑郁症、孤独症、阿尔茨海默症、精神分裂症等精神疾病也越来越成为临床上可以治愈的疾病。这场由病例推动的科学探索，正反过来造福更多痛苦的人类。当然，也更有可能引领人类放下“独一无二”的迷悟，接受未来前景更为广阔的纪元——与人工智能相伴而生。

2.4 人工智能：超级心智的出现

碳基生命的智能演进轨迹在过去的几万年里发生了突飞猛进的变化，人类从非洲草原走出来，进化出统领地球的智人。在最晚近的几千年里，人类在制造出工具、创造出语言和演化出文字之后，开始思考生命的本质与心智的机理，终于迈入了复制并超越自身智能的历史阶段。“智能”这种现象，在地球上开始以硅制品作为载体，在近几十年内再一次获得了令人炫目的爆发。也许未来的硅基生命文明会将这段时期定义为新的寒武纪生命大爆发。

相应地，人类社会也出现了翻天覆地的变化。

在人工智能领域看来，这次爆发之前经历过一段纷繁复杂的发展过程[①]：从早期从模仿人类神经活动进行逻辑演算的探索，直到诞生出人工智能这一术语；后来又有符号派和连接派的分歧与斗争，以及随后各领一时风头的专家系统、神经网络、自然语言处理和遗传算法；再到近年来兴起的深度学习和强化学习，以及未来超级智能带给人们在哲学问题上的新思考和未来趋势的新判断。所有今天看起来不可思议的现象都有着难以省略的前因后果，再预测起未来发展也必然是有迹可循。

不过就在那几十年间，社会大众还没有意识到即将到来深刻变革的时候，当时还是《连线》杂志主编的凯文·凯利凭借其媒体人的头脑，就敏锐地洞察到了远处地震掀起的海啸。早在 1994 年，他就向大众描述了自己对当时科技、社会和经济最前沿领域的思维漫游经历，并借助群体智能、云计算、物联网、虚拟现实、共同进化、网络经济等概念阐述其所窥得的未来图景[②]。如今回头看，可谓泄露天机。

凯文·凯利指出了人造物与自然生命之间互相趋同的演化趋势：人造物表现得越来越像生命体，同时生命变得越来越工程化。随后他还进一步总结了造物过程的九条规律：分布式状态；自下而上的控制；培养递增收益；模块化生长；边缘最大化；礼待错误；不求目标最优，但求目标众多；谋求持久的不均衡；变自生变。

当然，这些规律对今天互联网时代的人们来说已经是耳熟能详了，每个概念衍生出来，再能结合近 10 年的变革，都能写出一本著作。然而这些理

---

① 尼克：《人工智能简史》，人民邮电出版社，2017。作者是我国人工智能领域专家、乌镇智库理事长张晓东，尼克是他的笔名。

② [美]凯文·凯利：《失控：全人类的最终命运和结局》，东西文库译，新星出版社，2010。

念的源头都可追溯到那本20世纪90年代的《失控》，海量的信息仍然在向人们预示人类社会未来的发展趋势。

在凯文·凯利看来，科技其实不是人在主观上要去发明或发现某种事物，而是伴随着生命自然形成的系统，是生命的一种新的形态，它的起源完全可以回溯到生命的初始时期。现在人类已定义的生命形态包括植物、动物、原生生物、真菌、原细菌、真细菌六种，科技的演化和这六种生命体的演化惊人相似。科技就是生命的第七种存在方式，它是生命的延伸，不是独立于生命之外的东西。科技就是生命，唯有此，才能理解科技想要什么。这里的科技，就是超级心智。

从常人的视角看，"我"是有生命的，机器是他物，没有生命。然而智能革命使得生命体和机械之间的界限越来越模糊，并在仿生学意义上出现了融合。人们不断将自己总结出的生物逻辑输入机器，同时又把机械逻辑带到自己的生命之中，"机械"和"生命"的含义各自延展，彼此重叠。终有一天，技术呈现出生命的外观，生命成为技术的最高形态。"这些机器人是我们的孩子。由于机器人具有繁殖能力，我们需要更强大的责任心。我们应该有目的地培养我们的机器人孩子成为好公民。要逐渐为他们灌输价值观，以便在我们放开手时，他们能够做出负责任的决定。"①

与此同时，当年风靡一时的掌上型电脑 Palm Pilot、智能电话 Treo 等产品的发明人杰夫·霍金斯，也从工程师和企业家的角度构想人工智能对人类社会的影响。他将人类大脑皮层所具有的知觉、认识、行为和智能功能，抽象概括成为他所定义的"真正智能"②，明确地与计算机式的人工智能区隔开，以至于其英文版著作书名的副标题 *How a New Understanding of the Brain*

① [美]凯文·凯利：《科技想要什么》，熊祥译，中信出版社，2011。

② [美]杰夫·霍金斯，桑德拉·布拉克斯莉：《人工智能的未来》，贺俊杰、李若子、杨倩译，陕西科学技术出版社，2006。

Will Lead to the Creation of Truly Intelligent Machines，都不适合套用现在主流话语翻译为“人工智能的未来”，而是应该更准确地翻译成“真正智能的未来”。

那么，什么是“真正智能”呢？霍金斯提出了一种解释智能的新构架：记忆－预测理论。大脑通过记忆－预测来解释现有的事物，用记忆－类比来解释新的事物。创造力也不过是一种较高层次的记忆－预测而已，人们从过去的事物中提取模式，应用在新的事物上，以期能够解决所面临的问题。基于这套智能框架，霍金斯认为人们可以制造出真正的智能机器，它不必具有人的表面特征，而是充分利用速度和记忆容量上的优势，在特定领域发挥惊人的作用。抽象出智能本身的规律，不断在不同领域复制智能的通用架构，不必遵循智人演化的路径，这也许才是真正的智能未来。

当然也有悲观的论调，担心当机器智能超越人类智能时，也就是假定超级智能的出现将会经历“跨界点”上可能会发生的危险。沿着爆发前的几种假设的可能演化路径：高速超级智能（智能程度和人脑相似，但计算速度快于人脑）、集体超级智能（整合大量小型智能体，整体实现超级性能的系统）和素质超级智能（单个智能程度明显超过人类脑），这些超级智能在跨过标志点后，可能会出现各种不同的单极结局和多级结局①。当然，人类智能作为参与博弈的一方，也可以有很多解决方案：或是将超级智能置于无法造成破坏的特定环境中，或是激励它具有足够的工具性趋同理由不做危害人类的行为。其实，超级智能产生的某些危害已经在真实人类社会中产生了，比如青少年沉迷网络游戏、机器取代低端工作机会等等。从某种意义上讲，超级智能已经开始以它的方式在统治人类社会了，好在人们现在讨论并意识到这

① ［英］尼克·波斯特洛姆：《超级智能：路线图、危险性与应对策略》，张体伟、张玉青译，中信出版社，2015。作者是牛津大学人类未来研究院的院长。

点还不算晚。

如果还有人不确信人工智能早已走出象牙塔，不再仅仅是那批计算机科学家实验室里头脑风暴的结果，而是实实在在影响着这几十年人们的日常生活，甚至改变历史进程的重要因素的话，美国国防部五角大楼的DARPA[①]项目则是一个最为真实甚至有些冷酷的案例。不像今天人们习以为常认为的那样，是炫酷的高科技公司在应用人工智能改变世界，早期推动人工智能应用的机构其实是被很多人忽略或淡忘了的军方。冷战出人意料地成为各种创新研发项目的催化剂，即时通信、分布式网络、无人机这些很难依赖常规用户需求支撑、仅在科幻和谍战电影中才能出现的智能技术，得到了美国军方大笔资金的投入，完成了早期的风险投资，成功地孵化出原始的形态。是校园里的人工智能技术和军方的国防资金携手开启了此后50年智能革命的序幕。

DARPA在二战后为了从科技层面建立相对于对手的绝对优势在各个历史时期做出了巨大的努力[②]：从冷战、越战、伊战到反恐战争，DARPA主导或推动了无数军工项目，对政治环境和世界局势走向产生影响，杀害或拯救着普通民众的生命；从计算机、互联网、基因工程到人工智能，DARPA也在不经意间触发了这些足以影响人类未来命运的事件，产生了更加深远的意义。一边是战争、暴力、冷酷和死亡，另一边是科技、探索、进步和创新。DARPA并不能代表恶或者善，人类在超级智能出现过程中所做出的选择将

① DARPA是Defense Advanced Research Projects Agency的简称，一般指美国国防部高级研究计划局，是美国国防部属下的一个行政机构，负责研发用于军事用途的高新科技。

② [美]安妮·雅各布森：《五角大楼之脑：美国国防部高级研究计划局不为人知的历史》，李文婕、郭颖译，中信出版社，2017。作者是一名真正进行实地调查的非虚构类作家，在书中展示出突破禁区的道德勇气和抽丝剥茧般的叙事能力，第一次为人们呈现出了一个隐隐可知的真实世界。

导致毁灭或者繁荣。

不可否认，参与创立和发展 DARPA 的人无疑是当时这个星球上最具超前意识、创新能力和坚韧毅力的精英。他们中的大多数是参加过二战的军人，战后经过美国顶级高校的学习，拥有遍及自然工程领域方面各学科的博士学位，具备丰富的管理经验和强大的持续学习能力。正是他们当年的远见卓识才催生出了今天遍地开花的科学成果基础和技术创新机制。

然而意识形态和国家利益无时无刻不在主宰着这批精英智力活动背后的价值和意义：核武器既可以用来结束战争，也能毁灭人类；导弹防御系统既可以约束好战的敌人，也能激发恐惧引来本可不必发生的战争；人类社会调研方法既可以用来重建无序社区，也能沦为佐证战争合法性的可耻帮凶；人机联结技术既可以帮助伤残军人重返正常生活，也能被改造成更加无情冷血的杀人机器。

到目前为止一切都还表现良好，足以毁灭人类的核战争并没有发生，拥核国家之间仍然维持着小心翼翼的恐怖平衡，恐怖分子似乎只在偏远的地方投放简易爆炸装置，人类的基本伦理也在约束着仿生人和自动杀人机器的诞生。但在知晓这么多过去几十年隐蔽在公众认知背后的惊人事实之后，人们还是无法回避开始时最基本也最让人担心的问题，那就是：二战以后的美国军工利益集团到底在多大程度上主导着这个世界，并将人类带向什么方向？

也许今天人们所品尝到的美好繁荣滋味都会在未来的某天，被一颗违背所有人意愿但又遵循制定好的流程逻辑而爆炸的核弹带走，不留一点痕迹；也许诸多生物学家依据对基因学科的最新理解，在经历了夜以继日的实验之后，又将曾经见证了人类理性力量胜利而灭绝的瘟疫重新释放出来，留下无尽哀怨；也许人类在广泛采用无人控制和人机控制技术带来巨大生活便利之后，又会发现日益增长智力的机器族群和人机合体生物为原本意义上的人类留下越来越少的生存空间。

时至今日，人们无从武断地去预测未来会发生什么，也没有理由阻止这个进程的发展。但公众绝对有必要深入了解正在发生着的这一切的真相，甚至有必要参与那些被有意无意隐藏起来的幕后决策，呼唤更多有志于让这个世界变得更美好的人从正确的地方出发，不断地反思那些看似正确但包藏着利益和欲望的谎言，一起决定人类未来的发展方向。

于是人们看到，当人类社会发展到某个阶段，对世界的改造和认知能力大大超越了人类掌握这种能力的心理成熟度时，就像稚嫩的孩子捡起了枪在手上摆弄。宇宙中曾经有多少文明倒在了物质与技术文明超速发展的跑道上。由此可见，理解“心性”，由物入心，是修为阶段中绝不能忽略和耽搁的步骤，毕竟超级心智正在以不可抗拒的力量从人们身边呼啸而过。

2.5 现代人面临“身”“心”分离困境

一方面，人类心智外化的产物正在迅速地赶超原生的智能；另一方面，人类心智与其内在所依托的生理基础也在发生着无可挽回的脱离。在观察40亿年漫长的生物演化过程中，最令人称奇的就是最近几十万年间人类种群的进化史了。本来最早作为灵长类的一支，人类祖先也遵循着相同的进化过程，为了适应环境而发展出不同的身体条件和器官功能。如果没有什么特殊事件发生的话，也许在另一个平行世界中造访地球的外星人透过舷窗，只不过会在大草原或丛林中多看到几群聚集而居的灵长类动物罢了。但就在几十万年前的某个时刻，神奇的转变发生了，人类祖先们的进化路径朝着一条奇异的道路加速演进。

在比较人类与其他动物的生物性和行为后，人们很容易就能发现，人类在各方面表现并不突出，甚至在某些重要方面（比如嗅觉和视觉）还远不如其他很多动物。因此，这样的动物在大自然里能生存下来的可能性原本很小，而其生存和繁衍，更是一个非凡的奇迹。如果当时的动物世界开大会讨论的话，一定会觉得这个特别在意装扮的“盛装猿”①种群有些怪异：他们个子不高，力气不大，跑得也不快，没有尖牙利爪，没有伪装外表，更没有阴毒暗招。

然而这种奇怪的哺乳动物在交配、吃喝、标记领地等方面的奇异之举背后却具有极为重要的进化史意义：他们爱聚集在一起相互发出一些奇怪的声音和举动，有助于加强群体内部的交流与合作；他们的头部不大但脸部的肌肉却特别发达，会做出各种不同的复杂表情，传递更加微妙的信息；他们的后代尤其弱小，耗费了母亲大量的抚育时间，但也建立起极为亲密的关系；他们的两性之间充满了各种权谋和策略，总是在承担更多抚育责任和传播更多基因之间谋求平衡。

尤为不同的是，在地球上还没有其他哪种动物具有像人类那样的自我思考能力，能够面对自然界的挑战，制造出无数工具，改变自身或其环境，给地球村带来了翻天覆地的变化。这就是人类的独特之处：发源于非洲大陆，在经历过无数波走出非洲事件之后，凭借关键性进化而超越了其他古人类种群，最终独霸世界②。

在刚会使用工具的 200 万年前，人类在地球上的数量还是微乎其微的。到了 10 万至 20 万年前，他们中的一小部分显示出了优异的行为和认知能力。凭借由此带来的适应性，他们成功繁衍至今，成为现代人的祖先。在整个漫长的过程中，并不是没有出现过各种反复的情况，也没有哪个种群就必然是真命天子，人们知道的只是某个曾经小到规模只有几千人的小群

---

① ［美］汉娜·霍姆斯：《盛装猿：人类的自然史》，朱方译，上海科技教育出版社，2010。

② ［美］史蒂夫·奥尔森：《人类基因的历史地图》，霍达文译，生活·读书·新知三联书店，2008。作者是美国政府科技事务官员，曾参与过美国国家科学院多项关于利用 DNA 比对并追踪不同物种演化关系的研究计划。

落越过了某个关键性的界限，最后完成了整个进化过程。

后来他们开始走出非洲，四处迁徙，在10万年前到达中东，发展出农业社会和文明；在6万年前沿印度、东南亚沿海到达澳洲；4万年前从非洲东北部到达欧洲，从东南亚到达东亚；1万年前顺着冰封的白令海峡进入北美洲和南美洲。在这棵进化树的无数末端上，曾经存在着各种可能，不同地域的种群各自发展出截然不同的生活方式，但最终没能全都存活下来。进化成功并不代表就在所有可能中排序最优，进化未成功可能只是差了那么点运气，于是整个种群就消失在了某次自然灾害里，或在凶猛野兽的压迫下日渐萎缩。

今天，在“人类同源说”大量事实数据的佐证下，基因追溯理论已经可以指导人们采用“男性Y染色体”的基因数据溯源至最早的男性祖先，采用“女性线粒体”的基因数据溯源至最早的女性祖先。人类学家们通过男性基因，找到了共同的男性祖先，他生活在大约6万年前；通过女性基因，则找到了共同的女性祖先，她生活在大约15万年前。基因数据还显示，接下来十几万年的进化史并没有让不同族群之间有太大差异，虽然顺着基因地图的指点，人们可以定位清楚语言的起源和分化轨迹，了解今天各个不同种族和民族的演变历史，但表面明显的差别反映到基因序列里其实无足轻重。

不过当人类发现了基因的秘密之后，进化链条上便第一次有了可能加入人工的痕迹，生物改造成为可以想象的现实，人类尴尬地拿起一把既可伤及自身，又能惠及万代的双刃剑。合成生物学让人类开始扮演上帝的角色，转基因技术可以指导人们以工程的方法去开发和利用那些原本属于自然界的原料，创造原本不可能出现的生物物种[①]。这些物种已经开始渗透到我们的日

① [美]乔治·丘奇、艾德·里吉西：《再创世纪：合成生物学将如何重新创造自然和我们人类》，周东译，电子工业出版社，2017。作者乔治·丘奇是现代生物学领域最重要的意见领袖之一，遗传学与分子工程学的双料专家，哈佛大学和麻省理工学院的双料教授，美国科学院与美国工程院的双料院士；艾德·里吉西则是一位哲学家、教育家和作家。

常生活中，并且在逐渐逼近我们最引以为傲的终极地带——人本身。为了消灭疾病的转基因技术可以采用吗？人种可以大规模筛选和改良吗？这些新问题无时无刻不在困扰着刚发现这些能力的人类。站在 40 亿年演化的新起点上，第一次终于有生物可以利用智力跳出演化路径，开始着手修改规则了。

相比之下，行为遗传学在考察了基因遗传与环境塑造在人的发展过程中，对人的行为、气质所起的不同作用后，结论就会相对温和，但也更持久些。通过发现行为特征的生物继承性，人们可以找出生物基因型对有机体行为的影响，以及在行为形成过程中遗传基因和环境条件两者相互作用的规律。研究表明：虽然遗传因素很重要，但环境因素可能更重要。不过共享环境对人在成年后的智力和人格仅有微弱影响，关键的差异在于难以控制甚至无法改变的非共享环境，比如性别、出生次序等等。可是“民主的本质是不管个体的遗传差异如何，法律规定人人平等”，这种人类社会对行为遗传学的有意忽略让人们担心，“如果我们把头埋在沙子里，并假装遗传差异不存在，则毫无益处”①。

进化心理学则将人类在进化过程中的心理机制作为研究对象来考察，假设漫长历史的进化过程必然给人类的心理带来长久历史的积淀。现代人的心理中本身就带有漫长的历史所留下的痕迹。核心的人类学问题，如择偶策略、亲属关系、合作联盟、两性冲突等，都可以得到进化意义上的解释。同样，这些解释也将反过来帮助人们澄清对进化论的误解。

进化的链条连接着现代人和他的祖先。一方面，每一个活着的人都是进化的产物，作为“活化石”标本，能帮助人们了解祖先的过去；另一方面，人类是经历千百万年时间的进化才完成了从猿到人的跨越，过程缓慢。更可

① [美] 罗伯特·普洛明：《行为遗传学》，温暖、王小慧、杨彦平、刘晓陵译，华东师范大学出版社，2008。

怕的是，我们的身体结构和我们已经觉得很久远的几十万年前相比，几乎没什么变化："我们拥有石器时代的大脑，却生活在现代社会中。"[①] 就拿人最根本的需求——生存和繁殖来说，人类祖先在面对食物、栖息和危险中进化了各种适应器，这让人们得以在贫瘠的自然环境中苟活，但在面对今天物资极大丰富的环境时却引发了种种生理疾病和心理障碍。而繁殖的情况就更普遍了。雌性自古的择偶偏好便是物质资源驱动，而她们所拥有的繁殖资源又是雄性不断追求的目标，于是雄性需要通过不断提升社会地位获得更多资源，以吸引更多配偶，获取更大的繁殖收益。这样的剧目一次次地在人类社会不同阶段的不同时空中上演。

理解了进化心理学，就会明白很多心理现象不过是千万年祖先通过自然选择进化出的一种应激性反应。有些在远古蛮荒时代生存必备的心理反应可能已经不适应今天的信息和工业时代，有些痛苦的心理变化可能只是身体以一种高级形式向自己发出某种信号，很多以为只有自己才会有的想法其实已经无数次地在同类身上验证。在漫长的进化链上，每个个体都是微不足道的。

与生理缓慢而又坚定的进化逻辑不同，人类在心理层面进化却是在短时间内（相对于更长时段范围内人种的演进）实现了质的飞跃。人类彻底从动物界脱颖而出，独一无二地进化出了独特的自由意志和心智理念，成为一个全新的物种：其个体能够想象到根本没有看到、听到甚至感觉到的事物，能够在没有任何物质回报的情况下去做一件他认为正确的事情。这就是人类与所有其他物种最根本的不同所在：独立意志和道德观念。

认知学家的研究能够从逻辑推理的角度辩驳不可避免性、因果关系和

---

① [美]戴维·巴斯：《进化心理学：心理的新科学》，熊哲宏译，华东师范大学出版社，2007。

可能性等问题，从而解决决定论和自由意志的冲突；又能从进化论的角度解决自由形成的难题，从而将道德责任自然化。其结论是：自由不是天赋异禀，而是进化产物，自由意志和决定论是可以共存的。天性固定和未来固定并不矛盾，痛苦在于人类混淆了两者的差别，所谓的人类自由因而也是脆弱的，未来将取决于人类的自由选择，也就是要在“对自身与世界其余部分的互动所做出的反应”中改变天性，从“置身宇宙内部的主体的参与视角”改变世界。

人最引以为豪的“意志”，其实是人类活动和信念不断进化的产物。这种解释“最终提供了一个让传统道德性问题在其中可以有意义的自然主义框架。我们的进化历程已将我们带到了哲学与政治考察和争议的传统舞台”①。这个搭建在进化生物学、认知神经科学、经济学和哲学诸学科基础上的自由主义框架，使人们得以在知晓了40亿年演化过程后，可以重新思考人性的本质命题。“身”理和“心”理在进化速度上的巨大差异形成一道裂缝越来越大的鸿沟。如何抚平它们？摆在大家面前的伦理学成为一个巨大而复杂的领域。人性本身从某种意义上说就是进化历程的遗迹，而且“这些遗迹至今可能仍在以误导性的方式影响着我们的伦理思考”。

2.6 理解人性，形成共同认知

作为这个星球上唯一掌握了智慧能力的种群，人类在短短的几万年时间里取得了相对其他种群的生存优势，又在更短的几千年里发展出独特的文明形态，更在短短的几百年间凭借科技进步进入加速发展阶段。遗憾的是，人

① [美]丹尼尔·丹内特：《自由的进化》，辉格译，山西人民出版社，2014。作者是塔夫茨大学教授兼认知研究中心主任。

类文化并没有在这几百年间驾驭住物质力量的脚步，反而被民族、国别甚至肤色各种因素割裂开来，成为迅猛发展起来的民族国家以邻为壑、推行不平等政策的挡箭牌。可以说，在超级心智的影响下，在身心分离的困扰下，“致知”落后于“格物”，“性”已到尽处，但“知”还未“致”出。现代学者谈及文化，谈及文明性，也都是多强调差异，强调对立。更有甚者将文化与种族关联起来，试图为文化融合制造不可逾越的障碍。好一些的，也不过是将世界文明划分为几大块，预测未来必将出现文明间的冲突云云。

但是，同是走出自然丛林的人类后裔，真的就无法在掌握了如此强大的物质力量之后，于文明层面上取得一致认识，共同谋求更高层次发展了吗？为了回答这个问题，人们有必要先在人类学研究中找到一些参考，像人类学家一样思考田野故事中遇到的潜在问题、挑战和后果[①]。人类学的研究也许可以向人们提供某些对自身的理解和对未来的展望。此时，人类学家所关注的价值取向——文化相对主义便可得以体现。

人类学家认为，由于只有每个民族本身才可以对自身的文化做出评判，那么在人类学研究过程中也需要抱有这种态度，才可以对被观察对象做出公正的描写。基于自身文明的道德取向来评价其他民族尤不可取。此外，由于人类学观察的对象是活生生的人类群体，因而是一门充满变数的实验科学。人类学家们无法像自然科学的实验者那样找到可以固定操作的自变量和因变量，然后开始做实验。这些因素叠加起来，使得人类学的研究更加从整体化的视角出发，会注意到在这个民族内部的技术条件、经济水平、风俗习惯、

---

① ［美］约翰·奥莫亨德罗：《像人类学家一样思考》，张经纬、任珏译，北京大学出版社，2017。作者是美国纽约州立大学波茨坦分校人类学系教授。本书遵循以问题为基础的独特指导原则，用 11 个问题，来为人类学一两百年的学术成果提纲挈领，每章都围绕一个关键问题精心组织，生动地展现了人类学家所面对的核心概念与问题，有助于人们深入掌握人类学研究人类行为和观念的方法。

宗教仪式和意识形态等元素往往是互相联系的。

整体化思考使得人们在对“人性”的理解上，正在逐渐促成自然科学和社会科学发生融通，这将会赋予未来人类强大的分析和预测能力，以应对即将到来的巨变①。一方面，几百年来的科技进步已经赋予了人类改变自身生物本性的力量；另一方面，人性面纱的逐步揭开还在启迪人类进一步打开新的时代。融合而来的文化将关乎人类未来走向。

于是，当人们将观察的视野放得更长远些，放在更加广阔的时空背景下，将整个宇宙从130亿年前至今的历史都缩放在一起，将人类这个物种置于生物圈甚至整个宇宙的历史之中，就会发现，“不管秩序的根源何在，它的产生，不管是在太阳上还是在股票交易所里，都需要创造一种能够流通并控制巨大的能量流而使之不流失的结构。这是一种非常难以掌握的计谋……大致上说，一个现象越是复杂，它就必须玩弄更多的能量流，更容易破裂”②。作为生物体，人类的进化当然也遵循着同样的规律。但与之不同的地方是，人类不仅很快适应了这套玩法，而且还能持续不断地改造环境以适应自己的需要。作为社会性动物，人类还发明了语言和文字符号进行相互沟通，通过群体认知实现了种群内部的协同，从此释放并控制了更大量级的社会化能量，改变了自身的认知能力和周围的物质环境，直到今天形成全球连为一体的知识体系和经济体系。人性与文化、自我与社会这些概念都在不断被重新定义，不断“致”出的新“知”大大加速了人类社会的进化，在短短几千年的时间里就改变了整个地球的面貌。

---

① [美]爱德华·威尔逊：《知识大融通：21世纪的科学与人文》，梁锦鋆译，中信出版社，2016。作者是美国国家科学院院士、国际生物学大师。

② [美]大卫·克里斯蒂安，《时间地图：大历史，130亿年前至今》，晏可佳、段炼、房芸芳、姚蓓琴译，中信出版社，2017。作者是美国历史学家、“大历史”学派创始人、国际大历史学会主席。

可以引以为鉴的是，在这场人类改变世界能力大提升的过程中，尤为引人注目的那次大约发生在7万年前人类大脑里的认知革命[①]。在打猎闲暇之余围坐在一起讨论当天趣事、回忆过往战绩、畅想未来收成，原始人们逐渐能够想象出不在眼前的事物、在族群内部开展长期稳定的合作关系、建立起赏罚分明的经济组织。偶然的基因突变彻底改变了智人大脑的内部连接方式。第一个用虚拟故事支撑起的人类社会浮上水面。

在这场认知革命之后，人类开始以前所未有的方式进行思考：不但拥有了想象力，更重要的是大家可以在一起想象，共同编织出虚构的故事，并在时间和空间维度上不断延伸传播。新一代的智人们就是这样在地球上集结起之前无法想象的人力规模，建立起幅员辽阔的国家，统治一辈子都可能不曾谋面的陌生人，发展出连绵几十代人的文明，即便在此过程中遭遇战火和灾荒的中断。

如今，人类站在了新的历史潮头，人类发展也需要有新的共同认可的“故事”来激励，要“致”出更大的新“知”来。这个新“知”应该要超越地域、民族、国家、宗教所有这些曾经助力过人类发展但又给人类留下过深深伤害的“故事”；这个新“知”必须能被所有现存的地域、民族、国家、宗教背后的民众所接受，能够解决困扰他们的和平与发展难题；这个新“知”必将能给这个蓝色星球上所有热爱生命、珍惜和平、憧憬幸福的人民带来更加美好的明天。

---

① [以] 尤瓦尔·赫拉利：《人类简史：从动物到上帝》，林俊宏译，中信出版社，2014。作者是耶路撒冷希伯来大学的历史系教授。

第 3 章　修辞立诚

“诚意”是由探求外物规律到追求内心修为的重要转折步骤。不经此阶段，要么就只能始终在外物的范畴内钻研，但不得“为学”之门而入，缺了灵性；要么就潦草胡乱地轻易翻过，但从此误入“经世”的歧途，失了厚重。

在这个千古必争的关键环节上，朱熹继承了由周敦颐主“静”到程颐主“敬”的思想，主张通过“持敬”的方法实现内心修养的升华，认为“能穷理，则居敬功夫日益进；能居敬，则穷理功夫日益密”[①]，设法将作为道德修养方法的“居敬”与属于认识论的“穷理”连接起来，打通“格物致知”到“诚意正心”的关节。

王阳明则认为没有必要再多增加一个“持敬”的环节，“如新本先去穷格事物之理，即茫茫荡荡，都无着落处，须用添个‘敬’字，方才牵扯得向身心上来”[②]，是朱熹将“格物致知”与“诚意”的位置放错了。

在经过龙场悟道之后，他进一步得出“大学之要，诚意而已矣；诚意之功，格物而已矣”[③]，“诚意的功夫只是格物致知。若以诚意为主，去用格物致知的功夫，即功夫始有下落。即为善去恶，无非是诚意的事”[④]，“格物致知”都不过是“诚意”的功夫。

可是王阳明这里要格的天理不是朱熹的“事事物物皆有其理”，而是将

---

① 语出《朱子语类・学三・论知行》。

② 语出《传习录》上卷 129 条。

③ 语出王阳明为古本《大学》所作的短序《大学古本序》。

④ 语出《传习录》上卷 129 条。

心和理统一起来，认为心就是天理，世界上不存在人心之外的事物和道理。因此实际上相当于跳过了朱熹强调的对外界事物的探索过程，直接进入心的修为阶段。这虽然极大缓解了当时士子们无法按照朱熹遍格世间万物、实践为学方法的苦恼，王阳明也因此很快通过讲授心学招揽了大批拥趸，但从此留下王学逐渐趋于空洞缥缈的隐患，以致明代后世王学传人多有空谈心性，不讲实务的毛病。

更严重的问题则在于“诚意”的问题仍然没有得到妥善解决，留在那里几百年，一直等到今天需要借助文学、语言学和思维科学的进展重新进行审视。我们要抓住“诚意”处于引导修为者从探求外物到追求内心的转换阶段的本质特征，考察人在对外交接事物和对内融通心理的分界面，才能最终找到连接物与心的两大部件，那就是语言与思维。

这样就可以将对“诚意”的理解拆分为“立诚”和“达意”两个阶段，分别对应语言修为和思维修为，顺利实现从物到心的平滑承接，解决这个千古难题：语言文字可以外在物化，思维活动则存于内在心理。语言又可以通向思维，思维反过来要诉诸语言。因此，既可以说是语言的出现促进了更高层次思维的产生，也可以说是思维发展到了一定程度必然要找到新的可以承载其信息的语言形态。

有关语言在修养内心品德方面的作用，在《周易·乾卦·文言》里有记载，“子曰：君子进德修业。忠信所以进德也；修辞立其诚，所以居业也”。唐初经学家孔颖达在《五经正义》里将其疏解为：“辞谓文教，诚谓诚实也。外则修理文教，内则立其诚实，内外相成，则有功业可居。”所谓“修辞立诚”，就是说要形成良好的言辞才能建立美好的品行，对表露在外部文辞的修正，也就是在对内塑造诚实的品格，这是一体两面的事情。

《周易·系辞上》里有记载：“君子居其室，出其言善，则千里之外应之；居其室，出其言不善，则千里之外违之。”《周易·系辞下》里也有记载：“将叛者，其辞惭。中心疑者，其辞枝。吉人之辞寡。躁人之辞多。诬善之人，其辞游。失其守者，其辞屈。”这就更将不同言辞可能对应的人物品格，乃至事功结果给出了具体的描述。

《左传·襄公二十四年》里有记载：“豹闻之，大上有立德，其次有立功，其次有立言。虽久不废，此之谓不朽。”也解释了“立言”会受到“立德”的影响作用：“言”与“辞”都在表达思想感情，那么内心道德品质的差异也必然会影响言辞，形成优劣之分。同样，选择怎样的言辞表达情感，潜移默化也会反过来影响内心的状态，对德业产生重大影响。

民间谚语有“恶语一句六月寒，良言一句三冬暖”，人们也常用“言为心声”“文如其人”来形容言辞与品德的表里关系。可以说，一个人所使用的语言文字就代表了他的内心状态和修养程度。同样，在日常生活中人们也可以通过大量的阅读和练习，不断提高自身的语言修养水平，找到一条切实可行的修炼诚意的途径。

本章想要介绍给读者的，就是千百年来人类社会积累的有关使用语言文字表达内心情感的宝贵遗产。美妙的诗词歌赋、精彩的故事传说、起伏的创作生涯、丰富的表现体裁、深刻的艺术思想、复杂的对话语境和精湛的修辞技艺，都是人们在“立诚”时取之不尽、用之不竭的动力源泉。

儒家在利用文学完成直抵内心的教化作用上取得了令人叹为观止的成就，也经历了逐层递进的三个阶段：从孔子开始，通过对先周春秋时期诗歌的整理发掘，经过删改提炼后的《诗经》就奠定了“诗教”在儒家经典中的绝对地位。一直到秦汉魏晋南北朝，中国的贵族阶层和文人雅士都能够不断地从中汲取人生奋斗的力量，发出指向天命的感慨；到了唐宋时期，由于宫廷文人们的持续改进，音韵格律越来越成为赋诗填词中必不可少的标准，这也使得诗歌创作越来越成为具备基本文字功底的普通士人可以胜任的通用能力，诗歌在抒发情感、表达志趣、叙述境遇、净化心灵方面的作用得到进一步加强；再到元明清时期，民间市井文化的普及让更大多数已经功名无望的儒门子弟可以通过谱曲作剧在另一片广阔的市场空间找到自己的容身之地，当然，他们的努力也将儒家底层的核心思想通过文学形式深入到了普通民众的生活之中。通过文学教化民众也同时完成自我修养提升的伟大创想就这样在儒门几十代弟子的传承中得以实现。

在这座文学宝库面前，人们可以学着去吟诗颂词，试着去著文抒情，可以从那些文学巨匠的生平中获得感悟，可以从那些鸿篇巨制中体验震撼。人们可以在不同语境的文本中比较差别,体会不同时空中人类共通的情感经历，人们还可以更进一步去探索语言学的规律，发现语言与思维的相通之道，为最终进入内心修为的境界找到一条“修辞”之路。

3.1 不学诗，无以言

中国是一个有着悠久诗歌传统的国度。当先民们从繁重的生产劳动中解脱出来，开口用一段段声调抑扬顿挫、语气慷慨激昂的话语，在广袤的田野之上、幽静的山谷之间和宽阔的河流之畔，激荡出连绵不断的唱和应答时，人类的诗意文明开始了。

同样，人们在展开深入的修为历程时，也可以选取诗歌作为所有文字阅读体验的起点，由诗入经，由经循史，由史治略。当人们倦怠于卷帙浩繁的文献史料，迷惑于纷繁复杂的时局世情时，如果能静下心来欣赏那些发自远古的概喟，揣度古人于彼时彼景下的心情，就会发现事情总不至于太坏，道路总不至于太偏。

中国有文记载诗歌的总源头无疑就是《诗经》。孔子曾说“不学诗，无以言”[①]，也曾说过：“诗，可以兴，可以观，可以群，可以怨。”[②]这里的“诗”指的都是《诗经》。可以说，《诗经》在用美好的语言文字培养中国人最底层的人生观，在如何看待整个宇宙、自然界、社会生活及他人的基本价值观念上发挥了超乎想象的作用，是从《诗经》中的文字生发出来儒家思想中最原初的仁爱情感。人们无法想象一个沉浸在《诗经》所描述的美好情景的人，会拒绝接受美美与共的想法，会产生不出恻隐为善的念头。

《诗经》的编纂过程其实就是孔子在向学生、向后人表述自己心志与情趣的通道，是孔子假之代述的大言。有学者认为是颜回的早夭给孔子带来无尽的哀伤，这影响到了他对于天命的理解和人世的关怀[③]。这份发自内心的倾诉也得到了后人们的反复应和，2000 年来有无数学者倾注大量心血在《诗经》的注解赏析之上，以解经的方式延续着原创者不朽的“明德”。光是在明代，据现有的考证资料所知就有 600 多种存世和散佚的诗经研究著作[④]，可见当时人们对《诗经》的关注程度是奉如显学的辉煌，这也让今天不学诗的人们不胜唏嘘。

现代学者则开始以文学的角度研究《诗经》的思想内容和艺术特色，评价其在中国文学史上的地位，考证其编订的经过、产生的年代地域，从而开启以文学之体、文章之学讲经的评诗新境界[⑤]；也有从《诗经》本身的文学价值出发，努力恢复其作为诗歌的本来面目，阐明诗歌创作的背景和旨意，

---

① 语出《论语·季氏》：尝独立，鲤趋而过庭。曰：“学诗乎？”对曰：“未也。”“不学诗，无以言。”鲤退而学诗。

② 语出《论语·阳货》：子曰：“小子！何莫学夫诗？诗，可以兴，可以观，可以群，可以怨。迩之事父，远之事君。多识于鸟兽草木之名。”

③［日］吉川幸次郎：《中国诗史》，章培恒、骆玉明等译，复旦大学出版社，2012。

④ 刘毓庆：《从经学到文学：明代“诗经”学史论》，商务印书馆，2003。

⑤ 周满江：《诗经》，上海古籍出版社，中国古典文学基本知识丛书，1980。作者出生于 1934 年，是广西师范大学教授。

博采历代对《诗经》评注的精华，加以自我理解，为每首诗创作白话文体的对应诗句[①]。这样让现代人读起《诗经》来朗朗上口，从而复原这些诗歌在创作之初时的意境。

如果说一部诗三百始终是在关怀人的活动和命运，那么相映成趣的《楚辞》则在以人类的卑微之躯向天发出宇宙为何的询问，展现的是中国人自古以来对自然世界的好奇，表现出的是人定胜天的意志[②]。沿着楚辞的脉络，同为楚人的项羽和刘邦分别在《垓下歌》和《大风歌》中感慨天命难违和奋发有为的精神状态，从此成为后世文学此类意向的发端。

虽然《楚辞》的作者曾经被人考证为汉代的淮南王刘安：当年刘向、刘歆父子为了抹杀刘安的文学成就，于是从更远古的历史中找出了屈原作为忠君爱国的形象冠以他们收集整理的《楚辞》文本[③]。这桩历史公案在20世纪20年代和80年代还分别引发过两场大论战，甚至引得日本学者前来论战。否定之否定后，人们会对楚汉之际的复杂文化传承关系有更深刻的理解，也会对汉代早期文本的增删历史有更细微的体会。

与沿袭自《诗经》和《楚辞》风格的辞赋[④]中无处不在的抒情段落不同，汉代出现的俗曲却是以叙事诗为主，这也是汉乐府的精粹所在[⑤]。在对汉晋之间发展出的这些五言诗运用西方戏剧文学中常见的范式分析后，学者可以归纳出四种常见的现代文学模式，即戏剧、叙述、抒情和象征[⑥]。在这个框

---

① 程俊英：《诗经译注》，上海古籍出版社，2012。作者出生于1901年，是中国古典文学研究专家，曾任华东师范大学教授。

② 郭维森：《屈原》，上海古籍出版社，中国古典文学基本知识丛书，1979。

③ 何天行：《楚辞作于汉代考》，山西人民出版社，2014。

④ 曹道衡：《汉魏六朝辞赋》，上海古籍出版社，中国古典文学基本知识丛书，1989。

⑤ 王运熙、王国安：《汉魏六朝乐府诗》，上海古籍出版社，中国古典文学基本知识丛书，1986。

⑥ ［美］蔡宗齐：《汉魏晋五言诗的演变：四种诗歌模式与自我呈现》，陈婧译，北京大学出版社，2015。作者是美国伊利诺伊大学香槟校区中国文学及比较文学教授。

架下，人们可以看到曹氏父子如何继承发展汉乐府民歌的叙事传统，开创建安文学的新局面[①]；曹植署名咏叹志同道合者之间诚挚的友情，这在后世看起来不足为奇，但在当时却首开先河；阮籍与嵇康在极端阻塞的政治环境下运用象征手法向内心探索[②]。这些于诗歌创作中遇到的困境和实现的价值赋予了古人在诗歌创新方面的现代意义，也让人们可以从西方文学角度重新发现这些伟大诗人的文学价值。

从美籍华裔比较文学学者田晓菲的西方文学视角看来，三国时期重要的文学象征包括了三曹父子、建安七子、铜雀春深、周郎赤壁，并且在历代的持续加工后被赋予了越来越深厚的意义[③]。然而，最初的历史事实却有可能就这样寂寞地隐藏在了层层的文学迷雾之中，让今天的探究者必须再反过头来穿透文字的遮掩进入当时的境况中，才能体会当事人在彼时编织诗歌羽翼、祈望穿越时空的心情。这场接力赛包括了曹丕的《典论·论文》、谢灵运的《拟魏太子邺中集诗》和萧统编撰的《文选》，是在它们跨越时空的接续努力下，魏晋南北朝的文人们才得以联合构建了所谓的“建安文学”。

发端于建安二十二年（217）那场席卷全国的大瘟疫所带给曹丕的感慨人生苦短，必须立言以不朽的想法对后世产生了巨大的影响。一时之间，曹氏政权内部的多位重要文人，如徐干、陈琳、应玚、刘桢等人忽然离去的生命在那个乱世里放大了诗人敏锐的感受力，让他终于意识到“盖文章，经国之大业，不朽之盛事。年寿有时而尽，荣乐止乎其身，二者必至之常期，未若文章之无穷”。果不其然，“于我心有戚戚焉”的谢灵运在东晋年间又以

① 李宝均：《曹氏父子和建安文学》，上海古籍出版社，中国古典文学基本知识丛书，1978。

② 徐公持：《阮籍与嵇康》，上海古籍出版社，中国古典文学基本知识丛书，1986。

③ [美] 田晓菲：《赤壁之戟：建安与三国》，生活·读书·新知三联书店，2022。作者是哈佛大学东亚系中国文学教授。

当时文坛流行的“拟作”手法，揣摩曹丕的心情，将这些“觞酌流行，丝竹并奏，酒酣耳热，仰而赋诗”的文人雅士在七首组诗和一篇托序中复活了一遍，间接达成了曹丕希望在诗歌中永生的遗愿。文学的衣钵就这样传承下来，等流传到南朝的萧梁时期，在萧统和萧纲兄弟俩的感伤怀念下，又通过编选和节录建安时代流传作品的方式再次完成了对建安文学的重构，并从中看到了自己的影子。

这种对文学意向反复裁剪的例子还有很多，“釜”既可以在当时被臣子作为贺礼进献给主公，暗示治国以表示忠心，也可以出现在后世的记载中作为政治发难现场的道具，隐喻兄弟相残的残酷；曹操渴望通过在铜雀台维持例行的歌舞表演，以获得在死后仍能享受人间欢乐的遗愿被西晋的陆机在《吊魏武帝文》记载并流传下来，结果真的以“铜雀妓”的文学形象和“铜雀砚”的商业模式为人们世代追寻；对三国主题的浪漫想象还延续到了唐代的杜牧和宋代的苏轼，他们将“赤壁”的概念由一场著名的南北战争场面，扩展成了蕴含历史上让人无奈的阴错阳差和人生中令人感慨的跌宕起伏各种元素的文学综合体。直到今天还有众多不断延伸的小说、电视剧和电影在此基础上诉说着自己所关心的话题。

横跨东晋和刘宋时期的陶渊明也是通过文字获得永生的典型例子。甚至到了 20 世纪 60 年代，人们还在激烈地争论陶渊明的形象是不是一个积极从事劳动生产、脱离自身阶级深入到人民群众中的典型人物。实际上也有人指出他当时担任最后一任官职彭泽令，其实就是为了攒够足够的俸金以维持在乡间的自足生活①。今天人们已经很难去精准地考证陶渊明的真实生活状况，甚至就连他流传下来的文字也在经过几十代爱好者的抄写和复印后难以辨认原始文本。

① 廖仲安：《陶渊明》，上海古籍出版社，中国古典文学基本知识丛书，1979。

究竟是通用本反映了他的思想，还是在“异文”中才展露了他的真意，1000多年来众说纷纭却莫衷一是。无论是手抄本时代，还是印刷机时代，一个永恒的话题是：自认为理解原作者的当事人有没有权利将自己的想法加入还将继续流传下去的文本之中，成为历史长河里的共同创作者。前工业文明时代的人们没有版权意识，每本书都是无数前人累积造成的作品。新近的创作者并不在意自己的署名，甚至托名更古远但也更著名的人物，以期望自己的思想能够得到更大范围的传播。这也不失为在那个缺少传播渠道、无法立言以传世年代里不得已而为之的办法。于是，越来越多的生命感受汇聚到了一起。

但这给后人们辨识原作者的最初思想带来了极大的不便，后世不得不为此展开可能永远没有最终正确答案的考据和辩论。有趣的是，原来静态的文本在动态的讨论中得以复活，再次得到了新鲜的生命。就以陶渊明最著名的“采菊东篱下，悠然见南山”诗句为例，“见”字一直是历代诗家最为推崇陶诗神韵之所在的诗眼。然而与人们想象的不同的是，也有大量证据在指明陶渊明当时用的可能就是为众多推崇者们所鄙夷的“望”字①。所以，究竟是诗人用“见”字代替“望”字，为后人们留下那个但见山而不求山的轻松自在形象；还是人们想象出的这个悠然自得的形象在运用历史的大手，将“望”字圈点删改出后人们所看到的那个“见”字？

当以田园诗著称、人到中年的陶渊明选择隐入山林之时，另一位开辟了山水诗风格的诗人谢灵运还正意气风发地活跃于中国南方的奇峰异岭之中②。世袭贵族的身份虽然已经不能保证他在政坛上的稳定地位，但富甲一

① [美]田晓菲：《尘几录：陶渊明与手抄本文化研究》，生活·读书·新知三联书店，2022。

② [美]田晓菲：《神游：早期中古时代与十九世纪的行旅写作》，生活·读书·新知三联书店，2022。

方的庄园田产足以支撑他游山玩水的所有开销。后人们可能会惊叹于他笔下诗句所描述的自然山水风光，之前从未见于汉语世界。这些景色可能之前曾为渔父樵夫所见，但谢灵运却可能是这世上第一个以旅行家和诗人的身份亲临此地的见证人。山水对诗人性情的陶冶作用是巨大的，悲剧则在于诗人的政治身份：愈是感慨于人与大自然间完美的融合，就愈是难以见容于污浊倾轧的仕途。终于，诗人在完成他向诗的世界引入前所未见天人合一境界的使命之后，就不幸地摧折在刘宋王朝的政治旋涡之中了。

晚生于谢灵运约 30 年、刘宋时期的现实主义诗人鲍照则是一位以诗入仕的幸运儿[①]。在发出“千载上有英才异士沉没而不可闻者，岂可数哉！大丈夫岂可遂蕴智能，使兰艾不辨，终日碌碌与燕雀相随乎”的豪言后，他终于通过献诗言志得到了临川王刘义庆的赏识，被任命为临川国的侍郎。后来他在辅佐临海王刘子顼任卫军参军的职位上，卷入了晋安王刘子勋的反叛行动,兵败被杀。宋明帝刘彧在平定完这场“义嘉之难”后也将国力损耗殆尽。然而，大量刘氏皇室宗亲、地方属臣和文人雅士被屠杀后，留下的巨大空白地带却给了寒门将领萧道成，以及后来的萧衍得以成势的机会。

一个有趣的历史现象是，这些以武功夺取政权的帝王都是博学多才的学者，在当政期间都表现出对文学之士的尊重和提携，而且其本人往往就是当时文学团体的重要成员。可比拟“三曹”的萧衍和萧统、萧纲、萧绎父子四人就是如此[②]。回顾整个萧梁时期，治国者以身为范、以文教治国的思想理念和实际行动在中国历史上发展到了顶峰。

可是帝王与文学家的双重身份却给父子四人的命运带来了格外沉痛的灾难。当然，萧衍晚节不保的痛苦随着自然寿命的终结而转瞬即逝，萧统的早

① 刘文忠：《鲍照和庾信》，上海古籍出版社，中国古典文学基本知识丛书，1986。

② [美]田晓菲：《烽火与流星：萧梁王朝的文学与文化》，生活·读书·新知三联书店，2022。

逝在事后看来其实是一种提前的解脱，萧纲在两年的傀儡位置上也表现出了儒者应有的高尚人格与气节，但家国沦丧的苦难最后还是得由萧绎来承受。萧绎确实很难理解为什么自己在以文修身这条道路上做得这么出色，在作为一名儒者真正实现了从内到外的修齐治平之后，还会遭受亡国夷族的灭顶之灾。现在看来，只能说是儒者在完成了自身的“明明德”之后，如果不能进一步“亲民”，而是只在一个狭小的团体内营造浓厚的文学氛围，是经受不了残酷现实冲击的。

可以说，无论在中国历史上，还是在思想史上，萧绎在国破之时主动尽数焚烧皇室几代积累的文献典籍、宣布儒君治国彻底失败这件事情[①]背后的重大意义还并没有得到完全的理解与重视。如果说西汉末年大儒王莽企图按照经典教义治国理政的惨淡下场让儒生们不再纠结于恢复古礼，但仍不放松对自身文学造诣的追求；那么已经如此文教鼎盛的萧梁都会遭此大难，则让当时中华文化圈内所有的有识之士都不免有兔死狐悲之感。事情发展到这一地步，自东周以来儒家就竭力构想的以诗文教化建立美好社会的道路似乎走到了一条死胡同。

梁武帝对佛教的接纳首先被后人们大加鞭挞，梁简文帝萧纲所创的宫体诗也不可避免地背上了萎靡颓废的黑锅，成为萧氏父子失国的罪魁祸首。就连 100 多年前的鲍照也会因疑似有宫体诗先导的嫌疑而被牵连进来，惹得后世学者反复剖析其清白与否。其实当人们真的去欣赏宫体诗时就会发现，宫廷内的生活并不如外人先入为主想象的那样充斥着享乐和艳情的主题，饱读诗书的贵族们在诗中流露出的是对日常生活里各个方面的真情实感，因而才能打动人心。

---

① 公元 555 年，梁朝陪都江陵（今湖北省江陵县）遭西魏军队围困，梁元帝萧绎命人焚烧保存在东阁竹殿的图书 14 万卷，自叹“文武之道，今夜尽矣”，史称“江陵焚书”，是可比项羽焚烧秦宫藏书的中华文化大浩劫。

不过萧氏父子大力培育推崇的宫体诗却以意想不到的方式被保留了下来，成为后来继续将其发扬光大的唐诗的前身。他们身边围绕的文学名士如沈约等人开创的四声之说，要求以平、上、去、入四声相互调节的方法来创作诗文，推动了沿袭一千多年形式相对比较自由的古体诗逐渐开始在格律上要求更加严整规范。文人们一开始这么做，可能只是为了在宴会场合能够快速创作出质量尚可的应制诗。但规律一旦被发现，规范一旦被施行，人们逐渐发现作诗成文也不再是一件太过困难的事情。

写诗的难度降低之后带来的是更多可以参与创作人群的加入。诗歌，这种原来只为贵族阶层欣赏和从事，意图领会古人思维、提升自身修养、延续永恒情感的高级精神活动，终于可以脱下繁复的装饰进入更广大的士人阶层。从某种意义上说，也正是在此时，儒家希望以文字直抵人心的力量教化更广泛民众的“亲民”理想得到了新生。人们终将在南朝门阀贵族的废墟上和北朝军阀异族的铁骑下看到经过广泛民族大融合后浴血重生而出的文学新力量。

只是承担这份责任的人还注定要履行完一段极为曲折的人生历程，他就是由南入北，同时得到萧梁、西魏、北周和杨隋几代君主礼遇，集魏晋南北朝诗歌文学之大成的庾开府——庾信①。他曾担任过萧统的东宫讲读（小其 12 岁）、萧纲的抄撰博士（小其 10 岁）、萧绎的常侍（小其 5 岁），从 15 岁志于学时开始，就一直生活、学习在萧氏兄弟的文学团体之中。当他在 41 岁出使西魏，突遭国破之难，只能被迫滞留敌国时，前半生的镀金岁月彻底结束了。

然而，文学拯救了庾信。原来北朝的帝王们也都喜好文学，哪怕在陈朝和北周互通友好的时期也不愿放他返回故乡，而是历朝历代给他加官晋爵，

① 傅刚：《魏晋南北朝诗歌史论》，商务印书馆，2017。

尊为文坛宗师，与王侯们结为至交。但另一方面来说，也是他拯救了文学，在居留北方时期焕发出更加接触苦难生活的清新文风，以一己之力接续上了南北之间断绝了几百年的文脉，并以其在骈文上集大成的出色成就，为随后的隋唐风流开辟了新路。

后人对此看得非常清楚，因而常有“鲍庾”之说。杜甫就在《春日忆李白》中写道：“清新庾开府，俊逸鲍参军。”[①] 原来唐诗风流的上游就在鲍照、庾信这儿，是他们忠实践行了学诗以言的儒家传统，他们开创出来的以文修身的道路也必将吸引更多的士人们参与进来。曹丕、萧绎们渴望通过文章实现经国不朽的理想虽然死去了，但还会通过鲍照、庾信们文以载道的“亲民”精神永生下去。

3.2 独乐乐，不如众乐乐

20 世纪初，在中国考古学三大重要发现之一的敦煌莫高窟的藏经洞遗址中，人们陆续发掘出大量的歌辞、白话诗、变文、话本、俗赋等抄本，以及某些专集和选集的残卷，这就为新时代的研究者们重新审视中国诗歌发展的真实状况提供了极其珍贵的资料。后来，随着学者们对敦煌变文艺术、敦煌歌辞、敦煌赋，尤其是白话诗僧王梵志在中国文学史上特殊作用的深入研究，诗歌演变过程中之前鲜为人知但又极为重要的一段环节逐渐浮出水面，承接起南北朝和唐代诗歌所呈现面貌的底层逻辑。

据学者考证[②]，王梵志生活在隋末至唐初年间，出生于殷富人家，但后来家道中落，结果晚景凄凉，在 50 余岁时出家，过着四处募化求斋的漂泊

① 刘文忠：《鲍照和庾信》，上海古籍出版社，中国古典文学基本知识丛书，1986。

② 张锡厚：《敦煌文学》，上海古籍出版社，中国古典文学基本知识丛书，1980。

生活。这一时期是他诗歌创作的高潮，直至80岁左右他还写下不少回忆自己坎坷一生的诗篇。因为饱经世态炎凉，他创作了大量语言浅近但充满佛教哲理的劝世诗歌，开创了以俗语俚词入诗的通俗诗派。这一俗体诗对初唐时期盛行的华丽诗风有着强烈的冲击作用，为唐初四杰和陈子昂的新诗风创作培养了深厚的民间土壤。

今天很少提及的梵志诗在历史上真实存在并广泛流传，这印证了那些往往为人们所忽略的真相：

首先，在由南北朝入隋唐的过程中，随着律诗写作方法的逐渐成熟，诗歌创作群体已经扩散到了广大的普通士人当中。粗通文墨即可作诗，万事万物皆可入诗。诗歌创作不再那么高不可攀，诗歌内容不再那么难以理解，其中蕴含的寓意成为快速拉通人们对一些普适性哲理共同认知的沟通渠道。

其次，五言诗创作和传播的便捷性与当时僧人们宣扬佛教教义、吸引信众的需求完美地匹配在一起，成为中国诗歌迅猛发展的重要因素。虽然从文学性的角度看来，那些佛经和讲稿中的偈语都算不上什么优美的诗句。但在现实中，往往就是这样简单粗暴、带有明显目的性的传播方式，却能让长久以来只是在文人雅士群体里孤芳自赏的消遣活动，变成了极具生命力和话题性，最能打动那些善男信女向往美好生活心灵的宣传行为。

最后，佛教东传除了因地制宜地借用了中土特有的格律诗体之外，还把自己擅长的哲理意境带入了中华诗歌的创作过程中①。唐代诗人们在吸收了佛教思想的精华后，眼光与前人大不相同。王维山水诗中流露的禅宗思想自不必说，就连最为拒佛的韩愈，也不免在诗句中受到佛经偈颂的影响。其实从某种意义上说，韩愈如此态度激烈地抗拒佛教思想对中华文化的影响，恰恰是建立在他对当时佛教因素已全方面渗入到中华文明的深刻观察之上的本

① 陈允吉：《佛教中国文学溯论稿》，上海古籍出版社，2020。

能反弹。

就这样，在阴差阳错之间，诗歌作为儒家传统中至关重要，用来净化心灵、渐入诚境的修养方法，在被从西方流传而来的佛教大为利用后，第一次突破了原先只为贵族阶层所习用的身份，成为所有士人可以借以抒发情感、表达志向、探讨哲理、传播观念的有力工具。运用诗歌的场合，也从原先局限于在上层社会交往时的引经据典，达官贵人们应酬时的唱和品评，扩展到了普通士子在山水之间的吟唱呼啸，在别离宴聚时的馈赠勉励。诗歌创作也从个人磨炼心性、涵养谈吐的“明明德”阶段，提升到了可以表露心迹、惺惺相惜的“亲民”境界。从此众乐齐鸣，儒风诗雨滋养了一代又一代希望明心见性、以文辞立“诚”的士人。

一般来说，唐代诗歌的发展可分为初唐、盛唐、中唐、晚唐四个时期[①]。这其中，初唐四杰的王勃、杨炯、卢照邻、骆宾王和“前无古人后无来者”的陈子昂[②]，各自以其作为普通人并不如意的人生遭遇为载体，往日渐汹涌的诗歌大潮中汇入了更具个体生命力的思想元素[③]。他们开始抛弃宫廷诗过于严格的格律要求和滥用的典故惯例，与当时以“上官体”为代表的浮艳诗风做斗争，加入自己鲜明的个人风格，也因此而成就卓著[④]。民间的口语也

---

① 詹锳：《唐诗》，上海古籍出版社，中国古典文学基本知识丛书，1979。

② 陈尚君：《唐诗求是》，上海古籍出版社，2018。作者考证发现，写出《登幽州台歌》的是陈子昂的好友卢藏用，是他在整理陈子昂的诗集时用了这段文字来描述陈子昂。陈尚君是复旦大学中文系教授，曾经参与过重编全唐诗的巨大工程，书虽然没有最终编写出来，但他翻阅了历经1000多年从各个途径遗留下的5万多首唐代诗歌，包括佛道二藏、敦煌遗书、域外汉籍和金石文物等特种文献，因而对诗歌文本的传播变迁和历代阐释的承袭演变有着第一手的学术敏感。

③ 沈惠乐、钱伟康：《初唐四杰和陈子昂》，上海古籍出版社，中国古典文学基本知识丛书，1987。

④［美］宇文所安：《初唐诗》，贾晋华译，生活·读书·新知三联书店，2014。

随着诗人们越来越描述日常化生活而进入了原先相距甚远的大雅之堂[①]。所以，虽然在此期间宫廷诗的发展仍然在唐室中继续进行着，但盛唐气象中的萌芽已经出现，微妙的变化正在发挥作用。

几十年后，当新一代的盛唐诗人们在掌握宫廷诗的所有技巧之后，他们很容易就对其中呆板的格式产生厌倦[②]。越来越多的人需要用新的诗体来表达出自己独特的人生阅历及其背后代表的个性。王维力求某种真实性，一定要将读者带到他亲身经历的观察现场，促发相同的情感体验；与其惺惺相惜的孟浩然终身不仕的身份也让他诗中归隐山林、保持洁身自好情操的情感更有说服力[③]。李白展开对自然世界和人类情感关系的无尽想象，为月亮、河水、山川再创作出流传千古的意象元素[④]。当然，赋出“仰天大笑出门去，我辈岂是蓬蒿人”的李白也并不如世人印象中那么清高独行，反而是在得到仕途转机后信心满满地将这句诗脱口而出，这才更加符合诗人快意人生、希求一展宏图的性格。只可惜胡人安禄山的渔阳鼙鼓生生打断了他的锦绣人生，诗人随后陷于永王案，终身无法自证清白，只能在临终前托付当涂县令李阳冰整理毕生文集。

然而此时他的好友高适却正官运亨通，已经有足够的武功回应自己在边塞诗中寄托的豪情壮志；同样以边塞诗闻名的岑参虽然仕途更加坎坷，但也可以以文名垂世而自慰了[⑤]。到了中唐，白居易[⑥]、刘禹锡[⑦]的诗

---

① 蒋绍愚：《唐诗语言研究》，语文出版社，2008。

② [美]宇文所安：《盛唐诗》，贾晋华译，生活·读书·新知三联书店，2014。

③ 王从仁：《王维和孟浩然》，上海古籍出版社，中国古典文学基本知识丛书，1983。

④ 王运熙、李宝均：《李白》，上海古籍出版社，中国古典文学基本知识丛书，1979。

⑤ 周勋初、姚松：《高适和岑参》，上海古籍出版社，中国古典文学基本知识丛书，1994。

⑥ 陈友琴：《白居易》，上海古籍出版社，中国古典文学基本知识丛书，1978。

⑦ 卞孝萱、吴汝煜：《刘禹锡》，上海古籍出版社，中国古典文学基本知识丛书，1980。

歌题材广泛，语言平易通俗，创作出家喻户晓、妇孺皆闻的优秀作品。只是到了晚唐的特殊政治背景下，才有李商隐[①②]像《锦瑟》这样晦涩隐秘的诗句，在以曲折的方式表达诗人独特的心境。

随后的宋诗逐渐变得趋于理性，首先有苏轼在历经人生坎坷后始终能够豁达大度，超越对个人悲哀的感受，表达出对人生积极意义的期待，并启发了随后“苏门四学士”[③]黄庭坚、秦观、晁补之、张耒各自独特但又都强调发掘内心的艺术风格；陆游[④]始终不忘对时事表达观感，在诗中体现社会责任感；杨万里[⑤]则深沉含蓄，深得“诚意”在经世为学中的重要作用，开创出“诚斋体”，于无声中倒转惊涛骇浪，体现出自己爱国爱民的一生追求。

然而当时却有更多的文人过于着迷于利用宋词阐发个人对义理的理解，以及抒发感情。到了明代，曾经蓬勃生动的诗体开始僵硬，再也未能焕发出新机，就连清代的王士禛[⑥]对诗学的最后挽救也未能成功。不过后来吴伟业[⑦]用“梅村体”发展出来的叙事诗，倒是新辟出了一条兼有李商隐艳丽传情笔法与元白铺张叙事功力的蹊径。而顾炎武[⑧]更是用诗歌记录自己参与抗清斗争的难忘岁月，述说自己对大好河山的真挚情感，其雄壮激越、深沉宽厚的情绪一望可知。再往后，龚自珍[⑨]在《己亥杂诗》中已经不但可以用诗文表达自己忧国忧民的思绪、记叙民间水深火热的世态，还可以去议政、去

---

① 刘学锴、余恕诚：《李商隐》，中华书局，1980。

② 郁贤皓、朱易安：《李商隐》，上海古籍出版社，中国古典文学基本知识丛书，1985。

③ 周义敢：《苏门四学士》，上海古籍出版社，中国古典文学基本知识丛书，1983。

④ 齐治平：《陆游》，上海古籍出版社，中国古典文学基本知识丛书，1979。

⑤ 周启成：《杨万里和诚斋体》，上海古籍出版社，中国古典文学基本知识丛书，1990。

⑥ 宫晓卫：《王士禛》，上海古籍出版社，中国古典文学基本知识丛书，1993。

⑦ 王勉：《吴伟业》，上海古籍出版社，中国古典文学基本知识丛书，1987。

⑧ 卢兴基：《顾炎武》，上海古籍出版社，中国古典文学基本知识丛书，1985。

⑨ 孙文光：《龚自珍》，上海古籍出版社，中国古典文学基本知识丛书，1985。

建言、去醒众、去启智。延绵而来的诗脉这才终于找到了它承载并寄托志士仁人救世情怀的历史作用。

就在格律诗逐渐成为士人们吐露心志载体的同时，词作为一种诗体也在酝酿着变化。早在唐代，它本是为配乐歌唱而写的歌词，所以又称“曲子词”[①]。每一首词都按照相对固定的词调格式进行创作，一般是先有乐，再按乐谱填词，因此词在句数、字数、平仄和用韵等方面都会受到乐律的影响。由于新的乐谱不断随着人们对音乐的需求被创造出来，词的形式也就跟着变化，形成各种不同的词牌，如《浪淘沙》《蝶恋花》《沁园春》等[②]。后来，战乱等变故使得乐谱逐渐散失，再想作词的人们只能按照前人已经填好了的某个曲调，参照总结出来的这些规律，以原有的词牌为名，逐字逐句地照填下去，于是形成更加固化的格式[③]。这时的词人填词意在抒情而不在演唱，他们懂得词牌的押韵要求，但对原来产生这些词牌的歌曲反而一无所知了，词便成了一种纯粹的文学样式、一种具有自身格律特点的诗体，并在宋代得到士人们的格外垂青，以至于诗、词可以并称。

然而深入宋词所生长的社会环境中人们就会发现，宋人最早只是将词作为休闲娱乐的工具，即所谓“诗余”[④]。文人们只在涉及个人私生活中的审美趣味和娱乐功能时才会想到这种文体，正常状态下的文学表达手法还是诗体。词只能在私下里把玩，文人们在成年以后或临终传世时，以前兴之所至留下的词稿都是要被销毁的。宋代士大夫特有的文化生活、对词体又爱又藏的态度影响了宋词的发展趋势。他们过着一种双重的精神生活：一方面以诗言理，服从于理性与道义；一方面以词言情，在私人生活场景中

① 黄进德：《唐五代词》，上海古籍出版社，中国古典文学基本知识丛书，1987。

② 周笃文：《宋词》，上海古籍出版社，中国古典文学基本知识丛书，1980。

③ 陈振寰：《读词常识》，上海古籍出版社，中国古典文学基本知识丛书，1982。

④ 谢桃坊：《宋词概论》，四川文艺出版社，2016。

表现真实的个性，尽情地享乐，满足感性的需要。

生于太平、死于太平的晏殊则早早完成了李杜的所有人生想象，他写出的是圆润无憾的《珠玉集》；欧阳修在一贯的正派形象之外，也曾写出《醉翁琴趣外篇》中的70余首艳词，代表了宋代士大夫内心的另一半世界。

前半生幸福美满、衣食无忧的李清照[①]，在词中塑造的是贵族少女天真烂漫的形象，仿佛是宋代的林黛玉。然而家破南渡、再经婚变之后，却要面对孤苦伶仃、流离失所的后半生，心境一路苍凉。

人们印象中似乎永远风流倜傥、潇洒翩翩的柳永[②]，虽然曾经在宦途失意后结交民间歌伎，为她们创作出大量风靡流行的词牌，赞叹这些流落风尘的奇女子。但也在40多岁重新费力入仕之后，彻底断绝了与往日的联系，并且对自己过往的浪荡行径极为后悔，后期词文的审美趣味发生了重大转变。

印象中怀才不遇、屡遭弃用的辛弃疾[③]，却颇有理财之术。意兴阑珊之时能坐拥一片庄园，也是他名号"稼轩"的来源，笑看风轻云淡。终其一生留下九子二女六婢，也曾有财力愿为老年陆游修葺房屋，有学力与朱熹交游、探讨理学。

士人们努力在二者中找到一个平衡，文人雅士们在市井勾栏里加工创作、演唱传播流行的词牌，歌伎与词人过着相依相敬的生活，可以说是在当时日益保守的理学思想下保存个人意识的顽强努力。直到北宋覆灭，民族危痛彻骨难忘之际，南宋掀起了尊体运动，士大夫们开始用词反映社会现实，词体才出现雅化的倾向，终于走上了典雅的道路。这里比较重要的转变人物是北

① 徐培均：《李清照》，上海古籍出版社，中国古典文学基本知识丛书，1981。

② 谢桃坊：《柳永》，上海古籍出版社，中国古典文学基本知识丛书，1986。

③ 夏承焘、游止水：《辛弃疾》，上海古籍出版社，中国古典文学基本知识丛书，1962。

宋的苏轼和南宋的辛弃疾[①]。

到此人们可以发现，中国文学体裁演变的一大动力就是要满足咏唱的需求，要求文句结尾处一定要押韵，好处是朗朗上口、便于传唱，尤其是在古代书写和记录条件还很不成熟的情况下，容易口口相传的诗句才能流传下来，那些思想内容虽好但不易记诵的文字可能就有意无意地消失在历史长河里，被自然淘汰了。

然而还有另一条动力则是要满足言论的需求，要求文章以立意和内容取胜，充分表达作者的思想和情感，文句不论长短、不讲音韵，反而会刻意通过行文用词的突兀对立制造文势，以达到直抵人心的目的，这样流传下来的散文往往让人铭记的是其中的鲜明观点和曲折情节。这两条分支都是为了让文辞的力量能够强有力地打动更多人，让他们体验到发散明德以亲民的效果。

在后一条路径上，不对文句做音韵格律要求的散文长期以来被用来承担公文条律的应用责任，不被讲究语句绮丽铺张的文人们所重视。战国时期诸子百家争鸣斗智，曾经留下多篇政论散文，但一直以来“古文”与“骈文”之间的争斗不曾停歇。直到唐宋时期，由韩愈[②]、柳宗元[③]、欧阳修[④]、苏轼[⑤]、王安石[⑥]、曾巩等人不断倡导古文运动，人们开始在抒情、写景、记游

① 邓广铭：《辛弃疾传：辛稼轩年谱》，生活·读书·新知三联书店，2007。作者是20世纪中国宋史研究的主要开创者和奠基人。该书被认为是最为系统全面研究辛弃疾的传记。在同编于一书的《辛稼轩年谱》里，作者遍查宋元史籍、文集、志乘、笔记，辗转访求辛氏宗谱，对有关辛稼轩生平行实的资料进行了广泛搜讨，分年顺序叙事，每年内兼用纪事本末体，保证事迹连贯，终于匹配上诗人波澜壮阔而又丰富多彩的一生。

② 吴文治：《韩愈》，上海古籍出版社，中国古典文学基本知识丛书，1991。

③ 顾易生：《柳宗元》，上海古籍出版社，中国古典文学基本知识丛书，1979。

④ 郭正忠：《欧阳修》，上海古籍出版社，中国古典文学基本知识丛书，1982。

⑤ 王水照：《苏轼》，上海古籍出版社，中国古典文学基本知识丛书，1981。

⑥ 张白山：《王安石》，上海古籍出版社，中国古典文学基本知识丛书，1986。

等场合使用古文表达，扩大古文的表现内容，才使这种文学体裁的使用范围、功能和形制得到大大扩展①。

推动古文运动的背后是当时古文家的创作理论，即认为创作是内心情感和修养的体现，只要内心充实到一定境界，就不必拘泥章句的长短和词语的押韵，而是要尽情发挥内在的生命力，将情感和思想表现出来。这就必然冲破四六骈文在句式、辞藻、声律上的各种限定，进入更加自由的创作状态②。纵观唐宋连绵两代的骈散文之争，人们会发现它们的分歧主线其实是：散文切中实务义理，适于平实叙述；骈文追求辞藻绮丽，适于歌功颂德。所以在政局萎靡之际，则骈文大盛；而一旦有政坛新风，则散文又兴。

在唐代的韩柳之前，骈文在经历了魏晋六朝历代之后仍是主流，也就是苏轼所指的“文起八代之衰”。韩柳的功绩主要在于将自身的人生遭遇和情感心绪灌注到了应用文当中，从而使散文跨入了自由的艺术领域，并通过散文创作回答了如何复兴儒道的现实问题。韩柳之后，从晚唐、五代到宋初，文风又是崇尚绮靡艳丽，直到欧阳修才又奠定两宋的散文正统，等到苏轼为其加入文学性，才推动宋代散文达到顶峰，终于形成北宋时期六大家平易简要的文风。到了清代，桐城派③旗下的戴名世、方苞、刘大櫆、姚鼐“四祖”更是提出了为文要兼备“考据、义理、辞章”的要求，并最终在姚鼐的主持下完成了《古文辞类纂》的编纂。他们的文风甚至在某种意义上还通过林纾的作用影响到了新文化运动。

如果想要从引得“众乐乐”的诗文中广泛汲取思想，深刻体验情感，只是分析总结古人遗存文字里的平仄规律、遣词造句和咏叹场景是不够的。可

---

① 钱冬父：《唐宋古文运动》，上海古籍出版社，中国古典文学基本知识丛书，1979。作者是古典文学研究家钱伯城先生，钱冬父是他的笔名。

② 葛晓音：《唐宋散文》，上海古籍出版社，中国古典文学基本知识丛书，1990。

③ 王镇远：《桐城派》，上海古籍出版社，中国古典文学基本知识丛书，1990。

以看到即便是在唐宋，诗词的发展也是几经波折，出现过多次复兴，而每次复兴背后必定跟随着国运震动。了解那些诗人词家的生活环境尤为重要。头顶标签从故纸堆里跳出来的诗人词家仿佛生下来就会在哪些特定的时间场景下吟诵出千古佳句，然后顺理成章地流传下来被人们传诵。有伟大的人格才会有伟大的情感，有伟大的情感才会有伟大的诗句，伟大的诗句又会再培育出新的伟大人格。

儒家倡导的由文辞入手直抵人心、消除外物和内心之间可能存在的障碍的修身方法，终于经过一代又一代儒家思想传承者的努力，发挥出连绵数千年的影响力。至今，人们只要一开始吟唱起《诗经》里的字段、背诵到唐诗宋词的诗句、默念出八大家的篇章，就会一下子贴近那些曾经抵达过“诚”境，坦露过“诚”意的伟大心灵。长久耳濡目染之后，自然能够摆脱对诗文内涵的一知半解，知道诗文背后的人性有多惊心动魄。品味这些诗家的苦心孤诣，人们对那些千古名篇才能有更深刻的理解；追寻这些诗家的儒意人生，也是一条修身立诚的门径。

3.3 人生入戏，戏如人生

经过唐宋时期的发展，诗词歌赋在中国文学殿堂里一直占有最光彩华丽的地位，成为千百年来文人骚客抒情传意的重要手段。与之相反，由唐五代时期传奇发展而来的宋元时期的话本杂剧、明清时期的小说戏曲，却由于成文于困顿科场的闲士穷儒、流传于青楼瓦肆的歌伎伶角、谈笑于街头巷尾的走卒贩夫，一直不为主流的文学意识形态所认可，被认为只是取悦俗众、聊做消遣的文字玩物。就连那些呕心沥血、经年累月完成鸿篇巨制的大文学家，在当时也都会受到世俗观念的影响，认为自己做的事情比起治“时文”、谋“功名”来说不值一提，只是百无聊赖之下希望排解愤懑之情的笔墨游戏。

斗转星移，古贱今贵，如今这些文学作品的价值已经得到了世人的充分认可和尊重，当年那些身处社会下层的文学家也在庄严的文学殿堂里找到了原本就应属于他们的位置。当人们再回过头来看这些文学名著的时候，自然也需带上一份对作品和作者本身的同情与感慨。虽然现在人们接触这些文学名著的方式已经有很多了，可以直接阅读原著善本，可以观赏原著改编的现代戏曲，还可以去看原著翻拍的各种版本的电视剧和电影，但都还始终离这些真实的文学作品有一段绕不过的距离，那就是这些文学作品背后站着的那个作者和他在文字之外凝聚的深厚情怀，那就是得知道究竟是有多少事件的激发、多少情绪的积累、多少人物的推动，才让他在那个年代不计名利、不顾毁誉地投入多年，综合运用各种文学功底写成一部目光炯远、构思精巧、立意深刻的伟大作品。这些不为同时代人所知晓的孤苦寂寞，这份需要跨越时空、身后才能显名光耀的功绩，才是修辞立诚过程中要完成的最为艰难的“止于至善”。

相比于庙堂之上和文案之间的散文创作，早在先秦时期就散记在诸子文章和史传著作中的寓言①和魏晋南北朝时期就流传于民间冠以“志怪”“逸事”“传奇”之名的小说②一直未能登上大雅之堂，但它们也是无韵文学的重要形态。到了唐代，在繁荣活跃的市民文化背景下出现了唐传奇③这种文学体裁，涌现出像《莺莺传》《枕中记》《虬髯客传》《长恨歌传》这样的名篇著作。鲁迅曾说过：“小说亦如诗，至唐代而一变，虽尚不离于搜奇记逸，然叙述宛转，文辞华艳，与六朝之粗陈梗概者较，演进之迹甚明，而尤显者

---

① 刘灿：《先秦寓言》，上海古籍出版社，中国古典文学基本知识丛书，1988。

② 刘叶秋：《魏晋南北朝小说》，上海古籍出版社，中国古典文学基本知识丛书，1978。作者出生于1917年，曾任天津《民国日报》副刊主编。

③ 吴志达：《唐人传奇》，上海古籍出版社，中国古典文学基本知识丛书，1981。

乃在是时则始有意为小说。”这些故事多以神怪、剑侠、爱情为题材，是宋代以后文言短篇小说的主要样式，也成为后世说唱话本和戏剧文本的素材资源库。

有研究者认为，从 8 世纪晚期到 9 世纪初期的中唐是中国“中世纪”的终结时代，相应地在文学空间里形成了一种对自然景观的独占意识和男女之间新的浪漫文化，这些都对应了近世个人主义所必需的萌芽。“在许多方面，中唐作家在精神志趣上接近两百年后的宋代大思想家，而不是仅数十年前的盛唐诗人。”[①] 如果一定要把这所谓的“精神志趣”拆开来表述的话，那么可以说是儒家士人们在经历了盛唐宏大叙事的破灭之后，终于开始越来越将目光投向自己的私人生活。出将入相、驰骋沙场固然是人生快事，但儿女情长、笔墨游戏也有足够的精神空间供自己寄托畅想。

与此同时，人们在音乐上的精神需求也一直没有消减。到了金代，由于北方民族的兴盛，少数民族元素的曲调开始盛行起来。我国文学史上继唐诗和宋词之后又出现了一种新的文学体裁——曲。曲分南曲和北曲，包括散曲和戏曲两大类。“产生于宋金时代的散曲，它来源于少数民族的乐曲，南北地区的民间小调和一部分没有丧失音乐地位的宋词，以及唐宋以来的大曲、鼓子词、转踏、诸宫调、赚词。”[②] 等到金元少数民族政权建立起来后，统治区内汉人与胡人杂居混处，民间曲调逐渐发生融合，原先细腻悠长的宋词不再流行，取而代之的是粗犷阳刚的金元散曲。

散曲[③] 与宋词的风格迥异，民间艺人们在曲词中大胆加入来自生活的俚

---

① [美] 宇文所安：《中国“中世纪”的终结：中唐文学文化论集》，陈引驰、陈磊译，生活·读书·新知三联书店，2014。

② 刘致中、侯镜昶：《读曲常识》，上海古籍出版社，中国古典文学基本知识丛书，1985。

③ 宋浩庆：《元明散曲》，上海古籍出版社，中国古典文学基本知识丛书，1987。

语、方言和俗称，使听众耳目一新。散曲的句式伸缩也更为灵活，曲中可以自由加入衬字来调控歌唱节奏，曲句的韵脚使用也较为宽松。词与曲的行文格式都属于长短句，但背后所依赖的音乐和语境却发生了极大变化，更为自由活泼的元曲相比“篇有定句，句有定字，字有定音，音平分仄”[①]的宋词显然更具生命力。

伴随着散曲的繁盛，文学体裁上的另一个重大突破就是杂剧[②]，也是兴起于金末元初，在元代达到空前的繁荣，在元明两代出现大量优秀的杂剧作品。杂剧将歌曲、宾白、舞蹈等舞台表现形式结合起来，在唱词上广泛吸收了词、曲的格律元素，再配上一波三折的戏剧情节，终于将连绵千百年的韵文体裁发展到了新的文学高度。

关汉卿就是将杂剧这一文学体裁发挥到极致的代表人物。在元代特殊的政治环境下，编为医户的身份限制让他无法像历代读书人那样走上一条经世为学的大道，只能在编剧和演出活动中发挥自己的文学才能，寄托自己的救世情怀。然而功夫不负有心人，彼时的付出虽然无法在有生之年得以显现，但那个时代以杂剧关汉卿、南戏高则诚[③]为代表的一大批普通儒者，仍然找到了能通过文辞磨炼自己心性，在精心构造出的语言殿堂里实现毕生经世理想的途径。他们所创作的伟大戏剧作品，可以说是集之前诗、词、曲、赋等文体之大成，再加上曲折动人的故事情节，不但成就了他们自己的人生价值，也通过无数普通人的传播和欣赏，继续将儒家悲天悯人的精神流传于世。这样的一波波“止于至善”的努力，才是修辞立诚的最高境界，真正实现了人生入戏，戏如人生。

这些儒者很多都已埋名于历史的长河之中了，但其中还是有一个董姓的

① 语出元代文学家周德清（1277—1365）所著的《中原音韵》。

② 顾学颉：《元明杂剧》，上海古籍出版社，中国古典文学基本知识丛书，1979。

③ 蓝凡：《高则诚和琵琶记》，上海古籍出版社，中国古典文学基本知识丛书，1989。

读书人留下了蛛丝马迹，他就是《西厢记诸宫调》，也就是《董西厢》的作者董解元[1]。董解元乃金代的一介书生，作品虽然传世，但竟然连全名也没留下，只是以当时人称呼他为“解元”就安上了这个名字。想来“解元”也只是像后世对读书人都称呼“秀才”那样的礼貌用法，于是这位最早为后人留下相对来说属于比较著名的戏曲作品的文学家，在今天除了作品本身，能让人们知晓的也就是他是一位姓董的读书人罢了。

《西厢记诸宫调》依据于唐代元稹的传奇小说《莺莺传》，改编时把原来故事中的主人公莺莺记为博陵郡人。它还有另外一个版本，是元代王实甫对《西厢记诸宫调》进一步改编创作的杂剧《崔莺莺待月西厢记》，又叫《王西厢》《北西厢》，大约写于元贞、大德年间（1295—1307）。王实甫曾任陕西县令、陕西行台监察御史，由于不满官场腐败，愤而辞官。他回到了自己的老家定州中山府。定州在隋代称博陵郡，那里相传曾有崔莺莺的墓冢，莺莺和张生的故事在当地流传相当广泛。王实甫当时一定是接触到了相关素材，于是决心通过写戏抒发内心郁闷，开始了杂剧创作，来剖析人性中至为隐秘微妙的部分，寄托自己不能在现实中完成的愿望。

同样是表现男女之间的那份情愫，戏曲与诗歌的很大不同在于作品整体容量的提升和各种文体的组合。人们欣赏这些元明时代戏曲的文本时，往往会有一种奇特的感受：这不是先写好白话格式的故事情节内容，而是在用口语化的台词和舞台表现的动作，将单挑出来都可以传世的很多篇诗词串接起来，最后才形成一部可以在舞台上表演的说唱脚本。

《牡丹亭还魂记》就是这样一部可媲美《西厢记》的佳作。明万历二十六年（1598）汤显祖完成此书，一时之间出现“家传户诵，几令《西厢》减价”的盛况，可见其艺术魅力。“《牡丹亭》的语言，真是赵璧隋珠，一

① 孙逊：《董西厢和王西厢》，上海古籍出版社，中国古典文学基本知识丛书，1983。

语一字，皆耐人寻味。”[①] 究其原因就在于，诗歌成为《牡丹亭》中重要的语言表现手段之一，因而为戏曲带来了极大的艺术魅力。

汤显祖显然极为精通唐诗，特别善于采集原唐诗中的各个短句使其成为一首完整的诗，也就是“集唐诗”，并将其广泛运用在剧本中，达到形式整饬的效果。由于唐诗本身就很讲究平仄，出现在戏剧中读来就容易朗朗上口。汤显祖还特别善于理解原唐诗中的意境，所用诗句都能恰如其分地概括戏中基本内容，如从剧出，毫无违和，能够达到诗剧相合、戏随句转的艺术境界。而这些唐诗中，杜甫的诗句多次出现，体现了汤显祖对于杜甫诗歌成就的高度认可和生平境遇的极大关注。汤显祖甚至还将剧中女主人公杜丽娘的身份设置为杜甫的后人，其父杜太守一出场就自报家门：“‘一生名宦守南安，莫作寻常太守看。到来只饮官中水，归去惟看屋外山。’自家南安太守杜宝，表字子充，乃唐朝杜子美之后。”

结合汤显祖本人的遭遇，多次因为抗拒首辅张居正、申时行的权势而失去登科的机会，又因为上书弹劾权贵申时行、杨文举和胡汝宁，被万历皇帝贬职到雷州半岛的徐闻县做典史，最终在浙江遂昌知县任上被政敌以“浮躁”为由罢职，就不难理解他为何对杜甫的人格和诗品格外看重。汤显祖显然已将杜诗烂熟于心，于是精心将剧中人物与杜甫及其诗歌构成潜伏的对应关系，凭借其高超的诗歌创作经验，将杜甫描写自身境况的诗巧妙、自然、贴切地拆成诗句暗伏于剧中，成为戏剧的有机组成部分，增强了剧情的艺术性和可读性，终于在杜甫人生境遇和杜诗的基础上成就了《牡丹亭》。

清代杰出戏曲家洪昇和他的昆腔传奇《长生殿》也是如此。该书定稿于康熙二十七年（1688），取材于唐明皇和杨贵妃悲欢离合的爱情故事，也描

① 徐扶明：《汤显祖与牡丹亭》，上海古籍出版社，中国古典文学基本知识丛书，1993。作者曾任教于上海戏剧学院、复旦大学分校（即今上海大学），1921 年生。

写了唐朝天宝年间皇帝昏庸、政治腐败给国家带来的巨大灾难，所以剧中虽有歌颂爱情理想的副主题，但其中心是“表现作者的民族意识，以激发人民的兴亡之感和故国之思”的政治主题[①]。

这份民族意识也与洪昇的个人境遇息息相关。他虽生于世宦之家，但历经 20 年科举不第,白衣终身。他最倾心的人物则是诗仙李白,他写《长生殿》的缘由也是李白。

29 岁时，洪昇以李白为主角，创作了传奇《沉香亭》，就是想通过唐玄宗带杨贵妃在沉香亭赏花时，“李白斗酒诗百篇，长安市上酒家眠。天子呼来不上船，自称臣是酒中仙”的传奇故事，表现古时既然有李白潇洒奔放，玄宗爱惜人才，今朝自己也期待得到认可的名士心态。后来他删去剧中李白的情节，加入李泌辅佐肃宗中兴的故事，把剧本改名为《舞霓裳》。这时洪昇已是 35 岁，心中想的更多的是找到明主，建立功业。到了 44 岁，在经历了家庭巨变，观察到民间疾苦之后，他终于大彻大悟，将《舞霓裳》传奇戏曲改写为《长生殿》，写尽家国丧乱。60 岁那年，江宁织造曹寅奉洪昇居上座，历经三个昼夜演出《长生殿》全剧。在从江宁返回，行经乌镇的时候，洪昇酒后登舟，堕水而亡，终于用尽极为入戏的一生演绎了一遍他梦想中李白的宿命。

清代戏曲家孔尚任和《桃花扇》的故事也是一场人生如戏的大梦[②]。该书于清康熙三十八年（1699）六月完稿，以明末复社文人侯方域和秦淮歌伎李香君的爱情故事，反映了南明弘光政权建立与覆亡的过程。孔尚任是孔子六十四代孙，自幼继承儒家传统思想。他以戏剧的形式实现自己作《春秋》的宏愿，以男女情事来写国家兴亡，极力使书中的重大事件均有史实落脚，

① 王永健：《洪昇和长生殿》，上海古籍出版社，中国古典文学基本知识丛书，1982。作者是江苏省《红楼梦》学会副会长、苏州大学教授，1934 年生。

② 胡雪冈：《孔尚任和桃花扇》，上海古籍出版社，中国古典文学基本知识丛书，1985。

只在细节上进行艺术加工，是此剧的一大特色。

孔尚任的这番宏愿也来源于他的独特经历。早年他也曾矢志不与清廷合作，隐居读书了此一生。但后来他在衍圣公孔毓圻的邀请下出来做事，于康熙二十三年（1684）恰巧遇上康熙在曲阜谒孔庙行祭礼，为皇帝讲经导游，得到赏识，于是被授为国子监博士，误打误撞进入仕途。

随后的16年官宦生涯让他认清了异族统治者的真面目，也在治河经历中更加了解了民间疾苦，再通过在社会底层探访那些经历过南明政权倾塌过程的历史见证人，孔尚任萌发了通过戏剧再现那段让世人不堪回首的往事、抒发南明遗民亡国之痛、探索国家治乱兴亡之道的愿望。完稿后的第二年，孔尚任也终于被清廷废用，罢官免职回乡，一场黄粱大梦之后又回到了老家曲阜去和夫子相伴。

《西厢记》《牡丹亭》《长生殿》和《桃花扇》，合称中国四大古典戏剧。从金代到清代，从无名书生董解元到孔子后人孔尚任，人们读完他们的作品和人生之后，当有伟大作家都是自己作品的注脚，伟大作品都是作家人生的写照，人生入戏、戏如人生的感觉。

相比戏剧作家用舞台上的剧目无数遍地演绎自己未能如愿展开的人生，通俗文学家则在他们的基础上广泛收集整理各种话本故事编辑成书，勾画出并保存下更加活色生香的人生百态图画。这里最为著名的就是明代的冯梦龙和他的《喻世明言》《警世通言》《醒世恒言》（并称“三言”）。这些作品约成书于明代天启年间（1621—1627），主要是对宋元话本、明代拟话本进行的编辑、修订和再创作[①]。“三言”刊行以后大受欢迎，这启发了明代另一位通俗文学家凌濛初开始收集更多拟话本结集刊册，分

① 缪咏禾：《冯梦龙和三言》，上海古籍出版社，中国古典文学基本知识丛书，1979。作者是我国第一代编辑出版家。

别于天启七年（1627）和崇祯五年（1632）出版了《初刻拍案惊奇》和《二刻拍案惊奇》（并称“二拍”），并在表现明末社会现实的意义上有突破“三言”的思想价值[①]。

毋庸置疑，冯梦龙和凌濛初的创作可以从历史大背景中找到根源。他们身处同一时代，分别为江苏苏州人和浙江湖州人。前者曾任福建寿宁知县，后回乡从事著述，其晚年奔走反清大业未成，于明亡后两年的1646年忧愤而终；后者曾任上海县丞和徐州通判，晚年在清军入关的乱局中带兵平定流寇，受困而死于明亡当年的1644年。从世俗意义上来看他们都不过是历史巨浪抛出的两朵浪花，但他们的经世为学理念却早已融入不朽的文本之中。这份价值不必在当时的功业中显现，就完全可以从修辞而得的“诚”意中得以见证了。

果然，清人建立政权后加紧利用科举制度禁锢士子的思想，满汉不平等的民族歧视政策又使得官场风气更加污浊。出身书香门第的吴敬梓，本应走读书中举的进仕之路，但入学为生员后在病态的社会环境下屡困科场，又遭遇了家业衰落，饱尝世态炎凉。他在经历了清朝康熙帝、雍正帝、乾隆帝三代，看遍了举业官场里的种种黑暗腐败丑相之后，终于自觉地意识到不合理的社会制度应该被打破，而自己唯有拿起笔来去揭示这些丑恶的事物，在《儒林外史》中为当时道德沦丧的伪儒众生相立下一块照妖镜[②]。

通过三言、二拍、一外史，道尽明清社会的人生百态，可见当世的大儒们已经找到了通过传世的文学作品完成个人修身和教化民众的新途径。他们是在以生命为尺度丈量世态，阅尽苦难沧桑，然后反哺给大众回归本心的宏愿。他们在完成自我精进的同时，也实现了将儒家积极入世、担当社会责任

① 马美信：《凌濛初和二拍》，上海古籍出版社，中国古典文学基本知识丛书，1994。

② 王俊年：《吴敬梓与〈儒林外史〉》，上海古籍出版社，中国古典文学基本知识丛书，1980。

的理念向广大民众推广的重任。世人们也许再也看不到传统意义上的儒家圣贤再世，但却能在文学作品中处处受到家国情怀和仁孝之心的滋养，这不就是夫子所倡导的儒门子弟应该去完成的志业吗？

3.4 杜甫：由诗入圣的榜样

能听从夫子倡导，遵循儒家思想指引，在中国千百年来历史中于诗歌创作领域达到登峰造极地位的伟大人物，就只能是被后世誉为“诗圣”的杜甫了。“诗圣”与“诗仙”“诗豪”“诗鬼”等称号不同的地方在于，“圣”是一个普通人能通过自我修为的努力实现影响后世的效果所能抵达的最为极致的境界。明清之际的著名文学批评家金圣叹遍读天下诗书，却独将《杜工部集》评为最能代表律诗方面的成就，和《庄子》《离骚》《史记》《水浒传》《西厢记》并称为“六才子书”的佳作。他甚至将自己代入杜甫当年生活的场景之中，步步追寻诗人初年唱和答作、迎来送往，随后又宦途失意、流离失所的心路历程，找到过两个绝世奇才跨越数百年惺惺相惜的体验[①]。

杜甫当然无愧于这个称号，但他究竟为什么这么伟大，值得一代又一代的人们去称颂和赞美？他又是如何在众多杰出的诗人之中脱颖而出，用尽一生的精力做到这一切？这些问题很有必要深入思考。因为只有真正读懂了诗圣杜甫，人们才可能真正理解修辞立诚的重要性和可行性，才可能找到一生可以去学习和追寻的榜样，才可能在陷入山河变色、穷困潦倒的境地时，仍能保持一颗初心，仍能坚持儒家经世为学的亘古理念，哪怕一身抱负没有显

① ［清］金圣叹：《金圣叹选批杜诗》，北京联合出版公司，2016。书后附录的《金圣叹先生传》和《辛丑纪闻》，描述了先生无辜遭受牵连、莫名其妙罹难的事由经过，让人唏嘘不已。

于当世，也有足够信心去等待“千秋万岁名，寂寞身后事”[①]的到来。

杜甫的伟大首先是由他所生活的那个时代赋予的。说到这里，人们通常都会承认“安史之乱”是唐王朝由盛转衰的关键转折点，杜甫恰逢其时地经历了这个历史事件，目睹了唐代社会在动乱前后的巨大差距，亲身体验了个人境遇突遭变故后的颠沛流离[②]。这些客观因素都为杜甫创作在思想性上不同于以往的诗歌提供了千载难逢的养料。

然而，这还不足以说明杜甫的伟大意义可以超越其他那些感喟易代之痛和民生维艰的苦难派诗人。人们要想理解这一点，就必须从安史之乱在整个中国古代历史上都是唯一一道分水岭的角度来识别和判断。遗憾的是，当事人和评论者可能都没有意识到这次巨变的不同之处，毕竟历史事件的“第一次”价值，只能摆置在更加长远的观察周期里才能凸显出来。此处人们的疑问，可以放在随后的“鉴史齐家”阶段再做考察和解释。

其次，为圣者不但要在已有的领域做到一流水平，还要能够打开新的空间，让后来者援引为例。抛开杜甫在吟山咏月、抚花弄草这类题材诗歌上所达到的不俗造诣不说，他在“三吏”“三别”[③]的组诗中通过极为具象细微的场景体现出其对儒家价值观的理解，就足以让后世一代又一代有着同样信仰的儒者去模仿、去学习、去提高了。杜甫自己沉浸在被歌咏对象的真实生活场景之中，去体会他们面临为人处世难题时会有的心态，发动内心和他们产生共鸣，这才有了一片以前从未呈现出可供开垦的诗歌创作天地。

虽然早在《诗经》之中就有“硕鼠硕鼠，无食我黍！三岁贯女，莫我肯顾”此类对贫富不均现象的鞭挞，在曹操的《蒿里行》之中也有“白骨

① 诗句出自杜甫的《梦李白二首·其二》。

② 刘开杨：《杜甫》，上海古籍出版社，中国古典文学基本知识丛书，1978。

③ “三吏”指《新安吏》《石壕吏》和《潼关吏》，“三别”指《新婚别》《垂老别》和《无家别》。

露于野，千里无鸡鸣。生民百遗一，念之断人肠”此类对战乱痛苦生活的反省，但都没有像杜甫那样将视角投注到一个个具体的、活生生的人身上那么微观地体察。后来虽然在元稹的《田家行》里有“种得官仓珠颗谷。六十年来兵簇簇，日月食粮车辘辘”此类对饱受战乱侵袭农家生活的感慨，在白居易的《卖炭翁》里也有“伐薪烧炭南山中。满面尘灰烟火色，两鬓苍苍十指黑”此类对底层民众悲惨生活的关注，但这些都只能算是对杜诗的模仿和致敬了。

最后，为圣者不但自己要得道，还得为后学们指出可以继而得道的门径。所谓授之以鱼，不如授之以渔。杜甫可谓是他之前所有格律诗创作技巧的集大成者，在引经据典、平仄对仗、双声叠韵这些基本功上下足了功夫，在他读书游历、困守长安、逃难得官和漂泊西南的四个时期内留给后人大量可以习用的套路①。其在诗体覆盖方面也体现出了儒家“和而不同”的中庸精神。根据对清代杜诗研究学者仇兆鳌所著《杜诗详注》的统计，在其收录的1457首诗中，有五言古诗254首、五言律诗634首、五言绝句32首、五言排律134首、七言古诗147首、七言律诗147首、七言绝句104首和七言排律5首，从中人们就可以看出杜甫在创作时不拘一格，能够在各种体式中穿梭自如、游刃有余。其在风格方面则兼容并蓄，清代诗评家叶燮也曾总结过：“自甫以后，在唐如韩愈、李贺之奇奡，刘禹锡、杜牧之雄杰，刘长卿之流利，温庭筠、李商隐之轻艳，以至宋、金、元、明之诗家，称巨擘者，无虑数十百人，各自炫奇翻异，而甫无一不为之开先。”②

一言以蔽之：在杜之前，他学所有人；在杜之后，所有人学他。杜甫在中国诗歌创作手法发展史上承前启后的地位是难以撼动的。

---

① 萧涤非：《杜甫诗选注（增补本）》，人民文学出版社，2018。

② 语出《原诗·内篇上》。

杜甫既然这么伟大，可以享有“诗圣”这个独一无二的称号，那么他是怎么做到的呢？

首先，杜甫在他50年的诗歌创作生涯中，无时无刻不流露着丝毫没有做作的真情实感。他不会去为赋新词强说愁，也不会做寻章摘句老雕虫，而是先在日常的阅读、游历、交友和习作中积蓄情感，澄净心灵，然后在事件触发之际，能快速调动已然充沛的情感从绝顶之处喷薄而出，一泻千里，恣意汪洋。历经一千多年，至今人们仍然能从杜诗《闻官军收河南河北》中的“即从巴峡穿巫峡，便下襄阳向洛阳”中体会到诗人当年的欣喜若狂。人们相信这样的诗句绝不是在搜索枯肠之后苦吟得出，而一定是情之所至时的顺势而为。只是这“势”必然来自诗人在此之前多年历经战乱苦难生活点点滴滴的积累。

孟子曰“吾善养吾浩然之气”[①]。杜甫为诗的与众不同之处就在于，他是在靠平时养出的浩然之气写诗，他是在忠实践行儒家的修辞立诚之道。而岑参在被贬官到嘉州（今四川省乐山市）做刺史后就理想幻灭了。他心中的那股浩然之气散去，心境大为不同，再也创作不出既能体现诚意，同时也可以让自己居于诚境的诗篇，后来也就很快去世了。很难想象杜甫会因此挫折就颓然丧气，他必然能在嘉州同样找到属于自己的洞天，继续完成诗圣的历程。

其次，杜甫在诗歌创作的“炼字”方面所下的功夫是有目共睹的，取得的效果也是有口皆碑的。他虽曾自述“为人性僻耽佳句，语不惊人死不休”[②]，但又不像贾岛那般“二句三年得，一吟双泪流”[③]，而是一种真正在对文字修辞技艺的掌握程度达到炉火纯青地步之后的挥洒自如。这份自信其实来自杜甫对诗词文字背后的文学意象本质所具有的深刻的把握能力。这

① 语出《孟子·公孙丑上》。

② 语出杜甫诗《江上值水如海势聊短述》。

③ 语出贾岛诗《题诗后》。

是因为，诗人既然是想通过文字将自己在特殊场景感受到的情绪传递给非此时此地的他人，那就必须能够高度浓缩主观世界里的文学意象，以文字之外的方式传递给阅读者更大的信息量。从某种意义上说，谁在短短几十字的诗篇中传递出去的信息量最大、最有立体性、最能被直观感受到，谁就是真正的语言大师。而这，都不是普通苦吟诗人单纯通过排列组合汉字在低维文学空间所能探触到的。

而杜甫深得由文字入思维的妙趣，极为善于利用将各种不同思维模式交叉联通在一起后产生的妙用。通过分析杜诗，人们除了发现文本字面上的平仄、合韵、对仗和呼应等技巧之外，还能更深一层地读到文学意象上各种元素的高维连接。这种连接“揽物引类，览取挢掇，浸想宵类”①，可以是时间上的，也可以是空间上的；可以是物理属性的，也可以是人伦关系的；甚至可以是通过同一字在不同时期不同诗篇里的化用而折叠出更高维度的文学空间，从中搭建出诸多亭台楼阁，让后人们在其中流连忘返。这就真正达到了《淮南子》中所说的言之“至精至微”时，“物之可以喻意象形者，乃以穿通窘滞，决读壅塞，引人之意，系之无极，乃以明物类之感，同气之应，阴阳之合，形埒之朕，所以令人远观博见者也”的境界。

最后，杜甫一生命运多舛，人到中年更是寄人篱下，衣食住行都要靠朋友们来周济②。当时他在蜀中草堂度过一段较为安定的生活之后，终于因为朝廷的政治变局重新得到入仕的机遇，可以回到关中赴京上任③。但后来却因生病改变了行程，只得寓留在路途，“五载客蜀郡，一年居梓州。如何关塞阻，转作潇湘游”④。此后他拖家带口、流离失所、蹉跎余生，只遗留下一

① 语出《淮南子·要略》。

② 冯至：《杜甫传》，人民文学出版社，2014。

③ 洪业：《杜甫：中国最伟大的诗人》，上海古籍出版社，2014。

④ 语出杜甫诗《去蜀》。

船诗稿给宗文、宗武二子。

然而这些命运的考验却成为杜甫笃行儒家修为门径，独得孔颜之乐的注脚。在后世的欧阳修看来，这也是“非诗之能穷人，殆穷者而后工也”[①]的最佳例证。以杜甫的理事才能和社会关系，他真的是只能匹配这样的生活境遇，要穷困潦倒到衣食无继，要折腰事贵才能勉强得份差使糊口？如果这么理解杜甫后半生不如意的生活，那就真的将这位伟大诗人在人生关口的选择庸俗化了。因为人们在历史上、在身边可以看到太多落魄文人、穷酸书生有过类似的遭遇，但是又有谁的精神状态能够和哪怕是最后飘零到湘水衰舟之上的杜甫相比，直至人生最后一刻而天地不容此躯、死无立锥之地时，仍然在心系家国安危，不计个人荣辱，还能写出“战血流依旧，军声动至今”“家事丹砂诀，无成涕作霖”[②]这样的诗句？为人若是做到了这一层，便可算作证得了佛家诸法无我的苦谛，达到儒家自得其乐的境界了。

用尽一生的精力都在养浩然之气、喻万物之象、寻孔颜之乐，如杜子美者，可以为圣矣。

3.5 神韵和性灵中的“诚”

随着一代又一代文人墨客用才华和性情创作出异彩纷呈的文学作品，也有越来越多的后人能够从中吸取养分，成为自己寄寓文字、明心见性可以参照的样例，至少也能借以聊发古人之幽思，感同身受、获取慰藉。逐渐就有人开始从这些文学成就中总结出可以模仿和借鉴的理论经验，编成诗文总集，如：《文选》《玉台新咏》《文苑英华》《唐文粹》《古文苑》《古文观止》《全

① 语出欧阳修《梅圣俞诗集序》。

② 语出杜甫诗《风疾舟中伏枕书怀三十六韵奉呈湖南亲友》。

唐诗》《唐诗三百首》《古文辞类纂》《全上古三代秦汉三国六朝文》《骈体文钞》[①]……希望可以从中找出诗词创作的规律和范式。一开始人们可能只是希望在前人的基础上创作出更为优秀的作品，但后来随着研究深度的扩展，就逐步诞生了中国文学发展史上逻辑严密、论述周详、逐代递进的文学理论体系。

既然是理论体系，那么它总是要来源于实践，并要对实践具有准确的把握和指导作用。一方面，这些文学理论在不同历史时期促进文学创作蓬勃开展，启发更多人投身到文学创作的行列，并方便他们在其中窥探门径、比评优劣，起到提高自身文学修养、超越前人高度的作用；另一方面，对文学理论发展本身的研究也让人们逐渐找出了修辞何以立诚的规律性原理，在主观的精神活动完成之后，人们在文学创作中得到的不仅仅是可见的作品，更是在神韵和性灵中不断得以完善的人格。

其实在儒家的话语体系里本来就有"诚者，天之道也；诚之者，人之道也"[②]的论述，"立诚"就是从人道向天道的回归，是要实现内外打通、物我无碍的境界，"修辞"则是通往此境的门径。因此，创作过程本质上既是将内心的"诚"得以展露的思维活动，也是在通过修饰文字来涵养内在修为，让"诚"得以确立的修辞行为。

早在东汉时期，大思想家王充就在他的哲学思想著作《论衡》一书中表达了自己对文学的独特见解。他在批判当时已经带上神秘主义的儒家思想的同时，也对以辞赋为主的正统文学中"华而不实，伪而不真"的文风进行了

① 张涤华：《古代诗文总集选介》，上海古籍出版社，中国古典文学基本知识丛书，1985。作者是安徽师范大学教授兼语言研究所所长，1909年生。书中分别介绍了这些诗文集的编者生平、成书情况、学术价值、体例选目、主要版本、后世影响及不足之处，也为读者进一步去找寻这些文学理论产生的土壤提供了参考资料。

② 语出《礼记·中庸》。

批驳，这是历史上较早有意识地对写文章这件事情做出系统反思的观点[①]。王充提出了有关文章的“真实性”“价值论”“创新观”“夸张法”和“质文辩”等观点，强调“真”是“美”的基础，重视文章的实用价值、文章的内容和形式必须统一，主张文章语言的口语化，反对模仿和因袭前人作品，这都对后世继续丰富文学理论提供了可以参考的素材和值得继续深入的起点。

到了南北朝时期，生活于南朝宋、齐、梁三代的文学理论家刘勰已经在《文心雕龙》一书中系统地阐述其文学思想了[②]。这种思想其实来源于孔子的儒家美学思想，即“道”是文学的本源，“圣人”是文人的楷模，“经书”是文章的典范，所以一切都要“本之于道，稽诸于圣，宗之于经”，才能做好文章。为此，刘勰建立了系统的“剖情析采”理论，即“物色之动，心亦摇焉”，于是“情以物兴，故义必明雅；物以情睹，故辞必巧丽”。他认为内容决定形式，阐述了“情动而言形，理发而文见”“沿隐以至显，因内而符外”的修辞美学观。

刘勰在辨析“道”“情”“辞”三者的关系时认为：诗文的内容不是泛泛地对经典的“道”做阐发，而是还要加入与“理”“志”“气”相联系的“情”；诗文的形式也不是泛泛地写出心中之言，而是还要与“象”“文”相结合的有采之“辞”。它们要达到“情者，文之经；辞者，理之纬。经正而后纬成，理定而后辞畅”这样一种义理、内容和形式高度统一、相辅相成的完美状态。

而这一切创作活动的实现是通过刘勰所称的“神思”而达到的，《文心雕龙》对其做了生动的描绘：“文之思也，其神远矣，故寂然凝虑，思

① 蒋祖怡：《王充的文学理论》，上海古籍出版社，中国古典文学基本知识丛书，1980。作者是杭州大学中文系教授，1913年生。

② 陆侃如、牟世金：《刘勰和文心雕龙》，上海古籍出版社，中国古典文学基本知识丛书，1978。两位作者是山东大学中文系教授，分别生于1903年和1928年。

接千载，悄焉动容，视通万里。吟咏之间，吐纳珠玉之声；眉睫之前，卷舒风云之色。”刘勰将形象思维高度概括为“神思”，它在本质上是一种自由的想象活动，这种对文学创作中“神来一笔”作用的提炼和推崇，在以后的文学理论中还会继续出现。

同样生活在南北朝，但晚生于刘勰几年的文学批评家钟嵘在《诗品》中也表达了他的文学思想[①]。《诗品》是在《文心雕龙》以后出现的一部品评诗歌的文学批评名著，也是针对齐梁年间过于形式主义的文风进行斗争的产物。《诗品》对当时已在诗坛上风行了500年的五言诗做了比较全面的总结。全书共品评了两汉至梁代的诗人122人，分为上品11人，中品39人，下品72人。

在《诗品·序》里，钟嵘谈到自己对作诗的看法：“故诗有三义焉，一曰兴，二曰比，三曰赋。文已尽而意有余，兴也；因物喻志，比也；直书其事，寓言写物，赋也。宏斯三义，酌而用之，干之以风力，润之以丹彩，使味之者无极、闻之者动心，是诗之至也。若专用比兴，患在意深，意深则词踬；若但用赋体，患在意浮，意浮则文散，嬉成流移，文无止泊，有芜漫之累矣。”可以看出，他将直书寓意、以物喻意和尽文余意作为三种在诗中表情达意的重要方法，需要在实际中调合搭配，才能避免出现用意过深或任意过浮的情况。

与刘勰相比，钟嵘论诗坚决反对过度用典，极为排斥南朝宋代末期受颜延年、谢庄影响而在诗文内容方面形成的“文章殆同书抄”的风气。他还反对南朝齐梁时期周颙、沈约等人在诗歌音律方面提出的“四声八病”的主张，认为这会“使文多拘忌，伤其真美”。他在品诗中特别善于概括诗人独特的

① 梅运生：《钟嵘和诗品》，上海古籍出版社，中国古典文学基本知识丛书，1982。作者是安徽师范大学中文系教授，1932年生。

艺术风格，总会指出其“源出”某人，这就为人们理解诗人在风格上继承前人的脉络关系提供了更为直观便捷的方法，也为研究者提示了总结诗歌发展史时划分诗歌流派的线索。

到了晚唐，诗论家司空图以24首四言诗的形式创作了另一部古代诗歌美学和诗歌理论的专著《二十四诗品》,又名《诗品二十四则》[①]。这24首诗不仅本身就用诗的语言形象描绘出各种诗歌风格的特点，而且现身说法作为案例，以创作出这24首各具所对应风格的诗的方式，在诗言诗地探讨了各种艺术风格的创作规律。司空图这种独树一帜、以诗品诗的写法，对诗歌创作、评论与欣赏等领域都有极大贡献，既震动了当时的诗坛，也流传至今为后人品吟。

司空图在刘勰等前辈文学理论家的基础上进行综合调整，将难以言说的诗的风格具象化，细分为24种，即雄浑、冲淡、纤秾、沉着、高古、典雅、洗练、劲健、绮丽、自然、含蓄、豪放、精神、缜密、疏野、清奇、委曲、实境、悲慨、形容、超诣、飘逸、旷达、流动。每种风格都配以十二句的四言诗加以说明，借助实景意象来诠释这些风格背后的情感意趣，以诗解诗，从而达到让读者领会诗品意境的目的。《二十四诗品》的诞生，被认为标志着中国古典美学和诗学在理论上已经步入成熟。随后中国文学理论发展史中以“神韵”和“性灵”为代表的两个重要流派，也都要从《二十四诗品》中寻找理论依据，更不用说这24首诗本身也是后来诗家体会诗境的最好教材。

进入宋代以后，政治稳定、文化繁荣，诗学也得到了蓬勃发展，中国文人群体在经过有唐一代的酝酿之后，正式开始以结集成社的方式在整个社会

① 祖保泉：《司空图的诗歌理论》，上海古籍出版社，中国古典文学基本知识丛书，1984。作者是安徽师范大学中文系教授，1921年生。

形成影响力。往往以某个颇有名望的文坛宗师或政治领袖为核心，相关地域、流派、同僚或师承关系的文人们相聚成社，互相交流诗歌创作的心得，寄送新近完成的诗篇，品评别家风格的优劣，倡导历久弥坚的诗理①。北宋时期最著名的就有钱惟演担任西京留守时期召集款待的幕僚佐们、欧阳修通过嘉祐二年（1057）的贡举考试而收的门下进士群体和苏轼经多年网罗结交而得的“苏门学士”三大文人集团②，在数代人的接力之间推动了诗歌艺术的传承与发扬。由此，宋代的诗人们在风格、体派、创作手法和承继关系上沉淀成型，宋诗在修辞手法、表达技巧、诗画互补和融汇哲理等方面也别出心裁，终于在寄托了两宋数代文人墨客精神世界的同时，真正地让律诗这种文体成为中国人耳熟能详、信手拈来的无尽文学资源③。

这就与通常人云亦云的“诗亡于宋而遁于词，词亡于元而遁于曲。譬如淮水之宅既夺于河，而淮水汇为诸湖也”④，认为有宋一代只有宋词拿得出手，宋诗则趋于理性僵化的言论不同。钱锺书先生实际上是认为“诗、词、曲三者，始皆与乐一体”，而且“夫文体递变，非必如物体之有新陈代谢，后继则须前仆”，那么“盖吟体百变，而吟情一贯。人之才力，各有攸宜，不能诗者，或试其技于词曲；宋元以来，诗体未亡，苟能作诗，而故靳其情，为词曲之用，宁有是理”⑤。吕思勉先生也同样认为：“宋人于诗之体制，亦

---

① 郭鹏、尹变英：《中国古代的诗社与诗学》，商务印书馆，2015。

② 王水照：《北宋三大文人集团》，上海古籍出版社，2021。

③ 钱锺书：《宋诗选注》，人民文学出版社，2017。本书以诗文为研究语料，对晏殊、王安石、柳永、欧阳修、秦观、苏轼、黄庭坚、杨万里、陆游、文天祥等 80 多位诗人的近 300 首宋诗一一作了注释，形成体系相对完整的“钱氏宋诗学”，总结得出宋诗相对唐诗在文学史上的独特价值。

④ 语出清代戏曲理论家焦循（字理堂）的《雕菰集》卷十四《与欧阳制美论诗书》。

⑤ 钱锺书：《谈艺录》，生活·读书·新知三联书店，2007。语出第四章《诗乐离合，文体递变》。

能出于唐人之外，而其意境、字面则专与唐人判然不同。后人之诗，非宗唐，即宗宋，至今未能出此两派之外焉。故诗之为学，亦唐人具之，宋人继之，而后大成者也。”[①]

相应作为佐证的是，宋代总结诗歌创作经验、提炼文学思想理论的著作也大量增加，它们多以诗话和词话的形式流传下来。自欧阳修刊刻《六一诗话》首创诗话这一体制以来，效仿而为者甚多，流传至今的诗话词话著作多达数百种[②]。这些诗话和词话，记载了各个历史时期诗人和词人的生平事迹和文学活动，描述了他们的喜怒哀乐和进退得失，品评了他们作品的高下真伪和艺术成就，为人们今天更好地理解那些文学作品、寻找文学家们的思想脉络和艺术传承，留下了丰富的佐证资料。

到了南宋年间，诗论家严羽综合过去唐诗和宋诗创作过程中的经验教训，对诗歌艺术的特点和规律进行了深入探讨和系统总结，写成《沧浪诗话》[③]。这是继《文心雕龙》《诗品》及《二十四诗品》之后文学批评史上的又一重要理论著作，对后代诗歌创作有着深远影响。

《沧浪诗话》全书分为《诗辨》《诗体》《诗法》《诗评》和《考证》五册。当时禅宗思想已经在社会上产生广泛影响，“以禅喻诗”也成为《沧浪诗话》的特有风格。严羽借用禅宗的概念，与诗歌创作的审美思维相融合，构建了一整套严密的诗学体系，包括：受到顿悟思想的影响，以“妙悟”为认识论与方法论，强调对诗歌的整体把握和生命体验；受实相观念影响，以“气象”

① 吕思勉：《文学与文选四种》，译林出版社，2016。语出其中选入的《宋代文学》，最早由商务印书馆在 1931 年出版。

② 张葆全：《诗话和词话》，上海古籍出版社，中国古典文学基本知识丛书，1983。作者是广西师范大学文学院教授，1936 年生。

③ 陈伯海：《严羽和沧浪诗话》，上海古籍出版社，中国古典文学基本知识丛书，1987。作者是上海社科院文学所研究员，1935 年生。

为境界论，强调诗歌要对外显现时代审美风格，严羽尤其推崇“盛唐气象”，反过来折射出其对南宋末颓萎衰弱文化的不满；受无相观念的影响，以“兴趣”为特质论，强调心物相交、情景相融的创作取向，以达到“无迹可求”之美学境界。这也启发了清代诗论家王士禛最终总结提炼出的“神韵”说，只可惜并未留下专著论述。

与王士禛同一时代的诗论家叶燮将以往诗话单纯从“诗教”和“诗法”角度研究诗歌的模式提升到审美的层次，完成了著名的《原诗》①。这是继《文心雕龙》之后，我国文艺理论史上最具逻辑性和系统性的理论专著，既是一部诗学论著，又是一部美学论著。

叶燮在《原诗》中跳出历来对诗歌进行文本分析的文学理论思考框架，开始重视起诗人的创造活动来，进而提出了一组“才、胆、识、力”的概念，并以此构建了强调诗人主观创造力的文学理论。这个诗论体系其实是构建在诗歌的深层结构——对主观审美的探究和认识基础之上的。叶燮认为：“大凡人无才，则心思不出；无胆，则笔墨畏缩；无识，则不能取舍；无力，则不能自成一家。”这四要素不可偏废，而又以“识”最为重要，因而诗人才是完成整个审美认知和主观创作的主体，单纯研究那些作诗技法是不足的。要“以在我之四”，即“我”具备了才、胆、识、力四要素，再“衡在物之三”，联系世间万物的理、事、情，这才能“合而为作者之文章”，于是深刻地揭示出了诗歌的本质特征和艺术规律。这也启发了随后诗论家对“性灵”诗学的进一步发展。

晚生于叶燮约90年的清代著名诗人袁枚就是性灵诗派的创立者，他在《随园诗话》一书中阐述性灵说的诗歌理论，进一步论及了诗人的先天禀

---

① 蒋凡：《叶燮和原诗》，上海古籍出版社，中国古典文学基本知识丛书，1985。作者是复旦大学中文系教授，1939年生。

赋资质、后天品德修养、读书学习及社会实践对于诗歌创作的重要作用[①]。此外，有关作诗题材方面，包括写景、言情、咏物、叹史，技法方面，包括立意选题、谋篇构局、琢词磨句、修辞填律，以及如何修改、鉴赏、编选诗词，撰写诗话，应有尽有。当世诗家都以能被《随园诗话》选中几篇诗作而得以流传后世为莫大荣耀，可见袁枚在那个时代的文化影响力。袁枚的理论可谓是性灵说诗论的集大成者，论述了性灵的内涵是要从主观创作出发，强调作者必须具备真情、个性、诗才三方面的要素。

首先，真情乃诗人创作的首要条件，也是诗歌要表现的主要内容，诗歌的审美价值就是要以情动人；其次，诗人必须具有个性，艺术创作也须有独创性，不必拘泥于古人窠臼和格律限制；再次，诗人要具备特殊才能，也就是所谓的灵性，不必像经学那样逢句必考，只要发挥人的灵智本性就好。此外，诗人在创作时要借助短暂降临的灵感，灵活运用艺术素材，创造灵妙生动的诗歌形象，这些也都是“性灵”说所看重和倡导的风格。

所以不管是“神韵”说，还是“性灵”说，人们都已经充分意识到诗歌创作的一项极大好处就是能够训练主观思维能力，达到主动构建虚拟情境，让万事万物随诗人的心思浮动流转的心理状态，即所谓“物随心转，境由心生”[②]之法。清末民初的大学者王国维[③]更是将此概括为“境界”之说：“文学之事，其内足以摅己，而外足以感人者，意与境二者而已。上焉者意与境浑，其次或以境胜，或以意胜。苟缺其一，不足以言文学。”这种境界一旦

① 王英志：《袁枚与随园诗话》，上海古籍出版社，中国古典文学基本知识丛书，1990。作者是苏州大学博士生导师，1944 年生。

② 这里需要注意两句的用字不能替换：“物由心生”则失之唯心夸大，“境随心转”则偏之消极避让。

③ 祖保泉、张晓云：《王国维与人间词话》，上海古籍出版社，中国古典文学基本知识丛书，1990。祖保泉是当代著名“龙学”专家，安徽师范大学教授，1921 年生，与张涤华、宛敏灏合称“赭山三松”。

外显出来，不管其形式是诗、是词、是曲，都必然能打动人心，让更多人体会到诗人在有限的创作时空下所感悟到的思维层次，达到心领神会的状态。

在那电光石火的一刹那，人与人之间原本隔绝的思维活动被打通，达到充分无阻交流的状态，裸心相待，坦坦荡荡，是否立“诚”，一望可知。这一切当如顾随先生在韩愈、杜甫身上所观察到的“锤炼”字句用以修辞之法[①]，当如其“尝观夫古今大文人大诗人之作，以世谛论之，虽其无关于真义之处，亦莫不根于诚，宿于诚”后，所见“稼轩之词无游辞，则何其诚也！盖正因其诚，使得读者忘身忘世，乃一心一意被稼轩之赤子之心而感动、而牵扯、而涛浪起伏”[②]的真切感受。

修辞之文学就是这样一种不断创造“情”和“景”交融艺术境界的思维活动。文学即心学[③]，是“我”与“物”相摩荡、相接通的过程和产物，既可立诚，又可达意，是用心状摹万物、创造意象，抵达精神世界的修为之径。

3.6 从修辞通向思维

文学创作过程是将字词连缀成句，以表达作者的内心感受与思考结果，是一门值得反复推敲的技艺。到了现代，人们已经将直叙、倒叙、抒情、描写、归纳、演绎、综合这些技巧总结成经验，取之于生活，亦可用之

① 顾随（口述）、叶嘉莹（笔记）：《顾随诗词讲记》，中国人民大学出版社，2010。

② 语出顾随著《稼轩词说》。

③ 王气中：《刘熙载和艺概》，上海古籍出版社，中国古典文学基本知识丛书，1987。清代文艺理论家刘熙载在《艺概》中提出了“文，心学也”的概念，指出文学具备打通物与人、人与人之间障碍，可以通往“诚”境的作用。

于日常[①]。同样，人们也通过阅读观察别人的写作成果，这样熟悉的过程发生在每天日常的生活和工作中。但是，隐藏在修辞写作之后的规律是什么？历史上人们曾经为它倾注过多少心力？如何才能精炼锤锻这门技艺，达到最佳效果？

有人从“讲故事”的角度总结出文学创作技法的规律[②]。首先，要认识到“故事是生活的比喻”，故事必须抽取生活的精华，但又不能失却生活的原味。这就要求写作者必须在故事背景四要素——时代、期限、地点和冲突层面中重新为故事世界“立法”，为这个虚构的世界创立自身的“规则”：事情如何发生而且为何发生。为了达到这个要求，写作者需要运用：记忆研究，从个人经验中反思最能触动自己的生活；想象研究，自问故事中人物的生活场景将如何展开；事实研究，回到现实世界吸取真实的生活养分以培育自己的才华。

接下来就是要设计故事的人物和结构。从某种意义上讲，其实结构即人物，人物即结构。这是因为，结构为人物的行动提供不断加强的压力，人物在压力下的表现不断放大结构的存在和冲突。好的故事就是人物和结构不断推动、释放能量的展开过程。具体来说，故事要包含由五个部分组成的设计：激励事件、进展纠葛、危机、高潮、结局。这非常类似于诗歌中起承转合的情节发展节奏，其中最关键的则是如何制造并解决冲突。如果说故事是生活的比喻，那么冲突就是故事的灵魂，写作者的职责就是决定在故事的何时何

① 王鼎钧:《作文七巧》，生活·读书·新知三联书店，2019。作者是原籍山东的台湾作家。

② [美]罗伯特·麦基:《故事：材质、结构、风格和银幕剧作的原理》，周铁东译，天津人民出版社，2014。作者是剧作家，创办过全球性的写作培训机构，曾为超过6万名学员提供过如何更好编写“故事”的技巧方法。本书是他针对电影编剧行业，数十年开办“故事”培训班的经验结集，不仅是电影编剧的“圣经”，也能符合小说写作的规律，因为它们都是在讲故事。

地加入这些冲突，直到引领人物进入最高的冲突，也就是高潮。

几千年过去了，人性的内在没有丝毫改变。编写故事进入人们的心灵就是一场探索自我的历程。所有优秀的写作者都是最擅长通过编排文字而进入对方情感世界、共享人生体验的魔术师。然而在借助写作技法之外，利用语言科学的研究成果，人们还将更为自由地掌握语言工具，在更充分地表达自我意识的同时，找到通向思维殿堂的通道，学会如何导演这场魔术演出。在这方面，写作者只是需要学会恢复古典写作风格①，运用简洁生动的词语，以打开窗口的方式，就可以清晰明了地向人们展示自己观察到的事实和经历过的思维过程，触动受众的心灵。

上升到修辞层面的话，写作者首先要能把抽象的概念转化为具象的场景，琢磨遣词造句时文字之间意象出现的节奏、音调转化的频率，用简单新奇的名词，用有想象力的形容词，去满足阅读者的感性体验；其次，写作者要假设自己是在与阅读者平等对话，抛弃那些制造不必要隔阂的专业术语，多用让人熟悉的类比，去掉引起模糊印象的程度划分，直接传达出所要表达的观点；最后，写作者要有能力在自己的正向认知过程之外，再建立一套逆向工程，将自己经过反复学习和思考而形成的网状思维逆向转化成树状结构。而写作则是将这种树状结构，再用线性字词排列组合成句子表达出来的遍历过程。

有关写作和修辞技艺上的困难，一直以来都为习练者们所重视。西方学术世界更是专门提炼出了 Trivium 的概念，也就是语法、辩证法和修辞的词语三艺，尤其关注这类经验的总结。其中，辩证法建立了一种规则而贯通的思维框架，修辞给出表达和说服的模型和方法。语法则是所有的基础，是通

---

① [美]史蒂芬·平克：《风格感觉：21 世纪写作指南》，王烁、王佩译，阳志平审校，机械工业出版社，2018。作者是著名心理学家、语言学家。

向所有知识的第一条道路。此外，还有几何、算术、音乐和天文学，被合称为数学四艺（Quadrivium）。它们加起来就是西方所谓的通识教育（即自由教育，liberal education）[①]。在这里，词语技艺和宗教连接在了一起，成为中世纪学生磨炼心智，修炼与同类甚至上帝沟通理解能力的通道。人们由此可见辩证与修辞术在西方世界的重要性，也因此会对近代以来科学话语体系在西欧学术圈中的诞生，乃至哲学思辨逻辑的演化，不再感到那么陌生。从另一种意义上讲，正是这种成熟的词语技艺淋漓尽致地表达，展开呈现出人类智慧的最高形态，才诞生了近世以来的科学和哲学成果。如果今天的人们还想要继续发展这一体系的话，也必须回过头来重新审视这门技艺。

其实不只是西方文明，不只是单个的人文领域学科（比如语言学、文学理论、史学等等），世界各地文明的学者在辨识音乐、语言、文学和历史中具有普遍意义知识形成史的内在模式时，都会采用以上类似的法则。在对看似割裂的不同学科之间建立了随时间演进的关联后，有学者观察到[②]：帕尼尼的印度语言学曾经影响到中国和伊斯兰文明，随后改变了欧洲的语言学研究，希腊的史家如希罗多德和修昔底德、中国的太史公司马迁和非洲的伊本·赫勒敦，都曾熟练运用崛起—鼎盛—衰落的循环模式来解释他们笔下的人类历史。这些由复杂语法组成的规则系统、不同地区的语音演变规律以及各自独立发现的音乐和声法则，都指出了由文字到文明所必然遵循的某种演化规则。它们不该被遗忘，它们依然在运转。

这种最初创意来自语言的规则可能就深深植根于人类的本能之中，在人类漫长的进化历程中不断发挥出潜在的作用。对此，史蒂芬·平克的基本观

① [美]戴维·L. 瓦格纳：《中世纪的自由七艺》，张卜天译，湖南科学技术出版社，2016。作者是美国北伊利诺伊大学哲学教授。

② [荷]任博德：《人文学的历史：被遗忘的科学》，徐德林译，北京大学出版社，2017。作者是阿姆斯特丹大学逻辑、语言和计算学研究所教授。

点是[①]："语言是人类的一种先天本能，而不是社会文化的产物。"基于这个假设，人一生下来时，脑子里就有一套基本的元语法、元词法。世上的语言都符合这些元语法、元词法规则。孩子学习母语的过程，只是在这些元语法、元词法基础上再去学习特定母语的具体特征。这些基本语法会驻留在人的大脑里，以心语的方式思考。人与人的交流不外乎是先将心语翻译成世间的某种语言，说出来、写出来，再将别人反馈的语言翻译成自己的心语。

将语言视为一种本能的想法，抹平了不同文化、种族之间由于语言差异而导致的种种不平等印象和成见，促使人们更加关注人类整体中固有的特征倾向和相似的心智结构。世上所有语言各自独特的语法只是一种约定俗成，限定了一组语音和语义之间的对应关系。但随着人们思维活动的发展和理解能力的改变，语法也在修正、消失和新生。但是不同历史时期，总会有一批语言学家在强调某类语法规则，告诉人们什么是对的，什么是错的。他们在当下的那个场合是正确的，但思想的发展、语言的进化总是由那些不安分守己的人推动的。

语言本能面前人人平等的观点将启发人们采取更实际的角度面对语法，以更灵活的方式利用修辞，以更进取的方式进行写作。语言本身对应固有心智结构的观点也使人们坚信，通过不断精炼写作和修辞的技艺，就能在潜移默化之中影响自己的思维活动。先贤们在"诚意"一目中为人们指出了由物及心的转换地带，但这是一段茂密葱郁的黑森林；接下来就需要后学者自己凭借在语言和思维两个层面的修炼，各自找出穿越森林的林间小径。

① [美]史蒂芬·平克：《语言本能：人类语言进化的奥秘》，欧阳明亮译，浙江人民出版社，2015。

第二篇　约之以理

约之以“礼”或约之以“理”都是教导人们要用固定的规范约束自我的行为，从而达到修身的目的。在古代，周公建立起了让世人广为遵从的礼仪，孔子也在礼崩乐坏的春秋时期倡导克己复礼，希望再行周礼来约束乱臣贼子的越规之举。可是每个时代适行的礼都有所不同，此时要约的礼，未必是彼时之礼所能。不过万变不离其宗，王阳明也解释道：“‘礼’字即是‘理’字。……约礼只是要此心纯是一个天理。”世人所见外在的“礼”只是个形式，重要的则是内在的“理”如何帮助人们修身。

这才是“约之以理”真正要解决的问题。在完成了“博学于文”的格物、致知、立诚三条之后，修为者终于要面对在自己的内心世界中搭建一个小宇宙的任务。人们一定都还记得“修辞立诚”就已经由语言体系而深入思维世界了，随之而来的则是修意、心、身这阶梯而进的三个层次，是要靠个人的主观意识所引领的修为阶段。

具体来说，“慎思用意”要求人们掌握不同思维模式的特点，主动观照自己在日常生活中所应用的思维工具，而不是被动地为固定思维方式所主宰；“明辨正心”要求人们为了端正心态，保持不偏不倚的状态，能在最基础的小学[①]学术上时时测练身手；“笃行修身”要求人们从静态的个人世界走出来，在更加互动的团体和社会环境中保持笃定，同时又能及时反

① 古代把研究文字训诂、音韵方面的学问称为小学，即为中国传统语文学，主要包括分析字形的文字学、研究字音的音韵学和解释字义的训诂学。

馈调整，用来自外界的反馈验证修身的效果。

有志于约之以理的人，再也不用深居幽室通过盘腿打坐去“默坐澄心，体认天理”，也不用整日执帚作揖，从扫洒应对的事务中“即物穷理”。随着现代社会对人的行为规律研究更为充分，“诚意”“正心”“修身”不再仅仅是与内心活动相关、不可观察只可体会的私人修为，而是可以通过“慎思”“明辨”“笃行”，借助思维科学、文字小学、心理学和管理学最新成果而细化实施、逐步实践的可行方案了。

第 4 章　慎思用意

“诚意”的功夫终究是要进入人的意识领域和思维活动才能生效。到目前为止，脑神经科学领域的探索已经解释了物质层面的大脑是如何产生精神层面的意识的过程，语言学领域的专家也通过对比各种语言文字的特点以解释人类思维活动的底层模式。这些前沿领域的研究成果都承认，思维与心智是人类所独有的特征，是人类主宰这个星球最有力的武器。人类几万年以来运用思维武器的技艺已经愈发成熟，有关于此的研究，也逐渐深入。作为普通的人类个体，每个人都非常想知道：自己身上的这件利器究竟是怎样形成并运作的？成就卓越的人士，究竟在思维方式上和普通人有哪些差别？是否有一些通用的思考工具，可以被总结出来为更多人所用？

古人们很早就意识到“思”的重要性，“慎思”在为学过程中也一直具有至关重要的地位。但如何做到“慎思”却很难在实践中具体展开，倘若只用“谨慎”“慎重”来解释发挥，都还只是在非常模糊的生活用语层面上把握。而若究“慎”其本义，人们就可以发现，“慎”做形容词的本义在《说文解字注》中被解释为：“谨者，慎也。二篆为转注。未有不诚而能谨者。故其字从‘真’。”这就说明“慎”必然是在已经“立诚”之后达到的心理状态。“慎”做动词乃通“顺”[①]，是要顺从、顺应并遵循不同的情势环境采取正确的做法，这就启发人们要对思维模式本身进行分门别类的考察。

① 语出《墨子·天志中》：“本察仁义之本，天之意不可不慎也”；《管子·任法》：“夫日侵而产怨，此失君之所慎也。”

其实在“修辞立诚”阶段人们就已经注意到，语言是由外物进入内心的关键途径，语言是人类超越普通具有意识能力的动物的关键因素，语言思维也是每个人必备的底层思维模式，因此不可不察。

而当人类智力活动发展到更高程度时，就需要发展出数学以便对事物的抽象结构与模式进行更加严格的描述。其实，数字符号及其演算推导过程本质上也是一种语言，一种更高级、更严谨的语言，因而数学思维是人们要解决更高深、更复杂物质世界问题时必备的尖端武器。

数学思维必须通过后天系统的训练才能掌握，相比之下，感性思维则是人类在进化过程中经过不断试错挑选，因而先天内化就能运用的一种思维能力。直觉能够迅速告诉人们什么是危险的，什么是有利的，这对于天天需要在变幻莫测的大自然中求生存的早期人类来说太重要了。直觉能力也伴随着人类进入了现代社会，至今很多社会现象都与人的直觉思维有着千丝万缕的关联，群体的下意识行为也在按照自己的逻辑推动着社会向前发展。

理性思维则不同，它要求人要有意识地对知识做分类整理，并在此基础上进行主动推理，找到因果关系，发现本质规律后再采取行动。这是一条认识物质世界的稳健之路，现代社会越来越强调要学会和运用理性思维看待问题，解决问题。

以上思维方式都还是线性思维模式的不同表现形态，其特点是试图在混乱复杂的外部世界中找到强关联的因果关系，根据各种矛盾的事件中稳定复现的规律制订接下来的策略，指导未来的行为。但是近代以来，世界发展变化的速度越来越快，不同时空涌现出的信息都冲突交汇到了一起，原有的线性思维模式在很多情况下不再适用了。伴随着现代复杂性科学的兴起，非线性思维方式成为认识复杂性世界的基本模式。

于是，复杂性思维跳出原有思维模式的限制，提出了一整套解决复杂性问题的全新方案，并广泛应用在现代科学技术发展和社会问题解决上，取得了引人瞩目的成果，极大提升了人类在这个全新复杂世界的生存概率和生活质量，已经成为现代社会里人们想要在学术科技、工程管理和商业竞争中取得突出成就而必备的思维方式。

另外，创造性思维也是一种非线性思维方式，它更能彻底打破非线性环境下各种条件的约束，以另外一种崭新的组织形态来联结各要素，从而能够“涌现”出完全在预期之外的重大创新成果，不断将人类发展引领到全新的领域和高度，因而更加得到人们的重视。

本章想要介绍的，就是近百年来在语言学、数学、心理学、行为科学、计算机科学和经济学等领域有关思维活动的研究成果。人们如今只有对思维的掌握达到这么细致的状态，才有可能真正地谈论到该如何“顺”势“慎思”，通过更好地解决实际问题，发挥出意识活动本来的价值，最终做到“用意”。

4.1 思维总离不开语言

语言是人类发展智力过程中的一大创举，真正将原始人类同兽类区别开来。人类从此有了更加广泛和密集的信息交流方式，个人得以交流聚集成群落，经验得以记录积累成知识，故事得以流传汇编成历史。可是人类究竟是怎样逐渐将大脑中原先模糊的概念，或者说是意识流，用有规律的发声行为表达出来的呢？越来越复杂的抽象连续概念，是如何转化成一个个离散、具体的语言符号的呢？语言通向思维的小径，究竟是如何被冲扩成平坦的大道，反过来又进一步加速语言发展的步伐的呢？

在著名科幻电影《降临》中，人类的语言学家在努力破解外星人语言的过程中，竟然意外地改变了自身的思维能力，从而具备了跨越时空的预测能力。这当然是一种较为夸张的艺术表现形式，但也提示人们，语言虽然产生于思维，但语言本身对于思维也会产生巨大的影响。人们会意识到以方块字为语言符号和以拼音字母为语言符号的两种语言体系在构思上的巨大差异，意识到文言文与白话文在传递思想上体现出的不同作用，更不用说诗词曲赋这些语言形态在表达作者思想感情之外，也在潜移默化地塑造着作者的精神品质。

语言，绝不只是说话写字这么简单。更好地掌握语言思维的本质，将有助于我们更好地理解自身、表达自己、完善自我，更好地探察人类心智模式的运作机理。因为语言是洞察人类天性之窗，不经意间会泄露天机[①]。“概念”是语言思维的基础。研究人员发现，语言中大量出现的语法结构、敬语、隐讳、诅咒等现象，都揭示出人在思考时先将抽象的概念具体化，然后在另一种没有语言符号的空间中，也就是思维的语言中，进行非常具象的推理。这就解释了为什么隐喻能够很好地传播思想、表达观点，更容易被人理解，而人与人间之的分歧在于每个人对同一事物选择的隐喻不同。

人类在心智发展过程中对于分类和类比有着很大程度的依赖，这可谓是人类认知的核心[②]。思维可以被认为是一个不断建立范畴（分类），并关联不同范畴（类比）的过程。从某种意义上说，思维所能达到的高度完全取决于认知世界中范畴（类别）的多少，以及在不同范畴之间关联（类比）的能力。在思维中运用类比，就相当于运用了降维攻击的手段去理解原本维度非常高深的内容。当然，过度依赖类比也可能会造成思维僵化。这里的关键问题还是取决于概念，因为概念是类比的基础。掌握概念越多的人思维层次越高，因为他能够在遇到新情况时，从已有的概念中迅速找到对应关系，生成新的

---

① [美]史蒂芬·平克：《思想本质：语言是洞察人类天性之窗》，张旭红、梅德明译，浙江人民出版社，2015。

② [美]侯世达、[法]桑德尔：《表象与本质：类比，思考之源和思维之火》，刘健、胡海、陈祺译，浙江人民出版社，2018。

类比，帮助自己理解未知。

然而范畴与心智之间的深层次关系可能并没有这么简洁。生成语义学、认知语言学的主要创始人乔治·莱考夫于是用“女人”“火”和“危险事物”这几个在迪尔巴尔语中被归为同一个范畴的概念做隐喻来讨论[①]。在采用大量语言材料证据对古典范畴观进行反驳后，他发现，认知过程对事物的范畴化并非界限清晰，而是呈现出纷繁复杂、边界模糊和有主有次等重要特征。原来人类构建认识世界的基础组件并不是那么精确，是在一大堆似是而非、似非而是的范畴上发展出了独特的心智。这心智实在是难以捉摸，自成一体之后很少留下蛛丝马迹。人们只好从最接近它的语言入手，还得试图找出概念、范畴这样的规律或模式才能研究它。但以智力研究智力，似乎总是一件想拔着头发脱离地球的事情。你看，有时就得是这样，在讨论“隐喻”这个概念时也得以类比的方式来尝试接近真相。

人们如今必须要广泛借助类比概念的方法才能进行语言思维的原因很可能是，语言在经历了更高阶段发展之后，人们已经忘记了当初那个蕴含在思维世界里的人类所有语言背后的普适语言，也就是“被遗忘的语言”[②]——象征语言。美国精神分析学家弗罗姆认为：“象征语言是人类曾产生的唯一一种普遍语言，是一切文化以及整个历史中都相同的语言，它有自己的语法和语义。这种语言，是了解神话、童话和梦中的话的唯一语言。”通过规范的文本内容解析方法，远古时代流传下来的神话、民间广泛传播的童话，

---

① [美]乔治·莱考夫：《女人、火与危险事物：范畴显示的心智》，李葆嘉、章婷、邱雪玫译，世界图书出版公司，2017。

② [美]埃里希·弗罗姆：《被遗忘的语言》，郭乙瑶、宋晓萍译，国际文化出版公司，2007。书中重新解读了弗洛伊德所著《梦的解析》中病例和俄狄浦斯神话案例，还选取了民间传说和现代小说中的象征语言进行解析。作者是美籍德国犹太人，人本主义哲学家、弗洛伊德精神分析理论的继承者。

以及每个人日常梦境里的情节，细究下来均是在运用这种象征性语言而写成的。差别只是，神话是一群人在清醒时为催眠个体而共同编造的梦境，梦境则是一个人在睡眠时自以为清醒而独自享受的神话。理解了这些语言之间的共通之处，也就是象征的含义，人们就能达到弗罗姆所提倡的汇通神话寓意与内心感受的境界。

然而从弗洛伊德学派的角度还是有必要指出，象征语言的逻辑与人们日常所用的语言还不尽相同，其运用方式已被现代人所遗忘，所以才会有如此多的现代心理疾病。从个体的梦境入手进行深入剖析，回顾象征语言最常见的运用形式，自然也就是非常必要的了。弗罗姆为人们提供了考察神话、童话和梦境之间通过象征性语言实现理解共通的分析视角，非常富有启迪性。他还提醒我们，只要倾听内心真正的声音，不被外界权威所干扰，就能追寻到生命的真正意义，成为真正的自己。这也是一种来自西方思想界的，用语言改造思维的底层基础，证成“用意”的实践方法了。

4.2 直观把握感性思维

人们日常生活中用到最多的思维模式就是直觉了。“我是一个很感性的人”就是在向对方传递信息，表明惯用的思维方式，暗示自己的决策过程是众人都可以理解、信赖的，没有什么高深的地方，所以不用设防。听者若真是用感性思维来处理，直觉判断，说不定就真的放松警惕了。该不该用感性思维，当前用到第几层了，还真是个问题。

确实，感性的直觉无处不在，简单好用，而且似乎每次都能解决问题。不过，这种思维方式的科学依据都有哪些？人类又是怎样形成这项通用技能？日常生活中直觉还会给人们带来哪些负面影响？这些问题已经被心理学家广泛研究，并形成了对直觉思维更加深刻和准确的认识。作为普通人，对于自己日常极为依赖的底层操作系统——直觉，有必要进行一次全面彻底的认识。

认知科学领域的大师史蒂芬·平克以心智计算理论和自然选择理论作为两大基石，将人类心智的形成过程与演进目标解释为：心智是一套由可拆换的计算模块组成的系统，是自然选择机制在漫长的人类进化历程中不断应对不同历史时期的问题，才最终形成的组合体，目标是为了实现将最大数量的基因复制到下一代[①]。

在这个过程中，心智找到了视觉感知、推理、情感和社会关系四大能力的进化路径。虽然人们对每一项能力都已经习以为常，但深入分析后就会发现：视觉获取的过程并不是简单的小黑屋倒影机制就能解释的，而是经过大量的科学实验验证后证明了是大脑主动根据海量的光觉信息构造出的一种想象，背后运用了大量底层的推理和补全机制，因而本质上是一种心智过程。眼见为实，其实不然。推理作为公认最符合心智特征的重要能力，所起到的作用是逼迫着人类去做分类，以达到更精准的推理效果。原来，一些底层的推理机制已经以直觉的方式内建到人们的心智中去了，更抽象的推理则需要用到空间的隐喻，类比则帮助人们接纳更多的推理机制；情感是生物在漫长进化历程中后天获得的各种不同的快速应对机制，如果能够识别出这些情感，学会并用于社群的交往中，人们就能争取到更大的生存利益，这是更高级别智力的开始；社会生活使得人类进化出在群体中能够更好生存下来的心智机制，这些事实无关价值判断，但会更有利于人们客观认识自身所处的世界。

虽然这种将基因决定论应用到心理学的尝试确实能够解释一些问题，但

① [美]史蒂芬·平克：《心智探奇：人类心智的起源与进化》，郝耀伟译，浙江人民出版社，2016。

也带来了新的困惑。它并没有回答环境在塑造心智过程中的作用问题，而且还会引发循此而来的疑问：现代基因技术能够在本质上改变心智的运作机制和遗传过程吗？带着这些疑问，人们可以想象一下自己平时是如何做出决策与判断的，是否真的以及如何在运用这些思维能力而采取行动。

美国著名心理学家丹尼尔·卡尼曼和阿莫斯·特沃斯基对人类思维模式有着长达 50 年的研究经历[①]。他们发现，真正的根源在于人类从本质上说是非理性的，或者更严谨地说，早期人类是非理性的。这就打破了经济学家的基本假设，但思维科学的研究很快发现，那些有违常理的行为又是可以被预测的。原因在于，人们——包括许多训练有素的统计学家和心理学家——的一个思维偏差是：认为小样本亦能反映群体特征，从而错误地用局部代替整体。这一偏差在处理随机事件时显得尤为明显。

于是当面对外界不确定尤其是紧急的事件时，人的大脑并不总是去严格计算每一步行为是否正确的概率，而是用“经验法则”代替“机会法则”，直接依赖于直觉做判断，也就是所谓的启发式原则。这些原则将计算概率和预测后果的任务高度简化，使其成为简单的判断过程。换句话说，感性思维是在用过往环境中形成的老做法来应对现实环境的新问题。于是，非理性行为的合理性得到了重新解释。

这种用空间换时间、“以偏概全”的启发式原则在某些场景下非常实用，甚至可以总结成可被描述的直觉工具来使用。从某种意义上来讲，这些思考

---

① [美]迈克尔·刘易斯:《思维的发现：关于决策与判断的科学》，钟莉婷译，中信出版社，2018。本书的前半部分以丹尼尔·卡尼曼和阿莫斯·特沃斯基两人曾经提出并观察过的人类认知案例为线索，带领读者如福尔摩斯探案一般，回顾了过往认知理论发现的案发现场，让人们如身临其境般顺着研究者设计问题、寻找答案的思路，了解到人类认知偏差背后揭示出的本质原因；后半部分则以两位心理学家半个世纪相互纠缠的友谊与同事情义为主线，让人们能够更加探察到传主的内心深处。峰回路转的人生变化，让人不禁唏嘘世事沧桑、造化弄人。

工具都是某个层次上的“直觉泵”[①]，一种可以在自己脑中完成的思想实验，可以将思维过程所依赖的隐喻、类比和实例这些基本元素组装起来。每个人都可以学习、建造并检验自己的“直觉泵”，直到你完全体会到脱离于原先自发思考过程之后，进入自觉运用“直觉泵”进行推理、计算和判断后的全新境界。

直觉的心智模式是如此重要，人类在漫长的进化历程中将其发展出来，其特点是抛开概率计算过程，直达决策行动结果。为了更好地掌握它，人们可以构造并实践“直觉泵”这样的思维工具，去避免感性思维可能会导致的严重系统性问题，就可算是知其然，也知其所以然了。

4.3 反身躬察理性思维

与感性思维不同，理性思维通常被认为是人类智力发展到一定程度，开始有意识地对掌握的知识做分类整理，并在此基础上进行主动推理、找到因果关系、发现本质规律的思维形态，是一种更高级的思维方式。理性思维标志着人类作为能动主体时代的到来，为主体快速适应环境，为物质世界快速发展找到了一条出路。理性思维能力甚至被认为是人区别于动物的各种能力之母。

然而人们如何才能在日常生活中培养理性思维能力？毕竟人在本质上是非理性的动物，要经过严格的训练和反复的实践才能培养起理性思维。可是人类思想发展早期的那些哲学家，并没有受到今天经院系统的思维训练，也没有广泛阅读过中西贯通的期刊名著，他们就是那些在田野抚弄花木、在夜

① [美]丹尼尔·丹尼特：《直觉泵和其他思考工具》，冯文婧、傅金岳、徐韬译，浙江教育出版社，2018。作者是著名哲学家、认知科学家，书中准备了 77 个思考工具，可以回答有关意义、进化、意识和自由意志等方面的思维难题。

晚仰望星空、在闹市找人攀谈、在广场大声演说的普通人。他们能做到，普通的现代人也一定可以做到，从日常生活出发，跟着古往今来的哲学家们，一起去思考人在生活经历中会遇到的那些看似普通的点点滴滴，从中升华出哲学思考可以给出的答案，培养起自己的批判精神和哲学思考能力[①]。

只有在耐下心来对身边这些普通事情和物件进行观察时，人们才得以从中分析出究竟都有哪些常见的理性思维视角，以及这些视角的特点。这些常见的观察视角能够被抽取出来，那也就说明这些视角已经伴随人类社会演进了很久，在很多个体上得以呈现。存在即合理，与其忽视它，不妨从学科、性别和职业等角度逐一审视。

比如，人们常说的理工科思维就代表了一整套的思维模式[②]。有理工科思维的人坚信：想要对任何事情的真伪都给以正确判断是不可能的，人们只能在有限的条件下合理评估每件事的可能性，而科学能够对世界的运行给出一套纯机械的解释机制，这里没有目的论，没有阴谋论。理工思维更高层次的价值却不在于它总是正确的。恰恰相反，理工思维的立身之本在于其“可证伪性”。这种思考方式追求证据和结论之间的逻辑关系，不但要证明相关性，还要排除各种其他原因，这也是中医理论的支持者和反对者反复辩论的地方。多掌握些理工科思维，能帮人们更好地明辨是非，摆脱各种似是而非观点的侵扰。

女性思维在人们通常的印象中则似乎与理工科思维相隔甚远。她们又是怎样思考的呢？其实，看起来夸张的那些刻板印象并不能否认女性在做决定

① [捷克]扬·索克尔：《小哲学：如何思考普通的事物》，何文忠、竺琦玫译，北京大学出版社，2018。作者曾任捷克教育部长。

② 万维钢：《万万没想到：用理工科思维理解世界》，电子工业出版社，2014。

时的理性因素[①]：在分析数据、综合判断方面，女性做得一样好，甚至在观察对方情绪变化、设身处地思考问题和寻求外部解决方案方面，还优于同样位置上的男性决策者。如果一个团队里有较多女性，这将有利于这个团队拥有更多的选择可能性。而女性领导者，需要做的则是抵制周边对女性施加的过多压力，拥有自信，发挥优势。

在打破了这些由于社会经济分工和家庭性别教育导致的偏见后，女性如何更好地做决定并不应该成为一个需要讨论的话题，而是一条可以实践的路径。女性和男性在做出决定的过程中，并没有什么显著差别。如果有，那么在获知大量生活中的案例、社会调查报告和文献期刊结论，解读人们对女性做决定的刻板印象如何产生，了解实际中女性是如何做决定的之后，人们也都会承认那不过是先验存在的刻板印象还在加强人们的这种错误认识罢了。

再回到企业经营的场景中，在适应今天复杂变化的社会环境时，理性思维作为一种独特的“思考力”也显得尤为重要[②]。这里的思考力，意味着要去怀疑，去打破既有的思维窠臼，抛弃过去成功经验的束缚，学习有创意的思考方法，才能正确地处理工作，经营企业。被誉为日本战略之父的大前研一有着理工科的底层实践经历，也担任过经营销售的中层主管，还见识过顶级公司的高层决策过程。凡事深入思考背后的隐藏信息、平时反复操练思维过程、用录音和笔记记录下自己的表现以便观察、不停地重新审视自己的假设、有沉淀就留下手册为后人节省精力，这些都是他勤于思考、锻炼思考力的法则。这些其实也没有什么不可示人的，关键还是在于长期有意识地运用。

---

① [美]特蕾泽·休斯顿：《理性的抉择：女性如何做决定》，张佩译，北京联合出版公司，2017。作者是美国卡内基梅隆大学认知心理学博士。

② [日]大前研一：《思考的技术：思考力决定竞争力》，刘锦秀、谢育容译，中信出版社，2010。

大前研一的亲身经历将这些体验融会贯通在一起，因此格外能够点拨那些还停留在某个层次上，限于职位、知识和见解而不能自拔的固定思维者。

从普通的万事万物出发，再到生活、学习、工作各个场景中的每事每物，都可以成为人们锻炼理性思维的修炼场。

4.4 应对无序的复杂思维

进入 20 世纪以来，人类的思维方式发生了重大的变革，传统的线性思维在应对快速发展的技术进步、多元并存的文化冲突和错综复杂的社会矛盾时就力不从心了。自然科学里的相对论和量子力学首先打破了人们对传统物质世界的经典理解。随后，不同学科中都体现出了复杂性特征。线性思维惯常处理的有序世界需要从根本上得到解释：这是自苏格拉底以来自然哲学的基本问题，即有序是如何从复杂的、无规的和混沌的无序状态中产生出来的。

人们曾经认为有序的生物系统和无序的物质环境之间存在一条明显的界限，试图用指向某种自然目标的非因果力，即“生命力”，来解释无序环境向有序系统转换的动力问题。但近代以来牛顿物理学的进展用热力学第二定律指明了封闭系统向最大熵状态和无序态无可逆转的方向。线性系统理论在这里走到了尽头，于是玻尔兹曼开始强调活的有机体是一个开放的耗散系统，开放系统与外界环境发生的交换并不违背封闭系统的第二定律。生命的出现仅仅是在宇宙局部环境中的偶然事件，可以用远离热平衡的相变来解释，即用分子、细胞这些微观层面因素在非线性相互作用时引起的宏观层面序参量的演化来解释。迈因策尔因而总结指出：“非线性复杂系统理论不可能还原成特殊的物理学的自然定律，尽管它的数学原理是在物理学中被发现的，并首先在物理学中得到成功应用。因此，它不是某种传统的‘物理主义’，不是用类似的结构定律来解释激光、生态群体或我们的大脑的动力学。它是一种跨学科方法论，以此来解释复杂系统中微观元素的非线性相互作用造成的某些宏观现象。”①

将这种思维引入社会科学中可以推导出，微观层面呈现的是无数具有不同意志观念的个体，但从宏观层面看到的民族、文化和文明的发展就不仅仅是其组成部分的简单加和。在政治和历史分析中应用因果关系论是极其危险且错误的线性思维方式。技术突变在这里则扮演了引起非线性转变的重要驱动力量。所幸，复杂性科学在综合了物理学、生命科学、认知科学、计算机科学、经济学、社会学等诸多方面进展的基础上，从哲学的高度为人类如何认识和思考这个世界提供了全新的动力。

如此可以了解，物理的、社会的和精神的现实存在都是非线性的和复杂的。那么在这样一个非线性的复杂的现实中，线性思维是危险的。人们需要建立协同的认知模式，意识到每个行为的严重后果，在个别成员和不同见解的基础之上建立新的集体行为模型，使自然与人类社会保持平衡。

而21世纪的思考者，如果不掌握复杂性思维的方式，就很难理解自己所处时代的意义，也无法分辨自身与周围环境之间广泛、紧密和深刻的联系程度，也就无法做出有预见性的判断。空前复杂的环境逼迫这个时代的每个人都要先在脑中构想出符合所谓老三论——控制论、信息论和系统论观念的认知模式，并主动尝试运用复杂性思维方式来解决问题。相反，如果还一直局限于线性思维模式的窠臼，就只能越来越认不清这个世界，就好像拿着旧地图的旅行者不停地在似曾相识的街巷中打转。

---

①［德］克劳斯·迈因策尔：《复杂性思维：物质、精神和人类的计算动力学》，曾国屏、苏俊斌译，上海辞书出版社，2014。作者是慕尼黑工业大学教授。书中用大量翔实的例证和严谨朴实的笔法，阐述了有关复杂性的最新探索是如何引起人们思维方式的深刻变化，体现出自催化的显著特点，用每个创新催化出下一代的创新。

但这种非线性的复杂关系究竟是怎么运行的，普通人又该如何把握？在20世纪40年代末的时候，学术界曾总结出了著名的老三论，控制论、信息论和系统论，对后工业时代的影响不亚于牛顿力学当年对工业时代的影响。80年代时，中国的知识界也将这些新兴方法论科学的重要成果引入国内，并试图在社会科学研究中得到运用[①]。后来这些常识多为人们所忽视，然而追本溯源的话则必须承认，没有这种新的世界观，就没有现代社会。

首先，维纳的控制论构建了这样一个机制：任何系统在外界环境输入下必然会产生输出，输出再反过来影响系统本身。为了维持这个系统的稳定，或者为了对它进行优化，人们可以主动将系统的输出再反馈输入到系统中，这样就可以让系统进入自我调节的机制。

其次，香农的信息论里提出了两条定理。第一定理又叫香农信源编码定理，可以将信号源内携带信息的符号转变成可传输的编码，编码要尽量服从等概率分布，以达到每个编码所携带的信息量最大，最终提高整个通信系统的效率。第二定理则定量地描述了一个信道中的极限信息传输率和该信道能力（带宽）的关系。这两条定理对于现在人人依赖的通信行业而言可谓开天辟地。

最后，贝塔朗菲源于生物研究的系统论也适用于各种组织和人类社会。有生命的系统是开放的，需要和外界进行物质、能量或者信息的交换，有可能引入所谓的“负熵”，会让这个系统变得更有序。这些观念后来被薛定谔等人用来说明为什么生物能够进化，被管理学家用来解释公司或组织如何在外界环境的影响下变得更好。

① 金观涛：《系统的哲学》，鹭江出版社，2019。本书收录了当代著名思想家金观涛先生的“哲学三部曲”，《人的哲学：论“客观性”》《发展的哲学：论“矛盾”和“不确定性”》和《整体的哲学：我们的方法论》，建立了一套独特的组织系统理论。

这些崭新的理念在当时对人类思维产生了强烈的冲击，迅速在工业生产和组织行为中得到广泛运用，这才有了随后的核物理工程、通信行业和计算机产业的快速发展，影响深远，至今不灭。可以说，老三论中的控制论和系统论代表着的是一种现代化应对超大规模复杂系统的科学方法论①。如果继续探寻控制与反馈、系统与演化之间的关系，追溯到控制论思想的源流，人们还会发现其实它是三条支流融汇的结果：

第一条是数学和物理的发展与融合。科学家在统计力学和量子力学的基础上越来越认同，宏观层面的物理定律仅仅是微观层面大量事件在统计上平均达成的结果。随着研究的深入，信息论里的概率分布、热力学熵增乃至信息熵减的出现就顺理成章了。

第二条是生物学（包含生命科学）的进展。科学家在生物界中逐渐发现生物体的活动无法用充满必然性的线性理论解释，随着对生命机制的深入理解，生物学家提出了“内稳定”概念，这就为控制论的诞生奠定了基础。

第三条是计算科学对思维过程的模拟。二战催生了电子计算机的制造，数学家与计算机科学家开始试图用形式化语言模拟人的思维过程，这为控制论的成熟奠定了物质基础。

维纳于 1947 年在《控制论》里将这三条支流统一在一起，震动了整个科学界。科学家们纷纷投入这一前景广阔的理论和应用天地之中，在各行各业取得了丰硕的成果。今天的人们对控制论这一使现代社会得以运转的基础理论已经不觉得有什么神奇之处了，但还是有必要注意其在当今生活中每一处角落留下的深深烙印。

与控制论相比，同样兴起于 20 世纪 40 年代的博弈论更加看重行为个体之间相互影响，不断改变对策，持续输入输出后，最终达成的“共为”局

① 金观涛、华国凡：《控制论与科学方法论》，新星出版社，2005。

面[①]。博弈论的正式出现甚至比控制论还更早些，冯·诺依曼和摩根斯坦于1944年共同完成的巨著《博弈论与经济行为》将二人博弈推广到n人博弈结构，并在经济领域系统应用该理论，从而奠定了这一学科的理论基础。

其实博弈论并不是新近产生的思想，中华传统文化中也有很多博弈论思想的案例，现代博弈论只是西方学者根据市场经济发展的实践应用，将博弈论看成考虑到相互影响的策略行为条件下研究多人决策的理论，应该是它本来的面貌。在博弈论思想所影响的经典案例中，人们可以找到演化博弈论、行为博弈论和实验经济学、行为经济学等前沿理论分支所重点讨论的话题，学习如何利用生物学、心理学原理和实验手段，将复杂的博弈行为在实验室或其他可控场合下进行重复观察，从而更加科学、深入和定量地研究人类的思维和行为本质，及其与外部影响因素之间的变化关系，最终能将其应用于实践活动中，获得更大的效用，完成从思维层面到现实层面的转换和验证。

从复杂性现实问题出发，深入了解二战以来人类社会在控制论、信息论、系统论和博弈论等领域的基本理论、思想方法和实际应用情况，不仅有利于人们在自己的生活和工作中找出破解复杂局面的方法，也能距离意识活动更深层次的规律更近一步。

4.5 跳出约束的创造思维

如果说复杂性思维是人们为了应对非线性环境中各种因素综合作用的挑战，希望通过持续性的博弈在此局面中提高生存概率，那么创造性思维则是

① 刘培杰：《博弈论精粹》，哈尔滨工业大学出版社，2015。作者是哈尔滨工业大学教授，国内较早研究博弈论方向的博士。本书是从大量中文版本博弈论相关书籍中取其精华编辑而成。书中探讨了博弈论的思想来源和当代发展特点，提出要从思想原理性与技术工具性两个角度来看待并理解博弈论。

人们试图打破非线性环境下各种条件的约束，找到那个彻底改变局面的奇异点，一举提升到更高维度发展空间的全新解法。在创造性思维的引导下，人们才有可能彻底摆脱有形或无形束缚在思想上的枷锁，以另外一种崭新的组织形态来联结各要素，从而焕发出新的力量。

这种情况在人类对社会规律的考察过程中屡见不鲜，但在人类的科技发展史上更加层出不穷。科学家们,尤其是那些做出革命性成果的顶级科学家，都非常强调创造性思维的重大作用。他们也在功成名就之后认真反思过自己是如何发展出这种令人称奇的创造性能力，形成了很多值得后学者深思的观点。此外，观察那些不走寻常路的天才科学家的人生经历，也能让我们觉悟出一些他们在抓住灵感时的共同规律，放在自己的探索历程中运用，更多更早地具备创造性思维，产生独创性成果。

现任法国亨利–庞加莱研究所所长的塞德里克·维拉尼就是这样一位天才数学家①，他在证明非线性朗道阻尼、研究玻尔兹曼方程收敛至平衡态方面做出过杰出的贡献，一举摘得菲尔茨奖。在世人的眼中，数学家本该属于一群很神秘的群体。可是他们的日常生活究竟是怎样安排的，他们是怎么在平常的岁月里完成那些惊人成就的？与国内科学家的风范不同，维拉尼毫不掩饰追求名利之心，更勇于将自己富于激情、崇尚个性的人生态度表露无遗，让普通人得以一窥这类杰出人才的生活状态，有“虽不能至，心向往之”的感慨。

在维拉尼从开始选择研究题目，到荣获菲尔茨奖这一千个日夜中，大多数时间里都处于逆境之中，不知道自己的研究能否出成果，不知道眼下的探索是否有价值。前一秒钟让人欣喜若狂的发现可能在冷静思索后又被判断为

---

① [法] 塞德里克·维拉尼：《一个定理的诞生：我与菲尔茨奖的一千个日夜》，马跃、杨苑艺译，人民邮电出版社，2015。

毫无意义，苦苦思索过几个不眠之夜的问题，其答案可能会在某个不经意处突然浮出水面。甚至在定理还没有被最后完全证明时，已经按照惯例在世界各地宣讲大致结论，直到最终获得梦寐以求的菲尔茨奖的过程中，他心中始终留有一丝忧虑：如果证明在某处被发现是有漏洞的，那最终面临的将是无法接受的毁灭性打击。在这个巨大压力面前，数学家也是普通人，他勇敢地将不为人知的一面呈现在了世人面前。

美籍犹太裔物理学家，曾任加州理工学院物理学教授，1965 年诺贝尔物理学奖得主理查德·费曼也是这样一位天才[①]。他一生天马行空，想他人之所未想，行他人之所未行，有过太多惊世骇俗而又丰富精彩的传奇故事。世人大可由此打破长久以来对理工科学生乏味沉闷，甚至有些古怪阴沉的刻板印象，重新意识到理科生也可以如此思维敏捷，甚至风趣幽默。

天才也有动情的那一刻。在失去患病多年的结发妻子阿莲很久以后的一天，费曼偶然走在街道上，看见商店橱窗里展示的一套女装，下意识地想到：如果是阿莲穿上，该多好看啊。巨大的悲伤突然从心底无可抑制地袭出，蔓延至全身，他终于失声痛哭。原来再桀骜不驯、放浪不羁的天之骄子，也有情感中最柔软的一块。

这位内心柔软的天才科学家对世界和人生有着自己独特的看法。他可以满不在乎地活在这个世界上，完全靠追逐兴趣而指引生活的方向，而且还能在自己的物理专业之外发现生活中的诸多乐趣和美感。他可以在巴西讲学时跑去街头学敲鼓，可以学绘画让别人买去作品四处张扬。他始终保持一颗赤子之心，用孩子的眼睛和好奇心去观察这个世俗的世界，世界也以他的天分回赠他一段传奇的人生。

---

① [美]理查德·费曼：《别闹了，费曼先生：科学顽童的故事》，吴程远译，生活·读书·新知三联书店，2005。

费曼也曾夫子自道，讲述过自己从事科学创新过程中的心得体会，为人们提供了解天才创造性产生的第一手资料[①]。他首先要强调的是科学的不确定性。必须得先观察，提出一个问题或回答，然后去检验；可以稍微确定正确与否，但不能说绝对正确；要永远保持疑问，不停地发现问题并检验。因此，“科学发展的速度不取决于你取得观察结果的速度，更重要的是看你创建用于检验的新东西的速度”。这其实是一种动态求索的观点，是驱动科学家不断进入新领域的动力。其次是要处理宗教与科学的关系。费曼试图打消年轻人对信仰宗教和追求科学之间存在冲突的顾虑。这在人们看来当然毋庸置疑，没什么好顾虑的，但可能在西方文化中就会在上帝的存在性、伦理道德底线的挑战和激发艺术灵感等方面存有质疑。最后是要在社会生活中应用科学的态度收集信息、启发思考、检验观念、保持纯真。这确实也是费曼一生身体力行的真实写照。

与欧美奔放张扬的天才科学家不同，来自东亚儒家文化圈的日本科学家们对创造性思维有着更为隐秘敏锐的见解。1981 年诺贝尔化学奖获得者、日本量子化学家福井谦一就对如何在学术活动中产生创造性思维提出过自己的见解，即能够在“创造的前提”的基础上，进而提出“创造的本质”，并从中概括出走向创造的必经之路[②]。

当时福井谦一在实验中发现，无取代基的芳香族碳氢化合物无论是在亲核取代反应还是在亲电取代反应中都发生在同一位置，这一现象无法用当时的电子理论来解释，于是打算建立能够解释这些实验现象的新理论，并选择了芳香族碳氢化合物的化学反应理论作为研究的题目。人们都知道，化学反

---

① [美]理查德·费曼：《费曼讲演录：一个平民科学家的思想》，王文浩译，湖南科学技术出版社，2012。本书是作者在 1963 年为华盛顿大学做的系列演讲的语录集。三篇演讲的主旨分别是科学的怀疑精神、做事的求实态度和区分真伪的能力。

② [日]福井谦一：《学问的创造》，那日苏译，河北科学技术出版社，2000。

应是发生在原子和分子一级上的相互作用，但支配原子、分子世界的规律是量子力学。传统电子理论对分子内电子运动状态的理解是电子云，用以描述电子在某一处出现的概率密度，即描述电子运动状态的波函数的平方。福井谦一则根据量子理论从电子云中抽取出轨道的概念，即描述电子运动状态的波函数本身，再由这些轨道重新组合成的"前线分子轨道"决定化学反应的性质，从而移植量子力学的方法提出了前线分子轨道理论。然后他继续进行类推，把芳香族碳氢化合物的反应套用到自己的理论里，并且借数学方法计算出的电子分布范围与实验数据记录的位置是相符的。他还把自己的理论不断推广到其他类型化合物的不同化学反应中去检验，也都取得了成功，最终证明了前线分子轨道理论是正确的。

日本著名物理学家、1949 年诺贝尔物理学奖得主汤川秀树也对人生观、知识观、科学方法论和科学哲学思想等诸多方面进行过探讨。他从小深受中国文化的熏陶，自童年时代就开始学习有关中国古代哲学典籍，当年对枯燥文本的死记硬背却将哲学思维和修养方法潜移默化地植入他的深层意识中，为其日后的创造性科学研究工作奠定了坚实的基础。老庄思想中朴素的辩证思维方式和纯熟的人生处世态度给他留下了深刻的影响，因而让其能够站在东方文化的角度和世界学术的前沿，对于创造性问题给出独到见解①。

人类创造性思维的奇迹来自理性思维与感性思维的共同作用，汤川秀树尤为推崇直观的思考方法，并努力在抽象的理论中追求简洁美和直观性的完美结合。深奥的自然界隐藏了无穷无尽的规律等待理性思维去探索，同时自然界也是简单的、和谐的，是可以直观感受的。因而想去探索无尽

① [日]汤川秀树：《人类的创造》，那日苏译，河北科学技术出版社，2002。本书收集了汤川秀树在不同场合中的演讲稿，包括他在诺贝尔奖颁奖仪式上的演讲，以及应邀在希腊雅典所做的演讲等。

奥秘的宇宙，就需要先了解人类与科学发展的关系、人类在科学文明中的位置等背景，在更开阔的视角中去敏锐地发现问题、解决问题，这就是所谓的创造性。

在有关创造性的论述中[①]，他特别强调在抽象思维中大胆发挥直觉的作用,认为“直觉与大胆的想象是抽象的补充”,在很多时候,“直觉是一种敏感。与其说铲除矛盾，倒不如说在整体中发现和谐”。直觉能够引领科学家“以非凡的韧性从事一个特殊课题的研究”，一开始“个人心里有某个地方是黑暗的、朦胧的、模糊的和迷惑的，因而他就努力在其中寻找光明”。直觉就像那盏明灯，一旦擦亮，“找到了一线光明，他就努力一点一点地扩大它，逐步驱散黑暗。我认为，这就是创造力显示的典型过程”。

那么，科学创新中至为关键的直觉又该如何培养呢？他认为：“习惯和模仿会阻碍创造力。演绎逻辑和归纳逻辑都相当不可靠。实际上，科学的发展是通过一连串大胆的越轨行为来实现的。”这其中需要借用概念层面的“类比”来实现突破,“要借助‘语言’之类的中介来理解”。创造力很简单，就存在于将用“更容易理解”的事物去类比“不容易理解”的事物，“我们画表，或者用语言表达它，或者用数学公式来表达它。总之，在任何情况下，我们都是把它比喻成某种别的东西”。

汤川秀树最终提出了“等同确认”的概念，认为没有哪一种关于创造性的理论能够不把“类比”当作出发点，“在任何关于创造力的考虑中，基本的东西都是叫作‘等同确认’的那一智力功能。我并不是想暗示等同确认就等于创造力，但是我确实相信，等同确认两件事物为基本相同的能力在人类智力中具有决定性的意义”。

---

① [日]汤川秀树：《创造力与直觉：一个物理学家对于东西方的考察》，周林东译，河北科学技术出版社，2000。

这些极富创造性思维的科学家们的事例都说明了：综合运用数学方法计算、类比方法关联和反复的推导、演绎过程，是在漫长的科学道路上取得创新性成果的必由之路。这背后需要人们去创造深厚的文化氛围和对自由个性的尊重环境，它们都是培养创造性思维必不可少的土壤。

第 5 章 明辨正心

“诚意”之后，须要“正心”。

这是因为当人们费尽周折脱离物质世界的限制之后，虽然会在修为过程中进入更高的境界层次，无须再受物理条件和认知能力的约束，可以自由自在地从内心中发掘感受、获得内省的验证，但也会很快面临得不到真实世界反馈、失去纠正偏差机会的危险境况。于是很多修为者在更为自由地进入内心世界探索阶段之后，反而会陷入彷徨的状态，如心海失航，四向皆茫。

“正心”就是要以端正的心态来调节意识活动，时刻保持中正平和的处世状态，这样才能集中精力修养品性。然而，“心”本来就是不可言说的玄妙之感、无法触摸的空灵之物，那又该如何判断它正不正，以及如何矫正平复呢？

“明辨”提供了一种切实可行的方法，就是在不断地辨析事物规律中去体会“心正”的状态。每辨一事则得纠一分，每析一物则再校一厘，心就是在这种不断纠正校偏的过程中逐渐趋向端正。反过来以端正之心，保持不偏不倚的状态再去辨析事物规律，就能做到每回都取其正义。

那么，修为者又该“明辨”什么呢？

晚清洋务派代表人物、在政治上主张“中学为体，西学为用”、在教育上创办武汉大学前身自强学堂和南京大学前身三江师范学堂的张之洞，在《书目答问补正》一书中主张“由小学入经学者，其经学可信；由经学入史学者，其史学可信；由经学、史学入理学者，其理学可信；以经学、史学兼词章者，其词章有用；以经学、史学兼经济者，其经济成就远大”的学术进修路径。相反，如果不经过小学阶段的扎实训练而直接进入经学、史学领域，就难免会犯下脱离文字考据的笔墨错误；若再进入经世济民层面，就更有可能弄不清现世今业的来龙去脉，做出脱离实际的战略误判。

这就启发人们要从中国传统学术中的小学“辨”起，在经世为学最基础的学问上测练身手，用心思去辨析“语言符号”这既外存形态，又内用于心的最基本最普遍的事物。如果能在文字、声韵、训诂和书法上下功夫，把古代文献中字、词、句的本义搞清楚，打下深厚的语言文字功底，就能在日后求学治世的道路上越走越宽、越走越远，心态也就自然持得平、端得正。

所谓辨识训诂字义，就是要明辨历史文献中彼时彼地文字的真实含义，找出其在传世过程中曾被有意无意改动后迷失的本义。

所谓辨别音韵字声，就是要明辨文字在不同时代为人们运用的准确读音，厘清声母韵脚在经过精心排列后潜在传达出的信息。

所谓辨析文字字形，就是要明辨古人造字用字时设计字形的良苦用心，通晓形符、声符和义符在搭配构架字形时微妙的作用。

所谓辨赏书法字体，就是要明辨字体在经历几次重大演变后卸下的烦琐规范，欣赏一笔一画经蜕变后展现出简明轻便的神韵。

清代文史大家王鸣盛在《十七史商榷·自序》曾说：“经以明道，而求道者不必空执义理以求之也，但当正文字、辨音读、释训诂、通传注，则义理自见，而道在其中矣。”可见在文字、音韵、训诂，再加上书法的细微小处来求道，是一条由空落实、自见义理、明经正心的大道。

本章想要介绍给读者的，就是中国传统学术的这四项基本功夫。字，是每个人每天都会时时读写运用的。可是其本义的解读、声音的诵读、形态的创制、笔画的书写无一不具有深厚的文化底蕴，值得人们去深究细探。修得此四项基本功，自当能以亲身经历信服张之洞所言拾级而上的为学治世必由之路，也定能由此达成“明辨正心”的修为境界。

5.1 训诂者，以语言解释语言

按照近代语言学家黄侃先生当年创立现代训诂学的观念，“训诂者，即以语言解释语言之谓”，也就是用今时今地的语言文字解释彼时彼地的语言文字，以达到“求语言文字之系统与根源”之目的。所以这是一门研究古汉语词义的学科，既要译解古代汉语的词义，也会分析古代文章中的语法、修辞现象，可以帮助人们从语言的角度研究古典文献。

近年来，人们在训诂学实际发展过程中已经总结出了学者们做训诂的五大主要形式：正文训诂、传疏训诂、专著训诂、笔记训诂和论文训诂[①]。这些训诂学的训练可以让人们在面对同样是汉字系统的古文本时，辨识古人原初想表达的本义，拨开千百年来思想、习俗和文化几经迁移后凝成的重重迷雾，贴近那一颗颗封存在时间和空间冰库里、曾经鲜活生动的心灵。只有在这一次次的体察辨识过程里，人们才有可能发现自己之前无意识中对各种习以为常概念的错误理解，才有机会一点点地修正心中那套自以为运转正常的认知系统。后学者也就如同观人登山一样，很容易知道那些学者是在沿着哪条学术路径，采用什么学术套路在做研究。

在这训诂学界的众多登山者中，现代以来当以语言学大师、北京师范大学教授陆宗达和王宁的影响最大。两人是章黄国学的重要传人，数十年来坚持继承中国传统“小学”的学术脉络，极力推动中国训诂学走入现代，对传统训诂学如何取其精华进行了深入思考。他们的研究对象包括古代文献语言，以及用语言解释语言的注释书、训诂专书。为了准确地探求和诠释古代文献的词义，他们重点研究古代汉语词的形式（形、音）与内容（义）结合的规

---

① 吴庆峰：《训诂学新篇》，中华书局，2020。作者是山东师范大学文学院教授。他习惯在每届学生当中选择一二位做详细的课堂笔记，多年积累下来也形成了一整套缜密系统的训诂学教学资料。

律，以及词义本身的内在规律，为此而创建的“古代文献词义学派”也因而成为汉语词义学的前身①。

两位大师总结出传统训诂学的基本方法和应用原则，指出训诂方法的科学化在当代的实际作用，并就以形索义、因声求义、比较互证这三种主要的训诂方法的基本原理和要点进行阐发。他们特别强调《说文解字》的重要性。因为许慎严格按照实际语言中确曾用过的词义来求得与字形的一致。这意味着，即使某些情况下许氏的附会并没有正确推出字形的本义，但其对于文献中词义的训释也是大有裨益的。因而，他们所提倡的训诂学三大方法——以形索义、因声求义、比较互证，也分别对应形、音、义三训。

在形训方面，陆王依托许慎《说文解字》的汉字构形方法，有别于现今的主流文字学；在声训方面，陆王师法恩师黄侃的古音构拟方法，没有采纳最新的学术成果；在义训方面，陆王严守经典文本，以古籍证古籍，避免了牵强附会的漏洞，但也没有什么新意突破。为了提供较为完整的研究案例，两位学者还综合运用形音义互求的训诂方法完成了相应的字词考证集②，具体考证了《左传》《诗经》《史记》等文献中的字词问题，以翔实准确的词义考证，说明了查求本源、系词联义、较同辨异、寻形分字这些工作在古汉语词义研究中的重要作用，并对训诂方法的综合运用提供了实例。

再往前推，在中国训诂学史上占有极为重要地位的则是清代训诂学大家俞樾。他所编写的《古书疑义举例》，既总结了传统的训诂学，又开了近现

① 陆宗达、王宁：《训诂方法论》，中华书局，2018。两位作者曾是北京师范大学教授，在书中清晰明确地总结了基本的训诂方法及其背后的科学原理，并以生动具体的实例，对运用这些训诂方法在解决实际训诂问题中的作用进行说明，在当代训诂学领域有着深远的影响。

② 陆宗达、王宁：《古汉语词义答问》，中华书局，2018。本书既是训诂学理论建设的真实记录，又是训诂学研究的丰厚成果。书中围绕沟通本义和引申义的关系、系联同源词、辨析同义词差别、解决文献训诂假借这四项工作展开讲解，还收录了若干篇单篇考证。

代训诂学的先声。该书涉及的范围相当广泛，内容也非常丰富，举凡文字、音韵、语法、修辞、词汇、校勘、句读、句段、篇章等方面的内容都有所论及，包括了训诂学的方方面面。这本书自传刻之后就受到了学者们的高度重视，赢得了很高声誉，成为研读秦汉古籍之初学者必读之书。

后人在此书基础上也做了大量工作，不断推陈出新，人们或是吸取俞氏的研究成果，或是借鉴俞氏的做法，或是为之增补、校订，从而形成了“古书疑义举例派”。有刘师培的《古书疑义举例补》、杨树达的《古书疑义举例续补》、马叙伦的《古书疑义举例校录》和姚维锐的《古书疑义举例增补》，可弥补俞氏前书的未尽之义，纠正其中的失误之处。这几本补续之作和原书合在一起被中华书局编为《古书疑义举例五种》今本[①]，是人们今天对《古书疑义举例》一书的成就和不足做全面、深入、系统分析的范本。

通过利用训诂学的方法论和训诂学研究成果，新中国成立以来人们对古代汉语文献的理解已经有了很大进步[②]。学者们可以运用古文字材料来探求《说文解字》部首本义，并发掘出这些部首在今天语境下的新含义[③]。深入研究进去，每个部首衍生出来的内容都可以形成一门以古代生活环境为知识背景的学问。海外学者也可以通过分析青铜器铭文和出土文献来考证夏商周三

① 俞樾、刘师培、杨树达、马叙伦、姚维锐：《古书疑义举例五种》，中华书局，2005。

② 谢质彬：《古汉语语法训诂研究及其他》，河北大学出版社，2011。作者曾任河北大学中文系教授，本书收录了他几十年来在古汉语语法、训诂及语文应用方面的65篇论文，集中展现了20世纪后半叶中国大陆学界对古代汉语理解不断突破的发展过程，可以作为一本训诂学知识常识读物来提高自身的古文修养。

③ 邹晓丽：《基础汉字形义释源：〈说文〉部首今读本义》，中华书局，2007。作者曾任北京师范大学中文学院教授，书中以《说文解字》的540个部首条目为基本材料，在对字形、字音、字义的深入考证与浅近的阐释之中融汇汉字基础理论，将这些部首分为人体、动物、植物、器物、天地、数字和干支几大类，详细讲解其造字用途和相关例字。

代的文化变革和社会环境[①]。不仅如此，从甲骨文中释读出动物形体，分为野生、畜养、爬行、贝类等类别，学者们还可以对它们所代表的字符，以及以这些动物形体做偏旁的甲骨文字进行考释[②]。甲骨上刻画的每个动物形体所延伸出来的训诂含义，都在为动物学家提供中国晚商时代相关动物种类、动物生存环境的原始记录，为人类学家提供华夏文明进行动物驯养与狩猎活动的早期材料，从文字学的角度极大丰富了其他学科的知识储备。用这 540 个部首和 47 种动物形体来造字，可以说是细腻而生动地反映了古人的生活形态，充分表明语言是思考最依赖的工具和最现场的存照。后人们通过观察汉字的构造形式和使用状况，就能够生动而又具体地接通特定时空内的人们对客观现实世界的认识和主观内心世界的感受。

如果说到“心”，那就必须提到汉字中特有的既具象又抽象的“心”字符。近年来，在已经整理出版的郭店、上博、清华三种战国楚简研究材料的基础上，有学者发现楚国文字字形与其他国家明显不同，于是以楚系文字中构字能力极强，且与其他文字系统在构字方法上风格对立的“心”符为研究对象，运用“因文稽古，以字证史”的研究方法，从训诂角度进行了深入的解析考释[③]，为人们创造了利用古文字的形体构造研究上古社会历史的机会。

原来，作为战国七雄之一、长期生活在南方山林川泽环境的楚国曾经独立发展出浪漫奔放的楚文化。楚人认知事物的角度与上承西周、传统保守的秦人大相径庭，这从两者迥然不同的造字风格中便能清晰地反映出来。后来

---

① [美]夏含夷：《三代损益记：夏商周文化史研究》，上海古籍出版社，2020。作者是美国著名汉学家，芝加哥大学教授。

② 单育辰：《甲骨文所见动物研究》，上海古籍出版社，2020。作者是吉林大学古籍研究所教授。

③ 刘宝俊：《战国楚简特形“心”符字群研究》，中华书局，2020。作者是中南民族大学教授。

秦国一统天下，车同轨、书同文，其余六国文字便逐渐湮没消失在历史长河里,不再为人所知晓。直至近几十年来战国古楚地开始出土大量的简帛文书，文字特点极为鲜明的楚国文字才又重现于世。

以《说文解字》的收字作为标准集，将郭店、上博、清华三种楚简中带“心”符的字与之对比，便可举出近百组例字进行分析，最终可将楚人创造“心”符字的方法总结为替换、增形和新创三种类别。

楚人对“心”符字如此青睐，一方面准确地反映了那个年代的人在用“心”表达思维中概念的急迫性，另一方面也从反面例证了明辨与“心”有关字义对于塑造内心状态所起的关键作用。因此，几千年后的学者们如此不辞辛劳地训诂战国楚简中大量使用的“心”符造字，其意义正在于：从文字符号中再现那个既热烈奔放又内省于心的古老楚国，发掘楚文字义所体现的哲学思想史意义。这批突然出现于战国楚简，秦统一后又悄然而去的“心”符字，背后对应着的社会原因与儒家思孟学派“心性学”的消长相关。以孟子为代表的“尽心知性”的心性道德修养理论也在战国文字中找到了演化兴衰的例证。

训诂“心”字义，以明辨正“心”的道理，就在这里。

5.2 古今虽有别，音韵同“心”声

因为几千年前人们还没有录音的技术条件，也没有用音标记录发声的传统习惯，所以要想从文献里的古字推测出其在远古的发音是一件非常困难的事情。千百年前的古代学者甚至直接假设古今同音，有意无意地忽略掉了这个问题。但这显然也会遇到与实际不符的情况，到了南北朝时期，有些学者在按当时语音读《诗经》时，就会发现很多诗句的押韵不和谐，于是便将诗文中某些字的读音在这篇中临时改读为另一个更通顺的读音，这种做法被称

为叶（xié）韵，即调谐声韵。后来这类情况多了起来，终于引起众多学者的重视，这才逐渐发展起现在的音韵学[①]，并归纳总结了各个版本的韵部来解释读音规律，勾勒其在历史变迁中的演变路径[②]。其入手之处当然也是最早由于古今音韵不同而感到不协调的地方，就是诗歌为了传诵押韵而在诗文中留下的那些蛛丝马迹。

因此，对音韵学的研究必须先考察古代诗词的演进，其中一直存有两条线索：一是倚声，一是合律。早在先秦的诗歌里，不管诗句的长短，每句末尾就出现了便于诵读的押韵现象。到了汉魏六朝时期，乐府古诗占主导地位，诗歌并不讲究平仄和对偶。后来，古体诗由赋发展而来，开始对字句个数有了严格要求，便于停顿念诵，但只管平铺直叙、抒发胸臆。终于，到了六朝后期至唐代前期，人们发现将单音节的汉字连缀在一起诵读，会产生跌宕起伏的音节变化，而这种变化会使诗歌更富有感染力。

媒介即信息，传播者不断筛选要传播的内容，那些合乎汉语发音四声抑扬顿挫的诗文得到更广泛的流传。于是，南朝的齐梁诗人开始探讨声韵变化

---

① [瑞典]高本汉：《中国音韵学研究》，赵元任等译，商务印书馆，1940。这本书探讨古代汉语的发音来源，现代汉语的语音节律，解释各地方言源流遗存关系，实在是研究古代诗词的音韵基础。当然，这是一本无法逐章逐节阅读的书，只能作为在赏析或创作作品时，遇到某个字词音韵的用法疑义，可以用来翻找查阅的工具书。

② 赵元任、李方桂：《中西学术名篇精读：赵元任　李方桂卷》，中西书局，2014。本书分别选取了赵元任先生的《音位标音法的多能性》和李方桂先生的《上古音研究》这两篇非常重要的论文，分别由音系学与汉语音韵学方面的专家王洪君和麦耘为读者评析解读。《音位标音法的多能性》曾为赵先生在国际普通语言学界赢得国际声誉。《上古音研究》则创立了用现代语言学方法研究汉语上古音的治学方法。评析作者结合学界新近积累的成果，细致说明了论文的重要意义和写作背景，点出了文章的切入角度，分析了论据的组织和整体架构，并恰如其分地指出了文章的历史局限及引发的后续讨论。对于语言学学习者和研究者而言，经典的原作与周密的评析作品交相辉映，足以从中窥得音韵学的门径。

的妙处，总结其中的平仄规律，发展了近体诗表达的基本技巧，形成固定的规范。再经唐人的精雕细琢，到杜甫这里达到了登峰造极的程度，终于在盛唐形成了辉煌灿烂的律诗文学奇观[①]。转折点也在这里，酷爱音律的唐玄宗综合来自印度和西域的音乐元素，开创了燕乐的新格局。配合逐渐经过汉化改良的胡乐，艺人们选取格律诗内容，开始创作出由曲调和音高决定的“曲子词”“诗余”。词就是这么发展起来的。

民间艺人们偏爱配合乐器歌调的词体，士大夫们偏爱由文字格律规范的诗体，几百年间互相影响借鉴。直到元军覆灭南宋，民间再难找到那些古乐曲谱；直到遗民们流落闽越，中原再听不到河洛腔调。于是唐诗变成琥珀，静止的汉字将流动的唐音凝固在时间里；宋词变成珊瑚，旋转的音符停寂下来沉积为僵硬的词牌。

为了追寻古典诗歌创作的规律，复活这些静止的音符，现代学者已经列举出大量统计数据，追寻从近体诗、古体诗、词、曲、白话诗到欧化诗的演进过程，从音韵、平仄、对仗等角度总结出很多经验性知识[②]。了解这些知识除了有助于更好地鉴赏古诗词，还可以指导人们学着自己也去创作一些有艺术价值的诗词，在过程中体会诗词的精妙[③]。通过对宋代词体文学和音乐

---

① 吴丈蜀：《读诗常识》，上海古籍出版社，中国古典文学基本知识丛书，1981。

② 王力：《汉语诗律学》，中华书局，2015。本书是语言学界的泰山北斗王力先生经几十年积累而成的力作，堪称汉语诗律学教科书级别的经典之作。行文虽略显枯燥，更偏向于语言学家对这种文体的规范认知，但也奠定了本书的学术地位。

③ 经本植：《中国古典诗歌写作》，中华书局，2014。作者来自四川大学中文系。本书第一章以唐代及其以后的律诗为研究重点，从写作和实用的角度出发，对律诗和古体诗创作中正反两方面实例进行了对比分析。第二章讨论律诗的押韵、平仄和对仗规律，值得反复琢磨对比，最好还能在自己的诗词写作中运用，加深理解。第三章讲字句章法。诗文虽短，但极为考验作者谋篇布局的脑力，也是提升诗文意境和格局的关键所在。其他章节也介绍了诗歌创作的种种讲究，颇能体会出老先生的良苦用心。

之间关系的研究，人们还可以总结出填词择调的基本原则与协韵方法、词体的字句章法，以及独具词体音乐性特点的犯调创作方法[①]。现代人因此可以不用被那些古代创制的韵部所限制，在现代语境下设定韵部和词牌，解决如何遣词造句更能为当下人群接受，如何在古老诗体上体现现代诗意的新问题，正确运用古诗词韵律创作现代诗词[②]。

古今虽有别，音韵同“心”声。

5.3 圣人之制字，兼训义音形

汉字，是人们每天非常熟悉的存在。从小习字，就是在一笔一画之间重复模拟古人的书写动作和认知过程。也许是因为日常手写笔画的场景太过熟悉，也许是电子产品的键盘输入让更多人跳过了这个环节，今天的人们越来越少花心思去探究这些熟悉的汉字背后形与义的来源。

先人们究竟是在怎样的生活环境下，根据什么意象创制了这些汉字，他们想表达怎样的观点；后人们在传写誊抄这些汉字的时候，又经历了怎样的添补变化，不小心出现过哪些讹误；人们在理解和运用这些汉字时，又该秉持怎样的态度，是大胆还是谨慎地选择某种释义：这些确实是有关治学的标准，甚至是看待整个学术思想渊源流变关系的关键所在。

在辨析汉字字形方面，早在汉代就有许慎的《说文解字》创立了这门学

① 郑绍平、赵卫华、董昌武、刘中庆：《倚声探源：对宋词本体的研究》，学苑出版社，2011。作者是当代几位身体力行创作词的学者。他们考证并运用这些规律，赏析、创作并比较了多个词牌，足以满足词体初学者循序渐进的进阶需求。

② 刘叔新：《古典诗词的体式韵律及其运用》，商务印书馆，2017。作者是南开大学语言学教授。希望有更多人能读到这本书，一起感受老先生普及诗歌创作技法、复兴诗歌活跃气氛的美好愿望。

科的前身。然而今天的人们不可能一开始就去精读这本古书，更何况随着学者们的持续钻研辨析，以及清末甲骨文出土后的实证，已经发现许慎当年“六书”理论的很多疏漏，不能直接拿来全盘接受。

好在如今已经有了很多沿着《说文解字》指出方向，分为不同难易程度继续探索的途径，可以帮助人们循序渐进地步入文字学的殿堂。从“一二三最古老”开始，举凡日月星辰、行坐起卧、花鸟鱼虫和衣食耕作，都按字的相关性归纳到一起，涵盖了人的一生所能涉及的字，都可以采用形义比对的方法一一拆解辨识，去重新认识一遍原本熟悉的汉字[①]。汉字的早期字形中每个笔画都代表着特殊的含义，整体字形更是能透传出来古人的生活经验、器物制式和思考方式。文字、文物与历史相连，人们可以由字探索理解中国古代人生活场景[②]。若不下这番苦工，早已习惯于使用简体字，但饱受简化过程中由于对汉字“六书”理论的粗暴舍弃而造成的文化断裂和字义混乱所带来的负面影响的现代人，就再也无法体会古人在所谓繁体字实为“正体字”[③]里留给后代的深远意义。在小学、文字考古的学术基础上，综合人生经历中对方言、俗语、习俗的理解乃至人性的把握，更可大胆揣测先人造字的逻辑，给出全新的答案[④]。虽然有可能触及学术禁脔，但作为吸引更多文字爱好者的敲门砖，让大家惊叹于先人在蛮荒蒙昧时代旺盛的想象力和创造力、细致入微的自然观察程度、早熟深沉的人生社会体验，也未尝没有独特的价值。

采用较为成熟的文字学理论工具再来解析那些文字标本，还会有更大的

① 流沙河：《白鱼解字》，新星出版社，2013。作者本名余勋坦，现代诗人、作家、学者和书法家。本书源自现代出版社的《流沙河认字》，后来新星出版社又取其手稿本刊印为《白鱼解字》，是流沙河先生几十年苦心孤诣对古汉字进行研究的精粹之作。

② 许进雄：《文字小讲》，天津人民出版社，2016。

③ 流沙河：《正体字回家：细说简化字失据》，新星出版社，2015。

④ 流沙河：《解字一百》，新星出版社，2015。本书源自《文字侦探》，后以《解字一百》再版。

收获。学者们通常会根据汉字构成的特点，分为形符和声符两部分对汉字进行解说[①]。形符比较好理解，可以以字典里的部首为基础，分门别类地解释其在字的构成中的意义；声符部分则是将具有相同声符的字合在一起，根据“右文说”的思路进行解释。这些辅助知识可以帮助人们接近文字学殿堂的正厅，一览方家大贤在这个领域深厚的功力积淀。

著名的古文字学家、考古学家、诗人陈梦家在回顾了古文字学的形成过程以及文字的起源过程后，就提出了有别于传统“六书”理论的新“三书”说[②]，认为要从音、形、义三个基本元素出发来考证文字结构的组成和演变。陈梦家同时对金石学也颇有研究，他能在文字学研究中根据古人书写时用到的材料、工具、技法，来推断字体演变的过程及原因，因而得出的论点也就更有说服力。

这套新的文字学体系，对后世的启发和影响非常巨大。主流学派所主张的正确治学方法就是义训、音训、形训都要兼顾[③]，要通过先字形、后字义的方式来辨认古文字；要以字形为基础，以辞例为辅助推知字音与字义。所谓“因形以得其音，因音以得其义”[④]，千万不能直接从辞例的前后文推测字义。而从字形入手的严格要求，就需要学者全面掌握各种文献，积累古代文史知识，联系比对辞例，不能妄加推断。这种做古文字研究实践的科学方法论是初学者需要警戒的。人们在努力理解学者考证得出的形、音、义的规律之外，需要格外重视这点要求。

---

① 刘毓庆：《汉字浅说》，商务印书馆，2017。

② 陈梦家：《中国文字学》，中华书局，2011。本书是作者在西南联大任教时的文字学讲义。

③ 林沄：《古文字学简论》，中华书局，2012。作者是吉林大学考古学院教授，为古文字学家、训诂学家于省吾在吉林大学任教时的学生。

④ 语出清代文字训诂学家段玉裁的《广雅疏证序》：“圣人之制字，有义而后有音，有音而后有形。学者之考字，因形以得其音，因音以得其义。”

应用这套分析方法论，再结合近年来的考古挖掘，学者们发现中国文字的起源很有可能是夏和夷两大集团在长期的交往和竞争中逐渐融合产生的[①]。不同文化和信仰系统里对神圣事物的刻画符号随着政治和军事上的变化，而相互采纳，最终才形成了新的文字体系。而在经历了望山楚墓竹简、曾侯乙墓文字资料、郭店楚墓竹简、银雀山汉墓竹简、马王堆汉墓帛书和尹湾汉墓简牍等古代文献资料的整理和考释之后，学者们也积累了大量战国秦汉时期出土文献原物的第一手经验[②]，从而对汉字在那一时期形成演变的过程、整体呈现的趋势，以及背后隐藏的原因，有了更加深刻的见解[③]。比如，汉字经历了从繁到简的演变过程，由古到隶、由隶到楷分别是两次最重要的简化。但是在今天汉字字形已经基本稳定的情况下，只是为了速记醒目而唐突减少笔画，结果破坏汉字的框架结构，甚至引起字义串乱，是需要反思的。汉字经历过新旧增减的演变过程，总体的趋势是：增加修改偏旁以创造出更多的形声字，义符取代形符以承担更多表意能力。

汉字字形不断向前发展的过程，体现了中国古人对自然世界和人类社会更加深入的理解和更加细腻的掌握。

---

① 冯时：《中国古文字学概论》，中国社会科学出版社，2016。作者是中国社会科学院考古研究所研究员。本书是研究中国古文字学的通论性著作。

② 裘锡圭：《中西学术名篇精读：裘锡圭卷》，中西书局，2015。本书选取了裘锡圭先生四篇较有代表性的论文，《论“历组卜辞”的时代》《关于殷墟卜辞的命辞是否问句的考察》《释殷墟甲骨文里的“远”“迩”及有关诸字》和《新出土先秦文献与古史传说》，由相关领域的四位学者黄天树、沈培、陈剑和郭永秉分别进行读解。其中，前三篇论文分别涉及卜辞的论文及解读：一篇是卜辞的断代，一篇是卜辞的内容句式，一篇是具体文字的考释。第四篇论文则以出土文献来检验古史辨学派的一些观点。

③ 裘锡圭：《文字学概要》，商务印书馆，2013。

5.4 读懂书法，善莫大焉

在古汉字演变过程中，那些几千年前用刀刻画、用笔书写在牛骨、龟甲、竹简、丝帛、纸绢之上的古字，令后人深深震撼于那隽秀字体之美。先人创制出那么多富有想象力的古字已经让后人体会到其深邃的智慧了，怎么还有那么多细密的心思能倾注在字里行间。体验汉字书法之美，是作为中国人能够享受祖先馈赠书法艺术这份特别礼物的自豪之处，也是每个人的必修课。

然而，书法艺术的殿堂门径非常多，每个爱好者和书法大家都有着自己独特的艺术感受方式和书法创作理念，一千个观众眼中就会有一千个哈姆雷特。但是，万变不离其宗，人们要享受的是汉字书法之美。在这个问题上，不妨先抛开争议，不要受常理约束，先发掘自己对文学现象的内心感知，再用赞美的文字表达出来，达到欣赏和内心再次创作美的统一[①]。人们可以通过感受书法字帖中那些经过精巧拼接过的文学意象，进入平时可能未曾设想过的高雅殿堂，一起加入欣赏传播中华文化的行列里来，打下受用一生的审美基础。学写字要先会看字，要看懂字需要有对中华文化的认知。如果能从书法背后读懂书写者的人生意趣和哲学伦理，善莫大焉。

书法史上著名的“三大行书”——《兰亭序》《祭侄文稿》和《寒食帖》就是非常好的能够连接书法艺术和普通人的纽带，它们能够从内容到形式，从功用到美感，让人们体会这些绝世的艺术品和构建自己美学观念之间的联系[②]。和其他艺术一样，如果只是纯粹技法的精湛，那是不会流传千古还遗芳泽众的。必然是其背后蕴藏的深厚主题和人文关怀，才是值得后人称颂的焦点。以《兰亭序》为例，还原当年的风土人情和世事变迁，才能更深刻地

① 蒋勋：《汉字书法之美》，广西师范大学出版社，2009。作者是中国台湾的知名画家、诗人、作家。

② 侯吉谅：《如何看懂书法》，北京联合出版公司，2014。作者是中国台湾的书法爱好者。

体味到王羲之原作的伟大。即便是临摹，也必然是怀有那份情感，才能更加贴近古人的心境。

进入书法殿堂后，人们很快就会意识到中国书法的字体演变有着独特而又传奇的发展历程[①]。字体是跟随时代而发展的，书法与当时的社会状况关系颇深，推动书体演变的动力是书写者为提高效率，逐渐追求草率简易的选择。最初先秦书法多以书写材料归类命名，如甲骨文、金文、帛书、陶文、刻石文字等。后来西周的正体籀文逐渐发展为秦国的大篆。战国后期，秦国的篆书被简写，演变为隶书，也就是秦隶。秦统一之后，小篆成为正体，隶书下沉为日常的俗写体。隶变可谓是汉字字形演变过程中最具关键意义的阶段，也是最为复杂难辨的阶段，经历了一个由“篆”到“隶”的漫长过程[②]。到了汉代，隶书成为主流的正体，又演化出了草书、行书和楷书的俗写体。其中，在从篆到隶的转变过程中已出现草书写法，但到西汉时才最终形成；行书在东汉中期形成；楷书在东汉后期初现端倪，魏晋时正式形成。晋代以后，楷书成为正体，同时也已满足人们日常书写效率的要求，就没有再衍生出新的书体了，成为规范的习字书体[③]，后人可以根据名帖遗墨循序渐进[④]。在这样的演进过程中，除了汉字形体演变对书法的影响之外，书法习者也积累下

① 刘涛：《极简中国书法史》，人民美术出版社，2014。作者是中央美术学院国画系副教授。书中描绘了古人为什么会推崇某种流派，是哪些人物的喜好风尚在影响大众的审美，每种书体曾经经历过哪些起承转合的演变阶段，这些问题虽然笼统，但确实适合在一部简史里以最精简的篇幅向读者呈现全景视角。

② 赵平安：《隶变研究》，上海古籍出版社，2020。作者是清华大学教授，在本书中多有创新观点的阐发，是这个领域的一项突破。

③ 蒋和：《习字秘诀》，上海美术人民出版社，2018。本书是清代学者、书画家蒋和编写的介绍楷书书写方法的启蒙教科书。全书分为六章，内容包括：笔法精解、点画全图、分部配合法、全字结构举例、重定九宫格和分笔先后。书中还附上了名家书论、古代书法名作欣赏等，内容丰富全面。

④ 侯吉谅：《如何写楷书：破解〈九成宫〉》，山东人民出版社，2016。

来大量如何执笔、用笔、结字和临帖[①]，楷书、行书、草书和隶书各有怎样的特点和写法，乃至整篇作品该如何布局、修饰的技法，形成一整套艺术体系[②]。

书法对于古人来说，除了展现艺术修养之外，还是外谋仕途和内修文气的重要途径。书画虽然同源,但画艺却因为离文太远而没有得到相应的重视，可见古人还是尊崇笔画之上的文学价值。然而艺术的自然规律不管这些，总是有人不断融汇书法与绘画两门艺术，找出两者在精神实质和表现手法上的相通相补之处，在对方独到之处寻找新意。其实，每种书体在形态上都与画法，乃至篆刻技法具备着广泛的关联性。通过对画家的书法分类，可以提供从画到书的全新视角让人们去思考书法的艺术性[③]；通过对篆刻碑帖遗墨的考证辨析，可以发现篆刻活动对这些书体后来传播衍生产生的影响[④]。

这完全可能成为人们在向文学性之外再探寻艺术修养增长空间的另一条道路。

5.5 文章乃经纬之人事

通常人们都会以一种静态的观点看待语言文字所处的环境，意识不到随着时间的延伸、时代的更迭，同样的字符所代表的含义正在逐渐发生细微的变化，日积月累就会呈现出迥异的面貌。更不用说不同地域之间，由于本来

① 冯亚君：《书法侧锋用笔研究》，湖南美术出版社，2015。作者是青年书法家、湖南第一师范学院书法专业教师。本书从非常具体细节的侧锋用笔角度探讨书法艺术的审美价值，既有助于练习者掌握笔锋的运用技法，提升书法功底，又能加深欣赏者从创作过程角度对艺术珍品美学的理解。

② 启功、秦永龙：《书法常识》，中华书局，2017。

③ 王冬龄：《画人学书要义》，中国人民大学出版社，2015。

④ 王冬龄：《中国书法篆刻简史》，中国人民大学出版社，2015。

产生语言的文化土壤就不相同，不同语言之间的隔阂更大。于是，古、今、中、外之间，乃至不同的域外语言文字之间不断存在着不同语境文本相互翻译、诠释的解读过程。在人类发展历史上，这种语境间的对话交流也是启发思考、创新文明的重要手段。到了今天，人们终于有条件在不同层面上语境相互解读的印证过程中，对自身习以为常的思维方式有更全面的理解。

首先，在今古之间，经过近代新文化运动革新之后的中国现代知识分子们对延续了几千年的古典文字体系就已经有了一层隔阂。人们在面对互联网时代应接不暇的信息冲击之外，更没有精力和兴趣从浩如烟海的古文语料中获得补养。远离先祖通过文字表达的精神世界是件危险的事情。因此，除了直接去读今人对古文所做的传注之外，掌握一些阅读古书所必须具备的基础知识[①]，包括从形、音、义三个方面理解词义的小学功底，文言文中实词与虚词的灵活运用，古汉语中约定俗成的语法结构，以及古人行文用典背后所援引的更为庞大的知识系统，都是非常必要的。

千百年来为无数读书人所诵读背记的《论语》就是一部值得一读再读的古文，其中蕴含的文字语境就犹如一坛陈年老酒，常饮常新。当代国学大师钱穆先生就从《论语》的文字中读出了它的“起承转落，纵理也，文之经也；对偶排比，横理也，文之纬也”[②]。文章乃经纬之大事，“学者细会其串插接卸线索关节之妙，则缀文之道，可以彻悟而无闷矣”。人们今天再细读《论语》的每条文本，皆可运用此纵横之理来品味那些深埋在简短字句里的招式，当明白“大匠授人以规矩，不能与人以巧。凡兹所引，则固亦古人规矩所在也”。如此深究一番，细心体会夫子门生们倾注心血而成的文字语境，“好学深思之士，诚能强探而熟玩之，即不为巧匠，其犹不

① 鲍善淳：《怎样阅读古文》，上海古籍出版社，中国古典文学基本知识丛书，1982。作者是安徽师范大学教授，1938 年生。

② 钱穆：《论语文解》，九州出版社，2019。

成操削凿乎？”

其次，若叠加上古代中外文化大交流、大碰撞的冲击作用，今人再想去理解那些原本对古人就很新鲜的西来佛典文献，就更是难上加难了。那是中国古代学者第一次严肃地面对一种完全异质的文化。对方所使用的语言与汉语完全不同，作为译者的僧人们必须先放下母语的思考方式，全方位地拥抱在思想精密程度和体系庞杂维度上远高于自身的“西方”文明。他们肩负起既要完整严密地吸收对方精华，又要融汇创新地发展自身脉络的重任。在当时，他们与其说是虔诚的宗教徒，不如更为准确地称之为语言学家，或翻译家。

根据著名翻译家、梵学家金克木的研究，历代僧人们对梵语的翻译过程经历过曲折的变化①。如今人们所熟悉的佛教语境下的“空”“生”“有”“无”这些概念，都是译师们在反复地推敲和领会后，才慢慢确定下来的。它们一经在中文语境中获得新生，便马上焕发出别样的生机，迅速融入中国学者们的精神世界里，在儒家和道家、在孔子和老子身上找到互相倾慕的地方，相爱相杀，相辩相恋，最终诞生出有中国特色的佛学思想。这可谓是人类历史上文字语境融通最为成功的一次伟大尝试。

这里必须要提到的是《阿弥陀经》《法华经》《金刚经》和《维摩诘经》这四部佛经，以及流传下来（唐代高僧玄奘也曾重译这些佛经，但并未传世）的译者鸠摩罗什（343—413）。他的父亲是印度人，母亲是龟兹国公主。在淝水之战失败的前秦皇帝苻坚为中华文化做了一件功德无量的大事，就是将鸠摩罗什从西域请来。灭了前秦的后秦皇帝姚苌、姚兴父子又将鸠摩罗什接到长安，从此他安心讲习佛法、翻译佛经。这位兼有中印血统，但不属于汉族的语言学家，向中华民族系统地介绍了龙树中观学派的学说，

① 金克木：《怎样读汉译佛典》，生活·读书·新知三联书店，2017。

留下了 74 部 384 卷佛经[①]。他在翻译佛经时所创立的既重原文主旨，又具语言韵律的基本原则，给汉语界带来了一种新文体——偈体诗，成为梵汉交融的一大创新。

原本是散文形态的梵文佛经，到了汉语界就成了五言的无韵诗，文字语境为之一大变，甚至超过了原文在自己文化的文学领域所具地位，也因此成为佛理东传、再获新生的文本基础。从某种意义上观察，当时的中国社会一方面确实是为异域佛理的精巧新颖而折服，但另一方面也决不可忽略译者在升华文字语境上所下的非常功夫。后来的发展也确实印证了这点，历代中国学者从此文字语境的大转变中吸取到源源不断的养料。这让今天的后学者明白，如果能跨越此一境界的转换，也必能训练自我意识在跨界中得到古已有之的升华。人们在此意义上如果多读一些汉译佛典，则能做到通古也是解外，一举多得。

现在人们知道，鸠摩罗什的译本得以流传下来，而后来更多参考文献来自中国本土僧人的重译本却没能传世，正是因为他作为文化内容的输出方没有严格忠实于原始文本，而是首开“意译”之风，独创了新式的译经体。梵文和汉文的文字语境之间显然存在着很大的差异，但鸠摩罗什在翻译的过程中，没有拘泥于原文所采用的格式、体裁、音韵和比喻，大胆地进行再创作，带给当时的汉人们一种兼具梵文与汉语特色的大美境界。

以人们颇为熟悉的《金刚经》中那句名偈“一切有为法，如梦幻泡影，如露亦如电，应作如是观”为例，鸠摩罗什的译文一共提到了六种事物——梦、幻、泡、影、露、电，来比喻现象世界性空而幻有的状态。而若忠实原意，人们则可在 100 多年后北魏菩提流支[②]的另一个译本中发现，原文其实

---

① 据唐代玄宗时期僧人智昇所著《开元释教录》记载。

② 菩提流支是北印度人，生卒年不详，根据记载曾在北魏永平元年（508）经西域来到洛阳，受到魏宣武帝礼待，从事译经工作。

提到了九种事物——星、翳（影）、灯、幻、露、泡、梦、电、云，鸠摩罗什有意识地没有选择星、灯和云三喻。后来的宗密赞同这种做法，并为鸠摩罗什的取舍做了解释，认为恰恰是因为选取的六喻已经完整地表达了《金刚经》所蕴含的“空性”观念，而舍弃的三喻“以星、灯有体，云种含生，恐难契空心”[①]。但不管怎样，鸠摩罗什明显在此处做了发挥，传递给受教者经过重新编辑后的别样文字语境，在中文世界中营造出全新的佛理意向，当然也就引导人们进入一片不同的天地。后学者的解释虽然可被指摘为是某种牵强附会，但世人经过时间磨砺后的共同选择却能证明这种文字语境上的迭进才是最能启人慧心、发人深省的动力。

所以，这种所谓“意译”和“直译”之争，在佛经的翻译史上一直没有停歇，只不过被当时人们称为“敌对翻”和“取意译”或“正翻”和“义翻”[②]。这两种对接文字语境的不同方法，后来还辗转影响到近世日本开埠后考虑借鉴中国古代进行长达数百年的汉译佛经运动、权衡如何引进西方的“兰学”的博弈过程中，也体现在清末民初汉语界再从日语界二次吸收西方现代文明思想的名词翻译选择原则里。发展至此，文字语境和文符载体之间的反复借用关系终于演变到了每一词都可延展出一篇论文的复杂程度。作为后来学者，人们只能选择在这累积的地层上再去叠床架屋、开枝散叶。只是无论如何终须记得，好的翻译一经生成便有了自己的生命力，它已不再属于原始的文本，不再是它肢体的一部分。而辨析这两个个体之间的异同，本身就会给思维带来巨大的冲击，只取一端是永远无法窥见全貌的。可叹的是很多误解都是由此而起，而当事者竟不自知。

---

① 语出宗密《金刚般若经疏论纂要》：“魏译九喻，秦本略者，以星、灯有体，云种含生，恐难契空心，潜滋相想，取意之译，妙在兹焉。”

② 陶磊：《“直译”“意译”观念溯源：从佛经翻译到兰学翻译》，上海古籍出版社，2020。

也许还是以人们平时最熟悉的跨语境解读，也就是现代中文和外文之间翻译偏差引发的实例更容易理解些。应该说，凡是亲身做过翻译的人都能体会到这里的艰辛，除了要跨越语种理解另一个时空里原作者的思想内容和语言风格之外，还得尽可能地在满足“信、达、雅”的要求下重新“写作”，这几乎就是要创作出一本新书。个中难度之高，实非局外人所能想象。但同样，如果能够不唐捐此功，用心辨析此处文字语境迭进回转的妙处，则又是一条切实可行的磨炼心智、立诚用意的绝好路径。

翻译界的名家钱歌川先生就曾举过很多需要场景化表达的证据，比如“east wind”要不要翻译成“朔风”，“lamb of God”要不要翻译成“上帝的海豹”[①]，并总结出可以构建英文语法的思维模型和掌握英文语境的表现手法[②]。这些选择都依赖译者能够在脑中构建起两套思维体系，背后则考验译者这两套知识体系来源的深度和广度，况且还要做到转化自如，是何等不易。当然，掌握这些翻译技法并不是要大家都去译书，而是作为一种挑战自己固有思维方式，对比多种不同修辞手法，打破习以惯之写作套路的演练场景。

当然，于当今出版环境下翻译文本含义、迭进文字语境所经历的磨难和惊喜，也只有亲身译书、沉浸于这种辨析技艺的人才能真切体会。英文原版著作里一页两面的内容，若是用心翻译下来那或许就是足足两个小时全身心投入的功夫。它带给修炼者的提升将不只是那本书所在具体领域的技能增进，而更是在此过程中对当事人心智的全方面磨砺与新生。

---

① 钱歌川：《翻译的基本知识》，世界图书出版公司，2013。作者出生于1903年，曾任武汉大学、东吴大学教授，创办台湾大学文学院并出任院长。

② 钱歌川：《翻译的技巧》，世界图书出版公司，2011。

第6章 笃行修身

之前的所有努力和准备，都是为了“修身”。

可以说，不管是要求“博学于文，约之以礼”，还是倡导“格物致知，诚意正心”，以及推崇“博学之，审问之，慎思之，明辨之，笃行之”，儒家的目标都是为了实现个人修为的提升。这种修为不只体现在个体对外界知识的掌握程度，也不只表现为个体对内心世界的控制程度，而是必须要由人将自己在以上层面修为的功夫运用于日常的行动中，不由自说，而是所达成的境界能够为身边的人所看见、所承认才是。换言之，必须要有人的“身”作为载体，必须能通过具体的行为影响到他人。

因此，“修身”必须行而为之。《礼记·儒行》里也有记载：“儒有博学而不穷，笃行而不倦。”表明“笃行”是儒家为学的最高阶段，要求人们努力践行所学，才能使所学最终有所落实。

然而“笃”又当做何解呢？

“笃”字按《说文解字》的原意为“马行顿迟”，现代学者马叙伦根据音韵学知识和文字学“六书”理论认为该字为转注字，是马步行时的拟声，用来指称马行走缓慢之意。可是不管是取其古义认为“笃行”就是缓慢实行，还是沿用今义认为“笃行”是坚定施行，虽然都不为错，但仍不免沦为望文生义，只是走得慢就能学有所成？或又止于不求甚解，那么所谓坚定又该如何做到？

人们在研究马的行动规律时发现，马在慢走时四肢的移动路线遵照“对角线换步法”，即左前、右后、右前、左后的交替循环，完成一套步法大约为1.5

秒的时间。马在小步快跑时又有所不同，对角线的两足是同时离地、同时落地的，即左前右后、右前左后。而马在大步快跑时就不用对角线的步法了，前两足和后两足同时离地、同时落地，即左前右前、左后右后。

这就启发人们，理解“笃行”的关键在于：首先，“笃”要求保持最小粒度的步伐,完成前一步才能进入下一步,千万不能操之过急、企图一步到位；其次,“行”要求符合严格的章法,轮流交替、循环往复才能符合节奏地行远。总而言之，“笃行”即分步往复。

对应到现实环境里的修身路径，也是要先从最初的收拢意识、接纳自我出发，然后从周围环境中吸取能量以提升技能，再进一步认清自我所处的现实环境，接下来就可以逐渐分配资源对外人施加影响，最终达到可以释放能量带领更多人前行的状态。同时，达到这个状态也是进入更深层次接纳自我意识的开始。从最早的“看山是山”,到“看山不是山”,再回到“看山又是山”的状态，此时的自我已不再是彼时的自我了。这时需要重新接纳自己，放空自己，再给自己立下新的目标，开启新一轮的修为历程。

本章想要介绍给人们的，就是结合现代心理学、行为科学和管理学领域的最新进展在指导个人修为方面的建议。“修身”需要身体力行，行动需要能量，“笃行”讲的其实就是一整套用全身心高效地发现能量、积累能量、分配能量和激发能量的方法。用身体的五个重要部分具体来解释就是,用“心胸”放空无我地接纳、用“手脚”勤奋不懈地练习、用“眼睛”聚精会神地识认、用“口舌”发号施令地管理、用“头脑”深入人心地领导。然后再进入下一个阶段，放下头脑中强大的自我意识返归到初心，虚心若愚、求知若渴，使全身心成为新一轮的能量收集器和放大器。

《孟子·告子下》有曰：“故天将降大任于是人也，必先苦其心志，劳其筋骨，饿其体肤，空乏其身行[①]，拂乱其所为，所以动心忍性，曾益其所不能。”这就对笃行修身过程中五个阶段的状况给出了更加形象的描述。首先，磨炼心智必然是件让人困苦、受尽折磨的事情；勤学苦练的日日夜夜里难免要承受筋骨劳累和体肤疲饿的煎熬；进入社会现实环境，生活境遇上的困乏会给有志者设置各种障碍；开始行动谋划事业，人际间又难免遇到各种不如意的乱象：只有经历了这些仍然有力量发动内心，有韧性坚守性情，具备了足够的脑力和心力，才能无所不能、无往不胜。

唯有如此才能承接天降大任，实现“笃行修身”的目标，实现个人品德的弘扬，实现“明明德”，也为随后要在“亲民”阶段里让更多人感到修为者无处不在、始终散发的内在能量打下坚实基础。

6.1 接纳自我，完成心身一致

现代人常说，要接纳自我，做最好的自己。那么，这个“自我”究竟是什么？为什么那么值得郑重其事地对待？为什么以它为出发点的选择都是最好的判断？好像以前一切的错误都是因为不公正地对待了这个“自我”。可是这“接纳”的主体难道不就是自己吗？人们为什么会陷入这同义循环外的语式之中？

其实问题的根源就出在，这种论调的背后是将“心”与“身”相分离。

---

① 此处有两种断句方法，一种是教科书和社会上常见的：“空乏其身，行拂乱其所为”；一种是学术界举证、为本书所采纳的：“空乏其身行，拂乱其所为”。这种断法曾在李家邦于 2005 年第 6 期《语文学习》发表的《关于“空乏其身行拂乱其所为”的句读及释义》、王松于 2006 年第 7 期《现代语文（学术综合）》发表的《“空乏其身”还是“空乏其身行”》和周笃文于 2014 年 5 月 12 日《北京日报》发表的《“空乏其身”的句读是错误的》等几篇文章中有详细的论证解释，合理可依，不再赘述。

不管是要“心”接受“身”，还是要“身”纳入“心”，心身既然从本源就是不在一起的，那么所有所谓“接纳”的努力其实都是在加剧两者的冲突，扩大两者的裂痕。儒家不是这样认为，而是将从心到身的修为看作一体连贯的，背后的逻辑是心和身本来就是一致的，知和行本来就是合一的。在消除了这个一直困扰在现代人心头的困惑之后，人们就会明白：为人处世，不管是从内心出发，还是从理智出发，都不过是先对自己的人生目标和思维模式能有一份融通的看法，与自己达成一致，做到全盘的接纳，然后再去审视自己的才能，向外扩张，去改变身边的人与事而已①。这就是观念的始发作用，也是行为的重塑效应。它强调要通过改变思维模式影响人的性格，从而影响人发挥自身潜力的程度和能力，最终能够给生活带来极大的改变。

人的思维模式可以分为固定式和成长式。后者认为人的类型可以在后天发生改变，智商、性格乃至商业嗅觉和运动才能都可以通过运用成长式思维模式而得以获得和改变。改变的意愿存乎一念之间：只要你认为自己是可改变的，可提高的，并不是完美无缺的，可以接受批评和否定的，那成长在当下就开始发生了。而且人越是如此，则未来所能开发出的潜能就越大，也会越来越强化这个反馈效应。众所周知，孩童不太有过多的固定思维，因而能够不断学习成长。而成人总认为自己已经成年，不再耐烦接受新的认知挑战，这是阻碍人们终身成长的巨大错误概念。所幸已经有生物学的证据表明，人的大脑发育是伴随终身的，只要你想，就可以活到老，学到老。

可现实没有这么简单，固定式思维也无处不在，甚至能够在很长时间或很大范围内成为人们的主流思维模式。自以为享有充分思想自由的现代人，也可能在无意之中又重新沉溺于固定式思维而不自知。这是怎么回事？

---

①［美］卡罗尔·德韦克：《终身成长：重新定义成功的思维模式》，楚祎楠译，江西人民出版社，2017。作者是斯坦福大学心理学教授。

原来，自由并不是天生而来，甚至这个概念也是很晚近才出现的[①]。它对个体来说，既是一种权利，也是一种负担。现代人在摆脱了宗教神学思想和封建经济体系束缚的同时，也丢掉了原有束缚下的保障和稳定感。如果将现代人的性格结构放在心理因素和社会因素相互作用的维度来考察，尝试探讨人之所以愿意选择自由成长的内在精神动力时就会发现：孤独的现代人会不断产生新的焦虑和不安。

于是，每个人都会面临两条道路选择：要么发展自我，发掘自身的潜能对抗孤独感，在不断的绝望和反抗中找到存在的价值；要么逃避自由，宁愿付出失去自我的代价，寻求权威、经验和规则保护自己，回到原有束缚的老路上。后者在很大程度上就是因为个体放弃了继续成长的努力。这看似不可能，但细想下来在实际中比比皆是。只是如果个体回避所有的挑战，转而选择由权威、经验和规则来指导生活，那他还如何发展出自己的成熟心智呢？生命的意义还是得从蕴含于内在自发的生活中找出，再也回不到中世纪的现代人，只有一路向前。

然而，社会面貌的改变虽然能将人们从上一个“权威主义人格”的心理机制中解放出来，但人们并不会自动进入理想状态，而是很有可能滑入一种“逃避自由”的心理模式。人本主义哲学家弗罗姆倡导的“人本主义精神”则提供了一套分析框架，试图继续深入分析现存社会制度是否符合其“健全社会”的理念[②]，以及个人如何在所处社会环境中得以成长。

大家通常都认为自己的精神是“健康”的，社会也是“健全”的，但这在弗罗姆看来却都是需要探讨的问题，而且需要找到一个能够衡量社会整体健全程度的标准。对他来说，这一标准无疑来自构成社会的最小单元——

① [美] 埃里希·弗罗姆：《逃避自由》，国际文化出版公司，2002。

② [美] 埃里希·弗罗姆：《健全的社会》，王大庆等译，国际文化出版公司，2007。

“人”本身，剖析社会的钥匙也要从人的需求状况中去寻找，要以人为本。为了避免现代人逃避自由而陷入“权威主义人格”的心理机制，他提出人的五种基本需求——交往、超越、寻根、身份和方向，并且认为满足这些需求要通过健康的途径，而社会是否健全，也要看社会是推动还是阻碍了每个人精神健康的发展。

由此看来，极权主义社会在这个标准下自然是不健全的，但20世纪西方民主制度下的工业社会也不健全，是人性“对自由的又一次逃避”。日益细化的社会分工将人与其所从事的工作割裂开来，人去工作不是为了实现自己的创造性，而是作为整个社会化大生产机器的一个部件，可有可无，随时可以被替换；人去消费也不是出于自己本来的需求，而是被整个消费社会大环境所诱导而去完成交易。整个社会有生产者，有消费者，有商品，就是没有人。

弗罗姆给出的解决方案是“社会主义”，是以人为本、追求人的全面发展的社会主义。当然，他看问题的角度是正确的，给出的药方也是准确的，但仍然没有切实可行的行动方案。不过这不妨碍人们反思他最终所倡导的个人生活方式：在不健全的社会里，唯有以个人道德伦理的自我完善，才能通过自下而上、推而广之的方式构建理想社会，即所谓“健全的社会”。

在弗罗姆看来，这种自我完善方法源自生命之爱①，其实质是“一种能够变得主动的活力”，因为只有“真正的主动才有可能带来真正的欢乐”。每个人都需要培养这种“真正的主动”，对爱的能力进行有意识的培养和发掘，其中最重要的就是“自我意识”——人之为人的根本，这就需要摆脱家长、权威、宗教等一切束缚人类成长的限制。人们“要从生活的喧闹中退出来，走向我们自身，停止对刺激的不断反应，让我们自己变成‘空’，这样

① [美]埃里希·弗罗姆:《生命之爱》，王大鹏译，国际文化出版公司，2007。

我们个人才变为‘主动’”。这样一种不断放空自我，腾出更多空间深化自身感觉能力的自我完善，才有可能让人获得深刻意义上的“健全”。

弗罗姆在这里所强调的爱，是整体人格的展现。爱的对象包括了博爱、母爱、性爱、自爱和神爱，涉及爱从起源到衰亡、从理论到实践的全过程[①]。发展爱的能力，就等于努力健全自己的人格，“如果不努力发展自己的全部人格并以此达到一种创造倾向性，那么每种爱的试图都会失败；如果没有爱他人的能力，如果不能真正谦恭地、勇敢地、真诚地和有纪律地爱他人，那么人们在自己的爱情生活中也永远得不到满足”。由此，弗罗姆构建了一整套为从中世纪精神枷锁中逃出的自由心灵，在现代社会通过不断激发生命之爱展现人格、培养自我意识、获得内在成长的行动方案。

可是问题的另一面是，过于爱自己也会造成障碍，个体经过强化的自尊心又会形成固定式思维，认为承认自己的不足和缺陷是一件很丢面子的事情，因而即便认识到可以通过改进去成长，但还是不愿意去迈出那最重要的第一步。事物可能会走到它的反面：过度爱自己就变成了自卑。所以要从更深层的心理机制上看，人的一生还必须包括不断克服自卑感、获得安全感、建立优越感的心理适应和自我超越过程。

对于人类来说，不能忽略的是资源贫乏、个体脆弱和生命延续这三个永恒的基本事实。这可以将人在社会生活中遇到的大部分问题都归为三个类别：职业发展、社会协作和家庭关系。影响心智成熟的因素，也基本上都来自这三个方面。一旦处理不好，就会产生自卑心理，并会终身限制个体的成长。有学者经过大量实际案例的分析研究认为[②]，一个人在5岁之前，其生活经

① [美]埃里希·弗罗姆：《爱的艺术》，李健鸣译，上海译文出版社，2011。

② [奥]阿尔弗雷德·阿德勒：《自卑与超越：你要清楚自己应该怎样过好这一生》，马晓娜译，吉林出版集团，2015。作者是精神病学家、个体心理学的创始人、人本主义心理学先驱，弗洛伊德的学生，但是他反对弗洛伊德的学说。

验已经决定了成年后解释和回应自身遭遇的方式，对于“对这个世界和自己应该期待些什么”这个问题已经有了最原初的答案。这种生活经验被证明与一个人位于家庭中的长幼顺序、年龄差距、性别以及相应的父母关爱程度都有着非常直接的关系。人们甚至可以穷举各种可能组合情况对个体成长过程的影响，并纷纷找到具体事实案例的印证。

中国的古话“三岁看大，七岁看老”，也确实有其在社会学和心理学上的依据。终其一生，人们都是在寻找儿时的最初记忆，满足当时未能满足的需求。正确的解决方法就是要与人合作，在成年之后主动建立正向的反馈模式，最终达到利人利己的结果。在孩子的成长过程中，父亲、母亲和教师，也都要承担相应的引导责任。然而，并不是每个人在身体成年之后都能走上心智成熟的道路，这其实是一条“少有人走的路”①。虽然要想解决人生问题的孔道很狭窄，但是也必须奋力通过，要在人生中不断地追求自律、爱人和信仰。人生充满的苦难必须被正视。可以说，自律是所有的起点，要以积极主动的态度承担人生痛苦，责任由自我承担，享乐可自我控制，这样才能不断有动力接受挑战，更新自我，在成长中成熟；爱人是一个过程，是在帮助他人的成长过程中完善自我，收获是以实际的付出和能力来计算，真爱也要以心智是否更加成熟来衡量；信仰落在终点，它可以是宗教，也可以是世俗目标，人生总要有所寄托，终点可能不重要，但寻找信仰的过程也就是自己在思索和实践中形成自我心智的历程。

当然，这些都只是可行的工具。人生作为一场艰辛之旅，心智成熟的旅程相当漫长，谁也不能在成熟心智的路上断言自己达到了终极目标。即便是找到了金钥匙，每个孩子也还是要自己探索插入锁孔、打开大门的过程。但

① [美]M. 斯科特·派克：《少有人走的路：心智成熟的旅程》，于海生译，吉林文史出版社，2007。作者是一名有过从军经历的心理医生，在20多年职业生涯中医治过上万名心理病人。

是人们不用感到恐惧，随着心智经历一系列艰难乃至痛苦的转变，人的自我认知和自在行动最终会达到心身一致的更高境界。在儒家看来，心智是人们用以感触这个世界的工具，也是构成自我意识的来源。在经过格物致知、诚意正心的修为，熟知它的运行机制之后，身只是用来验证之前修为的层次，让心智能够抽身其外，修正它的错误模式，避免它的蒙昧之处，克服其在成长过程中必然会经历的挫折，最终拥有一份更加成熟心智的化用之所。

所以说，心为体，身为用。心虽无迹可寻，但可以在身的运用中得以显现和证明。

6.2 学会成长，增益其所不能

在对心智的运行机理有了更深的认识之后，人们自然会想如何将其应用于自身的成长与学习中，在人生经历中提高学习效率，获得超于常人的技能，拥有更明智的判断力，赢得更加成功的社会地位和更多的财富。

一个普通人如何追赶时间超过更多同时代的人？这可能是现代永恒的奋斗话题。未来已来，只是信息分布不均而已。但总是有那么一小部分人会先掌握未来社会的生存法则，他们在塑造思维模式、提升专业能力、与未知世界相处、从获益方式看待人类行为模式等思路上显得与众不同[①]。想要成为他们那样的人，具备在不同人生阶段持续完成个人成长和心智进阶的能力，需要具备像知乎专栏作者采铜所总结的所谓“精进”意识，在时间、选择、行动、学习、思维、才能和成功等七个方面循序渐进，参照一整套改造自身

① 阳志平主编：《追时间的人：信息过载时代的知识解决方案》，中信出版社，2016。本书汇编了开智学堂多位专家的智慧，从神经科学、虚拟现实、成长性思维、情绪调节、信息处理和社会心理等角度全方位地传授现代人如何在当今复杂多变的环境中拓展自身生存技能的方法。

思考和行为模式的可操作方案，不断演练动作，最终达到提升自我能力的目标[①]。在这一过程中，需要人们将学习目标与自己的兴趣点关联起来，化整为零、逐个击破。最困难的地方则在于如何克服人的生理性缺陷，这就要用到要点、概念、故事等具象手段加强记忆与理解，尽力去利用那块已经进化了亿万年，却要在当今社会中继续适应新环境的大脑[②]。

为了尽力榨取出这个大脑的每一点脑力，人们必须要能在无干扰的状态下进行专注的职业活动，从而使个人的认知能力达到极限，进入“深度工作”的状态[③]。专注做事的意义不难理解，难的是如何在复杂环境和海量信息的情况下，还能保持住那份专注。为此，首先是要能深度地做工作，比如排除手机干扰、设定时间表、划分时间段、改善工作环境、减少切换、制造仪式感等等。每个人还会发现更多有待改善的环节，就是这些跑冒滴漏每天都偷走了大家的脑力，使得人们只能停留在肤浅工作的层次。其次是要去做深度的工作，这更重要。优先去做那些更需要投入智力的事务，赋予日常工作更深层次的意义，提升掌握复杂工具的能力，为所在的团队赋能，这些都是帮助人们进入高质量工作状态的重要因素。大脑的生理条件限制了能集中注意力的时间和程度，深度工作则能最大化它的效率。

大脑的这些特点一旦被发现，就会有人不断尝试突破极限，找到在各个

---

① 采铜：《精进：如何成为一个很厉害的人》，江苏凤凰文艺出版社，2016。作者是浙江大学心理系博士崔翔宇，书中借用了通俗的信息熵、半衰期、目标悬置、图层工作法和意志力等概念，能有效地帮助精进者以模块化的方式处理日常难题。

② [美]芭芭拉·奥克利：《学习之道》，教育无边界字幕组译，机械工业出版社，2016。作者是本科俄语专业的工程学博士。本书从脑神经科学和心理学的最新研究成果出发，根据人的思维特点总结了九种学习方法，由采铜作序。

③ [美]卡尔·纽波特：《深度工作：如何有效使用每一点脑力》，宋伟译，江西人民出版社，2017。作者是麻省理工学院计算机科学博士、学习领域畅销书作家。

领域提高技能与能力都遵循的普遍原则。“刻意练习”①，也就是通过有目的的大量练习，巧妙地不断挑战大脑的舒适程度，被证明是最有效改变大脑结构的方法。通过刻意练习可以不断改变和优化所谓的“心理表征”。其假设是，大脑不只是人们思考的工具，也是人们要持续改造的目标。工欲善其事，必先利其器。练习是为了建立大脑和能力两者之间的正向反馈关系。天才不过是更早地比普通人更懂得刻意练习，每个人都可以在一生中通过练习掌握自己的命运，使得人生充满各种可能。

除了去硬磕自己大脑的弱点之外，其实还有一种获得差异化生存优势的做法——只在自己擅长的领域成为专家。这种“专业化生存”②的理念强调要在某一领域深耕，从而获得比较优势。比如，首先找到适合自己并精通的领域，选择目标受众；进而发现受众的痛点，并讲述自己的故事；针对这批受众提供适合他们的内容（书、课程、网站、影像……），建立起稳固的社交关系；通过免费内容吸引更多用户，找寻可以合作的伙伴；最终构建起区别于他人的行业壁垒，成为该领域的专家。如果前面提到的方法都是在奋力抵抗自己大脑的惰性，那么成为专家则是反其道而行之，需要利用别人的惰性，解决别人的问题，从而为自己另辟出一片增长空间。

追赶时间、精进演练、兴趣学习、深度工作、刻意练习和专业化这些方法汇集了人们在克服人性弱点方面的各种努力成果，其基本思路是将原先不可捉摸、不可探求的学习过程拆分为具象，变成可衡量、可验证的步骤环节，再一步步地落实践行。不积跬步无以至千里，不积小流无以成江海，只有在经历一番“劳其筋骨，饿其体肤”之后，才能逐渐让自己变得更加强大。

① [美]安德斯·艾列克森、罗伯特·普尔：《刻意练习：如何从新手到大师》，王正林译，机械工业出版社，2016。作者安德斯·艾列克森是佛罗里达州立大学心理学教授。

② [美]布兰登·伯查德：《专业化生存：在你擅长的领域成为专家》，王岑卉译，中国华侨出版社，2014。作者是美国高效能学院创始人。

6.3 见所未能见，现所未曾现

在做到心身一致、不断成长之后，人们抬眼向外观视，自然会思考人生在世究竟应该如何看待自身周边所处的境况，由近及远该采取怎样的态度不断地与周围环境交换资源与信息，这是每个人在社会上安身立命的开端。现实生活中曾经有无数的有志有才者，就是因为一开始就没有认清现实，还在懵懂之间就盲目甚至错误地行动，因而耽误了大量本属于他们的机遇，结果在人生半途就困陷于某个看似针对自己，但又都事出有因的问题之上动弹不得，白白浪费大好的时光与才华。千里之行始于足下，既然要远行，就需要事先明确自己的方位和去向。出发前多花些时间去思考一下，非常有必要。

其实，大多数人在走入社会之际并没有显赫的身世和丰沛的资源，更多是要从社会底层打拼起。太多还处于社会底层的苦闷年轻人，空有一腔热血和满身干劲，但不断在低层次上消磨岁月与意志。在这个时候，每个人选择的格局起点就非常重要，具有"格局"①意识才能让大家见所未见，找出提升社会阶层的钥匙。这里的格局，指的是放长收益的时间预期，培养自身独特的价值而不是尽快变现，向别人提供价值积累声誉和人脉；如果不指望短期就成为高端人士，那就接近他们、学习他们、服务他们，经过模仿和领悟之后，就有可能成为他们中的一员。这种面向未来的思考极为考验人的忍耐程度。有过此类成功经验的人通常都会描述自己当年如何超越常人、见所未见的体验。正是这种异常的感受才能经过时间的考验而体现为"远见力"②，让他们脱颖而出、卓尔不群。这是承认未来趋势存在确定性规律，然后基于

① 宗宁：《格局逆袭：普通人的制胜之道》，中信出版社，2015。

② [美]丹尼尔·伯勒斯、约翰·戴维·曼：《理解未来的7个原则：如何看到不可见，做到不可能》，金丽鑫译，江西人民出版社，2016。

经验所知去预测未来、洞察先机，通过变革驱动、跳离现状、反向推理和重新定义等方法，去更好地预测和主导未来的一条思路。当然，进入 21 世纪以来世界各地的“黑天鹅事件”越来越多，原先的思维边框不断被突破。人们更需要的是掌握如何在充满不确定性的世界生存下去的法则，还必须通过提高自己的反脆弱性[①]，才能避免外界波动带来的损失，甚至能从混乱和不确定中获利，从而赢得长久的繁荣。

所以，不管是正向的远见力，还是逆向的反脆弱，本质上都是想帮助人们在复杂的现实世界里，既能采取大胆而谨慎的行动获取收益，又可以避免犯下错误而导致全盘皆输的局面。这种矛盾尖锐对立、极为考验人性的场景在当今世界最典型的实例就是金融资本领域了。就以最为人所羡慕的风险投资行为来看，它充满诱惑气息，曾将无数精英送至人生顶峰，又设下重重陷阱让他们坠入深渊，一次失误就可能断送整个职业生涯，乃至人生。同样，在总结了行内无数成功投资的经验后，人们发现所谓的“第二层思维”[②]最为关键。它鼓励投资者通过正确判断市场周期，做“逆向投资”，研究好其他投资者，“想他们所未想，见他们所未见，或者具备他们所不具备的洞察力。你的反应与行为必须与众不同。简而言之，保持正确可能是投资成功的必要条件，但不是充分条件。你必须比其他人做得更加正确……其中的含义是，你的思维方式必须与众不同”。这种更高层次思维的本质其实是：不要在意股市的有效性、波动性、趋势和机遇等耳熟能详的概念，承认它们的存在就好了，关键是关注别人在面对这些问题时的表现，要以他们的反馈行为作为自己采取关键动作的判断依据。这也就是现在已

① [美]纳西姆·尼古拉斯·塔勒布：《反脆弱：从不确定性中获益》，雨珂译，中信出版社，2014。作者是横跨商界和学界的畅销书作家。

② [美]霍华德·马克斯：《投资最重要的事》，孙伊译，中信出版社，2012。作者是美国橡树资本创始人。

经深入人心的股市法则：最重要的巨大风险不在人人恐惧时，而在人人都觉得风险很小时。俗话所谓，当看电梯的大妈都在讨论哪只股票会涨的时候，整个股市离崩盘也就不远了。

因此，管理好现实世界的风险总是很难，难就难在风险存在于未来，而未来会怎样具有不确定性。而杰出投资者之所以杰出，是因为他们拥有与创造收益的能力同样杰出的风险控制能力。尊重风险，知道未来无法预知，基于未来是概率分布的假设进行投资，这才是投资最重要的事。当然，很快人们又衍生出了后续的“N+1 层思维”概念，也就是一定要在别人思维的基础上多思考一层作为出奇制胜的法宝，以至于会出现“你以为我在 X 层，其实我在 Y 层”（Y 远大于 X）的调侃说法。这也说明，看清楚现实世界在第几层运转、自己应该选择在第几层生存，本身就是一件最基础的思维框架。

这种逆向思维抛弃了决定论的世界，采用概率论的视角看待问题，打开了我们通往更高层级发展道路的思路：个人再多的努力和进步可能也无法抵抗整体的趋势与波动，那么退后一步，承认不确定世界存在的合理性，去研究人群中大多数个体的整体需求，去找到自己存在的空间，可能是一种更理性和聪明的生存策略。在当今越来越复杂的世界中，事物之间越来越难找到线性关系和对称结构，每个人都需要重新学习和掌握新的风险治理理念。

当然，在越来越多的人开始玩透“Y 远大于 X”的把戏之后，还有一种更为超脱、用“游戏”① 视角观察现实世界的方法可以参考。它认为这世界上存在着两种类型的游戏：有限游戏和无限游戏。所谓有限游戏，其目的在于在一场有边界的游戏中击败其他玩家，赢得胜利，终结游戏；所谓

① [美] 詹姆斯·卡斯：《有限与无限的游戏：一个哲学家眼中的竞技世界》，马小悟、于倩译，电子工业出版社，2013。作者是美国纽约大学宗教历史系教授。

无限游戏，其目的却在于让游戏永远进行下去，似乎永远也没有赢家，但赢家一直都在场。这两种游戏观其实对应了两种不同的人生观，两种不同的对现实世界的认识方式。采取哪种认识方式，也完全决定了玩家每个动作的背后意义。

就以人生为例，认为自己在玩有限游戏的人会不断投入到一场又一场人生竞赛中，他们要赢得学业、爱情、事业上的每一次成功。他们平时不去细想自己终究是要离开这场游戏的，也觉悟不到自己可以有选择跳出每个单场游戏的自由。而选择玩无限游戏的人首先就非常明确地意识到自己正在进行的是一场有限的游戏，时刻提醒自己死亡是每个人必然的宿命。既然如此，那么为何不在这有限的生命旅途之中多开几场无限游戏，吸引更多人加入游戏，从而无限延续自己开盘的游戏？此念一生，即打开无限游戏的视角后，便会给人一种恍然大悟的启迪。细想之余，历史上的那些胜利者、那些权贵，都可谓是当时当地的人生赢家，但人们今天已经记不得那些古代政争得意者的荣华富贵，却会对那些失意者留下的千古佳句念念不忘。边界和规则才是真正值得角力的场所，而那些一开始就直奔主题的参赛者可能已经输在了起跑线上。

此处植养的意念虽然不可能直接改变现实，但万念俱灰便生无可恋，一念既生却有可能从此重新塑造眼中的世界，指导手脚按新的理念改变现实。

6.4 一个人走得快，一群人走得远

要想改变现实，靠单打独斗的努力是不够的。进入社会之后，人们总是要加入一个组织。如果想培养日后的领导能力，也总是要依托一个组织才能发挥作用。然而，组织内部都有哪些常见的规律，管理组织这个课题包括哪

些基本假设，人们究竟该如何适应新的变化，构建一个怎样的组织才能适应未来的挑战，这些问题是每个人进入社会以后，在现代科层制组织中经历不同阶段都会产生的疑问。

20世纪60年代，美国管理学家劳伦斯·J.彼得就已经意识到了科层制组织天然存在的问题，并总结成一条近似黑色幽默的金句：任何层级组织里，每个人都将晋升到他不能胜任的阶层。彼得抓住了组织中最为人关注的事情——晋升，由此发现科层制组织的致命弱点，以及会暴露出的种种乱象[①]：每个职位都趋向于由对工作不胜任的员工担任；每一个员工都趋向于对自己胜任的职位不满意；管理者无法利用现有的员工和职位改进当前状态，只好去招更多人、创造更多更高级的职位去缓解问题。于是，公司开始膨胀、人员开始臃肿、效率开始下降……直到有一天，外部出现效率更高的新公司开始挑战原先公司的市场地位，一个新的轮回又开始了。

公司当然也在应对彼得原理的挑战：划分多条更细粒度的晋升通道、强制5%的末位淘汰比例、设置不同部门间的管理轮岗机制，这些都是为了缓解企业病的症状。员工也可以自查是不是陷入了不胜任困境而不自知，可以根据相应症状观察工作压力是不是超过自己身体承受能力、社交能力、情感能力和智力水平。但在大多数实践案例中，不胜任者对自己的不胜任这个事实毫无意识，封闭式思维会让他们把自己的困境合理化，并把责任归咎于其他人，而且会认为没有任何更合适的人能替代他的职位。如果发现这些状况，也许最好的选择就是离开，在新的环境里重起炉灶，找到更适合自己的职位。彼得原理蕴含的道理则变成了信有疑无，存乎一心。一路顺风时，它会向你验证不断前进的趋势；遭遇挫折时，又会为你提供慰藉和解释。

① [美]劳伦斯·J.彼得、雷蒙德·赫尔：《彼得原理》，闾佳、司茹译，机械工业出版社，2013。

但这并没有真正解决组织的问题。组织需要的是对组织负有责任、能影响组织经营成果的人，也就是管理者。而成为管理者，就必须卓有成效[①]。他不但自己能卓有成效地完成工作，也能让组织内的普通人做出不平凡的事情。为此，另一个管理学大师彼得·德鲁克总结出为了成为管理者而要在科学管理时间、注重工作成果和贡献、善于利用每个人的长处、集中精力解决要事、决策过程要考虑的因素以及如何做出有效的决策等六个方面接受的建议。

20 世纪 60 年代的美国，当时正处于黄金时期的科技企业，在面临充沛的人力资源和快速发展的业务领域时，急需这样能够指导公司各级管理者提高团队内部效率的指导意见。这些经验后来经过 60 多年的验证，至今颠扑不破。它们放在今天任何一家互联网公司里，都是管理者们应对受到各种碎片时间的侵扰、陷于琐碎 KPI 指标压力、苦于找不到合适人手、纠结于如何平衡事情紧急性和重要性、愁于老板拍脑袋做决定和面临风险挑战迟迟下不了决心等问题时，可以拿来参考的宝典。

然而进入 21 世纪，之前为了大规模地将白领阶层聚集起来、协同完成组织目标的管理方法遇到了新的挑战，沿用已久的管理学基本假设发生了变化[②]。可那些在 20 世纪得到晋升、今天已经身居高位的高级管理者并没有意识到问题的严重性，正在不可避免地将公司引入面临淘汰的道路。这次危机其实来源于未来社会发展的五大趋势：发达国家人口出生率的降低、消费者可支配收入分配比例的变化、公司重视长期利益对员工绩效的影响、企业要构建行业内的全球影响力和经济全球化必须考虑政治疆界的客观事实。人们承认这些趋势，就必须要深入思考如何在新的形势下最大化发挥知识工作者

① [美] 彼得·德鲁克：《卓有成效的管理者》，许是祥译，机械工业出版社，2005。

② [美] 彼得·德鲁克：《21 世纪的管理挑战》，朱雁斌译，机械工业出版社，2009。

的主观能动性的问题。在社会分工更加细化和专业化后，没有任何一个组织的主要负责人能够像以往那样历经所有的岗位和层级晋升上来，因而必须将原来简单的上下级关系，调整成分工合作关系。在组织目标面前，所有合作者都是平等的，管理者做的是通过引导和聚焦实现组织目标。这是一种全新的管理范式。

这个时候对于管理者来说，组织的效率不再来自上下一心对已知世界的精准模拟。管理者必须学会应对不确定的发展趋势，思考如何让员工实现自我管理，由管理创新驱动大家主动学习，最终在适应新环境中解决问题。俗话说商场如战场，那么潜台词则是战场更加复杂多变。在管理创新方面，最大的驱动力竟然也来自 21 世纪的反恐战场。斯坦利·麦克里斯特尔将军曾是驻阿富汗美军和北约国际安全援助部队最高指挥官、联合特种作战司令部司令，指挥过活捉萨达姆、协助推翻塔利班政权的行动。他还在 2006 年实施精准空袭，打死伊拉克基地组织首脑扎卡维。作为在一线执行生死攸关任务的军人，他比常人更加敏锐地觉察到了不确定性给组织带来的挑战，并将自己在反恐战争中的管理经验总结概括，尝试推广应用到各种组织，尤其是互联网公司的团队管理活动中，提出了通过赋能来打造应对不确定性的敏捷团队的理念[①]。

为什么要提高团队敏捷性？21 世纪技术飞速发展引发的不可预测变化要求每个组织首先要学会应对不确定性，要求人们转变思路，从效率优先转变为敏捷性优先。改变需要从团队的内部结构和文化入手，也就是最基本的对组织成员的管理方法。基地组织率先实现了改变，形成了去中心化的组织结构,那么美军也要改变。与其使用各种工具加大对外部世界的分析和预测，

① [美] 斯坦利·麦克里斯特尔、坦吐姆·科林斯、戴维·西尔弗曼、克里斯·富塞尔：《赋能：打造应对不确定性的敏捷团队》，林爽喆译，中信出版社，2017。

不如彻底改变内部组织结构。如果不在脑力和心力上发生彻底的颠覆，不在认知和关联上发生深刻的改变，即便能勉强应付当前局面，也绝无可能赢得未来。

那么如何才能构建敏捷团队？麦克里斯特尔特别提到他所带领的特种部队的训练目的不是为了测试每个人是否强壮，而是要观察队员在极强压力下有没有为团队献身的勇气和毅力，有没有将自己交付给其他队友。没有信任感的团队，即便是 NBA 全明星队也会失利。建立互信和共享信息，这要求所有参与者都要不停地向队友发出信息，并且接收反馈信息。团队成员要全面了解团队境况和总体目标。反之，团队之间的信息空隙会让整个团队的努力归于无效。

层级制的组织架构会把每个人的职责定义得很清楚，也就把每个人的边界划分得彼此隔离。欧洲运载火箭发展组织由于使用了错误的螺栓去连接法国和德国分别制造的两级火箭，而最终造成发射任务的失败。一线作战部队收缴上来的敌方文件麻袋要在几周后才能被情报分析部门的人拆开辨别，而文件上记录的敌人早已转移。为了避免这种低效和失误，美军开始在各军种之间通过嵌入计划和联络官派遣制度，击败“囚徒困境”里的信息屏障，重新建立起团队之间的信任关系。

通过比较海军和陆军各自不同的指挥体系，麦克里斯特尔向人们建议：应该建立去中心化的组织结构，将权力下放到组织边缘。然而人们实际中在公司里随处可见的现象却是，管理者坐在办公室里想尽办法动用一切手段和资源监控事态发展的情况。他们信奉的理念是对下属进行控制，否则自身职位的价值很难体现。存在感是第一位的，下放权力总是最后迫不得已的选择。很少有管理者会想到自己真正应该去做的其实是思考和引导组织在更高层次的变化，而不是关注和指导基层具体的事情。可是谁又能对高层管理者指出这些呢，凡人主动做到这一点真的很不容易。

但在互联网模式冲击而来的变革面前，公司的管理者迟早会发现：技术进步带来的去规模化效应、公司面临整个生态系统的改造、垄断版权地位的消失、消费者掌握更多的选择权、行业生命周期的加快、通信技术带来的全球竞争者等等，这些不期而至的野蛮人正在敲门。这些外部因素都在逼迫公司必须面向未来进行管理创新，建立一种高度民主、自我管理为中心的企业管理方式[①]：拓展每个员工的能力，发掘组织内部的边缘生产力，让更多人能参与到组织的创新过程中来，组织才能对外展现出更强大的适应能力。通过采纳这些方法，“所有的组织能持续自我更新，创新的电流传递到组织的各项活动中，各类公司充满激情与创造力，使每个人都能充分发挥才干。所有的组织都能在喧嚣的时代不断领先，不断由管理创新所驱动”。

而这些管理学范畴内的所谓团队敏捷、员工自适应，其实都不过是管理者内心世界的外化。管理者需要想清楚，究竟是要尽可能多地将信息收集到自己这里，进行决策判断，再将行动命令分发到外部；还是要尽可能多地将组织能力和资源传导到团队的每个节点上，让他们自主决定。儒家在这里讲求的还是心身一致，只不过这里身的概念已经进一步扩大到了整个组织。对管理者来说，也只有视自己所管理的组织如身体，才能达到主臣之间经制已定后“如身使臂，臂之使指”[②]的通畅状态。

---

① [美]加里·哈默、比尔·布林：《管理的未来》，陈劲译，中信出版社，2012。

② 语出唐代马总所编撰的《意林·卷二·贾谊新书八卷》：“主之与臣，若日与星；贵之与贱，若白与黑。如身使臂，臂之使指。天子如堂，群臣如陛，众庶如地。若经制不定，犹渡江无维楫也，中流遇风波，船必覆矣。”

6.5 领导，是为了成就他人

与古人成年以后基本上就生活在受到地理和血缘限制的家族人际圈里不一样，现代人要想在社会上获得立足之地，通常都需要加入一群由陌生人组织起来、业务分布在各个地方的组织中，共同完成业绩目标，实现个人在组织中的成长发展。那么，在现代社会中如何与基于契约关系聚集起来的陌生人进行合作，对他们施加领导，最终达到组织和个人目标，就变成了修身处世非常重要的一项技能。但领导与管理不同，它不再只是最大化地发挥组织效能，在深入管理问题的本质之后，领导力问题会更加接近管理者内心的修养境界，触碰到管理者本人对如何领导一个团队的根本认识：究竟是在调配这个人群的资源，还是在提升这群人的能量？对这个问题的回答决定了管理者能否在自己的团队内建立长效领导力，进而塑造企业文化和价值观。

进入 21 世纪，管理学界对领导力这个概念有了更深一步的认识，美国弗吉尼亚大学达顿商学院约翰逊与希金斯工商管理教授詹姆斯·克劳森提出了“三级领导力”[①]的概念。他认为：处于第一层次的领导，注重获取他人的顺从行为，实现对他人行为的控制；进入第二层次的领导，试图得到他人深层的投入，希望他人处于自发亢奋的状态；升为第三层次的领导，开始了解员工的基本价值观，通过教练让员工的价值观与企业的方向保持一致，使得员工在客观上实现企业目标，在主观上实现自我价值。

换言之就是支配、激励和唤醒的三个层次。

为了区分和跨越这三个层次，领导者需要首先去“管理能量”：首先是管理自己的能量，然后是管理他人的能量。能在团队中充当领导者角色的基

---

① [美]詹姆斯·克劳森：《权力与领导：如何影响他人，怎样激发正能量》，马昕译，世界图书出版公司，2015。

础，并不来源于他的头衔或地位，而是他的想法和判断。能力只是人们完成目标的术，能量才是驱动人们完成目标的势。影响团队的不是事件本身，而是员工们对事件的看法。能量能在更高的层面上改变团队的面貌。

今天的企业管理者，尤其要更新自己的观点，从心底去认同和感受普通员工的行为与动机。如果说出生于20世纪七八十年代的员工还能接受或适应流程化、标准化和习惯化的管理和生产模式，那么在此之后的年轻人们，早已拥有了更细腻的情感体验和更丰富的表达方式，管理者们必须学会表里一致、清晰明确、尊重彼此和鼓舞人心的说话方式，用自己内心的正能量激发出员工的正能量，才能得到员工真心的积极响应。管理者被放置在更大的体系内时其实也是被管理者，管理下级的过程也是唤醒自我的过程，只有保持和员工共振的状态，才能一起在共同的频率上实现觉醒。

在这种情况下，也许忘掉自己的职位，也就无所谓高低主从，达到无我的状态更能突破层级部门的限制以达成目标。否则人们便会经常遇到这样的窘况：底层员工要共同完成某项任务时，需要考虑与其他工种员工应该如何相处、划定任务边界；中层管理者最头疼的就是跨部门协调资源、打通关节，说服其他团队主管调高与自己项目有关事务的优先级；高层领导们虽然不需要和其他公司的高管们合作，但在事关公司未来发展的大战略上，如何让同僚们统一认识、平衡部门利益，这也是一门大学问。这时，科层制组织体系里最稀缺的“横向影响力”[①]就很重要了。因为科层制虽然明确了上下级汇报关系，但当组织发展变化时，总是有更多之前未被定义过的事务涌现出来。这时，再灵活敏捷的组织也无法及时调整组织架构，领导者只能在缺乏组织授权的情况下，从侧面推动别人执行。领导者不能再局限于自己岗位的职权

① [美]罗杰·费希尔、艾伦·夏普：《横向领导力：不是主管，如何带人成事？》，刘清山译，北京联合出版公司，2015。

和资源，必须向上跨一步思考问题，构建出能够被更多人接受的虚拟目标，让原来受到部门边界限制的信息更加充分地流动起来，并在过程中实时关注变化，做出及时必要的调整。真正的领导者总是隐藏在幕后充当导演，为每个人安排好合适的角色。重点不是有多少资源在你手上，而是有多少资源能为你所用。也只有当领导者做到了这些时，才会晋升为更高层级的最佳候选者，获得更多资源和权力。

所以，权力从来不是等到的，而是通过有策略的行为争取来的。横亘在人们获取影响他人权力道路上的三大障碍分别是：相信世界是公正的理念、大家所熟知的管理学知识和不知变通的自己。权力之路上的路标都已经被前面的胜利者涂抹过，想拥有的一切只有靠自己去争取。所以，真正通往权力和事业成功的路线图是：找到最接近权力的位置—成为引人注目的焦点—创造稀缺资源—发展人际关系网络—不断展现出权力和建立良好声望[①]。在这个过程中，要关注的重点不是他人，权力反而要被抽取出来，成为所有行为的最终目标。

当然，这里争取来的权力还只是“三张面孔”[②]中的前两张——威胁权力和经济权力，它们只能用于破坏对手和交换利益，儒家更强调要培养整合权力，从而为另外两种权力注入持久的力量；这里要强调的不去关注他人也并不是要完全忽略竞争者的存在，只是儒家认为，在成己达人的道路上还是要将重心放在对于自我的关注。更进一层追求领导力的思想相信，如果说在组织中可以有唯一可持续的竞争优势，那就是拥有比对手更好更快的学习能力，才能无往而不胜。因此，对有志于长期全面发展领导力的修为者来说，

① [美] 杰弗瑞·菲佛：《权力：为什么只为某些人所拥有》，杨洋译，中国人民大学出版社，2012。作者是斯坦福大学组织行为学教授。本书堪称西方管理学研究框架下的厚黑学。

② [英] 肯尼思·E. 博尔丁：《权力的三张面孔》，张岩译，经济科学出版社，2012。

只有构建出持续长久的“学习型组织”[①]，才能排除威胁组织效率和事业成功的最终障碍。这在世界级管理学和领导学思想大师彼得·圣吉看来，人们要完成五项进阶修炼，分别是：自我超越（personal mastery）、心智模式（mental models）、共同愿景（shared vision）、团队学习（team learning）和系统思考（systems thinking）。

圣吉认为，这五项修炼与强调外部控制的传统管理思想不同之处在于，它们是个人“内心”的修炼，每一项都与人们内心如何思考、渴求，与他人如何互动、学习息息相关。这需要组织内部的参与者们都放下层级观念，从心出发，共同修炼，因而从某种意义上讲，这是整个组织“内心”的修炼。圣吉在这里向往的是《大学》里提到的“修齐治平”理念，推崇的是《道德经》里“太上，下知有之”[②]的最高境界。这就已经很接近儒家的理想主义入世追求和道家的清静无为出世态度了。人们可以发现，现代管理思想发展到极致后，终于又回过头来开始寻求东方智慧源泉。

这实在是一种非常理想化的设想，很少人能有幸在自己的职业生涯里经历这么一段黄金时期。修为者也并不奢求在每个组织里都能建立起这样的学习型组织。此处只是先开始尝试描绘学习型组织的形态，以及探讨如何才能建立这样类型的组织，使人们清楚还有这样一种选择存在。而这个最终选择权，其实一直都在希望修身齐家的修为者自己手中，随时可以起而为之、推而广之。

---

① [美]彼得·圣吉：《第五项修炼：学习型组织的艺术与实践》，张成林译，中信出版社，2009。

② 语出老子《道德经》：“太上，下知有之；其次，亲而誉之；其次，畏之；其次，侮之。信不足焉，有不信焉。悠兮，其贵言。功成事遂，百姓皆谓我自然。”

第三篇　鉴史齐家

“齐家”里的“家”，在春秋战国时代特指大夫在诸侯国内分封领地上建立起来的政治集团，在诸侯国内具有举足轻重的政治地位。在随后漫长的帝制时代，家的范围也是包含了最基础的血缘亲属关系，以及在平时有着密切经济联系，在战时具备严密军事组织的整个家族的利益。这绝不是现代意义上的“家庭”所能对应的，齐家也绝不只是处理好父母子女和夫妻的关系就可以的。这么大规模的社会群体，在现代比较合适的参照系应该是千人规模以上的公司、社团和县级以上的行政单位。

对于如何治理这个量级规模的社会组织，中国历史留下了丰富的借鉴，前人也已总结出了许多珍贵的经验教训。以史为鉴，可以通古今、知兴替，理解历史上政治集团治乱兴衰背后的规律，才能在自己所领导的团体内做到上下一心，政通人和。

但是中国历史的资料浩如烟海，光是二十四史就足以让人皓首穷经，有入宝山不识途而空返之感了。该如何利用这些历史书籍，尽量用更少的时间通晓整个历史时空发展的脉络，掌握纷繁复杂历史现象背后的规律，具备自我学习辨认历史真相的能力，是每个读史者都会面临的问题。

人们虽然无法耗费大量时间和精力去直接阅读古代历史典籍，但可以对比国内外历史学术著作和论文，了解每个年代和主题下最重要最新颖的学术观点，可以从掌握史学的“四把钥匙”入手提高对史料的思辨能力，可以从研究史学家生平和史学史入手加深对史学本身的感悟。

六经皆史，中国历史博大精深，值得一探究竟。

第 7 章　古往皆可鉴

中国古代史涉及的时间范围很漫长，从有最早严格考古证据的良渚文化开始形成华夏文明算起，直到清王朝在鸦片战争中遭遇西方文明的严重挑战为止，一共约有 5000 年的历史可以在这里讨论。

根据不同历史时期人类社会生活发展重点的不同，可以将这 5000 年的历史分为八个阶段：

远古到虞夏，从约公元前 3200 年到约公元前 1600 年，计约 1600 百年。这一时期古老中华大地上的先民们分别在多个适合生存繁衍的区域发展出星星点点、各有特色的早期文明，然后经过不断的交流、融合和战争，逐渐形成几大部族集团。远古传说中黄帝、炎帝、蚩尤三大部族在经过进一步的较量和组合后，终于诞生了以炎黄后代为主体的华夏民族，留下了虞夏的传说，奠定了今天中华民族的底蕴。

商周两代，从约公元前 1600 年到公元前 221 年，计约 1400 百年。这一时期的先民们在中华大地上建立起国家，制定典章制度，发展经济生产，形成并壮大了以农耕为特色的华夏文明。此文明自诞生起就显示出强劲的生命力，通过宣示和验证自身承于天命的正统性不断向周边扩展，由近及远地同化其他族群，提升整个东亚地区的文明程度。

秦汉两代，从公元前 221 年到公元 220 年，计约 440 年。这一时期的古人们在中华大地上建立起了统一的国家政权，探索出了如何在这么广袤的国土上实行中央集权管理的政治制度，联通西域、拓荒岭南，勾勒出了中华文明所覆盖的基本版图。

魏晋南北朝时期，从公元220年到公元581年，计约360年。古人们进入一段政权分裂的时期，第一次遇到了民族大融合的难题。地分南北，人不分胡汉，多个政权前赴后继都在试图从自身的历史条件出发来解答这个问题。在此过程中，中华文明不断吸收来自古印度文明中的有益思想元素和来自北方游牧民族文化中的先进组织方式，为推动中华第一文明达到顶峰积累了丰富的精神动力和物质基础。

隋及初唐至安史之乱，从公元581年到公元763年，计约180年。随着各方面条件的成熟，虽经杨隋、李唐、武周再到李唐的政权更迭，中华文明在这100多年间充分展示了其在政治、经济、军事和文化方面的独特成就，在当时的生产力和生产关系条件下进入了顶峰时期。然而此时的中华文明还没完全准备好成为世界性文明，安史之乱看似是一次突发的边将叛乱，但背后暴露的是发轫于关陇集团的整个统治阶层在接洽农耕经济、游牧民族和商贸势力之间的力不从心，而且中华文明此后再也没有能力和机缘回到这个顶点。

从秦至唐安史之乱这980年的时间，代表了中华第一文明从萌发逐渐走向成熟的扩张阶段。这段历史的顶点就是开元天宝年间，因此也就不难理解为什么是这一时期的诗歌文学成就最为鼎盛，著名的大诗人李白、杜甫都出现于这个时期，因为他们确实标志并记载了那个千载难逢的历史时刻。

中晚唐五代时期，从公元764年到公元960年，计约200年。通常情况下，人们很难理解唐在经历了安史之乱后还能以一个正常王朝的形态维持一个半世纪，而且直至灭亡时在内政外交上也并没有犯多少错误。其实从更为长远的1000年时间里来看，这是一段下坡路的开始：中原汉民族放弃了经略天下的雄心，中国的经济重心首次开始转移到南方，传统的门阀政治开始消失，儒家文化受到佛道两家的强烈冲击，只有强调复古才能在保守中生存，中国人的精神状态越来越内向，上层精英的视线也越来越内敛，下层民众的生活开始不可逆转地内卷。

辽宋夏金时期，从公元960年到公元1279年，计约320年。人们通常会认为这段时期是在由中原的宋王朝统治，其他少数民族政权只是令人恼怒的某种存在，但实际上这是一段先后有着多个政权同期并立的分裂时期。更令人称奇的是这些地方政权虽然都在疆域内发展出完善的典章制度，但相互之间并不那么视统一彼此为必须完成的大事。原先激烈冲突的民族矛盾变得似乎可以通过缓解区域间发展不平衡的经济手段来解决。今天人们习以为常的财政转移支付政策，对辽宋和金宋来说，不过是现代版的“岁币”政策。可以完全依赖南方经济收入的汉人王朝自甘于地方政权的身份，同样是要给经济贫瘠的西北府州一笔钱，为什么还要去承担更北方边境的国防压力呢？这个脆弱的平衡在多个政权之间前后维持着，直到被来自更北方的蒙古民族打破。

元明及清至鸦片战争以前时期，从公元1279年到公元1840年，计约560年。到了这个时期，中华文明终于下定决心通过更大范围的民族融合彻底解决了北方和西方的军事压力问题，连续有三个统一的中央王朝可以在幅员辽阔的疆域内调配资源。一切差异都被尽可能地磨平，天下士子读的是同一套经书，全国官员奉行的是同一套规范。在技术手段还不到位的情况下，相当于欧洲全境面积的中央帝国发展出了应对人口不断增加这一现实问题的简陋办法，但也耗尽了这个文明的最后一点想象力。它就这样茫然地向前依照惯性走着，直到遇到从海洋而来的挑战者。

以上三个阶段约1080年的时间里，代表了中华第一文明从巅峰逐渐走向低谷的收缩阶段。从应对内部叛乱开始，到遭遇外部海患，中华文明日趋成熟精致，在进入19世纪的时候虽然也会患有传统王朝的基础疾病，但已经在政治层面上成功地解决了立储传位、母后临朝、外戚干政、藩王夺权、宦官僭越、权臣专擅、边将自立、藩镇叛乱等所有历史上曾经出现过的威胁到政治稳定的问题。但是这种发展到极致的政治体制也彻底扼杀了中华民族的生命力，在最需要发挥人的创造精神进入大航海时代的机遇面前，成功地维持了疆域广阔的帝国，反而在枪炮火药和海运贸易的快车道上掉队了。

有诗为证：

远古星斗耀中华，商周裂土始聚沙。

秦汉连绵未绝楚，魏晋南北倚门阀。

隋唐初建关陇制，五代皆从藩镇发。

辽宋夏金相继立，元明清统合一家。

本章想要介绍的，就是历史学和考古学在以上八个历史阶段的最新研究成果。将这些学术专著和论文串联、对比起来学习，往往会收到意想不到的功效。一本书提出的问题可能在另一本书中得到解答，一本书中的观点可以在另一本书的材料中得到验证。古今中外的历史学家们得以坐在一起隔空对话，这样才有可能共同找出古代中华文明兴衰的内在规律。

7.1 远古星斗耀中华（约前 3200—约前 1600）

中华文明是拥有 5000 年历史的古老文明，然而有明文记载佐证的历史只存于西周的青铜和殷商的甲骨，再久远的夏朝只在传说中时隐时现，更古老的文明只能在遗址上无声地述说先人们当年在蛮荒之地开辟家园、创建文明的艰辛过程。人们需要借助中国考古学的最新发现，才能一点点拼凑出有关中华文明起源阶段的种种想象，缅怀先人们筚路蓝缕的草创经历，考察那些影响后来中华历史发展走向的源头因素。

找到先人们留下的这些遗迹，人们就会发现今天所提倡的家国情怀并不是无根之木、无源之水。它就来自当年先人们选择了这块土地、定居下来，不断地开疆拓土、建设家园，直到将中原之地连成一片、百川归流，独立发展成蔚为可观的华夏文明[①]。这份积淀的挚爱历经5000年不衰，如今又在中华民族伟大复兴的历史潮流中涌现出来。近代以来的中国考古工作者们知道正本溯源非常重要，为此做了大量的艰辛工作。如果将这些努力放在20世纪那兵荒马乱、国力衰疲的年代就更能体现出这项工作的不易。当时军阀混战、举国动荡，在思想界莫衷一是、学术界崇洋鄙内、理论圈薄古厚今的情况下，仍然有一批深入田野的考古学家能够排除干扰将几千年前先人的辉煌成就展现在世人面前，建立起属于中华文明的独立话语体系。近代考古学的这些学术成就，不但将中国历史的起始点向前推进了一大步，而且有力地鼓舞了当时中国军民抵御外侮、复兴家国的信心。

以今天已经广为人知的良渚文化为例，对于它的挖掘研究其实正起源于近代中国最为昏乱的时期。考古领域的先行者何天行先生曾在1937年抗战全面爆发前，就敏锐地发现了出土于浙江良渚的石器与黑陶的重要价值。他在经过反复地调查考证后，于1937年4月完成出版了《杭县良渚镇之石器与黑陶》一书，最早展开了对良渚文化的研究工作[②]。与此同时，施昕更先

① 夏鼐：《中国文明的起源》，中华书局，2009。作者是中国现代考古学的奠基人之一，指导并组织了新中国考古工作的著名考古学家。他一生考古成就卓越，著述颇丰，也曾为普通民众做过普及考古知识的工作。本书源于他在20世纪80年代于日本所做的三场演讲内容，后被编辑成书，题为《中国文明的起源》，分为三章：第一章《中国考古学的回顾和展望》，介绍了中国考古学的诞生历程，包括各个历史时期在各个地方所发现的文化遗址及其文化特征；第二章《汉唐丝绸和丝绸之路》，介绍了汉唐两代丝织品的考古发现及特点，讨论了丝绸之路的形成及其时的文化交流；第三章《中国文明的起源》与书同名，依据当时多地考古发现的事实，提出中国文明是独立发展的论断，非常重要。

② 周膺：《良渚文化与中国早期文化研究》，天津社会科学出版社，2008。何天行曾因在《楚辞新考》中坚持“屈原否定论”而丢失公职，后半生颠沛流离、穷困潦倒。他的后人何宝康提供了《杭县良渚镇之石器与黑陶》和《楚辞作于汉代考》等论文，得以收录入本书。

生也依托西湖博物馆的支持对良渚遗址进行田野考古发掘，在1937年春写就《良渚》一书，但出版工作被突如其来的日军侵袭所打断，直到1938年才得以完成。施昕更随后弃笔从戎，投身抗敌斗争，却不幸于1939年5月因患猩红热在江西省瑞安县英年早逝，这本书今已难得一见。虽然遭逢家仇国难，但他们都为推动良渚文化为世人所知做出了巨大的贡献。2019年7月6日，中国良渚遗址终于获准列入世界遗产名录，由夏鼐先生提出的“良渚文化”得到国际社会认可，中华文明得以确认的源头被推进到了5000多年前。

然而接下来作为中华朝代开端的夏在何处，却至今仍然是困扰考古学者们的一大难题。不过人们可以大胆进行假设，中原并不是中华文明的唯一之源，而将长江下游的良渚文化和还找不到源头的二里头文化连接起来，从而为中华文明的栖息地划出更大的舞台。而且人们大可抛开中华文明的源头必须是从一个统一完整的区域国家形态中产生的假设，把目光投向几千年前亚洲大陆东部的广袤土地上，去追寻先民们自由游走的路径。

溯流而上，中国考古学界在探寻夏代存在证据的曲折过程中，先是得以验证二里头遗址作为夏代中晚期存在证据，为一脉相承的三代找到了最初的源头；再是找寻出历史年代更早但无法被归类的陶寺文化，乃至星罗棋布出现于更南方、以新砦文化为代表的遗址群①。

夏商周三代之源虽然没有如约探寻到，人们反倒是找到了更多符合早

---

① 许宏：《何以中国：公元前2000年的中原图景》，生活·读书·新知三联书店，2016。作者是中国社会科学院考古研究所研究员，长期致力于夏商周三代考古，尤其精通河南偃师的二里头遗址考古工作。本书选择了公元前2000年这个便于记忆的数字作为基点，将这个分布于汾河下游与黄淮平原的夏商文化遗址的最新考古成果分享给读者，讲述早期中国形成过程中的史实和故事。

期文明萌发条件的“满天星斗”[①]。著名考古学家苏秉琦根据考古发现，将这些星斗组成的文明带划分成六大板块：以燕山南北长城地带为重心的北方，以山东为中心的东方，以关中（陕西）、晋南、豫西为中心的中原，以环太湖为中心的东南部，以环洞庭湖与四川盆地为中心的西南部，以鄱阳湖－珠江三角洲一线为中轴的南方。人们不用再试图非要用时间线在这些板块中串起一条单行的发展脉络，而是要认识到中华文明很有可能是这六大文明板块相互融合、碰撞而生的最终结果。这提示人们，中华文化从一开始就没有落入由一个中心强势集团向四周扩张的发展模式窠臼，而是像宇宙中从星云中产生天体一样，是在无数个低层次文明主动交流的过程中产生了内向凝聚力，才逐渐发展起规模，产生出更具吸引力的更高层次文明的。

这些星星点点的文明遗址布满了中华大地，在时间和空间上错落有致。挖掘出的旧城址似乎在提示文明曾经存在的证据，但在意识到今人的认知会在不知不觉中加入文明形态成熟后先入为主的概念后，人们开始打破“无邑不城”这个传统认知，于是发现“大都无城”可能才是真相[②]：从二里头文化所代表的国家（夏或商王朝）诞生到汉代的2000年时间里，中华大地上“绝大部分时间里都城是没有大城的，甚至可以说这一千多年是不设防的时代”。按照时间轴倒序回溯，人们可以从魏晋里坊、东汉洛阳、西汉长安到秦都咸阳、东周王城，再到列为考古学范畴的殷墟、二里岗、二里头，在对考古材料的分析中找到代表古文明标志的都城的发展历程，从而最终发现“处于都城发展史早期阶段的防御性城郭的实用性，导致城郭的有无取决于政治、军事、地理等诸多因素，‘大都无城’的聚落形态应

① 苏秉琦：《中国文明起源新探》，生活·读书·新知三联书店，2019。

② 许宏：《大都无城：中国古都的动态解读》，生活·读书·新知三联书店，2016。

是这一历史背景的产物；而后起的、带有贯穿全城的大中轴线的礼仪性城郭，因同时具有权力层级的象征意义，才开启了汉代以后城、郭兼备的都城发展的新纪元”。

原来，无须固定某座都城而定居，而是不断地在多个定居点之间迁徙而居，可能正是独属于中华文明的半定居半迁徙特色。正如葛兆光所指出的那样[①]：“从历史角度说，‘中国’在空间上是一个边界移动的‘中国’；从文化认同上说，‘中国’是一个边缘虽然有些模糊，但核心区域相当清晰和稳定的文化共同体。”在中华文明早期阶段的1000多年中，先民们就是这样既发展出先进的定居能力，在相对稳定的时间段里生聚出人口和财富，又能不断地因地制宜、适时迁徙，持续地将文明的火种传播到附近的族群，点亮新的火把。就像在完成一项伟大的接力赛，中华文明连点成线、聚线成面，终于将点亮在各处的满天星斗汇聚成一幅波澜壮阔的画卷。

7.2 商周裂土始聚沙（约前1600—前221）

大都虽无城，但中国古代文明的发展离不开“土”这个重要元素。先人们用泥巴烧制陶器、用黏土夯实居所、用耕地种植作物，是陶器、定居和农业三者的碰撞产生了早期人类文明的必经阶段——农业文明[②]。新旧石器时代转折之际发生的巨变，从表面上看是人们能够更加精细地加工石

① 葛兆光：《宅兹中国：重建有关“中国”的历史论述》，中华书局，2011。作者是复旦大学历史系教授。

② 刘莉、陈星灿：《中国考古学：旧石器时代晚期到早期青铜时代》，生活·读书·新知三联书店，2017。作者刘莉是斯坦福大学东亚语言与文化系教授，张光直先生的学生；陈星灿是中国社科院考古研究所所长。

制工具，但背后推动的力量却是人类对动植物驯化能力的提高和逐渐选择定居生活后社会组织结构的变化，以及它们之间相互影响后缓慢释放出的能量。

陶器的使用让古人们能够稳定地掌握所需的温度范围，这便于发挥烹饪谷类食物在提供身体所需热量上的优势；固定或半固定的居所，既可以让古人们长期居住下来熟悉周边可被驯化动植物的习性，又可以用来存储一时消耗不了的多余食物，即便是由于食物匮乏而必须做周期性的巡游，古人们迟早还是会意识到最终定居下来对于增殖财富的巨大作用；农业则与人口之间产生了互相依赖的复杂关系，一旦被驯化的作物能够提供足够多的粮食，部落里的人口就会增加。增加出来的人口会继续要求发展农业，结果人们要么不断提高农业技术以获得单产收益，要么就得去开拓更多适合农业的土地。逐渐地，土地这种原来只是用来通行，或是搜寻在其范围内可获食物的本不成为财富的资源，成了所有部落、联盟，乃至国家最为看重的东西。土地，意味着可以虏获和养育更多的人口，而人口是史前社会更宝贵的资源，意味着更强大的力量，可以获取更多的土地。就是这样的逻辑支配了古代文明的发展，在越过了农业文明的生存线之后，所有的古代文明都曾这样聚沙成塔、蔚为大观，中国自然也不例外。

约从公元前1600年开始的商周时期，已经为今人在考古层面留下了很多遗址现场、文物痕迹和文献记载，人们因此能够有更多的资料和证据还原出当时在政治、经济、军事和文化上的成就，推导出原本支离破碎的历史事件之间的逻辑关联。盗墓和考古挖掘让很多原来停留在传世文献记载之中的古书得以重见天日，再加上后世尤其是清代以来学者们对金文和甲骨文的考辨与辑佚，使得人们今天能有第一手资料去复原那段长达1000余年的历史，纠正原先被讹误的概念。

虽然当年魏特夫基于农业灌溉模式特点总结出的“治水社会”“东方专

制主义”论点，并由此对中华文明所下“停滞的中国”的论断在今天看来失之武断[①]，但他对农业生产和社会分工的关注却永远不会过时。尤其是在中国，农业及其相关产业的发展可以说在最底层决定了中华文化的很多基本元素。对那时商周的统治者来说，要从局域的普通部落脱颖而出，进而维持幅员更加辽阔的部落联盟国家，除了找到一块适合发展农业的土地世代经营之外，还必须由此发展出基于农业生产特点的典章制度，让还处于蛮荒状态的先民们能够顺天顺时而作。先发展出这种被后世称为“礼法”的部落就会获得更大的生存概率，能够为这种礼法赋予更多更高层意义的部落才有可能赢得整个华夏部族群落的最高统治权。殷人和周人无疑在这场持续1000年的较量中分别跑在了其他竞争者之前，各自领跑数百年。

后世学者在分析他们领跑时的姿势和步伐后可以发现[②]，由农业生产活动而升华的礼仪制度包括了选择牛羊猪分不同等级来祭祀祖先，通过制作和佩戴玉器来代表不同的社会阶层，根据不同季节的灭菌条件来酿造各种仪式上所需的酒，在铜器上刻上文字以铭记重要的历史事件和祖先谱系，通过父母葬礼和祖先祭礼来确认宗族内的权威。这样的一整套礼制发展起来就形成了以君主为中心的国家级祭祀共同体和以祖先为中心的家族祭祀共同体格局，政权的正统性和正当性得以强调。中华文明由家及国的文明形成过程由此展开，殷人和周人据此而在华夏民族的历史长河中留下永远的痕迹也是功不可没、实至名归。

到了周代，来自渭河谷地的周人要处理的文明新规模，已经不是夏和商所能理解和应对的了。为了应对这个迟早要来的挑战，早慧的周文明依托华

① 江珮、张亮：《“停滞的中国”实现不了现代化？——魏特夫的中国之行及其东方社会思想的转变》，《文化纵横》2022年第2期。

② [日]冈村秀典：《中国文明：农业与礼制的考古学》，陈馨译，上海古籍出版社，2020。作者是京都大学人文科学研究所教授。

夏大地上的特殊地理条件，开创性地设计并实现了依托宗法血缘关系的分封制，将一粒粒中华文明的种子按血缘关系和忠诚程度植根到自身统治区域周围。同时为了更好地管理东方的殷商残余势力，开拓未开化的淮夷之地，周人还营建了新的行政和军事中心——成周洛邑，从而形成了一条横贯东西的权力中轴，带动起中华文明持续的辐射面，开创出新的文明时代。

然而成也分封，败也分封[①]。周代早期尚能以血缘定土地，以恩惠换忠诚，然而血缘强度始终敌不过时间长度。由于诸侯在东南西北四个方向上据守着边疆，周王室所控制的领域总是居中，没有再做拓展的条件，那么分封的恩惠也就随着周王室可支配的土地越来越少，会陷入难以为继的窘境。在这种制度下人们总是会遇到一个临界点：已经分封出去领土上积聚的政治能量正好等于还没有分封出去领土上保存的政治能量。周天子再从自己的领地分封出去一块土地，就会引起整个政治力量对比的失衡和永不可逆的转变，从此以后就只能加速失去对诸侯的控制力。换句话说，在当时技术水平所能开发的新增边缘疆土总量限制下，采取分封制能发挥出的土地红利，也就足够维持周室的 800 年国祚。当然，这 800 年已经足够留下中华文明基本盘的中原核心区域，也留下了中华文明长期维系的文化根基。

接下来就该秦汉的郡县制登场了。直到那时，中国才正式进入城市文明，统治者们出于政治和军事的需要开始规划和建设大型都城，这才将“文明”与“大城”两个概念连接起来。如果不用陷入先入为主的思维窠臼，不再假设必须是先有固定的大城才能发展出中华早期文明，那么今天困扰人们的一直无法发掘出更早的夏代文明遗址，以及夏商周代无城之邑的考古事实，就

① 李峰：《西周的灭亡：中国早期国家的地理和政治危机》，徐峰译，上海古籍出版社，2016。作者是美国哥伦比亚大学东亚语言和文化系教授。

能得以顺利解释了。

7.3 秦汉连绵未绝楚（前 221—220）

秦汉帝国是中华文明历史发展过程中第一次出现的大一统国家，由秦开创、由汉奠定了随后 2000 多年统一国家的基本构造，中国所覆盖的版图得到一次极大扩张，土地疆域问题得到了正式明确的解决，基本形成了后世所称中国本部的领土概念。中国历史进入这个阶段，一方面是由于经过战国时期连绵不绝的战乱和百家争鸣的洗礼，各国之间交往频繁、彼此相通，国内各个社会阶层之间相互转化、人心思变，已经在思想面貌上与之前的周代发生了巨大的转变，人们开始有了在同一块土地、同一个制度、同一套文化下共同生活的愿望，这是人要摆脱束缚、重新生长、聚集力量的因素；另一方面，土地疆域的扩大也为未来的大一统国家设置了基本问题框架，滋生出如何在现有技术条件下有效管理这么大一个中央集权国家的潜在问题。夷夏杂处、风俗不合，蛮荒不服、山川相隔，中华民族就这么早早地在人类历史上肩负起要建造一个统一的多民族国家的重任，潜在的战乱纷争因素也就此因疆域范围的扩大而埋下[①]。

① 根据汉代《春秋繁露·五行之义》和东晋《抱朴子·内篇·仙药》里阐述的五行相生相克原理：木火为阳，金水为阴，土含阴藏阳，它们按照土生金、金生水、水生木、木生火、火生土的相生关系，木克土、土克水、水克火、火克金、金克木的相克关系不断发生转化。土包含了阴阳转化的各种可能性，代表着融合、生化、承载，对应现实政治中的领土疆域和势力范围，孕育着五行元素运转的初始状态。如果说商周时期的五行是土，那么从相克的角度来看，取代它的下一个阶段是木，代表着生长、盘曲、聚集，对应现实政治里的人口增殖和民众需求；从相生的角度来看，它所滋长的下一个因素是金，代表着聚敛、寒凉、黏合，对应现实政治里的战争杀伐和集权专制。在从土到木的转换过程中，木逐渐起到主导作用，但金也暗自埋下伏笔，并会根据接下来金克木的规则主宰木之后的下一个阶段。当然，木也会继续埋下火的伏笔再在日后取代金，后续以此类推。

如果是从历史课本上理解这段历史，大多会围绕着秦国经过几代君王励精图治、经营原先不被山东六国看重的西部边疆，终于在嬴政一代吞并六国，随后书同文、车同轨建立起统一秦帝国的历史意义来记述。这个叙事确实是一个非常宏大的历史话题，古今中外都绝无仅有的大事件。同样也是因为这有如大江出峡卷起惊涛骇浪的观察粒度，让人们容易忽略当年历史转折关头的涓涓细流。秦汉之际群起纷争的英豪们，到底和刚刚结束不久的战国社会有着怎样牵扯不清的关系？天下诸侯的政治观念，是怎么转换到帝制朝廷的政治制度的？儒教是如何从乡野田间登上庙堂之巅，成为万世一系的国教？整个东亚的地理政治区域在当时受到了怎样的冲击，并形成影响至今的政治关系？

要想回答历史上的这些疑问，只能从细节入手，在掌握充分历史材料的基础上给出大胆并合理的论断。如此再去思考那段历史时期里看似零散历史事件之间的关系，人们就会发现[①]：看似如秋风扫落叶般迅猛的秦统一六国过程里隐藏了当事人不愿提及的细节，现存史料中遗失了太多当年曾身兼秦相和末代楚王身份的昌平君在其中的独特作用。“亡秦必楚”的论断并不仅是先楚遗民们空洞的政治愿望，而是有着扎实的事实依据，作为当时国土面积最大、人口最多的战国七雄之一，楚人在灭亡秦朝、承接汉朝过程中曾经发挥了极为关键的重要作用。而将战国与秦汉截然断开，并认为汉袭秦制的传统观念其实是在后世才逐渐形成的偏差，“后战国时

① 田余庆：《秦汉魏晋史探微》，中华书局，2011。作者曾任北京大学历史系教授，本书收录的《说张楚》一文通过还原“亡秦必楚”的历史真实场景，改变了人们长久以来以为的汉直接继承秦法统的历史认识模式，提示人们在秦末汉初的近百年时间里，楚文化一直在发挥重要的作用，并在根本上塑造了汉文明的底层逻辑。

代”[1] 概念则更有助于人们理解秦汉之间社会形态的特点，并以此为钥匙找到当年秦亡汉兴、楚汉相争历史场景背后的演进规律。

陈胜、吴广、刘邦、项羽、韩信这些秦汉之间的风云人物，其实在成年时期都处于楚国治下。在他们的脑中，并没有想过接下来要创立一个能凝聚2000多年时间的民族，没有建立一个覆盖天下大一统帝国的规划。他们刚从征伐不断的战国中走出来，想的是如何快速结束暴秦的统治，再恢复到儿时熟悉的政治环境中。然而黏合新旧时代的那个关键人物——嬴政的突然离世，让胡亥、赵高、李斯三人形成的权力三角结构没有承受起严峻的历史考验。庙堂和街巷都在那个短暂而又瞬息万变的时代快速适应着局势变化，分别来源于悬殊阶层的嬴政与刘邦，总会让人误以为他们是两个不同时代的人，但其实只相差三岁。他们都是战国人，虽然所处地域、身份相差巨大，但却被历史的大手拨弄在一起共同开创了秦汉时代：前者主动将秦地和楚地纳为一体，历史借他之力完成了必然的结局；后者则在张楚的事业中重新建立了以楚人为统治主体的新政权，让历史的面貌焕然一新。

楚文化则当之无愧地为这个新政权注入了灵魂：汉高祖在荣归故里后咏唱的《大风歌》便首开汉代楚辞的先河，鲁地的儒生如叔孙通们也都是在纷纷穿上楚制短袄后才重新为汉室制定典章礼仪，楚地大儒陆贾更是以孔孟儒家为根本、融以黄老道家和申韩法家，在《新语》中提出“行仁义、法先圣，礼法结合、无为而治”的思想来指导汉初的基本统治方式。这个新时代也是一个人性复苏、让儒家理念大放光彩的时代，曾经在战国时期百家争鸣中反复讨论的议题终于能够在大一统的政治环境下得以实施和验

---

① 李开元：《复活的历史：秦帝国的崩溃》，中华书局，2007。作者是一位游走于中日历史文化边缘的独特学者，四川成都人，北京大学历史系毕业，曾留校协助田余庆先生任教，随后获东京大学文学博士。现就职于日本就实大学，任人文科学部教授。

证[1]：西汉初年创立的新礼制——郡国制重新划清了中央王朝与外藩的边界，从此形成中心 - 边缘格局的天下体系和册封制度。后来汉武帝又将其改为郡县制，则瓦解了东亚国际圈原有的政治秩序体系，这其实反映了中央政权在处理“严防夷夏”和“天下一家”这两个观点之间的取舍判断。儒家思想本来并没有针对皇帝权威的概念，是汉儒董仲舒以阴阳五行预言未来的谶纬学说与其相结合，才让原本令君王们味同嚼蜡的儒家理论成为新帝国的国教。出现于汉武帝时期的“独尊儒术”运动，到王莽时代终于真的成为弥漫整个社会的政治思想。而王莽也是由于过于尊崇和极端执行儒家政治理想，才会在短短几年间失去新政权。

从今天的视角来看，人们将再次面临开启现代中国版“全球化”远大征程的历史使命，因此也仍然需要通过创新国家制度、恢复整理儒家思想，以及输出新型政治关系去影响周边国家。日本历史学家西嶋定生在秦汉兴亡之间看到的是，“东亚世界作为中国文化圈成立，其前提是存在于这一体系的中国与周边国家必须建立起一定形式的政治关系”。这里提到的东亚世界，可以看作当年缩小版的东亚全球化，其核心定义在政治关系，而非文化关系和经济关系。具体来说，就是要通过郡国并行制，先实现政治关系的从外藩到内藩，再变到郡县制的逐渐消解容纳。

这是一种何其伟大开创的政治构想，这是一种何其文明和平的扩张模式。可以设想下当年在东汉时期赐予日本的“汉倭奴国王”金印，就是日本进入中华册封体制的标志。假使这种政治关系能够得以继续发展，而不受魏晋南北朝几百年动荡的影响，东亚世界会进一步演化成怎样的局面？今天如果又

---

① ［日］西嶋定生：《秦汉帝国：中国古代帝国之兴亡》，顾姗姗译，社会科学文献出版社，2017。作者是东京大学教授，在本书中以当时承受这波古代中国版“全球化”影响的日本角度，描述了那场决定了整个东亚全局秩序的政治变革，探讨了皇帝制度、郡县制度和独尊儒家等因素在构建秦汉帝国、影响周边国家关系中发挥的作用。

要在世界上不同区域范围内建设各个层级的命运共同体，是不是也可以从中借鉴一些来自古人的智慧？

7.4 魏晋南北倚门阀（220—581）

魏晋南北朝是中华历史上一段分裂与重生的历程，对于它的了解满足不了历史爱好者从大一统王朝中获得自豪感的愿望，但却深得那些愿意探微证实的历史学家的厚爱。在几百年间勃然兴起而又转瞬覆灭的王朝给历史研究领域提出了丰富的课题，这段过渡时期连接着国人至为骄傲的汉唐两段辉煌历史，它究竟孕育了哪些创新元素，解决了中华文明再次复兴前的哪些历史问题，这些都在吸引人们去认真了解它。

两汉 400 多年的大一统格局在促进经济发展、人口增长和财富聚集方面发挥了巨大的作用，但也逐渐形成了脱离皇权控制的地方豪族势力。是他们曾推举出汉光武帝刘秀完成了汉王朝的中兴，但也在东汉末年尾大不掉、成为帝国倾塌的致命隐患。到了桓灵时期，朝堂之上愈演愈烈的外戚宦官之争无论再怎么来回拨反方向，也扭转不了州野之间世家大族的离心力。他们结党营私、自立门阀，阻断了朝廷吸纳人才的向上通道，人的因素开始走向反面。山雨欲来风满楼，大一统帝国从一开始就潜伏的战争危机逐渐显现出来。不过与此同时，逐渐失控的政治局面也为北方、西方和南方边缘地区的少数民族提供了进入中华文明圈的历史机遇，中华民族的第一次大融合正在等待一个合适的契机①。

---

① 如果说代表秦汉时期的五行是木，那么从相克的角度来看，取代它的下一个阶段是金，代表着聚敛、寒凉、黏合，对应现实政治里的战争杀伐和集权专制；从相生的角度来看，它所滋长的下一个因素是火，代表发散、破灭、温热，对应现实政治里的民族融合和文化扩散。

乱世出枭雄，曹操作为宦官义子的后代，年少时混迹于官宦子弟圈内，耳濡目染之间通晓了这个帝国的运转逻辑，终于在前面几股势力血拼同归于尽后，在世家大族和青徐豪霸的反复斗争中草创出曹魏政权的雏形[①]。可惜他功败垂成，终其一生未能重新统一全国，而且在政治制度上留下致命的漏洞。九品中正制虽在曹魏初年被提出以克服东汉末年的乡举品评弊端，但很快就被世家大族出身的司马氏加以利用，配合门阀制度发展成为“上品无寒门，下品无势族”的结果，极大背离了曹操的初衷。曹丕虽然在随后的世子争夺战中赢得了胜利，却将父亲辛苦营造的世家与寒门之间的政治平衡打破，让出九品中正制的操作权，越来越倚重门阀士族，为后续几百年的分离混乱政治格局埋下伏笔。

可以说，承续汉王朝在士人阶层上升通道问题上处理不当的遗留问题，魏蜀吴三国各有各的难处，也各有各的因应之道，三家政权最终比拼的还是人才的招揽和培育。就以世人皆以为被三顾茅庐后就得刘皇叔青睐，从此青云直上、备受重用的诸葛亮来说，其实他也不完全像《三国演义》里描写的那样，初出茅庐以后就得到荆州军事集团的重用，而是直到刘备不得已托孤之后，才有机会得以实现自己在《隆中对》里阐述的政治抱负；而且后来还得面对蜀中的严峻政治环境和贫瘠的人才储备，在融合蜀地新旧三股势力上颇费苦心。南方的孙吴江东政权也面临类似困境。肩负着汉民族向南扩展的重任意味着在建国过程中只能逐渐倚重一开始就不被信任的地方家族，江东化的演进轨迹成为这个政权的宿命，也因此埋下灭亡的因素。

① 田余庆：《秦汉魏晋史探微》，中华书局，2011。书中收录的《汉魏之际的青徐豪霸》《关于曹操的几个问题》《曹袁之争与世家大族》等文描述了曹魏代汉的过程。

直到后来司马家在篡取了已经不得不依赖世家门阀的曹魏政权后，政治权力在家族网络中分配的情况也并没有得以改观，反而愈演愈烈。魏晋之际世家大族之间的政治、婚姻、交往网络在政治变局中进一步发挥作用，贯穿了西晋权力结构从形成到崩溃的整个过程①。作为魏晋之际的主角，司马家族从河内地方兴起，其实本来也是受惠于以“郡”为单位的人际网络。司马懿在得到名士杨俊的赏识和推荐后，有机会跻身中央政治舞台。后又得到颍川荀氏代表人物荀彧的举荐得以入仕曹魏，并在曹丕接受禅让即位后参与军机大事，进一步拓展了与其他名门大族的交往与联姻。

故事发展到这时，一切还只是正常情况下东汉末年世家大族逐步积累政治资源的普通剧情。然而当曹爽主动打破政治平衡，代表皇权威胁到地方豪族权益的时候，司马家族看准时机，精准出手，代表曹魏集团内部功勋阶层的利益扼杀了皇权的进一步发展。司马家族随后历经几代人的努力，剪除异己，拔擢名士，恩威并施，维持这张“权力人际网络”不变；但又不断更新网络中的节点，用了 20 多年的时间在体制内将“魏臣”转化为“晋臣”，终于达到内部政治权力转移的目的。后来，司马师、司马昭采用兄终弟及的权力交接模式虽然非常有利于保证司马家族在这 20 年多里政权的稳定性，但祸根还是被种下。司马师一脉后人齐王司马攸的悲惨政治境遇被有意无意忽略，但司马昭事实上出于私心的舍贤取嫡行为，虽然保证了皇位继续传于自己的子孙，但也开启了随后外戚干政、皇后专权和诸王反叛的历史进程，终于导致“永康之变”的战乱，彻底改变了随后几百年中国历史发展面貌，从而进入充满金戈杀伐的新阶段。所以，为后人所指摘的“魏晋玄学”也不

① 仇鹿鸣：《魏晋之际的政治权力与家族网络》，上海古籍出版社，2015。作者是复旦大学历史系教授，近年来成绩突出的青年历史学者。

尽是完全超脱现实的空谈[①]，而是当时的士人们在面临中华民族第一个大分裂时代时出现理论困惑，希望综合儒、道、法、名四家思想进行理论创新的尝试。既有现实意义，要解决曹魏政权的权力合法性和士人自身的处世之道，又有理论价值，从刑名之学出发、吸收了佛道思想进入儒家视野。

由此看来，曹操作为历史人物的真正悲剧在于：刚开创出不拘一格收揽人才，促进寒门士子在乱世中脱颖而出的新局面，就因为自身权力来源的不合法性，在隔代权力交接的过程中又被世家豪族们编织的关系网所彻底颠覆，没有留下丝毫进步因素，只是遗憾地留下戏台上白脸奸臣的脸谱。这也是人们今天在品味其“慨当以慷，忧思难忘”心境时应再多一层感慨的原因。

这种世族关系政治进一步发展，并随着衣冠南渡延续到了偏居江左的东晋王朝，成为皇权政治在特定历史条件下的“变态”发展形式——门阀政治，表现为皇权与不断变化并相互制约的门阀士族之间的共治状态。魏晋南北朝史领域最著名的历史学家田余庆先生认为，支撑这种政治上层建筑的底层力量是流民，后来也正是他们中的流民帅最终推翻了东晋皇室，让中国南方进入南朝宋齐梁陈四代相继起伏，流民帅为帝，进一步制约世家大族的历史新阶段。当时，“如果没有一个成熟的有力量有影响的社会阶层即士族的存在，如果没有一个丧失了权威但尚余一定号召力的皇统存在，如果没有民族矛盾

① 缪钺：《读史存稿》，北京大学出版社，2017。作者曾为四川大学历史系教授，该书收录其37篇论文，研究重点以魏晋南北朝史为主，也包括了上至秦汉、下至唐宋的诸多历史问题。书中注重辨析古今之变的细节，尤其注重民族关系与文化发展，得出很多令人耳目一新的观点。在有关魏晋玄学不尽空谈方面，作者分四个阶段详述了之前被笼统归为清谈的魏晋名士，认为其中很多人的志趣和活动与时政有很大关联。“陶潜不为五斗米折腰”也经过作者的详细考证得到了更有说服力的解释，“五斗米”只是当时成年人一个月的食量，并不是官俸。此句意在表达生活态度，而不是刻意对官场的鄙视。本书还做了王粲、陈寿、何晏、王弼、颜延之、鲍明远、魏收、颜之推等人的评传和年谱，对于读者深入了解那个时代名人的生活状态和行事规范非常有益处。

十分尖锐这样一个外部条件，如果以上这三个条件缺少一个，都不会有江左百年门阀政治局面”[①]。

东晋政权偏安一隅，留下中国北方广大领土处于十几个国家前后并立，被称作“五胡十六国”的大分裂时代。匈奴、鲜卑、羯、氐、羌和汉人，分别依据武力建立政权，在客观上促进了中华民族的进一步融合，从外部冲击已经高度固化的中国社会阶层，并最终孕育出后续隋唐帝国的前身——北魏。关于这段时期的历史，人们通常会用“五胡乱华”来概括，但如果想厘清其中的线索可得颇费一番脑筋。最早，“十六国”的概念来自北魏崔鸿所撰的《十六国春秋》：“五凉、四燕、三秦、二赵，并成、夏为十六。”以前秦短暂统一中国北方而又迅速崩溃作为分界线，可简述为：西北甘肃凉州地区，之前为前凉，之后为后凉，再分裂成南凉、北凉、西凉，合称五凉；中原地区，之前为前赵、后赵、前燕，之后为后秦、后燕；后燕被北魏打败后，残余在东北地区后被北燕占领，留在山东半岛为南燕；再加上灭于北魏的赫连夏和灭于东晋的成汉，是为十六国。

不过传统中已成刻板印象的“乱”并不足以评价这个时代[②]。生活在那个时空里的中国人，仍然在努力建立起各自的正统观念，维护与朝鲜半岛、西域等周边诸势力的天下关系。为了在列国竞争中立于不败之地，北方新混合诞生的政权建立起军事上的府兵制、土地上的均田制，并为随后的北魏王朝所沿用。这些北方游牧民族自从公元3世纪发明马镫以来，逐渐催生了重

① 田余庆：《东晋门阀政治》，北京大学出版社，2012。作者在书中述而不论，并不去试图解释门阀政治背后的深层次原因，并没有像陈寅恪那样去挖掘出历史变革背后的线索，像谷川道雄那样去呈现出政治结构变化趋势的模式以解释历史事件，像内藤湖南那样去提出能统摄学界的研究框架。这也已经成为历史学术界的一项公案了。

② ［日］三崎良章：《五胡十六国：中国史上的民族大迁徙》，刘可维译，商务印书馆，2019。作者是早稻田大学教师。

骑兵这一新型军事力量，其强大的战斗力冲击了中原地区以队列为基础的步兵军阵作战方式，而原先这种作战方式在应对以轻骑兵为主、各自为战的游牧民族时是非常有效的，进而对魏晋南北朝时期的政治局势产生了深远的影响[①]。当然，这种新的作战方式也要求游牧民族在军事体系和社会形态上发生相应变化，摆脱原有松散的部族联盟政治形式，采取更类似中原的集权政治形式。换句话说，战争像把双刃剑，一方面将汉人政权赶到当时更蛮荒的南方，一方面也在推动北方蛮族的汉化进程。

在战争中逐渐完成汉化的胡人政权需要付出好几代人由血和泪组成的学费，这期间混杂了太多的父子相残、兄弟背叛、部将自立和种族屠杀故事，统治继承权的传递一直是少数民族政权在从草原来到中原后解决不好的问题[②]。直到后来，源自东胡从蒙古草原东北部南下迁徙而来的鲜卑拓跋部才又终于重新统一了中国北部。对于它的研究通常绕不开拓跋部落选择在中原定居建都，实现政权汉化的重要地点——平城。这里当时地处胡汉人口大量迁入、彼此交融的核心地带，既有桑干河流域丰富的水资源，又关联附近的河北平原、太原平原和汾河流域。以平城为中心的交通网更是四通八达，处于当时经济、政治和文化中心的关键地位[③]。历史选择平城自然有它的理由。以其为焦点展开北魏前期政治史的研究，可以发现那场中华民族大融合进程

① 李硕：《南北战争三百年：中国4—6世纪的军事与政权》，上海人民出版社，2018。作者是清华大学历史系博士。

② 李圳：《羯族与后赵史研究》，人民出版社，2021。作者是西安邮电大学副教授。

③［日］前田正名：《平城历史地理学研究》，李凭、孙耀、孙蕾译，上海古籍出版社，2012。作者曾任驹泽大学文学部教授。本书从桑干河流域当年自然地理、居民结构和都市景观的发展情况，以及平城周围的交通路线、商业贸易等方面入手，研究北魏从部族到建国，直至迁都洛阳之前平城时代的历史。

在渐进高潮时，政治发展所表现出的特征与规律[①]：北魏道武帝在代国被灭国后曾有一段曲折而被隐晦了的经历，皇权初建过程格外艰辛；为了探索稳定的政权传递机制，北魏前几任皇帝在“兄终弟及”“太子监国”“乳母干政”和“太后听政”之间完成一场又一场的政治试验；直到孝文帝为了摆脱文明太后的影响而决定进一步汉化，废宗主督护，立三长均田，最终迁都洛阳，这才结束了北魏的平城时代，平城终于完成了它在北魏政权由胡转汉过程中的历史使命。

统观魏晋南北朝这几百年间，中国南北方分别经历战乱兴治，就如同各家创业公司沉沉浮浮尝试不确定的商业模式，各个地区、各个族群都在分别探索更适合中华民族继续发展下去的新路[②]。人们必须进一步拉大历史观察视角，在将东晋视为中国皇权政治制度发展的变态阶段的基础上，采用“制度史观”，从“政治制度”与“政治势力”两方面理解魏晋南北朝的政治历程才会发现：魏晋以下虽然发生了政治“变态”，但此时北朝官僚行政制度又得到了再度振兴，文吏、儒生、宗王、外戚、宦官、门阀、军人、寒人、部落贵族等各种势力此起彼伏，共同塑造了当时的政治文明。从具体的制度来说，是文法吏与律令体制的关系、儒生与复古改制的关系，士族门阀造成了制度变态，但鲜卑军功势力又重新振兴起了官僚体制。如果说秦汉是官僚帝国体制的波峰，那魏晋南北朝就是波谷[③]，出现变态的魏晋南北朝时期在

---

① 李凭：《北魏平城时代》，上海古籍出版社，2014。作者是华南师范大学教授、中国魏晋南北朝史学会会长。

② 唐长孺：《魏晋南北朝史论丛》，商务印书馆，2010。作者曾为武汉大学历史系主任，该书收录了其在20世纪50年代以前的13篇论文，对魏晋南北朝时期的生产关系、阶级结构、土地赋税、门阀政治、兵制、民族、宗教及文化等问题分别详加论证，具有极高的学术价值。

③ 阎步克：《波峰与波谷：秦汉魏晋南北朝的政治文明》，北京大学出版社，2017。作者是北京大学历史系教授。

政治制度上依然有进步之处，并为随后下一个波峰——隋唐帝国留下遗产。

在进入“变态”的南北朝时期后，军功贵族和文人世族分别推动着北朝和南朝向前发展，犹如两道螺旋上升但又趋向中轴回归的曲线，都在寻找各自离开谷底的出口。前者虽然不断地在空间上分裂，统一，再分裂，再统一，但通过不断的制度创新，改革军事、土地和官僚制度，最终能够更有效地动员起统治区域内的人力物力；后者则继承了汉代以来的学术和思想传统①，继续通过禅让制保持着空间上的统一形态，在皇室、世族和流民三者间维持着平衡。然而政治依然腐化，寒族仍旧没有找到顺畅的上升通道，王朝的频繁更替越来越显示出这条曲线的增长乏力。两者看似一南一北遥相对立，所采取的措施也是截然不同，但这都是在竭力将“变态”扭转回“常态”的共同努力，从长期来看也还是同一份“将无同”②的答案。

就这样，在经历了政治低谷之后，中华文明毅然决然地选择了以北朝作为“出口”，走向隋唐盛世。

7.5 隋唐初建关陇制（581—763）

北朝被历史选中，承担崛起为大一统隋唐帝国的重任，让中华文明再次回归常态的过程也并不是一帆风顺。从北魏结束十六国纷乱的局面开始，在其维持中国北方100多年统一后，再分裂成东西二魏，分别由北齐北周取代，

① 胡宝国：《将无同：中古史研究论文集》，中华书局，2020。作者曾为中国社会科学院历史研究所研究员，将无同也是作者的笔名，本书收录了其在秦汉魏晋南北朝领域具有代表性的30篇论文。

② 语出《世说新语·文学》：“阮宣子有令闻，太尉王夷甫见而问曰：‘老庄与圣教同异？’对曰：‘将无同？’”从字面上理解“将无同”就是“大概差不多”的意思，但后人们从中读出了那个年代人们在经历了太多世道变迁之后，对于曾经执着过的理念重新抱有的一种豁然开朗、淡然处之的通达态度。

最后北周并吞北齐，再由关陇军事勋贵集团中的杨李二氏前后分别组织局面，重新统一南北，这才构建起隋唐帝国。在这一历史局面形成过程中，推动历史进程发展的原始动力究竟是什么？每一步改革和冲突的意义究竟在哪里？为什么是某个特定集团的人物承担起了历史责任，他们究竟有何不同之处？

如果从隋唐帝国的起始点向前探索300年，深入到十六国北朝的发展历程中，人们就能发现驱动这一宏伟帝国形成的原初力量和形成机理。“没有民众的积极作用，隋唐帝国便不可能出现”，是胡汉两个社会的民众对于自由身份追求而形成的“豪族共同体”推动了历史的发展①。

具体来说，北魏孝文帝的改革虽然推动了鲜卑社会的汉化，但也重新筑起了狭隘的门阀制度，阻断了北方汉族地方豪族向中央政权的晋升通道；鲜卑贵族阶层的利益固化与城民制，实际上让胡族的下层民众成为最大的利益受害者，这才有了六镇起义，看似是汉化进程的倒退，但其实代表了历史洪流的真实力量和最终方向。一个新型的命运共同体即将在各种复杂历史条件的作用下应运而生，马上也将以全新的面貌改变并重新定义中华文明，成为中华民族浴火重生的新阶段。可是当时并无人能提前看到这般光景，多数时间处于战乱无政府状态的中国社会开始越来越习惯于少数民族和地方将领建立的军事政权，儒生也可以在非正朔的统治者面前实现致仕的人生理想，底层民众则敞开心扉接纳传自西域的新奇的宗教思想，这些潜藏的因素都还需要等待到下一个阶段才会显示出它们的力量②。

---

①［日］谷川道雄：《隋唐帝国形成史论》，李济沧译，上海古籍出版社，2011。作者曾任京都大学名誉教授，是京都学派的第三代学者。

② 如果说代表魏晋南北朝时期的五行是金，那么从相克的角度来看，取代它的下一个阶段是火，代表发散、破灭、温热，对应现实政治里的民族融合和文化扩散；从相生的角度来看，它所滋长的下一个因素是水，代表润下、下行、流动，对应现实政治里的地方自治和思想流动。

北魏随后分成东魏和西魏，以及相继在其基础上建立起来的北齐和北周政权，就像在做对比测试的两个分支进程：一个统治者是胡化汉人，继承了汉魏礼制传统，实力强大但也接过来北魏更多的历史包袱，仍然要依赖胡人军事贵族的支持力量；一个统治者是汉化胡人，依赖关陇地区保存的汉族文化与鲜卑六镇势力，实力较弱但也以此为契机，由关中汉人豪族的力量取代北族士兵成为军队主力，最后通过府兵制融入中央军事体系，终于形成历史上著名的"关陇集团"[①]。再加上王肃北奔以后将南朝后期的典章制度输入北朝，历史酝酿了太久，这才将集合了各种不同力量的标签打在这个群体上：具备乡望的土豪、通过自募兵实现府兵制、完成汉族土豪阶层官僚化，真正的胡汉融合——他们确实是最有条件打开尘封了400年历史关隘出口的合适人选，历史假借其手将这些元素组装在一起，开启了后来的隋唐气象。

在这个过程中，人们通常会忽略北齐在继承汉魏礼制传统方面的重要作用，没有意识到隋唐制度多起源于北齐。不过这也正是宇文氏要建周复古的深意所在：在经济实力不如盘踞山东的北齐，文化实力不如承接江左的萧梁的情况下，只有依托关中地域，标榜自身道统继承来自更远更正的周，这样才能别树一帜笼络人心，真正实现胡汉互融，重新建制。不过有趣的是，终结这个集团的朝代也是周,是一个埋藏在李唐王朝里的武周。还在李渊时代，这个集团就曾排斥过"太原功臣"[②]群体。后来到了武后时期则可谓是唐代

---

① 陈寅恪：《隋唐制度渊源略论稿》，商务印书馆，2011。本书写成于抗战期间，带有救亡图存的时代背景。所谓道统，可以历经地域转换，中土被侵占并不意味着道统中断，原先的偏隅之地也能继续维持华夏典章。中华文化自古以来也从不以地域和民族来追溯正统，只要继承华夏礼仪，就都是华夏正朔。

② 张耐冬：《太原功臣与唐初政治》，中国社会科学出版社，2018。作者是中国人民大学国学院副教授。本书从晋阳起兵至李渊称帝过程中进一步细分出了"太原功臣"群体，并解析了他们在起兵初期为李氏政权所借重，但在建国后逐步被边缘化的过程，其中尤其以刘文静的个人遭遇说明了李渊在取舍太原功臣和关陇亲贵之间的政治决策。

政治关系发生根本变化的年代，“关陇集团”从此开始走向逐步瓦解和崩坏的趋势，在经过“李武韦杨婚姻集团”[①]的转换后，最终滑向天宝年间的政治争斗局面[②]。“此集团既破坏后，皇室始与外朝之将相大臣即士大夫及将帅属于不同之阶级。”在这皇权之下的阶级内部，“宰相不能不由翰林学士中选出，边镇大帅之职舍蕃将莫能胜任，而将相文武蕃汉进用之途，遂分歧不可复合”。其中关键的制度性因素则是科举制度的完善，由魏晋以来世家大族和军事贵族垄断社会上层的局面被打破，统治者得以直接从寒族吸收下层精英，东汉魏晋以来的门阀制度被从根上断除。于是，“进士科举之崇重，府兵之废除，以及宦官之专擅朝政，蕃将即胡化武人之割据方隅，其事俱成于

---

① 陈寅恪：《中西学术名篇精读：陈寅恪卷》，中西书局，2014。本书收录了作者的三篇经典论文《读莺莺传》《敦煌劫余录序》《记唐代李武韦杨之婚姻集团》，分别邀请历史学领域的知名学者蔡鸿生、荣新江、孟宪实对论文进行了详细的点评和分析。其中，《读莺莺传》中考证出崔莺莺的原型乃胡姬；《敦煌劫余录序》对敦煌学是否属于“劫余”做出自己的判断：虽然“敦煌者，吾国学术之伤心史也”，但本书所列文献目录仍然有着巨大的研究价值，不可妄自菲薄；《记唐代李武韦杨之婚姻集团》则推演出杨玉环之所以能被选入宫廷，其实有赖于唐代前期这个婚姻集团内部的筛选机制，皇帝能接触到的女性也是有限的。

② 汪錢：《汪錢汉唐史论稿》，北京大学出版社，2016。作者曾为北京大学历史系教授，作为陈寅恪先生在西南联大时期的学生，曾协助陈寅恪先生撰写过《元白诗笺证稿》，所擅长的领域也是隋唐中古史。他的文稿札记在生前大部分未曾发表，但由北京大学历史系吴宗国教授主持多方收集，才得以结集出版。本书上卷包含的是其写作于20世纪五六十年代的文稿，主要论及汉唐之间的土地制度。这些论文虽然受时代环境影响，但很多论据和论点还是能够站住脚的，可以帮助人们深入了解一些土地经济制度的细节。下卷包含的是20世纪40年代的文稿，主要论及唐代前期玄宗之前的政治斗争。这些论文明显受陈寅恪先生影响，沿着“关陇集团”和“李武韦杨婚姻集团”的分析思路做了很多扎实工作，尤其是后面几篇关于隋末唐初其他几位争夺帝位者的分析，能帮助人们跳脱史书中的固有概念，去理解彼时彼地人物的取舍权衡。联想汪錢先生的身世遭遇，假使没有与恩师之间的重重误解，假使没有在政治运动中遭受的厄难，相信他一定能在这些工作的基础上推陈出新，做出比肩陈寅恪先生的史学贡献。

玄宗之世”。虽然是“玄宗尤称李唐盛世，然其祖母开始破坏关陇集团之工事及其身而告完成矣”。陈寅恪先生能这么早就眼光独到地找到中国历史的关节点，确实让人为其史识击节称叹[①]。不过如果从更宏观的眼光来看，不但“是以论唐史者必以玄宗之朝为时代划分界限”，就是论中国古史者也必以玄宗之朝为时代划分界限。

7.6 五代皆从藩镇发（764—960）

人们在读史时总会遇到个误区，就是认为历史发展的阶段总是要按照朝代的更迭来划分，其实不然。在表面以一家一姓朝代分段的历史长河之下，隐藏的是驱动社会发展，但却逐步更替动力的暗流。这暗流就是政治精英们进行内部筛选和互相沟通的运行方式。自魏晋以来，世家大族们垄断了社会上升通道，不断地将同一家族的子弟输送到高级官员的职位上。少数民族要想在中原建立政权，也必须和地方豪族通婚联姻，形成胡汉互融的新集团，也要标清楚门第高低，才能对社会施行有效的管制。

然而武则天的出现对这一常规进行了挑战，由她真正大规模施行的科举制度为寒门子弟提供了有预期的合法上升通道。她的武周虽然没有最终取代李唐，但是随后的唐朝皇帝都是她的子孙，其影响力后传百余年连绵不绝。等权力传递到她的孙子李隆基手里时，唐王朝已经不再是当年那个以关陇集团为核心的政治实体，帝国的肌体已经重生了一遍。因而陈寅恪先生曾认为“是以论唐史者必以玄宗之朝为时代划分界限”，就格外显出超越时空的历史眼光。

---

① 陈寅恪：《唐代政治史述论稿》，商务印书馆，2011。作者以三篇概括性的论文继续阐述了关陇胡汉集团在建立隋唐帝国之后如何继续维持统治，内部的政治斗争造成了哪些变化，以及最终如何崩溃的发展历程。

已经有历史学家通过详细分析在敦煌发现的唐代谱牒文献，基于大数据统计得出结论[①]：唐代所谓的门第需要通过家族内多名成员担任现职官员才能维持和传承下去，形成“门第—官职—门第”的转换模式。世家大族把持政权的地位无法固定下来，虽然可以影响自己的子弟获得中央政府的官职，可如果几代之间族内再无合适的子弟为官，家族也会面临衰败的命运。在九品中正制下，门第曾经能够保证豪门子弟入仕的起始品位，杜绝寒门士子向上攀登的路径。进入唐代，世家大族们虽然仍有优势，但官职和门第发生了剥离，上升通道更多了，权力最终来自对政府的供职，中国开始转变成为一个更加官僚制的国家。考古研究和文献分析也证明，地方上一直都有的通过假托先祖事迹的方法制作郡望的情况，在唐代中后期就逐渐消失了[②]。不过更加令人不可理解的是，这些主导了中国政治数个世纪的门阀大族，在唐末竟然会完全消失。等到北宋开国，中国完全进入官僚制国家，其社会形态的巨大变化足以支撑日本学者内藤湖南提出“唐宋变革论”。

这种情况究竟是如何发生的呢？因为对世家大族来说，如果只是传递权力的效率变低了些，总还是可以通过时间的累积重新在与寒门的较量中赢回主动权，并不至于发生彻底变革，从历史舞台中消失。然而发生于玄宗天宝年间的安禄山之乱却在无意之中打开了潘多拉的盒子，导致政治权力首先在中央政府和地方藩镇之间发生了不可挽回的断裂[③]。那场发生在盛唐顶点的著名叛乱，自有其深刻的政治历史背景：玄宗前期由宰相李林甫主导的一系

---

① [美] 姜士彬：《中古中国的寡头政治》，范兆飞、秦伊译，中西书局，2016。作者是加州伯克利大学历史学教授。

② 余欣主编：《瞻奥集：中古中国共同研究班十周年纪念论丛》，上海古籍出版社，2021。本书收录仇鹿鸣的《制作郡望：中古南阳张氏的形成》一文向人们重现了当时这种攀附望族的普遍社会现象。

③ [加] 蒲立本：《安禄山叛乱的背景》，丁俊译，中西书局，2018。作者是哥伦比亚大学教授。

列改革措施客观上促进了原先属于边境地区的经济发展，原先就不属于关陇势力范围的河北地区更加离心；盛唐为了开疆拓土，用短期更高效的募兵制取代府兵制，虽然战斗力增强，但节度使权力膨胀；门阀大族和科举新贵在中央层面争夺权力，宰相李林甫为了对抗世家大族，犯险重用边境节度使。于是“渔阳鼙鼓动地来，惊破霓裳羽衣曲”就不可避免地发生了。

然而命不该绝的唐王朝奇迹般地得到回鹘势力的军事支持并没有马上灭亡[①]，迎接它的是随后长达一个半世纪缓慢的衰落，或者说是中央政府和藩镇之间不断博弈权力的长期过程，其结果取决于每个地方不同的具体状况和权力结构[②]。这可以说是一个“再封建化”的过程：藩主视唐廷为宗主，藩镇内部私募的牙军和被统治的人民又视蕃主为宗主，只要这种多级的分封关系稳定，帝国与诸侯的关系就能重构起来。在新型权力关系的重构中，唐廷一直在不同的历史时期借助不同的政治力量，采取了灵活多样的统治策略：直接使用武力镇压、予以封赏收买效忠、赐予中央授权提供合法性依据，或是在任命新任藩主时采取拖延削弱的手法。具体来说：朝廷让渡出节度使更替的任命权，允许地方大员私相传递权力给自己的家族，换取对中央政权的效忠；藩镇从中央获得权力合法性证明，从所辖区域汲取财政能力，维持地区的经济发展和自身家族的利益。长此以往，中央政权凭借对江南地区税赋的收入也能刚刚好继续维持自身不败，但也无力征讨地方的局面；藩镇节度使们却受困于“骄兵化”，为了维系部下忠诚，只有不断给予将士更丰厚的赏

① 白玉冬：《胡风西来：西域史语译文集》，上海古籍出版社，2021。本书收录了7位西域历史语言学者的10篇专论。其中，日本学者森安孝夫的《漠北回鹘汗国葛啜王子墓志新研究》一文向人们揭示了回鹘汗国在帮助唐王朝平叛安史之乱的重要作用。

② 李碧妍：《危机与重构：唐帝国及其地方诸侯》，北京师范大学出版社，2015。作者是复旦大学历史学博士。本书从政治地理学角度考察了不同藩镇的案例，将历史观察的显微镜深入到河南、关中、河北、江淮四个地区每个藩镇的体内，解释了唐帝国得以在经历安史之乱后重建政治权威的原因。

赐，但结果却是边际效益递减，很难维持下去。长安和河北之间的这种默契在100多年的试探和斗争中建立起来，终于达到均衡状态，直到这一平衡被黄巢之乱打破[①]。

不过即便是在安史之乱后的中晚唐时期，唐代门阀大族也还没有那么轻易地从政治舞台消失，相反，在8—9世纪还长久地维持了影响力。除了出仕中央政府，他们还可以在有离心力的藩镇任职。只是因为公元880年黄巢占领长安，以及伴随而来的30年大动乱，因大规模的屠戮和离散，才最终失去政治影响力而崩溃，直接导致了政治权力在门阀大族和科举新贵之间彻底转移。这种黄巢之乱引发士族覆灭的说法，可以作为"唐宋变革论"的直接原因[②]，也因此改变了长期以来历史学家们认为唐宋变革是渐进式转变的看法。

人们由此可以看出开创出隋唐帝国的关陇集团所垄断的权力逐渐流失的两条线索：一条是经由武则天的政治打击和科举取士新辟的上升通道，中央层面的权力游戏中加入了越来越多的参与者；一条是经由藩镇割据和中央分封授权，原本关陇本位的唐廷被迫成为代表中央本位的居中协调者。地方士族无须进入中央也能获得藩镇官职，成为地方民众权益的代表，孕育出五代时期地方割据政权的前身；全国性世家大族的门阀地位反而只能在有限的唐廷直辖地区有效，越来越多的巨族搬迁到长安和洛阳附近聚集居住，结果在黄巢之乱中被一举摧毁。

如此说来，唐宋变革的因素，是在安史之乱时就已经埋下伏笔，并在黄

---

① 仇鹿鸣：《长安与河北之间：中晚唐的政治与文化》，北京师范大学出版社，2018。本书利用当时长安和河北地区的墓志和碑文所透露出的政治信息，勾勒出中央和地方博弈过程中的边界。

② ［美］谭凯：《中古中国门阀大族的消亡》，胡耀飞、谢宇荣译，社会科学文献出版社，2017。作者是哥伦比亚大学历史学博士。

巢之乱时铸成不可挽回的定局。

7.7 辽宋夏金相继立（960—1279）

隋唐结束南北朝几百年来的分裂局面，依靠关陇集团重新形成统治核心，将汉帝国崩塌后各民族纷争的状况改变为多民族融合，形成一个更具包容性的文化形态上的中国，乃至今天在海外还有人以“唐人”来称呼他们所以为的中国人。只是这外表光鲜的盛唐气象下已经达到了古代社会中华文明在精神层面上所能扩张到的极致。烈火燃尽、风吹灰扬，大唐的子民们又带着中华文化的种子散播各处、生根发芽。同属中华文化圈的士人们只要有水源，在哪里都能开花结果。而水往低处流，有合适的地势就能蜿蜒而过、择谷而居。

中华大地上相继建立起多个地方政权。辽、北宋、夏、金和南宋，它们谁都没有完全统一中国，而是处于相互割据、互有胜负、此起彼落的状态。它们也不同于南北朝时中国本部的大分裂状态，而更像是为下一个阶段中华文明在疆域上的大扩张阶段做准备。于是尽管当时的人们会经常分不清各自所属的标签：宋人会认为自己是中原王朝的正朔，北方民族的政权都是异族；辽、金据有更具正统意义的领土，认为自己可以代表更广义上的中国，南方政权才是过于糜烂的弱者；西夏则更是急不可待地把中华文明最早的朝代名号抢在手里。但在后人看来，这些努力都是一个规模更加宏大的中华文明在出世前的阵痛，一个全新的轮回即将展开[①]。

所以，如果脱离辽、夏、金而只谈两宋，总会让人觉得哪里不对劲，如

① 如果说代表隋唐时期的五行是火，那么从相克的角度来看，取代它的下一个阶段是水，代表着润下、下行、流动，对应现实政治里的地方自治和思想流动；从相生的角度来看，它所滋长的下一个因素是土，代表着融合、生化、承载，对应现实政治中的领土疆域和势力范围。

同完整的拼图缺少了一大块。这是因为，人们不能只凭民族情感而罔顾历史事实，必须认识到两宋并不是孤立存在的，它有着自己独特的政治环境和地缘压力。它所呈现的所有文化现象和政治体制，也都是在应对外部挑战之下出现的。今天读宋史，必须把辽、夏、金纳入进来。因此，要按照这些政权的建立时间而不是民族和正统的原因将这一时期定义为“辽宋夏金史”[①]才更为恰当，也更为尊重历史事实。

在解脱了将宋作为连接五代十国和元代的唯一正统朝代的固有观点后，其实可以获得更为广阔的视野和更加独有的价值。人们会发现，这一时期是汉文化高度发达但也极端敏感的阶段。汉民族建立的北宋和南宋政权，在系统地思考了五代时期导致政权动荡的制度原因，并在应对长期存在的强大异族政权的过程中，建立起了一整套文官治理和科举选拔制度。两宋的士大夫们，也在吸收佛学和道家思想的基础上，对儒学进行了脱胎换骨的改造，重新建立起能与汉学比肩的宋学。这份精神财富，随后滋养了中华民族一千年。市民经济也在长时间的国泰民安中稳步发展，士大夫们精心设计的财政制度有效地支撑起遍布全国各地的粮食贸易、货币流通、赋税缴纳和民匠差雇[②]。可以毫不夸张地说，今天的中国人心目中最向往的生活场景还是宋代

① 邓广铭：《邓广铭治史丛稿》，北京大学出版社，2010。本书收录了作者在辽宋金史学方面有关制度史、政治史、理学、词学、史料、人物等方面的论文。作者提出这一开山辟派的论断，由此影响了随后几十年里大宋史的研究思路，培养了一代又一代致力钻研、繁荣学术的历史学者。书中列出了很多可以大做文章的课题，比如募兵制度、职官选任、宋学源流和太祖太宗得位细节考辨等初探萌芽，都在多位弟子那里得到呼应。书中探究的宋代著名人物，如王安石、陈亮、辛弃疾和岳飞，后来也都逐一立传。书中更是提出了影响至今的治史“四把钥匙”——年代、地理、职官、目录，它们也在经历过动乱时代的曲解之后成为史学界的共识，至今决定着后学者的治学路径，成为可以参照的路标。

② 包伟民：《传统国家与社会（960—1279年）》，商务印书馆，2009。作者是中国人民大学历史学院教授，邓广铭先生的学生。本书是其第一本论文集，收录了作者关于宋代国家与社会研究的18篇论文。

的勾栏瓦舍，最入耳的曲调还是宋词的缠绵悠长。

不过若以宋的视角回到历史现场，则会更关注自己是在承继乱世的基础上才得以建立的事实：往前看是刚刚被颠覆掉的五个短命朝代，谁能保证宋不是第六个？往北看，谁能保证更早立国的辽不会更具备统一中国的能力？对内看，谁能保证此时忠心不贰的将领不在更替两三代皇帝后萌生当权的欲念？因此，此时的宋还是更像一个割据的地方政权，在立国之初便有着深刻的忧患意识，想要尽可能多地吸取前朝的弊端经验，“事为之防，曲为之制”，以国为家传，以家法治国，太祖太宗之下的子孙皇帝都是要为祖宗守好这份意外得来的家产而已[①]。而后世往往会出于将其视为华夏正统王朝的固化观念，认为北宋已经有意识地结束了唐末藩镇的地方自治局面，在建立中央政权之后主动认为有必要抑制武将的作用，重用文官系统，这才形成了后面“重文轻武”的软弱局面，一直未能在与其他政权的较量中占到上风。但就更宏观的视野来看，把宋还原到其本来应属的位置上看可能更恰当，这样它也不用承载人们太多不切实际的政治理想了。

北宋其实就是军阀势力从藩镇到五代的延续，不过是连续更迭五代之后疆域规模更大的第六代政权而已。包括辽和西夏，当事人都没想到自己的那些竞争努力都不过是在为下一次历史潮流转变发生前所做的铺垫，而真正能结束这一切的真命天子此刻还在漠北的大草原上弯弓射大雕。此时，唐末以来人才在各个地方流动的历史大趋势并没有发生根本性的改变。今天一提到

① 邓小南：《祖宗之法：北宋前期政治述略》，生活·读书·新知三联书店，2014。作者是北京大学历史学系教授，邓广铭先生的女儿，继承了先生在宋史学方向研究的家风。邓广铭曾著有《宋朝的家法和北宋的政治改革运动》，提出“祖宗之法”现象。邓小南则扩展开来著成本书，将宋代形成基本政治格局、历经几代影响政局变化的各种因素以“祖宗之法”为枢纽进行解释，包括“祖宗之法”形成的历史渊源和外部原因、“祖宗之法”被有选择地特意加强和修补过程。

北宋就总是为人们所津津乐道的科举制度其实在辽、西夏和金也都有广泛实行,成为它们丝毫不弱于北宋政权的统治基础。如果人们能将思路转变过来,甚至可以认识到恰恰是当时整个中国疆域内的各个政权都在格外重视人才,纷纷巩固儒家典章制度以吸引更多士人加入自己的政权,那么在后人只把北宋作为重点研究对象时,才会发现这些现象都毫无例外地出现在了自己的视野范围内。这是理解宋史要把握的底层思路和要纠正的后来者理解偏差。

这种心态下的皇帝可能不是人们通常所理解的雄主或昏君,但却颇符合儒家思想家国一体的政治设想,因而也与当时的士大夫们达成了高度一致,成为士大夫们得以寄托政治理念、可以辅佐治世的仁君。在这种政治风气之下,士大夫和君主的力量达到了精妙的平衡,成功地维持了中国古代历史上堪称最和谐的政治生态:没有宰辅僭越、没有外戚专政、没有宦官当权、没有外藩割据、没有太子夺权。

唯一的隐患就来自太祖太宗在立国之初就没有解决的北方政权。后起的北宋好不容易在多年的对峙中终于熬到辽朝的衰落,却不想又遇到了新生代更具有进攻性的金朝。但此时的北方少数民族政权已经与十六国北朝时南下游牧民族次第建立的短命政权完全不同了。他们不但有自己的语言文字、民族传统和军事制度,而且一般在立国之初就会接受汉人知识阶层的建议,在政治形态、国家制度和思想文化上采用或借鉴中原王朝的做法。上层统治集团会主动收集敌对政权的禁书、改用汉文风格的名字、仿造唐代风格的建筑[①],在几代之内很快熟悉汉文化,乃至产生钦慕之感。随后这些政权也会

① 刘浦江:《宋辽金史论集》,中华书局,2017。作者曾为北京大学历史学系教授,邓广铭先生的学生,以文献考据见长,并能娴熟运用辽金石刻材料及契丹、女真语文资料,将历史学与考古学、语言学、文化人类学紧密结合,解决了诸多悬而未决的重大疑难问题,将宋辽金史研究推升到一个新的高度,成为中国辽金史研究第一人。只可惜英年早逝,留下太多未竟事业。

演化出类似汉人传统政权里的那些熟悉剧情，在一两百年后出现王朝末年的种种乱象，然后再被组织结构更简单、文明程度更原始的新生力量所取代。现在人们通常的印象是只有汉人的政权，如北宋、南宋，才会出现那些腐朽软弱的统治者，少数民族政权似乎总是强悍生猛的。而历史的真相却是一视同仁的，早期再蓬勃进取的少数民族政权都会有它失势落魄的那一天。在这个问题上，民族不是问题的关键，今人对宋朝过于软弱的刻板印象很可能只是人们自我代入角色、过度关注汉民族后的偏见。

要解开这个历史谜题，就得直入到最为刺痛汉人民族大义神经的现场——靖康之耻。这场令人意外的大变让本来光景尚可的北宋王朝戛然而止，令无数仁人志士扼腕叹息。巨大的耻辱感笼罩了几代人的意识形态，难以排解的义愤情绪夹杂着恐惧感，压倒了士大夫们本来就无法保持清醒的理智。在这种不由分说的政治环境中，金朝很快就在南宋的士人间被塑造成了残暴野蛮的形象，但这背后也隐藏着一个令其难以启齿、不愿承认的事实，那就是：金人实在是太可怕了，我们打不过他。可南渡后重整旗鼓的宋人还自认为掌握着解释历史的话语权，那就要在各个角落竭力忽略掉金朝存在和运作的事实，其中不能自洽之处，就得挪用民族大义的理由来填充。古人囿于局势不得不采取这种思维定式还可以理解，但今人如果再检验此种眼光，就会发现各种不合理现象，重新理解金朝内部也会像普通王朝那样存在自身危机的事实。

当金人南下攻破北宋都城汴梁、俘获徽钦二帝之后，并没有做好直接统治全中国的准备。在这种政治局势下，贸然断绝赵宋政权的法统，先后扶持既无实力又无意愿的张邦昌、刘豫两人为傀儡皇帝的政策，就显得格外奇怪。因为这样反而不利于他们向虽有法统名义，但已无反抗意志的赵宋政权稳定地敲诈出更多长期利益。历来史家论及此处总是一笔带过，不惜重墨强调金人的贪婪无度和反复无常。可是历史深处没有这么多脸谱化的解释，真实的原因其实很朴素，就是因为在金朝内部存在三个派系集团——宗翰系、太宗系、太祖系。他们为了在内部权力竞争中胜出，相互掣肘，博弈出了牺牲金朝整体利益的共同决策[①]。这个畸形决策的后果就是后来很少在史书中提到的刘齐政权。它虽然必然因其法统来源不正而不为后世史家所认同，但不可忽视的是其在当时金人侵袭、乱兵骚扰的混乱局面下能够在中原地区维持住一段稳定局面，从而赢得中原人士的归附资助，奠定了幅员范围包括河南、山东、陕西三省共1500余万人口的统治基础。

所以现在很多放在金宋对抗话题下，只用汉人最容易陷入的抵抗派、投降派二分逻辑看起来很难解释的事情，如果在明白了当时实际存在的是金、宋、齐三方，而金内部又分为宗翰、太宗、太祖三系的大博弈环境，就会得到恍然大悟的理解。齐作为一个重要变量，先是得到宗翰系的支持得以册立，后又投向太祖系寻求庇护，但在太宗系的夺权过程中成为牺牲品。但就在这短短八年的统治时间里，齐才是真正想灭亡南宋的政权。后人读到此时南宋朝廷商议抗金的事件，多半是要和齐发生战争。岳飞要想真的直捣黄龙，必须首先经过齐的领土范围，击败还留在中原的齐国军队。秦桧想要谋求和议也是他在金地被扣留多年后自认为找准了金人内部不和的裂缝，在与赵构达成某种默契后认为能以小博大，用最小的成本获得最大的和平红利。于是，一方面齐的法统僭越性重新凝聚了逃至南方汉族军民对赵构政权的归属感，另一方面齐无心之间所构建的缓冲期却为金人后来能够真正统治这片中原土地提供了可能性。这样也算是歪打正着，塑造了此后金宋对峙几百年的政治局面。

其实，自立为帝、终身未迎回父兄的宋高宗赵构所开创的南宋政权在合

---

① 胡文宁：《伪齐政权研究》，上海古籍出版社，2021。作者曾在西北大学先后获得数学学士、物理学硕士学位，后在41岁时重新考入西北大学历史学系，获博士学位。现在西安新东方学校从事培训工作之余进行历史学研究，在权威核心期刊发表过多篇论文。

法性上也有瑕疵。但拜刘齐政权的原罪和金朝内部的权斗所赐，初起风雨飘摇的南方小朝廷竟然在中原遗民和南方士人的支持下坚守下来，又为这个以汉人为主体的政权延续了 150 多年的寿命。此时的中华大地变得更为符合地方政权相继并立的局面了，也就更无必须将汉人政权独断为正统的理由。人们在几百年后遥望更加偏僻的南宋政权时要为它赋以的光复中原重任，终究只能是徒劳无功的一厢情愿。通观高宗一朝[①]，乃至后面血统源自太祖的几任皇帝，都丝毫没有要建立大一统国家的强烈愿望。其实这种现象无须强用"恐金症"的心理假设来解释，也不用承袭"重文轻武"的能力理由来推脱。在对赵宋立朝之初的"祖宗家法"重温之后，人们就会毫不惊讶于这个政权竟然会在皇权传承这件事上还能上演从次房传回长房，又接连发生几次"内禅"家务事的桥段[②]，也就不难理解赵家人内心只管守好自己曾任点检的祖辈从孤儿寡母那里抢夺来的小半壁江山的小心愿。

7.8 元明清统合一家（1279—1840）

到了元明清时期，中国终于连续几个朝代长久实现了大一统的政治局面，政权覆盖的土地面积也大大超过了历史上的汉和唐。王朝存在期间没有出现持续的地方割据局面，王朝更替时间也很短暂，不用经历反复争夺，新政权很快就能恢复对全国的统治权，进一步巩固这个中央国家的集权程度。在一次又一次新帝国的迭代过程中，原本生活环境和思想状态完全不一样的多个民族因为同属一个君主统治而被装入了同一个政体里。它们之间既要产生联系，但又被小心翼翼地分隔开来，享有不同待遇和义务，不被许可真正地融

① 何忠礼：《宋高宗新论》，上海古籍出版社，2021。作者是浙江大学历史系教授。

② 李超：《南宋宁宗朝前期政治研究》，上海古籍出版社，2019。作者是中山大学历史学博士，现任职于湖南省社会科学院历史文化研究所。

合在一起。这确实是中华大地上从未出现过的一种奇特现象，在大一统的表面下微妙地维持着多民族共和的局面，聚集起一股股暗流，随着历史的大潮一直冲击到近代，才卷起层层巨浪带给中华文明新的转机[①]。

这种情况让人们对元明清政权的建立和维持产生了极大的兴趣：是怎样的社会环境能够支撑其幅员如此辽阔的中央帝国？政权的建立者们是如何利用手上的资源实现这一目标的？中华文明以这样的政权形态进入近代，分别有哪些益处和弊端？如果一定要找出这种局面背后的动力，人们还得跳出之前传统观念的视角，去看一看这场运动始作俑者的来龙去脉。蒙古人，之前还一直未在中华文明的历史舞台上亮相，他们究竟有何等能量能够从中华文明版图的北方扇动起蝴蝶的翅膀，发起整合已经割据了几百年又都自认为是正朔的地方政权？要想回答这个问题，恐怕就得加入更多的因素。有学者在将帖木儿帝国、奥斯曼帝国、俄罗斯帝国、莫卧儿帝国、明清帝国这几个在近代西欧列强兴起之前的世界强国比较之后追溯到了蒙古帝国，认为忽必烈早在从其中划分出来一块要建立元帝国时，就已经在努力将蒙古的军事力量、中原的农业经济和穆斯林的商业文明结合起来，尝试建立一个横跨游牧与农耕的内亚大帝国，尝试去解决唐王朝在开元天宝年间遇到的类似问题[②]。忽必烈与他手下的谋士和将领们似乎要在唐王朝失败的地方，用今天看起来有些符合现代经济学的思想去改造他治下的帝国。只可惜这些努力功亏一篑，

---

① 如果说代表五代辽宋夏金时期的五行是水，那么从相克的角度来看，取代它的下一个阶段是土，代表着融合、生化、承载，对应现实政治中的领土疆域和势力范围；从相生的角度来看，它所滋长的下一个因素是木，代表着生长、盘曲、聚集，对应现实政治里的人口增殖和民众需求。

② ［日］杉山正明：《忽必烈的挑战：蒙古帝国与世界历史的大转向》，周俊宇译，社会科学文献出版社，2013。作者是京都大学文学教授。书中建立了一套有别于西方现代世界体系起源的新理论体系，并积极用于解释与中华文明产生密切关系的元帝国的历史意义。虽然立论的基础还不够扎实，但也自成一说。

随后的元朝皇帝们要么是短暂在位，要么是政争不断，忽必烈开创的事业并没有继续下去，反而很快结束了对中原地区的统治，又退回到了北方大漠。

朱元璋在将元朝皇帝驱逐到漠北后，继承了其法统，在元朝原有的大部分疆域上重建了汉人政权。他也必须为统治这样庞大、新型的内亚大帝国的合法性寻找来源。如何建立一个既专制又具备合法性的政权，这是一个很棘手的问题。朱元璋做了这个尝试，而且很成功。在建立和巩固政权中，他时而利用儒家学说，时而采用法家手段。这些努力在西方政治哲学理论看来，则对应了政权合法性过程中要解决的三个问题：宗教观念、儒家思想和民族主义[①]。朱元璋的努力获得了巨大的成功，他所开创的政权模式下，再没有以往朝代常见的权臣凌主、宦官专权、外戚干政和地方割据。朱家皇帝不但要是履行儒家规范的道德代表，还得是饱读经书的学术领袖，既要敬重祖先长辈、维护后宫和谐，又要通晓军国大事、做出枢要决策。从某种意义上说，确实是实现了儒家政治思想。文官集团只能在一些伦理的细枝末节和个人的生活喜好上挑出皇帝的毛病，小题大做地对龙颜犯谏，博得名声。到后来皇帝们也看出这里的门道，不愿再配合他们做戏，干脆不再搭理这些事情，在处理好政务之余专心发展个人兴趣去了。

然而这架庞大复杂的官僚机器在运转了 100 多年后，终于还是出现了最初设计者未曾考虑到的问题，逐渐有些失灵了[②]。文官们既然无法动摇中央集权的专制框架，不能积极地响应明政权在边疆和内政遇到的挑战，于是便开始充分行使否决权，也就是不断地用琐细的礼制限定皇帝的作为，与帝权

① [法]马骊：《朱元璋的政权及统治哲学：专制与合法性》，莫旭强译，吉林出版集团股份有限公司，2018。作者是法国汉学家、滨海大学副教授。

② [美]黄仁宇：《万历十五年》，中华书局，1982。黄仁宇身世复杂、经历坎坷，所以能有特殊的历史敏感度观察到这些变化，本书让人们得以从横断面上窥探当时发生事件的深远意义。

展开博弈。帝王虽是至高无上的权力集中者，但孤家寡人、信息闭塞。原先可借力的外戚、宦官和藩王已经被制度性地消去了权力合法性依据，在明代都成不了大事。于是皇帝也终于荒唐地向这个政权发出抗议，用消极怠工的方式与官僚集团博弈。原先轰轰作响的权力齿轮竟然就这样逐渐减速，以至于最终停滞下来，成为一堆废旧的机器。

首辅张居正试图打破这个僵局，一方面坚定不移地维护皇权，一方面积极推动“一条鞭法”和“考成法”，改革财政赋税，提高行政效率。可是当他与整个官僚集团对抗的时候，一个人的身力还是太孤单薄弱了。终于在死后半年就爆发出政治危机，半生的政治事业毁于一旦。帝国的衰落从此就成为众人皆能看到，但谁都无法挽回的结局。随后不管是中庸调和的申时行、清明廉洁的海瑞、功勋卓著的戚继光，还是思想前卫的李贽，都只是这个完全符合儒家君臣理论体系框架内部无能为力的小角色和牺牲品，注定是悲剧收场的结局。那么，谁能找到大明王朝衰落的原因和替代方案呢？答案竟然是那盘踞在白山黑水之间、久叩关门不得而入、不为正统中华文明所正式接纳的边民——建州女真。

努尔哈赤先是将自家的渊源攀接到金朝，建立了后金。随后皇太极将族名改为满洲，修改国号为清。清朝政权在崛起过程中还继承了元朝的部分政治遗产，采用盟誓、封爵、朝贡和质子等方式，获得了漠南蒙古部族的支持和效忠。在现代蒙古族学者看来，需要放在东北亚世界史的角度来分析满蒙早期关系对清朝体制演变过程的影响，这样就扩大了人们在探讨元明清三代建立一个更加幅员辽阔、兼容多个民族的内亚帝国时可以依托的时空范围①。因为，既然明只继承了元的部分版图和行政体制，退出中原

① 哈斯巴根：《清初满蒙关系演变研究》，北京大学出版社，2016。作者是蒙古族历史研究者、中央民族大学历史文化学院研究员。

的北元还长期存在，随后与明和后金保持并立，而后金在崛起的过程中则得到蒙元遗留下来势力的支持才得以发展壮大，明最终也灭亡于后金，那么长期以来将明清只视为中央政权和边缘少数民族政权关系的史观也就有必要做一检讨，才能从整体上把握那个时代变革的意义。

在深入到明清政权更迭的具体过程中，人们就会发现：并不是那数十万人口的女真部族征服了中原的汉人王朝，而是在征服过程中不断加入壮大、构成多层权力同心圆的满蒙汉利益新集团，重新将明王朝的统治方式打散重构，使得原先的赋税体系可以重新支撑其新帝国运转[①]。中央帝国秩序崩解与重建过程背后有着更为深层的原因。这是一个满汉两个民族相互争斗、相互融合、相互转换的过程。很多汉人参与了这次政治框架的重构，帮助满族统治者向儒家的君主模式发展，起到了关键性的作用。这些汉人加入清政权的先后次序恰恰与他们在明政权政治地位的高低相对应，满族统治者也依据他们的忠诚程度分别授予不同的政治权力和经济回馈。

没有受过太多教育的清朝军事贵族们，却非常懂得对人心的收买，创新性地发展了能够包容民族差别的“旗人”[②]制度。他们还利用“包衣”[③]这个介于满汉之间的特殊群体，以奏报密折、巡视督察、采购内务、荫袭官职等手段，行使对江南汉人地区人事、行政、财税和文化的控制权，这就大大降低了人口占绝对少数的满人入主中原，统治文化、经济水平远超自身的汉人

---

① ［美］魏斐德：《洪业：清朝开国史》，陈苏镇、薄小莹译，江苏人民出版社，1992。作者是美国著名汉学家、加利福尼亚大学伯克利分校教授。

② 郭成康：《清代政治论稿》，生活·读书·新知三联书店，2021。作者是中国人民大学教授，国家清史编纂委员会委员，北京市文史馆馆员。本书收录的《清初八旗制度》一文，利用满文档案对入关前满族的八旗制度进行了全面系统的研究。

③ ［美］史景迁：《曹寅与康熙：一个皇帝宠臣的生涯揭秘》，温洽溢译，广西师范大学出版社，2021。作者是美国著名汉学家、耶鲁大学历史系教授。

的门槛。满族皇帝带头学习儒家文化、重建儒家理学、修正内阁制度[①]、处理由于满蒙汉文化不同而导致的利益冲突[②]，终于使得清朝成为满人、蒙古人、藏人和汉人共同认可的政权，融合了满人的汗、蒙古人的可汗、西藏的文殊菩萨、汉人的皇帝四种特质。这样也就回应了西方政治哲学理论最为关心的政权合法性三元素——宗教观念、儒家思想和民族主义，并使其在中国最后一个王朝得到了完美的统一。

7.9 交替兴灭的历史发展观

以上从远古至明清的八节内容夹叙夹议，用多种因素交替、相互兴灭发展的原理大略地分析解释了中国古代历史的发展规律。其实在古代早就有过用五行关系来解释历史上朝代更替原因的说法，在战国时期就由阴阳家宗师邹衍将之发展成“五德终始说”。后来在秦始皇统一中国、建立秦朝时也有儒生方士提出过，再经过历朝历代文人术士的发挥演绎，就逐渐形成了很多版本的说法。这些说法要么主相克理论，比如邹衍的“五德终始说”就认为后一个朝代一定是因为掌握了能“克”掉前一个朝代的某种因素，所以能顺理成章地推翻前一个朝代政权，取而代之。他认为，黄帝、大禹（夏）、成汤（商）、文王（周），依次得到的是土德、木德、金德、火德而建立朝代。那么，从黄帝至夏、商、周，也是按照“五行相克”的

① 高翔：《在历史的深处》，中国社会科学出版社，2012。作者是中国社会科学院研究生院教授。本书有两编内容集中探讨明清史的专题问题和人物研究。

② 白玉冬：《胡风西来：西域史语译文集》，上海古籍出版社，2021。本书收录日本学者高远拓儿的论文《清代秋审文书与“蒙古”——关于18世纪后半期至20世纪初蒙古死刑案件之处理》一文，提供了清朝通过设立理藩院机构来处理不同民族民众之间法律冲突问题的实际案例。

顺序来改朝换代的：木克土、金克木、火克金。这时往往要用到一些能将朝代的特征对应上某个五行元素特征的穿凿附会解释。要么是主相生理论，这是在遇到了相克理论解释不了的一些情况，很难再将所要主张的朝代附会到对应的五行元素时，就开始认为可能是后一个朝代满足了继承前一个朝代的条件，它们之间是通过“生”的关系而前后延续的。比如西汉末年的刘向、刘歆父子，就又提出另一套以“五行相生”来解释自伏羲以来的朝代更替情况的说法：伏羲、炎帝、黄帝，依次得到的是木德、火德和土德，他们按照木生火、火生土的顺序传递帝位。这两套解释系统的主要区别是：前者认为后朝取代前朝是“革命”，所以以“五行相克”为顺序；后者认为后朝取代前朝是“禅让”,所以以“五行相生”为顺序。但不管怎样，今天的人们已经不再会相信能用这么直观朴素的说法来解释复杂的历史演化过程。然而多种因素前后交替影响兴灭，在发展背后蕴藏的普遍规律性仍然有效，只是需要有更加完善、能够引入现代思想的说法来将它进一步发扬光大。

首先，无论是相生还是相克的说法都忽略了一个事实：五行既然是用来概括事物发展阶段的高阶特征，它们之间本来就是相生相克的。也就是说，任何一个阶段在完成自己历史使命时，总是既会被下一个阶段所取代，但同时也会潜在发展更新的元素。所以，采用明暗相结合的相生相克理论才更有助于人们理解五行在影响事物发展过程中的复杂关系，而不是简单地用相生或相克的逻辑推演出两条各自都难以自圆其说的顺序。换句话说，用人们更容易理解的“当代革命”和“隔代禅让”相混合的说法可以更合理地解释历史规律的作用方式。

其次，历史上所有运用五行关系解释朝代更替的说法都有一个假设：五行中的一个元素是要对应某一姓朝代甚至某一个帝王。必须采用这种逐一对应的关系通常是因为使用这个说法的人有以此证明那一姓朝代或一个帝王有能力取代前者的强烈愿望，否则该说法太过笼统、用处不大。但人们知道，历史发展状态要涉及阶段转化，不可能是只局限在一姓政权乃至一个强人身上的。它必然是会牵涉到很多现实因素的转变，可能会绵延多个君主乃至多个政权才能显露出端倪。这当然不是那些急切想用此学说解决实际问题的术士所能等待的，但却是今天人们在分析研究历史时所要秉持的客观态度。

最后，为了将五行元素和现实政治之间产生符号关联，古人们想尽了各种牵强附会的办法。为了能让人们更加直观地接受自己推演的说法，提高可信度，那些和方位、颜色、姓氏、国号、体貌、山水相关的特征会被优先考虑融入进来解释五行和朝代的对应关系。这些努力在现代社会反而会起到负向作用，各种奇谈怪论被人们嗤之以鼻。现代人更想知道的是这些历史现象背后的土地、人口、战争、民族、知识等这些因素的相互作用方式，它们究竟是以怎样的运作逻辑此消彼长、前赴后继、因果轮回。这时，如果能有更具解释力的理论将其和五行运转结合起来，就会起到发人深省、豁然开朗的作用，而更容易被人们所接受。

当然，用这里归纳出的几类主要因素对中国古代历史演进的解释还很粗糙，有待进一步提炼和修正。但它毕竟对过往的历史来说也还算是一套能够自圆其说的体系，可以总结出一些不同于传统观念的新颖结论，也不妨再对未来发展进行一些合理推测，留给有兴趣的后人加以验证。

首先，分历史阶段交替影响的思想有助于帮助人们跳出中华文明本来就是或者就应该是“大一统”局面的固有观念，从而正确认识统一对于中国历史的价值和意义。即便在土德当行的阶段，遵循中华文化的人们和土地被归拢在一起组成统一的国家政权，那这也只是五个轮替阶段中的一环，一种暂时保持稳定的状态，它还会再继续演化。换句话说，大一统本身不是目的，它只是满足阶段合理性的动态过程中保持自身相对不变且孕育新生因素的某种手段。所以人们可以看到，并不是在所有的历史时期当事人都迫切要求实现大一统，多数处于分裂状态历史时期的中国仍然可以在其他五行元素的作用下发展不同的积极因素。同样，当各种积极因素都准备充分的时候，即将到来的土德元素也会毫不犹疑地展现出它应有的能力，以万物不可逆转的潮流和世人想象不到的面貌完成新一轮的大一统局面。所有的轮替都是为了前进，进步才是人类社会发展的唯一目的。

其次，通过对中国古代历史做循环发展的分析，可以帮助人们摆脱“中国停滞论”[①]“历史五段论”[②]“历史终结论”[③]等或陈腐或传统或新潮观念的思想束缚，重新建立属于中华文明自有特色的、中国式的历史发展观。因为要衡量一个文明的成熟程度，归根到底是要看认同这个文明的人群所发展出的文化是不是更加精细、生活是不是更加富足、人口是不是更加众多、人性是不是更加善良。毕竟文明是要以人为本，要看它有没有产生更多活得更有意义的人生。那么，若以这个标准来衡量中华文明的话，人们看到的是这个从星星点点原始部族凝聚起来的文明无论从规模还是内涵角度来评价，都是一直在向前发展的。但这种发展不是跳跃性地分成几个断裂的阶段，也不是发展到一定程度就会进入平稳的终态，而是在不同历史时期、不同地域范围分别发展各种不同的积极因素，它们前后关联、此起彼伏、循环往复、长此不殆，不期毕其功于一役，不因损一角毁全局，因而也就能推动历史的巨轮滚滚向前发展下去。从长远来看，也只有这种永不故步

---

① 在德国哲学家黑格尔的眼中，古代中国是一个只有朝代频繁更替、没有实质进步、长期停滞不前的文明。

② 苏联领导人斯大林在《论辩证唯物主义和历史唯物主义》一书中采用唯物史观，按照生产关系的变化将人类社会发展过程概括为原始公社制、奴隶制、封建制、资本主义和社会主义五个递进的阶段。

③ 美国政治学者弗朗西斯·福山在《历史的终结》中提出历史终结论。他认为，冷战的结束标志着共产主义的终结，人类政治历史发展的终点只能是西方的市场经济和民主政治。

自封的文明形态才能在历史的长河里与时俱进、万古不息。

最后，从历史现象深入到周期递进的原理，可以帮助人们更好地认识、利用和顺应历史发展的“周期律”现象。比如，朴素的五行理论认为推动其运转的力量在于阴阳转化，整体来说是：木火为阳，金水为阴，土含阴藏阳①。比如土作为居中包含万物者，如果阳升阴降就为木所克胜，如果阳降阴升，就滋生出金。因此只要阴阳两股力量在不断地较量和影响，就会持续地培育出或取代或承接当前状态的新生元素。如此说来，每个身处更替循环的历史阶段本身无所谓好坏，它们都是在承担和履行自己的职责而已，重要的是有没有推动中华文明的发展。所有的政治更替都可以在阴阳转化中得到合理的解释，而只要阴阳调和得当就会发生顺利的更替。而对每个阶段的治理者来说，重要的是明确自己所处的历史阶段，尽力发展出更加适应下一个阶段的新生元素，在面临时代潮流冲击时也尽可能做到顺应历史趋势，完成自己的历史使命。

---

① 东汉班固编写的《白虎通德论·卷三·五行》将其描述为：“水位在北方，北方者，阴气在黄泉之下，任养万物；水之为言准也，阴化沾濡任生木。木在东方，东方者，阴阳气始动，万物始生；木之为言触也，阳气动跃。火在南方，南方者，阳在上，万物垂枝。火之为言委随也，言万物布施；火之为言化也，阳气用事，万物变化也。金在西方，西方者，阴始起，万物禁止；金之为言禁也。土在中央者，主吐含万物。”

第8章　近来尤可追

中国的近代史开端于1840年的鸦片战争，到今天已有180多年了。虽然这段历史的长度相对于古代史简短了许多，但由于距离当下很近，因而留下更多的史料可以研究；也因为这段历史实为中华文明新一轮复兴的发轫，具有空前显要的地位和极为丰厚的价值，因而要求人们必须对这段历史抱有严肃的负责任态度和强烈的自承使命感。

中国近代史也是最为扑朔迷离的历史三峡，两岸看似层峦叠嶂的地貌，但到岸边则多是急流险滩；环视四周水面已是惊涛骇浪，谁知水下更有暗石乱礁。今天是历史的延续，对这段历史所采取的态度也会直接影响个人的航船是驶向更加宽阔的江面，继而进入大海，还是拐向临时的河汊搁浅，甚至冲向石滩。因此，如何下手读解这段历史本身就是一件极为考验人们心力和脑力的大问题。

有别于在读史时可能会片面采集史料而形成偏颇激愤的观点，或是被动接受灌输而得到照本宣科的结论，人们有必要从近代社会的发展趋势、组织变革和人物命运三个维度反复观察这一百多年间究竟发生了什么，当事人做何感想、有何行动，又对今天的中国产生了哪些影响。

有关近代社会的发展趋势，一方面可以从整体上把握，了解整个近代史的演变过程，看整个中国社会这个庞然大物是如何浴火重生，再造新貌；一方面可以追踪历史长河中的一次次转弯，在重大事变的场景中找寻原因，看那些貌似孤立的事件如何前后关联，层次递进。读懂这些，也就对中国近代史有了更加全面的掌握。

有关近代社会的组织变革，当首推分别领导多次社会变革的组织者——中国国民党和中国共产党。两者分别在不同历史阶段承担了不同意义的历史责任，也在很多重大历史关头进行过合作与斗争。中国共产党最终成为人民的选择，但这个重任来之不易，是党和人民无数次选择的最终结果。读懂这其中的意义，也就对中国近代史有了更加深刻的理解。

有关近代社会的人物命运，则少不了那些坐而奋笔疾书、立志救国的志士仁人，少不了那些起而横刀立马、舍生忘死的先驱英烈。不管他们是共产党人，还是国民党人，乃至无党派人士，只要是在这 100 多年间曾经为推动中华第二文明有再造之功的人，都值得书写和阅读。当然，这里最具代表性的人物就是毛泽东。读懂他，也就对中国近代史有了更加本质的认识。

本章想要介绍给人们的，就是近现代学者对这 100 多年历史事件和人物的记述研究。他们钻研史料，复原现场，追踪答案，揭示真理，就是为了让后人知晓得更加丰富、更加真实。人们若想延续这 100 多年无数英烈前辈的事业前行，就必须重新回顾清楚过去到底发生过什么，曾经有过哪些可怕的前景，才能深刻体会今天成果的来之不易，才能更加有所准备地开创未来。

8.1 值得重温的近代化历程

进入 19 世纪，中国逐渐从“康乾盛世”的长梦中醒来，才发现昔日引以为傲的天朝上国不过是自我陶醉的假象。进入道光年间，更是国势日渐衰微，朝廷财源枯竭，士人难得上升，官民皆不聊生。不过这副衰落光景在历朝历代的中期也都曾出现过，总会出现一个中兴之主，或是治世能臣，能够匡扶正室、重振朝纲，再将王朝气数延续 100 多年。

可是这时的西方列强已在另一个平行世界完成了工业革命，征服了美洲、非洲和东南亚地区，用最原始、野蛮的方式整合了原本很难流通的人力和物力资源，开足马力生产制造出自以为能畅销中国的产品。他们千里迢迢将这些商品用机船贩运而来，希望能得到中国皇帝的恩准，予以通商贸易。

但是，能够决定亿万中国消费者权利的中国皇帝本身并没有动力迎接这轮全球化浪潮。对居住在紫禁城里的天子来说，有什么欲望是不能够得到满足的呢？只要开几个通商口子通过朝贡获得时兴的奇技淫巧之器，可供自己尝新和分赏就够了。至于黎民百姓，还是不要受西洋生番的影响，安安稳稳地在土地上劳作纳赋就好了。

然而洋人们并没有灰心。既然基本的衣食住行物质需求都能由天朝上国在省间交换解决，那么能脱离世俗生活的成瘾性需求就值得大力开发。欧洲殖民者开始在印度大面积种植罂粟，将一船又一船的鸦片运往广东口岸，换回一船又一船的白银和瓷器运到国内用于投资和消费。

皇帝终于发现手上能支配的白银越来越少，于是急忙派出一拨又一拨当时最有能力的大臣去处理夷务。然而无论这些饱读诗书、精通官场规则并深得皇帝信任的满汉大员如何反复采用抚剿策略，终归是无可避免地将国事拖陷到不可收拾的局面。老旧中国与新晋列强之间在观念意识、行为处事、商贸习规、人情世故等方面充满冲突与博弈，其中既有清廷统治者不适应历史发展、昏庸无能的各种陋习，也有西方殖民者出于逐利目的、强加硬索的无耻行径[①]。交涉双方完全不在同一个频道上交流，层层积累的误解和自以为是的处置叠加在一起最终一发不可收拾，大家最后都采取了最为激烈的解决方式。然而一方恃强而上，一方败落不堪，结果竟然是双方当初都完全没有意料到的。于是，清政府被迫完成了它的三大转变：在地缘政治战略上，“由传统的防卫西北边疆转变为兼顾东部和东南沿海防卫，甚至以海防为主”；在财政军事构造上，“从中央集权的旧体制转向各省督抚日益自主的新体制”；在宗主朝贡体系上，“不得不按国际法准则与周边各国平等相处，也不得不接受与相邻国家之间的边界”[②]。

从1840年到1949年的这段时间，可以说是现代中国形成过程中最重要的阶段。它既波澜壮阔，承载了太多的苦难和希望；又逼仄苦涩，压抑着中国人痛苦反思过往的一切。一代又一代的士人们开始反思几千年来形成的自信，一层又一层地剥去对中华文化的信仰。从一开始的蔑视，试图用邪门歪道破除洋人的船坚炮利；到师夷长技以制夷，放下架子开始学习洋人的声光电化；再到派出大员出国考察，全面移植列强的制度规范；直到引进西学译著、怀疑祖宗礼法，要在思想层面彻底西化。

早在20世纪初，就有生于19世纪的近代史亲历者开始尝试以其当时

① [美]马士：《中华帝国对外关系史》，张汇文译，上海书店出版社，2006。作者毕业于哈佛大学，曾长期在英国人赫德控制下的中国海关服务，作为赫德的亲信参与了当时许多机密的工作，掌握有大量第一手资料。他在离开中国后笔耕不辍，写下《中华帝国对外关系史》共三卷，从一个外国当事人的角度记录下发生在近代中国土地上的种种变化。书中内容包含了起自第一次鸦片战争前中英交涉各项事件的前因后果，到随后的第二次鸦片战争、太平天国运动、天津事变、义和团运动、中日战争，直至清帝国覆灭。本书也因而成为研究中国近代史、特别是对外关系史最重要的参考资料，其益处在于后来学者只需排除掉书中掩饰不住的殖民主义立场，在这些庞杂史料的基础上做某个方向上的整理就能得出更新的研究结论。

② 李怀印：《现代中国的形成（1600—1949）》，广西师范大学出版社，2022。

的见识与格局回顾这段历史，探求近代无数仁人志士舍生取义要追寻的核心问题。身任国民政府要职的历史学家蒋廷黻可谓是其中的佼佼者，他开创了后续研究中国近代史的主流框架，写出了“中国近代史的开山之作”[①]，以中国近代化过程为历史线索，首先提出中国能否现代化，以及如何现代化的问题。在他看来，打破近代历史局面的鸦片战争，其实反映了昏聩颟顸的清政府对外部世界一无所知的真实状况，失败是必然的。不平等条约的签订固然丧权辱国，但也让中国与世界的关系更加紧密，在铁幕上撕开了一个通风的口子。后来的太平天国运动曾试图用宗教作为改朝换代的手段，但这和历史上借道教名义的农民起义又有什么区别呢？反倒是曾国藩既接受西方物质成果，又保守中华文化道统，代表了进步的方向。看似奋发自强的洋务运动也注定失败于其不彻底性。改革者自身没有摆脱旧的束缚，被改革者也是茫然不自知。改革的那些成果更是被后起的日本敲一笔竹杠后连本带利整碗端走，结果是甲午战争的必然惨败。最后只有孙中山的三民主义才是带领中国民众走出困境的唯一方案。在 20 世纪 30 年代能得出这样的结论，应该说也算是比较进步的了。

早年在大陆经历变局、晚年居于台湾的学者郭廷以，则以生物进化论的观点来解释近代中国的“变”，认为“任何一个国家民族的历史，均可以说成一部生存竞争的历史。竞争过程的顺逆和结果的成败，决定这个国家的祸福命运。顺逆成败又决之于国家民族对于时代环境的适应能力，亦就是决之于近代化的程度。要能适应环境或近代化，首须对环境与时代具有正确的认识”[②]。由于不能正确认识变局，所以中国在近代总是挨打完全是咎由自取：

---

① 蒋廷黻：《中国近代史》，上海世纪出版集团，2006。

② 郭廷以：《近代中国的变局》，九州出版社，2012。作者曾任中国台湾“中央研究院”近代史研究所所长，本书收录其有关近代中国研究的 30 多篇论文，最早在 1985 年由台湾联经出版社以繁体字结集出版。

一则因为尊孔而禁绝西方基督教理的传播；二则因为传教士干预康熙朝废立事务而被雍正禁教，进一步关闭了西学的大门；三则天朝上国和万邦来朝的观念阻碍了士人向外学习；四则西方列强武力进犯、强叩关门，侵犯了中国民族感情，事态更加不可收拾。既然身处变局又想生存下去，那就必须适应变化，要从解放思想、向外学习开始。

进入 20 世纪下半叶，在细致分析了中国近代社会受到冲击之后经济结构和政治结构的变革情况、城乡基层组织的演变过程，以及不平等条约对内激起的社会变化，国内学者陈旭麓先生将其概括成为一个庞大复杂的社会体制在百余年间逐渐适应调整、实现新陈代谢的整体过程[①]。这种叙事方法能够以一种更加平和的视角看待过往百余年间发生的激烈冲突。比起蒋说的不断推翻认知否定自我、郭说的适应环境竞争求存，新陈代谢说更加强调自我历史发展的延续性，更能容纳中国近代以来丰富的历史内容。因为既然是新陈代谢，那么旧的体制在没有完全消失之前仍有维持运转的道理，也是进一步启发新思潮涌起的基础，两者是可以共存共生的。而且新旧交替总归要有社会作为载体来承接这个过程，那么如宗族、行会、会党，乃至普通人的社会生活，也都是承载这个新陈代谢过程的真实场景，值得在近代史研究中深入探寻。

到了 21 世纪初，越来越多的大陆学者在开放的学术环境下摆脱“受害者心态”，重新审视西方因素对中国近代化进程的影响，开始用更加平和冷静，甚至是索然无味的语言阐述有关中国近代史的独特观点，认为“就社会心理而言，我们仍然是一个极端不成熟的国家，表面的辉煌无法掩饰她内心

① 陈旭麓：《近代中国社会的新陈代谢》，生活·读书·新知三联书店，2017。作者是华东师范大学历史系教授。

的焦灼与脆弱"[①],展现出另外一种"历史虚无论"的观点。在这种论调背后的假设是，中国近代史就本质而言不过是中国的天下体系与西方的世界体系相碰撞后崩溃，先是被动、后是主动融入西方世界体系的过程[②]。如此看来，中国和西方列强首先分别是两个格格不入体系所对应的实体。那么以体系的视角来看，入侵与反抗、战争与变法、革命与维新，都是两个体系间相互碰撞、融合和取代过程中必然的现象。这种解释模式的好处自然是简洁明了，两个由来已久、各有渊源，但又绝对无法兼容并存的政治体系，在科技缩短了彼此相隔距离之后必然会发生冲突。冲突过程中的两套话语体系无法对焦，而且一开始都是意图将对方纳入自己的想象空间进行处理。直到炮火打碎幻想，中华体制不得不拾起满地残砖，重新依照西方的话语体系构建新的政治实体，以期融入那个全新的世界体系。

通览蒋、郭、陈、张四位历史学家跨越100年对中国近代史的持续记录与思考，人们于是可以总结出他们各自心目中的中国近代化过程在不同时代背景下折射出的镜像：蒋廷黻先以"自我不断否定"说开题，在一团黑暗中先擦亮了一盏随时可能熄灭的火把；郭廷以另立"适应外部以延续"说来应对，在总结成败之后强调必须痛改前非主动适应人家设置的变局；陈旭麓认为没那么悲观，强调"自我代谢以延续"说也可行，旧躯体之上未尝不可开出新局；张鸣则更新为"弃我融入外部"说，在提升了自我地位的同时仍然不忘主动融入另一个体系，期望能就此交好、共同面对未来。这条心路历程其实也反映了在中国近代史不同阶段，人们所面临的不同挑战和取得的逐步领悟。

---

① 许知远：《醒来：110年的中国变革——从甲午战争到镀金时代》，湖北人民出版社，2009。

② 张鸣：《重说中国近代史》，中国致公出版社，2012。作者是中国人民大学政治学系教授，本书由其公开授课讲义汇编而成。

进入到 21 世纪 20 年代，世界格局又在发生新的深刻变化，人们原有的认知又在接受新事实的挑战。此刻再回首百年近代史，人们应该要有更具同理心的温度来感受，有更具前瞻性的勇气去擘画，这才对得起先人们在此前曾遭受过的苦难，识别他们此前艰辛努力背后的意义。

8.2 事非经变，不知其难

中国在近代这 100 多年时间里所经历的变局，在尘埃落定之后往往会让时间长河彼岸的后来人有隔岸观火之感。再加上一直以来教科书里经过公式化修饰、逐段必然递进的历史观念灌输，更会给人一种有惊无险、不过如此的错觉。但这段历史却是由一连串真实发生的重大事变串联起来的，每一个事变的缘起、发展、冲突和解决，都牵动过当时世人们的关注，引发整个社会为之动容，甚至悲痛叹息。了解这些事变的来龙去脉，将其作为案例在百年之后深入剖析，才能够让后来人迅速进入当时的历史场景中，观察事中人的行事做派，体会他们的苍凉心境。

这样，人们就能更有一份同情心去体察中华民族在实现伟大转变过程中，每个参与者在自己所处时空所能做的事情的意义和价值。正所谓“沉舟侧畔千帆过，病树前头万木春”，有了这份体察，人们才能更加从容地面向未来。凡是走过，皆有痕迹，前人留下的路标，后人自然不能漠视。

在第一次鸦片战争后，太平天国运动的兴灭可谓是中国近代化过程中的一次重大突发事变。十几年间，原来在广西密林里伐木烧炭的苦工们，被从几本传教小册子抄来的字句所鼓动，竟然能发展到占据南京、割据半壁江山的程度。而与此同时，英法联军又挑起了第二次鸦片战争，还攻下了北京城，正逼迫逃走的清帝咸丰签署新的条约。然而，内忧外患之下，弃守北京城的清政权竟然没有灭亡，反倒是那个源自西方文明理想来建立的天国在 1864

年迎来了它最后的秋天[①]。

原来，英国为了维持对华贸易的优势，在战争前期精心维护着清政府和南方叛军之间的均势平衡，让他们谁都保留着机会。但美洲大陆的另一场类似性质的内战——美国南北战争打破了英帝国的全球贸易体系，英国因此急需选择一个看起来能继续合作的对手打破亚洲大陆上的僵局。于是，从西方殖民者势力在这场内战中的利益取舍角度出发，再将太平天国政权与清政权的对抗放置于整个国际形势中去观察，人们便会得出更加清晰的结论。

可叹此时洪仁玕温和但没有实力支撑的国际外交策略，以及传教士们在西方世界报刊上的赞美吹捧，最终还是没能敌得过大英帝国一线实力派的坚定意志。历史的天平开始向曾国藩的地方武装倾斜，运气也不再帮助英王和忠王。天国的基本教义不但未能从洋兄弟那里带来帮助，反而成为同为汉人的士绅们所要攻击的目标。剿灭天国，已经成了当时最大最有利可图的事业。天国最后的轰塌也就是命中注定了。如此说来，太平天国运动可算是中国在全球化时代下的第一场战争，而非简单重复历史的农民起义。它的整个过程也预演了接下来还会在这块苦难土地上发生的诸多事变。

30 年后，清政府在经历了轰轰烈烈的洋务运动之后终于建立起亚洲第一的海军力量，"师夷长技以制夷"的国策看起来开始在发挥作用，朝廷上上下下也自认为已经找到了应对夷务的解决方案。然而一场源自朝鲜半岛上的争端，却让清政府因尚存的天下体制而不得不面对日本的崛起。甲午战争，也就是按照国际体系命名的清日战争，因而成为摧毁清政权最致命的一击，让中国近代史又发生了巨大的转折。

今天在全面比较清日双方当时在军事、政治、经济和社会等方面的条件

① [美]裴士锋：《天国之秋》，黄中宪译，社会科学文献出版社，2014。作者任教于美国阿姆赫斯特马萨诸塞大学。

状况后，人们可以用更加清醒平视的视角在百年之后再去观察当年战场上的胜败得失和背后根源[①]。但回到历史现场，战前的日本对自己能打败清国并无把握，一开始想谋取的利益也很有限。尤其是当面临更复杂的国际局势时，首相伊藤博文与外相陆奥宗光也是一种将赌本都押上后更无他法的心态。只是由于这场事变对国内的震撼力太大，国人们早已形成清朝军力疲敝、政治腐败导致黄海大战失败的深刻印象，无数仁人志士也更加激进地从反面得出洋务运动终归失败、必须从政治体制上发生根本性变革的结论。这才继而有了后来的维新、立宪与革命之争，中国近代发展历程被大大推动了。

一晃16年很快过去，在经历了戊戌变法、庚子国变之后，慈禧太后和光绪皇帝也在两天之内相继离世而去。清王朝终于进入伤停补时阶段，随时都有可能终结覆灭。这时人们讨论的是立宪还是共和才能带领中国走出困境，以及究竟由谁来主持这场旧邦新造的奠基仪式[②]。结果，袁世凯作为南北政治势力都能接受的人选，在中华文明从未遭遇过的传统王朝覆灭、列强纷争环峙和诸多学说争议等混乱状况下，于乱世中抓住机会，阴差阳错地坐上了中华民国大总统的宝座，掌握了亚洲第一个共和政权中华民国的统治权。

第一次法理之争就在武昌首义之后的南北对峙之时。扶清对民，还是顺民终清？袁世凯做出了极为精准的判断和动作，一拉一压之间从复杂混沌的局面之中脱颖而出。后人多指责袁世凯出于个人野心，窃国自肥。可放在当时，

---

① 宗泽亚：《清日战争：1894—1895》，世界图书出版公司，2012。作者是旅日华人学者，拥有长期阅读日方史料的便利，采用清日两国对比的手法写作了这一事变。在逐章逐节对比双方战前、战中和战后军民的表现后，人们会惊叹彼时老大中国的全面落后。以前虽多少有所料想，但当真实的历史文献和统计数据摆在面前时，语言和情绪都是那么苍白无力。

② 章永乐：《旧邦新造：1911—1917》，北京大学出版社，2016。作者是北京大学法学院副教授。

袁氏还真的是全国上下都想奉迎出来终结乱局、缔造共和的不二人选。袁世凯选了共和制。

第二次法理之争则在南北临时政府协商建国之时。中华民国的法统是来自五族共和、拥有秋海棠疆域之清廷的退位遗赐，还是来自立志光复汉十八省、驱除鞑虏之南方反叛政权？后人多指责袁世凯为了保留自己在北京的政治实力，不愿屈驾去南京就任。可如果历史做了另一选择，今天的爱国青年将会面对更多历史遗留问题的烦恼。袁世凯选了优待清室，以外国君主视之，暗合“通三统”的历史密码，有效避免了同期其他多民族帝国分崩瓦解的命运。

第三次法理之争又在民国初立袁、孙、宋三派争权之时。宋教仁见总统已属袁世凯，便欲将议会变成国民党掌权的场所。是继续在议会内部展开斗争争取成为最大党，还是推翻共和、恢复君主立宪？袁世凯此时却误判了大势，认为民国肇始以来的混乱局面都是胡闹，不如解散议会，实行独裁，结果铸成大错。

于是，不懂宪政运作机制也无意遵循宪政契约的各方势力在一场大局里纷争了多年，没有赢家。

到了 1925 年，中国大地上的革命洪流已经变得一发不可收拾了。普通民众开始成为推动历史发展的主体，他们发表自己的主张，不再跟随于旧式官僚、前朝遗老和国民党新贵们的陈腐观念，他们要用自己的拳头打出一片新的天地。历史选择了 1925 年 5 月 30 日这一天，也就是人们所熟知的“五卅惨案”那一天，从此让无产阶级成为推动中国近代史上革命进程的主体力量[①]。这一事变标志着大革命高潮的到来，中国革命从地下汹涌澎湃的熔岩

① [德]于尔根·奥斯特哈默：《中国革命：1925 年 5 月 30 日，上海》，强朝晖译，社会科学文献出版社，2017。作者是德国康斯坦茨大学近现代史教授。

暗流，变成喷薄而出的火山岩浆，终于找到了向世界展示自己实力的出口。而发生在上海那一天的冲突则更像是一面微缩的镜像，折射出时代的种种弊端。因为，作为当时中国最繁华的城市，汇聚了资本家、知识分子和帮派组织各种势力众生相的“十里洋场”，上海在那历史巨变的前夜承载了太多旧中国在经济、教育、社会各个层面的深刻矛盾。

然而，如果跳出上海来看当时中国革命运动的愿景和纲领如何逐步演进，将问题投射到更加广袤的中国大地，交由未来更加宏大的中国革命去回答，人们就会发现：民国自建立以来中央权威向地方军阀转移给中国社会带来了巨大灾难，但也打破了士绅的地位，为后续中国共产党将国家力量渗透到社会提供了铺垫。被打破平衡的农村社会出现各种失调现象：农民在乡间困苦不堪，地主却寄生在城市里，他们之间产生了某种微妙的剥离；中国共产党的创新之处在于重新动员起了这些农民，在不断的实验和探索中找到了土地革命和群众路线的解决方案。当然，就像在五卅运动中的表现一样，中国共产党起初的作用也是有限，只是随着事态不断扩大才逐渐掌握话语权，促使反帝爱国运动转变成为共产主义运动，并使其成为随后中国革命的培养基地。

转眼又过了 11 年，中国共产党领导的中国革命陷入低潮，实际军事控制范围已经被边缘化，缩减到了偏远的西北一隅。经过艰苦长征的几万红军将士当时面临的困境是：基本温饱问题得不到解决、时刻遭受地方军阀围剿威胁、接通苏联援助方案落空、日军即将启动全面侵华。然而此时从西安张学良部递过来要组建西北自治政府的“西北大联合”方案却让中共绝处逢生，并由此触发了 1936 年 12 月 12 日的“西安事变”。

这一突发事变一时间牵动苏联、日本和美国的关注，在较量中改变了各方势力对比关系，深远地扭转了远东地区的历史发展方向。在这起事变里，参与各方明里暗里的利益错综复杂，留下诸多谜团。其中张学良与中国共产党之间存在既合作又斗争的复杂关系，但由于加上了来自苏联更深层次的考虑和通盘布局，导致随后事件的发展就不再仅仅是西安和延安所能掌控的了[①]。

当然，最终受益的还是中华民族，经此大变后得到了一次重新喘息休整的机会。国共两党终于可以同仇敌忾、保家卫国，去迎接中国近代史上最严峻的考验。他们之间的对决被推迟到了 12 年后，在 1948 年 9 月到 1949 年 1 月共四个半月的时间里经过辽沈、淮海、平津三大战役，才完成了力量和局势的彻底重大转变[②]。

其实最后的战局在两位统帅一开始的方针政策中就决出胜负了。蒋介石早早编写出《剿匪手本》发给部下，提出了他关于战胜共产党的制胜方略：占领大城市、控制交通线、收复解放区。这条思路贯穿蒋介石指挥三大战役军事行动的始终，就是将共产党视为流寇窜匪，要用古代中国帝王剿灭农民起义的思路来围困堵截住对方的力量，将其限制在可控范围内，逐步分化瓦解、消除隐患。而毛泽东则将目光投放在人的身上，提出“存人失地，人地皆存；存地失人，人地皆失”的精辟见解，不断地在运动中壮大自身力量，削弱敌方武装，即俘即补、以战养战。双方决策者在思想先进程度上的对比高下立判。

毛泽东没有经过一天军事课程的培养训练，也没有任何在军事体系内部的历练成长，而能以杰出军事家的天才指挥这场决定中国人未来命运的大决战。中国百年近代史也要以这样两种军事思路大决战的方式画上句号，这本

① 杨奎松：《西安事变新探：张学良与中共关系之谜》，山西人民出版社，2012。作者是华东师范大学教授。

② 金冲及：《决战：毛泽东、蒋介石是如何应对三大战役的》，生活·读书·新知三联书店，2012。作者是中共党史和中国近现代史专家，北京大学、复旦大学、中国社会科学院兼职教授和博士生导师。

身就反映出那个时代的中国人，尤其是经历了无数深重苦难、以中国共产党人为代表的知识精英群体在思维认识层面上的巨大蜕变。他们在共产主义理想的信念下，在经过日复一日对中国实际问题的深入了解后，在经世致用、修身为己上的功夫已经经历了脱胎换骨的变化。

这些情况是一直沉浸在自我认知圈子里的蒋介石所无法设想到的情景。其实以蒋介石的眼光和手腕，放在中国近代史上之前历次的事变中去考验，他的表现都不会差于前人洪仁玕、李鸿章和袁世凯，更是远远胜于同时代的李立三和张学良。但他还是在非常自信的判断后彻底地输掉了，这代表了其背后一整套对这个世界、对中国社会、对自我认知的思想体系存在着明显的疏漏。在蒋介石的个人经历中，有过日本军事训练体系的塑造，有过革命会党尽忠文化的熏陶，有过江浙财阀真金白银的输送，有过基督教教义精神层面的浸染，有过西方列强军事金融的援助，但这些条件仍不足以让他带领中国人民去结束近代史上的屈辱，去叩开现代化前的大门，究竟是为什么？人们需要从几千年来引导中国无数仁人志士追求修齐治平理想基本原则的悄然变化中，慢慢找到自己想要的答案。

8.3 薪尽火传，留待后来

中国近代风云变幻的社会环境无情地涤荡着每个中国人的命运，使其犹如惊涛骇浪中的一叶扁舟。大时代的强大冲力让每个人都无从躲避，虽然已经尽力发出自己的声音，但仍然掩盖不了滚滚洪流在大弯大转之处冲撞出的惊天回响。身处家国巨变中的当事人何去何从，他们是怎样将个人的涓涓细流汇聚成时代潮流，个中又有多少辛酸苦辣，这些都是人们在百年之后希望能探察体味的。

此中尤其以中国的知识分子，也可以说是中国近现代史中儒者群体的遭遇最能反映这个时代巨大力道的作用。他们作为中华文明千年思想体系的传承者，一方面刚刚从传统饱读经书、科举致仕的道路上迁移而来，另一方面又要迅速接受并构造一套属于现代中国的学术知识体系。他们还背负着从学统到道统一以贯之的重任，希望能因学谋政，凭借学养和声望影响当权者，探索出一条经世致用的道路来。但这些努力的结果悬殊，可谓如人饮水，冷暖自知。

随着中国近代历史进程的大环境转变，这些知识分子的遭遇大致可以分为三个阶段：

从近代开端到五四运动，知识分子，或者在当时可被称为士人，还是能够占据时代发展的潮头。他们或是微言大义，或是躬身入局，均是积极自信地参与社会改造。从五四运动一直到新中国成立，知识分子们或受局势所迫，或倾心选定信仰，均已深入变局。满地是炮火硝烟，再也无净土胜地。国破家亡之下，知识分子们还要学会教书谋生、避难存身；待到国民党当局败退台湾，知识分子们更是必须得小心谨慎，留在大陆的还需要经历多场运动在灵魂深处的洗礼，渡海去台的也得忍受对身心更加严苛的白色恐怖。

第一阶段中最著名的知识分子当为梁任公。通常人们对梁启超的理解多是戊戌变法中和他的老师康有为一起的大声鼓噪者，随着百日维新的失败东渡日本就销声匿迹了。可正是从维新变法的失败以后，梁启超摆脱了对老师的依赖，开始展现出他真正不同于常人的地方：那就是不断学习，不断改变旧说，追赶甚至引领中国近代历史发展的脚步。在随后的几十年里，不管哪个主义、哪个党派的人物在其经历早期无不受到梁启超思想积极正面的影响。梁启超本人也在民国时代任职于北洋政府，设计并主导了当时的币制改革和金融政策，对于后世的影响不仅仅在思想界[①]。

此外，梁启超对于他九个子女的教育思想也是格外引人注目的人生另一面，体现了他知行合一、齐家治国的一致性，折射出的教育观也是领先于所处时代的，直到今天仍然值得人们学习借鉴[②]。梁启超最成功的地方在于，他的子女虽然都取得了巨大的成果，但没有一点是靠了父亲的社会资源和钱财资助，而是完全依靠自身的努力和对社会境遇的应对。梁启超对子女的影响主要是在精神和榜样层面，他是近代中国少有的实现了个人修为、社会成就和家庭传承皆可为楷模的案例。阅读梁启超写给儿女的书信，人们马上就能体会到，尽管他曾做出了改变中国历史的功绩，但他首先是一个活生生的普通人。他生于乱世，扶危济困，历经坎坷，但浊世丝毫没有污染他的心灵。家庭是他倾尽全力维护的乐土，也是他能应对纷繁时局、汲取无穷动力的源泉。梁启超温情脉脉的慈父形象，承载和传递的完全是儒家文化所一直强调的修齐治平理念。两者之间没有冲突，反而是相得益彰的事情。

第二阶段中最能折射社会百态的则是抗日战争期间西南联大的遭遇，以及牵涉其中的学者教授们颠沛流离的经历了。苦难中国硕果仅存的这批知识分子，或南渡，或西迁至云南昆明，创办西南联合大学并坚持完整个八年全面抗战时期；而后，他们又或回归故土，或迁移台湾，延续学术脉络[③]。在这部史诗中，昆明其实并不是一开始就设定好的目的地，而是随着抗日战争局势的演变，由北京大学、清华大学和南开大学的师生们一路颠沛流离，用脚

---

① 解玺璋：《梁启超传》，上海文化出版社，2012。作者是当代知名近代史研究者，本书以梁启超为轴，串联起了和他同时代的诸多著名人物，以他们的交往史展示了晚清民初大变局中知识分子群体的心路历程。

② 吴荔明：《梁启超和他的儿女们》，北京大学出版社，2009。作者曾为北京大学城市与环境学院教授，是梁启超次女梁思庄的女儿。

③ 岳南：《南渡北归》，湖南文艺出版社，2013。作者是当代著名作家。

丈量出来的另一场万里长征的落脚处。烽火硝烟中的联大师生们，把学问写到了中华大地上，接触到了最真实的乡土气息，是磨难给了他们最生动的课堂讲解①。原来分散在不同校园的师生，此时同甘苦、共患难，结下了深厚的情义，也共同培养出了自由民主的独立意识。这段经历为后来联大的师生们在抗战后回到不同的生活中，但都积极投身中国革命进程，进而响应中国共产党召唤建立新中国，悄悄埋下了伏笔。

如果细致探察这些知识分子在家国巨变环境下的选择和命运，人们就能够感受到他们展现出独立于学术思想之外的人格魅力，意识到中华文明即便是遭受如此大难，在内忧外患之下仍有一群民族脊梁在费尽思量延续命脉，便可理解未来中华之复兴崛起必有可以依托的草蛇灰线之处。

略举一二可知。当时在西南联大师从陈达、潘光旦、吴文藻、费孝通等大师学习社会学的，有一名学生叫刘绪贻。他后来赴美留学，在 1947 年获芝加哥大学社会学硕士学位，回国后任武汉大学教授，是近代中国早期的社会学家之一。在耄耋之年的口述自传中，刘绪贻回顾自己近一个世纪跌宕起伏的人生经历，在坦诚严谨的文字下为人们勾勒出那个风云变幻时代中国学者的命运轨迹②。作为自我解剖、可供研究的案例，人们可以发现，1913 年出生的刘绪贻早年接受的是乡村私塾教育，因而打下了坚实的国学根基。但也“不免羡慕旧社会读书人才子佳人式的生活”，因而终身“拖着一条清末社会读书人的小尾巴”。1936 年入清华大学，刘绪贻在校方极致服务体验的呵护下开始了通识教育的求学路径。在西南联大期间，他终于顺利转入心仪

---

① [美] 易社强：《战争与革命中的西南联大》，饶佳荣译，九州出版社，2012。作者是弗吉尼亚大学历史系荣休教授、美国汉学家。

② 刘绪贻：《箫声剑影：刘绪贻口述自传》，广西师范大学出版社，2010。作者是当代著名社会学家、历史学家。本书披露了西南联大期间诸多中国文化、政治名人的逸闻趣事，描绘了他们在特殊年代和严酷现实生活中所激发出的个人风格与冲突观念。

已久的社会学系，开始中国本土的社会学田野作业，亲历实地调查研究。赴美留学的经历，又让他能够几乎在相同的时空下近距离观察中美两个大国迥然不同的社会面貌，因而留下极为深刻的对比印象，以己身连接起新旧两个中国的发展脉络。

还有一名曾师从陈寅恪先生的历史系学生何炳棣，在抗战结束后就赴美就读于哥伦比亚大学，从此就在海外开枝散叶，几十年下来也耕耘出一片史学天地。其后来在回忆录中详细记述了他60多年“读史阅世”的心得体会[①]。其中西南联大部分章节记叙了当时交往的十位联大师友，也重点介绍了其致力明清史研究的缘由和成就。这本人生漫记也是一部在“学术史及教育史等方面具有参考价值的著作”，记录了何炳棣从天津私立第一小学、南开中学、清华大学、西南联大一路而上求学问，再转路国外到哥伦比亚大学和芝加哥大学一脉相承做研究，其间拜师会友、刻苦攻读、增长见识，以身垂范给人们留下如何治学成长的案例。

在那个喧嚣的大时代，在那个繁华的大上海，同样生活着一位半医半儒的知识分子——陈存仁。他一面悬壶济世，一面详细记载下每日开销，留下一部自传性质的时代生活史[②]。书中记载了他在家道中落之后，凭借个人努力，对接社会需求，逐渐成为名动一时医界领袖的故事。他那白描式的笔法写出了旧上海滩社会各个层面的人生百态，让人们得以了解当时走卒贩夫的糟糠壶浆、普通市民的柴米油盐、富家子弟的灯红酒绿和达官贵人的纸醉金迷，读来感觉饶有趣味。

书以银圆（也作银元）为题，自然离不开经济生活。中国当时还没有实行法币，民间经济往来多使用银圆作为货币。陈存仁就以银圆的购买力为线

① [美] 何炳棣：《读史阅世六十年》，广西师范大学出版社，2009。作者是海外著名历史学家。

② 陈存仁：《银元时代生活史》，广西师范大学出版社，2007。

索，折射出不同社会阶层人的生活状态，让人们极为方便、一目了然地对比自己的现代生活，不禁感叹他数十年为一功，笔耕不辍记录日常生活的恒心定力。陈存仁为人们提供了似乎游离于革命浪潮之外，但又那么烟火真实的知识分子形象，让人们看到在那个大变革时代中的另外一种可能。

这些个体的存在单拿出来看虽都似乎微不足道，但汇聚起来构成的则是整个时代脉络下潜藏的河川，江阔水缓、奔腾不息。然而历史的洪流在转弯跌宕之处总是会卷起层层浪涛，或将二三人卷裹而出，一时成为时代的弄潮儿，一时成为命运的失意者。

在第三阶段里，知识分子们开始承受自己呼唤了几十年终于涌动而出风云的巨大压力，他们或扶摇直上九万里，或下落黄泉不知处，境遇相差之大判若云泥，有时竟让他们也不知所措了。于心不忍之下，人们还是可以去近距离观察一下 1949 年前后格外具有代表性的三位知识分子①，他们分别是：燕京大学哲学教授张东荪，中华人民共和国成立前就蜚声政坛，中华人民共和国成立后曾任政务院文化教育委员会委员；《大公报》主笔王芸生，文笔飞扬，善于针砭时弊；清华教授、社会学家潘光旦，一生致力于民主自由事业。

他们都在自己的行业里做到顶尖的位置，都曾满怀激情投身改造社会的历史浪潮中，但却都被卷入政治旋涡而不能自拔，抱憾终生而去。他们作为书生与政治关联的故事在很大程度上代表了知识分子在近代变局中的普遍遭遇，其多舛命运值得后人深思，但却早在国民党政权败退大陆时就已注定。秉持良心，这些知识精英和道德脊梁不会随蒋赴台；留作诤友，彼时复杂的国内国际环境下并没有宽松的政治局面给他们发挥作用。他们出生成长于那

① 杨奎松：《忍不住的“关怀”：1949 年前后的书生与政治》，广西师范大学出版社，2013。

个旧时代，只是被忽而疾进的历史潮流裹挟进了新时代，根本就还没做好思想准备。所以不管是张东荪妄图捭阖时局，或是王芸生的索性超然洒脱，还是潘光旦试探直言犯谏，都不过是在自己臆想的世界里刻舟求剑、缘木求鱼罢了。

德不孤，必有邻。与此同时在海峡对岸也有一位知识分子秉持着自奉的道义踯躅前行，留下震惊海内外的“自由中国案”，他就是大名鼎鼎的民主斗士——雷震先生[①]。人们可能还不太熟悉这位反国民党斗士一生大起大落的历程。在宝岛台湾，雷震通过他主持的《自由中国》半月刊达到自己一生事业的巅峰，但也是从这巅峰之处跌落下来，成就了他为中国民主宪政历程殉道的历史名声。蒋介石的政治高压可以容纳他在文字上的越规，但决不允许超过行动上的红线。于是当他开始在岛内筹建反对党时，悲剧命运也就无可避免了。与大陆的知识分子不同，雷震出身于国民党体制内，但他仍能展开自由的思考，做出果敢的行动，发起相当于飞蛾赴火的动作，去冲撞那个密不透风的铜墙铁壁。这份举动格外值得后人敬重，他与那些大陆同人的相同之处在于：这些在中国近代亲身饱经外强凌辱、多遭内患侵袭的知识分子，无论在哪里都是心怀儒家自古以来“天下兴亡，匹夫有责”的信念，想用他们的血肉之躯向前推动哪怕一点点的历史进程。

他们可能一时判断不准历史巨轮前进方向的角度，结果不幸被碾伤、被抛弃，但他们薪火相传的往圣绝学却总会以另外一种方式得以传播，并在不远的时空得以发扬。他们也因而最终会得到应有的纪念与敬重。

---

① 范泓：《雷震传：民主在风雨中前行》，广西师范大学出版社，2013。

8.4 从香江到浊水溪

无论是梁启超和他学有所成的子女，或是西南联大的抗日爱国师生，还是海峡两岸的民主异见人士，他们的意义更像是默默承载中华文明未来命运的宽江大河，只管奔腾向东而去，不使河床枯竭断流。然而终究还是要有激流能从这江河之中跃起，发起那改变历史潮流脉络的大事件。这，就是那些止步于为学修身的普通知识分子难以企及的高度了。

其实早在清廷显露败象之时，就有一股别异于科场致仕路径外但又植根在传统经世理念里的求学致用力量，借助内外部资源开始推动中国近代的历史进程。其中关键人物的成长经历、崛起过程和思想渊源更是值得后人深入研究。他们完全从传统中国的体制外、在世俗生活的边缘处从普通人做起，推演时局的发展走向，汲取所能掌握到的社会资源，创立、发展并跟随着中国国民党这个在当时最能调动中国社会力量的组织，成功地在历史巨轮上烙印下自己的思想和意愿。这其中最为传奇的，就是革命的先行者——孙中山。

细究孙中山先生在30岁前的早期求学经历和走上革命道路的过程，人们可以发现一段极为关键的个人成长经历：早年在广东中山翠亨村的私塾发蒙打下国学基础；后在哥哥孙眉的资助下进入檀岛（夏威夷）的全英式寄宿制学校——意奥兰尼学校，极为罕见地早早接受了系统的现代西方思想教育；再回到香港进入拔萃书室和中央书院，广泛涉猎各科文理课程，开始大量结交有相同思想的青年才俊①。在孙中山先生的早年求学经历中，

① 黄宇和：《三十岁前的孙中山：翠亨、檀岛、香港（1866-1895）》，生活·读书·新知三联书店，2012。作者是国际知名的孙中山研究学者，英国皇家历史学院院士。作者在25年间倾尽个人心血，频繁往返中国广东、香港、澳门等地区以及英国和美国的档案馆查阅资料，深入实地调查访谈，做了大量艰苦工作，因此以往历史教科书中语焉不详的寥寥几句，都能在这里找到细致扎实的注脚。

只需举出其反复精读英译版本的四书五经一项，就是当时乃至现今绝大多数中国人都无法企及的。有了这些对懵懂少年走出大山、漂洋过海在异域求学时极为细节的史实逻辑链条的重建，人们就能很好理解当年中国为什么会出现孙文这样一个极具国际视野和前瞻眼光的不世人才，更会不禁感叹唯有此等不同寻常的经历才能造就出这么杰出的人才，其眼光之深远可以穿透数百年。孙中山先生在革命过程中还分别受到了来自西方和中华文化的综合影响作用[①]。他不计成败的革命动力有很大一部分来自宗教力量，完成主的使命、忘我奉献地“侍人”，这种信念既将他自己超拔出了俗世，也带动影响了他身边的同志和师友；他矢志不渝推翻帝制的决心，也可追溯到华夏文明中“汤武革命”的传统。这份情怀让他在思想境界和道德高度上远远领先同时期的竞争对手，如杨衢云、黄兴、袁世凯和陈炯明，为他提供了独特的领袖魅力。

有了这些相比当时中国落后的社会状况极为稀缺的教育背景和思想理念的支撑，再加上在澳门行医时所遭遇的不公、目睹内地国事的不堪，孙文走上革命道路，并能思人之所前，提出一整套极为领先的建国方略就不足为奇了。以往庸人评论中的“孙大炮”印象，则纯粹是不知道孙中山先生曾经治学修身经历的痴人妄语了。

而蒋介石作为孙中山国民革命事业的实际继承人，在教科书资料里却一直是一个面目模糊但又举足轻重的人物。他的早期生涯一直深藏不露，但却经历过刺杀陶成章、经营证券交易号、出访苏联、中山舰事件、党务整理案、四一二事件、软禁胡汉民等传奇事变。40岁之后，他在错综复杂的国民党政治环境中异军突起，又在世人瞩目之下处理过九一八事变、

① 黄宇和：《孙文革命：圣经和易经》，广东人民出版社，2016。书中反复采用“宗教”和“革命”这两个元素对有关孙中山的大量事迹进行分析，通篇下来也能自成一说，当然这些推断和演绎能否得到公认还有待时日验证。

七七事变和中日密谈等重大事件，并在抗日战争结束后达到其政治生涯的顶峰[①]。后来，在苏美双霸强力干预中国内政的影响下，他开始进退失据，结果在一连串的错误决策下丢掉了大陆，但仍能坐拥孤岛，不独不降，得以善终。

平心而论蒋介石的一生事迹，大可简述如下[②]：光绪十三年（1887）出生于浙江奉化富足的盐商家庭，早年向母亲讨款东渡日本求学，结识了后来影响他一生的陈其美；陈其美被刺后，蒋介石被孙中山作为军事骨干培养，并在陈炯明叛乱期间的永丰舰上获取孙中山的信任，直至出任黄埔军校校长；革命风云际会，蒋介石主导的北伐战争获得胜利，也得到江浙财团和英美势力的信任，充当打手发动四一二反革命政变上台，并陆续通过战争、收买和拉拢的手段实现了国家名义上的统一；然而好景不长，日本人步步紧逼发动了侵华战争，蒋介石也乘势充当起全国抗战领袖，熬住了十四年，一时间交际于美苏英法四大国之间；国际形势多变，蒋介石却未能参透玄机，手下的党政军系统也是早已烂掉，在共产党的凌厉攻势下只有败逃台湾。

细细考察蒋介石的思想成长过程，则可找出其成败得失的深层原因[③]：幼年受母亲信仰影响的佛教观念、以王阳明曾国藩为代表的儒家思想、少年

---

① 杨天石：《蒋氏密档与蒋介石真相》，重庆出版社，2015。作者是中国社会科学院近代史研究所研究员，书中利用了中国大陆、台湾地区和美国各地馆藏档案，先是分析了蒋介石日记中反映出他的早年思想，然后分专题逐个探讨了蒋介石政治生涯中的重大事件。

② 宋平：《蒋介石生平》，吉林人民出版社，1986。作者是长春市话剧院专职编剧，中国戏剧家协会会员。本书是国内有关蒋介石的生平介绍文献中所能找到的观点相对比较客观的最早著作。笔者在小学时看了好多遍。

③ 黄道炫、陈铁健：《蒋介石：一个力行者的思想资源》，山西人民出版社，2012。两位作者是中国社会科学院近代史研究所研究员。

在日本军校的留学经历、成年后赴苏联现场观察的集权生活方式、与饱浸欧美思想的宋美龄结婚并加入基督教，都是蒋介石思想形成和发展过程中的重要组成部分。这些思想资源影响了蒋介石后来在用兵、治党和理政时的诸多决策：倾向旧式的精英独裁专制，但又反感苏俄的完全泯灭个人；崇尚欧美的博爱自律奉献，但又重视传统的忠孝修身观念；具有强烈的民族主义情结，但又具备灵活的政治交易手段。蒋介石实在是一个极为复杂的政治人物，他的思想来源五花八门，但都能熔为一炉、并行不悖，从结果上看确实要高于同期国民党内其他的领袖人物。

然而蒋介石的命门也在这里。他年少顽劣，对于国学理解不深，并没有刻苦钻研过，这就导致蒋介石在提炼属于自己的理论体系时总是力不从心，需要借助文胆捉刀；他在日本军校只学得军事化管理体制的皮毛，对于现代军事理论也一知半解，只能满足于发出肤浅的一线作战指令；赴苏作高层访问，时间短暂看的只是浮光掠影，其对苏共体制利弊的理解可能还不如其子蒋经国；宋美龄以其富家女生活环境所感受到的欧美精神，也已是经过层层过滤后的理想生活方式，再拿来应对中国底层境遇，谬以千里。蒋介石后来在大陆彻底失败的祸根也由此种下。这些毛病都被他一生的竞争对手李宗仁看在眼里，写在书里[①]。

更为吊诡的是，蒋介石一辈子和共产党人争天下，但最后还是把自己唯

① 李宗仁口述，唐德刚撰写：《李宗仁回忆录》，广西师范大学出版社，2005。本书从另一条线索记述了国民党内除黄埔系之外最重要的桂系势力的发展历程，可谓是一本“蒋李恩仇录”。书中埋下两人之间几十年的恩恩怨怨，虽然有些属于李宗仁事后的个人发挥，但也不失为另一个更加贴近历史真实场景的视角去看待那些过往云烟。这本回忆录里有个说法可以参考：桂系在当年促成北伐过程中起到很大作用，抓住了转瞬即逝的历史机遇。桂系也确实由南一直打到北，白崇禧第一个打进北京，实现了中国历史上第一次由南方政权重新统一中国的案例。这段事迹可参见白先勇在广西师范大学出版社出版的《白崇禧将军身影集》中提供的历史照片。

一保留下来的东南一隅传给了一名曾经的共产党员——蒋经国。蒋经国对国民党政权在台湾的梅开二度起到了至关重要的作用。观察他的成长道路，有助于帮助人们衔接起那个烽火连天、近乎传奇的近代中国和今天着重经济建设、影响切身的现代中国，更好地理解其中一脉相承的底层逻辑。

其实蒋经国早年也有在苏联作为人质艰辛求生、回国后遭遇母亲意外罹难、上海金融改革失败的人生挫折。避走台湾后，蒋经国成为父亲最为信任的助手，凭借他对苏联体制优势的理解和丰富政治资源的运用，最终逐一逼退潜在的政治对手，并终于在极为不利的国际政治环境中抓住机遇发展经济，领头亚洲四小龙。当自知大限将至，蒋经国又猝然加速政治改革，留下丰厚的政治遗产，以一岛之力撬动了整个东亚的民主化进程[①]。在观察了他一生的重要事件和留下的政治经济遗产后，人们可以发现：蒋经国的特殊经历让他集中了旧式政治资源、苏联共产体制、美国民主价值和中国台湾本土经验，因而具有四种彼此矛盾的身份：命定储君、革命青年、集权高手和西化推手[②]。

拥有这么复杂的经历和矛盾的角色，蒋经国终于有机会在一个小岛上尽情施展自己的才能，直到今天仍然是海峡两岸、蓝绿双方都大力称颂的历史人物。当然，小蒋的上位离不开老蒋的栽培，但小蒋的江山也确实是自己打下的。他的经历让人们看到从香江到浊水溪一路走来，一个理想主义的知识分子怎样才能成长为现实主义的实干家。那就是去做事，去实干，去到中国的现实问题中摔打自己的理念，而不是将其停留在泛泛空谈之上。

---

① 江南：《蒋经国传》，中国友谊出版社，1987。20 世纪 80 年代的这本书及其引发的命案，曾掀动岛内政治巨变，并最终颠覆了“蒋家王朝”。

② [美]陶涵：《蒋经国传》，林添贵译，华文出版社，2016。作者是哈佛大学教授、前美国国务院资深官员、中国问题专家。

8.5 半途而废的国民党

其实抛开对中国国民党的负面观感，人们一定想知道：这个在中国近代历史上曾经汇聚了那么多优秀人才的组织，为何最后会落得个败走台湾、成为孤家寡人的落魄境地？不管后人怎么评价它的成败得失，它始终出现在中国近代史下半段的所有重要场合，在所有重大历史事件中发挥着进步或反动的作用。因此，对中国国民党的研究是中国近代史上怎么都绕不过的话题。不过，后人价值观所判定其进步与反动，有时在它自己看来可能正好是相反的，这是因为它有着自身要承受的历史使命。

中国国民党脱胎于反清斗争最低潮时的会党组织，创始之初连名字都变更了好几回，可谓先天不足。其组织形态从一开始的绝对个人效忠，到改组成苏共的列宁式政党，再到清党后试图网罗全社会精英的松散政治联盟，其实一直没有能力支撑起其专制独裁的欲望。退出大陆后，国民党也曾在蒋经国的主持下重新学习过对手的组织形式，但在李登辉有意无意的破坏下，如今已退缩为只有十几万注册党员、理念丧失、面目模糊的大杂烩，不过聚集着一群政治食客而已了。

但以中国国民党的视角研究其在大陆期间的发展历程，将有助于揭掉原先套在它头上的一顶顶帽子，看清它的本来面貌。否则带着各种先入为主和倒果为因的概念,人们就很难理解中国近代史发展进程中的很多选择和结局。而一旦剥开历史的尘封，人们就会理解它所作所为背后的限制和窘迫，真的是后天失养。

中国国民党后天调养的第一场大手术是 1924 年的大改组。创始人孙中山早已认清这个政党的先天不足，并为其找到了模仿的对象——苏俄式政党，要从各个方面效法苏联共产党。为了贯彻这个政策到底，孙中山不惜在国民党内部引入共产党，开展深度的国共合作，并希望最终能“溶共”

于党内：既利用共产党的积极性扩大国民党的规模，又实现国民党在成员和理念上的脱胎换骨。效果很快显现出来，国民党的势力范围快速从珠江流域扩展到长江流域，国民党也有了属于自己的军队，建立起稳固的地方政权。

但孙中山的突然逝世让中国国民党的后天调养功亏一篑，随后展开的则是蒋介石、胡汉民、汪精卫三方围绕着“军权”与“党权”不断演绎出的分合故事[①]。与人们后来先入为主的认知不同，蒋介石在国民党内的地位一开始并不高，有太多的党国元老排在他前面。是孙中山突然离世导致的权力真空提前暴露并扩大了胡汉民和汪精卫的矛盾，才被蒋介石加以利用。蒋介石先是联汪驱胡，再是倚苏赶汪，在苏联人请回汪主席以后再去联合胡汉民。结果在历次的折腾中，蒋介石的地位不断巩固，汪精卫和胡汉民的政治资本却愈来愈少。可尽管国民党内部的争斗不止，但分析其党员发展管理、组织建立运作、社会成分结构，乃至中心与外围、嫡系与派系、政团与军界的复杂关系，却不难得出中国国民党实为“弱势独裁”政党的结论，其衰亡就是从 1927 年清党的那一刻开始的[②]。

在党员组成方面，两党在清党前的目标群体基本一致，但共产党更加严格，国民党则不加筛选，导致后来双方都无法认同彼此；清党运动中屠杀的左翼人士虽然有很多共产党员，但更多是难以辨清的国民党员。将其称为迫害共产党没错，但也是国民党的一次自戕。

---

① 金以林：《国民党高层的派系政治：蒋介石“最高领袖”的地位是如何确立的》，社会科学文献出版社，2009。作者是中国社会科学院近代史研究所研究员。本书选取了从 1931 年 2 月 28 日夜胡汉民被扣，到 1932 年 3 月 1 日国民党四届二中全会选举蒋介石为军事委员会委员长，共一年零一天的历史片段作为考察重点，还原了当时各方角逐斗法，蒋介石最终获胜的隐秘过程。

② 王奇生：《党员、党权与党争：1924—1949 年中国国民党的组织形态》，上海书店出版社，2009。作者是北京大学历史系教授。

在意识形态方面，清党给国民党带来无法挽回的损失，三民主义变得残缺不全，再也没有道德上的号召力。当时有“宁可错杀三千，不可放过一个”的说法，反映了当事人的残暴本质。但今天回过头来看，其实也正说明了动手者在仓促之间确实无法明确分辨敌友，只能一概而论，真的是杀得自己遍体鳞伤。

在党权权威方面，蒋介石携军权对抗党权获得政权，胡汉民掌党权对抗军权却以失败告终，国民党终归还是蜕化成新军阀俱乐部。由于民国并不是以党治国，党权极度弱化，党部人员也处于军队和政府的边缘之外，极难吸引青年进入体制内分享政治资源，一党专政只是一句空话。平心而论，如果国民党真的能够做到一党专政，也不至于变成后面的模样。

在党争派系方面，国民党内的派系是历史客观存在，但在蒋介石当权以后转变为拥蒋派系之间的权力斗争。蒋介石没有试图消除派系内耗，反而利用派系斗争来巩固自己的最高地位，这就将党争的危害性扩大了。这个顽疾如影随形，一直伴随着国民党走完其在大陆的统治历程，直到今天还能在小岛上看到更新的表演。

因此，不管是“溶共”还是“清党”，与共产党的联合与争斗才是国民党的永恒话题。在1921年到1949年国共两党关系交织在一起的发展历程中，国共之间或联合、或反目的渊源其实都有必要放到更大范围内苏美博弈的棋局里来观察[①]：从一开始就是共产国际的决定促成了国民党的联共政策；后来又是倾向英美势力的江浙财团支持了蒋介石在上海举起清党的屠刀；后来又是美苏在处理东亚局势时的犹豫不决和掉以轻心，致使国共时而和谈时而内战。到了1944年，日本的败局已定，美苏已经开始讨论战后的世界格局，

① 杨奎松：《国民党的“联共”与“反共”》，社会科学文献出版社，2008。

国共也开始探讨起未来中国的政体是联合政府，还是一党训政[①]。从1944年国军在豫湘桂战役溃退、中共发起政治进攻提出成立联合政府主张、中国的政治主题已经发生根本性转移开始，到1946年东北民主联军在四平会战失败、国共全面内战的态势终于不可避免结束，在这长达两年的时间里，整军问题是当时国共两党讨论的重点。究竟是先军队国家化，还是先政治民主化，两党各持己见互不相让。争论不下来就战场上见分晓，打出新的局势之后，双方再重新讨论整军的规模。

这样由外而内、左右平衡的博弈就推导出了民国政治的真实逻辑[②]："民国政治的基本特征在于，政治与武力高度统一，政党作为政治集团的同时，又是一个武装集团，武力是政治的出发点和最终依据。"依照这个逻辑，"和谈本身就是武力的产物，然而，和谈的本质却又在制止武力，这样，也就产生了一个头足倒置的关系：以武力的产物——和谈，反过来，剥夺这个产物赖以存在的依据——武力"。只可惜这样的"历史的局限是不能超越的"，于是内战不可避免。

人们由此可以观察出，国民党在大陆失败的根本原因在于：既然民国政治的基本逻辑在于武力，那么即便有政党存在，也须将政见之争演化为武力之争，以武力定成败。但蒋介石在清党之后，其代表的军权与国民党的关系始终是分离的两张皮，他对国民党一直是利用和压制的关系。历史的真相是：1927年这个党就已经亡了，1944年这个政府也失败了。皮之不存，

① 邓野：《联合政府与一党训政》，社会科学文献出版社，2011。作者是中国社会科学院近代史研究所研究员。

② 邓野：《民国的政治逻辑》，社会科学文献出版社，2010。本书收录了邓野先生五辑共23篇论文，除了第三辑的5篇论文可看作《联合政府与一党训政》的前身，其余四辑也分别从北洋时期、国共对抗、历史人物和理论争鸣几个角度透视民国政治逻辑下的多维层面。

毛将焉附？于是 1949 年蒋介石在军事上的彻底失败也就是注定了的。

8.6 共产党的创业历程

与中国国民党相反，中国共产党自从 1921 年建党以来走出的是一条浴血重生、荡气回肠的发展道路。世人都不得不惊叹中国共产党人在经历这么多艰难困苦之后，还能多次在绝处中又杀出一条不可思议的生路来。中国共产党的这种精神力量至今也启迪着后人在今天纷繁复杂的国际政治局面中坚定信心。中国共产党的成功之道上也留着巨大的规律宝藏等着后人去探寻学习，找出开启未来世界新局面的成功密码。

然而读党史很容易陷入固定的政治话语模式，很多党史教材都会着重强调党在发展时的光辉过程，这让曾经在学校政治课上饱受死记硬背学习模式困扰的人们心存疑惑。更好的读史路径应该是感同身受：从当事人视角观察，才能明白党当年是如何在极端艰难的环境下坚持下来，绝处逢生找出一条走向胜利的道路；由个人情感出发，让党的历史上那些鲜明生动的人物和事件激发起自己的热情和兴趣，然后带着深厚的爱国情感和对革命先烈的崇敬之情，再去寻求这些人物和事件背后的原因和规律。只有在那些有意或无意被忽略掉的历史细节里，人们才会知道中国共产党最后的胜利是多么的来之不易①。

一路走来，党曾经有过太多失误，太多波折，太多牺牲。然而“心胜则兴，心败则衰”②，真理往往就掌握在那些保存着革命火种的人手中。他们当年也坚信这一点，所以才能矢志不渝地继续走下去。但在当今社会环境下，很多

---

① 金一南：《苦难辉煌》，华艺出版社，2009。作者是国防大学战略教研部教授，少将军衔。

② 金一南：《心胜：心胜则兴心败则衰》，长江文艺出版社，2013。

人是在盲目地跟随着身边的舆论曲解历史，或是从历史事件的结果反过来消解历史，而对那段历史的真实性已经麻木了。为振人心，先正视听。正是因为这些历史细节在现在看起来如此的艰苦不堪，才能让后人们更加信服这段历史的真实性，信服基于这些史实所堆筑起来的历史教训。

从内部因素看，在那些纷繁复杂的历史事件和五花八门各种主义的背后屹立的是中国共产党强大的意识形态力量，其力道大得惊人。党的思想在形成和发展过程中吸引了无数优秀的中华儿女，也逐渐为整个社会所认同和接纳，在革命年代更是能汇聚成席扫中国的思潮，涤荡着那个时代每个人的心灵[①]。当然，这套严密的思想体系是在经历了不断嬗变的过程后才逐渐成形，并随着中国革命的进程以同心圆向外扩展，渗透到中国社会的方方面面。这个过程非常复杂，以那些耳熟能详的革命词语为例，人们就可深刻感受到党是如何通过话语体系的创造，进而改造人的思想，以至党的组织建设、政治路线和思想纲领，从而完成了具有极为明确目标和极强执行力的一个政党的建设。与先亡党终亡国的国民党相反，共产党未建国先建党，胜败差距全在于此。

从外部环境看，再将历史镜头回放到 1921 年，中国共产党还只是国内众多志在救亡图存的爱国团体中不起眼的一员，由几个学校老师带队，再加上一些无官无职、无产无业的爱国青年。然而造化弄人，“中共革命的成功和新中国的由来，其实在很大程度上都是得益于整个世界大环境，包括俄国革命、二战及战后国际关系的改变。特别是对于正在崛起中的毛泽东来说，

① 高华：《革命年代》，广东人民出版社，2010。作者是国内著名历史学家，本书收录了他多年研究中共党史的 30 多篇论文，分为南京十年、“太子”孙科、革命词语、时代湍流、观察与史料五个部分，全面展现了那个年代人们的思想面貌，让读者对党史深处的细节能有更惊心动魄又恍然大悟的理解。

还离不开第二次世界大战爆发前日本入侵的影响”[①]。就是这个组织,因为掌握先进的理论，具备不断学习的能力，所以能在每次重要的历史时刻从国内外各种势力的夹缝里逆势崛起，从一枚棋子变成掌控局面的棋手，终于修成正果。这其中辗转腾挪、纵横捭阖的功夫，则更加验证了中国共产党思想中坚持理想、实事求是的重要特点。

到了中华人民共和国成立前后，在从“土改”运动到“三反”“五反”运动的过程中，中国共产党继续面临随着要将解放战争推向全国，应该如何将原先在西北一隅构建成熟的先进思想给这个新生政权打上深深烙印，并通过新生政权将其影响力推向中国社会各个阶层的更大难题。通过学者们坚持不懈的史料分析[②]和持之以恒的调查思考[③],人们今天才得以较为完整地回顾当时的状况[④]：解放前的土地改革主观上并不是在为国共内战作战争动员，所以不能用历史事实上的前后关系强加因果关联；朝鲜战争的开启，又为国内的土改和镇反运动提供了适宜的国际压力环境，新政权得以在各个城市迅速巩固起来；随后的“三反”“五反”运动也是得到当时广泛的社会认同，而且有效避免了新生政权的腐化变质；从由实际占领转化而来的军区制地方治理，到高级将领回中央任职，成立计划委员会，形成党务、经济和外事三

① 杨奎松:《“中间地带”的革命：国际大背景下看中共成功之道》，山西人民出版社，2010。

② 杨奎松:《学问有道：中国现代史研究访谈录》，九州出版社，2009。本书收录了作者近年来接受访谈、会议发言、为书作序时所留下的文字材料共34篇，让人们能有更进一步的氛围去观察作者为人执事的风格和治史求真的态度。第一编和第三编的最后一篇文章《中共历史档案的利用与研究》《从中共党史研究到历史研究之路》，以及全书最后的跋文，都值得深读品味。

③ 杨奎松:《开卷有疑：中国现代史读书札记》，江西人民出版社，2015。本书收录了作者近年来阅读中国现代史著作所写的16篇读书笔记，均耐心细致地给出了自家观点，让人们能了解作者在治史过程中代入当事人感受、发挥想象力、形成独到观点的轻重之处。

④ 杨奎松:《中华人民共和国建国史研究》，江西人民出版社，2009。

足鼎立局面，中华人民共和国成立后在短短几年间已经快速形成了中央高度集权的政治局面；历史遗留、客观存在的苏区干部和白区干部两套体系，虽然在当时任用干部迅速巩固政权方面带来便利，但也埋下在后续历次政治运动中分派政治斗争矛盾的伏笔。

这些现实问题都很棘手，但是中国共产党从来都不回避，而是一个一个地去直面攻克。无论是五十年代的平乱建国、六七十年代的突击跃进，还是八九十年代苏东剧变这些重大历史时期，中国共产党都能不断化解危机。在粮食安全、对外开放、市场经济、政党制度、宗教政策、民族关系、港澳台事务、边界争端、抗震救灾、奥运会、理论创新和党建等领域，中国共产党也是不断地在解决新问题，一次又一次地从危机中发展壮大起来[①]。国内外的那些观察者也是好奇，尽管他们做了那么多细致的预测，也不是没有遇上中国共产党犯过严重的错误，甚至面临丧失执政地位的危险，但那些预言终究都落空了。更为关键的是，中国共产党仍然继续赢得了人民的支持，党仍然在不断提高自身的执政能力。

① 谢春涛：《历史的轨迹：中国共产党为什么能？》，新世界出版社，2011。作者是中共中央党校教授。

第 9 章　打开史学之门

人们已经看到，中国的古代史和近代史犹如一座座宝库，等待着有志于经世为学者的探索。不过，阅读国内外历史学者的学术著作和论文，了解每个年代和主题下最重要最新颖的学术观点，犹如请人入宝库摘取精华供自己汲取营养，仍是隔纱观物，好多学者对其中的门径方位还是不甚了了。当人们有了对大量史料的阅读基础之后，也必然会从中产生疑问：研究者是如何从汗牛充栋的典籍与支离破碎的文物中找出线索，进而梳理出清晰可见的历史观点？集大成者需要在史料中选择哪些必备的基本元素才能构建出一套成熟的史观？旁观者有哪些标准规范的体系能够对各执一见的观点进行评判辨析？

历史学，说到底研究的是特定时间和地点下，由人所完成事件累积之和呈现的整体意义。著名的宋史学家邓广铭先生曾在 20 世纪 50 年代的北大课堂上向学生们提示过研究中国史的四把钥匙——年代、地理、职官、目录。这就概括了欲研究中国历史者必须掌握的四项史学基本功，也是帮助欲了解中国历史者更精准地辨识史实的四条入室门径。

年代，首先标明了历史事件所发生的时间点。推演开来，人们需要进一步了解的是年代背后的纪年方法、纪年所遵循的历法体系，以及历法依赖的天文知识。有时，这些信息细节本身就在向人们提示历史真相。

地理，为历史搭建了表演的舞台，历史的发展也会受到地理的限制。东亚的特殊地理空间自然在为中国历史的发展提供诸多细节信息，而更让人难免忽略的是，所谓“中国”的地理范围概念也在随着历史发展而不断演变。

人是推动历史发展的主体，有官职的人只是其中的一部分，但却是至关重要的行为主体和观察对象。中华文化很早就发展出了一套成熟的官僚选任机制，几千年来的社会发展和人生际变都可以在此找到注解。

目录，对应着承载整个文明演变的典籍文献。中国历史发展之悠久，中国文化沉淀之深厚，以至于后来研究者必须利用目录学才能省去各种烦琐过程，迅速进入过去的历史场景，有所突破创造。

在掌握历史学的这四把钥匙之后，人们穿梭在史学钥匙打开的各个房间之中，自然还会去思考中国史学自身在各个阶段的发展变化有着哪些特征和规律。本章想要介绍给人们的，就是这些史学基本知识和史学史研究的相关进展。

9.1 年代背后的天文历法

历史学的第一把钥匙是“历法”。历史的发生离不开时间因素，人们对历史的考察总是要放在一个较长的时间段中去分析比较，然而时间是连续的，要想被历史学者研究，就必须先划分好等长的刻度，标清楚先后顺序。古人在日常生活中也需要有稳定重复的时间划分方法来协调生产活动、标记重大事件和保存记录资料。这些古人采用过的计时方法，或者说“历法”，就成为人们今天科学地把握历史材料的重要途径。

古人早早就深刻理解了时间与空间和物质之间的关系，懂得要用物质在空间分布和位置上可重复观察、有规律复现的变化来记录时间，于是天象成为各个文明不约而同的选择。中国的先民们也不例外，根据他们在北半球的北纬 30 度附近地域观察天象的发现，经过多年对行星和恒星天体运行轨迹规律的总结，制定出长期为中华文明所使用的历法。

一套成熟的历法包括对年、月、日、时、刻的定义和划分，背后依赖的是人们对天文学知识掌握的深度和广度，能够支撑农业生产根据时令配合气候变化的实际需求，帮助统治者利用正朔观念来钳制民众思想、推行政策法度。所以，了解历法能够很好地深入研究中国古代经济发展状况，辨析一些重大历史事件的真伪细节。说它是第一把钥匙实不为过，因为历史就是用“历法”来记录，古“曆”字也是从禾从日，本义就是经过、经历，表示日月星辰按照年、月、日、时的刻度经过农作物生长的过程①。

在纪年方面，古人观测到木星约每十二年（实际为 11.86 年）运行一周天的运行规律，于是用以纪年，并将木星取名为岁星。为了在星空中观察计量岁星运行的位置，古人将黄道附近的一周天分为十二等分，并用亮度较高的二十八颗恒星所标识的二十八宿与这十二等分相对应，便于观察分辨。这样，当岁星在天空中停留在某个星宿所标示的区域时，就称为“岁在某某”。

在纪月方面，古人观察到北斗七星在围绕着北天极发生周期为一年的微小旋转，因而可以用斗柄所指方向的旋转来表示月份更迭，用以纪月。斗柄在星空中旋转的一周被分为十二等分，对应十二个月。这样，当斗柄指向哪个等分时，就知道当时处于哪个月。

在纪日方面，古人根据日常生活习惯将日出日落的一次周期循环算为一日，而日日更迭最早采用十干纪日，也就是用循环的十个天干依次排列来纪日。后来又加上十二地支，配合在一起形成循环的六十个干支名号依次排列

---

① 张衍田：《中国古代纪时考》，上海古籍出版社，2019。作者是北京大学中国古代史教授。本书最早是作者在 20 世纪 90 年代为电视台撰写的一篇介绍“干支纪年”的演播文稿，后经不断完善、添加史料和授课反馈而形成长文，以《古代纪时考述》为名得以录用在《儒家典籍与思想研究辑刊》，再经上海古籍出版社慧眼识中，题名《中国古代纪时考》出版。书中总结了张衍田先生对于中国古代纪时方法及其流变的研究成果，配以图表，便于理解钻研。

来纪日。古人还观察到月相存在圆缺的周期变化，可以用来记录日期更迭。当月亮完全被地球遮住时记为朔日，当月亮完全展现出来时记为望日。因此在记录时配合记下每个月朔日的干支名号，人们就能推算出某个干支日是该月的第几日了。

在纪时方面，据甲骨文记载，古人根据太阳升落导致的光线明暗变化，将一日进一步细分为旦、朝、大食、中日、昃、小食、暮、各（落）日八个时段。到了春秋时代，古人开始采用漏刻计时，不再依赖日光就能将一昼夜分为一百刻，到了清代改为九十六刻，合今天的十五分钟，也就是一刻钟。汉代定型的十二时辰制，将一日等分为十二时，并与十二地支相配。一个时辰又可以分为两个小时辰，也就是今天的小时。

有了纪法以后还不是历法。在历法产生之前，古人观象授时还需要依赖对三垣二十八宿星群、北极与北斗星座和五大行星运动规律的观察。历法则需要将年、月、日的纪法统合在一起，编制成按固定周期运转的时日关系，精准明确每一日在历法中的位置，这样才能对人民的生产生活和国家的观念治理产生实际作用。可是困难在于一个回归年有365.24日，一个朔望月有29.53天，必须有一种特定的排列机制能将这些不可约分的零头考虑在内，并以尽可能不作变动的方式持续运转下去。

中国古人设计了综合太阳历和太阴历的农历，采取十九年七闰的方法非常先进地解决了这个问题。这就是中国历史上第一个真正意义上的历法——四分历，后来还经历了汉代太初改历、八十一分法改动、刘歆的三统历、“月相四分”等重大历法事件[①]。据考证，《史记》在《历术甲子篇》一文中为人们保存下中国第一部成文历法，记录了四分历的编制方法，以及据此对天

① 张闻玉：《古代天文历法讲座》，广西师范大学出版社，2017。作者是贵州大学人文学院教授，章黄学派在当代的重要传人，其主要贡献在于古代天文历法和西周年代考证等方面，是学界公认的天文历法考据学派的代表性人物。

象和日历的推算[①]。这部历法施行于战国初年的公元前427年(甲寅年)。在四分历产生之前，古人还只能做到观象授时，因而“三正论”所认为的夏商周三代使用了不同的历法，“夏正建子，殷正建丑，周正建寅”，都只是后人的穿凿附会；春秋时期流行的是观象授时的“岁星纪年法”，在鲁襄公二十八年（前545）出现过“岁在星纪而淫于玄枵”的超辰现象而无法继续下去；汉代刘歆编制的《三统历》本质上也是四分历，是《殷历》“甲寅元”的变种,但从未真正施行过；而王国维先生据《三统历》推算结果提出的“月相四分说”，也只能是错上加错。

由于古代观测条件的限制和政治干预因素的影响，历史上曾出现过多次

① 张汝舟：《二毋室古代天文历法论丛》，贵州大学出版社，2016。作者是张闻玉先生的老师，曾在新中国成立后的政治运动中受牵连，长期困于故乡滁州南张村。然而老先生身处逆境，精研古代天文历法，终于破解了记载四分术法则的《史记·历书·历术甲子篇》和描述古代天象依据的《汉书·律历志·次度》，复活了失传多年的中国古代历法，进而解决了多处重大历史争论问题。

1979年“平反”后，先生以80多岁高龄仍不辍治学。1980年，即去世前一年多，先生还在主持由南京大学王气中教授、山东大学殷孟伦教授、南京师范大学徐复教授共同发起的“中国古代天文历法讲习会”，得以将其研究成果编成《中国古代天文历法表解》和《〈历术甲子篇〉浅释》。先生去世后，他的弟子们将其生前未发表的论文结集，并附上张闻玉先生的《古代天文历法浅释》一文解释先生的历法思想，编成《二毋室古代天文历法论丛》一书，在20世纪80年代由浙江古籍出版社出版，2016年由贵州大学出版社再版。书中考证了：武王克商在公元前1106年，西周总年数为336年；验证了屈原出生于楚宣王二十七年,即公元前343年（戊寅年）的正月（寅月）二十一日（庚寅），寅年寅月寅日；确定了中、流、伏、内是二十八宿每月西移一宫（30°）的定量表述;《诗经·七月》中“七月流火”是实际天象，因为殷历建丑，当时的七月心宿（大火）位于正中偏西30° 的位置。

这些天文历法知识的确能起到拨云见日的效果，人们再读到史书中类似的文字，至少心里不再犯怵,可以尝试用先生的历法观念去识别判定。正如张闻玉评述他的老师那样：“历术，自古以来都认为推步最难，不免望而却步。依张汝舟的研究，利用两张表就能很便捷地推演上下五千年的任何一年的朔闰中气，不过加减乘除而已，平常人都能掌握。”

改历事件。最近的一次重大改历发生在元初，元世祖忽必烈在正式建立政权之后就开始着手重修历法。前后两任太史令、精通天文与数学知识的王恂和擅长制造仪器、测量天象的郭守敬一起，在东西 6000 余里、南北 11000 余里的元朝疆域里建立了 27 个观测站点进行测量，编修了当时最精密的天文历法《授时历》。这部历法到了明代，经明太祖朱元璋下令由刘基和高翼重新修改为《大统历》。这两部历法其实可看成一部，是我国历史上施行最久的一部历法，长达 300 多年[①]。

虽然《授时历》废除了古代的上元积年，能够做到截取近世任意一年为历元，相对古代制历的传统方法有了重大突破；历法以 365.2425 日为一岁，距近代观测值 365.2422 日仅差 25.92 秒，已经非常精确。但由于累积误差，到了明初仍会出现推算天象与实际天象不符的情况，而且愈演愈烈。可那时已经没有太多天文学人才，官方只能在原有的《授时历》上做调整，但又必须避开前朝旧历的名称。于是“以‘大统’为名，而积分犹踵‘授时’之数”的《大统历法通轨》就在钦天监监正、漏刻博士元统的手中诞生了[②]。这部历法相对原法在计算方式上采取了更为高效的查表法，便于推算者根据事先计算好的中间结果直接得到最终计算值，而不用再根据公式演算。

可是中国传统历法只能精准适用几十年的问题很快又来了。到了明代中后期，官方和民间反复陷于要不要改历、谁来改和怎么改的纠结之中。历官出于维护自身利益的考虑总是主张不能擅改历法，认为即便是推算偶有偏差，但会在以后的误差中找平回来；民间则不断有新的历法呈报上来，声称能更加准确地预测未来天象。

---

① 李亮：《古历兴衰：授时历与大统历》，中州古籍出版社，2016。作者是中国科学院自然科学史研究所副研究员。

② 李亮：《大统历法研究》，中国科学技术大学出版社，2020。

这个局面直到明末才被打破，西方传教士带来了更为先进的西洋历法，明朝的皇帝终于找到能够替换元代异族前朝留下历法的新法——《崇祯历书》。只可惜此书刚新成，明王朝就在农民起义军和清人铁骑的冲击下覆亡了，新历却得以改头换面，成为清王朝可以顺理成章采用的历法。在利玛窦、汤若望和南怀仁几代传教士的努力下，终于最后由清朝的康熙帝选择使用了这套依照托勒密－第谷体系的新历。

有关西方传教士入华确立欧洲天文学在清朝编制历法方面的主导地位一事，当事人南怀仁在他自己编写的《欧洲天文学》一书中有过详细的描述[①]。这其实是南怀仁一面在华为康熙皇帝服务，一面向欧洲的组织耶稣会递交的一份述职报告，目的是为了解释自己通过向中国统治者提供科学技术服务以传播天主教思想的工作方法，也因此夸耀自己的功绩，并建议主管以后派遣更多具备科学技术知识的传教士继续来华接替自己的职位。在此之前，他曾因被中国同行构陷而入狱。但适逢康熙皇帝需要通过天文领域的革新来去除朝内反对派的影响，南怀仁得以通过在天象测算方面连续三次比试的胜利，进而赢得皇帝信任，获得了钦天监主管职位，得以从事观测天象、编制历书、预报天象等方面的工作。

这些经历衬托出康熙皇帝对西方先进知识保持谦虚学习态度的明君形象，虽然有可能存在夸张，但横向比较南怀仁的多处描述，均在同时代人的记录中有大致符合的印证，应该能判断出其可信程度。当然非常可惜的地方在于，康熙虽然能及时地了解到当时欧洲科学技术发展的最新水平，清朝贵族和高官中也有很多人表现出对这些科学技术应用能力的兴趣，但是这些知

① [比]南怀仁：《南怀仁的〈欧洲天文学〉》，大象出版社，[比]高华士英译、余三乐中译，2016。本书原以拉丁文写成，在20世纪90年代由比利时学者高华士先生将其翻译成英文，并增加了原文两倍多的注释内容，国内则由余三乐先生译出，并将书名改为《南怀仁的〈欧洲天文学〉》。

识和工具只是在平定内部叛乱上发挥过实际作用，大部分时候进献上去的成果在引起一片惊讶之后也就藏之暗库、抛之脑后了。科学在这里真的沦为了神学和皇权的侍女。

至于西方传教士们为什么选择的是第谷，而不是哥白尼体系的天文学知识向中国传播？有学者经过对中外天文交流史的研究后发现[①]，传教士们并不是在主观上不传新法，而是当时客观上旧法在预测天象和编制历法上明显优于新法，符合中国历法对“密”的要求，并因而以绝对优势在和中国传统历法的较量中获得了胜利。结果中国继续沿用升级版地心说模型计算的历法，而欧洲本土在此之后却选用了进阶版日心说模型，并进一步发展出现代科学。这实在是非常有意思的一个插曲。

天文历法知识作为历史的第一把钥匙，在研究史料过程中得到充分应用，已经有了非常好的案例可供研习。

针对先秦古籍《竹书纪年》的年代学研究就是最为典型的一组例证。人们知道，《竹书纪年》是一部失而复得、得而复失的古史资料。它本是春秋时期晋国史官和战国时期魏国史官所作的一部编年体史书，是中国古代唯一留存的未经秦火的编年通史。西晋咸宁五年（279），汲郡（今河南省

① 江晓原、钮卫星：《欧洲天文学东渐发微》，上海书店出版社，2009。作者江晓原是上海交通大学科学史教授，国内第一位科学史博士。本书虽然从书名来看是要介绍“欧洲天文学”向东方传播的过程，但前两部分说的分别是西亚巴比伦天文学在秦汉时期、南亚印度天文学在隋唐时期对中国天文学的影响，第三部分介绍的欧洲古典天文学，其源头也还是来自北非埃及的托勒密天文学体系。

作者虽然颇费力气地考证了这些域外天文学体系知识点与中国天文学的诸多相似关系，但却缺少确实的史料证明一定是A传给B，或者B传给A。相似关系不代表因果关系，不能看到中国历法史上某次变革，就拿此时某个域外的天文学知识传播进来作为原因解释。书中甚至会提到中国的某位天文学者由于居住在西北，而西北是佛教入华的必经之地，而推断出该学者有可能受到佛教天文学知识的影响。这些不足之处是人们在利用此书时需要注意的。

卫辉市）一个名叫不准的盗墓贼在发掘战国时期魏襄王墓葬时出土了这本古籍，因而该书也称《汲冢纪年》或《古文纪年》。《竹书纪年》共有十三篇，按年编次叙述了夏、商、西周和东周春秋战国时期的历史。书中在周平王东迁后采用的是晋国纪年，三家分晋后采用的是魏国纪年，直至魏襄王二十年，即公元前 299 年。

《竹书纪年》在出土之后又历经战乱颠簸和时间湮没而失传过好几次，现存的“今本”是相传在明代万历年间，从著名藏书家、天一阁主人范钦的藏书阁里找出的本子。这个版本纪事起于黄帝，终于魏襄王二十年，有较为完整的体例，但一直被人诟病，认为是后世编造的伪书；到了清代，学者朱右曾辑录当时能收集到有关《竹书纪年》的佚文加以考证，编成了《汲冢纪年存真》，就是现在所谓的“古本”，后来王国维在此基础上又辑成《古本竹书纪年辑校》。

有关《竹书纪年》的考证公案不胜枚举，对它的反复研究也使得人们对于那段过于悠远的历史有了更敏锐的把握[①]。它提供的线索能够为夏商周断代工程提供锚定具体事件的时间点，匡算商周各代国君的执政起止年代以及整个王朝的国祚；考辨像周武王克商、去世这样重大事变的年份，推导当时的政治环境，验证一些决定后世的重大结论；分析各个版本之间的不同，推测其中的真伪补漏之处，断定与这些版本有关人物在当时行事的动机与形势。这些对基本年代的考证可谓是牵一发而动全身，是历史学的基座，某一段历史的考证就有可能影响到几百年前后另一段史实的确认。

比如，武王伐纣的日期有可能不是夏商周断代工程所考订的公元前

① 邵东方：《竹书纪年研究（1980—2000）》《竹书纪年研究（2001—2013）》，广西师范大学出版社。作者是美国斯坦福大学东亚图书馆馆长，在这两本书中分别集结了 36 篇和 28 篇论文，汇聚了这 34 年间各位专家学者对“古本”“今本”《竹书纪年》研究的重要成果，包括版本问题、古人整理，以及流传散佚过程。

1046年。有学者通过将古本《竹书纪年》和《史记·鲁周公世家》等文献中有明确纪年的世系和极端天文现象记载互相验证后，得出"'武王克商年'无须舍近求远查考，可直接使用古本《竹书纪年》的公元前1027年"的结论[①]。也有学者在竹简中找到证据认为，夏商周三代时期的新王要为先王守丧三年，而这段执政时间不会计入编年史，由此需要重新编订商代各位国君的年代。这个隐藏的秘密竟然会推断出，夏代的最后一位君王桀不过是后人在不了解历史真相的情况下为了凑够年份而虚构出来的人物[②]。当然，也有学者极为反对"将这一理论从西周推前一千年用到夏代"的做法[③]。

此外，帝王们当年煞费苦心创制的年号也是人们得以通过年代学研究去探知更多历史真相的草蛇灰线。有学者已经考证出[④]，是汉武帝最早开始启用了"太初"作为年号纪年，在此之前的历次改元都没有年号，是到了他第六次改元后的第七年，才使用了太初年号，并追认之前的历次改元年号为建元、元光、元朔、元狩、元鼎和元封，而且此后由六年一改元变为四年一改

---

① 何炳棣：《何炳棣思想制度史论》，中华书局，2017。本书收录的《"夏商周断代工程"基本思路质疑——古本〈竹书纪年〉史料价值的再认识》一文，对断代工程选出的武王克商确切年代进行了更正。

② [美]倪德卫：《〈竹书纪年〉解谜》，魏可钦、解芳等译，上海古籍出版社，2018。作者是斯坦福大学荣休讲座教授，本书汇集了他在《竹书纪年》原始文本前303条竹简上的研究成果。

③ [美]夏含夷：《三代损益记：夏商周文化史研究》，上海古籍出版社，2020。作者是芝加哥大学教授，中国文化研究所特聘研究员。本书上编《青铜器和断代研究》中的《〈竹书纪年〉和夏代编年：我对历史方法的反思》一文论述了作者和倪德卫在研究《竹书纪年》过程中有关夏代编年方面的意见分歧。

④ 辛德勇：《建元与改元：西汉新莽年号研究》，中华书局，2013。作者是北京大学历史系教授。本书分上、中、下三篇，分别对汉武帝时期最早开始启用太初年号纪年、汉宣帝时期地节年号改元、西汉新莽之际始建国年号改元问题进行专题研究。

元。汉宣帝在权臣霍光去世的那年，原记为本始六年，进行改元。追记上一年为地节元年，当年为地节二年。这种异常现象反映的是汉宣帝意图废除原先霍光主持下六年一改元的传统，在自己当政期间再变换为四年一改元。王莽时期曾采用的三个年号——始建国、天凤、地皇，后两个年号在当时均要加上“始建国”三字。只是随着时间久远，史官的省略和后人的忽视让后来的历史学家误认为就是“天凤”和“地皇”这两个年号了。

这些论证其实都已经触及儒家的今文经学观念对汉帝国的政治理念有着深远影响的这个历史事实。从汉武帝开始，统治者格外重视历法调整正朔观念对维持统治合法性的重要作用。因此不管是将原来不成惯例而用之的改元行为以明确的年号记录下来并追及过往，还是有意识地通过在每个统治期间采用不同的改元时间间隔，抑或是执着地在新王朝年号前固定加上代表永传万代的名号，都是这种“以名治国”理念在制度层面的具体表现。

9.2 地图在左，史书在右

历史学的第二把钥匙是“地理”，人类所有社会活动都是在某个特定的空间展开，空间提供的条件和限制在很大程度上决定了生活于其中的人类的特性。中国更是一块绝无仅有的广袤土地，这片空间在几千年里孕育出了延绵至今的中华文明，人们无法想象这种历史独特性会不与中国地理的独特性相关。

古人早就讲究“左图右史”，地图在左，史书在右，两相比照，必能对历史有着更深入的认识。于是，在历史学科里会有一个叫“历史地理学”的专业，它研究的对象是人类历经不同历史时期所居住地理环境的变化，以及人与地理的关系[①]。最初人们常见的是“沿革地理学”，这门学科会去考证山川形制、行政区划、道路交通等名称的历史沿革，这些基础知识历来为史家所重视，被称为打开史学的钥匙并不为过。

人们虽然不用轻易受到这些因素的影响就成为“地理决定论者”，但地缘决定政治是历来理解历史的关键路径，掌握地理形势对不同政治集团内部军事、经济和文化因素的影响作用，对于辅助人们理解历史上重大事变的限制条件和历史人物的决策依据，都大有益处。历史总是在追溯过去的事情，可饱经沧桑的山脉河流却还依然陪伴在人们的身边。读万卷书、行万里路，去田野里阅读历史、感受历史，能够帮助人们汇聚更多的地气去打开历史的大门。

有人就曾遍访中国上古以来重要的城址、战场和祭祀遗迹，从人文地理角度探讨中华文明的起源过程。结合山川形胜，发古人之幽思，坚持写下旅行考察笔记，为人们提供大量的思考素材和情感底蕴，吸引着后辈们前去游览祖国的大好河山，读懂古人们留下的巧夺天工，以此领悟中华文化思想的精粹。[②]有人也曾走遍全国，在辽阔的大地上阅读历史，总结出要想研究透彻一个地区的历史发展和文化背景，那就必须“首先读地形图，了解它的山

① 邹逸麟：《中国历史地理概述》，上海教育出版社，2005。作者是中国历史地理学领域专家，曾任复旦大学历史地理研究所所长。本书最早写于20世纪90年代，由福建人民出版社出版，后经修订重版后由上海教育出版社出版，是这一领域的经典教材，内容包括气候、植被、水系和地貌的变迁，疆域、行政区划和人口的变迁，以及经济、城市、交通和文化的变迁。整本书的知识体系条分缕析，并附有大量数据图表，有助于人们查阅补遗。

② 李零：《我们的中国》，生活·读书·新知三联书店，2016。全书分“茫茫禹迹”“周行天下”“大地文章”“思想地图”四篇，从禹迹覆盖的九州，讲到周秦的两次大一统；由孔子和秦始皇、汉武帝的三次周游天下，带出中华文化的散播路线；将一次次普通的地方走访见闻，汇集成透露基层作风的大文章；从中国地图里的山水形胜和岳镇海渎中拼凑出一幅思想地图。

川水系、岩层地貌；然后是历史地图，弄清政区演变、人口迁移；再然后关注族群聚落、方言信仰和生活方式及现状”①。

这样，人们就可以从自然地理、历史文化、社会生活等角度进行多维观察，让现实中的地理世界成为时刻向自己展开的无字天书，听这个古老民族讲述他的生存故事：高低叠落的地势形态、层层累积的文化底蕴，如同历史老人摊开大手的掌纹，隐藏着这个民族未来走向的命运脉络；在看似随笔的风景描写中读出深刻的历史问题，比如云南文山的民族地理分布就体现了汉、壮、苗三族的社会关系；河西走廊的贸易究竟是有利于游牧民族还是农耕民族；汉唐时期的边疆古城象征着帝国每一次扩张实力的最大值，也是最容易从繁华顶端跌落的弃子。

从实地进入书斋，人们可以看到历史地理学者们基于空间结构因素对历史规律的解释，关注到中国在作为一个整体历史发展过程中，内部其实是可以划分出多个不同区域的，并且能从中归纳出中原、南方、草原、高原和沙漠—绿洲五条发展道路，形成畜牧、旱作农业和稻作农业三大经济带②。不

---

① 萧春雷：《中国的掌纹》，中信出版社，2016。作者是《中国国家地理》杂志记者，在2010年前后跑遍全国各地，写下几十篇人文地理散文，汇集成《自然骨魄》《大地栖居》《华夏边城》三本书，冠以《中国的掌纹》成为系列文集。其中，《自然骨魄》一书写地形，介绍了青藏高原、帕米尔高原、鄂尔多斯、黑河绿洲、五峰土家族地景、武隆喀斯特负地形、泰宁丹霞地貌、花岙海蚀石林等奇异自然景观；《大地栖居》一书写民族，介绍了苗族、客家、河西走廊民族、闽南人、广西海洋人家、浙中南古村镇文脉、宁夏人家、台南府民和高僧大德们；《华夏边城》一书写边城，介绍了河西汉唐古城、象雄故都、拉萨、喀什、重庆、长沙和厦门。

② 鲁西奇：《中国历史的空间结构》，广西师范大学出版社，2014。作者是武汉大学历史学系教授。本书收录了作者多年以来运用地理空间结构的实际特点分析中国历史发展的进程所撰写的论文，按照这些论文讨论的重点不同可以分为“区域多样性”“核心与边缘”“城市与村庄”三大部分。这些观点不难理解，难能可贵的是作者将区分区域多样性、核心与边缘、城市与村庄差别的基本元素找到，在不同论文中逐渐汇点成面地进行论述，推导出完整清晰的“空间结构会影响历史发展”的结论。

同区域之间相互适应、抉择与互动，提供了替换“五种社会形态演进”和“王朝更替”的历史发展解释模式。

从经济带理论还可以延伸出“核心区”与“边缘区”的概念，并用它们的变动情况来解释中国历史上的起伏变化，从而发现传统中国并非一个均质向外同心圆方式扩散的政治、经济、社会与文化实体，而是由多个内部在政治控制能力与经济发展水平上极不平衡，外部在族群构成、社会结构和文化价值上迥异的不同区域，相互不断斗争和融合而形成的巨大系统。尤其是“内地的边缘”这一概念，更是值得人们留心的非地理因素的边缘地带。它虽然存在于帝国疆域之内，但并没有被核心区所吸收同化，相比地理上的边缘地带而言可能会给帝国带来更大的危险，往往成为各种动乱的策源地，比如白莲教，后人读史时要尤为注意。

由于古代中国的经济主要还是农业，因此这些所谓的经济带在很大程度上都受到自然环境的降雨量、河流分布和人为作用的治理水患、开凿运河等因素的影响。可以说，“中国的环境问题主要是水资源的问题”[①]，不了解水资源在中国历史上各个时期发挥的作用和面临的限制，就无法理解中国这个长期以中央集权政治体制和农耕经济模式为主的社会。这尤其在“治黄”和“通运”两件大事上能够反映出来。

历朝历代的统治者都知道发展水利事业、提高农业生产率和交通便利度的好处。但在历史上的某个时期，总会有某个地区比其他地区更能得到水利事业进步的好处，从而得到更快的经济发展，成为政权的所谓“基本经济区”。同样，对于新兴的政治集团来说，只要控制了这样的“基本经济区”，就有可能实现统一中国的目标。

借助水利推动社会经济发展的“杠杆效应”来分析，人们可以将中国经

① 邹逸麟：《中国历史地理十讲》，复旦大学出版社，2019。

济史划分为五个时期：秦汉两代主要以泾水、渭水、汾水和黄河下游为基本经济区；魏晋南北朝时期的四川与长江下游在灌溉与防洪事业的发展下，中国的南方出现了新的重要农业生产区；隋唐时期的长江流域完全取得了基本经济区的地位，并通过大运河将南北两个基本经济区连接起来，奠定了随后中国总是倾向统一的历史趋势；从五代到辽宋夏金时期，长江流域作为中国显著的基本经济区得到了进一步加强；元明清三代，在中国南北大一统的基础上，居于北方的统治者继续利用大运河的作用连接首都和其他基本经济区，并希望能将海河流域发展成新的基本经济区。

水利在这些基本经济区的形成和发挥作用过程中扮演了至关重要的角色，以至于人们可以根据历史文献对水利工程建设的记录形成统计数据，来衡量当地经济发展水平的变迁。其结论也与历史发展的大势高度吻合，“南方在唐朝似乎终于赶上了北方。不仅总体上发展迅速，而且南方和北方地位正发生改变，这表明基本经济区已经发生转移”①。当然，人们还会产生新的疑问：是基本经济区的出现促进了本地区水利事业的发展，还是水利工程导致了基本经济区的出现？新出现的基本经济区是在为全国的统一创造条件，还是在为地方分离势力提供基础？那么，根据汉唐这两个大一统王朝的首都长安附近水陆交通变迁的案例来分析②，也许会有更好的答案：尚处分裂状态的地方经济迫切需要当地水利设施的改进才能提高生产力，相对其他地区在人力组织和工程水平上效率更优的地区更早地显现

① 冀朝鼎：《中国历史上的基本经济区与水利事业的发展》，朱诗鳌译，中国社会科学出版社，1981。作者是新中国著名的经济学家，曾在解放前参与国民党政权的“金圆券”改革。

② 辛德勇：《古代交通与地理文献研究》，商务印书馆，2018。本书中论证了崤山古道分东西的史实，驳斥了南北说；反复辨析了中国历史上著名的“霸上”所在位置是在霸水东岸一带，而不是西岸的白鹿原；详细讨论了汉唐时期长安附近通达四方重地的陆路、水路交通状况；梳理了黄河、洛水和渭水之间在不同历史时期汇流关系的变迁。

出来，这在短期可能会表现为地方上的分离势力。但经济发展的进一步迫切需求还是要形成全国大一统的市场，才能完成更大范围内的物质交换和人员交流，这就需要组织起更多人员、在更长周期上投入无法短期见效的连通各个水系的任务。这项努力一旦获得成功，那么全国性的政权就会很自然地建立起来，会由它来承担在不同基本经济区之间进行利益平衡的职责。

不过地理环境在历史中的作用也不光是发展经济、促进统一，山川形变也是冷兵器时期最容易想到可以用来发挥战争威力的因素。俗话说，“天时不如地利”，地理因素在古代战争中发挥着至关重要的作用。因此，与“基本经济区”相对应的还有“地理枢纽”这样影响历史发展走向的锁钥因素[①]。这些枢纽往往就位于不同基本经济区的交界地带，如豫西、淮南、襄阳，都是兵法里所说“当其一面，而旁有邻国，三面相连属”[②]的“衢地”。同样，基本经济区的此消彼长也会让这些枢纽的战略价值起起落落。秦汉以关中平原为基本经济区，则临晋、函谷、武关、郧关、江关就成为枢纽要塞，以关西制霸山东，唐代以后中国的经济重心南移，豫西丘陵地带左右关中，河北的战略地位随之下降；京杭大运河发挥作用以后，偏离主要交通干线的荆襄也不再成为兵家必争之地。

但是从历史文献中梳理出这些经典战役的进行路线仍然有着意想不到的

① 宋杰：《中国古代战争的地理枢纽》，北京科学技术出版社，2022。作者是首都师范大学历史系中国古代史教研室教授。

② 语出南宋学者张预对《孙子兵法》中“衢地”的注解：“衢者，四通之地。我所敌者，当其一面，而旁有邻国，三面相连属，当往结之，以为己援。”

巨大潜在意义[①]。作为事后诸葛亮可知，哪怕是现代战争中炮火的威力已经能做到轻而易举地摧城拔寨之时，没熟读过中国兵书的日本侵略者应该还是会后悔当年竟然放弃了异族惯常由北向南冲击、征服中国本部的进攻路线，而是错误地选择了由东至西仰攻、逐渐乏力的消耗战法。

这并不是学者们所担心并要竭力避免的“地理决定论”，而是在已经注意到战争中武器性能的变化可能在某种程度上不再会受到以前那样的限制，但只要理解“地利不如人和”的道理之后，就会明白地理因素起作用在取决于人的意志的同时，也在通过人的主观能动性发挥出更高层级的作用：无论是基本经济区，还是地理枢纽，都不是空荡荡的物理空间，而是有活生生的人生活于其中。区域之间的连接方式已经通过历史上长期的熏陶，培养出适合于其中的民众。正是这些被地理环境影响的人，掌握着主导历史发展趋势的最终决定力量。任何想改变这一状态的军事力量，也都必须遵循这一入乡随俗般的规律。而要想真正做到这些,就必须在文化和理念上贴合斯土斯民。这是无论在哪个年代、何种军事条件下去理解地理枢纽作用和变化，都必须采取的态度。

历史地理学的研究对象就是中华大地的锦绣河山，因此饱蘸情怀，让人

---

① 辛德勇：《历史的空间与空间的历史：中国历史地理与地理学史研究》，北京师范大学出版社，2005。本书中讨论了中国历史地理学的诸多专题，也包括一些中国地理学史和历史文献学的研究。作者发挥其强大的考证能力，接连辨析出漳水十二渠始创者为史起，而不是西门豹；魏国西长城的实际走向与两位学者实地勘察结论的不同之处；“闾左”的名称揭示出陈胜、吴广的戴罪流民身份；巨鹿之战、刘邦还定三秦之役、楚汉彭城之战、韩信平齐之役和垓下之战等重要战役的地理位置和行军路线。作者还介绍了明代地理学家章潢的学术成果，其能以布衣之身在乡野之间独立完成《图书编》一书，对后世影响甚大。正如黄永年先生所评，“辛德勇的成就突出表现在考证，这也是内行人的共识。我在这里要强调的是，他的考证文章所以写得好，真能解决问题，主要在于他对文献的娴熟，因而考证起来能运用自如，得心应手”。

激情澎湃；历史地理学的门道却在古籍文献的字里行间，字字通古达今，因此是整座历史学理论大厦的根基，不得不小心谨慎。这把钥匙其实挺沉甸甸的。

9.3 从九品中正到科举

历史学的第三把钥匙是“职官”，它能帮助人们了解不同历史时期的社会权力分配给了哪些人，这些人又是如何按照既定的规则运转这套权力体系的。

自商周以来，中国就由巫史和家臣体系逐渐衍生出了相对完善的官僚体系，对应有明确的官名和职责，并发展出一套相对成熟的选任制度；战国时期催生出的发达的军事组织制度也在西汉逐渐日常化的行政体制中留下了深刻的痕迹；进入魏晋时期，东汉末年的乡评制度经过系统整理和正式推广，形成了严格缜密的九品中正制，客观上保证了统治阶级内部相对平稳的权力转移过程；从隋唐开始，并在武周时期大力推动，科举取士逐渐成为中国社会阶层顺畅流动的重要机制，并由此而产生了各种官品与官职、清流与浊职、中央派遣与地方征辟的问题。

中国的职官任选制度虽然越来越烦琐细致，但也是中国社会能在漫长的历史时期里维持稳定与延续活力的重要制度因素。今天的大变局也需要人们主动迎接组织变革的挑战。怎么才能更好地保证社会阶层流动性、吸引更多优秀的人才参与国家治理、分配平衡好纵横方向上的权力，仍然是需要认真思考的课题。拿起“职官”这把钥匙，不仅能更好地理解历史、研究历史，还能更好地改变现在、影响未来。

人类社会最早的组织通常都是军事组织，小到聚众围猎，大到武装劫掠。军事首领往往会成为最早的国王，随后可能才会披上宗教和文化的外衣，建立起更加巩固的统治。到了秦汉时期，国家政权为了应对日渐频繁的军事行动，在官位和爵位上区分文武职责，设立从庶长到将军的一套军职，形成边郡、内郡到中央宿卫有差序的军事体制[①]。由于军事往往比民政更早也更直接承受应付中央帝国的管理压力，军队来源构成、军事征发调动、军爵结构演变等问题往往就是日后行政事务也会面临的问题，因此，秦汉帝国在应对这些问题中创制出的种种解决方案也和职官制度息息相关。比如从内务宿卫系统不断衍生出新的更高效忠诚的管理系统；中央和地方之间由平等互通到差别有序的逐渐演进；官职与爵位两套系统不断发生角色转换，通常都会出现在需要刺激参与者为体系创造更多收益时，要用当时人们更为看重的官职作为奖赏。可奖赏多了，职位的价值也就通货膨胀而贬值了。于是，原先重要的官职就变成了爵位，决策者会再创造出一套新的官职体系来满足现实需要。

到了东汉，官方建立起了察举制度从民间征召官员，地方官员在行政之外还兼具了为中央政府选拔人才的重任。由于选拔的标准掌握在这些区域大员手中，而他们经营一方又必须和地方上的世家大族搞好关系，久而久之难免会出现各种利益交换。到了东汉末年，地方豪族不但在经济上兼并土地，在政治上也形成了各种利益关联的权贵集团，中央政权越来越被架空，察举制度逐渐虚有其表。直到三国魏晋时期，各方割据诸侯都意识到真才实学的重要性，极力招揽人才填充自己的政治势力。曹操在这方面走得最早也最坚决，他的儿子曹丕更进一步采纳尚书令陈群的建议，颁布了九品官人法，正式实施九品中正制，以期在中央政府和世家大族之间谋求权力分配的新平衡。

---

① 孙闻博：《秦汉军制演变史稿》，中国社会科学出版社，2016。作者是中国人民大学国学院讲师。

然而在东汉乱局中产生的魏晋贵族制社会，却一直延续到南朝才最终崩溃。清流与浊流、江南土豪与北来贵族、晋室王族和寒门武士之间有着连绵几百年的争斗。有日本学者指出，“产生魏晋贵族的母胎即汉末清流势力，后者的结构对前者性质影响甚巨”[①]，认为在魏晋两代僭越更替之时，已经控制了乡论权力的名士阶层通过儒学共同话语体系形成了全国性关联，为了克制地方豪族的浊流，开始利用九品中正制实现本阶层内部的权力转移。于是“上品无寒门，下品无士族”，世代累积而成的贵族社会逐渐发展起来。到了东晋，渴望维持安定的江南豪族也与北来贵族达成一致，承认了这种贵族制统治。但长期脱离实际生活的贵族们终究还是丧失了对军事权力的控制，到了南朝四代，领兵打仗的寒门武士和通货膨胀的货币经济严重地打击了那些完全依赖俸禄寄生的贵族，终于在侯景之乱后结束了六朝贵族制[②]。

不过这九品中正制一经出世却自有其旺盛的生命力，从最早的称谓“九品官人法”开始，经历了一整套政治社会形态变化过程中的制度演进，并不只是一项徒有其名的制度[③]。与川胜义雄将该项制度设立的原因归源于汉末乡论不同，日本学者宫崎市定认为当初曹魏创制这套办法是为了在汉朝官僚体系之外，再建立一套曹魏政权的班底，将来则可实现新旧王朝的顺利交替，

---

① ［日］川胜义雄：《六朝贵族制社会研究》，徐谷梵、李济沧译，上海古籍出版社，2018。

② 这段历史研究包含对孙吴、东晋和南朝各代南方政权的分析，对应之前所介绍的唐长孺先生的《魏晋南北朝史论丛》中的《孙吴建国及汉末江南的宗部与山越》一篇论文，田余庆先生的《东晋门阀政治》中的一些章节，以及《秦汉魏晋史探微》中的《孙吴的建国道路》和《北府兵始末》两篇论文，可以对照来看。

③ ［日］宫崎市定：《九品官人法研究：科举前史》，韩昇、刘建英译，中华书局，2008。本书全面揭示了魏晋南北朝史中最为重要的职官铨选制度，堪称日本学者六朝史研究领域的经典作品，影响了后续很多学者的研究方向。

“九品官人法就是为此目的而设计的官吏审查制度”。这套制度极为明细，有着乡品与官品之间的对应关系，比如议定的乡品为二品，在实授时要减去四级任用为六品官，以后官阶最高可以升至二品官；即便同朝为官，也分清浊。于是，士族子弟垄断了高官显职，升迁频繁，早早定好了人生路径；寒门子弟只能从很低的官品做起，一辈子徘徊在浊官微职之上，才华得不到施展。到了梁武帝，又划分出了流外官，寒门晋升的距离就又被拉得更远了；原先州中正官的品评权限被收到了中央的尚书和吏部，再无居中品评的作用，直至隋被彻底废除。中央政权将官职任命的权力从乡野和地方收回，保证了权力资源在世家大族间横向代际传递，从此确立了延续到隋唐长达 300 多年的贵族政治。这项具体的制度佐证强有力地论证了隋唐以前中国贵族政治的制度基础，支持了内藤湖南的唐宋变革理论。

中国有学者也认同“九品官人法”的说法，认为后世看重的“九品中正制”只是当时“九品官人法”其中的一部分内容①。在魏晋时期，人们最早从乡议中获取的官品是以人品，即资品的形式呈现的。资品的获得，除了九品中正制中的地方中正评议，也包括考试、察举、任子、袭爵、受赐等途径。来源途径多了，原本稀缺的品位也出现了“通货膨胀”。于是北魏孝文帝和南朝梁武帝分别进行了官制改革，实现了官品的性质由人品向官阶的转变。这样，对官员的等级划分和管理将更加看重官职本身的难度和责任，而极少看官员自身的品行和资历。

不过也还是有学者继续坚持“九品中正制”的说法②，在补充了以往忽略的在孙吴和北朝都曾演化出的九品制版本研究后，梳理出九品中正制历史发展过程的六个阶段：建安年间“魏武始基，权立九品”的萌芽期；三国时

① 陈长琦：《官品的起源》，商务印书馆，2016。作者是华南师范大学历史文化学院教授。

② 张旭华：《九品中正制研究》，中华书局，2015。作者是郑州大学历史学院教授。本书可谓此议题的集大成者。

期从“不拘爵位”到“计资定品”的确立期；两晋“上品无寒门，下品无势族”的成熟期；南朝作二品清官，流内流外的发展期；十六国北朝作两大系统，分定姓族的变异期；隋唐初罢郡、废州，逐步废除的衰亡期。对九品中正制名称的由来、选官还是职官、“乡品”与“资品”的关系也都做了进一步的对比和澄清。

这些研究让人们可以清晰地看出，以秦汉魏晋南北朝时代的官阶制度为研究对象，重要的是要区分出品位与职位两个概念，这将获得全新的研究思路。于是，有学者从周代的爵命，秦汉的军功爵和禄秩，魏晋南北朝的官品、中正品、勋品、将军号和文散官，直到唐代的文武散阶进行了细致分析，找出一条演进变迁的线索来，提出了传统官阶制的五段分期说[①]。

这一分析框架可以折射出官阶制度在各个朝代为统治者利益服务的基本功能：秦汉爵制被用来解决政权扩张时期功劳之臣的奖励问题，但当爵位滥发时又需要创造出新的等级体制；汉代俸禄与职位的附属关系需要有着极为复杂细致的调整逻辑；官品的出现是一大创新，随后又衍生出各种细分的品位和对应关系；北朝和南朝曾经相互借鉴对方的官阶和清浊制度，但后来还是由继承魏周的隋唐主导，最终形成了影响唐宋的散官制。

进入隋唐以后，官方学校教育和科举考试制度开始逐渐成为官员培养和选拔的主流途径。最早从春秋战国时期的私家讲学发展起来的学校制度，逐渐经历了秦汉魏晋的官方学校，再到宋明学者的书院和新式的学堂学校的发展过程[②]，分别对应着两汉的察举、魏晋的九品官人法、隋唐的科举、由宋

① 阎步克：《品位与职位：秦汉魏晋南北朝官阶制度研究》，中华书局，2009。作者是北京大学中国中古史研究中心教授。

② 周予同：《中国经学史论著选编·中国学校制度》，邓秉元编，复旦大学出版社，2015。

到清的书院等考试制度[①]。因而从某种意义上可以说，中国古代的考试制度就是为了选官任职，就是最为重要的政治制度[②]。

中国的职官制度源于远古时代由对部族头领依附性而产生的贵族制，对头领的忠诚度是统治者最关心的因素。但为了适应不断发展的社会状况，在激烈竞争的环境中获胜，统治者越来越需要更多来自社会下层的才智之士。平衡特权和才能之间的关系，就成为职官选任制度不断发展过程中永恒的话题。汉武帝时，“孝廉”“茂才”“射策甲科”“公府”四途，成为一般文吏儒生进身之阶梯，武帝之后，“诏举”更成为平民及低级官员仕进之显途。于是官府和民间得以在人才层面打通，上情下达、新陈代谢，政府由此保持了旺盛的生命力。

丞相在秦汉之时，权高位重；到了隋唐，则通过三省制被大大分权，再加上随时可以加上的“同中书门下平章事”，实际上的群相制已经让丞相成为皇帝的国事顾问；到了宋代，三省再分左右，作用也逐渐消失；到了明代，丞相连名号都被拿去；清代则直接成为皇帝的奴才。相权的逐渐丧失对应了皇权的逐渐加强，官僚体系的权力集中到了皇帝手中。

秦汉开始实行郡县制，太守宰执一方，具有极强的自主性。以当时的通讯手段和要统治的疆域面积，只能如此。为了解决这个问题，中央采取了将统治区域划小、域内分职分权、域界不依山川地形的方法限制地方权力，并设立了刺史、巡抚、总督这样的职位监督地方官员，以至于监督者权力做大，又必须再设置监督监督者的新官职来控制防范地方官员。这些制度终于在晚

---

① 邝士元：《中国经世史》，上海三联书店，2013。作者师承钱穆先生，新中国成立后偏居香港任教。

② 严耕望：《中国政治制度史纲》，上海古籍出版社，2013。作者曾为中国台湾“中央研究院”院士。本书由多名学生根据其赴港在香港中文大学授课撰写的讲义汇编而成，书中分八篇完整论述了从上古至清代选官任职的政治制度，可谓集大成者。

清趋于成熟，地方的权力集中在了中央手里①。

由此可见，职官选任制度不只是官僚体制的问题，也是整个社会实现人才流动和文化传承的载体。尤其是到了明清，科举制度相当完善发达，已经成为影响中国社会结构的重要因素和向上阶层流动的重要途径。在对明清两代的进士登科录、进士三代履历、进士同年齿录和晚清若干举人、特种贡生的三代履历等近百种原始史料进行统计分析后，人们得以探明在科举制度影响下普通士子们得以举官任职的境遇变化，从而揭示出这种制度对于提升中国社会高度流动性具有无可替代的价值②。

有学者发现，明清时期进士、举人和贡生的这些案例表明，当时社会佼佼者的祖上三代为平民出身的比例很高，中国社会因而具有高度的社会流动性；但到了晚清，朝廷为了解决税收问题而施行的捐纳制度使得富商与权贵得以紧密勾连，造成平民上升通道大为降低，但这也为社会发展寻求新的出口提供了动力；限制袭荫代数的政治制度和平均分家析产的社会规则导致了阶层向下流动的大概率存在；今天高考制度导致的教辅产业链和地域名额分配现象在当时也都有类似情况出现；士农工商和军民匠灶在职业间的横向水平流动，以及精英群体在地区间的差异性分布也会受到科举制度和经济发展水平、国家经济政策等因素相互关联的影响；社会阶层能否上下通畅流动是反映社会健康度的重要指标：这些结论对于人们反思高考制度、公务员体制、地区发展战略等问题都提供了近在眼前的生动案例。

不过到了晚清，日益疲惫的时局让朝廷上下、新旧人士都意识到科举取

① 邝士元先生在《中国经世史》一书中用了五章的内容，详细介绍了从秦到清各个朝代的中央和地方政权在行政、监察等方面设置官职、调配权责措施的得失优劣，可供人们进一步了解细节。

② 何炳棣:《明清社会史论》，徐泓译，联经出版公司，2013。作者是海外明清史学专家，曾为中国台湾“中央研究院”院士。

士制度已经不能适应千年之变了。最终发生在 1905 年的废除科举在当时似乎是一件大快人心的共识之事，但其长远的历史意义终究还是随着后续事件的演变而显露出来[①]。现代学者们在详细分析科举停废过程中多方角力的线索脉络后才认识到，“清廷所谓‘立停科举’并非一个瞬间完成的动作，而由此造成的‘社会影响’其实有着更为丰富的层次”；清代科举研究中涌现出大量的文本资料，如试题与答卷、应试出版物，乃至还原出的考场经济与考试文化，都为进一步的制度史研究提供了更加广阔的探索空间；科举废除后，社会也很快找到了很多方法进行调整实现跨阶层流动，比如大家族内多方下注对子弟进行分散型的“教育投资”，地方教育官员制度创新，另辟学政考试拔擢“实学”人才，优拔贡考试、生员考职、保送举贡也在“实际替代了被废除的乡会试的作用”；从末代癸卯（1903）、甲辰（1904）两榜粤籍进士的人生经历，尤其是辛亥鼎革之际的选择与动向能看出科举虽废，但科举教育培养出的人才仍然深刻地影响着中国近代发展的脉络；所谓科举，到了清末也不尽是八股取士，戊戌（1898）、癸卯（1903）两次诏举的“经济特科”就是选拔通晓治理国家、发展生产时务人才的重要途径，影响深远。

然而，科举骤停这一事变还是给早年苦读经书的士人们带来巨大的冲击，多少读书人走投无路、蹉跎余生，在思想观念和人生寄托上失去了基座。千百年来一脉相承的儒学思想一下子找不到可以依附的实际群体，也给后人们留下需要持续讨论的话题：谁来开辟儒学发展的出路，谁来承载儒家思想复兴的基石。

---

① 复旦大学历史学系、复旦大学中外现代化进程研究中心主编，戴海斌执行编辑：《覆水不收：科举停废百年再思》，上海古籍出版社，2020。本书作为《近代中国研究集刊》第 9 辑，收集了多名青年学者有关科举制度废止前后影响的最新研究成果，包括专题论文 11 篇、史料整理 2 篇、研究综述和研究书目各 1 篇。

9.4 目录：最早的人工搜索引擎

历史学的第四把钥匙是“目录”，狭义的目录仅指书内的章节概要或多部书的分类辑要，广义的目录则包括对古往今来所有有价值书籍的收集整理、分门造类和点评札记，并能从中阐发深意，为后学者节省时力、指示治学门径。这是因为虽然人们提倡“读万卷书、行万里路”，但实际中每个人一生的活动范围和时间跨度总是有限的，今人无从经历过去的历史事件，能拜访到同时代的学者能人也总是有限，要想治学致用，就必须依赖前人的著述。

知识是层积累进的，浩瀚书海从何下手？著名历史学家荣新江先生就认为，要想研究好古代历史，在投入极大精力阅读古籍之前，需要先通过翻阅那些史料的目录或提要，构建出有关这些知识的系统框架，然后再分头深入进去，一点点地占领阵地，并给出了自己的治学方法①。日本学者亦有同感，在研究近代中国历史这个课题时也是极为强调对于先前典籍文献的通盘掌握，并总结出文献阅读中的“四重苦”：文体混杂、语汇流入、编纂史料圈套、笔名与年代误植②。

其实，中国古代学者早已面临过这个问题，也给出了解决方法。就以卷帙浩繁的《四库全书》为例，全书一经编出，就有《四库全书总目提要》刊出为有阅读需要的士子提供目录检索参考。如果将阅读范围扩展到历史上所有保存下来的书籍，那么就更需要有“目录”这把钥匙来帮助后学者了。而且除了简略地罗列书名、年代、版本和刊刻等信息，很多优秀的历史学者博览群书之后还留下了非常宝贵的札记点评，汇集成册，让后学者得以一览大师的思想发

① 荣新江：《学术训练与学术规范：中国古代史研究入门》，北京大学出版社，2022。

② ［日］冈本隆司、吉泽诚一郎：《近代中国研究入门》，袁广泉、袁广伟译，当代世界出版社，2022。复旦大学历史系教授戴海斌在《社会科学研究》2015 年第 3 期发表的《“守护最后的堡垒”——新编〈近代中国研究入门〉读后》一文对本书有精彩评论。

展过程，节省了大量原本要空耗的精力，直接吸收高手学力。可见这把钥匙如果运用得当，还能助力学子在打开学术大门后一跃而过其治学门槛。

清朝同治年间，还在四川学政任上的晚清洋务派代表人物张之洞就非常了解普通学子在选书读书时遇到的实际问题，编撰出《书目答问》，精选录入了两千余本涵盖经史子集各部的优秀书籍，希望能解决学子们“读书不知要领，劳而无功，知某书宜读而不得精校精注本，事倍功半”的问题。后来，近代著名目录学家范希曾经过三年时间的辛勤校订，查缺补漏进一步完善了书目的内容，编成《书目答问补正》[1]。只可惜书成之后范希曾即以 31 岁的年龄英年早逝，但他的这版《补正》成为后续读书人选定查找阅读书目、扩展阅读范围的入门之术而流传下来。

对于古往今来的这些目录辑要资料之书，现代编辑家刘叶秋先生也著有一本《类书简说》[2]，简要阐述了古已有之的“类书”作为辑录各门类资料，

① 张之洞编撰、范希曾补正：《书目答问补正》，中华书局，2018。此书相当于《四库全书总目提要》的简约版，文末另附有张之洞为学子讲述治学方法的几篇文章，可以看出这位后来成为洋务运动领袖的士大夫内心深处希望能承继圣学、经世济民的宏愿。他认为：“由小学入经学者，其经学可信；由经学入史学者，其史学可信；由经学、史学入理学者，其理学可信；以经学、史学兼词章者，其词章有用；以经学、小学兼经济者，其经济成就远大。”张之洞随后的人生发展也是在印证这条治学致用的道路，算得上知行合一了。尤为有趣的还有一段是张之洞的“劝刻书说”，生动可爱地展露了他当时还是作为一名普通的读书人渴望传书留名，但又囊中羞涩，希望能寻求赞助的复杂心态，必须录下以飨读者：“凡有力好事之人，若自揣德业学问不足过人，而欲求不朽者，莫如刊布古书一法。但刻书必须不惜重费，延聘通人，甄择秘籍，详校精雕。刻书不择佳恶，书佳而不雠校，犹糜费也。其书终古不废，则刻书之人终古不泯。如歙之鲍，吴之黄，南海之伍，金山之钱，可决其五百年中必不泯灭，岂不胜于自著书自刻集者乎？假如就此录中，随举一类，刻成丛书，即亦不恶。且刻书者，传先哲之精蕴，启后学之困蒙，亦利济之先务，积善之雅谈也。”

② 刘叶秋：《类书简说》，上海古籍出版社，1980。作者生于 1917 年，曾为南开大学中文系兼职教授。

并依内容或字韵分门别类编排，以作寻检、征引之工具的渊源和体例。书中自然也介绍了一些重要的类书，帮助人们了解这些工具书的价值、用法及注意事项。

相比覆盖所有门类典籍数目更为简约但评述也更加详尽的史籍目录书则有现代著名历史学家、文献学家张舜徽先生在 20 世纪 80 年代主编的《中国史学名著题解》[①]。全书共介绍了 210 多部史学名著，按实际内容分为 20 类，包括古史、编年、纪传、纪事本末、实录、制度史、学术史、传记、地理方志、杂史、史评史论、金石甲骨考证、历史研究法、笔记、类书丛书、文编、书目、表谱、索引辞典等等。每篇均由华中师范大学文献学的几位教授以千余字的短文叙述作者传略、成书过程、内容介绍、历史地位、内容优劣评价及版本流传情况等内容，更加适合人们的查阅需求。

著名史学家陈垣先生在解放前曾为燕京大学、北平师范大学等校历史系开设“中国史学名著评论”课程，后留存有课程讲义和来新夏先生的听课笔记。这些珍贵资料为陈智超先生搜集整理，编为《中国史学名著评论》一书，也是一本能指点后辈读史门径的书[②]。这本书虽直接源于大师手笔，但可惜之处在于过于简略，只是一份提纲摘要。好在另有陈垣先生的弟子柴德赓先生也根据这份课程讲义，再加以自己在课堂上的亲授经验将其升级为《史籍举要》[③]。他在老师讲课基础上为这本书加入了更多的衍生内容和阐发含义，从讲解史籍入手，进而涉及史学知识的诸多方面和历史评价的诸多问题。目录学在这里已不仅是遍录群书、以备查阅的工具，而是真正将历史研究、史籍研究与史学研究紧密结合在一起的重要手段。

在以一人之力穷尽史籍方面，还有史学大家吕思勉一生阅读且笔耕不辍，

---

① 张舜徽：《中国史学名著题解》，东方出版社，2019。

② 陈垣：《中国史学名著评论》，商务印书馆，2014。

③ 柴德赓：《史籍举要（修订本）》，商务印书馆，2015。

留下大量的读书札记赐予后人。《吕思勉读史札记》汇集了先生此前全部已刊和未刊的762篇读书札记，共计100余万字[①]。这本书本身也就是先生一生治学保留下来的阅读史实录，相当于把前述目录中的史籍都通读了一遍，然后再加以注解。等到有某项专题需要论述之时，人们只要按主题索引到相关史籍便可引用。有志于延续先生学术道路的研究者当然可基于此书再加研读评注，有想窥探先生治史方法的爱好者也可以通览一遍后，再琢磨出先生当时用力深度厚此薄彼之处的用意。

不过，古本史籍距离今天的人们终究还是远了些，阅读当代名家的代表学术著作才是更为高效了解史学进展的方法。海外著名汉学家杨联陞先生就自比为汉学的看门人，甘愿连接众多学术大家的研究成果，为人们奉上精彩书评。《汉学书评》一书收录了其在50年间研读60多篇中英文优秀历史著作所写的书评[②]。每篇书评中除了评述作者及书的学术价值、分章概述书中内容之外，还会推荐相关著作、点评不足、指出谬误、给出建议，显示出真正的史学大家对待同行工作成果的尊重，又能为后来者指明继续努力的方向。

正如先生自己所说，"写书评可以长学问，交朋友，今日虽无科举，新进亦颇愿有大力者推荐，为己而亦为人，何乐而不为哉！"先生深得评书之乐，后学也深得其学术精华。值得一提的是，先生当时找来作为外文著作评论的洪业著《杜甫：中国最伟大的诗人》、杜希德著《唐朝的财政管理》和内藤湖南著《中国史学史》，如今均已有中译本了，人们可以参照这些原版书评，再次感受大师的学术功力。

---

① 吕思勉：《吕思勉读史札记》，上海古籍出版社，2020。

② 杨联陞：《汉学书评》，商务印书馆，2016。

回到国内，著名历史学家辛德勇教授将近年来有关历史文献研究和鉴赏的评述论文收录入《祭獭食蹠》，所涉及的史籍时代跨度从先秦到晚清，有抄本也有刻本，有正史也有野闻，五花八门而能融于一册[①]。书名念法颇为拗口，为方便起见标为：祭（jì）獭（tǎ）食（shí）蹠（zhí）。其中：祭獭，表示本书罗列大量史料，犹如水獭之祭鱼；食蹠，则表示本书从小处着手论述问题，犹如食鸡之指爪。书名提供的场景感让人过目难忘。不厌繁复是辛德勇先生的特点，先生能够以祭獭食蹠的精神悉心梳爬史籍中的边边角角做出大文章来，已经越来越超越注疏文献的层次，进入考证辨析的境界。这种学术功力值得人们深思，更可由此把握目录学的真谛，找到属于自己的学术钥匙。

如果评注单本古籍用力至深，甚至还能发展出一门学问。留意以上列举的典籍目录，人们就会发现无论哪本史籍举要都少不了提到的就有代表宋代历史学高度的《资治通鉴》。此书一经问世，围绕着它去做解析、评注和版本梳理的书就不绝于世。著名史学家张煦侯先生曾于抗日战争期间写作《通鉴学》[②]。该书对《资治通鉴》所创编年体写法的源流、司马光著述思想和学术勇气、原书编撰经历，以及成书后续事迹做了通盘整理和全面总结，并提出了对编年史类史书体例的改造方案。如此集大成者，当可谓“《资治通鉴》学”这门学术的总集成。

先生认为，《资治通鉴》的编年体体例并非独创，但非始于《春秋》，而是承续《左传》；《资治通鉴》既成，但面对同一史实在不同史书的不同记载时，为备案可查又著有《资治通鉴考异》，宋人当时就能有此等认识，其实已开清代朴学先河，反驳了世人通常以为“宋学尚议论”的假设；司马

① 辛德勇：《祭獭食蹠》，中华书局，2016。

② 张煦侯：《通鉴学》，北京联合出版公司，2019。

光提出了“苟不能使九州合为一统，皆有天子之名而无其实者也”的正朔观，反对以所谓的道德高低、实力强弱、辖土偏正和禅位承授等原则来判断正统王朝，而应该看谁实现了国家统一、促进了社会进步就是正统，这些观念是非常先进的。

先生还详细论述了与《资治通鉴》同时期完成的相关著作，即“枝属”，后世接续《资治通鉴》进一步阐释的相关著作，即“后继”，一纵一横打开时空维度，为其意图大力推出的“通鉴学”留下了广阔的研究地带。这样的一本《通鉴学》，可谓将版本目录和注释评论的研究功力都集中用在《资治通鉴》单本书上，确实发挥到了极致，让人们仰之弥高、叹为观止。

9.5 治史三长：史学、史才和史识

史，在商代甲骨文中作“从又持中”，“又”是手的象形，“中”指示猎具，手拿猎具表明要外出打猎谋生。当然，也有学者认为这个象形刻画的是人手持用来计算射弓数量的计数器[①]，或者是人手持用来记录氏族社会大事的“中旗”[②]。但不管怎样，“史”都是用来抽象地表示做很重要事情的含义。“史”

① [日]内藤湖南：《中国史学史》，马彪译，上海古籍出版社，2017。作者是日本近代研究中国历史的重要学者、日本京都学派的开创者，曾在20世纪一二十年代在京都大学讲授“中国史学史”，1949年由内藤乾吉根据先生的授课内容整理成《中国史学史》，由日本弘文堂出版，2008年作为日本中国史研究译丛系列出版。这本书涵盖了从先秦到清代中国史学的进展变化，在每个历史时期都能详尽分析比较当时重要历史著作、学者的特点和价值。书中考证了史官的来源和演变过程，论述了书写工具的发展对史学的推动作用，探究了由史书衍生出来的史注、史评等体裁的过程和意义，阐述了发生在史学史上的“唐宋变革”，对明清两代的史学状况做了浓墨重彩的描述和分析。

② 刘节：《中国史学史稿》，商务印书馆，2020。作者是民国时期著名史学家，新中国成立后任中山大学历史系主任。本书以作者在20世纪50年代中期于中山大学的讲课稿为基础整理而成，可与内藤湖南的《中国史学史》对比阅读。

字也与事、使、吏等字同源，在甲骨文中为同一字，后来才分化为四字。史则被引申为做事之人，成为在王左右的史官，担任祭祀、星历、卜筮、记事等职。《礼记·玉藻》则记载“动则左史书之，言则右史书之”。由此可见，史从一开始就与实际的社会活动紧密相连，有着经世致用的含义。

在文明走出巫史不分的蒙昧年代之后，记事以匡正君王的行为逐渐成为史官的专门责任，延绵几千年来不但保存下来大量珍贵的历史文献，也汇聚出中华文明独特的史学脉络。人们沿着这条脉络在前文得以通晓中国古代和近代的历史内容，掌握打开历史学的四把钥匙之后，自然就会有能力、有需求去思考中国史学的发展历程、史家治史的经验之谈，以及历史观模式的辩证批判。这也就对应的是唐代著名史学家刘知几在《史通》中提出的治史三长——史学、史才和史识，是作为一名史学家必须具备的三种基本要素。

要想理解史学，离不开对其脱胎于经学但又一直背负经世致用重任的整个历程的深刻认识。钱穆先生就认为，欲通史学需要先知道中国学术的根源，这根源之一便是以《尚书》为代表的经学①。从经学中的《春秋》及《左传》之上逐渐生长出史学，出现《史记》《汉书》《后汉书》等史学著作。但当时人们还没有史学意识，直到隋代史学才正式从经学中分离出来，这样中国学术才正式形成了经、史、子、集四大类。后来的三通《通典》《通志》和《文献通考》，欧阳修的《新五代史》与《新唐书》，司马光的《资治通鉴》、朱熹的《资治通鉴纲目》、袁枢的《通鉴纪事本末》、马端临的《文献通考》、

① 钱穆：《中国史学名著》，生活·读书·新知三联书店，2005。本书是在作者讲座内容的基础上汇编而成，以各个历史时期上的史学名著为依托，串联起中国史学从产生到发展的过程，并通过中西史学对比阐发出史学背后所见证的中国学术及思想。

黄梨洲的《明儒学案》、全谢山的《宋元学案》，以及章学诚的《文史通义》[①]，这些名著都可谓是扩充史学专业知识的基础。然而人们千万不可将其只当作寻章摘句的资料库，而是要透过书本了解著述这本书的那个人以及他所身处的时代。这样才能真正吃透史学和名著的价值，皆是在为那个时代的民众发声，是因为有此价值才能流传至今。

也有学者认为，经学和史学在东汉时期就开始出现了分离，是今文经学的衰落和古文经学的繁荣共同作用导致了史学的发展，脱离经学的附庸角色，《史记》才因此得到了重新评价[②]；到了魏晋，经与史终于分类，但文与史仍然纠缠在一起，于是史在为国家记事的作用之外开始承载文人留名于世的寄托，私人修史开始盛行一时；到了隋唐，皇权开始控制修史，官修正史冲淡了私人修史，好处在于有国家资源支持，坏处在于史书中开始混入统治者的意识形态。

就这样在与经学不断的纠缠中，史学中体现出的历史理性在中国古代完成它特有的产生过程，经历了正题（历史理性与道德理性一致）—反题（历史理性与道德理性背离，与自然理性附和）—合题（历史理性与道德理性重新结合，并与自然理性兼容）的三个递进阶段，而“这样的情况在历史学和

---

① 内藤湖南在《中国史学史》的附录中对章学诚的史学价值做了高度评价，认为他对中国史学理论做了突出贡献，“治史不遵考据之法，完全从理论方法入手进行研究”，“无疑是独一无二的卓越见解”。

② 胡宝国：《汉唐间史学的发展》，北京大学出版社，2014。作者是中国社会科学院历史研究所研究员。书中还详细考证了《史记》一书名称逐渐修订的过程反映了其最早作为子书的身份；《史记》与《汉书》对籍贯分别以县和郡记载背后体现两汉之间的文化差异；裴松之注《三国志》能补充细节内容来源于之前大量私人著史的丰富资源；南朝史学继承的是魏晋中原一带的史学传统，北朝史学继承的是东汉河北一带的史学传统，前者更先进，后者更保守。

哲学都相当发达的古希腊还不曾发生过”①。

史才要求历史研究者具备精准的史料分析能力和强大的著述表达能力。

在历代历史学家致力推动史学发展的过程中，也积累下来许多治史经验，可以使新进学子更方便地找到治学门径。海外著名历史学家严耕望先生就曾以个人治学心得为基础，并融合梁启超、陈寅恪、傅斯年、钱穆等史学大家的治史经验，告诉人们②：宋代可视为中国近古时代的开始，但宋史的空白还有待更多学人探索；唐诗是一大历史史料库，由诗入史也是一条治史门径；目录学是治史所必备的基础知识之一，校勘学是治史所必备的基本技术之一；不要从哲学和中文入手研究历史，要去实地考察史料和观察历史现象，避免主观意念和文字训诂的限制。

而被严耕望称为“现代中国四大史学家”的吕思勉在“为什么要研究历史”这个问题上的回答则是：治史的目的是在于总结出应对未来新生事物的“道”，而不仅仅是拘泥于具体历史细节的“术”，带着这个任务再去搜辑考证史籍才不会走偏；史籍是由获胜的幸存者书写的，那些充满事后诸葛

① 刘家和：《史学、经学与思想：在世界史背景下对于中国古代历史文化的思考》，北京师范大学出版社，2005。作者是北京师范大学教授，著名史学家。有关中国史学理论转变的观点可以参见本书收录的《历史理性在古代中国的发生》一文。本书的史学部分还收录了其他多篇探讨史学理论问题的论文，比如历史比较研究的限度问题、史学的求真致用问题、司马迁史学的变常问题和史学在中国传统学术的地位问题。

② 严耕望：《治史三书》，上海人民出版社，2016。本书分三部分：第一书《治史经验谈》内容涉及历史学研究的细节方法，包括选择论题、论著标准、论文体式、引用材料、注释方式、撰写改订以及个人修养等方面，均是以老师指导新人做学术基本方法的口吻娓娓道来，读来非常亲切。第二书《治史经验谈》回答了有关治史的二十一个关键问题，勾画出了先生从有志于学，到选择唐代政治制度史方向作为研究重心，然后层层递进、跬步千里的治学路径。书中有很多先生关于研究入门、治学工具、评述大师、藏书和翻译的经验之谈，可以算是倾囊而出了。第三书《钱穆宾四先生与我》则记述了作者与其师钱穆先生的交往经历，高度评价了钱的学术价值和人格风尚。

亮式智慧的历史评论往往忽略了偶然因素的作用；史籍中隐藏着强大的时代背景，每一字皆有出处，其含义需要有心的读史者去还原破解。[①]阅读旧史古籍看似能够直临历史场景，缩短古今距离，但风险也很大。自古以来为二十四史书中错误史实和谬论所毒害的读书人不在少数，在这里看到先生的警告，自然需要更加谨记留心。

史识往往体现的是历史学家在治史过程中所形成的特有的历史观，这些历史观反过来又会影响历史学家观察、思考史料的角度，从而在一条固定但又很难自察自觉的道路上前行。

美国汉学家柯文在海外中国史学界最早意识到了这一点，开始对近代以来美国研究中国近代史三种主要模式进行批判性总结，尤其强调研究历史和看待现今之间相互影响、相互放大的关系，并为此分析了美国研究中国近代史过往的三种主要方法：冲击 – 反应理论（compact–response approach），现代化理论（modernization approach）和帝国主义理论（imperialism approach）[②]。他认为这三种方法都有局限，中国太复杂多样、自成体系，不但要以地理和文化的因素将中国划分成多个区域，而且必须从中国自身的发展过程来理解中国历史，深入细致地探索中国社会内部的变化动力和形态结

① 吕思勉：《史学与史籍七种》，译林出版社，2016。全书由七个部分组成，包括《历史研究法》《史籍与史学》《中国史籍读法》《史通评》《文史通义评》《古史家传记文选》《史籍选文评述》，以及附录的《新唐书选注》。其中有关治学方法的部分主要是《历史研究法》《史籍与史学》和《中国史籍读法》等前三篇内容。

② [美]柯文：《在中国发现历史：中国中心观在美国的兴起》，林同奇译，社会科学文献出版社，2017。本书最早由中华书局在 20 世纪 80 年代出版，现由社会科学文献出版社再版，是一本能够提供武器帮助读者观察众多历史书籍中所隐藏的研究模式假设的重要著作。值得注意的是，这本书的英文名为 *Discovering history in China：American historical writing on the recent Chinese Past*，其副标题直译过来应该是“美国对中国近代史的著述”，并没有专门提到中国中心观。

构，这才是他想要提出的中国中心观（China—centered history）。几十年后，当柯文以80多岁高龄登上学术生涯顶峰，发现自己也成为历史的一部分，再回顾这段“走过两遍的路”时，就更加能够体会到史料和史观在历史的长河中互动的那股不息的力量了[①]。

当然，人们可以不用太去关心所谓“中国中心观”的具体内容，柯文本人随后也对其做了进一步的拆解和驳斥，但还是要学会在读史的过程中注重分辨史观对历史著述的根本影响。就以中国内部的不同群体，尤其是华夏文明的边缘民族，在构建自身文化认同观念的案例来看，也有必要去反思史学研究过程中历史叙述对社会概念的重要塑造作用。“我们以知识体系建立起一个虚拟世界，人们生活其中也就是被包在一个大蚕茧里”[②]，用特定的有色眼镜去观察这个世界，又怎么能保证得出的认知还能反映出事物本质呢？真正的史学研究者，有责任提出一种由表相（可以是文本、图像、电影、社会事件等等）认识社会现实本相的分析方法，让人们能因此看透被旧有经典知识所蒙蔽的真实世界及其历史变化过程，并对外在世界有真实的认知、反思与反应。

史学可以说是“分析研究人类社会以往发生的所有事情的学问”[③]，史学

① [美]柯文：《走过两遍的路：我研究中国历史的旅程》，刘楠楠译，社会科学文献出版社，2022。

② 王明珂：《反思史学与史学反思：文本与表征分析》，上海人民出版社，2016。作者是中国台湾“中央研究院”历史语言研究所特聘研究员、著名历史人类学家，长期从事华夏边缘民族融合方面的研究，能够结合人类学田野调查与历史学文献资源对史观的特点和重要性做出别具一格的论述。本书选择了羌族构建自身民族认同的研究为案例说明反思史学的必要性，是一部能够反思历史叙述塑造社会概念，进而影响历史学研究过程的警醒之作。

③ 包伟民：《走向自觉——中国近古历史研究论集》，中华书局，2019。作者是中国人民大学历史学院教授，在本书第一篇论文《历史学是什么》中回答了有关历史学的一些根本问题，指出史学训练的重要意义。

的发展则是一部由史学家阅读、考证、分析史料，做出判断，形成新知识的认知发展史。在这方面前人已经给人们留下了丰厚的遗产、经验和反思。当后人面临随时间累积和前人耕耘而越来越多的史料时，有必要将此作为操练自己认知能力的训练场，尽可能多地阅读优秀历史学术著作，小心谨慎地接触原始文献，心存怀疑地辨识固定历史观和偏见立场，逐渐形成自己的独立判断。因为，“历史学不仅是一切社会科学的基础，史学训练也是一切人文与社会科学学科训练的起点”。

第 10 章　养成高阶史观

如果用数学的语言来描述人们对史学的认识程度，将曾经在历史条件下真实发生的事件过程比作一条曲线，那么历史学者们分门别类、分区分段的研究成果就是在对这条曲线做插值函数，尽可能逼真地拟合；史学的四把钥匙则是在对这条曲线做一阶求导；观察历史学家手拿这串钥匙的开锁动作，学习史学大家各自治史的经验总结，则可视作在对这条曲线做二阶求导；再从这些呈现出来的历史观点中找出背后的规律、提炼潜在的模式，以及不同历史观模式之间的辩证批判，那就当为再对这条曲线做三阶求导了。当人们求解到三阶导数，如果研究的是曲线方程，就已经能知道曲线凹凸变化的趋势了；如果研究的是速度方程，就已经能知道加速度增减的快慢了。

这就要求人们不但要提高对史料的思辨能力，还要从研究史学家生平和史学史入手加深对史学本身的感悟。唐代著名史学家刘知几曾在《史通》中提出治史三长——史学、史才和史识，是作为一名史学家必须具备的三种基本要素，也提供给人们一套衡量史家本人和史说自身的评判标准。

好在观察中国历史演变现象、总结发展经验方面，也已经有学者能够系统完整地阐述他们的大历史观。特别值得推荐的三位优秀学者分别是：20 世纪 40 年代参与抗战，后赴美求学留任大学任教的历史学家黄仁宇先生；20 世纪 80 年代参与改革思潮，后留港赴台延续学术研究的社会学家金观涛先生；21 世纪初崭露头角，至今笔耕不辍探索学术前沿问题的经济学者李晓鹏先生。

读到此处，人们方有可能做到贯通古今、鞭辟入里，真正对中国历史有了如陈寅恪先生所说“了解之同情”[①],才能有动力对今日之情势有“同情之了解”[②]。

10.1 认识那些下蛋的母鸡

钱锺书先生曾在《围城》中风趣地写过：“如果你吃到一个鸡蛋，觉得好吃，你又何必去认识下蛋的母鸡呢？”但在历史学领域，人们从一本好书中获取所需的史学知识后，还是有必要去了解背后生产出这些精神食粮的“母鸡”的。史料浩如烟海，能从中萃取出点点滴滴有价值的思想流传下来，作者本身该是经历了怎样的生活境遇，接触过哪些人物场面，在书斋中做过多少慨喟叹嘘，都是人们应该进一步去了解的。阅读有关他们的传记、访谈和评述，了解史学家们的历史，是人们更加全面理解史学的另辟蹊径。

还是先从“中国史”学界的边缘，但也是海外汉学研究的重镇日本开始拜访吧。19 世纪后半期到 20 世纪前半期，中国本土还处在局势兵荒马乱、学者无法安身的状态。但整个日本知识学界却对中国都充满了一种复杂的情感，而且还有一部分人对中国学术是以着传承自家文化的定位而始终不渝地

---

① 语出陈寅恪先生 1930 年在《冯友兰〈中国哲学史〉上册审查报告》中所论，“凡著中国古代哲学史者，其对于古人之学说，应具了解之同情，方可下笔。盖古人著书立说，皆有所为而发，故其所处之环境，所受之背景，非完全明了，则其学说不易评论。而古代哲学家去今数千年，其时代之真相，极难推知，吾人今日可依据之材料，仅为当时所遗存最小之一部，欲藉此残余断片，以窥测其全部结构，必须具备艺术家欣赏古代绘画雕刻之眼光及精神，然后古人立说之用意与对象，始可以真了解。所谓真了解者，必神游冥想，与立说之古人，处于同一境界，而对于其持论所以不得不如是之苦心孤诣，表一种之同情，始能批评其学说之是非得失，而无隔阂肤廓之论。否则数千年前之陈言旧说，与今日之情势迥殊，何一不可以可笑可怪目之乎？”

② 陈寅恪先生在《报告》中继续论述：“今日取诸人论史之文，与旧史互证，当日政治社会情势，益可借此增加了解，此所谓废物利用，盖不仅能供习文者之摹拟练习而已也。”

坚守，内藤湖南就是其中非常典型的代表人物[①]。他从小学习汉学典籍，奠定了崇尚中华文明的思想基础。在从事了10年新闻记者工作之后，内藤湖南进入更加自由的京都帝国大学任东洋史教授。1899年到1918年，他还曾多次到中国游览山水名胜，拜访社会名流[②]。辛亥革命爆发后，罗振玉、王国维和董康等人受内藤湖南之邀去到日本，这极大提升了京都大学的研究水平，为“京都学派”在汉学领域的学术功底打下了坚实基础。他提出的“唐宋变革论”，后经宫崎市定等人考证阐发，也最终成为影响广泛的京都学派的理论基础之一，不仅是日本人研究中国历史的基本观念，也是中国历史学家需要频繁引用和认真阐述的重要观点。

然而日人读史论事总是给人一种别有心机的感觉，他们能看到“中国与日本，乃至于整个东亚都具有文化同一性”，但中国过去2000多年所发生的朝代变革和民族融合，在日人看来表明中华文明的中心也可以再次发生转移。故当九州汉土衰落之际，位于边境地带的日本则“将降有大命”。这种历史观给晚年的内藤湖南带来越来越多的疑虑和困惑。不过上天算是很眷顾他，没有让他看到日中两国随后愈演愈烈的兵戈相见、生灵涂炭场面，带着那个特殊时代日本知识分子不切实际的观念于1934年就溘然离世了。

陈寅恪先生则是中国近代史学界当时能够和内藤湖南遥相呼应的一面大旗。他早年负笈欧美，深受西方学术界的影响。成名之后也有好几次远渡重洋潜心治学的机会，但都遗憾错过，最终留在内地傲世独立，成就了他“独

① [美]傅佛果：《内藤湖南：政治与汉学（1866—1934）》，陶德民、何英莺译，江苏人民出版社，2016。作者是加拿大约克大学讲座教授。

② [日]内藤湖南：《禹域鸿爪》，李振声译，浙江文艺出版社，2018。本书为七篇考察记录的合集。其价值在于详细记录了清末民初时中国各地的社会形态和名人凡夫的行事作态，再加上作者以异国同文知识分子观察角度进行评述思考，因而显得极为珍贵。

立之精神，自由之思想”的理想信条。探索先生在美国哈佛大学、德国柏林大学的留学历程，以及其与欧美学术界兰曼、白璧德、吕德斯等学者交往的经历，人们就能够发现先生于中国史学学术成就之外、早期所做东方学研究的国际学术背景，对其异于国内其他学者在隋唐史学上的杰出成就所受到的影响[①]。这就是先生平日所自述最关爱的“殊族之文、塞外之史”，是其早年利用中亚和塞外新出土的文献，采用比较历史语言学所进行的文史研究了。于是，这样一条由境外文献资料和西方史学观点入手，从他者角度再塑造出一个崭新中华形象的史学门道，就在陈寅恪先生的脚下终于由隋唐之际研究的落脚点，而蹚出了一条康庄大道。

后来为人们所熟知但限于隋唐史学术圈内“关陇集团”等历史学概念，则是先生广博知识江河中的一瓢饮而已。这一重要的史学研究转向被认为“最明确的发轫应是从 1929 至 1930 年间开始”[②]，后来在 1940 年和 1941 年的战火中相继完成的《隋唐渊源制度略论稿》和《唐代政治史述论稿》则进一步奠定了先生在唐史乃至中古史领域的基本学术架构。后人猜测先生的这一转变是受到当时日本侵华情势的刺激，“认识到清代与唐代的诸多相似性，尤其是晚清和晚唐之间，这可以说是一种视域的融合”，因而可以从对唐史的研究中找到解决时政危机的借鉴方案。只可惜先生中年以后即开始遭受眼疾折磨，计划移居英国治学又由于战乱未果，后来又经历国共内战、南迁广州和历次政治运动，先生的治史兴趣于是又转向历史上的独特人物，开始采用曲笔表述自己的顽强人格，在生命的最后 20 年陆续写出《论韩愈》《论再

① 陈怀宇：《在西方发现陈寅恪：中国近代人文学的东方学与西学背景》，北京师范大学出版社，2013。作者是美国亚利桑那州立大学助理教授。

②《中华文史论丛》编辑部：《陈寅恪新论》，上海古籍出版社，2020。关于陈寅恪先生在唐史领域学术价值的内容，可以参考本书收录陆扬先生所写的《唐史学家陈寅恪》一文。

生缘》《柳如是别传》等传世之作，至今发人深省[①]。

与此同时，还有一位同样经历战乱但在内战结束后寄身异国，历史学半路出家，且在中年意外丢失教职的历史学家黄仁宇先生，也在以自己独特的经历用另一套话语展示出：一个普通人是如何抱定经世致用的信念，就能绝处逢生、披荆斩棘蹚出一条独有的治学之路的[②]。

不知道是有幸还是不幸，父亲参与国民党事业的失意和母亲家族成员参与共产革命的横死，给了少年黄仁宇人生价值观极大的冲击，使得他一直游离于这个伟大的历史进程之外，得以用客观的视角去观察体味这里面所有参与者的感受；但也使得自己冷疏笔下的历史著作要等到所有尘埃皆已落地之时，才给垂垂老矣的他带来巨大的声望和回馈[③]。黄仁宇在史学界的历史定位，从来不以史学见长，但其史才在于叙事则是有口皆碑，最重则在于其大历史观。读黄仁宇的著作，人们尤其能感受到一股来自远处幽古的力量在倾诉：从万历十五年显露出来的明代中国之财政和税收，到 21 世纪仍在作用

---

① 陆键东：《陈寅恪的最后 20 年》，生活·读书·新知三联书店，2013。本书复原了当年陈寅恪先生的生活状态，及其所交往知识分子群体的境遇，尝试探索先生内心世界的抗争、转变和反思。作者由此阐释先生晚年脱离原先研究轨道而产出的几部作品背后蕴含的深意，让人们可以以文见史，在先生著作的字里行间体会史学精神。这本书曾在 1995 年由生活·读书·新知三联书店出版社刊发初版，售罄后一直未能再版，直到 2013 年经过修订后再版，补充了这十几年间新出现的史料和研究成果，从而更加全面生动地展现了一个没有神话，更真实，也更值得尊敬的学者形象。

② [美]黄仁宇：《地北天南叙古今》，生活·读书·新知三联书店，2001。本书收录了黄仁宇从 1944 起在各处发表过的 26 篇文章，覆盖了作者早期军旅生活和晚年学术生涯见闻。从这些散文中也可以感受到黄的写作风格，善于烘托叙事环境，从中表达宏观概念，但疏于细节论证解释。

③ [美]黄仁宇：《黄河青山：黄仁宇回忆录》，生活·读书·新知三联书店，2001。本书回顾了作者从早年从军到壮年在美国打工求学、著书立说的生活经历，阐述了自己提炼出“大历史”观点去看待中国几千年历史进程的合理性和发展方向的心路历程。

的资本主义，近代中国的出路和现代中国的历程之间存在着关系千万重。然而在赫逊河畔放宽历史的眼界，人们终能看到，大历史不会萎缩，要相信中国的前途。

信奉大历史观、相信中国前途的历史学者还会越来越多。在经历了阶级史观和革命史观的宏大叙事之后，20 世纪七八十年代出生的新生代历史学者们正在书写属于他们心目中的历史[①]。在他们的访谈和代表作里，人们可以找寻到属于这个新时代的“志气”。

10.2 黄仁宇：大历史和数目字

著名历史学家黄仁宇先生在历史爱好者圈内如今已经成为大受追捧的热点人物了。但他从默默无闻到大红大紫确实是有缘由的。在他的文字中，有在《万历十五年》中一开场就以一连串白描的笔法将历史隐秘处的人物拉近到人们面前的视觉冲击力，有在《黄河青山》中自述为谋生计需夜间转乘地铁通勤、尽力著述但不为周边理解、谑称妻子为“番婆”的苏武牧羊心态。他的这番遭遇和心思最终都注入到了其著作之中，因而能在文字之间饱含深情，格外感染人心。

黄仁宇先生以研究明史出身，擅长以“大历史”观点统摄史料，用长时间、远距离和宽视界来重新评价历史人物和事件，得出既能体察当事人感受，

① 许知远主编：《历史新声：中国杰出青年历史学人》，广西师范大学出版社，2013。本书为《东方历史评论》第 3 辑，选取了来自北京、上海、武汉的 15 位杰出青年历史学人进行访谈和介绍。他们的研究领域大多集中于中国近现代史，通常以政治、革命、思想为主要的研究领域，世界史和古代史还相对冷门，这可能与现有文献资料和学术课题设置有关。从这些访谈中，人们能看到受访者在史学、史才和史观上各自不同的表现状态，也能有更为综合的横向对比。如果想成为他们的其中一员，这本访谈也不失为提前做好知识储备和预想未来生活状况的参考书。

又能启发后来者思路的观点。他曾著有像《万历十五年》《十六世纪明代中国之财政与税收》这样针对某一历史问题的专著,也曾著有《黄河青山》《地北天南叙古今》这样夫子自述心境行迹的自传。但他关于整个中国政治发展规律的论述,则存迹于其从20世纪70年代以来的多本论文结集和《中国大历史》这样的专著中,展现了先生一直未曾停歇地以“大历史”观点思考各种散落在史料中看似不合理元素彼此之间潜在关联的思想发展过程,也为人们勾勒出一幅从多个角度、多个时期反复思考同一问题的立体画面。

按照发表时间先后的顺序,首先呈现给人们的是《放宽历史的视界》[①]。这本书是以黄仁宇先生在20世纪70年代以来的多篇论述加上两篇新稿,重新编印发行的增订版。在书中作者先去分析传奇小说《三言》中记录的明代商人的生活场景,再去考证《明实录》里记载的财政数据,得出农业社会和商业社会在统计和管理上的差距,已经不再适用于统治这么广大的疆域和人口,因而非得从“数目字管理”上入手,重新建立起一套经济体制来才可以继续运转下去。

“数目字管理”是黄仁宇史学理念的核心概念。但黄仁宇也认为在中国早早统一之后,广大的疆域和众多的人口使得统治者在精准层面上对所辖资源进行数目化管理已成为不可能完成的任务。西汉的统治者们裁取儒法学说,加以天人感应和阴阳符谶,混在一起构建了一套理想的道德化框架去管理国家。经过儒家伦理道德培养出来的帝国官员被派到全国各地实施统治,官员们只能根据自己对道德的理解裁判地方事务,乃至后世才有“半部《论语》治天下”之说。

这套管理框架势必提供一套均匀的方案去处理帝国不同地方的实际情况,王安石曾试图变法改变这一状况,但终究是失败了。朱元璋干脆采取更

① [美]黄仁宇:《放宽历史的视界》,生活·读书·新知三联书店,2007。

为保守的政策，舍弃经济发展，追求政治稳定。如果没有西方列强漂洋过海而来的叩关，也许这种状况还能维持下去。可经历过百余年阵痛之后，中国社会还是得重建这种数目字管理的机制，重建底层的传统农业机构。黄仁宇充满希望地看到大陆在 20 世纪 80 年代改革开放以后，已经又在朝着这条道路前进。

随后的《赫逊河畔谈中国历史》一书则收录了 1987 年初至 1989 年夏天，黄仁宇先生在《中国时报》的“人间副刊”发表过的 33 篇文章[①]。这本书采取了人物传记的体裁，选取了先秦至元末的诸多历史人物进行点评，体现了先生深厚的历史功底和一以贯之的“大历史”观。

黄仁宇在书中提出了第一帝国（秦汉）、第二帝国（隋唐宋）和第三帝国（明清）的历史分期说。他认为：第一帝国的政治带有明显的贵族作用，世家大族垄断了权力的转移和分配；第二帝国通过科举制建立了底层士人向上发展的通道，经济重心也在经历南朝几代开发之后逐渐扩展到中国南方；第三帝国则向内发展，采取更加保守的经济政策，以较低成本维持帝国版图的扩大。

中国传统政治未能实现“数目字管理”的观点自然是被频频提到，并结合历代统治者（比如秦始皇、汉武帝、北魏孝文帝、隋炀帝、宋太祖、元世祖）和改革家（李悝、王莽、武则天、王安石）的实际案例得以阐发。在黄仁宇看来，统一政治模式下需要进行数量化和技术化的经济与法治管理需求，与依赖简单、随意和僵化的道德信条和意识形态进行管理的现实之间的矛盾，是贯彻中国历史的主要线条。

后来在 1993 年出版的《中国大历史》一书中，黄仁宇得以采用“大历史”观将从秦始皇到现代中国的历史浓缩连贯成纲领，从技术角度分析中国历史

① ［美］黄仁宇：《赫逊河畔谈中国历史》，生活·读书·新知三联书店，1997。

的发展进程，其着眼点在于回答通行于世的现代经济体制如何为传统社会所不容，以及又是因何契机使其在中国土地上得以实现[①]。黄仁宇希望能解释的是，中国在过去一百多年里经历的这场史上人数规模最大、改变程度最烈的革命，究竟是缘何而生，又将入何而去。

黄仁宇首先认为，是中华文化的独特性让华夏文明得以延续至今。自古以来不是没有异族统治过中原，但他们很快就被汉人的职官、历律、文字、科举、伦理等文化所吸引乃至同化。最初游耕民族也曾想将农田辟为牧场，但很快发现将农民稳定下来、编户齐民之后收取税赋是一种更高效创造和享受财富的方式，于是也自然放下马鞭定居下来，成为新一代的中华继承者。

可是在元清两代成功地将农耕文明和游牧文明统一在一起之后，来自海洋的工业文明让中国的大历史再也书写不下去了。黄仁宇认为，现代资本主义运行所需要的三个基本条件是：信用的广泛展开、经理不受人身关系限制、服务性质的事业全盘活用。参照历史，鲜卑拓跋部曾在北部中国重新创造出一个下端均匀的农村组织，但缺乏的是上端有纪律的官僚组织；赵宋时期王安石的变法试验希望能在财政上全部采用商业习惯管制，其经济思想与现代读者很近，反而与他同时代的人物更远，结果只能是失败；结果直到新中国成立之后，才有可能在中国共产党的领导下重构底层的农村结构，再建立一种数目字管理延伸到各个经济各部门，并以适当的司法制度予以扶持。“今后中国的重要课题，是如何在高低层机构中建立法制性的联系，使整体发展走向合理化。”

进入到20世纪90年代，黄仁宇先生秉持“大历史”观去分析中国现代史，解读90年代初世界上的一些新现象，著有多篇演讲、访问及评论文章，

① [美]黄仁宇：《中国大历史》，生活·读书·新知三联书店，2007。

再次结集为《大历史不会萎缩》一书[①]。

黄仁宇仍然认为，由于中国自明朝开始一直未能完成数目字管理的改造，而以道德代替法律，采用保守收缩的财政政策，因而使得中国的现代化进程停滞下来。列强叩关的现实政治局面逼迫中国必须完成这一改造才能找到历史出口，而中国近现代史上前赴后继完成这个使命的人物包括李鸿章、康有为、孙中山、蒋介石和毛泽东。根据其底层和高层结构无法配合的理论，黄仁宇高度评价了蒋介石在极端困难情况下创建上层机构的作为，但也认可毛泽东从另一条道路上创建了中国的下层结构。当今中国要做的，则是努力构建连接上下的法律体系，从而完成一个“立”字。

黄仁宇先生作为一个早年从军抗日，中年漂洋过海、寄居异域、半路出家的历史学者，在几十年中全凭个人对中国使命的责任感完成执教、治学和著述的苦功，实属不易。他在《万历十五年》这一惊鸿一笔留给人们的“大历史”观，虽然从后来中国社会发展进展来看并无多少出人意料之说，但在当时启发大陆学人摆脱陈旧史观的限制，从中国社会形态自身特点出发构建符合中国历史规律的理论方法，提供了极为稀缺的参考案例。

回想至此，人们只能感激先生当年孤身一人在异国他乡不为世人和家人理解，在应付那些美国大学生拿取学分需求之余，还能激励自己深入反思故国历史的大逻辑。他所付出的苦心孤诣可谓穿越时空，至今应有回响。

10.3 金观涛：超稳定结构

当代著名学者金观涛先生 20 世纪 80 年代曾在内地从事过“走向未来丛书”的编撰工作，在那段文化开放热潮中向当时的中国学术界引入了很多新

① [美]黄仁宇：《大历史不会萎缩》，广西师范大学出版社，2011。

鲜思想。先生本人也以理科生的背景投入社会科学前沿问题的钻研当中，独立思考并提出了有关中国政治文化演变和社会发展规律的“超稳定结构”假说，并以此解释中国社会在近代被迫打开国门后的历史转向，以及中国政治文化的未来演变趋势。“超稳定结构”的政治历史观将延续2000多年的中国封建社会看作一个巨大自洽的系统，虽每隔一段周期会出现扰动，但由于其地理封闭性，因而总是能够再次重建起来，并得到加强，逐渐形成所谓的“超稳定”状态。

最早在1992年，金观涛先生将其在中国社会发展规律领域多年的研究内容，题名《兴盛与危机：论中国社会超稳定结构》，交由香港中文大学出版社出版，在内地则于2011年由法律出版社出版[①]。本书第一次提出了中国社会的“超稳定结构”假说，其观点在当时曾引起社会极大反响，引发人们去思考这个假说中所概括的中国社会特点，以及背后反映出来的政治观点。

“超稳定结构”假说认为中国社会有别于西方社会的本质特点在于由官僚政治组织、地主经济模式和儒家意识形态三者高度耦合的一体化结构，结构中的三个因素之间可以互相调节修正，但在调节过程中会出现破坏一体化结构的无组织力量。当这些力量积累到一定程度以后，就会以暴力革命的方式释放出来，打破原来形成的超稳定结构，并在进一步加强儒家意识形态后重建新的超稳定结构。这样，对历史观察者来说，中国历史就会出现不断的治与乱的循环，表现出周期性改变和整体性停滞的特点。

金观涛对这一套假说中的观点进行了细致解释，比如结构调节过程中会加强官僚组织来实现对社会的控制，这样就会导致官僚组织膨胀和腐败问题；官员腐败破坏儒家道德伦理，王朝统治失去合法性，社会出现一体化结构的无组织力量；官员腐败会将钱财用于购买土地，又会导致土地兼并问题；土

① 金观涛：《兴盛与危机：论中国社会超稳定结构》，法律出版社，2011。

地兼并导致农民失地，进而引发社会问题，成为破坏一体化结构的无组织力量。这时候就需要高居权力结构顶层的皇帝出来调节，即作者所称的“超级组织力量”。可是当王朝后期皇帝不具备调控能力和意志，无组织力量也越来越大时，历史就会通过农民起义彻底消除系统内部的无组织力量，建立新的王朝。于是一切又都恢复到从前，开始下一个循环。

必须承认这是一种似是而非的谬论，看似言之有理，并能自圆其说，但却充满了主观臆想和客观漏洞。在那个众说纷纭的思想解放年代，金观涛确实看了一些书，知道去套用当时比较时髦的社会学说概念，尝试解决那些刚刚经历过荒谬年代的人们心中盘旋已久的重大问题。但他明显没有经过系统的社会科学学术训练，一上来就直接搬用了目的先行的概念，从概念到概念，合则用，不合则弃，最后是用一堆新概念重述了一遍人们一开始就迷惑的历史事实，于事无补。

经济、政治、意识形态三个子系统像是经人调整好发条的钟表，在金观涛的假说中从一开始就会嘀嗒作响，只是齿轮会有磨损、轴承会有松动，需要有一股力量定期重新上紧而已。可是，谁是这个超稳定结构的设计者，又是什么力量将中国社会摆放到这架钟表上的呢？此说可谓无源。

熟悉中国历史的人们都会知道，中国社会的发展并不是一直在做简单的王朝更替。从商周更迭到秦汉沿制、从南北朝分裂到隋唐大一统、从辽宋夏金并立到元明清次替，每个历史时期都别具特色，细看进去千姿百态、异彩纷呈，何来总体上周期重复、发展停滞之说？此说可谓无知。

中国本身就是一个在2000多年里不断进行演进和变化的概念，把中国社会结构的演变模式看作不考虑外部影响的自循环过程，这本身就限制了立论的根基。如此自我限定得出的结论，怎么能解释更大尺度上中国社会的演进规律？此说可谓无感。

不过刨除这些窃以为获的假说，书中还是提供了不少了解中国政治发展特点的具体分析过程和思考元素。比如土地的自由买卖是中国社会最显著的一个特点，为土地兼并提供了制度基础；中国实行“诸子分户析产”的财产继承制度使得再大的土地所有者在几代之后也不免子孙萧落，为新一轮的土地兼并提供资源；儒家学说作为结构三元素中的意识形态载体，历经多次震荡反而得到不断加强，后人总是会从前人那里总结，王朝覆灭是因为没有完全实现儒家理想，要想避免再次覆灭，就必须进一步加强儒家伦理道德建设，所以我们会看到孔子的封号逐朝加高；统治者如果限制地主经济发展，则会损害统治阶级的政治基础，引起传承儒家思想的士大夫阶层的反对，但统治者如果放任地主经济发展，则会出现严重的土地兼并现象，大量自耕农失地流离，削弱统治阶级的经济基础，引发社会动荡。

1993 年，金观涛和夫人刘青峰先生在香港又出版了《开放中的变迁：再论中国社会超稳定结构》，后在 2011 年在内地由法律出版社出版[①]。这本书继续探讨从 1840 年至 1956 年的 100 多年间中国社会宏观结构的变化规律，认为中国近现代社会由封闭到开放的变迁并不意味着传统社会的断裂，中国共产党建立的政权仍然是中国传统社会的一种改头换面后的形态，反而会进一步证实中国社会的超稳定结构。

金观涛还是认为，在 1840 年前中国社会是一个由官僚政治组织、地主经济模式和儒家意识形态三者高度耦合的一体化结构。西方工业文明打破了这个结构的继续循环演化，士人阶层发现再也无法以加强儒家意识形态来应对挑战，结果转而主张抛弃这个意识形态来解决问题，这就是五四运动产生的原因。“五四”之后，新一代的知识分子找到了最能契合这个一体化结构要求的意识形态——三民主义和马列主义，接下来两个主义的代表政党，国民党和共产党分别以自身发展过程对比了两个主义优劣，最后是共产党的毛

① 金观涛、刘青峰：《开放中的变迁：再论中国社会超稳定结构》，法律出版社，2011。

泽东思想胜出，成为重新统领这个一体化结构的意识形态，中国再次进入超稳定结构。

应该说以上内容对这100多年间历史发展趋势的描述基本属实，但实际上抛开所谓的一体化结构概念，这也就是人们通常能在中国近现代史著述中看到的段落大意。但为了强行适应“超稳定结构”假说，金观涛画蛇添足地总结出了根据该假说所谓内部调节因素画制的历史发展网格图，并推演出今天的中国社会将沿着超稳定循环链条，像跳方格一样发展到类似中国近代史上曾经出现过的某个阶段的状态，这就谬之大矣了。

1999年，金观涛夫妇接着在香港出版了《中国现代思想的起源：超稳定结构与中国政治文化的演变》，继续从中国社会是超稳定系统假说出发，讨论中国政治文化的演变机制[①]。书中认为这一超稳定结构曾经遇到过两次外来文化的冲击：魏晋南北朝时期的佛教传入和清末民初的西方文明侵入。这些冲击在金观涛夫妇看来，都对当时已经板结的儒家意识形态造成了威胁，但也带来了新的动力。前者开创了唐宋时代的盛世，诞生了宋代理学；后者对儒学现代化的影响还在继续，新的意识形态正在形成，中华民族也似乎正在迎来新的盛世。

这就是金观涛所理解的中国现代思想的起源：源于政治上的超稳定结构，要用“天人合一”的秩序来解释国家政治和家庭生活，赋予“家国一体”的道德意义。每当政治上遇到冲击，思想上就会经历一次重新组装，直到能包容进新的观念，发展出更加稳定的意识形态。只是他囿于20世纪90年代那个时空的所闻所见，还看不到这一次超稳定结构重组的结果，因此只能给出自己对中华文化如何选择西方近现代思想和第二次融合三个阶段的预测。

① 金观涛、刘青峰：《中国现代思想的起源：超稳定结构与中国政治文化的演变》，法律出版社，2011。

应该说今天人们已经有条件来评判金观涛先生的假说和预测了。可敬的是，金观涛先生在极为不利的条件下做了大量艰苦的研究，提出一整套自闭环的假说理论。可叹的是，金观涛先生始终是从书本到书本、从概念到概念地将自己拆掉的思想框架又重新组装了一遍，严严实实地与中国社会现实隔离了起来。

这可能与他在特殊的时间节点上离开了正在发生伟大变革的母体有关，导致敏感的思维一直停留在那个充满畅想但又脱离实际的年代。其实他自己也很困惑，百思不得其解：为什么青年时代曾经寄予厚望的社会改造运动，到头来又重回不可打破的超稳定结构，而且竟然还推导出又要转圈回到晚清境地的结论？然而他的苦心孤诣并不能算是白费，新时代的思考者需要担负更大的责任，站在前辈的肩膀上扛起更重的使命，解释中国政治的独特发展规律。

10.4 李晓鹏：意识形态能力

作为近年来脱颖而出的青年经济学者，李晓鹏先生策划并陆续出版了《从黄河文明到“一带一路”》系列丛书，目前已有三卷问世，分别是《中华帝国的治乱得失》《王朝覆灭的历史宿命》和《东西文明的千年剧变》，以连贯一致的视角阐述了自己对于中国几千年来政治历史发展规律的看法。

李晓鹏本身并不是历史学家，也不是社会学者，而是受过经济学领域专业训练的专家，在掌握了大量历史知识、具备崭新观念的前提下，能够从大历史的宏观视角和历史细微之处的具体数字出发，得出一些令人耳目一新的观点。这些观点在当下需要打破旧有思维窠臼、建立属于中国新时代的政治学话语权的关口，显得尤为重要，也值得格外珍惜。在仔细琢磨他的政治历史观之后，人们也许会发现其疏漏偏颇之处。但这并不妨碍人们由此出发，去探索更为扎实也更有新意的政治发展理论。

对“中华帝国的治乱得失”的讨论首先带领人们进入的落脚点，就是中国古代王朝政治措施的利弊得失[①]。与前面介绍的历史观不同，李晓鹏从一开始就没有限于中原王朝自身的兴衰利弊因素讨论怪圈，而是引入了今天人们分析世界霸权转换常用的地缘政治理论，把讨论的背景放在了近代西方工业革命、鸦片战争、日俄战争和中共逆势崛起的大环境下，认为从一开始中华文明就在认真严肃地处理海洋和陆地两项势力的此消彼长，并由此而展开从汉到明各代治乱得失的分析论述。

基于这个思路，李晓鹏详细剖析了明代各位君主的政治措施。一反之前人们通常以为的明太祖朱元璋暴戾残酷、明成祖朱棣好大喜功，随后诸位朱家天子不是疏于朝政就是滥用阉竖的观念，李晓鹏从海量的史料中梳爬出了有明一代对外开疆拓土、威加四海的国际局面，对内平抑豪强、打破垄断的政治生态。中国古代君主，至少是在明代，并不是像宫廷剧里那样不谙世界形势，而是逐代连续推行稳定对外政策的政治家。郑和下西洋活动就是这项事业的顶峰，它的存在并不是空穴来风，也不是一拍脑袋的政绩工程，而是在切实有效地主持当时以“朝贡制”为主要形式的国际政治环境。

然而这背后也隐藏了从治到乱的祸患。在李晓鹏看来，问题出在高度集权的官吏管理制度无法抵御人性中追求安逸享乐的私欲。儒家克己复礼的最高要求并不是人人可为，一旦缺少督促者的管理和鞭策，原先再完美的制度都有可能逐渐松弛下去，因而人们需要进一步探讨“王朝覆灭的历史宿命”这个话题[②]。李晓鹏在重点分析了明王朝后半段历史中有关张居正变法、东

---

① 李晓鹏：《从黄河文明到“一带一路”：中华帝国的治乱得失》，中国发展出版社，2015。作者是中国人民大学经济学博士。

② 李晓鹏：《从黄河文明到“一带一路”：王朝覆灭的历史宿命》，中国发展出版社，2016。

林党争、东北边患等重大课题后指出，正是由于明朝中后期那些自诩为忠臣节士的儒家官僚集团，勾结江南商业集团，成为从内部瓦解国家、配合边疆叛乱集团最终灭亡政权的主导力量。

这一次王朝覆灭事件的历史悲剧意义还在于其适逢“东西文明的千年剧变”[①]。李晓鹏痛心地指出，正是由于明政权的覆灭，导致清军入关，中华文明遭受了前所未有的毁灭。清军的屠杀直接减少了中华民族的人口，残酷的文字狱束缚了生产力和文化的进一步发展，清朝的300年统治阻碍了中国由科学技术不断进步而进入工业社会的机会，并最终在1840年的鸦片战争中得到最严酷也是最彻底的验证。

李晓鹏因此认为，是游牧民族强力崛起入主中原之后对原有文明发展进程的打断，以及程朱理学思想经过统治者扭曲后对思想界的禁锢，彻底断绝了中国近代工业化的可能性。明朝取代元朝重新恢复了汉人政权的统治，曾经给中华文明带来了走向复兴的希望。在明代的近300年时间里，社会生活水平逐渐恢复到了南宋末年的局面，工商业发达、民间文化繁盛、沿海贸易频繁，科技水平高涨，中国社会尤其是江南地区曾经推开了“工业革命”的那道门缝。

然而清人的入侵再一次拦腰打断了中华文明前进的步伐。为了维持少数异族的统治地位，清朝贵族们设置了种种制约汉人生存和发展的落后政策，从生理上屠杀和刑制普通民众，从经济上隔绝和制裁海洋贸易，从政治上监视和限制汉族士人，从思想上清剿和钳制学者文人，导致中华文明与世界发展方向的渐行渐远。到了清朝末年，当西方列强叩关要和中国交往时，更加落后的清朝贵族们完全不适应世界变化，在愚昧无知中丧失了中华文明几千年来的优势地位，并在几次战败后完全放弃作为中国统治者的责任，反而主

① 李晓鹏：《从黄河文明到“一带一路”：东西文明的千年剧变》，中国发展出版社，2019。

动配合西方列强加大对中国民众的剥削和压迫，“量中华之物力，结与国之欢心”，开启了中华民族最为悲惨的一段时期。

在李晓鹏看来，历史学界追问所谓的“李约瑟难题”并没有什么实际意义，这是个伪命题。因为真实的情况是，一场几乎灭族灭种的灾难硬生生地将中华民族从领先的地位拉下。假设相同的设置放在英国，是来自边疆的爱尔兰人跨海入侵灭亡了斯图亚特王朝，1000 万苏格兰和英格兰人口被屠戮，全民推广用爱尔兰语，在爱尔兰人的监视下生活，那又怎么会有英国后来的工业革命和科学昌明？因此，真正重要的是，科学技术决定的生产能力和意识形态决定的破坏能力对塑造文明兴衰的决定性作用，而意识形态能力在文明发展中所起的重要作用尤其不能被忽视。这细想起来确实足以振聋发聩，让人不禁思考：中华文明要完成伟大复兴所最值得倚赖的意识形态能力究竟在哪里？

第四篇　经略治国

“治国”里的“国”，在春秋战国时期指的是周天子之下的诸侯封国，后来随着秦汉大一统王朝的建立，指的是在已知疆域概念里中央政权所能覆盖掌握的区域。到了今天，人们所理解治国理政里的“国”就特指现代意义上的民族国家了。虽然“国”背后涵盖的区域和人口在不断扩展，但与“天下”相比，“国”指的还仅是一个统一独立的政权所能施政的区域，在“国”之外还有其他对等的政治实体，这些实体在一起组成了那个时代的人所能知晓的整个人类文明世界，也就是“天下”。

因此，“治国”相对“齐家”来说，面临问题的复杂程度要更高，而且存在“天下”之内国与国之间你死我活、存亡绝续的大问题。这时，如果只是从时间维度去了解一国之内过去发生的历史事件、希望从中汲取经验教训而做准确判断就远远不够了，主政者必须能够系统把握一国实际运转的方方面面，在面对具体事件时，能够从各个角度思考问题并给出解决方案。

首先是经济，治国基石首为物阜民丰，要能体会吃穿用度和财富增殖是每个人最基本的物质诉求，解决如何高效地从自然环境中获取和生产物质财富的问题。

其次是政治，理国要事须保政通人和，要能知晓阶层秩序和族群关系是维护社会群体的身份纽带，解决如何公平地在社会生活中管理和分配物质财富的问题。

再次是学术，镇国重器定当崇学重教，要能认识义理考据和辞章流派是赓续历代文脉的根系经络，解决如何创新地在文化活动中产生并丰富知识体系的问题。

进而是思想，兴国盛象出自思想成熟，要能理解为政致用和为学修身是凝聚中华文明的精神传承，解决如何合理地在思维世界里提炼和升华文化知识的问题。

最后是谋略，经国伟业要靠深谋远虑，要能洞察组织制度和地缘产能是谋划千年大计的动力源泉，解决如何综合地在现实世界里认识并改造人类社会的问题。

其中前四个层面可划分为生产与转化、物质与精神两个维度，共四个象限：既要在生产层面追求效率和创新，又要在转化层面保证公平与合理；既要在物质层面提供现实社会的基础，又要在精神层面到达理想世界的彼岸。谋略层面则要将这四个象限的各自特点分辨出来融会贯通，再结合不同阶段的实际情况,采取正确的决策,制定周密的方案,进一步影响和改造现实世界。

以上五个层面涵盖了在“亲民”阶段，需要接触了解和亲身实践的所有内容：在“齐家”基础上进一步将自身的“明德”点亮发散出来，传播给一国之内的所有人，让他们愿意亲近自己，学习自己的做法，倾听自己的声音。不过人们千万不要误解为，要做到这些必须是要先已经成为一国的治理者，才具备实现条件，才可以付诸实践的。儒家倡导的经世为学之道，从来都是一条可以立足于民间，先发乎内心、验于自身，然后再不断向外求索的道路。只要是立了“治国”这个志，而且是在朝向这个目标努力实行有益的措施，那就已经是在正确的道路上了。所以孔子会说：“仁远乎哉？我欲仁，斯仁至矣。”①

所谓条条大路通罗马，每个人都可以从自身做起，先去了解整个国家在经济、政治、学术、思想和谋略五个层面上的历史和现状，并能做出清晰的

① 语出《论语·述而》。

判断和预测。然后在自己的社会关系网络中，解决好家庭生计和企事业单位的业务问题，调解好亲朋好友的人际关系，教育培养好子女，持续在专业领域提升能力。如果还有余力的话就在传承发扬儒家文化、提升国家未来竞争力的某个领域贡献自己的一分力量，比如针对某个领域的问题发表论文、出版专著，将专业经验总结成解决方案，推广到行业和国家层面。

这就是在现代社会里切实可行、人人可为的“经略治国”。

第 11 章　治国基石首为物阜民丰

“经济”在中国古代文献的语境中本是“经世济民”之意，含义较广，包括了在政治和道德层面上要为整个社会提供一套现实解决方案，要能够促进社会繁荣稳定，实现民众安居乐业。到了近代，“经济”一词由日本学者借来翻译英文中的“economy”，对应其英文原意的“家政”，也就是如何在城邦庄园经济中为庄园主增加财富。植入汉字日语语境中的“经济”一词随后又在国内维新人士效仿西方列强以图自强的学习浪潮中被包装上了发展实业、增强国力的含义，几经变故西渡回国竟然成为显学，早先中国学者选择用来翻译“economy”的“富国”“理财”“平准”和“计生”等词反而逐渐被世人所遗忘了。

其实，以上剥离了政治和道德因素而新分化出的“经济”概念在中国古已有之，即古之“货殖”与“食货”。想来也是，这么历史悠久、体量庞大的国度怎么可能没有先人思考如何创造和分配财富的经验与理论呢？不但如此，中国本土的“经济”思想还自有其独特之处，在长达数千年的社会发展中启发中国人民创造出举世瞩目的经济成就，并不断得到历史实践经验的补充与完善。

与近代以来曾经流行的古代中国生产力低下、科技落后、劳动者愚昧的印象不同，中国在相当长一段历史时期里曾经占据经济总量、科技水平和劳动者素质的前列地位。欲了解今日中国经济的本质规律及来龙去脉者，都必须先向前看 3000 年，去深入研究中国古代曾经取得的物质成就有多高，背后发明和采用了多少先进的科学技术成果，这样才能不被近代以来因为要救亡图存、发人警醒而广泛散布的极端言论所误导。

中国古代发达的物质文明也曾呈现出周期性的兴衰波动，这也是可以循之解释中国历史变动的一大因素。更何况这些重要的影响因素并不会因为经济现代化而消失，反而有可能会被放大，成为解释今天经济现象的重要手段。古人们为了解决历史上的民生用度和国计开支问题，也曾开创性地设计并实施了诸多财政、税收和商业制度，这些经验到了今天仍然值得反复推敲，古为今用。

到了近代，由于西方帝国主义者的强势入侵，打破了中华帝国一直以来维护的中央朝贡体系，中西方之间再没法像原先那样通过有差序的贸易往来互通有无，而是完全依靠武力来决定如何打开国门、开放通商。西方列强在中国的领土上享有治外法权，导致中国普通民众的基本权益得不到保障，传统农业和民族工商业的利益在列强的枪炮面前无足轻重，中国经济在地域存在巨大差异的基础上又出现了严重的城乡失衡现象，这给近代中国的民生和民权问题带来了巨大的伤害。

新中国成立以后，取得民族独立的新中国终于可以打扫干净屋子，依靠人民自发的力量推动经济发展了：在社会主义建设时期获得苏联阵营的大力支持，第一次在中国建立起全面完整的现代工业体系，发展出中国现代经济的雏形；之后又在社会主义改革时期利用西方阵营的发展窗口，赶上了新技术革命和全球贸易带来的增长红利；并在 2010 年后逐渐掌握主动权，参与全球经济运行规则的制定与完善，取得成为世界第二大经济体的辉煌成就。

改革开放 40 多年来，中国人民创造出了巨大的社会财富。该如何分配这些财富于是成为整个社会都在关注的新问题。自古以来“不患寡而患不均”，财富分配问题越来越关系到经济运行是否健康，整个社会是否稳定。为此有必要从第二、第三乃至第四次分配的过程中去观察这几十年中国社会内部的种种病灶，才能对症下药、药到病除。

与此同时，某些先富起来的一小部分人，也就是所谓的精英人士，他们是如何看待过去几十年积累到自己手中的这些财富，又会采取哪些态度来决定这些财富的将来归属，可能已经不再是局部的癣疥之疾了。有志安邦定国者需要在未来采取措施、扭转局面时参考这些可能会影响到全局的因素，要防止那一小部分人转变为资本的代理者。

阅读此章，人们终将感悟到财富终究是由勤劳的人民所创造的，有智慧的中国人民在过去的历史经验里已经被证明是最有效率的财富创造者。他们也最有理由享有这些财富，并让这些财富真正成为经略治国的基石，而不只是在西方经济学家的笔下做各种假设检验的理性“经济人”和填入复杂数学公式的计量数字。

11.1 领先古代的“工”业成就

中国的先人们在古代创造了灿烂辉煌的物质文明，这些成就至今仍在影响每个普通人的日常生活。然而长久以来中国人的思维里并没有现代所谓“经济”的概念,所有和生产消费相关的事物都被归纳到“货殖”或“食货”里，历来并不为读书人所特别重视。中国历史上虽然也不乏治世能臣，但他们在发展经济上的作用往往被忽视，人们反而会更看重从私人道德上臧否其历史地位。于是，有关人民幸福程度的民生领域进展，更多处于被官修史书所忽略，只在民间悄无声息发展的状态。

然而勤劳智慧的中国人民，还是在千百年前就在这片广袤土地上开创出最为富足的物质文明，在知识和技术领域总结沉淀出极为丰硕的成果，孕育出在人类历史上留下璀璨光芒、令人叹为观止的华夏文化。

要想了解中国古代物质文明的成就，最早的文献材料可以先找到《周礼》中的《考工记》。这是春秋战国时期一部记述官营手工业的各工种规范和制造工艺的文献，书中保留了当时大量的手工业生产技术和工艺美术资料，足以反映当时社会生产力水平所能达到的物质成果[①]。只是书中所记载的名物距离今天的生活都已经很遥远了，如“齐尺”“弓有六善”“火候”“磬折”“辅车相依”“璧羡度尺”和“拨尔而怒”。如果不经专家学者的挖掘整理，今天的人们可能还就真的不了解先人们有多么聪颖，曾经完成过多么复杂精巧的技艺，并用文字记录下来[②]。

原来，中国古代的物质成就并不是像肤浅的说法中那样只重实用不重原理，先人们没道理那么偶然恰巧地做出这么先进的成就，但又不留下章法规则。只是文明发展的时间线一旦拉长，如何传承发展就会遇到更多复杂的社会因素。一次次的战乱总会打断科技的发展，摧毁物质的积累，中华文明的科技发展就是这样一次次浴火重生，益趋领先。

中华文明在科学技术领域的领先状态一直保持到了 17 世纪初叶的明朝

---

① 李亚明：《考工记名物图解》，中国广播影视出版社，2019。作者是中国广播影视出版社总编室主任，著名训诂学家王宁先生的弟子，科技史学者。本书按照原材料、车辆、旗帜、兵器、容器、乐器、丝织品、色彩、玉器、都城、沟洫、农具、度量衡和六齐等 14 种名物分类，用图文并茂的解说示例一一对应起《考工记》中所记载古代手工业成就的实物。

② 闻人军：《考工司南：中国古代科技名物论集》，上海古籍出版社，2017。作者是美国加州州立大学弗雷斯诺分校理学院副教授。本书是关于《考工记》及其他名物的考证合集，能够帮助人们快速理解和掌握原书中的实物知识和技术原理。全书分为上中下三编。上编是《考工编》，介绍《考工记》的成书年代、版本源流、海外研究和声学、流体力学、兵器学等物理知识，考辨古代名物及概念。中编是《司南编》，着重考辨了各种不同古籍文献中记载过的“司南”，区分出了立表用的“司南”与指南用的“司南”，并对后者进行了复原。下编是《杂编》，综合辨析了斗制、里制和亩制等度量衡标准，介绍了一行南宫说天文测量、膜脱盐技术、沈存中法、反射镜和陈子日高图等古代科学实践和技术方案。

崇祯年间。那时清军还未入关，中华文明仍然处于世界领先的科技水平，在农业和手工业领域依旧能够持续输出强大的生产能力。这时，还在江西袁州府分宜县任县学教谕的宋应星于1637年（崇祯十年）结集出版的《天工开物》就有力地证明了中国当时在生产技术方面的领先地位①。

不过，宋应星在写作这本书的时候，自己并不像后人那样将其定位为一本工具书，仅将其中农技部分摘出作为类似“农业生产手册”性质小册子刊行。他在书中融入了自己对于客观事物的理解和观察实践的心得，践行自己所认为的学者不应只是从书本到书本地考据，而是应从匠人的实际技艺中看到宇宙秩序，才能治理天下的理念。这确实是被掩埋在中国厚重历史地层里的一条隐形脉络，例证了技术和工艺在中国思想发展过程中曾经担当的角色和不幸被打断的命运。理解这一点，对于人们思考今天重提格致修为、治国平天下的经世为学之路，会有非常重要的参考作用。

宋应星痛苦地经历了明朝灭亡的过程。他在明亡前曾任亳州知州，明亡后辞官隐居，但暗中支持南明弘光政权，大约于1661年至1666年寂寞地去世。那时康熙帝刚刚即位，中国正在进入所谓的“康乾盛世”。当时的人们不会理解他的逝去为中国古代科学发展画上了句号，也不会预料到中国在随后的360年里会不幸地尝遍科学落后、技不如人的屈辱苦果，直到2021年，“宋应星”成为嫦娥五号降落点附近的地貌名称。他又重新回到了世人面前，从太空中眺望他的后人们。

---

①［德］薛凤：《工开万物：17世纪中国的知识与技术》，吴秀杰、白岚玲译，江苏人民出版社，2015。作者是德国马普科学史研究所所长。本书以宋应星的《天工开物》等著作为切入点，不但探究了那个时代中国人对物质生产和科学技术的把握能力，还进一步深挖出了宋应星作为一个异于当时儒生群体的文人，为什么会以文字和图表的方式去记录那些不为世人所重视的工艺技术状况的原因。

更加鼓舞人心的是，宋应星并不是孤例。在对中国从传说时代一直到清代的科学发展历程进行详细整理后[①]，人们就会相信：中国从来就没有科学的精神和辉煌的科学成就的观点是很片面的，也是和中国古代在物质文明上取得的成果不相符的。中国古代在数学、农学、医学、天文学领域都曾为世界文明的进程做出过极大的贡献，有的甚至可以说直接影响了人类文明的进程。

这似乎与现代人认为中国产生不出科学理论的常识相悖。但其实对于古代的中国人来说，科学成就的意义并不需要体现在理论层面，而是要切切实实地反映在自己改造物质世界、提升精神层次的文化活动中。在这方面，古代中国已经毫无疑义地在礼俗、宗法、饮食、衣饰等多个物质生活层面上取得丰硕的成果，并在此物质基础上形成独特卓越的文化风貌[②]。其中不乏推动世界发展的技术创新贡献，如犁的使用、茶的制法、纺织技艺、建筑木构架、车辆系驾法、冶金技法、漆器和瓷器制法、笔墨纸砚制法、武器制法和天文历法等等[③]。这么多的实物例证表明，在西方的工业革命以前，中国在生产生活的很多领域都是领先世界的。这些丰富的成果足以纠正很多国人受时代宣传的局限影响，认为我国古代除了四大发明以外就没有其他发明创造

① 李申：《中国科学史》，广西师范大学出版社，2018。作者是上海师范大学哲学院教授。本书分朝代分领域地介绍了中国自古以来的科学成就和技术应用，内容包括天文、历法、气象、地矿、农耕、医学、音律、术数、水利等方面。

② 王力：《中国古代文化常识》，北京联合出版公司，2014。本书由中国现代语言学奠基人王力教授在50多年前主编，并在近年由北京大学教师、美国汉学专家、神秘的刘乐园（Lewis Eden）先生修订。刘乐园先生在修订此书过程中，又加入了中国考古学的最新成果，通过近世考古发现与传统文献相结合的“古史新证”，从考古学和人类学的角度增补了最新文化研究成果。

③ 孙机：《中国古代物质文化》，中华书局，2014。作者是中国国家博物馆研究馆员。本书从衣食住行到科学技术，全面介绍了中国古代生活的方方面面，让人们得以重新了解中国古代历史的物质细节。

的错误观念，为中华文明在漫长的历史岁月中一直具有高度的物质成就提供了足够细密的注脚[①]。

因此，建立在这样经济水平上的中华文明相较于它的旁邻，绝不仅是在精神领域的孤芳自赏，更是有实实在在物质生活条件上的优越。所以那时的来访者，不管是来自西方的马可波罗，还是来自东瀛的遣唐使，到了中土之后都会惊叹于这片土地上人民的聪明才智和繁华生活，所以才会真心实意地崇敬这里先进的文化和思想。

未来也必将如此。

11.2 货殖兴衰对社会发展的影响

《史记》的第一百二十九卷、列传第六十九篇为《货殖列传》，记载了专门从事“货殖”活动人物的事迹，是反映司马迁经济思想和物质观的重要篇章。古文中的“货殖”指谋求“滋生资货财利”以致富，也就是今天所说的利用货物生产与交换，进行商业活动，从中生财求利，包括了各种手工业和农、牧、渔、矿山、冶炼等行业。

从那时起，货殖兴衰就一直是关系到国家兴亡、百姓贫富的重要内容，是观察中国古代物质发展阶段、发现内在经济规律的研究对象。历代史家们也延续了太史公的工作，修订了古代各个历史时期的《货殖列传》和《食货志》，为人们在今天窥探当时的经济生活提供了第一手的研究资料。

---

① 华觉明、冯立昇：《中国三十大发明》，大象出版社，2018。著名科学技术史研究专家华觉明先生和清华大学科技史暨古文献研究所所长冯立昇先生在对中国科技史多年研究的基础上，精心筛选出从远古至当代对中国乃至世界文明进程做出过重大贡献的三十项科技发明编入本书。这部大开本装帧的厚书汇聚了30余位科技史学家的努力成果，分门别类、图文并茂、论证扎实。

当然，如果能直接接触到这些翔实的史料，自然将有助于人们更加深刻地理解当时社会、军事和政治领域变动的内因，但如果借助经济史学者们对史料的研究成果，也能帮助人们对至今仍在影响日常生活的现实经济格局有一番更加透彻的领悟[①]。不管是在宏观层面，如世界秩序、诸朝兴衰、奢靡思想、帝制与公共工程，探讨中国经济史中的普遍现象和内在规律，还是在微观层面，如作息时间、女性统治者、人质制度、佛寺金融创新、会子形状、数词与量词、撰修正史[②]，只要有心探寻，人们都能找到令人耳目一新的切入口，得以揭开经济生活中鲜为人知，但又饶有兴趣，知晓后恍然大悟的课题。

比如最为中国人称颂的唐代，它的繁盛国力离不开几代主管经济官员持续不断的财政改革[③]。从早期宇文融在租庸调制上的轻税改革，再到杨炎的两税法改制，首开钱币纳税，减轻行政成本，缓解底层民众逃户现象；李杰、裴耀卿、韦坚和刘晏几代官员开凿运河、疏通水道，极大减少了帝

① [日]宫崎市定：《宫崎市定亚洲史论考》，张学锋、马云超译，上海古籍出版社，2017。作者是京都大学名誉教授、日本最具代表性的东洋史研究者。本书的中卷部分从上古中国的聚落形态、都市、墓地、村落和里坊出发，探讨了经济层面的赋役、佃租、官制、物价等方面内容，描述了古代及中古时期中国的经济发展面貌。本书集中表述了宫崎市定将古代中国放置于世界范围内考察后的观点。通读全书三卷下来，人们可以在论文中感受到战前日本学界对母文化主体命运的深切关注，也能发觉到由于作者自身局限和立场而导致的视角偏差。不过到了今天，此书作为帮助人们了解中国古代货殖政策演变的资料丛集还是非常有帮助和启发意义的。

② 杨联陞：《国史探微：宏观视野下的微观考察》，中信出版社，2015。作者曾为哈佛大学教授，被国际汉学泰斗费正清誉为当代海外“汉学界第一人”。本书收录了作者在各个时期有关中国经济史的14篇论文，可谓是其渊博历史知识和经济素养冰山露出水面的一角。论文中各种细节材料信手拈来，引证得当，让人们能够如同身临其境，一疏古书中所描绘受到各种经济条件影响的社会状况给不解其境者带来的困惑。

③ [英]杜希德：《唐代财政》，丁俊译，中西书局，2016。本书依照《旧唐书·食货志》的论述范围，分章讨论唐代财政领域的土地分配、税收、货币、信贷、漕运和财务问题。

国货运成本，为定都长安的王朝输送了大量物质财富，延续了唐帝国的寿命。在这些物资中，米、银、煤、棉始终是历朝历代最重要的经济货品，对于它们的生产、运输、交易、消费问题，再延展到如何计价的货币、物价、金融问题，一直是关系到国运的兴亡大事[①]。而如果从货币演变的角度分析中国社会从魏晋到唐代中叶的发展趋势，则可以发现安史之乱就是自然经济衰落与货币经济兴起的重要分水岭，这也从另一侧面验证了“唐宋变革论”的价值和意义[②]。

而随着生产力的提升，它们各自的重要性也在变化。煤和铁的利用情况开始在经济运行中越来越发挥出显著的影响作用，并在宋代达到高峰[③]。但是中国的文明与周边相比处于绝对的优势，没有竞争的必要，效率问题就受到了轻视，因此人们也不会感到有使用机器的必要，于是文化与社会的停滞现象随之发生。

到了明代中晚期，商业社会得以进一步蓬勃发展，这是一个由官员、游人、外交使者、砖瓦匠、商人、纺织工人、妓女等各种人物粉墨登场的历史

---

① 全汉昇：《中国经济史论丛》，中华书局，2012。作者是中国台湾著名经济史学家。本书收录了作者在20世纪30—70年代撰写的经济史研究论文，早期尤以唐宋两代贸易、物价、走私、运输为研究重点，后期则转向为明清时代的货币、外贸、物价、工矿、制造业，可谓贯通古今、融会中外。这几十篇论文组合起了内容丰富、脉络清晰的整体知识体系，为人们提供了大量值得深入思考，并可在特定领域查找资料例证的珍贵文献材料。

② 全汉昇：《中国经济史研究》，中华书局，2011。本书收录了作者另外的21篇论文，覆盖了中古自然经济，唐宋两代物价、财政收入、运河交通、私营商业、国内外贸易，以及明代以来白银生产、米价变动、美洲进口、工矿铁路等课题。有关安史之乱的讨论可参考《中古自然经济》一文。

③《宫崎市定亚洲史论考》的下卷部分对此有相关讨论。

舞台[①]。但在种种浮光掠影之下却埋藏着一条主线，那就是商人和士大夫之间的因商业发展而变化主导权的互动关系。因为随着明代从战乱中逐渐恢复，尤其是大运河重新投入使用以后，江南地区商人的实力亦随之增强。随之而来的奢侈品买卖、赝品鉴证、商人主导地方建设等世相，都预示了一个士大夫和商人逐渐融合的时代必将来临。

以《明实录》、明人奏疏笔记、明代地方志等史料为基础，深入到明代商业社会的深层结构，人们就会对 16 世纪明代充满博弈的财政与税收政策有更加深刻的理解[②]。原来，与人们通常理解明朝灭亡的原因相反，相较于关外的清军铁骑和内地的农民起义军这些外部因素，真正导致明政权崩溃的内因其实是国内不合理的税制。正规渠道的税收标准过低，导致国家无法顺畅调动资源，只好利用各种附加名义来征收捐饷徭役，结果整个社会以一种非常低的效率运转；明代末期在中国也并没有出现什么“资本主义萌芽”，因为当时缺乏各种有利于资本主义发展的因素与条件，并没有保护商人的法律，货币匮乏，利率高昂，银行业也不发达；这些状况不利于发展工业生产和扩大物资交流，拥有更多土地于是成为更优的经济决策，而不是进一步的投资。总体来说，明代粗劣的财政税收政策是一次历史大倒退。这是由于明政府在技术水平不支持的情况下，勉力在广袤帝国

① [加] 卜正民：《纵乐的困惑：明代的商业与文化》，方骏、王秀丽、罗天佑译，广西师范大学出版社，2016。本书选取了从 1368 年到 1644 年的四个阶段，借用明代官员张涛在《歙县志》里面的写作模式，分别以冬、春、夏、秋四季命名串联起来，让人们在一段段故事之中了解明代的商业与文化变迁。通过将经济和社会两个因素联系起来，并且以历史亲历者的视角为人们描绘出一个商业与社会文化互动的历史过程，作者得以跳出旧有的研究视角，带给人们一种关于明代经济和社会文化的新认识。

② [美] 黄仁宇：《十六世纪明代中国之财政与税收》，阿风、许文继、倪玉平、徐卫东译，生活·读书·新知三联书店，2001。作者虽然以大历史观闻名学界，但其基本功则是落在明代财政政策问题上。人们可以借这本书知晓先生的治学功力，理解大历史观的缘由。

国土上推行有史以来最为中央集权政权所面临的必然弊端。其实，从洪武到永乐，尤其在雍正时期，中央对地方财政的控制力一直都在得到极大的加强，这种状况在《雍正朱批谕旨》、胥吏与幕友体制、《鹿洲公案》和俸工银扣捐事件中都可以得到印证[①]。

中国古代经济在生产与商业领域都在逐渐失去活力。为了缓解这一困境，连通南北、加强中央政权对经济富庶地区控制能力的大运河工程就显得尤为重要了。唐宋之际运河的开凿确实能够提升大一统帝国经济控制的“汲取能力”[②]，运河的走向改变了沿河周边地区的军事战略作用和经济地位，甚至还会对清末的工业化进程产生深远影响。更有甚者，交通经济对清末政治的影响作用还在于：因为与洋务运动所倡导的近代工业化有着密切关系的煤矿资源及其运输问题一直难以解决，所以随后出现的四川铁路修建风波就是为了解决这一交通运输问题。但这个牵涉到国资、外资和民资的烫手问题竟然愈演愈烈，最终酿成辛亥革命的突然爆发与意外成功，竟然出人意料但又发人深省地连接起这条绵延几千年、需要后人不断去回答的“国计”与“民生”的大课题[③]。

11.3 近现代出现经济失衡

进入近代，中国遭受列强侵辱，原本自成一体的经济体和贸易圈被打破。一方面，越来越多被开放的通商口岸发展成近代意义上的城市，接受西方殖民者经过工业革命后大规模生产机器制造出的“舶来物”；另一方面，越来

①《宫崎市定亚洲史论考》的下卷部分对此有相关讨论。

②《中国经济史研究》收录的《唐宋帝国与运河》一文对此有详细论述。本文被称为“千古不刊之作”，是理解唐宋帝国经济状况细节的经典论文。

③《中国经济史研究》收录的《铁路国有问题与辛亥革命》一文对此有详细论述。

越多内部腹地的乡里乡村逐渐失去了往日的活力，既不能生产出满足城里人需求的物品去贸易，也无法成为承载巨大贸易逆差的潜在市场。洋货像一剂剂营养针，直接注入中华文明虚弱的躯体上，彻底打破了原有的生态平衡。这种城乡失衡，其实反映的是鸦片战争后中国沿海与内地逐渐拉开的显著差距，反映的是自然经济在受到工业文明冲击后的软弱无力，反映的是中华朝贡贸易体系解体后残留下来的满目疮痍。

20 世纪 30 年代江苏太湖东南岸的开弦弓村就这样被幸运地选中，作为人们了解中国当时长江中下游地区传统社会结构和消费、生产、分配及交易活动的实地考察对象[①]。费孝通先生根据这次考察经历认为，必须将乡村文化的形态变迁与当地村民的现实生活需求结合起来进行因果分析才能得出正确结论。比如，童养媳婚姻制度背后反映的其实是家庭手工业的衰败使得当地农民收入锐减，生活陷入困境。是在无法开源的情况下，家庭才被迫选择了节流的方式。

但是要真正解决这些问题，只靠节流是不够的。费孝通认为根本解法还是要开源，要发展乡村工业，要以乡村工业为手段实现农民生活状况的改善。而这种所谓内生于农村的发展道路，在他看来关键在于充分地利用已有的农村手工业基础条件，并克服其原有的弊端。为了适应国际市场的条件，乡村工业需要在资本、动力、技术等多个方面得到外界的支持。当然，这些条件在当时都是无法实现的，但在 50 年后的苏南乡镇经济改革中，人们还能依

---

① 费孝通：《江村经济》，上海人民出版社，2006。本书是学界公认的农村社会经济及其制度调查研究的代表作。书中选择了家庭、财产继承、亲属关系、户口制度等社会课题，以及生活行为、职业分工、产业、土地、资金、贸易等经济课题，分章展开论述，为读者描绘出了一幅幅生动全面的经济研究案例切片图。作者采用其导师马林诺夫斯基的民族志写作方法，对开弦弓村的自然环境、农村社会的生存形态（即家庭及与之相关的亲属关系）、社会生活的各项制度都做了细致的观察与分析。

稀看到费孝通先生孜孜以求的愿望终于得以成为现实。

而在北方，山东本来是作为京杭大运河向北方输送物资的重要通道，但在海运取代漕运和沿海城市直接进口的强力影响下，却成为被国家忽略的黄运区①。经济作物、燃料危机、自然灾害，这些存在于近代城乡不平衡发展下令人痛苦的弊端，逼迫着华北腹地的民众去承受国家衰败带来的苦难。当然，这种所谓“腹地的构建”是被动的，被遗弃的，也是注定失败的。它的出路，必然要通过更深层次的社会整合运动才能完成。

与此同时，沿海地区的对外贸易形成了鲜明对比，但也带来诸多新问题。明清期间美洲白银大量输入伴随而来的是海外贸易的蓬勃发展。中国与西班牙、葡萄牙、荷兰、英国等国的丝绸、茶叶贸易导致明清时代的财政、岁入和物价开始与世界发生关联，手工业、采矿业、冶金业和铁路交通也逐渐成为人们关注的热门话题，中国的经济史更是早先一步迈入近代②。近代亚洲原有的朝贡贸易体系被打破，白银流通和银价变动是其中两个至关重要的因素。尤其是英国银行资本通过中国香港和日本这两处金融驻点，在瓦解这个体系过程中发挥了极为关键的作用③。人们开始在近代历史场景中体会到了

① [美]彭慕兰：《腹地的构建：华北内地的国家、社会和经济（1853—1937）》，马俊亚译，上海人民出版社，2017。作者是美国著名历史学家。本书选择了华北的山东西部地区作为观察对象，在结合地方志、政府档案、调查报告、人物回忆和已有相关研究的基础上，以1853年到1937年的“黄运”地区作为考察象限，从地方信贷、农业改良、生态环境、水利治理和中央地方关系等多个角度叙述了近代华北内地的变迁。

② 全汉昇：《中国近代经济史论丛》，中华书局，2011。本书是作者对近代中国经济史探讨的成果结集，包括24篇论文和一篇书评。这些论文都开一时先河，为后人再进入这些领域遗赠下丰硕的研究成果，指明了前进的道路。

③ [日]滨下武志：《近代中国的国际契机：朝贡贸易体系与近代亚洲经济圈》，朱荫贵、欧阳菲译，中国社会科学出版社，1999。作者从中国和亚洲内部的传统因素中寻找中国和亚洲近代化的前提条件及其影响，以中国传统的朝贡贸易体系为基点，运用国际经济圈的理论分析论述了以中国为中心的近代亚洲经济圈的状况。书中采用了大量宝贵的外文资料，如英国议会文书等，对我国的研究者而言是不可多得的。

平时所熟悉的现代经济理念在发挥作用，于是将更好理解进入现代以后的中国经济走向，明白其实质则是在持续受到当年亚洲经济圈自身演化规律的深远影响。

当时有一个不容忽视的现实是，海关税成了中央独立财政的支柱。再加上海关收入成了政府引入外国借款的担保，海关实际上成了影响中央集权效率的重要机构。而围绕海关引发的一系列财政、外交、国内和国际市场的问题，则大大促进了中国沿海和沿江的经济活动，从而使得某些学者认为自 1894 年以来的中国并非完全是“衰退的中国”，进而是一个充满活力的中国了①。

只是若仍将目光投回中国那广大的腹地，人们则会发现这个外表光鲜的沿海中国背后已经是一个民生凋敝的内地中国，清政府也蜕变成一个依赖帝国主义生产机器的买办政权，一个只在若干大城市支点负责剥削内地民众民脂民膏的抽水机。在如此城乡失衡的局面下，当深入西南内地的经济诉求再顺沿长江激流冲击而出的时候，仅有几个零散经济支点的清政府在狭窄的财政政策空间内无论怎样辗转腾挪②，都只剩下轰然倒下的命运了。

① [日]滨下武志：《中国近代经济史研究：清末海关财政与通商口岸市场圈》，高淑娟、孙彬译，江苏人民出版社，2022。本书从中国清末海关财政与通商口岸市场圈研究入手，通过清末财政与海关的深厚关系、赫德与马士对中国海关的关键作用、海关在做贸易统计时的变化和通商口岸与内地市场关系等课题，深刻探讨了近代中国中央财政与地方治理之间的本质关系。

② 陈锋、魏文享、倪玉平主编：《近三百年财税变革与财政治理》，科学出版社，2020。本书收录了讨论清末民初时期国家财政转型、税收变革、财政与社会等三个方面的 27 篇学术论文。

11.4 进行社会主义经济改革

经历了多年战乱，到了1949年新中国成立的时候，对中国国计民生危局的描述用“来到崩溃的边缘”已经不足以形容，而更是一种不断放低对混乱无序状态的定义底线、被迫承受着越来越多痛苦的悲惨现实。新生的共和国政权，一方面要应对复杂的国际形势，面对冷战后开启的政治、经济和军事压力；一方面要迅速解决内部破坏稳定和安全的各种因素，带领刚摆脱战乱的民众开始国家建设。但与此同时，在一片废墟之上建设一个完全崭新的现代化国家，从一穷二白的状态起步重新积累工业文明财富，探索符合社会主义理念的经济制度，改造散落在中国土地上还处在自然经济、手工业经济、民族工业经济和官僚买办经济等不同光谱阶段的生产要素，让它们成为能够为中国人民创造物质财富的生产力，也必然是中国当代经济改革进程中数代先驱人物持之以恒、梦寐以求的目标。这是因为正如习近平总书记所说：“中国由新民主主义走向社会主义，开创和拓展中国特色社会主义道路，使社会主义这一人类社会的美好理想在古老的中国大地上变成了具有强大生命力的成功道路和制度体系。这不仅为中华民族实现伟大复兴提供了重要制度保障，而且为人类社会走向美好未来提供了具有充分说服力的道路和制度选择。”①

从中国国情出发，尊重中国经济发展的历史轨迹和初始条件，回顾从1949年新中国成立到1976年中国经济发展的历史，大致可将其分为“一化三改”总路线、“大跃进”、经济重建和“文化大革命”这几个重大历史阶段②。中国共产党人在没有前人经验的历史条件下，冲破历史迷雾，历经千辛万苦摸索出一条在不依赖外援，无法对外掠夺、对内剥削，只能依靠自力

---

① 当代中国研究所：《中华人民共和国简史（1949—2019）》，当代中国出版社，2019。

② 胡鞍钢：《中国政治经济史论（1949—1976）》，清华大学出版社，2007。作者是中国科学院、清华大学国情研究中心主任。

更生、艰苦奋斗的全新道路，打造出了一套门类齐全、照顾民生的现代化经济体系。在评价这段历史时，人们必须承认：一方面，畅谈未来中国经济发展趋势时，不可舍弃这段埋头苦干的光荣岁月；另一方面，前三十年的奋斗虽然为后三十年的发展打下了坚实的基础，但也遗留了巨大的难题。到了20世纪80年代，在社会主义道路上经历了筚路维艰的前四次转折后，中国的经济改革还是遇到了难以绕过的理论困境和现实难题[①]。

所幸的是，在那个充满理想主义的年代里，还有一组由老中青三代经济学家所组成的人梯，在布满荆棘的道路上前赴后继地向经济理论碉堡发起一波又一波的冲击[②]。他们努力粉碎紧套在官方头脑上坚固的思想链条，拨开缠绕在民众手臂间无形的禁忌藤条，掘去埋藏在开拓者脚下顽固的制度绊石：

第一代的拓荒者是出生于1920年以前的“老布尔什维克”。他们曾在1949年后怀着后人难以想象的理想，参与创建了中国的计划经济制度；又是他们自己将亲手打造的经济制度推翻，大声呼吁更多人和他们一起建造全新的制度。他们是薛暮桥（1904年生）、孙冶方（1908年生）、于光远（1915年生）、蒋一苇（1920年生）……

第二代的后继人是出生于1920年到1940年的“文革”前大学生。他们有幸直接参与到体制改革的进程中，就立刻感受到了其中巨大的弊端和相应而来的阻力。他们具备全新的学术理念和国际视野，但其主要成长经历还在那个被思想咒语笼罩的旧时代，不可避免地带有先天不良的基因。他们是刘国光（1923年生）、黄达（1925年生）[③]、董辅礽（1927年生）、周

① 萧冬连：《筚路维艰：中国社会主义路径的五次选择》，社会科学文献出版社，2014。

② 柳红：《80年代：中国经济学人的光荣与梦想》，广西师范大学出版社，2019。

③ 黄达：《黄达学术自传》，广东经济出版社，2020。

叔莲（1929 年生）[1]、高尚全（1929 年生）、吴敬琏（1930 年生）[2]……

以人生经历横跨中华人民共和国成立以后所有重大经济理论变革阶段的传奇人物吴敬琏为例，他的精神资源来自更老一辈的经济学家顾准和孙冶方先生，前辈深厚的学养滋润和自身身处潮流前列的巨大影响，让他顺应时代潮流，摘得了“市场”理论的桂冠。如果此时大幕落下，故事也就可以告一段落。但身居高位的他比别人更准确也更深远地看到了前方的危险，发出让很多利益相关方不那么舒服的呐喊，这就将其人格高度带上了新的巅峰，因而在改革史中留下不可磨灭的独特印记。

第三代的生力军是出生于 1940 年到 1960 年的“老三届”。他们曾经中断学业，经历过上山下乡，当过工人、农民、知识青年，从中国社会的基层摸爬滚打起来。恢复高考给了他们改变命运的机会，年龄段不同的新一届大学生们格外珍惜同辈人之间宝贵的教育机会，带着社会大学中遇到的问题进入校园，投入改革洪流。他们有幸在相关改革部门执行政府的文件政策，因而能够收集到社会基层的意愿建议，扭转改革进程的滚滚洪流。他们中有曾任国家计委（对应现在的国家发改委）经济研究所常务副所长的常修泽（1945 年生）[3]、曾任国务院副秘书长的江小涓（1957 年生）[4]……

在整个 20 世纪 80 年代，正是这三代人齐心合力推动着经济改革的巨轮向前滚进，加快市场发育、抑制政府干预，推动民营经济发展、初步形成中间收入阶层，控制贫富差距、建立社会福利体系，推动政治改革、抑制腐败

---

① 周叔莲：《周叔莲学术自传》，广东经济出版社，2020。

② 吴晓波：《吴敬琏传：一个中国经济学家的肖像》，中信出版社，2010。

③ 常修泽：《常修泽学术自传》，广东经济出版社，2020。

④ 江小涓：《江小涓学术自传》，广东经济出版社，2020。

现象[①]；正是这股力量，串联起了 80 年代里农村包产到户政策转向、出国考察决定引进项目资金、形成价格双轨制转换模式、推动地方政府财税体制创新、探索接受市场经济概念容忍度等重大历史性决策步骤，逐渐形成一整套渐进式的改革路径[②]。

其间最为激荡人心的思想大争论则是 1984 年的莫干山会议和 1985 年的巴山轮会议，一场场让人血脉偾张的辩论代表了几代经济学者经过透彻深入思考后的激烈思想交锋。相同的碰撞还发生在刚刚成为经济特区的深圳。但在这里就不再仅仅是“辩经”了，一项项原先被视为禁忌的敏感地带被触碰、覆盖，乃至超越，实践者和观察者们都在经历巨大的思想痛苦过程；地方分权、金融放开、政企分离，这些动作错综复杂，交织在一起，要求主事者必须在短短的几年之内痛下决心，快速推进，但真正实施起来又牵涉到各方利益，彼此掣肘。

与庙堂之上的经济学家和官员们相辉映，民间江湖之上的中国企业家们也在这 30 年中经历了跌宕起伏的人生[③]。在这股经济改革大潮中，很多原先普通的人借势而起，找寻各自“野蛮生长”的机会，有起有伏，但终能汇聚在一起形成不可逆转的经济大转型的巨型画面。他们的人生转折和企业变革，其实都来自自上而下推行的经济体制改革的引导力量。从深圳特区开放以后

---

① 张军：《不为公众所知的改革：一位经济学家的改革记述》，中信出版社，2010。作者是复旦大学长江特聘教授、中国经济研究中心主任，生于 1963 年，不属于以上第三代经济学家，但也经历过 80 年代里的种种变革，所以得以用既置身其中，又稍作旁观的清醒视角去审视后三十年中国改革进程中众多影响深远的事件和人物。本书选取了改革进程中的几个时间点，将视线投向了中国的政治体制改革、金融改革、国有企业改革等改革中最为重要的几个方面，以回顾和研究的方式向读者展现了未曾被清晰揭示过的改革内幕。

② 萧冬连：《探路之役：1978—1992 年的中国经济改革》，社会科学文献出版社，2019。

③ 吴晓波：《激荡三十年：中国企业 1978—2008》，中信出版社，2007。

出现的“倒爷”，到嗅得先机闯入海南的创业者；从自首钢开始的国有企业自主权试验，到民营企业于萍末之间风生水起逼得“国退民进”战略推出；从取消福利分房，房市成为中国民众财富分配的大盘，到股市沦为赌场，一代代股民前赴后继在赌盘上消耗青春；从中国制造企业将外贸商品占据国外市场，引来反倾销诉讼，到互联网企业圈来大量境外风投，凭借国内市场的成功又能在境外上市：民间自下而上的企业力量终于在30年后汇聚涓涓细流成为一片汪洋大海，这才留给后来人一望无尽的视野。

通往万众瞩目的最终目标并没有一条坦荡的通途，只有硬下头皮，横下心来，以蹚平地雷阵的决死心态才披荆斩棘闯出一条血路。疾风飙进的80年代终于在最后一个年头迎来了它的尾声，拓荒者们探摸到了旧模式改进下的天花板。历史就这样在猝不及防的状态下迎来了90年代浦东的新一轮改革开放浪潮。

11.5 社会财富的分配困境

中国经济好不容易发展起来了,短短几十年内创造出了巨大的社会财富，但如何分配很快成为更让人关心的话题。与西方基督教和伊斯兰文明着重于通过商贸增殖财货的经济思想不同，中国自古以来的经济活动主要建立在农耕和手工业的基础之上，因而特别看重土地对创造财富的重要作用。土里刨食、安土重迁说的都是这个道理。所谓不患寡而患不均，中国当今社会在解决了物资匮乏问题之后，自然而然地遇到了合理分配财富的难题。

通常来说,财富被创造出来以后的第一次分配对个人来说就是工资收入，这是考虑到了每个人在生产劳动中所付出的努力，包含投入时间、技能水平、市场稀缺性等因素。这些影响作用因人而异，确实体现了人的天资禀赋、勤奋程度和风险机遇，而且实际上相差不会太过于离谱，因而能够为整体社会所接受。但随后更复杂也更惊险的则是第二次、第三次乃至第四次分配，参与其中的人越来越少，但实际上在财富分配领域起到了更为关键的作用，甚至决定了经济运行的未来走向。

第二次分配通常是由政府按照兼顾公平和效率，但侧重公平的原则，通过税收、社会保障支出等手段实现的财富再分配。税收，发生在每个有收入的人身上，成为他和国家连接在一起的有力纽带。这条纽带如果运转良好，将能像血管一样将营养成分输送到身体里更为需要滋长的地方，为大众创造一个安居乐业的生活环境，托起整个社会的健康发展。

但就像温家宝总理所说的那样："其实，一个国家的财政史是惊心动魄的。如果你读它，会从中看到不仅是经济的发展，而且是社会的结构和公平正义的程度。"[①] 政府怎么用好这个人民赋予的至高权力，将决定了这是一个怎样性质的社会。

说来惭愧，如果没有田毅和赵旭两位民间学者选择一座普通的北方小镇兴远县平城镇作为观察对象[②]，人们可能很难想象，至少是乡镇一级的领导干部也是每天一睁眼就背上了"压力山大"的个人债务，要去完成国家赋予的税收任务。一个国家的难题就这样全都压在了基层干部身上，他们成为各种矛盾的旋涡中心，承载着不能承受之重。货车超载、假货经营、地方保护主义、房地产热，这些中国人耳熟能详的社会问题最终都能追踪到"税"上，甚至买税卖税也能成为乡村里的一门生意，一个"税"字折射出了世相百态。好在中国民众今天有幸面对的是一个可以充分进行权力和权利博弈的环

---

① 语出国务院总理温家宝在 2008 年 3 月的第十一届全国人大一次会议记者招待会上的发言。

② 田毅、赵旭：《他乡之税：一个乡镇的三十年，一个国家的"隐秘"财政史》，中信出版社，2008。两位作者历时 8 年访问上百人，在诸多一手材料的基础上，为人们打开了观察中国 30 年改革开放进程中有关财税领域困难和变革的窗口。

境[①]：国家有意愿积极推进税收改革，民众也有耐心和智慧参与到这个历史进程中。单纯的重税或轻税并不能简单解释经济生活中的种种现象，而是必须建立一种纳税人和国家之间平等的契约关系，每个人都明白自己损失的是什么，得到的又是什么，这样社会才能稳步前进。

接下来，钱经过个人消费和国家预算支出进入市场，带动商品和服务的交易流通。但在这个世界上还有更为重要的资产并不是简单以钱来计价，而是用经过钱折算后的票券来计价，这就是公司和信用。前者对应了股票市场，公司资产被虚拟地拆解成众多的股份被频繁交易；后者对应了证券市场，发债单位的信用被提前透支成不同年限的债券被反复转让。交易和转让的过程中充满了信息不对称，于是成为更为重要的第三次财富分配的场合。

中国在改革开放多年以后建立了自己的股票证券市场，但也滋生了很多重大问题。亲身经历者会愤然指责有人“劫持”了中国证券市场，让金融创新的初衷演变成了瓜分财富的盛宴，让本该效率竞优的赛场蜕变为权力博弈的赌局[②]。以当时曾轰动全国的“5·19”事件为标志，越来越多与中央政府有密切关联的公司开始意识到证券市场的内在深意，于是纷纷投入这场不可错过的盛宴。股市成为国有财富再分配和民众财富再组合的大型搅拌机，吸引了无数“聪明人”加入其中。即便是作为“中国证券之父”的局内人也不

① 李炜光：《李炜光说财税》，河北大学出版社，2010。作者是天津财经大学教授，在论述财税改革问题之前，本书先在第一部分从税理学的高度向人们介绍了公共财政的起源和历史，也相应地指出中国并没有产生这些纳税和收税的伦理；在第二部分，作者描述了真正“惊心动魄”的财政史，从法国大革命和黑手党，到中国的历次改朝换代，再到支撑新中国成立的战时财税制度，人们得以了解财税政策的真实含义和每一次制度变革背后的腥风血雨。

② 袁剑：《中国证券市场批判》，中国社会科学出版社，2004。本书从独特视角描述了很多鲜为人知的内幕，文笔犀利，引起过当时社会各界的密切关注。

免经历从巅峰到谷底的坠落，磨砺洗净浮华[①]。这些有识之士振聋发聩的呐喊并不是空穴来风，所幸也在随后的金融改革中得到回应，使今天中国的金融体系得以逐步走在健康稳健的方向上。

二级证券市场里的游戏虽然光怪陆离，但还只是初级阶段，更为惊险刺激的则是能够直接在线下交易公司股权的一级市场。在这里每天发生的可谓是幕后的刀光剑影，一家家身材硕大的企业巨头在投资者眼中也不过是孰轻孰重的各式砝码，可以拿来交易博弈。

改革开放之初，发生在中国资本市场上各种眼花缭乱的这类动作曾经让国人们忧心忡忡。当时像涉及上海宝钢、四通、上广电、华录、丰田、中航油、三菱和西屋电气这些企业在市场争夺过程中的商业并购动作，在“阴谋论”的假设下都成为幕后那张代表日本财阀大手在前台被操纵的棋局[②]。虽然这些事件在今天看来均已时过境迁，当时对最坏局面的担心也被事实证明可能是过于杞人忧天了。但也正因为有那些吹哨人的先见之明和呼吁呐喊，才有了后来更为谨慎健康的金融监管举措，人们今天才能生活在一个更加安全有序的金融环境中，保证更高层次上的财富分配是按照取之于民、用之于民的

---

① 阚治东：《荣辱二十年：我的股市人生》，中信出版社，2010。作者在书中以亲身经历对中国股市的沉浮 20 年做了最为真实和全面的记录。人们在这里可以看到他创造并参与的诸多次第一：承销第一只 A 股和第一只 B 股，发行第一张金融债券、第一张企业短期融资券，设立第一个证券交易柜台，参与发起设立上海证券交易所，编制国内第一个股票指数和全国第一份股票年报等等。后来他也曾坠入低谷，1997 年因“陆家嘴事件”被撤职，2006 年又因南方证券破产被起诉并入狱 21 天。本书既是一部过来人的自传，也是一个时代的见证录。这位中国证券业的传奇人物有过辉煌，也有过屈辱，有过意气风发，也有过心有不甘。相信人们能从中读到中国证券业最鲜活的历史，也会感谢阚治东先生作为亲历者为后人留下的这份最真实的记录。

② 白益民：《三井帝国在行动：揭开日本财团的中国布局》，中国经济出版社，2008。作者是民间独立学者，在书中揭示了日本跨国财团代表三井物产于 20 世纪 90 年代在华投资并购，渗透进入中国经济产业布局的一些细节。

逻辑运行。国有资产并没有被境外资本鲸吞，中国没有出现像俄罗斯那样的悲剧。

其实股权收购是把双刃剑，有危险之处，也有机会所在。虽然 IPO 能够为资本市场提供足够多的上市公司资源，但这种事情一个企业只会发生一次；而并购则是上市公司间更通常发生的资源整合事件，是金融资本提高产业资本效率的手段[①]。它的魅力在于：不同于 IPO，每个人做并购可能都有不同的玩法，而比谁的玩法最高明实在是一件刺激的事情。此外，高收益债券还有一个更为大众所熟知的名字，那就是垃圾债券。它的信用评级低（通常为 BBB 或更低）而违约风险高，其高收益则来源于相对国债有较大的基差，收益好。杠杆收购进一步加大了此类债券的风险性，其实质是用债务替换被收购企业的股权，并且最大程度实现了以小博大。很多中小企业就是这样通过杠杆收购完成对行业巨人的兼并。

可以说今天的世界就是一个无时不被资本操纵修改的模拟器，只不过有人已经发现了更高层次的外挂，可以直接修改关键参数，从而在原本平淡的竞争中处于优势地位。不过财富分配的演化是一场永不停歇的博弈，更大的庄家永远在更远的地方等着大家，观望着局中人忘我的表演。

---

① 王巍、[美]施迈克：《高收益债券与杠杆收购：中国机会》，机械工业出版社，2012。王巍是万盟并购集团董事长，全联并购公会创始会长。本书向希望更深入了解公司并购基础知识的人们解释了《证券公司开展中小企业私募债券承销业务试点办法》在 2012 年发布以来，中国并购市场上的新玩法和高收益债券作为 21 世纪最重要金融创新的神秘所在。书中详细介绍了在中国要完成高收益债券和杠杆收购面临的机遇和困难，并在最后一章列举了近年来完成的典型案例，书中预言的很多现象在随后几年都纷纷成为现实。本书并无任何感情色彩，完全从操作层面进行探讨，毕竟这只是一把更加锋利的刀，关键还是要看刀操作在什么样的人手中，是为了怎样的目标操刀。

11.6 风靡一时的财富观念

中国改革开放的前三十年真的让一部分人先富了起来，他们成功的领域大多来自商品贸易、房地产和股票投资。在充分享受了改革红利之后，这些当年的精英凭借着巨额的财富和充沛的人脉在社会上迅速膨胀到了自己之前想都没有想到的层次。羡慕的民众、炒作的媒体，乃至他们自己，都开始编织出一顶又一顶的帽子戴在头上。“思想家”“教父”“学者”，外表的商业成功和背后的优秀品质成了一对不断相互证明、放大加强的振荡器，在当时的思想领域传播出一套套似能自圆其说，但又充满漏洞、脱离现实的话语体系。

万科集团创始人王石先生曾在2000年到2013年带领万科集团快速发展、成为行业翘楚，随后决意进入新的人生领域，完成多座山峰攀登后，又选择游学丰富自己的人生经历。在回顾这段跌宕起伏的人生旅途后，他总结了很多通用的为人做事品质，比如在企业的快速发展阶段要收缩精力、坚持专业化引领的原则；在攀登珠峰的时候要保持专注力、避免分散精力的做法[①]。与通常的说教不同，王石能以自己的亲身经历厉行这些原则，给后来的有志者树立了可供仿效的案例。究其根本，需要有心者长期保持自律的状态，才能在人生的每个阶段都有效排除环境影响，以学习的心态跟随世界进步的节奏，在自己力所能及的领域改变小世界。

作为万通公司的创始人，冯仑也同样在那段草莽年代里有过各种酸甜苦辣的体验[②]。时至今日能发展壮大起来，并且达到坐而论道的阶段，冯仑自然也有着他的处世哲学，也就是所谓的“学先进、傍大款、走正道”；

① 王石：《大道当然：我与万科（2000—2013）》，中信出版社，2014。

② 冯仑：《野蛮生长》，中信出版社，2007。本书记叙了作者出道几十年来所经历的风风雨雨。

找到他的成功路径，也就是所谓的“三通”：境界要通透脱俗，做事要通权达变，做人要通情达理。冯仑做到了三通，也就一通百通做成了“万通”，这确实是某种知行合一尝试的成功案例。当然，中国的商业环境在改善，中国企业在向着更加规范的方向发展，但在中国的商业土壤里，民营企业要想获得成功，依然需要经历野蛮生长的阶段，需要从冯仑的案例中汲取经验。其实，当时像他这样从仕途折转到商海的知识分子很多，但冯仑的特别之处在于能在商战的枪林弹雨中依然坚守初心，秉承改造社会的理想①。这也是他的那些商业原则的思想源头，让人们看到了虽身处江湖之远，但也有可能谋庙堂之高的身影。有趣的是，冯氏津津乐道的“泡女明星的死亡定律”也如约而至地印证在他的同行身上，反衬出其对世风百态观察的精准。

令人唏嘘不已的却是另一位地产大佬任志强。虽然今天已经销声匿迹，但从他在新浪微博里多年来发表的博文来看，平心而论也算是不乏先见之明②。只是很多人直到现在还是无法理解他的这些思考和言论，并为之挑动出的对立情绪而愤怒。然而从事实本身而言，他也确实如其所标榜的那样一直是在说真话、直话，并且真的以身犯险，最终求仁得仁、任人评说了。

早期在香港和台北都有过生活经历，后又移居北京的香港作家陈冠中，他的观点就相对平和些。虽然自认为是左翼人士，但又不认同大陆的所谓“新左派”风格，因而只能用“左翼自由主义者”来给自己打上标签，提供了一

① 冯仑：《理想丰满》，文化艺术出版社，2011。本书承载了作者根据人生阅历对当时社会上普遍关注的价值公平、财富传承、人生追求、企业治理等话题的批判观点和建设意见。冯仑在书中继续挥洒出了自己风趣泼辣、一针见血的写作风格，坦言挑明了社会热点话题，并能针砭时弊地给出自己的独到见解。

② 任志强：《任他评说：任志强的微思考》，中华工商联合出版社，2012。

个独特的视角来观察香港这个商埠在改革开放以来扮演的角色[①]。在他看来，香港作为曾被英国实行殖民统治的地方，又避免了内地政治风暴的冲击，因而保存了一个既西化又传统的特色。作为特殊年代的唯一窗口，香港以小博大，开创出了一个不靠政府干预，从最初的渔业，到塑料、玩具、制衣、金融，完成完美转型的自由市场经济样板间。然而陈冠中也看到了繁荣之下的隐患，百年难遇的天赐良机不会一直持续下去，香港经济飞速发展的同时也造成了遗留在底层的普通劳动者和进化到顶层的金融业者之间巨大的鸿沟。这时再没有政府的干预力量，两者就只能渐行渐远，最终不可避免地拖垮整个城市的可持续发展。作为文化人，陈冠中也只能提出从价值观上做彻底改变的建议。近年来在香港发生的一系列事件，虽符合其预想，但结果却不再以其意志为转移。

经济发展的受益群体还广泛分布在商业投资领域。从那些普通投资者在投资理念、投资策略以及奋斗经历上的独家经验中可以解读出的是普通人在经历了大风大浪后的平淡与坚持，最为频繁提到的关键词都是“人性”“情绪”“忍耐”“冷静”“长期”“积累”和“心平气和”[②]。这些案例传递出的信念则是，人人都懂得的“价值投资”其实是要能“知行合一”才能真正做到。

当年在京城读书圈内盛行一时的中国金融博物馆书院读书会就是在身体力行这个原则，试图将阅读思想与改变生活融合在一起，试图在更广泛的思想资源里发掘并验证自己的成功经验。发起者邀请到了国内各个行业的精英人士，在西直门附近的一间会馆内每隔几周畅所欲言，抛开平时的头衔与身

---

① 陈冠中：《我这一代香港人》，中信出版社，2013。本书收录了作者 2000 年以后在北京写的文章，内容包括他对香港商业经济成长、社会文化根源、国家意识转变等问题的思考，也联系到作者在世界各地城市的生活体验，一起补充完成对这座有特色的国际城市，在主动影响和被动响应内地经济改革巨大动能时经历的素描。

② 王星：《那些滚雪球的人：中国投资者访谈录》，浙江人民出版社，2013。

份，从荐书、评书的角度，讲述自己在这几十年间的经历变迁与思考过程。读书会上大家都是读书人，以书为友可以更加从容地讲述与阅读有关的经历，分享岁月沉淀下来的感悟。书院还精选出来多场读书会的精彩内容实录，结集成书，让更多无法到现场的普通人也能透过文字，了解这批精英们读过的书和走过的路①。除了现身说法，这批学界、商界和政界的知名人士还以正和岛为传播平台，也精选了一批文章结集成书②。

那个公知盛行的年代虽然已经过去，但当年风光一时的精英们为思想界留下的痕迹还依然存在。今天再去阅读这些20年前的文章，可以一窥那个特殊经济阶段下某些典型人物的思想倾向，但内心感受当已是天差地别。不能简单地说他们的观点对还是不对，只能说他们的人生经历被时代打上了鲜明的烙印，而自己却很难觉察。特殊环境里的遭遇，造就了他们独特传奇的人生。至于这些人生经验是不是有普适性，那就只有交给更长时段的历史来评判了。其中确实可能有些是在某个时段代表过进步，值得被竖为标杆，甚至被人顶礼膜拜；但也可能很快就被新的形势所超越，如果还杵立在那里自说自话，就只能继续代表落后，成为被自己呼唤起来、逐步追赶上来的人群所嘲笑的对象了。

---

① 中国金融博物馆书院：《阅读的版图》，四川文艺出版社，2013。参加过读书会的人有：吴晓灵、任志强、王巍、衣锡群、周文重、马云、柳传志、易纲、马蔚华、俞敏洪、张维迎、陈志武、许小年、巴曙松、田溯宁、俞渝、秦晓、黄怒波、沈国军、陈东升、沈南鹏。书中涉及的经济话题包括：国企改革、海外投资、人民币汇率、金融管制、电影行业、市场经济、人力成本、外汇储备、互联网金融、云计算。本书通篇下来的主题是劝大家好好读书，大佬们纷纷以自己为例说明了书中自有黄金屋的道理，只有马云在现场说自己不读书。

② 正和岛：《圆桌内参》，世界图书出版公司，2013。本书收录了王石、吴敬琏、任志强、田溯宁、周鸿祎、陈志武、郭广昌、张维迎、钱大群、卫哲和刘永行等人推荐的文章。推荐人对每篇文章都做了私家批注，内容上则覆盖经济趋势、战略思维和企业经营。

第 12 章　理国要事须保政通人和

“政治”在现代汉语里指的是政府、政党等治理国家的行为。在马克思主义政治经济学的术语里，政治“是以经济为基础的上层建筑，是经济的集中表现，是以国家权力为核心展开的各种社会活动和社会关系的总和”。政治是一种能够牵动社会全体成员的利益，并支配其行为的社会力量。

但就如之前谈论的“经济”，内涵所指的其实是剥去舶来外衣之下原属中国本土经验的概念，唯有此才能准确把握“中国经济”的精髓之处。此处要讨论的“政治”，也必是符合中国本土意识的“政治”，唯有此才能正确认识“中国政治”的关键所在。

其实早在先秦时期，诸子百家就开始使用“政治”一词。在最早能查到该词的《尚书·毕命》中有曰“三后协心，同底于道，道洽政治，泽润生民”，告诉我们政治要解决的是“生民”问题，就是要让民众安养滋生。《荀子·儒效》有曰“言政治之求，不下于安存”，也是在说政治要求解的不过是“安存”之事，就是要安境存民。可见中国古代就在说“执政为民”，要建立正常的社会秩序，找到共同生存之道，管理和教化民众，最终实现安居乐业的状态，因而政通人和也是历代执政者的最高目标。

对于如何实现这样一套政治理念，中国的先贤是这样理解的：

与西方政治理论中“国家”和“帝国”等概念不同，中华文明一直以来是以“天下”描绘施政所及的范围。历代自认为正统的统治者都必须肩负的使命就是，要想方设法将自己的德政遍及当时地理认知和交通途径所能达到的最远边界。天下其实是一个弗远无界的概念，天底下的不同区域之间只有德政施行程度高低的差别，从都城开始，近畿、州府、边疆、藩属，直至扩散到蛮夷外邦。这套理念沿用了几千年，直到近代鸦片战争以后被西方民族国家的坚船利炮冲开，中国才开始接受自己只是万国中的一员，而且是差点被开除球籍的那个弱国，心理落差不可不谓天壤之别。

但是，这几千年来中华文明发展出来一整套扩展政治范围、维护政治秩序的理论体系和实践经验可谓博大精深，不可丢弃，更值得今天人们在重新推行天下文明体系的过程中反复深思。

首先，中国在历史上推行天下体制并不是一帆风顺的事情。中原族群向未开化地区的迁徙、边疆少数民族的反叛，甚至发展壮大后入主中原成为统治者，都是必须处理的棘手问题。充满智慧的先人们发展出了文化上化夷为华、血脉上融胡为汉的族群认同机制，并经历了多次社会大动荡、族群大重组、阶层大变革之后才逐渐糅合成今日所共同认可的中华民族。这其中血与火的经验教训不可不谓历经磨难。

其次，中华文明以天下存续为己任，并不非常看重某个邦国的兴亡。正如明末清初思想家顾炎武所言，“保国者，其君其臣，肉食者谋之；保天下者，匹夫之贱，与有责焉耳矣！”[①] 这里的“国”在当时的语境下也只是一朝一代的帝王之国，亡国也就是亡朝代，旧的朝代结束了自然有新的朝代成立。天下却依然存在，更能顺应天命的统治者会吸取教训重新统治天下，更加证明了天命的正当性；更为偏远地区的政权逐鹿中原也只是为了有资格获取天下的统治权，反而扩大了天下的范围。

因此，在没有西方所谓民族国家概念的情况下，中国实际上发展出的政治体制是在基层依赖以家为单位的组织结构，再通过层层理论建构和制度设计，使得家与国相互依存、难解难分，构成了在东方社会中长期居于统治地

① 语出顾炎武著《日知录·正始》。

位的专制主义和家长式的权威主义。这样一种家国威权的社会形态帮助中华文明早早完成并长期维持大一统状态。因而，对于中国政治形态及发展趋势的考察，也都必须从深入了解中国的“家国共同体”观念和“国家—家族—家庭”权力结构开始。

从对这些学术观念的辨析中，人们可以更加系统地了解中国政治理念的来龙去脉，多方比较判断，从而得出自己的正确认知，认识到阶层秩序和族群关系是维护整个人群的身份纽带，是关系到政通人和的大事，其中的复杂程度非熟悉中华文化者不可知全貌，更不是后来居上的新晋列强们所能深刻领会的。

12.1 天下中华的政治秩序

正如人们在中华文明早期发展史中所看到的，多处起源地薪尽火传地延续文明，逐渐连成一片、汇成一体，因而中华文明很早就建立起了一套“天下”政治观对应其施政所及的范围。历代自称正统的统治者都明白，自己要肩负使命、尽可能地将德政遍及当时地理认知和交通途径所能达到的边界。这种政治意识形态自殷商就有之，后经过儒家理论持续建构，产生相关制度、礼仪和实物规制予以践行，形成一种独有的“儒法国家”治理模式①。天下政治秩序还带来与之相配套的朝贡贸易模式，反过来又从经济上验证并巩固了这个秩序。于是天朝上国的概念一直深埋在中国人的脑海中，成为中华文明

① 赵鼎新：《儒法国家：中国历史新论》，徐峰、巨桐译，浙江大学出版社，2022。本书旨在解释中国为什么以及如何在自公元前 221 年秦始皇统一中国后就逐渐发展起其他文明所未曾长期存在的官僚制国家，提出是一种吸收了儒家和法家思想的哲学传统在中国特有的人口、宗教、技术和社会结构上形成的政治体制在其中发挥了至关重要的作用，并因此奠定了中国历史的发展模式。

最为自负的道德高地。

然而，这样一种政治意识形态究竟是怎样在历史中出现和存在的，它是怎么支配当时人的思想和行为的？中国作为这个“天下共同体”的实现载体，究竟是如何从历史深处一直演化到晚清，并被“世界万国”的现实所打破？今天随着中华民族的再次崛起，“天下体系”观念究竟还有多少值得深挖的理论价值，可以融入“人类命运共同体”的新理念，因而成为人们设计未来世界制度的新方案？

日本学者从这个“天下”的边缘地带观察到[①]：古代“天下”范围的界定是一个逐步扩张的过程，四方蛮夷之地既成为天下型国家得以成立的条件，又在这个过程中发生转化。中国古代的祭祀礼仪和宫阙建制可以作为实证，说明中国王权既继承天命又统领万民的二重性，这样得以消解公与私之间的矛盾，确立天子统治的正当性。在“今文经”里，曾经以昆仑山为中心，将天下理解为由相同语言、交通和文化特性所构成的九州 / 中国这样的单一政治社会；而在“古文经”里，又以天子所在都城为中心，将天下理解为包含中国与夷狄在内的帝国这样的复合政治社会。两种天下观经历了从西汉的渐趋一元，到魏晋南北朝的多元化发展，再到隋唐以后走向一元的长期演变过程，最终完成了传统中国古典国家观——天下型国家。当然，日本也曾试图利用这种天下观去构建自身周边的政权关系，但始终绕不开中原王朝，因而这个理论只能用来装饰门面，潜藏欲望于心。

这样一个曾经盛行的政治秩序观念，在1840年之前与西方的世界秩序

① ［日］渡边信一郎：《中国古代的王权与天下秩序：从日中比较史的视角出发》，徐冲译，中华书局，2008。本书2003年由日本校仓书房出版，2008年在我国由中华书局以“日本学者中国史研究丛刊”系列出版。书中以“天下”观为切入点，讨论了“天下”观意识形态的特点、“天下”所覆盖领域的范围以及“天下”观对中国古典制度如祭祀礼仪、宫阙建制的影响。

分别经历了各自漫长的酝酿过程，但终于在随后的100多年里发生激烈的碰撞。中国要想真正崛起，终究要迈过去的一道门槛就必须是对世界体系的重新定义。这当然也就是今天需要重新理解和诠释天下体系，进而形成中国自己正统法统观念的重要原因。

构想新的“天下体系”理论殊为不易。长久以来，人们在从政治层面理解这个世界时使用的最高级别的观念是“国家”。虽然每个国家都希望生活在一个有秩序的公共空间中，但国家之上、能提供这种公共资源的更高层次的政治单位就不再存在了。今天广泛存在的安全、卫生、能源和经济问题都需要超越国家的政治制度和实体来予以解决，这种需求非常迫切。在对比过历史上曾出现过的古罗马、大英帝国等古典帝国模式，当下正在实施的美国和欧盟模式，以及由众多国家组成国际联盟的世界组织形式后，为了避免它们的弊端，越来越多的学者开始相信，借助中国传统的“天下”观念可以给出更加合理可行的“天下体系”方案[①]。这个“天下体系”因其在哲学层面上能够满足制度最大化和普遍化的原则，在思想上以其“无外”的包容性而具有先天的优越性，将是未来世界制度的必然形态。一言以蔽之，世界将死，天下当立。

同样，在对比古今中外各个文明的生活状态后，人们也可以找出中华文明发展的内在逻辑和实现中华民族伟大复兴的内生动力。中国数千年来所形成的天下型定居文明和天下型经济体本身就蕴含了巨大的潜力，当代中国经济的高速发展和社会的巨大进步都取决于此。可以说，“近一千年来，西方社会与中华社会分别成为运动主义和秩序主义的两个典型，因而导致了从现

① 赵汀阳：《天下体系：世界制度哲学导论》，中国人民大学出版社，2011。作者是中国社会科学院哲学研究所研究员，本是哲学专业出身，在长期的哲学专业训练和思考过程中发展了一套自成体系且有独特方法论的标准哲学理论。“天下体系”作为一种希望能行之于世界的政治制度，终于在这里得到了哲学理论层面上的考辨和升华。

代科学诞生开始的文明演化路径的巨大分岔”[①]。然而在近100年来，中华民族在自强革新的道路上创新性地融合了秩序主义与运动主义，让基于中国传统文化的天下型定居中华文明重新成为世界经济发展的引擎。

在此基础上，“人类命运共同体”将成为“天下为公”传统理念的现代版本。以此新局面的映衬，中华文明数千年“公天下”的演化史也就成了“人类命运共同体”这一终极目标在中国土地上做历史预演的先行版本。沿着这个脉络思路，再继续推进“公天下”的理想和“人类命运共同体”的理念，为世界大同提供一条中国解决方案则更加顺理成章。而此次中国版本能否成功，将不仅仅是中华民族的兴亡问题，也是决定“世界”能否演化成“天下”，“世界问题”能否在“天下秩序”里得以化解的关键所在。

12.2 华夷胡汉的族群认同

中华文明选择“天下”政治观实属历史必然，因为其中益处也是不言而喻的：地理认知和交通运输所及之处在理论上都可以囊括入治理范围，成为统治者根据中原王朝实力选择讨伐或安抚的对象。在经济收益和管理成本上还不适合纳入天下的未开化族群，则被称为蛮、夷、狄和戎，分布在天下四方处于自生自灭的状态，作为华夏的边缘反过来界定着华夏的边界范围，旁证着中国的存在。

然而这些历史条件并不是孤立存在着的，“天下”政治秩序弗远无界的潜在弊端则在于华夏族群没有一个明确的定义，中央政权没有一个界定的标

① 文扬：《天下中华：广土巨族与定居文明》，中华书局，2019。作者是复旦大学中国研究院研究员。本书以文明的成长、锻造、冲撞和维新四个章节对中华文明演进进行了详细的论述，提出“广土巨族”与“定居文明”的概念，解释了“天下”观在中华历史上的独特地位和作用。

准。究竟谁是中华、谁是蛮夷，谁是正朔、谁是旁支？每到改朝换代之际，这些疑问就成了巨大的政治问题一次又一次地困扰着人们。华夷胡汉的族群认同过程需要被反复调起，撕裂着一朝又一朝遗民故老的情感和认知，考验着一代又一代文人史家的刀笔和良心，但也在付出这些巨大代价后最终实践出了一套伟大的化夷为华、融胡为汉的族群认同模式，可以古为今用，在新一轮更大范围内形成族群认同、扩大天下边界的历史运动中派上用场。

围绕着“中国究竟是什么，我们究竟是谁”这个问题，历史学家们对这2000年来华夷的边界逐渐推移、周边民族逐渐“汉化”、胡汉之间相互转化，以及所谓的外族统治者自我“华夏”化现象进行了大量的分析研究。根据分子人类学和考古学的最新成果，从源头开始中国人就不是土生土长的“本地猿人”的后代，而是从非洲开始的人类迁移史诗的一部分；商人和周人最早也都不是居住在中原地带，而是经过漫长的迁徙才逐渐由外而内地逐渐接近中原地带，对更早期居住在中原的部族来说，他们都是蛮夷；入主中原以后，新的统治者总是将自己封为正统，再称呼周边新的部族为蛮夷，因此所谓的华夏和夷狄概念都是人为建构的结果。从新石器时代族群的分合开始，到最后一个征服王朝清朝结束，“华夏 / 中国”这个政治共同体就一直在经历不断扩张、衰坏、融合的演变过程。只要能够“审察自己的归属和认同，也审察族群归属和认同的原则”，就能“不被狭窄而偏激的族群狂傲挟持，迷失了自己往前走的方向”[①]。

然而从秦汉到元清，中国出现过两种类型完全不同的统一王朝：一种是中原汉人建立后统一了中国的王朝，如秦汉唐明；另一种是边疆民族建立后征服了中原的王朝，如辽金元清。“天下中国”的政治认同模式也可以以魏晋南北朝为界，分为两种：前一段在汉唐之间，主要是华夏周边诸民族主动

---

① 许倬云：《说中国：一个不断变化的复杂共同体》，广西师范大学出版社，2015。

汉化，建立政权形成中华意识后再融入中国，到了唐宋建立起完善的官僚专制帝国；后一段在宋元以后，主要是北方民族先形成了本民族意识，然后再征服了中原政权，建立起涵盖汉地和内亚的双重帝国。

对于前一时期从汉到唐发展出的认同模式，日本学者极为关注“中华帝国”形成过程中与周边诸民族之间的互动关系。在考察了鲜卑、乌桓等北方民族，獠、羌等南方民族，北魏、辽、金、元和清等非汉族政权，以及最终未被纳入这个体制的朝鲜与日本后，人们终于发现：这种“中华化”的波动会从中原延绵到整个东亚，出现过此起彼伏的“中华意识”[①]。

在此期间极为关键的是魏晋南北朝的民族大迁徙，它造就了一个有别于秦汉社会的新的“中华”，其中既包括周边民族的“汉化”，也包括中华内部的“胡化”；再以建立北魏政权的鲜卑族为例，正是在其汉化的过程中，才逐渐仿造中原制式形成了属于本民族的意识，随后再进一步将自身视为华夏正统；从北魏的内朝官、辽的著帐官、日本的伴制和汉代的郎官制度的内在相似性可以看出，这些具有中华意识的政权在国家发展过程中表现出惊人的一致性；这段时期中原士人阶层向周边地区的迁移，推动了日本、高句丽、百济、新罗以及五胡十六国诸政权在中国政治理念的影响下形成了各自的中华意识。

这些星星点点具有中华意识的政权，有的入主中原成为后人视为能继承正朔的王朝，有的偏安一隅旋即消亡，也有将朝鲜半岛也视为天下范围内的朝鲜，以及只将本国视为中心的日本。没想到这场“中华化”波动在日本遗留下来的独特“天下”观，竟会在延绵1000多年后给近代中国带来无尽的灾难。

---

① ［日］川本芳昭：《东亚古代的诸民族与国家》，刘可维译，社会科学文献出版社，2020。本书从民族形成和民族互动的角度考察了汉唐之间中国北部、西南部以及延伸到东亚的朝鲜和日本这一区域内中华体制形成过程中的影响和特点。

然而有中国学者认为，过早地以现代眼光从族群或文化的视角去理解那个时代是一种错置，因为当时并没有今天意义上的“民族”意识。“整个古代与中古时期，除了各级政治体能够有效地组织人们共同行动，其他的‘群体’如阶级、性别、地域、职业群体都无法做到这一点”[①]，因而需要从政治体的视角重新理解古代华夏政治观念的形成与发展。

这个观点的好处在于省却了很多烦琐概念和政治顾虑。既然都是政治体，那么不管统治者的出身是汉是胡，都希望能快速找到的是一种以最低成本为统治者接受，并容纳同时类似其他政治体的理论，也就是华夏观念了。于是，北方民族在建立政权后纷纷自认为华夏正统，贬低其他政权是胡，甚至以南方汉人政权为岛夷；南方政权则对还未纳入统治范围的山地族群进行驯化，在客观上扩展了华夏的范围；崔鸿在记述十六国史时，也有倾向性地多去记载过去更符合中华传统的“史相”，反过来去塑造当时人们的群体记忆。

最终，随着历史从北朝找到出口，建立新政权的杨李两家虽然都有着胡族血统，但不妨碍后人将其视为正统的华夏王朝。那么，“族群”究竟在这里发挥了怎样的实际作用呢？如果曾经有的话，也只是一个最终消散了的概念。

对于后一时期宋元以后发展出的认同模式，则需要考虑到汉唐的官僚专制帝国在解决了魏晋南北朝时期的华夷胡汉族群认同问题之后，始终无法将中央政权的统治区域突破到由降雨和气候划定的农业区之外这一重大问题。相反是由元清代表的内亚边疆帝国具有更强的包容性，能够将汉地和内亚的政治、经济、文化资源整合在一起，保持对汉地十八省之外广大边疆地区的长期有效统治，奠定了今天中国的版图。为此，少数民族的统治者们尤其是

① 胡鸿：《能夏则大与渐慕华风：政治体视角下的华夏与华夏化》，北京师范大学出版社，2017。作者是武汉大学历史学副教授。

清朝政权，是不断通过制度设计、权力运作和资源整合，利用灵活实用的宗教和民族政策笼络蒙古部族，才得以实现对“中华”概念的传承和扩大①。这不可不谓是族群及国家认同上的一大创举，中国的概念得到重新定义，相比之下明代似乎反而成为一种“反动”②。

当然，新来的统治者在探讨如何继承中华法统、扩大中华统治区域范围的问题会涉及一个更为敏感的话题，这也是厘清华夷胡汉认同领域的关键所在——正统性。这是因为，历史上延续已久的所谓华夷之辨，其关键就是一个王朝在开始之初如何解释自己朝代建立的合法性问题③。在政治领域再也没有比这更重要的事情了，历朝历代有关于此的争论无休无止，包括隋唐时代对于南北朝正统的解释、北宋关于梁正统问题的争论、辽和金关于自身正统继承来源的选择、元对辽宋金谁为正统的判断、元明民族革命的假想改写了元的正统性、乾嘉时期清朝统治者维护中华正统与士人为异族政权辩护的

① 哈斯巴根:《清初满蒙关系演变研究》,北京大学出版社,2016。作者是蒙古族历史学者，善于从蒙古方面的史料中挖掘出更多证据，并对清朝理藩院的日常管理机制和设置特点有着更为细致的理解。

② 姚大力:《追寻“我们”的根源：中国史上的族群及国家认同》，生活·读书·新知三联书店，2018。作者是复旦大学中国历史地理研究中心教授，本书收录了他研究族群和国家认同问题的论文，分别编为“何为‘中国’”“‘中国’的多样性”“换一个角度看元朝”和“民族认同与民族形成”四组。其中前两组多是从历史学角度谈论“中国”概念的复杂多样性，指出长久以来存在的所谓族群和国家认同的问题；后两组则选择蒙古帝国、元朝、回族、满族和鲜卑拓跋部族等专题论述解决此问题的方案，也就是由元清所代表的内亚国家构建模式。

③ 刘浦江:《正统与华夷：中国传统政治文化研究》，中华书局，2017。作者曾为北京大学历史学系教授，辽金史、民族史学家。本书收录了他在中国传统政治文化方面的8篇论文。本书突破断代史的限制，从正统论、德运说、华夷观念等涉及中国古代政治文化及思想观念变迁的核心问题进行了系统研究。虽然天不假年，先生没有更多的时间将这些论文融合成思路前后一贯的著作，但人们已经能清晰地看出先生在这一领域的核心观点。

怪相，以及孙中山民族主义的直接来源是太平天国而非明。

为了解决华夷种族之争，历史上人们曾经借助“五德终始说”来承载不同历史时期的价值判断[①]；到了宋代，儒学复兴运动剔除了人们思想中有关阴阳五行的原始思想痕迹，开始采用更成熟的道德评判准则来区分正统。正统之争往往反映的是统治者当时面临的主要政治危机，选用哪种正统标准则对应统治者更需要来自何处的政治资源。正所谓一切历史都是当代史，从正统观念的变化来看族群认同问题，也不过是不同政治体在计较不同利益、采用不同解释罢了。

目标相同，但方式不同的解释努力仍然在延续。台湾的王明珂先生另辟蹊径，试图采用“边缘研究”方法对“华夏边缘”作出新的解读[②]。而这种所谓的“边缘研究”，其实是把原先关于“民族内涵”的研究重点转移至“民族边缘”，通过对“华夏生态边界的形成”“华夏族群边缘的形成与扩张”“华夏族群边缘的维持与变迁”等方面的论述，来探讨华夏边缘人群是如何根据历史记忆与失忆来成为华夏或成为非华夏的。

以位于“华夏族群边缘”的羌族作为研究案例，人们就可以发现：在羌人被周人归为华夏的“非我族类”后[③]，“羌人”的概念随着华夏势力范围扩展而几经变迁，成为此后的诸侯国及至历代王朝构建合法性的基础。也就是说，“羌人”这个概念自被创造出来以后，随时间变迁可谓面目全非，所指之人早已不是当年的族群了；但为了以“华夏”为代表的核心族群的稳定性，“羌人”这个族群就必须要不断地制造出来，“华夏”也才得以存续下去。

---

① 顾颉刚：《古史辨自序》，商务印书馆，2011。本书下册的“五德终始说下的政治和历史”一章介绍了“五德终始说”最早被用来证明秦汉政权合法性的过程。

② 王明珂：《华夏边缘：历史记忆与族群认同》，社会科学文献出版社，2006。

③ 顾颉刚：《古史辨自序》，商务印书馆，2011。本书下册的“昆仑传说和羌戎文化”一章介绍了在中国远古传说中对于“非我华夏族群”的界定和想象。

当然，有边缘就有中心，从另一个视角观察则会得出含义不同的结论。在大陆学者赵汀阳先生提出的“旋涡”模式解释话语下，中华文明从商周至清末的3000多年里自有它的生长方式和游戏规则，“其秘密在于中国的扩展不是来自向外扩张行为的红利，而是来自外围竞争势力不断向心卷入旋涡核心的礼物”[①]，这就很好地回答了为何古代中国并非传统意义上的扩张型帝国，但却能不断扩展统治范围。

开放性中国的形成动力于是得到了创新性的解释。熟悉中国历史的人都知道，自古以来就有一个以中原地带为核心的政治博弈点，也就是诸侯“问鼎中原”、群雄“逐鹿天下”的政治游戏。有着强大向心力的“旋涡”模式可以解释能够维持这场连续博弈的动力结构：众多关联者抵抗不住旋涡中心释放出的利益诱惑，相续“主动”地加入博弈，成为天下政权的竞争者；关联者同时也贡献出自己的物质和能量，导致博弈旋涡的规模不断扩大，最终形成一个更加广域的中国，从而自证地创造了中国以及中国式的旋涡生长方式。

中原地带之所以具有强大的号召力和普遍的共享性，在于中原本身积累的精神资源可以持续发挥作用并自我增强：一是以方块汉字为载体的书面系统，使得早期中国在积累知识体系和交流传播信息方面具备了特有的强大能力；二是以儒家经典为载体的理论系统，使得中央政府具备组织大规模社会关系和变革制度的能力；三是以商周政权为载体的天下体系，使得只要按照规范顺承“天命”义务的后续政权都可以获得普遍接受的政治合法性。就这样，文字、经典和天下观念的独特意义在周边政治资源的冲击下不断积累，进一步增强了旋涡的向心力效应。

此时再将王明珂先生的“边缘”模式和赵汀阳先生的“旋涡”模式放在

① 赵汀阳：《惠此中国：作为一个神性概念的中国》，中信出版社，2016。

一起看就很有意思了：把中国的形成演进比作一场由多个气团交锋集聚形成大型气象条件的话，那么王明珂观察到的是风暴边缘忽现忽消的气流，赵汀阳观察到的则是风暴眼附近不断凝聚加强的旋涡。

真实情况是，两位学者都触摸到了事实的部分真相，但都不完整。如果把这些拼图合在一起，人们可能就会很自然地由风暴的形成原因联想到中学地理课上学习过的真实景象：游牧文明好比盘踞在北方的干冷气团，农耕文明好比囤积在南方的暖湿气团。当满足一定的温度和气压条件时，随机的初始扰动条件就会将各方面的气流牵引形成最初的旋涡。外围气团能够感受到旋涡中心强大的吸引力，会不由自主地向中心靠拢，提供物质、散发能量。相反，如果它不这样做，自然会有别的气团凭借高温或高压将旋涡中心挪去，其他参与者则只能成为被动吸纳者，贡献出物质之后再将能量传导到自己的周边，引发更大的旋涡。对新的被牵连者来说，它能看到的则是风暴边缘的范围扩大和重新定义。

几千年来这场“中华风暴”就这样在东亚大地上持续演进着，时强时弱，但整体来说范围不断扩大。如果风暴自己有感觉的话，它不会觉得自己在扩张，它也不觉得自己在侵犯其他的气团，它也不对把自己的气团抛洒到其他地方感兴趣。它只是感觉到自己的力气时强时弱，不断有新的物质补充进来，新的能量散发出去，也能接触到更大范围更多新的能量和物质。它要做的，无非也就是“远人不服，则修文德以来之。既来之，则安之”[①]。

① 语出《论语·季氏》。

12.3 家国一体的社会形态

人们在观察中国社会从先秦时代延绵2000多年发展至今时，能够注意到其不同于西方社会很重要的特征在于：一方面统治者的权威来源于天，来自能够顺应大自然的要求，调理好天下的方方面面；另一方面，实际的统治体制则依赖于基层以家为单位的组织结构，通过层层理论建构和制度设计，家与国相互依存、难解难分，构成了东方社会中长期居于统治地位的专制主义和家长式的权威主义。正是这样一种家国威权社会形态，有效地支撑了中华文明早早完成并长期维持的大一统状态，因而对于中国政治形态及发展趋势的考察,也都必须从深入了解中国的“家国共同体”观念和“国家—家族—家庭”权力结构开始①。

甲骨卜辞与金文资料揭示，早在商代后期就出现了由王室小宗后裔逐代累积而成的贵族宗族。它们在当时的政治、军事、经济生活中发挥着重要作用，已经开始具有宗法团体、武装集团与经济组织的性质，推动了商周时期的中国社会组织结构从血缘组织到王朝国家的转变②。秦汉之际，秦王一扫六合、楚汉连年争霸，原有的氏族共同体社会进一步解体，独立出来的家庭和个人以一种极其私人化的“心情的结合”（实际上取决于集团

---

① 何炳棣:《何炳棣思想制度史论》，中华书局，2017。本书收录的《华夏人本主义文化：渊源、特征及意义》一文考释出，华夏文化中“宗法基因”一直在传统及当代中国发挥主宰的作用，恩格斯所谓对人类历史演进影响深远的“家庭、私有制、国家”三大阶段论，并不适用于古代中国。

② 朱凤瀚:《商周家族形态研究》，商务印书馆，2022。作者是北京大学历史系教授，本书是对商周时期家族形态进行系统研究的第一部专著。

长的权威、恩惠授受和服从者的献身意识）重新连接在一起[①]，其渊源可能来自战国的任侠习俗[②]。因此，围绕着刘邦政治集团的任侠关系逐渐形成的汉代官僚阶层，也就从一开始具有了这种既体现国家意志上下支配，又包含人际关系相互制约的色彩。社会与国家里外相通，江湖与朝廷可分可合，皇权既可以由此伸展到整个天下，也从根本上保有了边界限制。

如果不受限于传统学术领域已经固化的“封建制度”与“奴隶制度”等理论陷阱，在充分掌握了古代官僚制度框架并考察当时民众生活习俗之后，深入探寻中国社会的内部动力，也许就能得出更加符合中国历史发展规律的结论：法家之术和儒家之德，都是春秋战国时代恩惠授受当事人之间实现“心情的结合”的重要组成部分；任侠习俗同样延续存在于汉代官僚的生活感情中，民间性质的秩序随着汉帝国的建立融进国家体制下的官僚制；在官僚之间的情感连接纽带中，“德”往往比“术”更加重要，成为自下而上判断领导者资格的标准；专制君主权力的经济很大程度来源于旧有氏族共同体所不关注的“山林薮泽”，正是对这些公田的开垦才形成了秦汉强化郡县统治的

① 何炳棣：《何炳棣思想制度史论》，中华书局，2017。本书收录的《国史上的“大事因缘”解谜》一文，针对秦孝公起用商鞅变法、奠定秦国强盛基础的历史公论，给出了其实为秦献公凭借墨家力量扭转即位之初秦国面临的不利局面，商鞅后来的变法不过因势利导而为之的独到判断。此后，由于巨子制崩溃和主要成员加入秦国官僚体制，墨家集团逐渐走向湮灭，消失在历史长河之中。

② [日]增渊龙夫：《中国古代的社会与国家》，吕静译，上海古籍出版社，2017。作者被誉为战后日本中国史学研究三大支柱之一。在家国观念上，可能是因为中国人太熟悉这种社会环境因而无法分析自身，日本学者在这个领域反倒有诸多论述。本书采用社会史研究方法，选择了汉代民间秩序的结构及其任侠习俗、官僚性的成立及其社会性格、古代专制主义的成立及其经济基础三个非常具体的议题进行细致分析，以统一的视角观察民间秩序与国家秩序相互融合、最终巩固的发展过程。本书一经出版，曾引起当时日本学界的轰动，被誉为史学界研究中国社会必读之“圣经”。我国现由上海古籍出版社以“日本中国史研究译丛”系列出版。

改革动力。这些独特的视角和开创性的研究方法，都为后续的中国社会研究提供了极具启发意义的参考。

当然，也有学者反驳这种由汉高祖集团的特殊性质影响而转化成国家官僚制的观点，认为这种个体之间对等结合的关系在汉高祖完成统一之后便渐渐消失了，因而需要从家族的角度考察汉代家族形态的演变过程和总体趋势[①]。由此可见，“家”的地位更加重要了，中国的天下观在内部还需要拆分为“家天下”和“公天下”两个面具[②]：统治者一人承担了既连接天地的“天子”角色，又治理臣下的“皇帝”二重角色；普通人通过界定“出身”得以由私入公，成为公家，也就是官僚体制中的一员。这样，统治者得以解决自己的权力既可以通过公共的“天”授予得到，又能够通过“家”的私有血缘关系传递下去的问题。作为中华文明政治制度的设计者，董仲舒还引入具有儒家“原本时间”观的亲子关系，这是一种“理解权力的生存时间之流和语境空间的内结构”，替换掉已经在秦政中验证失败的法家权术观，从而成功地化解代表“天”的这个“家”在传递权力时所遇到的巨大风险，有效地保证了汉政权连续十几代的帝位交接，不至于像秦政权那样二世而亡。这样的话，“即便在终极权力的竞争结构中，亲子关系还能渗透进去，有亲子间的‘合

① [日]守屋美都雄：《中国古代的家族与国家》，钱杭、杨晓芬译，上海古籍出版社，2010。作者被誉为东京文献学派的第二代代表人物，本书收录了多篇探讨家族与中国古代帝国构造之间关系的论文，人们可以在其中看到20世纪日本学术界观点纷呈的活跃现象。

② [日]尾形勇：《中国古代的“家”与国家》，张鹤泉译，中华书局，2009。作者是日本史学代表人物西嶋定生的弟子，他选择了中国古代在构建“家”与国家关系时姓氏和称谓上的变化作为突破口，对打破私域家族观念，重新以君臣关系为纽带的公域家族观念进行了深入的阐述。本书在我国由中华书局以“日本学者中国史研究丛刊”系列出版。

作的进化’，中国后来两千多年的政治命脉实际上就系于此”[①]。这种家国二重性实在是理解中国历史的关键问题。

到了东汉末年，土地兼并愈演愈烈，战乱和瘟疫导致人口大量缩减，中国古代社会稳定了几百年的家庭结构受到巨大冲击。中央皇权和地方豪族之间展开激烈的人口争夺战，越来越多的平民为了躲避战乱开始依附于豪强。进入中世的中国社会状况发生了很大变化，两晋南北朝时期的人身隶属关系的形成与发展，于是成为古代社会向中世纪演变过程中家国政治的显著特征[②]。原有的依附关系演变成隶属关系，曾经的贫富对立固化为贵贱对立。豪强势力的扩张挤占了原先家与国之间的边界区域，导致重视家庭观念的儒学被迫借用外来的佛教思想元素向玄学转变，民间信仰趋于寻找极端个人的道教和依附于庄园经济的佛教，国家权力无法集中。这段时期可谓是家国社会形态的低谷，同时也对应了中华文明的分裂与衰落时期。

如果重点研究这一时期中国的社会形态，人们就会发现原来西方史学家忽视了中国也曾有过中世，并且出现过“豪族道德共同体”这种社会基础的状况，进而可能会同意中国中世所形成的“共同体”便是理解中国社会走出低谷、继续向前发展的关键[③]。在日本学者看来，在“豪族道德共同体”中起决定作用的乃道德力和伦理力，民众是共同体伦理关系的存在基础。民众能够识别并敬仰凝聚共同体的领导人的高尚人格，“从而由此端正自己的道德生活”，并对领导者有着自下而上判断资格的权利。在中国历史上，人们

---

① 张祥龙：《儒家哲学史讲演录（第三卷）：拒秦兴汉和应对佛教的儒家哲学》，商务印书馆，2019。

② 何兹全：《中国古代社会及其向中世社会的过渡》，商务印书馆，2013。

③ [日] 谷川道雄：《中国中世社会与共同体》，马彪译，上海古籍出版社，2013。作者是日本史学京都学派第三代领头人。本书深入到中国中世社会的基层组织结构和士大夫阶层精神生活，另辟蹊径地探讨了这些因素对塑造社会形态的作用，从而提出了中国中世史论。

第一次为了生存而在血缘关系之外结成新的共同体，由此形成与古代社会不同的中世社会的基层结构。脱胎于北朝和南朝贵族的士大夫阶层承担了这一新共同体的凝聚角色，以其在学识、思想和文学方面的造诣得到乡党的认可，以赈济活动促成并维持了“共同体”。这种新型家国共同体关系后来随着北朝的贵族集团进入了隋唐的国家体制，并加上科举制度的兴起使得士大夫阶层能够得到源源不断的补充，“共同体世界作为国家体制而制度化”，隋唐帝国本身也就成为以胡汉贵族为载体，以强烈的士大夫精神为道德感召力、相互融合渗透而成的新贵族主义国家。

在这一时期有一位出生于南朝梁武帝年间，做过湘东王萧绎（后为梁元帝）的伴学，被西魏俘获后又分别入仕于北齐和北周，最后寿终于隋代开皇年间的文学家和教育家颜之推[①]。这位士大夫极具代表性，辗转于那个时代几乎所有的王朝但得以善终，并著有流传后世的《颜氏家训》，为其家族带来长久的安定和荣耀。他的生平也从另一个角度证明了中国中世社会基层结构的强大韧性，在如此混乱的政治局面之中仍能为脆弱的个人保有一席生存和发展的机遇。与此同时，作为个体也必然极为重视家族存续的价值，当时盛行的家训风俗就是例证。

然而能以家训保身并传世的家族毕竟还是少数，整个社会维持组织结构绵延不绝所依赖的还是国法。法律与社会有着密不可分的依存关系，它的存在既能维护当时社会的制度、道德和伦理等价值观念，也反映了一定时期的社会结构，是人们得以了解中国社会状态的另一面镜子。更何况中国古代的法律其实就源自家法。这是因为在中国古代家族内部存在着严密的等级关系，

① 秦元：《颜之推研究》，齐鲁书社，2012。作者是齐鲁师范学院文学院教授。本书重点探寻了在那个时代颜之推的思想历程、心理状态，发掘出其主动常年坚持撰写《颜氏家训》的深厚用意。书末还附有颜之推年谱，对后来研究者了解南北朝末年的那段兵荒马乱的时光大有益处。

法律一开始要维护的其实就是家族内部的伦理关系[①]。因此，案件中事实的真伪曲直并不重要，反而是当事人之间的亲疏辈分关系更加重要；婚姻是连接家族之间的纽带，但在法律看来则是对内维护以父权为核心的家族等级结构、对外解决两姓家族权利义务纠葛的工具；在家族之外，人们以社会阶层划分等级和群体，不同阶层在生活方式和政治权利上都通过法律做出强制限定，不得逾越。于是，“等级”成为构筑中国社会之核心所在，“法”势必要为“礼”服务，成为维护有序等级结构的工具。家国威权的社会形态导致家族主义和阶级观念始终是中国古代法律的基本精神和主要特征。

这种“东方社会中长期居于统治地位的专制主义、家父长的权威主义”的形成原因，在日本学者从中国法制史的发展角度看来，是因为公和私在中国古代未曾分化，私域内维护家长权威的道德观念——“孝”被移植到公域内以维护统治者权威，从而形成所谓的东方专制主义[②]。“共同体”理论所强调的因素在其中也不可或缺。以北宋时期范仲淹所创义庄为代表的同族集团为例，这种“同族共同体”一方面在当时确实能够取代古代结集能力并不太强的血缘主义，缓解阶级矛盾，实现社会稳定；另一方面，在这种共同体内部仍然孕育着阶层与阶级的矛盾，并能最终推动社会变革。

① 瞿同祖：《中国法律与中国社会》，商务印书馆，2010。既然是专述中国法律制度，本书没有如历史评论那样直抒胸臆，而是让人们从一条条法规中看到中国古代社会里的统治者在禁止什么、惩罚什么、保障什么，再推断出这个社会的组织架构和等级重心，从而帮助人们从法律角度一窥中国古代社会的状态。

② [日]仁井田陞：《中国法制史》，牟发松译，上海古籍出版社，2011。作者是日本中国法制史学科奠基人，曾在20世纪40年代协助日本侵华机构满铁株式会社对中国华北地区进行调查，因而能将实地调查与历史文献相结合，解剖中国社会结构并把握其特征。作者想表达的其实是，中国古代社会既通过各种形态的共同体缓解社会矛盾，但同时又向前发展、推动社会进步的史观，这样就可以反驳西方的中国社会停滞论，修正当时已经略显固化的五阶段进化唯物史观。放在当年的那个学术背景下，作者也可谓用心良苦。

古代的“共同体”案例只能在文献中搜寻了，所幸现实中的“共同体”仍能在中国广袤的土地上得以发现。著名社会学家费孝通教授在20世纪40年代对中国华南地区农村实地考察后，就为前面所述“共同体”概念找到了真实存在可见的案例。这可谓是从微观层面了解中国传统社会形态不可错过的显微镜头，足以佐证众多学者们的判断，从而形成更加坚实可靠的中国社会结构理论[①]。

人们都知道，欲了解中国社会便不可不察中国社会的“乡土性”。即便是今天，每个中国人往上推三代大都还是会与乡土生活有关，现代城市里的很多行为方式也还都带有乡土社会的痕迹。以此为基点再回头看传统乡下生活里的所谓落后情况，其实是不了解中国人千百年来正常的生活习惯：与西方现代社会的团体格局不同，乡土社会里无处不在的是由无数私人关系搭成的差序格局，这些私人关系之间按照亲疏远近程度划分出可能只有当事人才能感受到的差异，并对应到一套礼制秩序上，实在是乡土社会最经济高效的管理机制。

为了达成这一经济高效的管理机制，就首先需要在家庭内部实现稳定的差序格局才行。因此，乡土社会里的差序无处不在。这层层关系像一张大网，网住了所有的人情世事，结成了中国社会底层最坚实的基座，对应着庙堂之上的君臣关系，滋润着传统伦理机制的每个角落。这里的差序关系与西方社会又有不同，彼之家庭的主轴是夫妻关系，大家分别与上帝产生直接关联，衍生出的子女关系只是暂时寄存于家庭之中[②]。一旦孩子们长大，又会扩散

① 费孝通：《乡土中国》，上海人民出版社，2006。本书收录了14篇重要论文，总结出中国乡土社会传统文化和社会结构的基本理论。

② 梁漱溟：《中国文化要义》，上海人民出版社，2011。作者通过对比中国人和西方人在文化传统和生活方式上的差异，提出中国社会是以伦理为本位的重要论断，希望找出一条以伦理关系重新组织社会，进而实现改造中国社会目标的出路。

出更多的小家庭。孔子早早地为中华文明看透了宗教的本质，因而教导他的学生“未知生，焉知死”[①]，“务民之义，敬鬼神而远之，可谓知矣”。[②]中西文化也就此在对家庭关系的态度上划分出源头的差距。所以，乡土社会中家庭关系的主轴是父子关系，讲究三纲六纪，夫妻关系也要配合于这条主轴。每个人都要服从于差序格局里的既定角色，分家在熟人社会中通常是一件非常丢脸和失败的事情，一定需要有家族中德高望重的长辈来主持才能平息纷争。

于是，这种既能维持住家庭亲疏远近差序格局，同时又能托举起朝野君臣伦常制度的家国一体社会形态自汉代以来就在缓慢演化，逐渐编织成一个横贯千百年时空而来的巨大“家国共同体”。它极具伸缩性和保守性，既成为中华民族历经磨难而不散的压舱石，也有着要解决当今所有难题时都绕不开的不可承受之重。

---

① 语出《论语·先进》。

② 语出《论语·雍也》。

第 13 章　镇国重器定当崇学重教

“学术”在中国古代典籍中找不到先秦时期的文本例证，在汉以后的文献中虽有此二字，但要么用来指所学治国之术，要么泛指学识与主张，并没有得到过多的强调和解释。直到近代以来，受西方学术体系的影响，国人开始重视治学的方法和体系，要为几千年延续下来积累了深厚知识体系的治学和教学方法做整体的梳理与传承，这才有了“学术”的说法。

这里面尤为著名的是近代思想家、教育家梁启超先生和历史学家钱穆先生，都曾著有同名的《中国近三百年学术史》一书，就是在为近代中国的学术谱系赓续上古代中国的学术脉络。如果我们把眼光放得更远些，在长达3000年的中国古文化知识创造和积累体系中，其实有更多值得关注和深思的文化元素等待着人们去探究。

清代散文家、经学家姚鼐在总结中国文学理论时就曾依托义理、考据和辞章三个要素形成了“桐城派”古文创作理论体系。但是“在姚鼐和桐城派那里，义理、考据、辞章的意义还比较狭窄，没有根本的创新和突破”[①]，桐城派的古文家们想表达的不过是在追求一门学问的时候，要把“鲜明的思想观点、确凿的事实材料、精练的文字表达相统一，实是一种严谨踏实的学风，至今仍有现实意义”。具体来说，三者分别从含义、内容和形式三个方面描述清楚了一套在文学创作时可以自我循环的内部运转逻辑。但如果迁移过来

① 刘进、涤生：《义理·考据·辞章的现代学术方法论意义》，《光明日报》2003 年 06 月 25 日。

用以概括学术研究的方法论，那么这种义理、考据、辞章相统一促进的观点对于总结古代学术成果和提示现代学术路径却是具有非常重要的启发意义，可以发挥出别具一格的功效。

在这样一套分析框架中：义理原指在文学创作中要讲求程朱理学，端正立言之旨，在学术研究时则指对经典文献上义理的注疏解读，阐明先贤的微言大义；考据原指在文学创作上内容不能空泛，要有真情实感，在学术研究时则指对经典文献做字句上的考据辨析，寻求文本的真实含义；辞章原指在文学创作时要注重篇章、辞藻和音韵上的完美，体现作者的情感世界，在学术研究时则指在辞法层面要上升到更为本源的确定研究对象、设定表达术语等范畴，章法层面要扩展到更为抽象的定位研究背景、构建论证逻辑等领域，拓展研究的理论架构。

这样，人们就可以为义理、考据和辞章这套体系重新赋予现代学术新的方法论意义，用以阐述中国古代知识界在发展学术体系时来源于这三个层面上的动力。三者之中，义理设定内容，考据筛选材料，辞章迭代方法，三者相辅相成、环环相扣，共同推动中国古代学术向前发展。

到了近代，中国学术思想受到外来势力的冲击被迫发生了巨大的转变。以往做学问的方法似乎作用不大了，做出来的学问也没有什么意义了，可谓斯文扫地。然而中国的学术脉络没有中断，总是还有人在为往圣继绝学，清末民初的思想动荡依然继续为中国学术提供了生长的土壤。这时可谓道传肉身，整个时代的学者承载着中国学术存亡绝续的命运。他们以各种人生境遇奔走在中华大地上，践行着内心秉持的学术理念，延续着近世不绝的学术谱系，等待着新的学术时代来临。

13.1 在传注笺疏中寻找义理

先秦的诸子百家学说在经历了秦汉朝代更迭之后进入了所谓的“经典”阶段，统治者选取了儒家思想作为官方意识形态，并以儒家学说的“五经”作为代表正统观念的文本，设五经博士分门别类地接续诠释这五本经书，从此开创了连绵几百年为经学做注解的学术传统[①]。一代又一代的经学家们皓首穷经，不断地在古人流传下来的文本中梳爬，试图阐释挖掘出先贤们的微言大义，为朝廷的统治正当性提供理论依据，为社会的日常运行提供参考案例。

他们的这些努力，也成为今天人们试图进入中国古代学术殿堂的门径。义理，作为中国思想的精髓，得以通过历代学者对经典文本的注疏集解，抽丝剥茧般地从极为浩瀚的学术资料中呈现在人们面前，让人感叹先人在那么早的年代里就为后人考虑到了各种人生场景，并一一给出了解决方案；注疏，作为中国学术的基本方法，在经历了由汉至唐经学兴衰演变的历程之后，直到今天仍然能在新进学者手中于旧文处不断挖掘出新意，成为为往圣继绝学的重要手段，继续焕发着强大的生命力。

说到注疏经典义理，学术史上始终绕不开的开山鼻祖式人物就是约2000年前东汉时期的经学大师郑玄。郑玄的伟大之处在于其以《周礼》为中心，先分别注解了《周礼》《仪礼》和《礼记》，再“以礼注经”，诠释其他经书的内容，综合了两汉古今经学的思想，折中了各种版本经书之间的冲突，最终形成以《周礼》为核心的一整套经学体系。可叹的是，以后再也没

① 著名历史学家刘家和先生在《史学、经学与思想：在世界史背景下对于中国古代历史文化的思考》一书中探讨到经学注疏部分。他认为孟子在先秦时期就在自己的著作中引用《诗》《书》、转述孔子之意，因而在某种意义上也是在为经书注解，从而在战国时期就为形成儒家经典系统做出了相应贡献。

有人试图挑战郑玄，再在经学领域建立起新的思想体系。汉末曹魏学者对于郑玄经注的质疑、“郑王之争”，以及皇侃、孔颖达对郑玄体系的不同诠释，都只是在不同历史背景下对郑玄理论的修补而已。来自唐代经学家孔颖达的《礼记正义》疏解中的“礼是郑学”，更是点明了郑玄在集两汉经学之大成上的特殊地位，以及“礼”在郑学中的核心地位[①]。郑玄的著作又变成了被诠释和研究的对象，成为新的经典。针对他的讨论，延伸到宋代被时人判定为义理不彰，传递到清代又被时人捧奉为重在考据。

随后在注疏郑学，或者说以郑玄注本为基础再添加自己观点、形成新的注疏的过程中，义疏学经历了从繁盛到寂灭的宿命[②]。从魏晋南北朝一直到唐初负责接替传承薪火的人物分别是皇侃、刘炫、刘焯、贾公彦和孔颖达。其中，皇侃在《论语义疏》一书中开创了用“科段说”诠释经典文本的方法，也就是分析文本中篇章段落的前后编排关系来强调原书作者想表达的深意；这其实是借用当时佛家阐释佛经时的做法，重新对儒家经典做了发挥，但存在很多牵强附会的地方，没有被后来的孔颖达所采用。刘炫、刘焯都是天文学家，他们不相信纬书中的奇谈怪论，又能通晓各代史事，因此在注释经书时往往能发表出独到的见解。孔颖达对于《诗》《书》的正义都是源自二刘，《左传》的正义源自刘炫，《礼记正义》则来源复杂，虽以皇侃的版本为原本，但删除了其中穿凿附会之说。孔颖达尽管受到二刘影响，但不似其肆意谩骂前说，因而为后人确定下了“疏不破注”的基本原则。贾

① 华喆：《礼是郑学：汉唐间经典诠释变迁史论稿》，生活·读书·新知三联书店，2018。作者是北京师范大学古籍与传统文化研究院副教授。本书重新梳理了汉唐之间对经典文本进行诠释工作的发展脉络，解释了汉唐经学传统在理解郑玄理论的基础上构建而成的过程。

② [日]乔秀岩：《义疏学衰亡史论》，生活·读书·新知三联书店，2017。作者试图带领人们深入这些经学家的思维世界，去体察他们当时的心境，感受他们曾经付出的努力。

公彦沿袭旧疏作《周礼义疏》《仪礼义疏》，却因疏于编裁结果导致前后说法不一，虽然自相矛盾但仍得以流传。其原因在于此书能够做到原样收录，结果内容详备、便于学习，虽然本身在学术上没有什么成就，但反而成为后来读书人参考必备之物。

然而义疏学终究还是成为一门死板僵硬的学说，后继无人，更新的理念得有待宋人借助理学来提出了[①]。其实在中唐时啖助、赵匡和陆淳就开创了《春秋》注解的新局面；进入北宋以后，邢昺在对皇侃《论语义疏》解题继承的基础上著有《论语疏》；欧阳修、王安石等大学者也都纷纷在经学上有自己的创见；朱熹更是开始怀疑汉儒们注解的义理，着手重新借助“理”“气”的概念构造出一整套新的理论体系。

面对历朝历代这么多学者对经典文本的反复解读和批驳论证，现代的后来者不免彷徨失措，不知从何拾起，因而迫切需要有现代国学大师能够为人们“翦其繁芜，撮其枢要”，了解现代注疏学问里的趣闻逸事，拉近人们与枯燥文献之间的距离[②]。这样才能大致掌握经学发展概况，为进一步探索经学要义扫除些横亘在古今之间的障碍[③]。然而若想到海外汉学家在翻译中国

① 杨新勋：《经学蠡测》，凤凰出版社，2012。作者是南京师范大学文学院副教授。本书收录了他近年来有关经学研究的20篇论文，其中与宋代相关的有17篇，扩展了人们对经学由中唐进入宋代发展变迁的理解。

② 杨伯峻：《经子浅谈》，中华书局，2016。作者是著名语言学家，在语言文字领域的贡献主要体现在古汉语语法和虚词的研究方面，在古籍整理和译注方面尤为突出，其代表作有《论语译注》《孟子译注》和《春秋左传注》等。这本书介绍了他怎样和《左传》结缘，怎么作的《论语译注》和《孟子译注》，以及前辈学者杨树达和黄侃对他产生的学术影响等内容，是一本为普通人讲解古代经书、子书和平生治学要旨的入门书。

③ 钱基博：《经学通志》，吉林出版集团，2016。作者是民国时期著名的古文学家、文史专家和教育家，他从十三经里选取了《易》《书》《诗》《礼》《春秋》等五经，再加上小学部分内容，考证出来它们从古至今的版本演变，点评其间的得失优劣，编成此书。

经典时[1]，都还能孜孜以求地在参考《书经》及《竹书纪年》各种版本经书和注解时秉持严谨的态度，在评判《春秋》和《左传》时郑重提出对两者历史地位和内容的见解，在分析《诗经》的创作和流传过程时利用文献学和文字学证据发掘书写方式的独特作用[2]，那么对于有志于弘扬自身文化传统的中国学者来说，还有什么理由可以回避和略过这段学术成果呢？

13.2 在“疑”“信”间考辨今古

先秦时期总结古人智慧而形成的经典文献能够留存到今天的已经很少了。这里一方面是由于秦在建立全国政权后进行过大规模的“焚书”和“书同文”运动，民间和六国王室用古篆文书写的书籍被损毁和搜没了很多；另一方面是因为项羽攻占咸阳后放火烧毁宫殿楼宇，连秦王室保存的古书也都被损毁殆尽了。这样到了汉朝建立的时候，汉廷官方除了丞相萧何在军队先进入咸阳时抢救下来的那些户籍图册之外，竟然已经没有像样的能记载和传承学术成果的文本了。

到了汉文帝时，靠了一位曾经在秦朝做过官方学术顾问经学博士的儒生伏胜口授，由汉朝负责文化领域建设的官员太常掌故晁错笔录记下来《尚书》二十八篇，就成为后世今文经学所依托的原始文本。到了西汉，孔子的十世孙、经学博士孔安国又将曲阜孔壁中得到的先秦时期以古篆文书写的《礼》《论语》《孝经》《尚书》等古书改写成隶书，并为之作传，于是成为后世古文经

① 刘家和：《史学、经学与思想：在世界史背景下对于中国古代历史文化的思考》，北京师范大学出版社，2005。本书的第二部分，尤其在展开经学及其与史学关系的探讨时，介绍了英国汉学家理雅各在英译中国经典文献时所做的经学研究工作。

② ［美］夏含夷：《三代损益记：夏商周文化史研究》，上海古籍出版社，2020。本书的下篇《经学研究》主要围绕《周易》和《诗经》两部经典著作展开相关讨论。。

学所依托的原始文本。随着时光演进，战祸和散佚在不断损耗着更古远时期留存下来的文献，地下出土和域外回归也在不断补充可供参考的文献，伪造经书和重新编订又在不断增加后人们辨识文本确切来源和版本渊源的难度，中国古代文献的文本资料集就这样处于不断动态变化的混沌状态之中[①]。

清初的学者们为了清算理学开始引发起疑古思潮，在乾嘉年间做出了舍宋取汉的选择；庄存与、刘逢禄、宋翔凤等人推动了今文经学的重新兴起，并在崔述这里完成集之大成；随着近代救亡图存压力的日益迫切，康有为在疑似参考了廖平的《今古学考》后，终于提出颇具时代意义的“公羊改制”学说，将这股疑古风波推向了高潮[②]；现代的胡适和顾颉刚用西方理论框架继续解构古代经文，但也遇到了章太炎、钱穆等人的反击。“疑古”还是“信古”？这个选择成为300年间常辩常新的话题，折射出每个历史阶段中国学者关心的核心问题[③]。甚至连英国汉学家理雅各在19世纪60年代到80年代翻译中国的经典文献时，也需要下力辨认古文《尚书》和《竹书纪年》的真伪问题，并做出选择认同此二书为真本的判断[④]。

无数学者就是在这样来源纷繁复杂的文本中不断考辨每个字句的真实性，因为大家都相信，唯有求真才能建立正确的义理解释系统。这就是中国

① 顾颉刚：《古史辨自序》，商务印书馆，2011。本书上册的《战国秦汉间人的造伪与辨伪》一章介绍了“疑古”派所谓“层累地造成”的中国古史观。

② 张凯：《经今古文之争与近代学术嬗变》，四川人民出版社，2020。作者是浙江大学人文学院历史学系副教授。

③ 路新生：《中国近三百年疑古思潮史纲》，复旦大学出版社，2014。作者是华东师范大学历史系教授。本书上起明清易变，下至抗战前后，对近300年间的疑古思想及疑古运动置于激烈变动的大时代进行了全面的考察。

④ 著名历史学家刘家和先生在《史学、经学与思想：在世界史背景下对于中国古代历史文化的思考》一书中第二部分的《理雅各英译〈书经〉〈竹书纪年〉的文献考证》一文中有相关论述。

学术发展史中最为曲折反复的考据辨析。这个过程中不断有人怀疑古代经典文献，也有人笃信其真实性，还有人提出中间的可能解释。新的资料在不断加入进来，新的研究方法也在被不断采用，结论在不同学术大师之间反复变化，给人们留下了无尽的思辨空间。

其实只要回到民国初年那个社会普遍“疑古”的氛围中，人们当可以理解那些代表传统意识形态观念的中国学者从内心感受到的深重压力。如果凡古皆可疑，那流传几千年的中国思想还能剩下什么？为此，1925 年，还在上海商务印书馆做编辑工作的周予同先生完成《经今古文之争及其异同》一文，探讨了今古文经之间存在的异同、争论与混淆之处，指出当时今文经学得以复兴的缘由与价值①。1929 年，还是苏州中学老师的钱穆写出了《刘向歆父子年谱》一文，以无可辩驳的论据考证出刘向、刘歆父子绝无可能在当时的历史环境里伪造出古文《尚书》，孔府鲁壁里确实发掘出先秦时期的古文典籍，是两人在此基础上进行整理编订的成果②。在此基础上，钱穆还在《两汉博士家法考》中提出观点认为西汉时并不存在经学在今文和古文上的对立；在《孔子与春秋》和《周官著作诗代考》中进一步提出观点认为经学今古文的争论其实在于《春秋》与《周官》，今文经尊孔子，以《春秋》为素王大法，而古文经尊周公，以《周官》为圣王之制。这些在乱世力挽狂澜的努力终于为后续的学术思想发展打开了一条新的门路。

就这样，“疑古”和“信古”的争论一直延续到了中华人民共和国成立

① 周予同：《中国经学史论著选编》，邓秉元编，复旦大学出版社，2015。作者是中国经学史著名专家，曾任复旦大学教授。本书第一部分的前期著述里收录了《经今古文之争及其异同》一文，现题名为《经今古文学》。

② 钱穆：《两汉经学今古文平议》，商务印书馆，2001。本书收录了《刘向歆父子年谱》《两汉博士家法考》《孔子与春秋》《周官著作诗代考》等四篇文章，全面阐述了作者对今古经文方面的见解，在当时起到了振聋发聩的作用。

以后。尤其是随着20世纪80年代启动的“夏商周断代工程”中所存在失误而引起诸多困惑和争辩的展开，“疑古”学说给思想界持续带来的巨大冲击，逼迫人们不断在考古学、历史符号学、古史史料学上取得更多实证，启发人们从“默证”和“二重证据法”的全新角度重新思考、再次出发，要“走出疑古”[1]。这是因为，期望重建学术传统的人们逐渐还是会回归到同一个认识上，那就是：古书真伪及其代表学术源流的问题最终还是需要有更翔实的出土文献来化解和辩证。

就以古人们在记录和保存经典学术文献最为依赖的简帛古书为例，它们的形成过程就代表了古书的经典化问题。从古时的今文，到今时的古书。原来在当时具备记事、纪念、记录性质的文书档案，逐步脱离出来，发展成独立篇章、具有可读性和训诫意义的文章，这里具有深厚的学术探究意义。而且这种独立流传、单篇传世的道德训诫文章，开始具有了一定的文学文饰色彩，但其原本是并不强调时间、地点及著作者的。对后世的文史著述而言，这一点至关重要但又很容易被人忽略的差异就体现出了源与流的关系[2]。

①《文史哲》杂志编辑部：《“疑古”与“走出疑古”》，商务印书馆，2010。本书收选了改革开放30年来相关学者发表在其刊物上的论文，按专题的形式结集出版。本书观点持平公允，是在经历了那一场场硝烟弥漫的辩战之后的理性反思，是一本既能清晰描述当时场面，又能拨乱反正、重启思路的指南。

② 李零：《简帛古书与学术源流》，生活·读书·新知三联书店，2020。作者是北京大学中文系教授，多年从事考古学、古文学和古文献学的研究，他将自己在北京大学中文系讲课时的讲稿汇编成本书，试图融汇学术界出土文献研究的最新成果，连通出土古书与传世古书，重新认识并建构起古代知识系统和人们的思想文化心理。本书分上篇六讲，是简帛古书在埋藏与发现、形制使用、整理研究和体例分类方面的基础知识；下篇六讲，是将简帛古书分为六艺、史书、子书、诗赋、兵书和方术等类的具体导读。作为大学课程讲稿，书中还附录了王国维《简牍检署考》、楚简《申徒狄》、余嘉锡《故书通例》、敦煌汉简《风雨诗》、银雀山汉简《唐勒》、尹湾汉简《神乌赋》、银雀山汉简《地典》等珍贵材料，方便人们根据前面讲解的知识自己去做研判品鉴。

这种观点对于之前几百年纷争烦扰的经文真伪考辨之争来说，可谓是醍醐灌顶的大智慧。原来世上本无所谓书之绝对真伪，历代诸多考辨多为庸人自扰。其实本来就没有什么静止不变的古书，没有什么一脉相承的真本。3000 多年前流传至今的古书，以一个人的学术生涯为 30 年来计，不过是经历了一百代学者的不断加工创作而成的联合作品。从今天大家可以看到的最终结果文本，再想完整地追溯回去，是不可能原原本本实现的。唯一可做的只能是对文本的解释，是对过往发生历史的选择性回忆和面向未来的有目的重构，这才是真实在做、切实可行的方案。人们不妨让考据的归考据，辨析的归辨析，让考古学者去求事实的真伪，让文献学者去做字面的梳理，各安职守，而不要混为一谈；更不用在已经被康有为夸大的分歧之处再做臆想，人为地上升至学术层面，分化出所谓的“政治儒学”和“心性儒学”，再出于一己偏见而厚此薄彼，进入谬之大矣的状态而不自知了[①]。

所以，有关中国历史文献的考辨终究还是有必要归纳在基于科学方法的文献学学科之下。1979 年，中国历史文献研究会得以成立，首任会长张舜徽先生为这门学科奠定了坚实的基础[②]。他开宗明义地给出了文献学研究范围与任务的定义，分辨出古代文献中所谓著作、编述和抄纂三者的区别。治学至此处，人们当可对前述有关古代经典文本中的种种争执产生更高维度的理解和同情，也会对中国古代文本是真是伪有了自己更为通达的认知，进而

① 蒋庆：《公羊学引论：儒家的政治智慧与历史信仰》，福建教育出版社，2014。作者是大陆新儒家代表人物。本书是其成名作，其价值在于通过研究春秋公羊学从中提炼出儒家传统政治观点，但立场偏颇，难以落地自圆其说。

② 张舜徽：《中国文献学》，东方出版社，2019。作者是中国现代著名历史学家、文献学家，曾任华中师范大学历史系教授。本书最早出版于 1982 年，至今都是好学者于浩瀚典籍之中，为掌握治书驭书之法而案头必备的全览之书。书中介绍了整理古代文献中最重要的版本、校勘和目录三项基础知识，概述了前人整理文献所做的具体工作和丰硕成果，可谓千百年来古代文献学术领域的集大成者。

才有信心不必心存顾虑、只管尽力利用这些文本资源去了解每个时代里那些古人的思想情境，掌握他们之所以有这般那般转折甚至遮掩的背后用心，从而更加勇敢地去把握准确整个中国古代学术发展的大脉络。

13.3 理学：从周敦颐到朱熹

如果人们将思路转向如何把握整个中国古代学术发展的大脉络就会发现，只是在经典文献的义理注疏和考据辨析上做文章，中国学术思想是断断无法延续长达2000多年发展的。这是因为：义理注疏表达的是学者对同一段经文各自不同的理解，因而只能在个人的粒度上不断积累而产生变化，随着语义空间的收敛，很快就会言无剩意了；考据辨析依赖的则是对比文献版本源流变化而产生的差异，可以超越时空产生更大跨度连接的新意，但受限于文献间关联度的缺失以及逐渐穷尽手上可得的所有文献，也会越来越难以再做文章。

但只要人们能够在辞法上重新调整研究对象、设定表达术语，在章法上变动研究背景、改动论证逻辑，甚至要变换一套新的论证思路和话语体系，那就会是在更高维度上拓展学术研究的边界，从而引起学术上的大变革。这时在学术领域就会产生新的研究范式，出现新的学派。

学术史上每一次新出现的学派，都是在广泛吸收了当时盛行新思想的基础上产生的，比如远古的易学、本土的五行学说、印度的佛学、民间的禅学和西方的科学。虽然这些新的学派在当时看起来离经叛道，不为正统思想所接受，但当拉宽历史观察的视野之后，所谓门派的区别无非都是在新的思想资源上采用的新的研究手法追求学术成就而已。而且新的学派虽然会重新组合、借用或创造出一整套新的话语体系，但万变不离其宗，中国学术一以贯之的都还是在研究为人处世、经世致用的道理。

这种研究方法上的突破在中国学术发展过程中出现过多次，其例证就是在两汉的经学基础上，分别产生了魏晋的玄学、隋唐的佛学、宋元的理学、明清的心学和近代的实学。

中国学术第一次这样在研究范式上的大变动，肇始于从魏晋一直到隋唐所受到的来自印度佛教理论的冲击。南北朝时期，中国佛教理论的北方系统上承相对比较陈旧的汉代经学，在前期发展的影响作用更大些；南方系统则下接风气先进的魏晋玄学，在后期逐渐为其加入更多南方气质。后来，北方的天台、法相、华严三宗和南方的禅宗形成不同的派别划分，传入中国的佛教开始以宗教内部宗派发展脉络的方式继续演变，从而在理论体系上取代了用南北地域来划分差异的做法，完成了自身的学术转变。在这一过程中，魏晋玄学发挥了至关重要的催化作用。从汉代宇宙论到魏晋本体论的转变不是简单的学理“变迁”，而是本质上从劣到优的“发展”，佛教是“先受玄学的洗礼，这种外来的思想才能为我国人士所接受”[①]。

与此同时，得力于中原通过西域与印度发生直接的人员往来，僧人们为中土带来了众多梵文佛经。经过北朝的鸠摩罗什（343—413）、南朝的真谛（499—569）、初唐的玄奘（602—664）和中唐的不空（705—774）等众多法师持续几代人的翻译活动，佛学在隋唐时期得到快速发展。位于其发源地印度本土婆罗门教的梵学思想并没有像后世学者所担心的那样因为教派的障碍而湮没无踪[②]，而是得益于中印两国大量有志于传播信仰与文化的僧人学者默默无闻的努力而得以新生。当时在还处于政治分裂状态的中华大地上涌

① 汤用彤：《隋唐佛教史稿》，北京大学出版社，2010。本书通过整理隋唐时代佛教在中国发展演变的概况，依次阐述了隋唐时代佛教在势力消长、经文传译、理论撰述、宗派传播等方面的内容。

② 饶宗颐：《梵学集》，上海古籍出版社，1993。作者在书中曾感叹，“婆罗门经典，始终被佛徒摈斥，视为外道，故无人过问。梵学真相，晦而不彰，可为浩叹”。

现出了很多佛学大师，他们公开设坛讲解经文，创立宗派，广收门徒。尤其是鸠摩罗什的弟子、东晋时期生活在后秦的僧肇法师（384—414），在深度参与鸠摩罗什主持的译经活动后，完整地吸收了“般若性空”的佛学思想，并对魏晋以来流行的各派学说加以总结，写出经过中国本土佛学家思考的原创佛学著作《肇论》，既建立了“般若中观”[①]和老庄学说的内在关联，又开出了中华哲理的崭新境界[②]。他对佛学的主要贡献是在承师所传大乘龙树学的基础上，提出了对“空”这个当时众说纷纭概念的新见解：认为“空”既不是“无”，也不是“有”，而是包含了万事万物前因后果而又随时随地因缘际起的一种自在状态[③]。这种出离于原始儒家观念的认知，既缓解了当时饱经战乱涂炭的中原人士在面临国家和自身危难时的焦虑，又加深了他们对那个复杂多变的政治时局和社会形态在更加精细粒度上的思辨，因而在中国思想史上具有强大的进步性和影响力。

儒家人士当然会感受到这种来自异域思想体系的巨大压力，也意识到在自家学说中确实缺少佛学中所特有的辩证思维逻辑。在唐代，经历过开元盛世和安史之乱的经学家啖助已经开始在治《春秋》的过程中怀疑儒家经典理论的真实性和可行性[④]；中唐时期的儒家代表人物韩愈也曾经大声疾呼，并

① 吕澂：《印度佛学源流略讲》，上海人民出版社，2005。本书在介绍大乘佛学时，重点讲解了龙树和尚在般若学中提出的中观学说。

② 张祥龙：《儒家哲学史讲演录（第三卷）：拒秦兴汉和应对佛教的儒家哲学》，商务印书馆，2019。本书在第六讲论述佛教入华的哲理途径时，重点介绍了佛教中国化过程中与中国玄学思想的关联之处。

③ 吕澂：《中国佛学源流略讲》，中华书局，1979。本书在第三讲重点介绍了中国佛学对般若理论的研究成果。

④ 何俊：《从经学到理学》，上海人民出版社，2021。作者是复旦大学特聘教授。本书通过发掘出《群经统类》《春秋集传》《洪范口义》《周易程氏传》《童溪易传》《仪礼集说》《诗所》《孝经集传》《论孟精义》和《五经同异》等经典文献内容之间的关系，回答了儒家是如何历代传承，通过对经学的诠释而发展出理学这一全新学术形态的问题。

身体力行倡导古文运动，希望能为已经了无新意的儒家经典注疏带入新的生气。也就是在这个时期，儒家学者痛定思痛，开始积极吸收佛学中有积极意义的一面，以期补足儒家学说缺少思辨的短板。到了北宋时期，民间大儒周敦颐首开先河，另辟蹊径地从《易经》中借鉴“太极”“阴阳”等思想元素，结合儒家传统解决经典问题，从而开创出最初的理学思想萌芽。不过回到当时，还未成型的理学学术脉络曾有王学与洛学两种分支可能，并或明或暗地牵扯进整个北宋一代的政治斗争中[①]。只是由于王安石变法运动的夭折和出自新党但臭名昭著的秦桧被定性，王学在政治话语权和派系方面变得很难再翻身了，最终由程颢、程颐、邵雍、张载等人发扬光大的一脉才得以被历史选中，转进入南宋后，最终在大儒朱熹手中完成了儒家思想经过官方体系的再创造。

而依照朱熹的观点，儒家思想的新阶段——理学思想体系终究还是要解决个人修身治世的问题。为此他择要选取了《大学》《中庸》《论语》和《孟子》等篇章内容合为“四书”，并为其作《四书章句集注》，系统阐释了如何运用这些经典文献完成从凡人到圣人的转变过程。他和吕祖谦两人还为了让初学者迅速进入儒门，把握儒学思想帮助人修齐治平的要义，再从这些经典文献中“掇取其关于大体而切于日用者”，摘出《近思录》一书[②]，直到今天仍可以“让现代人可以花最少时间，减少不必要的困难，汲取先圣先贤的智慧，并接受他们高贵品德的薰聒”[③]。

这些功绩让朱熹成为继孔子之后重新发扬儒家学说的第一人，可是关于

---

① 何俊：《南宋儒学建构》，上海人民出版社，2013。本书探讨了南宋理学得以构建的学术渊源。

② 陈荣捷：《近思录详注评集评》，重庆出版社，2021。

③ 朱高正：《近思录通解》，华东师范大学出版社，2010。作者是中国台湾著名政治家、学者，系朱熹第 26 代嫡孙，一直以来积极推动两岸和平统一和中国文化主体意识重建。

他的讨论却很不充分，评价也不甚公允。甚至在近代以来，尤其是五四运动以后，大家还似乎有意无意地忽略了他，而专挑孔子褒贬就好了。不过，中国经学史著名专家周予同先生在1929年就写成《朱熹》一文,可谓眼光独具、超越时代。该文论及朱熹的历史价值，包括其哲学之本体论、价值论和认识论，以及其在六经和四书方面的经学成就[①]。不过，单靠这一本论著去了解朱熹显然是不够的。只有在剥去后人附加在朱熹身上“神圣”或“伪善”的面具之后[②]，人们才会更加具体地了解这个生活在南宋初年的普通儒生，以及他当年是如何遍访游学，采择各种学术资源，才从中提炼出在那个年代最能对抗“君”权、解放“人”性、恢复“道”统的思想体系。只可惜随后历朝历代的历史尘埃早已或无意埋没，或有意粉饰了这些事实真相。

朱熹早年失父，是由族人拨予母子一处住所，借助家族私塾资源和父亲旧友帮助才得以苦学成才，年纪轻轻一举中试；青年时期的朱熹也曾痴迷于佛学思想，出入佛老之间，思想成熟以后才选定儒学作为终身志向；在当时思想界的争鸣中，朱熹一开始并不占优，但却能一直不断吸收对手的思想精华，等到敌友们都纷纷离世之后，终于“剩者为王”，颇有日本战国时代德川家康的风范；朱熹晚年并不如意，在几十天内从帝师的高位上直坠落地，被政治对手封杀为“伪学”，死后也不得传播思想。

但这些挫折和打击都抹杀不了他几十年如一日，兢兢业业用新的学术理

① 在周予同先生所著《中国经学史论著选编》一书中收录了这篇文章。本书收录的其他论文里，也提到了“汉学”与“宋学”、道儒的党派性、王莽改制与经今古文、儒家内部派别与传授，尤其是内部孟荀两派的对立等问题。这些论述有利于读者深入了解经学发展过程中各个门派之间的渊源与差异，以及关联到近世所谓“六经皆史说”的前因后果。

② 束景南：《朱子大传：“性”的救赎之路》，复旦大学出版社，2016。作者是浙江大学古籍研究所教授，他于20世纪80年代还在苏州大学中文系任教的时候，就立志要为这位旷世大儒写一本大传；为此辛勤耕耘了30年，全面系统地搜集整理了有关朱熹的上千种史料，考辨历史真相，破除误说悬案，终于写成此书。

念和话语体系注疏儒家经典文献的功业。在他的笔下，儒家思想得到了一次新生，既具备了一套新的思辨方法论，也得以验证了一条从自己做起、在心性和行为上无限接近圣贤的道路。更为重要的是，他为本来零星散落在学术思想史长河中的儒家圣贤们连缀出一条能够为后世所笃信的“道统”脉络，就好像在漆黑的夜晚里为迷茫的人们点亮了一排可以既知前驱又明后续的路灯[①]。让每个儒者都相信无论古今、不分南北，自己是在和别人一起在做同样一项“为天地立心，为生民立命，为往圣继绝学，为万世开太平”[②]的伟大事业。因此，当后世需要向前寻找一位能延续儒家思想脉络和因应时代变化的新圣人时，便自然会重视起朱熹的独特价值。

从此以后，不光是代表中国政治的皇权可以有法统传承，代表中国学术的文脉也有了自己的道统可以穿越时间和空间的阻隔。这股力量不需要血缘和武力来维持，因为朱熹在道统形式之连贯性以外，“又于道统内容，以哲学思想充实之。从此而后，道统乃成为一哲学范畴。此诚是破天荒之举”[③]。中国的士人们因而有了可以消弭差异的共同价值标杆，在心理感受上和社会组织上逐渐构建起一张无形的关系网，并最终形成某种宗教式的群体认同感，为中华文明的延续和扩展提供着不竭的动力。

---

① 陈荣捷：《朱学论集》，重庆出版社，2021。本书收录了作者有关朱子学的15篇论文，其中《朱熹集新儒学之大成》一文考证出朱熹最早在《中庸章句序》中开始明确使用“道统”一词。

② 语出北宋理学家张载的《横渠语录》，世称“横渠四句”。

③ 陈荣捷：《朱子新探索》，重庆出版社，2022。本书代表了作者晚年关于朱子学研究的最高成就，于书中发掘了大量新材料，向人们描绘了一个更加立体生动的朱熹形象。

13.4 心学：从陆九渊到王阳明

“心”在理学思想中是一个不安分的因素，不可不谈，但又很容易出格。它的来源甚至可以由佛教禅宗追溯到古代印度文献《吠陀》和《奥义书》里的心学，以及《瑜伽经》所倡导的修心之法[①]。等到了中国，早在理学思想体系创立初期，洛学一脉在传承中就由道南学派的王苹、张九成悄悄启动了对“心”在经世为学道路上作用的探讨，湖湘学派的胡宏也认为要“心以成性”[②]。南宋时期的另一位大儒陆九渊则在终其一生与朱熹的互相学习和辨析中，继承了程颢的思想衣钵，最终创立了能够与理学并驾齐驱的心学学派。

陆九渊与朱熹在当年有过大量的学术辩论和生活交往的事迹，他们俩的思想学说和精神仪范相映成趣，“一个强调虚心以致敬，致敬在认知，一个强调明心见性，收拾精神；一个是虔敬为学的智者，一个是雄姿英发的哲人。两种学问，两种风仪，恰好构成了中国儒学的两极”[③]。只可惜陆九渊后来深入抗金前线，立志为国巩固边防，在54岁时就因病去世了。他晚生于朱熹9年，又早去世于朱熹7年，留下一段异彩纷呈的人生旅途。当时凡是和他有过交往的人，无不为之折服，惊叹于他的敏锐思想和过人口才。他也凭借自身的早熟和聪慧对朱熹过于“支离”的为学方法不以为然，主张以“易简功夫”从内心直达儒家追求道德价值的最高目标。

只是他的这套顿悟方法只有天资甚高者才能习得运用。所以在陆九渊去世后，他的弟子中并没有人能得其衣钵，他的心学思想学派也就很快凋散。

---

① 张祥龙：《儒家哲学史讲演录：儒家心学及其意识依据》。作者是北京大学教授。

② 何俊：《南宋儒学建构》，上海人民出版社，2013。本书探讨了南宋理学得以构建的学术渊源。

③ 高全喜：《理心之间：朱熹和陆九渊的理学》，生活·读书·新知三联书店，2008。作者是北京航空航天大学法学院教授。

直到明代出现了另外一位心学大师王守仁，也就是王阳明，提出“致良知”的方法，这才建立起一整套学术思想，正式确立了心学作为儒家最近一次理论创新的地位。在朱熹和王阳明两人对儒家经典文本《大学》的不同解释中，就展现出理学与心学的治学路向之分，“一个路向是，因应着《大学》已经开出的一定程度上的形式化与知识化的理路，进一步赋予其主要概念与命题以形式与知识的意义；另一个路向是，直接契入《大学》所确认的思想信仰，借个人的践行与体验证成这种信仰。前一个解释路向，为朱子所开拓，后一个解释路向，则为阳明所赞同”[①]。一个讲的是认知问题，一个讲的是信仰问题。

有关王阳明的思想和案例，人们可以从他的《传习录》文本中深入探究。该书收录了阳明先生与其弟子、朋友之间的对话语录和答疑书信，是一部简明生动代表儒家思想的哲学著作[②]。《传习录》直到今天仍然广为传读[③]，书中不但全面阐述了王阳明的思想，同时还展现了他辩证灵活的授课方法，以及生动活泼、善于用喻、话带机锋的语言艺术。因此该书一经问世，便受到当时士人的推崇。

当然，只能看到王阳明流传给后人的《传习录》是不够的，人们还必须深入这位圣人的生平事迹和思想轨迹中。除了众所周知的王阳明受教格竹求知、辟洞学真修禅、贬谪龙场悟道、平定宸濠叛乱等传奇人生段落之

① 冯达文：《寻找心灵的故乡：儒道佛三家学术旨趣论释》，中华书局，2015。作者是中山大学哲学系教授。本书收录的《从朱子与阳明子两家之〈大学〉疏解看中国的解释学》一文从解释学角度分析了朱王两学的异同。

② 王阳明：《传习录》，陆永胜译，中华书局，2021。

③ 费勇：《传习录》，三秦出版社，2018。作者是著名作家。本书以精准流畅的译文诠释了阳明心学的精髓。书中所附的万字序言是作者的心得体会，还原了原著中希望让世人传而习之的简明哲理。

外，人们还需从更广阔的思想发展维度了解一个更加真实的王守仁[a]：因父亲是状元为官被带入京城，但年少失母，只得在继母的管教下过着颇为压抑的家庭生活；科场还算顺利，但已经很难超越父亲，在叛逆心理之下不免想从佛老思想中找到解脱；官场历经坎坷，父亲遭贬也连累了他，但也从另一方面将他从颓废思想中拉起，开始主动思考人生；自己独树一帜的心学思想很难见容于主流意识形态，但却能成为那个时代最会营销自己的思想家，写书、讲学、辩论、收徒，乃至有意无意散播夸大自己的神秘事迹，还对朱熹的言论断章取义编成有利于自己的《朱子晚年定论》，终于逐渐形成气候。

与陆九渊相似，王阳明作为新一代的心学大师天生就具有统摄人心的超能力。他一生广收门徒，到了晚年追随者更是聚啸山林、激荡江湖。凡经他点拨之人，莫不幡然顿悟，投其门下为之摇旗呐喊。足可见心学之说确实是打中了当时士人们内心最渴望理解和被理解的情感地带。可是回过头来看，王阳明也像他的祖师爷陆九渊那样，再次复现了过于倚重学派领袖个人魅力的学说，在大师去世后就很难再现辉煌的状况。门徒们对于只可意会不可言传的心学方法也都有着各自独到的理解，因而一旦教主去世之后，门派很快也就分崩离析，或是销声匿迹，或是自说自话了[②]。

不过，后人还是可以从王阳明独创的话语体系中深入分析和观察阳明心学思想的合理性。在他的思想中，从作为功夫的本体，到作为本体的功夫，

① 束景南：《阳明大传："心"的救赎之路》，复旦大学出版社，2019。本书没有像市面上那些成功学腔调的书籍无限制地吹捧阳明心学的无边能力，而是很好地融入了历代以来有关阳明思想发展过程中各种资料的补充与验证，帮助人们建立起一位真实可信的思想家形象，让人们充分理解王阳明在当时的所为所思，让后来人做到有稽可考、有案可依、有径可寻。

② 张祥龙先生在《儒家哲学史讲演录：儒家心学及其意识依据》一书的第十四讲和第十五讲中介绍了王阳明的两位学生钱德洪和罗近溪，对阳明学说的继承与实践历程。

再到本体与功夫一致的思想内在逻辑，其实就对应着王阳明本人从社会中产生思考，又回馈社会实践，进而教化民众的特点，最终也极大影响了后世的中国思想与社会活动[①]。阳明学后来也曾东渡扶桑，泽及岛夷。《传习录》也因此有了很多来自日本的评注版本汇入进来[②]。有日本学者在研究后就认为，将明代思想界一概视为“空疏之学”而加以蔑视的态度是错误的。与之相反，所谓清代考据学并不是中国学术思想的最高峰，清代是一个令人感到“悲惨”的文明时代，其学术思想的规模极其狭小，动向极为反动，对明末展现出来的“近代进程”则更是一种“扼杀”[③]，思想界也再无法出现像李贽这样深受阳明学影响的学术异端[④]。

这些言语虽然偏激，但未尝不是道出了位于中华正统地位的儒学思想传统在明末清初遭到了一次重大打击的事实。自视为华夏文明边缘继承者的日本学者不免格外重视心学理论在把握“意”与“心”的关系问题，并对“意”的作用有着积极认可方面的努力。当然，这也是他们自己试图摘

---

① 汪学群：《吾心自有光明月：王阳明思想原论》，中国社会科学出版社，2017。作者是中国社会科学院研究员。本书试图从思想史角度研究王阳明心学思想的本源所在，发现强调“良知”与“致良知”“吾性自足”“人人皆可为圣人”的特点，能够与社会主义人文道德建设之间建立起有机的联系，解释了为什么在当今科技昌明、商业发达的社会，人们又会对心学产生极大的兴趣。

② 陈荣捷：《王阳明〈传习录〉详注集评》，重庆出版社，2022。本书参考了来自中日两国十余种《传习录》版本和三十余种《传习录》注评版本的资料，择其精要结集。

③［日］岛田虔次：《中国思想史研究》，邓红译，上海古籍出版社，2009。作者是日本著名的中国思想史学家。本书由四部共22篇论文构成，主要就是在探讨中国近世以来儒家学派中凭借主观唯心论发展到顶峰的思想——阳明学。作者曾写过名著《中国近代思维的挫折》，作为对这些挫折的回响，本书向日本京都学派提出异见，多篇论文都在讨论阳明学是如何延续了自程颢、陆象山到王阳明，再到李贽、章学诚，乃至谭嗣同这一整条脉络上构建学术思想的努力。

④ 敏泽：《李贽》，上海古籍出版社，1984。作者侯敏泽是中国社会科学院中国文学研究所研究员，1927年生。

除清代在延续中华学术脉络时只在考据方面的那点贡献，然后再接续上自家学统的一种尝试。

清代史学家、思想家章学诚于是成为需要特殊考察的对象，被置于清代考据学的发展过程中分析其“六经皆史”说的思想意义，其历史应有地位也应得以重新审视和评估。因为此处所判定的“六经皆史”说超越考据学，重新追求义理的“发挥”，以史学方法加以“撰述”等现象，其实也都表明了当时思想家在自觉或不自觉地要突破以往学派格局的限制，展现出意图采用全新话语体系重建儒家学说的再次努力。

当然,这些努力一时并未能结出成果。但在紧接而来的西方列强冲击下，学术辞章层面的变革必将会促使儒家思想发生第二次重大蜕变，更进一步改换研究框架，发展出试图适应千年变局的实用之学。这就又是近现代日本学者所不能理解，也观察不到的宏大视野了。

13.5 实学：从王夫之到章太炎

进入近世，尤其是在明末清初和清末民初两次历史断裂期，中国学术思想受到外来势力的冲击，被迫发生了巨大的转变。身处国破家亡之中的学者们逐渐发现以往经常引用的儒家理论对这些现实的解释都不那么有效了。古来承自经典的定论传到自己手中，反而成为一块烫手的山芋，扔也不是，捧又难受。大家都知道继续对经典文献做义理和考据钻研显然已经过时，但匆忙之间改换门庭，从东瀛和西洋请来的是打扫门厅的粉刷匠，还是敲墙抛瓦的拆卸工，人们也莫衷一是。

然而就是在这样一段国事萎靡、民心涣散的年代里，中国的学术脉络没有中断。就像陈寅恪先生所说，当时学术之状况“实系吾民族精神上生死一大事者”[①]。当往事已去，今天的人们有必要知晓当时在极端困苦之下，先驱学人筚路蓝缕在学术突围上为后人留下的丰厚遗产。

第一次突围发生在明清易代之时，由明末清初散布在遗民中的学术领袖，以及随后分布在江南以地域划分的吴、皖、扬、浙等学派的学者们在严酷的政治环境中坚持下来[②]。他们开始对经过元明两代、被官方统治工具异化了的理学中“存天理、灭人欲”的滥用产生了怀疑，也对流行江浙、在民间为人们趋之若鹜的心学中“心外无物”的吹嘘进行起反思，从而更加强调偏物质性的“气”在认识事物原理中的作用[③]。对此，王夫之提出更强调“实有”的本体论[④]。老子说“天下万物生于有，有生于无”，他则针锋相对地主张“物生于有，不生于无”；张载说“知太虚即气则无无”，他则在此基础上明确肯定“太虚即气”，并进一步指明“太虚，一实也”。这就将中国学术发展指向有力地推向更加唯物、更要行动的“实”的一面。船山本人虽然未必如后世所过分抽象拔高后的“唯物主义”样板式人物，但也是功莫大焉了[⑤]。这些在当时看似离经叛道的思想产生的社会背景其实来源于明末以来中国社

---

① 语出陈寅恪先生在 1931 年写作的《吾国学术之现状及清华之职责》一文。

② 柴德赓：《清代学术史讲义》，商务印书馆，2013。本书由著名史学家柴德赓先生于 20 世纪 40 年代在辅仁大学讲授清代学术史课程时的讲义，以及李瑚先生当时的听课笔记整理而成。书中还收录了先生的读书笔记，题名为《识小录》，以及先生有关清代历史和史学问题的《明季留都防乱诸人事迹考上》《〈鲒埼亭集〉谢三宾考》《王西庄与钱竹汀》和《试论章学诚的学术思想》等代表性论文。彼时抗战刚刚结束，先生在那特殊的历史环境里着力重申延续在遗民群体里的学术传统显得别有深意。书中讲述学术渊源时格外细致，能够核算每个学者的生活成长年代和性格特点，回到历史现场点评其掌故趣闻。本书来源于鲜活生动的授课现场，可以料想当年有幸亲耳聆听先生教诲的学生会有多过瘾，在耳濡目染之间也就接受了该如何去做学问的教诲。

③ 陈来：《诠释与重建：王船山的哲学精神》，北京大学出版社，2013。

④ 蔡尚思：《王船山思想体系》，上海人民出版社，2019。

⑤ 侯外庐：《中国思想通史第五卷：中国早期启蒙思想史》，人民出版社，1956。

会实际以“乡治”统御整个帝国的现实状况。自觉肩负起东林士大夫精神的儒家学者们还可以在民间结社聚党，尚有一丝还手之力在思想上对抗着愈加收紧的皇权[①]。

后来当辛亥革命推翻帝制时，作为平衡力量两端之一皇权忽然缺失，却使得另外一端的社会自治力量也失去了生命力，两者在无奈之下竟然产生出的是分省而治的折中方案[②]。一时间天下大乱、民不聊生、军阀混战、各自为政。于是，清末民初交替时期的这道裂缝又给了中国学术第二次突围的历史契机。就这样，在从晚清道光年间到20世纪30年代这100多年中国近代以来最为混乱的那段时期里，中国学术思想的系谱发生了巨大的蜕变和转向：首先，承受自鸦片战争以来的现实压力，像方东树、邵懿辰、汪士铎和章太炎等学者和太谷学派等学术团体开始在中国思想界内部引发躁动。不安的情绪开始蔓延，反抗的种子从此埋下；传统在一次又一次的诠释和使用中重新获得了活力，但也逐渐改变了自身的风貌，其例证甚至可以在20世纪40年代的延安和中华人民共和国成立后历次的政治运动中找到。而近代中国中的私人领域政治化现象得以成立，也均可在彰善纠过的乡约、记录日记的书院，以及明代理学家发展出来的省过团体里找到影子；与此同时，新的学术社群也在破茧重生，王国维、傅斯年、胡适、陈寅恪等学术大师在发现新史料、运用新方法上为新学术的成长做出了巨大贡献，是他们在取消科举制度、传统的士转变为新式的知识分子之后，又努力重新建立起一个崭新的学术共同

---

① ［日］沟口雄三：《中国的历史脉动》，乔志航、龚颖译，生活·读书·新知三联书店，2013。作者是日本著名汉学家、中国思想史学家，他力图按照中国自身发展的历史脉络来考察转型动荡时期儒家思想的变动情况，并进行了深入的反思，做出了他所定义的“脉动”的趋势预测。

② 沟口雄三在《中国的历史脉动》一书中认为这股寄托了明末东林党人政治和社会理想的思想潜流虽然被随后的战乱和重建所压抑，但仍然在中国的多个历史时期浮现出来，以强大的历史动量在影响未来发展方向。思路清奇，可备一说。

体，期望延续中国学术思想的脉络。如此整条系谱贯穿下来，呈现出清末民初中国思想界所面临的“西方冲击”与“中国内变”两大因素，其实是一种交叉式的因果关系[①]。

在这个经过大重组的学术社群内部，其实会聚了当时中国社会里的诸色人等。但唯有真了解这些学人，真接触其学风，才能真正体味彼时知识分子的无奈与纠结：在遭遇学术风气转变、一时无所定着，但又身接古今两端、适逢中西辉映的历史时刻，只有努力从自身学术传统中挖掘新意，反复取舍后先开辟出一条小路，再留待后人扩展为康庄大道[②]。这群学人内部充满了不同的声音，成员成分也是五彩斑斓，各有出处门派。在剖析他们的地域出身和流派渊源之后，人们便可以更加清晰地分辨出北京大学国学门、清华大学研究院、厦门大学国学院、中研院史语所和东方考古协会等名震当时学术江湖的门派。诸多学者之间既有切磋技艺、砥砺前行，也不乏针锋相对、意气相争。在这些恩怨情仇背后，“主流派的脉络最具代表性的应是从北京大学研究所国学门到中央研究院历史语言研究所一系”，而这一段学术主流的变更又可简言为“太炎门生取代桐城文派，史学革命又推翻浙学一统”[③]。最终，近代所谓“国学研究”演变成了“新史学”研究。于是，经学学术传统就这样改头换面，被替换成了现代的史学研究。

---

① 王汎森：《中国近代思想与学术的系谱》，上海三联书店，2018。作者是中国台湾地区“中央研究院”院士，他在书中通过分析传统和现代的辩证关系，从而解释了中国社会里发生的各种应对西化、反思传统思想运动的背后逻辑。

② 桑兵：《学术江湖：晚清民国的学人与学风》，广西师范大学出版社，2017。作者是中山大学历史系教授。本书收录了作者的10篇论文，分别论述了中西学术在体用、哲学和语言文字上的分野，讲述了马裕藻、金毓黻、傅斯年、陈寅恪等人学术生涯中的重大事件，探讨了民国学人在治宋史、求宋学、训宋理上的学术方法。这些立论鲜明、论据扎实的学术论文，对于廓清当下对民国学术圈那些不切实际的想象非常有帮助。

③ 桑兵：《晚清民国的国学研究》，北京师范大学出版社，2014。

回到当时的场景下，人们需要体认到，为了回应西方思想冲击，希望找到一条既能效法西方又为民族寻路的变革之道，近代的那些士人也并不是先知[①]。他们也是被无助地抛掷在时代的洪流巨浪之中，心高气傲者难免错愕失落，心急如焚者必然焦灼忧愤，心如枯槁者早已彷徨无奈。国事已至此，夫子复何言。时至今日，人们当跳出以成败论英雄的思维定式，对每次历史大变革中抛下的失败者和落伍者给予更多的理解和同情；在面对历史吊诡之处需做反复咀嚼，对那些历史人物的命运怀有感同身受的悲悯之情[②]。

更何况在这些学者中间也不乏亲身实践、以身犯难之人。近代启蒙思想家宋恕[③]（1862—1910）和章太炎[④]（1869—1936）就是这种集学者与政治家身份于一身的典型人物。他们作为清末浙江维新变法派的主要人物，在当时知识文化界与地方上层官僚阶层产生过巨大影响，间接推动戊戌变法，完成从经学书斋到经世政坛的转变。这种转变的助推力可能来源于浙江地区丰厚

① 杨国强：《晚清的士人与世相》，生活·读书·新知三联书店，2017。作者是上海社科院的终身研究员。本书主要关注19世纪中叶到20世纪初期的晚清士人，收录了作者有关近世中国思想发展的18篇论文，覆盖了鸦片战争、庚申之变、太平天国运动、清末新政、新文化运动等历史事件，讨论了科举功名、朴学考证、人口迁移、土地关系和反满意识在社会解体及重构过程的影响，分析了清流名士、新式学生、革命志士各色人等在其中所扮演的角色。

② 有关这些士人的生世境遇描述，在中国艺术研究院终身研究员刘梦溪的《学术与传统》中也能找到，其上卷就包含了多篇研究王国维、陈寅恪、马一浮、熊十力、钱锺书、张舜徽等学术大师的专题论文。

③ 杨际开：《清末变法与日本：以宋恕政治思想为中心》，上海古籍出版社，2010。作者是浙江师范大学教授。他结合自身在日本长期留学的研究成果，借助“权原”与“法原”两个政治学概念从宋恕的生平事迹和政治理念延展开来，试图从整个东亚儒家文明在应对西方文明挑战时做出反应的视角，来考察清末中国士人变法突围的思想内涵。不过，本书进而引申出所谓“东亚大和解”的观点是比较少见的从中国学者视角试图统一东亚学术体系的尝试，目前还很难为主流观念所接纳。

④ 朱维铮：《章太炎与近代学术》，上海人民出版社，2022。

的学术氛围和开明的学术环境。它会比通常人们认为的在变法运动中行动更加积极的湖南地区，更加早地就为变法思想提供了温床。此外，清末的经学学术传统在提供汉学、佛学思想元素上，对促进他们的维新变法思想发展起到了特殊的催化作用；在变法方面先行一步的日本，也为这些维新人士提供了徂徕学和“天皇”权力模式的参考。这层因缘似乎可以将后来的戊戌变法视为明治维新在整个东亚地区的某种延续。

现在再回过头来看，这条学术突围之路上有过太多波折。当时一念冲动之下选择的方向虽看似用力猛烈，但很可能只是在快速试错；临到万念俱灰之时发出的悲叹虽然让人哀莫大于心死，但不曾想转机就在前头；如今百感交集才知道凡是路过必有痕迹，每一次的突破都是在为下一次的突围创造必要条件。因为这有赖于中国学术坚持以经世致用为目标的方向是正确的，义理、考据和辞章的探索一直都是在不同的曲线上为学术的持续发展创造不竭的动力。

第 14 章　兴国盛象出自思想成熟

“思想”二字在中国古代典籍中一般用作动词，表示日常进行思考判断的行为，如《黄帝内经·素问·上古天真论》在说到圣人行迹时强调其“外不劳形于事，内无思想之患，以恬愉为务，以自得为功”，这里的“思想”似乎还是一种不必要而为之的负面行为。但在现代汉语中“思想”一词的地位就格外重要了，主要用作名词来指“客观存在反映在人的意识中经过思维活动而产生的结果”。但这里所谓思维活动的结果与“知识”还不尽相同，并不简简单单是反映客观世界运行规律的经验总结，可以用多少来衡量；与“文化”也不一样，并不完全对应人类在社会生活中积累的精神财富，能够以强弱来对比。

由此看来，它更对应人们通常所说的“三观”，也就是世界观、价值观和人生观。它决定了人们如何看待自身所处的外在环境，环境中的事物各自具有哪些价值和意义，以及应该如何取舍这些价值过完自己的一生。因此，思想无论多少、不分强弱，只看先进还是落后。一个人可以有知识、有文化，甚至还很有教养，但他的思想可能很落后，甚至还很反动。同样，一个人可以没受过教育、过得很穷困，甚至命运多舛，但他的思想可以非常进步，甚至光耀千古[①]。

此外从某种意义上说，“思想”比“学术”还更重要。这是因为一方面，思想本身就是经过学术研究后提炼升华而产生的高级思维成果；另一方面，普通人可以不去做学术，但上至帝王将相、下至贩夫走卒都有自己的思想，这些思想汇聚起来就决定了整个社会是在进步还是后退。而学术一般是在这个进程发展到存亡绝续时才会显示出来独特的作用。

那么，中国思想从哪里来，它的核心要素是什么，又是如何影响了中国人的三观？

要回答这个问题必须先回到春秋时期，去了解中国最早可称为思想家的圣人孔子，找到其为之后绵延2000多年的中国思想传统开辟源头的外部背景和内在逻辑。孔子以一己之力为后人框定了三观的空间坐标系，极为领先于那个在世界范围内还在处理神人关系的时代，直至今日放在世界思想之林也是卓然不群，那就是：人们身处于一个由人伦关系组织起来的网络中，人与人之间关系的和谐满足是世间最重要的事情，每个人都应该抱有“仁”的态度对待别人、在“礼”的规范中做好事情。这一套思想体系在孔子学生曾参所著述的《礼记·大学》中被概括为“大学之道，在明明德，在亲民，在止于至善”的经世致用之说。

战国时期盛行的诸子百家学说无非都是孔子思想的继承者和完善派。不

---

① 练性乾：《南怀瑾谈历史与人生》，复旦大学出版社，1995。游走于台湾和大陆的著名教育家南怀瑾先生虽不以学者自居，但在当代重新提炼中国传统思想，让其更容易在华人文化圈传播，推动21世纪儒学复兴方面居功至伟、著述颇丰。他的学生练性乾先生则在老师的《论语别裁》《孟子旁通》《老子他说》《禅宗与道家》《新旧的一代》《易经杂说》《易经系传别讲》《观世音菩萨和观音法门》《金粟轩诗话八讲》等著作的基础上，节选其对历史与人生的感悟，分为诗话与人生、文化与文学、知命与立世、读书与论史、谈典与论人、人生精言六大章，尤其能突出南怀瑾先生的至理名言和独到见解，在娓娓道来之中传播中华文化中有关为人处世的精髓。

管是“入世”的儒家、“出世”的道家、“兼爱”的墨家,还是“刑制”的法家,都不过是在围绕着如何处理好人与人之间的关系，提出各种加强或削弱孔子用意的新观点罢了。所以后来看似汉武帝在乾纲独断，“罢黜百家，独尊儒术”,其实这只是儒家学说内部经过反复辩论后结束了各个学派之间的纷争,在如何处理君王和臣民之间的关系这一重大人伦问题上，借助天文学知识和谶纬规则找到了一条可以沟通彼此的管道。

此后的中国人就都沿着这条思想大道前行。一方面必须格外重视自身文化水平和道德修养的建设，通过格致诚正修养身心的不断操练，既能学有所长，又可奋发有为；另一方面则要积极从事更广泛的社会关系建设，通过齐家治国平天下的可行方案，逐渐验证自身思想的纯正与价值。

这样就形成了独具中国特色的经世为学思想体系，真正实现了知行合一的理论实践过程。本章重温中国思想的形成与发展经历，提炼中国思想的核心元素，也是在为新时期如何以经世为学的思想重新塑造中国人的世界观、价值观和人生观，提供一套切实可行的行动方案。

14.1 孔子奠定思想底座

春秋战国时期是中国思想形成的重要阶段。在世界范围内所谓“轴心时代”之时，在东亚北纬 30 度附近这块发达农耕文明的土壤上，也诞生了影响后世几千年的诸子百家学说。当时，周室宗法势力的衰微、分封贵族经济的解体，使得原先只限于王室内部传播的知识和文化开始散落到民间，有智力肯学习的普通人也有机会获取类似于后来私塾的教育，跟随学识渊博、身体力行的学者习作修为。一开始还只是三五个人的小学团，后来逐渐衍生出具备明显师承体系的学派。几代人于是不断接续学养，著书立说，影响时政。弟子们从老师那里习得经世致用的学问，凭借机遇获得君王的赏识出将入相，构成多向选择的巨大人才市场。中华文明终于迎来了百家争鸣的黄金年代。

但在那个时代作为真实人物活动过的孔子，却属于这些思想学派宗师中颇为失意的一个。他的事迹被历史掩埋本是大概率事件，被挖掘崇视则属偶然，只是这份偶然背后的必然依靠的是千百年来无数以孔子生平行事为目标和信心的人们持续不断的努力。他早年贫寒、青年上进、中年失业、晚年发奋、死后寂寞，只是在弟子和子孙的著述中才得以显名于后世[①]。孔子的光辉人格和苦心孤诣，其实和后来历代立志"继往圣之绝学"的众多学者并无二致。如果一定要说孔子有哪些独特之处的话，那也是他在亲子关系中对父母亲永远无法割舍的眷恋和对于音乐美感极为细致的体验能力[②]。这些心理和情感上的强烈动因后来也都体现到了他所倡导的儒家学说里。

夫子自己述而不作，他一方面埋头整理过往的典籍文献，一方面不懈对门下弟子言传身教，但并没有在生前专门系统地总结自己的思想体系。后来是他的学生曾参、有若以及他们最早的几代密传弟子们，在经过广泛收集和反复甄别后，才将最能代表孔子思想的《论语》编写出来[③]，就像他自己也曾倾注晚年精力将原本只被看作卜筮之书的《周易》注解出影响中华文明几

① 有关孔子的生平行事，中国经学史著名专家、复旦大学教授周予同先生在《中国经学史论著选编》一书中早期著述部分收录的《孔子》和《纬谶中的孔圣与他的门徒》多有介绍。

② 张祥龙：《儒家哲学史讲演录：孔子的现象学阐释九讲》，商务印书馆，2019。本书的第二篇和第三篇内容向人们阐释了，孔子礼乐思想的源头和成立之处就在于亲子关系和音乐感受。

③ 张祥龙：《儒家哲学史讲演录：从〈春秋〉到荀子》，商务印书馆，2019。本书介绍了孔子死后，他的弟子们是如何在文字记录工具还不发达的时代，传承发扬孔子思想中有关诗、礼、乐、心、性、情等观念的。

千年历史的哲学著作《易传》一样[①]。

如今，这套文本在经过历代庞大芜杂的经注体系阐发之后，已经构建起了一座庞大的语义空间大厦[②]。人们在拥有巨大便利通晓每一字句含义的同时，也不免陷入皓首穷经的风险之中，由于历史场景的疏离而产生陌生感[③]。好在近现代以来，已经有越来越多言简意赅的注解本，可以让人们注重到经典文本背后的层次性[④]与逻辑性[⑤]，避繁就简地直接体贴出先贤原

① 廖名春：《〈周易〉经传十五讲》，北京大学出版社，2012。

② 冯浩菲：《〈论语〉辨疑研究》，上海古籍出版社，2019。作者是山东大学教授，他针对《论语》经历代注释过程中出现过不同解读方法的问题，选取杨伯峻先生的《论语译注》为底本，挑选出74条有疑义的地方，涉及《论语》原文的76处章句，在一书中逐一进行了排查核对，给出了较为公允的辨析。

③ 南怀瑾：《论语别裁》，复旦大学出版社，2003。作者是活跃于海内外的社会教育家，学识渊博，善于旁征博引，在海外漂泊半生，一直持续不懈地著书立说、弘扬儒家思想，直到2004年才叶落归根回到祖国。现依据其关于《论语》的讲演录编成的《论语别裁》就是一本让人能够摆脱对《论语》常有疏离感的入门读物。书中对《论语》二十篇的每一段原文都展开了详细而又生动的讲述。尤为新颖的是，作者凭借其丰厚的历史知识背景，将原文的义理串联编辑成为一个个生动的历史小故事，通过蕴意深邃的道理和妙趣横生的文字打动人们，这在众多严肃正经的《论语》疏注典籍中也是别具一格的。

④ 黄绍筠：《论语重构本》，浙江工商大学出版社，2016。作者曾于20世纪中叶在山东师范学院、温州师范学院、杭州商学院、浙江工商大学等校任教32年，虽名不见经传，但在教书育人上精益求精，研究《论语》一书的编排和脉络时尤其用心。为了将《论语》中的思想元素讲通讲透，他独出心裁地将原先散落在各个篇章里的孔子思想重新按照几大元素分类重构，将原文的二十篇变为十二篇，分为：学习、仁学、孝悌、修身、和谐、尚义、诚信、教育、知人、礼乐、为政、道统，让读者可以循序渐进，逐层理解孔子思想的精髓。这样依次读到最后，才能理解先圣耐心教导后人如何做人做事的睿智。

⑤ 张荣昌：《〈论语〉的内在逻辑》，中国书籍出版社，2021。作者是青年国学爱好者，他选取《论语》的十章内容，从各章节之间的内在逻辑关系出发，在吸取之前多个版本注释的基础上，逐句对《论语》原文进行分析和译解，最后再加上这段话在整个篇章结构中所起作用的描述，让人们能够更好理解这段原文之所以出现在此处的背后深意。

意[①]。他们会提醒人们，孔子所说的“礼”并不仅限于“周礼”，而是一种能让当时社会安定和谐的规范制度；孔子所说的“仁”并不会无差别地对所有人提出要求，而只是有志于此之人的自愿之举[②]；“唯女子与小人难养也”与“民可使由之，不可使知之”这些千古争论的名句也均需放在原始语境下才能准确理解[③]。

相比较中国人千百年来持之以恒地对《论语》文本在为人处世方面做原汁原味地解读，西方哲学家则更擅长用抽象的思维体系来体会孔子思想超越时空的价值。一开始，他们可能还只是偏好欣赏孔子言论中某些类似道家思想中的哲学趣味。但随着学会像中国思想家那样从人的角度观察世界，去理解《论语》中孔子有关人与社会的思想观念，他们就会发现一个在本质上就不同于西方的思想体系。在这里，“天”并不重要，更重要的概念是“礼”，是对人类社会中礼仪行为的强调。礼仪代表了人类过往历史经验中沉淀下来的人性，践行礼仪则可以使人性在社群的整体关系中趋于完善。人们终身纯熟地去实践礼仪行为，最终就可以让自己的人生焕发出神奇的魅力。人性就是这样可以在俗世里升华到圣人的境界[④]。在此过程中，每个人并不需要上帝的教诲，也不需要先知的引导。中华文明得以早早地斩断宗教精神的羁绊，直接进入人与人伦理关系的讨论，从源自春秋时期贵族的共同信仰中演化出自成体系的一套思想。而且这些礼学观念可由后世学者不断注解诠释，可由

---

① 王曦：《论语绎读》，广西师范大学出版社，2022。作者毕业于北京大学哲学系，曾任国家图书馆馆长任继愈先生学术助手。现在出版行业工作，业余爱好研读《论语》，善于综合各家说法，拿出一套经过自家体贴后的见解，做到“同情之了解，以达致与孔子心意相通；滋味之绎读，以重返我们的精神原乡”。

② 黄怀信：《〈论语〉与孔子之道再认识》，上海古籍出版社，2021。

③ 廖名春：《孔子真精神：〈论语〉疑难问题解读》，孔子堂书局，2014。

④［美］赫伯特·芬格莱特：《孔子：即凡而圣》，彭国翔、张华译，江苏人民出版社，2002。作者是美国哲学家，生于1921年，于1972年出版此书。

儒家这样的民间学者集团传承。它能够这样一直延续到汉武帝时期，再经过改良以后为统治集团所接纳、信奉和施行。

这套思想的价值还在于它打破了按照身份和血统来决定社会地位的落后观念，这早于欧洲1000多年，而近邻印度至今还没有脱离基于血缘的种姓制度；孔子强调社会整体福祉，强调协作而非对抗，相信每个人都可以教化，仁义之心存在于每个人的人性之中；只要切实按照礼去行事，每个人不管是在形式上还是内在里，都会逐渐趋向至善的境界；孔子没有像其他思想家那样成系统地发表自己的观点，只是述而不作，表明他对每个人发现自己人生道路的过程保持开放心态；在身心愉悦的情况下，众人可以“食色性也”，可以“脍不厌细”，在平凡入世的生活中不断升华自己的思想①。

法国大思想家伏尔泰曾在他的《哲学辞典》中写道：“我全神贯注地读了他的著作，我从中摘录了精华部分。除了最纯洁的道德外，我从未在其中发现任何别的东西，并且没有一丝一毫的假充内行的蒙骗的味道。”这代表了西方哲学家们对这位伟大圣人发自内心的崇敬，也传递出孔子思想中包含的能够在人性层面融会中西思想的伟大价值。

14.2 经学子学，本为一体

以观察孔子思想为基础，人们还需要进一步将时间跨度和学说派别的范围再放大一些，借助文学、文献学和史学的学术成果，才能更准确地把握中

① [美]顾立雅：《孔子与中国之道》，高专诚译，大象出版社，2014。作者是美国芝加哥大学著名汉学家，生于1905年，早在20世纪20年代就开始研究中国思想。本书论述了孔子研究背景、孔子生平及其儒学思想等相关内容，是西方汉学界孔子研究领域学者的必备参考书。书中赋予了孔子多个视角的身份，从教师、学者、哲学家直到改革者，经过千百年的不断升华，孔子在中国人的心目中已经完成了从普通人到人格神的转变。

国古代思想的实质，理解经典思想流传于世的逻辑。人们同时也要掌握中国古代思想中主流的“经”与支流的“子”之间强弱演变的动态关系，借助目录学、注释学和考据学的学术成果，才不会为后世强干弱支的成见所干扰带偏。

现代中国四大史学家之一的吕思勉先生就曾写道[①]：“昔人读书之弊，在于不甚讲门径，今人则又失之太讲门径，而不甚下切实功夫：二者皆弊也。”而要把握中国古代思想本质，就是要舍其两端之弊，以“皆最后最确之说，且皆持平之论”对经部和子部的书籍进行准确的掌握。若论为何要读经，其要在于“凡书之为大多数人所习熟者，其义理，其事实，其文法，其辞句，即不期而为大多数人所沿用，在社会即成为常识。此等书即不佳，亦不可不一读，况其为佳者乎”。更何况中国文化的主流即为儒家思想，凡在中国治学经世者都不可不察。若论为何要读子，其要则在于诸子“虽各有所本，而仍同出一原，其义相反而相成”，他们的学说同出于中国古代尊崇延续自然、“天人合一”的哲学思想，亦不可不察。

其实无论经学还是子学，这些后世定义出的中国思想都是从一个在古典哲学形成以前，还处于“前经典”的阶段发展而来。追本溯源，它们都是上古时代处于神话思维、无文字交流阶段的古人向后人传递而来的文化[②]。经典世界和前经典世界在某种程度上发生着既有隔阂又有沟通的关

---

① 吕思勉:《经子解题》,吉林出版集团,2016。本书最早在1927年就由商务印书馆出版,书中以《论读经之法》与《论读子之法》两篇为纲,对儒家的十三经和道家、法家、墨家、名家、杂家等诸子学说的代表著作十七篇，分别进行评论解题，可谓是概略掌握上古典籍版本和先秦思想源流的入门佳作。

② 王小盾：《经典之前的中国智慧》，北京大学出版社，2016。作者曾在多所高校任职，广泛涉猎音乐文学和古典文献学。书中从神话方面选取了“鸱龟曳衔”，从艺术方面选取了“饕餮”，从科学方面选取了“武王伐殷”天象等几个主题作为例证，说明上古符号与后世思维之间存在着潜在的影响关系。

联。是孙子、孔子、老子这些思想家[①]，他们所提出的那些思想概念原型，既能脱胎于这些图形符号所传达出远古的意念，又能够开创性地诉诸文字，才因而得以由“图”而“文”、流传万世，带领世人从自己所处的前经典时代进入经典时代。先秦诸子实在是功不可没，孔子的眼光尤其独特。他处在两个时代的交叠处，身已没入经典时代，但又能回头留恋经典之前的时代，在历史的大门缓缓关闭之前，独坐在门槛之上动手整理出经典文本，以已身划分出新旧时代的跃迁边界。

孔子由此开创的儒家并不例外，一开始也是参与百家争鸣诸子中的一员。只是到了战国时期，作为儒家正统的思孟学派取道中庸，开始以古代文化的继承者和捍卫者自居，专注于据六经为文献载体阐发儒家学说，才逐渐将这两种角色融合为一身。先秦就初显的“天下一家”思想、春秋末期在《左传》中进而强调的“人本”与“民本”思想、战国末期由荀子特别倡导的“性恶”思想，以及汉代经过重新塑造后的儒家“孝道”和春秋公羊学“大一统”思想，在儒家代代学者的传承下被逐渐构建出一条起承转合的发展脉络[②]。这时，在急需先进政治理论支持其法统的汉代帝王眼里，新儒家们似乎更“能笃守传统文化之核心，发挥仁义之说，因时制宜，集长去短，其能压倒百家，独尊千载，不亦宜乎？”他们于是“既采儒家经

① 何炳棣：《何炳棣思想制度史论》，中华书局，2017。本书收录的《中国现存最古的私家著述：〈孙子兵法〉》和《中国思想史上一项基本性的翻案：〈老子〉辩证思维源于〈孙子兵法〉的论证》两文认定：《孙子兵法》成书早于《论语》至少半个世纪，是中国现存最古老的私人学说著述；《老子》在思想体系上承源自《孙子兵法》，但对其锋芒做了修饰淡化，从而得以更广泛地推广开来。《司马谈、迁与老子年代》一文考证出据《史记》所载老子后裔世谱，李耳约生于公元前440年，较孔子之生晚约111年，较墨子之生晚约40年。所谓孔子求教于老子的故事乃后人杜撰。

② 刘家和：《史学、经学与思想：在世界史背景下对于中国古代历史文化的思考》，北京师范大学出版社，2005。

济之思想，以抑商贾。经生亦让步其政治之主张，而不绌君权。中国历史亦于此而植其基”。就这样，“由秦汉至明清，经学为中国民族无上之法典，思想与行为、政治与风习，皆不能出其轨范”[①]。

不过在西汉时期，以经学家刘歆的《七略》和《汉书·艺文志》为代表的图书类别“六分法”，还是将传统六经归为《六艺略》，而将儒家早期诸位代表人物的著作划入《诸子略》。等到了《隋书·经籍志》，书中采用的“四分法”更是正式将“经”与“子”划分开。这就提醒人们在古人的观念中“经”与“子”的根本不同。而且如果再稍加留意的话，人们还会发现：与今天孔子在思想界获得广泛认可的地位不同，在那百家争鸣的年代里，孔子本人并没有得到他的竞争者们更友好的对待，多数情况下反倒是被描述成一副迂腐的形象，做事拘束、总是郁郁不得志的样子。

晚生于孔子182年的庄子就是这样一位总是和孔子唱反调的思想家，在《庄子》一书中屡屡可以看到他对孔子的揶揄[②]。这种态度来源于庄周本人对当时社会现实的观察和反思。原来，在孔子逝世100多年后的战国中期，世道更加混乱，提倡仁义的儒家并没有显示出解决实际问题的能力，失望的庄周只能选择更加避世的态度，主张“天人合一”和“清静无为”以明哲保身。《庄子》一书给后人留下了许多瑰丽灿烂的思想珍宝，尤其是其中被判为可信度较高的内篇《逍遥游》《齐物论》和《养生主》三篇，为道家思想提供了丰富的思想源泉，并在后世反而成为不断补充修正儒家思想的

---

① 蒙文通：《儒学五论》，广西师范大学出版社，2007。

② 钱穆：《庄子纂笺》，九州出版社，2011。著名历史学家钱穆先生在1951年写成本书，在西晋玄学家郭象的《庄子注》之外又博采古今150多家的评注，从中选取最能为现代人所理解的正解，相当于又把古文注解翻译成更为通行的白话文，可以作为今天人们进入庄子精神世界的入门读物。

有力外援，这可能就是庄子本人未曾料想到的局面了。

比如，近代著名思想家章太炎就独具慧眼地选出《齐物论》一篇，采用后世的佛理来诠释齐物说，提出了独特的齐物哲学，主张世间万物一律可以通过“丧我”“破执”，从而达到“齐物平等”和“无我显真”的层次，可谓是填补中国古代思想中缺乏思辨性遗憾的一次大胆尝试[①]。在这两个层次的基础上，章太炎继续展开了有关“真我”与“幻我”各自内涵及其关系的深入阐述。在将《庄子》文本中的名词与佛理唯识论的概念相印证后，开始回答齐物平等论证的第三个层次，亦即“唯心”与“缘起”的关系问题，最终提出了他的“凡万物与我一体之说，万物皆种以不同形相禅之说，无尽缘起之说，三者无分”的说法。

可是这么解释还是会让人产生困惑，有太多特定的术语让人摸不着头脑。其实在这套话语体系里，人们尽可以将无尽的“缘起”理解成心上种子的变现，可以随俗说有，但不可执着为有。“缘起”的动因需要从心体中寻找，这就是“依唯心现”。就这样，章氏开创性地设计出“真我”与“缘起”，或者说是“真”与“俗”的关系，完成了“和之以天倪”原理的论证。而这里“天倪”所证的那个世界，则是一个“真妄一原，假实相荡”的世界[②]。

以近代西方哲学体系来考察中国思想，很难为其找到可以对应称为“哲学”的成套话语元素，这是中国的哲学家们一直以来想要破解的难题。在诸

---

① 章太炎：《齐物论释》，曲经纬校点，崇文书局，2016。

② 孟琢：《〈齐物论释〉疏证》，上海人民出版社，2019。作者是北京师范大学文学院副教授、章太炎黄侃研究中心副主任，他结合自己多年对章黄国学的研究成果，在本书中对齐物哲学进行了更为详细的论述。书中考据严谨、旁征博引，显现出了章黄学派的家法遗风，既是人们深入了解齐物哲学的入门辅助工具，也可作为洞悉章太炎一派做小学学术所采用方法的进阶练习手册。

子学说的启发下，人们如今似乎终于找到了一种可行的解决方案，那就是：找到代表庄子思想的素材文本，不做逐字逐句的考据，而是试图从哲学体系上来把握。人们可以按图索骥地从形而上学、知识论、语言哲学、存在论、伦理学、自然哲学和美学等角度，去寻找和选择庄子“哲学”里的可用元素，最终构建起一套完整的哲学体系①。这些努力将能够回答“中国古代到底有没有哲学”的问题，因而也会取得崭新的研究成果。同样，这对于人们从现代角度理解庄子思想也有着非常重要的启发意义，并将为突破“中国哲学史研究范式”的学术困境做出富有建设性的探索。

人们还可以跳出“孔庄之辩”这对时隔百年的隔空辩论，从这个表似否定、实为补充的伦理－哲理思想联合体扩展开来，从文学和文献学方面再向孔子之前更古老的中国文化进行全面考证，从而找到“经子本一家，明为争辩、实为传承”这一本质更多新的观点和路径②。海外著名历史学家何炳棣教授在其学术生涯后期，也终于进入先秦时期中国思想起源问题的研究领域，为人们今天探索这段深不可测思想史的道路时，从史料考证方面递上了

① 章启群：《渊默而雷声：〈庄子〉的哲学论证》，商务印书馆，2019。作者是北京大学哲学系教授。

② 赵敏俐：《先秦文学与文献研究》，商务印书馆，2019。2015 年 10 月，首都师范大学教授赵敏俐先生在北京香山饭店组织发起“先秦文学与文献国际学术研讨会”，会上收到了多名来自海内外学者的 42 篇论文，涉及《尚书》《周礼》《礼记》《诗经》《楚辞》《老子》等古籍和出土文献研究的多个领域。会后这些论文结集出版为本书，汇集了当时该领域的最新研究成果和思想观点，意在基于这些文献资料的考据、疏证和注释，探索出先秦文本内容中所体现的特定思想文化内涵。

一把熊熊燃烧的火炬[①]。这把火炬照亮了诸多关系到中国古代思想发展脉络的重大历史问题，起到了正本溯源的作用。

其先见之明的例证还体现在先生自传《读史阅世六十年》中所提到的，因为“生平主要英文著作在华语世界读者有限（尤其是在大陆），更由于年事日高，自觉有节省精力的必要”，所以决定以后这类研究的一系列论著只用中文撰写,要将其宝贵的学术能量倾注在中文学术领域。这些高密度、高质量的中文学术成果必将在未来的思想界产生巨大影响，从而引发中国学者探索本民族文明价值的兴趣与动力。同时也鼓励人们相信，中国思想界终究是要回到自身体系下才能解决自身问题，并为解决世界问题提供一条可选路径。最终不但必能如先生所愿，“迟早还是可以在西方汉学界产生影响的”，而且是可以对西方思想界产生深远影响的。

14.3 向内：修身为学做操练

通常人们会将中国思想划分为儒、道、墨、法等几大派系，细化并强调它们之间各自不同的主张，而忘了这些思想归根到底想要解决的问题。这就会让今天的人们在尝试了解这些学派时，有看似每派思想都不那么正确，只是在各执一端、互相攻讦的印象。其实这些门派的划分只不过是后人为简化认知，人为强行聚类，倒果为因观念的产物。如果考察所有这些思想的源头，会发现它们都是中国古人在解决人与自然、人与人之间关系时所应采取态度

---

① 何炳棣：《何炳棣思想制度史论》，中华书局，2017。本书收录了作者在思想制度史方面的论文 15 篇，其中有 11 篇是有关华夏思想在先秦阶段重大问题的探讨，且都发表于 20 世纪 90 年代以后，表明了作者在研究方向上新的重大突破。全书所收录的论文不按发表时间排列，而是根据主题之间逻辑演进关系分布，传递出作者强大的历史场景重组和推演能力。这些论断推陈出新、言之凿凿，非常有分量，可谓篇篇巨响，字字珠玑。

的经验总结。

从根源上说，这些思想派别要解决的问题，最早都是由儒家在春秋时期所发起，在战国时期经过反复大讨论，开始形成诸子学说的各种不同应对方案派别。再经过秦汉时代的实验、选择与改良，最终糅合成整个社会都接纳的官方意识形态。这就是：天人合一、修身为学、经世致用的人生态度和做事方法。

所以，中国思想的核心理念四字以蔽之，就是“经世为学”：一方面不断地做学问、求知识的目的是要解决实际问题，另一方面解决问题的过程又是在验证自身的学养和修为是否足够，这是一个“知行合一”的过程。

如果将“为学之道”一分为二来看，它又包括“修养之道”和“学问之道”：“为”代表了要向内追求，反省体验与感悟，摒弃内心的偏执、妄见和机巧，不断提升自我的精神境界；“学”代表了要向外追求，拓展经验与知识，修正行为的偏差、过失，逐渐积累自我的能力水平。这条道路是非常艰苦的，非有极大毅力遵循优良传统者不能行之[①]。好在历代中国先贤已经在如何为学这条道路上留下了无数的宝贵经验，值得后来者为之参照练习[②]。如果请出这些先贤来谈如何追求知识、学习前人经验，他们肯定会告诉大家，古来最通行简便的方法便是读书了。而为了劝人读书，各位学人大家也是苦

---

① 蔡尚思：《中国文化的优良传统》，北京大学出版社，2012。

② 万明华：《为学之道：中国先贤的核心学养》，北京大学出版社，2019。作者是江西高校出版社的总经理，多年从事语文教学和图书出版工作，成果颇丰。他在自己潜心向学的过程中，注重点滴积累，重点选取了中国七大历史时期的49位学者，从老子到钱穆，将他们在道德修养、学术思想与治学方略方面的精要汇聚成本书，向人们介绍往圣先贤们的心路历程和思想风范，提供了切实可行的学习案例。通过本书，人们可以看到万明华先生自己也经历了这样一段不断向外追寻和向内反思的过程，也将有幸在他的帮助下能够更好地完成属于自己的为学之道。

口婆心、费尽心思从历代学者的书稿中采集出有关读书方法的节选观点[①]，或为体验[②]，或为语录，或为文章，集腋成裘编成“书之法”之书。如果在这些读书人中只能提及一位的话，则当首推南宋大儒朱熹。他一生遍读经书，学有大成，而且形成了自己的一套“朱子读书法”，散布在众多著作、语录和书信之中。后经其晚年最信任的弟子辅广辑录成册，反复研读后认为对于读通经典大有益处。这份学习资料后来再经过其门人张洪、齐熙的增补和整理，形成《朱子读书法》一书，实为千百年来士子读尽圣贤书时必备的点拨宝典[③]。

这套读书法给大家提供了六大要诀：循序渐进、熟读精思、虚心涵泳、切己体察、着紧用力和居敬持志。这些心法实为朱子的经验之谈，虽然看起来朴实无华，但放在当年那个知识贫乏、见解庸常的年代可谓石破天惊了，就是放在今天也是颠扑不破的至理名言。朱熹指出：“读书之法，莫贵乎循序而致精，而致精之本，则又在于居敬而持志。此不易之理也。”这六个阶段关联紧密，相辅相成，形成一个不可分割的完整体系，严格符合现代心理学、认识论和教学法的客观规律，不得不让人赞叹1000多年前朱子思维的先进性和方法的逻辑性。

① 桑兵、於梅舫、陈欣：《读书法》，人民出版社，2014。作者桑兵是浙江大学教授，本书首篇《大众时代的小众读书法》一文可谓他的夫子自述，分七小节循循善诱地劝导时下学子多去读书，多读好书，读起来非常亲切受用。

② 中国编辑学会：《读书的方法与技巧》，人民出版社，2018。中国编辑学会选取了中国近现代史上的大学者，如梁启超、胡适、蔡元培、鲁迅、朱自清、老舍等人，从其文章中找出侧重读书体验和经验的片段编辑成本书，更为贴近大众在书架边取舍采用的需求。书末还附有从2013年到2017年各大学校图书馆借书书单、中央电视台和中国图书评论学会评出“中国好书”书单等推荐书目，也是从侧面了解中国社会阅读习惯和读书风气的重要风向标。

③ 朱熹：《朱子读书法》，何雪燕、杜均译，中国致公出版社，2018。

朱子在读书法中最后强调的所谓“持志”，是要求读书之人坚定志向。“立志不定，如何读书？”读书只是为学的方法，是途径。只有立定学习圣贤、修身养性的志向，才能在读书之路上取得真正的效果。

可是“为学”之志究竟是什么，它又从何而来呢？这就必须深入中国思想中有关为什么要“为学”的基本概念里。在日本学者看来①，古代中国没有孕育出西方意义上的近现代要素，并不是如西方历史学家所认为的陷入2000年的历史停滞状态，而是自有一套难以为西方现代性理论所理解的逻辑。“在古代中国的观念中，决定社会存立的根据是天，其原理笼统被称为天道或天命”，天把万物运行的道理展开在世人面前，每个人都可以凭借天所赋予的秉性去探究“道”的奥秘，遵循“理”的规范。到了宋代，盛行于两汉的“天谴事应”之说在更加开智的民众面前失去了神秘的面纱，“天”的概念逐渐剥离去人格属性，不再是一个容易发怒的主宰者形象，而是成为更加抽象至上的代表；“理”则逐渐获得世间万事万物之所以存在的根本意涵，占据了原初在战国末期由道家为“道”所赋予的思想地位，最终和“气”“心”一起，成为宋明理学的核心概念。

在中国思想中，“天”作为一种自然秩序通过“气”和“理”的层层推演是可以内化于人“心”的。具备了这种能力的人，虽然距离物理意义上的“天”很远，还会在地面上受到各种自然条件和社会关系的约束，但他完全可以在内心的修养上无限接近宇宙中至上的真理，这种道德上的压力是连庙堂上的君王也无法抗拒的。真正的大儒必然能够做到终身修为，通过学术和

① [日]沟口雄三、小岛毅：《中国的思维世界》，孙歌等译，江苏人民出版社，2006。本书的上篇部分收录了沟口雄三、池田知久、林文孝、马渊昌也、伊东贵之和小岛毅等日方近代学者，论及董仲舒、朱熹、吕坤和许诰等中国古代思想家有关天、道、理、气、心等概念产生和演变的10篇论文，为人们了解中国思想在修为方面的底层逻辑提供了观察窗口。

教化成就自己；也不会畏惧于政治势力，而是通过积极有为的行动改变现实。如此方可做到如朱子所强调的，立大志始于心，为大学至于世，形成天、人、心、世的一整套过程。

现代的中国学者们也开始从各个侧面阐释中国思想中格外强调内在修为的一面①。更重要的是，在系统地挖掘了包括先秦原生诸子学说和后来传入内化佛教学说的中国传统思想后，人们将发现：是“安身立命”和“寻根究底”这人生两大终极问题的拷问在支撑着中国士人持续不竭地探求内心的深度，而且如果将其对应到西方思想的宗教和哲学领域时，还会展现出更具隐含性的预示②。

在这里，“安身立命”指的是儒佛两家“对于人类宗教情怀的特殊表达”，强调的是“个体生命的自觉性和无限精神动力”。因为不管是儒家讲的“尽心知性以至于命”，还是佛家讲的“众生皆有佛性”，两家想做的都不过是要“阐明心性的主体价值和普世伦理意义”，意图“揭示中国特色的人格独立意识和川流敦化的宇宙生命伦理”。于是，在不依赖西方思想里必备的宗教文化的情况下，中国人也可以有自己独特的“天命”信仰，支撑起一套属于人的尊严体系、生命哲学、伦理幸福观和气节观。

“寻根究底”则表达的是中国特色的“知识论”，其要旨是“将人的内在认识能力与外在的客观规律统一起来”。为了解决这个问题，儒家讲“乐天知命”，认为“知”在将个体生命贯彻于客观世界，做到“知行合一”，

---

① 刘梦溪：《学术与传统》，北京时代华文书局，2017。作者是中国艺术研究院终身研究员。本书中卷部分收录的《中国文化的狂者精神及其消退》《敬义论》和《立诚篇》等多篇论文，详细解释了儒家思想在对待个人修为方面强调的所谓“狂狷”“敬义”和“立诚”等概念。

② 单纯：《立命·究底·理政三道综论集》，新星出版社，2013。作者是中国政法大学教授。文中最后谈到国内不太常提及的达赖现象，启发人们可以关注这类看似反常但事出有因的事实，其可能在暗地里提供了一套用中国思路解决世界性信仰危机的可行方案。

就是展示了“以身载道”的“性命”观；道家讲“无为之道”，承认知“道”虽然会“损之又损”，但却是弥漫于宇宙中自然而然发生的事情；佛教讲“般若无知”，认为修行者只有进入“想入非非”的状态才能体证到“真如”的本性。这样，与通常认为的古代中国无哲学，或必须削足适履塞入西方哲学框架的论断相反，中国思想早在古代中就有了道家的返璞归真、儒家的与人为善和佛家的成人之美，它们三位一体地构成了中国哲学的特有精神。

在承认中国思想与西方思想于关注自我内心世界的方法上存在异同之后，人们当可以更有信心地评判儒家在人的精神世界长期探索的成果，探求儒家思想的内在本质问题。像孟子的“天赋权利”思想、荀子的“心术观”和“王道”思想、章学诚的“六经皆史”观、严复的“义利”思想以及辜鸿铭的宗教观，这些历经几千年传承下来并在近代得到坚守的公共观念，展现了儒家宗师及其弟子们始终在心底认同的是自我完善的终身志向[①]。这份志向让他们在还没有获得社会资源的时候，能够于私人领域不断磨炼自己的心性；当自己的志向与现实相反时，他们也宁肯退而求其次，选择另一种方式在万世维系的道统中找到自己的位置，同时保证历代先贤秉持的精神之道不至于在自己手中断绝。同样，这些向内的思想也会因此极为自然地与向外的经世思想一起，支撑儒家传人在承担社会责任的同时，完成内心的升华。所谓儒家的核心思想就是仁学，而仁学就是人学，是教人如何做人，尤其是做一个中国人的学说[②]。

儒家以人为本、重视人的价值、激发人内心活动的思想底蕴历经千年，

---

① 王中江：《儒家的精神之道和社会角色》，中华书局，2015。作者是北京大学哲学系教授。

② 许抗生：《儒家思想的过去、现在和未来》，中华书局，2015。作者是北京大学哲学系教授。本书收录了作者29篇有关儒家思想的论文，内容涉及“性命”“有无”“理心”“和谐”等命题，谈到地域文化差异、佛道儒纷争融合、阳明龙场悟道和儒家未来发展等话题。

一直在深深地影响每一个中国人。这对于建立 21 世纪全球化下的世界新秩序有着非常重大的启示意义。孔子倡导的在人与人之间“和而不同”的理念，该如何推广到全世界，如何解决今天国际事务中充满偏见与傲慢观念的失序状况？其解法既埋藏在包含儒家思想的纸面文本里面，也体现在有志光大儒学者的实践修为之中。

14.4 向外：经世为政以验证

经世与为学就像一枚硬币的两面，彼此支撑、互不可分[①]。用《论语·子张》里子夏的话来说，就是“仕而优则学，学而优则仕”。事情做好了有余力，就要去学习；学有余力了，就应该去做事[②]。在中国的古代思想中，学以致用本来就是理所当然的。古人一直以来所非常看重的致仕，或经世，或为政，都是掌握中国思想精髓的重要路径。

《论语》中就专门有“为政”一篇，早在先秦时期就为后人树立了中国政治思想的传统。后来，皇帝的朝政礼仪、祭祀礼仪、建筑蕴含礼仪和民间社会礼仪这些外在礼制，在“为政”需要进行教化时发挥了至关

① 刘梦溪：《学术与传统》，北京时代华文书局，2017。本书下卷部分收录的《为生民立命——“横渠四句教”的文化理想》《“竹柏春深护讲筵”——白鹿洞书院访学记》《论和同》《将无同——文化融合是人类未来的大趋势》等论文中提炼并论述了“为政”方面所重视的“立命”“倡学”“和同”等概念，重在从内在修为探索进入“为政”的境界。

② 这里的“仕”，根据清代文字学家段玉裁引《毛诗传》考证认为：“仕，事也。”也就是说在孔子的时代，“仕”指的原是“做事”或“实践”的意思，并不专指做官。正常的顺序是先做好事情，再考虑进修，并不是世俗观念里提倡的一开始就只顾读书，读好了才去为官。

重要的作用[①]。"天下""为公""民本""家国""礼法"这些深植内心的重要观念，也在自身的动态发展中不断勾画出中国思想的基本要义。中国传统思想中"治国理政"的概念，其实就来自儒法两家在传统政治和法律方面的思想成果[②]：一方面是儒家反思西周末年的"礼崩乐坏"，希望选取"仁义"为核心价值来构建"礼乐之治"；一方面是法家在战国时期群雄争霸的国际环境下，希望利用"法势术力"来加强周秦制度的工具效能。后来汉承秦制，"德治"与"法治"实现了在大一统帝国内思想与政治层面上的互补，"徒善不足以为政，徒法不能以自行"的治国理政思想精髓终于得以成为现实。

只是儒家自己在理解这些治国理政思想时，并不会有此后见之明，用后世的儒法之争说和西方的法律精神来指导整个过程的逐步演进。人们还是必须以其自家思路的逻辑贯通，才可发现儒家的求索精神之道，本是经由人伦观念而逐步展开的[③]。儒家在由自我完善到进入公共领域后有一套一以贯之的理念，那就是：无论在什么政治条件下，完成自我的修身、践行自己的信念才是儒家最为坚持、最为重视的事情。在中国的"为政"思想看来，社会、国家乃至天下，无非是进一步放大了的活动范围。无论在野还是庙堂，都只不过是在提供不同的修炼案例。而在这一点上，很可能就是儒家能够摆脱自身视域的限制，在21世纪为人类世界提供兼容性和多元性，与其他文明相

---

① [日]沟口雄三、小岛毅，《中国的思维世界》，孙歌等译，江苏人民出版社，2006。本书下篇"礼治与政教"部分所谈到的是中国思想中"为政"的部分。书中围绕外在的礼制在"为政"需要进行教化时所起作用展开内容，具体论述了中国古代官方及民间繁复的礼制，以及其中所蕴含的文化政治意义。

② 单纯：《立命·究底·理政三道综论集》，新星出版社，2013。

③ 王中江：《儒家的精神之道和社会角色》，中华书局，2015。本书以14篇论文详细讨论了儒家思想中对于社会所务必承担义务的要求，内容涉及对"圣人""仁爱""适度""和""公""私"等概念的辨析和解释。

互欣赏和分享的独特价值所在。

有学者就认为，既然中国思想界在清末遭至“三千年未有之大变”，已经在观念层次变换出一套新的话语体系来支撑现实世界的运行[①]，那就不如继续顺势而为，从此不再强调古今中外文明中不相通、不可约的那些异质点，而是努力从中找出可为现代人所用的因素。更何况，这些思想要素仍以某种方式延续至今，深深融入现代中国人的日常生活当中，还在发挥着潜移默化的作用。若能更进一步，还可大胆设想“即使天下观念不再，天下观念的不同成分却可能被分解出来，古为今用，重获新生。甚至，天下观念本身也可能被赋予新的意义，融入现代思想”。此类创见，非常具有勇气和想象力，足以为后辈打开一条通路。如果人们今天想要塑造通行于未来中国乃至世界的普世理念，这些源自儒家的重要思想元素就不可不察，不可不用。这些与“为政”相关的“致治”理念可谓是古代中国思想世界中的“大观念”，完全可以将其延展开来完整地理解古代中国人对于人类乃至宇宙秩序的基本观点。

最早意识到要推动儒家改造运动，使其能重放光彩于世界，必须将其思想内核中“经世”一条的施行范围扩大到全世界的近代先行者，则是身兼清朝末科进士与美国哲学博士身份于一身的清末民初思想家和社会活动家陈焕章先生。他在1917年著有《孔教经世法》一书[②]，其初始题目曾为《中国人对于和战之学说》，意在于第一次世界大战之时，针对欧洲乱局提出

① 梁治平：《为政：古代中国的致治理念》，生活·读书·新知三联书店，2020。作者是著名法学家，在本书中完成了个人研究路径从“法辨”到“习惯法”，再到“为政”的转变。

② 陈焕章：《孔教经世法》，上海书店出版社，2016。本书分24章，从个人修身讨论到世界和平，当年在海外学术界颇受重视，但原稿多年藏于哥伦比亚大学东亚图书馆，不得为世人所知。如今得以在中国出版，确实如复旦大学历史系教授姜义华所判断，“是一件很有眼光很有意义的事”。

来自中国的经世之法，以实现世界和平。书中首次对儒家思想中有关战争与和平的理念进行了全面梳理，并对诸子百家的思考及历代实践进行综合考察，得出一个极为重要的总结论："中国人为和平之人种，其学说为和平之学说"。

这在当时是非常重要和富有远见的判断，也是明清之际经世思潮发展的大势所趋。从道光、咸丰，到同治、光绪年间，中国学术各家流派在传统儒家经世思想的基础上，积极融合西方先进文明的成果，极力想在动荡的时局中摸索出一条由心变实的理论之路和救国之路[①]。陈焕章在此大背景下进一步分析认为，正是修身、齐家、治国、平天下等方法所对应的社会结构和运行秩序，将个人、群体、国家乃至人类整体紧密连接在一起，成为"中国人为和平之人种"最深厚的根基；是仁恕、爱人、平等、均平、信义、礼让、偃武、销兵等理念所坚守的文化价值和思想内涵，将历代不断演变的儒家、道家、佛家等思想熔为一炉，成为"中国学说为和平之学说"最坚实的保障。

陈焕章一生致力于匡扶儒学、再兴孔教的志愿虽然没能得以实现，但他坚信的儒学治世理想一直有人追随。进入当代，有关中国传统思想中经世致用理念的研究更加成熟规范。韩国、中国和日本也都分别于 1991 年、1992 年和 1993 年成立了实学研究会，开展发掘儒家在经济、政治、文化、管理等方面思想成就的工作。于是，经世主义的脉络得以寻根溯源，被认为是中国学术自先秦至晚清的贯穿性线索；经世实学的内容得以填充丰富，被认为是中国学术从古典形态向近代形态转换的重要桥梁。人们判断这些努力是否成功不在于时效，而在于其表明了儒学在不同政治环境下都积极进取的核心

---

① 冯天瑜、黄长义：《晚清经世实学》，上海社会科学院出版社，2002。作者冯天瑜为武汉大学历史系教授，黄长义为华中科技大学马克思主义学院教授。

理念。开创以经世为政为目标的实学，本身就是在践行这份理念，使得儒学成为考察中国近现代思想发展不可绕过的巨大课题。

在这里，经世可以成为一种实实在在的学问，经世主义继续作为中国文化的传统精神留存下来。儒家直面入世，反对避世、逃世的态度进一步得到彰显。千百年来，这条路线一直承载着无数仁人志士去追求经天纬地、建功立业的人生价值。它既可看作传统中国思想在千年未有之大变局之中的转变，也可视为现代中国思想在为万世开太平机遇面前的新声。

第 15 章　经国伟业要靠深谋远虑

“谋略”二字在中国先秦诸子文献中并不连用，多在兵家学说的典籍中单用其中一字。一般来说，“谋”更偏具体的计策，主张以机巧智力取胜，在春秋晚期军事家孙武的《孙子兵法·谋攻》里有“故上兵伐谋，其次伐交，其次伐兵，其下攻城”。敌方的计谋在这里作为反面案例，是可以被破解消除的，因而也是我方最为省力的计谋。“略”则更偏整体的方案，主张以稳健部署立于不败之地，在战国晚期思想家黄石公的《三略 · 中略》里有“是故三略为衰世作：上略设礼赏，别奸雄，著成败；中略差德行，审权变；下略陈道德，察安危，明贼贤之咎”。我方策略虽然并无一招制敌的效果，但由于考虑到了方方面面的因素，因而是可以随机应变的万全之策。在现代汉语里，谋略则一般是指对重大问题经过认真思考而后制定的对策与行动方案，包含了以上两方面的含义：既重眼前，又顾长远；既攻要点，又分步骤。

谋略也是中国传统经世为学思想的精华，是学以致用的最高阶段，是所有经济方法、政治路线、学术成果和思想内涵经过真实世界检验后，可以真正运用在实际环境里，最能发挥出实效的那部分内容。这部分内容也是经略治国阶段最重要且最难掌握的内容。掌握好了，之前所说的那些知识和观点才能算是真正学进去了；掌握不好，在战略层面就错了，再多的知识和观点也不过是一筐废纸，所谓纸上谈兵。有时还会走向反面，人云亦云、盲目信奉的错误战略变成前进中拖累阻碍的绊脚石、混淆视听的障眼法，甚至受人摆布的迷魂汤，所谓书生意气，误国误民。

近代以来的中国面临着每况愈下的颓废国事，激发起无数仁人志士不断思考如何将传统的、西方的知识和观点转化为可以指导行动的治国方略。在这方面曾经提出的对策和方案可谓层出不穷，但也泥沙俱下，真假难辨。然而大浪淘沙始见金，人们最终发现，经过一百多年来的探索和实践而得以验证的谋略，都会收敛并聚焦到如何让中国更好地发展生产制造、利用地缘条件、繁荣民间市场、完善制度安排和增强国家能力上来。在形成这些正确谋略的复杂过程中，肯定会有疑议和反复，甚至还会有干扰和反动。如今回首看来，让人不免惊出一身冷汗，才知道当年竟曾黑夜临渊而行，一着不慎就会陷入万劫不复的境地。

因此，今天的居安思危是非常有必要的。一方面是要回顾这些经过提炼后的治国方略，去看看前辈们当年是在何等历史条件下经过千锤百炼、排除万难才得以定夺确案，可以从中吸取经验教训，不要以为今天得来的一切都是理所当然的；另一方面则是中国未来还要面对更多新的挑战，还需制定新的重大方针政策，需要新一代人持续培养从复杂环境中获取有效信息、做出正确判断的能力。

本章将从产业、地缘、市场、制度和国家五个方面介绍近来讨论最为集中的各种战略观点，希望能帮助人们形成独立、理性和务实的判断能力。前面有关中国经济、政治、学术和思想方面的几章内容，则可提供丰富的知识储备和清晰的辩证逻辑，帮助读者自行评判各种战略观点的正误得失。比如，中国经济本身就蕴含的独特优势和长期积累势必在新时代的产业发展中重新焕发生机；中国政治中生发出来的天下秩序安排和华夷转化认同的观点，以及实现协和万邦的能力，将是未来想要利用好地缘条件时必须参考的重要因素；中国政治中根深蒂固的家国一体形态从本质上讲就很难与西方盛行的自由市场观点相容；中国学术在努力突破过程中不断开创出的全新理念将有可能为下一步制度创新铺平道路；中国思想中坚持的经世为学目标也一直在为增强国家能力提供源源不断的社会动力。

授人以鱼，不如授人以渔。人们不必纠结于辩论一时一地一策的对错，但一定要做到学以致用、举一反三、兼听则明、海纳百川，具备强大的收集信息、剔除谬误、条分缕析、综合研判、周密部署的谋略能力，从而完成经略治国阶段的修炼。

15.1 通过发展产业重焕生机

中国于短短几十年的时间里在现代工业的各个领域成功崛起，已经成为今天能够取得广泛共识的观点。这一事件如何得以发生，如何评判这种变化的意义，也已经有学者开始从中提炼出了更深层次的含义。越来越多的迹象表明，这是一场百年未有之大变局，其背后积蓄的各种力量绝不是能够用那些解释过往事件的理论所能涵盖的。更可怕的是，巨人的身影还在不断生长，真相也逐渐浮出水面，人们看到的可能是人类有史以来最为令人惊叹的事实：14 亿人体量的经济体，不依靠对外战争和掠夺，不依赖对内压迫和剥削，在已经存在有一个强大的、全球化的产业技术体系的情况下，再造了一个新的、自有的、全面的、某些领域出现赶超的产业技术体系。这太可怕了，自然需要有相应的理论来解释。

人们越来越意识到，能否实现工业化才是真正决定中国未来命运门槛的命题。工业化是美式霸权的基础，也是苏联倒下的胜负手。而对于中国这么大的一个国家来说，摆在面前的只有两条路：要么是始终被压制在低端工业水平，整个经济体成为西方霸权的提款机；要么是成功实现独立自主的工业化体系，带领全人类开启新一轮的文明进程。这一思路的打开，像一把火炬点亮了人们对这一历史进程的理解。以自己敏锐的头脑感受到了正在发生惊天巨变的先知先觉者们虽然还来不及将此观点形成严谨的理论体系，但已是新一代中国青年向世界发出的洪亮宣言[1]。当时还不会有太多人关注他们的所思所言，即便有人关注到，可能也会嗤之以鼻，随手打上“民族主义”的标签。只是随后十年中国的发展变化，无一不在印证这些热血青年的预言，“工业党”也越来越成为一门显学，成为可以严肃讨论的话题。

对于这场中国式的工业革命，需要有既具备理论高度又切合实际情况的经济学解释，找出中国能够从一个贫穷积弱的农业社会，向着一个前所未有的工业超级大国转型中所蕴含的“发展政治经济学”逻辑。这个逻辑的成立，将不仅暴露出西方主流经济学的根本缺陷，也为世界历史上的“大分流”“工业革命”和全球范围内的“非洲陷阱”“拉丁美洲被割开的血管”等社会发展现象提供更加合理的解释[2]。在认真分析历史之后人们不难发现，同样面临人口和资源之间巨大矛盾的马尔萨斯陷阱，地处欧亚大陆边陲的英国之所以率先实现工业革命，依靠的并不是民主制度、市场经济、领先科技，甚至所谓国民性，而是先通过原始的农业革命解决了粮食安全问题之后，再经过农村地区的原始工业化制造出数量更多，但种类也更加丰富的商品体系，最终由它帮助这个经济体跳出了原先必然会因人口膨胀而陷入的马尔萨斯陷阱。

这是绝无仅有的第一跳。专制但重商的政府承担了市场创造者和商业组织者的角色，选择了棉纺织业这个不受自然环境限制、天然具有资本增殖潜力的行业作为工业革命的突破口，一举占领了可以跃入下一轮经济形态的跳板，完成了至关重要的第二跳。

同样按照这个逻辑，20 世纪 80 年代的中国在解决了粮食问题和人口问

---

① 任冲昊、王巍、周小路、白熊：《大目标：我们与这个世界的政治协商》，光明日报出版社，2012。

② 文一：《伟大的中国工业革命：“发展政治经济学”一般原理批判纲要》，清华大学出版社，2016。作者是清华大学经济管理学教授。

题之后，也具备了以上所有条件。也是从服装加工业开始，一场规模更广、程度更深的工业革命又在中华大地上徐徐展开，而且进展得更为迅猛，用30年时间就走完了欧洲几百年的历程。这条经验是这么难得，这条小径是这么难找，让人回过头来也不得不叹服当年的各种机缘巧合。然而这条结论又是这么清晰：世界各国现代化成功与否不是政治制度的问题，而是如何选择正确的工业化路径的问题。

这条自建全产业体系的工业化发展道路过去很难，未来也不轻松，需要不断创新经济发展模式。摸着石头渡过第一道河的中国必须反思过去几十年来的出口导向型发展模式，才能正确认识和对待经济领域里存在的深层次矛盾。早有学者倡导中国经济发展的新战略：保护民族产业、坚持主权信贷、发展国内一体化、实现智能工业化、建立自主创新体系和实施不对称的全球化战略[①]。其具体的做法则是“逐步减少并最终取消出口退税，实施贸易平衡或略有逆差的新战略，出口中高端产品并进口中低端产品，大力实施民族企业进口替代”。与此对应，中国还必须通过国内经济结构的重大改革，实现“国内经济大循环”。背后要采取的策略包括：工业中心向中西部转移，改革人民币基础货币发行机制，构建核心技术创新的举国体制，建立政府采购的自主创新体系，回购部分资源型外资企业，等等。中美之间势同水火的“脱钩”之争和世界范围内蔓延的“新冠”疫情，愈发凸显了中国经济发展模式要加快从“国际大循环”向“国内大循环”转型的重大意义。

这样形成的“生产—分配—流通—消费—再生产”的国内大循环，将是推动中国自主工业体系进一步做大做强，从质和量上都能切实改变供给侧状

---

① 贾根良：《国内大循环：经济发展新战略与政策选择》，中国人民大学出版社，2020。作者是中国人民大学经济学教授。

况的治本之法。而美国意图通过贸易战发起的，通过关税保护和科技冷战等方法实施的“脱钩”措施，其实也是在试图保护美国国内的市场、产业和技术，构造美国版本的“国内大循环”，让美国重新伟大。一场意料之外的“新冠”疫情，实质上歪打正着帮两国半主动、半被迫地完成了这临门一脚：一个在主动控制下扫灭疫情后扎扎实实地构建内循环，一个在完全失控的状态下手忙脚乱地做成了内紊乱。

基于这些分析判断，人们便可理解西方国家为什么格外关注起中国的“制造强国建设战略”了。2015 年成立的国家制造强国建设战略咨询委员会，已经清晰地描述出了全球制造业当前的发展状况和存在问题，制订出中国制造业在信息产业、精密制造、航空航天装备、海洋工程装备、轨道交通装备、新能源、电力装备、农机装备、新材料、生物医药及医疗器械等十个领域的发展规划[①]。这些规划都不是纸上谈兵，而是目标明确、路径清晰、考核严密的行动方案。

西方国家不由得对“中国制造 2025”计划谈之色变，因为这确实是一剂标本兼治、百服百灵的治世良方。因为当中国真正能找到一条独立自主发展产业体系的道路时，曾经百般设定规则、竭力独占跑道的西方选手，也只有尴尬地和中国选手一起站在新的起跑线上，从此堂堂正正地展开一场能决定胜负的竞赛。

15.2 世界地缘格局：利用与改变

随着中国国家地位的崛起，国内对外部资源的需求量和向外投放力量的强度都在增加，人们开始重新打量所处的这块濒临太平洋西岸、涵盖亚洲东

---

① 国家制造强国建设战略咨询委员会：《中国制造 2025 蓝皮书》，电子工业出版社，2018。

部的国土在整个世界的地缘格局。保守的观点总是强调中国有着漫长的海岸线，有着众多的陆地邻国边境，国家安全势态非常不稳定。然而以开放的观点重新审视，攻守之势似乎可以在一念之间发生转变，每一寸国土、每一角位势都是可以向外发挥全新作用的依靠。先人们经过历代开拓，遗留给我们的这块中华文明发祥地是如此珍贵，值得每个后人深思和把握。

人们有必要用全新的眼光观察和思考这个动荡的世界，基于所谓的“世界中心岛”地缘理论，欧洲、东亚、东南亚、南亚等区域除了贸易和旅游方面的价值之外，还隐含着巨大的地缘政治关联①。在这场由以世界岛为中心扩散实力、在边缘带扼住要点的争夺战中，琉球群岛、台湾岛、中南半岛、南洋群岛、南海诸岛对中国周边战略的影响作用尤为重要，印度洋和北冰洋海域也可以作为中国展开战略较量的抓手。中国的崛起之路就在于从纵横捭阖于其中，重新争取“世界岛”的控制权。

一方面，中国崛起的趋势无法逆转，人们迟早都会看到这些已知的地缘因素必将在未来的新闻和讨论中成为更加显性热门的话题。另一方面，中国自古以来在战略层面并不是没有地缘政治视角，而且从汗牛充栋的典章文献到近代以来的屈辱经历，中国的政治家和学者已经在地缘政治领域积累了大量宝贵的经验和理论素材。更加重要的是要立足当下，关键问题在于：今天的地缘政治理论里面有哪些能够为我所用？开眼看世界，中国周边地缘势态的利弊在哪里？

那些西方殖民者为了自身利益而鼓吹的理论迟早要被证伪。今天的中国人，有理由也有实力去主动改造中国的地缘条件，从而从根本上破解地缘政

---

① 温骏轩：《谁在世界中心》，中信出版社，2017。作者是天涯论坛国际观察版面的活跃人物，尤其擅长从地缘角度分析中国崛起的路径和趋势。虽然世人很难知晓这位热心勤奋的民间地缘政治专家的真实面目，但这正好给了他相对宽松和自由的空间，能够从“地缘看世界”栏目的热帖开始完成本书。

治困境。这才是学习地缘政治理论、思考地缘政治选项的最终目的。比如，正在实施或准备实施的引海入疆东水西调、开发西藏亚东县、打通克拉地峡、吹填南海岛礁、联通中泰铁路等重点地缘改造工程，这些方案如果能落实，无疑都是能极大改变中国周边地缘势态的重大举措[①]。所以说，地缘并不是天生就不变的，今天人们看到的地缘也是经过前人修改过的；过往的地缘政治理论，并不是拿来死记硬背的教条，而是要从中找到适合自己的规律，为更好的政治方案创造更合适的地缘环境。

这些颇具开创性的思路将人们关注的目光引向了中国的西南方向，因为那里有一位身材巨大的邻居——印度，在讨论中国地缘政治问题时不可绕过。印度虽然有着诸多国内问题，但英国殖民者为其留下了庞大的体量，其所处的地理位置也具有得天独厚的优势，这些都成为人们不得不关注其地缘政治的重要原因。自中华人民共和国成立之初，印度和中国就存在着巨大的路径差异。虽然同为 20 世纪 40 年代在二战后独立的亚洲大国，但印度并未完成彻底的政治革命和土地改革，工业发展与大众市场之间存在严重脱节，外资投向最能榨取民族经济价值的部门，外贸成为逆向剥削国民财富的手段，就连最新的信息产业也成为依附于国际资本的外围边缘产业。如此推演开来，两国随后越来越大的差距就不难解释了。不过，“在印度洋地区争强好胜的结果都是不好的，独吞世界从而独控印度洋的想法不仅不切实际，而且对中国和对印度都是非常有害的，只有共享才是守福

① 刘峥：《中国地缘政治的战略选项》，人民出版社，2019。作者是国家行政学院国际事务与中国外交研究中心秘书长，一直从事地缘政治方面的研究，负责多项国家战略研究课题。他在本书中分三篇探讨了当今中国在面临地缘政治考虑时所需要了解的主要内容，包括：地缘政治理论的理论阐释、中国地缘政治的实践情况，以及未来中国地缘政治困境的破解方法。这些内容回答了大家都爱谈论的地缘政治到底是什么，在大航海活动将人类带入近代以来，人们为什么越来越热衷于讨论这个话题，讨论过程中不断被裹入、推动其发展演变背后的动力究竟是什么这些重要问题。

之道。持久聚积中国影响力并以和平的方式向印度洋持续纵深辐射，应当是中国印度洋政策的基本特征”①。

其实，地缘理论的分析视角也不只在于各国间优劣势的对比和消长，中国内部的地缘环境也会是影响地缘政治的内因。更何况，相对来说“地”是死的，“人”才是地缘政治中最能动的因素，“地缘政治反映的本质是人地关系”。当统治者的欲望超过地缘承载的极限，再有利的地缘政治环境也是加快耗散实力的风洞；当人民正确认识到地缘政治规律，并通过奋斗去改变自然地理面貌，再不利的地缘政治环境也会发生转变。正所谓，“大国崛起于地区性守成，消失于世界性扩张”②。这个判断放在当下国际环境里充满了睿智和创造性。当人们未来真正要建立世界新秩序而构建新型大国关系时，在面对地缘格局的问题上，必将会采取全球命运共同体的治理态度，而不是再将世界范围内的各个地带人为地划分出几个等级，只为厚此薄彼的短浅目的，做选择性扩张的殖民策略所用了。

① 张文木：《印度与印度洋：基于中国地缘政治视角》，中国社会科学出版社，2015。作者是北京航空航天大学战略问题研究中心教授，多年持续研究地缘政治理论，对中华民族所生存的这片土地有着那一代人特有的深厚情感，多年来可谓是殚精竭虑地思考中国地缘政治的利弊得失。他早年曾被国家公派赴印度尼赫鲁大学国际政治系做访问学者，因而对南亚地缘政治有着更加深刻的理解。他在本书中有意对比了印度地缘理论学者潘尼迦当年专门为印度所写的地缘政治学名著《印度和印度洋：略论海权对印度历史的影响》，提出了从中国学者视角看待印度和印度洋的地缘政治思路。在书末的温故篇里，作者还回顾了诸多重点历史话题背后的地缘政治因素，比如1962年中美苏三国博弈、美国“西藏计划”、“雅尔塔秘密协定”框架对中国国家安全和国际斗争的影响；在知新篇里，作者也结合时事讲解了南海、伊朗和中东等区域热点问题。

② 张文木：《中国地缘政治论》，海洋出版社，2015。本书重点关注中国内部的地缘环境，首先结合各个朝代兴亡和国都变迁的历史，比较了东西南北各个方位国土区域的特点；接着分析了中国与周边各国和地区近代以来相互影响的规律，提出了“支轴国家”的概念；最后将目光投向中国的丝绸之路和西域安全，提出“喀什—兰州”是影响西北稳定的战略线。

15.3 自由市场切勿走火入魔

有关中国未来的发展何去何从，这是一个见仁见智的问题。很多人有感于20世纪90年代以来中国政治经济领域的诸多困境，希望借助于西方新自由主义经济的理论，提出要在国内进一步推进以市场为导向的经济体制，建立健全成熟的法治体系和产权保护机制，推行开放的市场准入和公平的市场发展政策，约束时常干预市场发展的国家权力。

一时之间，“市场”成为光荣正确的代名词。凡是市场自发出现的，就是政治正确的；凡是市场被干预的，就是与历史潮流为逆。延伸开来，那影响市场的权力之手通常来自国家，则公权力必须被制衡，政府去做守夜人就好了。相应地，权力产生机制也有问题，必须进行政治制度改革，要加强民主的决策力量。回到那个年代，从最能反映时代声音的报刊文章看起，就可知当时颇能获得民众认同的自由市场理论，其实有着非常深厚的思想基础[①]。“处于转型时期的人，不得不在逻辑怪圈中挣扎：赞成自由市场，又看到自由市场的约束条件；不赞成政府过度介入微观市场，却时刻呼吁

① 杨继绳：《三十年河东：权力市场经济的困境》，武汉出版社，2010。作者是新华社高级记者，也是那段历史的见证者。他在书中汇集了其在改革开放前三十年各个阶段的新闻报道和时事评论文章，包括银行漫谈、股市浅说、财富流动、财政随笔、宏观经济、企业改革、当代老板等领域内容。虽然这些文字现在看起来可能会给人产生翻阅老报纸合刊的感觉，但在当时可都是轰动一时，引起过遍及街头巷尾议论的话题，甚至还得到高层领导的关注。当然，作为记者杨继绳先生更多地还是在客观记录社会现实，并没有提出太多系统的改进方案，也缺少理论支撑，但这些文章在当时不仅用通俗浅显的文字向民众普及了改革开放中出现的经济新知识，更是用强烈的情怀抨击了改革开放中不断暴露的社会老问题，历久弥新。

政府的自律与他律。”[①] 可在发现这些病灶之后，似乎也回答不出来该拿什么拯救中国经济。因为如果一切的起源和解法都在政府，那也只能期盼政府对自己进行一场深刻的手术。也有人在从社会的各个层面重新思考中国在经历了几十年快速变革之后所遇到的种种问题后，希望能“建设一个人道的、人本的、宽容的、每个人都可以自由思想的中国与世界”[②]。可是如果这些公知从头到尾只是挑选出存在于社会生活中的乱象，引述西方世界早已成功解决此类问题的案例，发出泛泛的呼唤，在道德高地上竖起旗帜，这样虽然能让人们不得不颔首赞同，钦佩他们身上自带的道德光环，但问题是，解决方案在哪里？

可能还是经济学家们更有办法，能够帮助人们从理论上理解市场经济的基本逻辑，从而能更加坚定相信中国的市场化改革方向。如果将市场解释为“好坏由别人说了算，不由你自己说了算的制度”，将市场的基本逻辑解释为“如果一个人想得到幸福，他必须首先使别人幸福”，那么市场的逻辑就能“把个人对财富和幸福的追求转化为创造社会财富和推动社会进步的动力”[③]。既然如此，捍卫市场经济当被视为天职，政府干预则会被认为是导致市场发育不足的原因。政府最应该做的就是保护产权、推动竞争，让商业活动更加自由。

再用这套逻辑去思考中国渐进式改革的进程、理解世界金融危机产生的

① 叶檀：《拿什么拯救中国经济？》，中信出版社，2009。作者是著名财经专栏作家。她在本书中以敏锐的视角，奋笔疾书剖析中国经济整体运行过程中的种种问题，指出存在于资本市场、房地产市场和金融市场中的病灶。在她看来，这些问题都来源于国家经济主义，其效率、动机和手段都成疑。

② 熊培云：《重新发现社会》，新星出版社，2010。作者是曾从业于多家媒体的著名记者。

③ 张维迎：《市场的逻辑》，西北大学出版社，2019。作者是北京大学光华管理学院教授。本书收录了他的16篇文章，分为解读市场经济、思考改革过程、理解金融危机、把脉未来发展四个篇章。

根源，就必然会采取批判政府在其中所起负面作用的态度，政府必须自证清白。相反，财产本位替代职位本位，产权变革兴起企业家精神，民间力量抵制政府救市，则变成了理所当然自证市场运行良好的正向逻辑，并能决定未来持续发展的重要因素。如此，则必然要强调警惕“国进民退”，要将市场化改革进行到底，并顺势指出政治改革的方向和路径。

如果分析各国之间的贫富悬殊情况，在金融领域推广这套逻辑，经济学家们还会进一步要求削弱政府的作用。这是因为：只有金融创新体系才是决定一个人甚至是一个国家是否富有的重要因素，“这些创新可以帮助解放居民的消费潜力，调动经济增长的原动力。而同时，产权保护和其他制度机制的作用为创业者以及财富拥有者提供了正面的激励，为进一步投资增长提供稳定的预期。足够的金融证券品种帮助社会大众规避风险、调配不同时候的收入”[①]。此外，金融不但能资本化居民积累的消费能力，而且还能“通过金融创新来帮助老百姓把人力资本‘兑现’、把他们未来的收入流进一步‘证券化’”。

财富创造的神奇之处便在于时间的作用，尤其是“股票和其他金融证券使人们把收入、财富在不同时间内进行转移配置成为可能，其结果是缩小了过去收入、今天收入和未来收入之间的差别，把未来收入和今天收入之间的距离缩短了，让预期的未来财富能方便地转变成今天能重新配置的财富”。这样，建立良好的产权保护体系、契约执行体系，以及保障市场交易安全的其他制度，就成为接下来顺理成章要迫切推出的正当要求了。

于是，中国老百姓积攒的消费能力、现有的工作能力和未来的收入能力都将被资本化，可以放在这些完美的体系和制度中，得到资本家们如清教徒

① 陈志武：《为什么中国人勤劳而不富有》，中信出版社，2008。作者是美国耶鲁大学管理学院金融经济学教授。

般无私而又精心的呵护。可是自由主义经济学家们还是觉得不够放心，在分析了中国在不进行实质性政治改革的情况下，仅凭廉价劳动力发展重型行业，搭上全球化快车的“非理性亢奋”经济发展不可持续的现状后，还进一步提出了自己的蜜药良方：通过股份的证券交易来缓和贫富悬殊，“给中产阶级在收入上有‘与时俱进’的机会。这样一来，尽管工薪阶层不直接经营企业，但他们也能以股东身份分享创业与企业增长的好处”[①]。

不过，企业的股权作为一种长期产权是否能得到有效保护，股权的交易市场是否足够广泛，交易成本是否足够低，交易量是否足够大，会涉及境内法律层面存在的立法、监管和权力制衡等问题。所以，普及“股权致富”基础的话题还是得回到法治和产权保护。由于这些奉行西方经济学思想的学者在西方世界观察到通过股权致富的案例，都是在享用西方宪政法治和产权保护的红利，那么到最后的结论只能是：只有在中国本身的法治进程达到一定水平时，“股权致富”才能成为中国社会的普遍模式。这种观点和者甚众，就连在西方世界内部也有所谓的“接触派”会认为，“中国进行市场经济改革对美国和整个国际社会都是好事，且经济的自由化必然会逐渐引入政治的自由化，中国会慢慢地变得更像美国，也即美国的‘软实力’会对中国发生潜移默化的影响”[②]。当然，在这些情况还没发生转变时，这么好的事情就只能是东方不亮西方亮了。陈志武教授转了一圈又回到了张维迎教授身边款款落座，两人可谓殊途同归。

① 陈志武：《非理性亢奋》，中信出版社，2008。本书为中国经济诊断出的病因，如中国居民储蓄率高、国有经济占有国家财富、证券金融市场未充分发育，是影响中国未能进一步迈向更高层次经济发展的绊脚石，这些观点今天已经贻笑大方。本书开出的药方，要将国有企业股份细化并以证券形式上市，让大众都能获利，实现共同富裕的方式，也暴露了其在政治上的幼稚或险恶。

② 李录：《文明、现代化、价值投资与中国》，中信出版社，2020。作者是著名海外投资人，曾在20世纪80年代于国内求学，1989年赴美就读于哥伦比亚大学。

在这些西方经济学家看来，是儒家所主张的社会秩序使得血缘外的信任体系很难有机会发展，儒家文化于是成了中国社会难以靠“股权致富”的文化制度性障碍，有关经济体制的反思和争辩于是蔓延到了思想界。西方古典哲学领域的学者由此也很想为中国人尤其是中国知识分子建立自己的独立人格，找到一个源自西方思想体系的坚实基础①。在翻出儒家经典文献做出另一番解读后，他们发现，由于中国儒家思想主张“不知生，焉知死”，在死亡的问题上采取回避态度，因而无法真正地思考个人问题，思考最彻底的死亡哲学问题，历史上也从没出现过独立的个人。“1840 年以来中国所遭受的屈辱追根溯源，最终要追溯到缺乏哲学精神上。中国的失败是哲学的失败，日本的成功则是学习西方哲学的成功。”这种失败还导致中国由来已久的教育病根：强调传统文化中落后的一面，过于强调学生的服从性，而不是运用西方文化中强调的理性。运用理性你就会发现，“一个人的自己是一个寻找过程，你要发现你自己，包括发现你自己的才能和天才，都需要去寻找。人生在世，他的本质和使命就是追求神”。论证过程一气呵成。

回到观察自由市场经济观点的初心，人们必须警觉到这种上升到哲学层面强调的个人主义与在经济层面强调的自由主义是暗通款曲的，必须回想到曾经有那么一段时间里这种思想的变体在中国社会的各个领域风靡盛行。也许每个人最初的出发点都是好的，可如果真的将权力的主导权从政府手中拿掉，交给缺少组织能力的普通民众，那充满缝隙的双手捧起的清水终究还是会在地心的引力作用下，流向早已等在那里的资本之池。因为资本会有更大的兴趣来主导这份权力。人们将会放弃中华文明千百年来对儒家思想的奉行

① 邓晓芒：《邓晓芒讲演录：哲学与生命》，长春出版社，2012。作者是华中科技大学教授。本书是其在 21 世纪初所作的 11 篇演讲稿。

与坚守，不再在乎夫子对大家要求经世为学的训导，而是匍匐在神的脚下。那么，中国未来的发展前景究竟是更加美好，还是更为混乱呢?

人们曾在 20 年前认真而又热烈地争论过这个问题。时至今日，当年甚嚣尘上的很多观点已经可以盖棺定论了。人们需要辨识其中有价值的一面，也要感受到其激烈言辞背后所指的乱象并不是虚言。所幸这些讨论成果已经通过稳妥的流程发生了效果，随着 21 世纪以来国家政治制度建设得更加完善，人们没有轻举妄动，就已经在不知不觉之中度过了暗流湍急的三峡险滩，进入平稳宽阔的江面。此时再回味起那些在危急时刻曾大声疾呼过的口号，必能做出更加客观全面的判断。

15.4 制度创新：在政府与市场之间协调

如果没有一个理想中完美的制度安排，也找不到切实的可行路径逼近，那么就得深入思考这些现象背后的本质因素。如果政府和市场是永远避免不了相互作用的两个重要因素，那么如何让两者最大化地发挥有利的一面作用，避免各自越权或失序的结果发生，就是每个真正希望能在现实中找到协调两者作用机制的有识之士必须考虑的问题。

有人想到的是将这两者作为不同的变量，放在同一个模型里考量，在所谓的“BMW”假说里将国家 / 国民财富的增长归结为政府和市场两个变量的函数[①]：W（wealth）代表财富，B（bureaucracy）代表政府官僚体系，M（market）则代表市场。它们之间的关系可以用公式表达为：$W=B \times M$。也就是说，在纵向做好基于人才导向的、以法治为基础的权

① 傅军：《国富之道》，北京大学出版社，2009。作者是北京大学政府管理学院副院长、政治经济学教授。

力和利益制衡的政府制度安排，在横向做好以保护产权为基础、连接世界经济的市场制度安排，只要充分运用好各生产要素的比较优势，就会实现国家财富的增长。

这个模型曾经帮助中国在古代创造过辉煌。隋唐时期科举制度的建立和逐渐完善就是符合该模型的一项重大制度突破，它提高了政府官僚体系的质量和效率，为当时中国的经济领先提供了助力。后来，英国学习中国建立起来的公务员制度，其他各国也都向英国学习逐步建立了专业化、职业化、中立化的官僚体系，中西方在这个层面上的差距就缩小了。而美国在这个模型里的贡献则在于进一步完善了权力和利益合理制衡的制度，通过建立和完善宪法体制，实现了联邦和各州之间、行政立法和司法部门之间以及国家和社会之间的制衡，从而避免了权力的滥用，通过保护少数的制度安排又防止了多数的暴政。这就是制度领先带来的发展优势，值得今天的人们去学习。

确实如此，在改革开放初期，中国方面就派出过很多相关人员前去美国和新加坡学习先进经验，带回来了一大堆新名词，也为在国内展开新型体制改革加入了很多新的变量。势不可当的全球化浪潮虽然确实在某种程度上削弱了国家力量，但中国领导人将其视为重建中国国家体制的独特机遇，在很短的时间内改进了相应的官僚、税收、金融与企业制度，确立了与变动的社会经济环境相适应的政治体制新秩序和意识形态新话语。在新制度的创建过程中，中国共产党能够很好地兼容全球化和民族主义这两个看似水火不容的元素，能够代表来自社会上各个阶层的声音和力量，主动在意识形态和制度层面做出巨大的调整。“领导人试图复兴儒家学说来统一人民，因为人们对共产主义的幻想已然幻灭，沉溺于西方的个人主义……不言而喻，对党而言，为了证明中国共产党执掌权力的合法性，最便捷的方式就是求助于传统价值。”[①]

从那时起到21世纪初期，中国政府一直在非常谨慎地探索“中国模式”[②]。与外界各种友好的或不友好的批评相反，中国国内并不是没有在进行政治改革，而是在民族国家建设、民主政党转型、金融危机应对、中央地方关系、基层组织建设等方面，以观念偏狭者所不能理解的特有“中国模式”在各个制度层面上进行创新，并获得实际成效。而且与儒家文化传统导致中国无法实现资本层面“股权致富”的观点相反，与“中国模式”最为相似的“新加坡模式”，就有力地佐证了儒家文化传统完全可以和资本主义制度实现完美结合的结论，而且在人才选拔制度上更有优势。有识之士大可不必如此慌忙地就早早将儒家文化因素的促进作用从中国的现代发展进程中排除出去。

一时之间，知识界对于在儒家传统基础上改造现有经济、政治和文化体制，以适应理所当然正确的全球化和资本主义，变得非常有信心，“中国模式”也成了当时的热门词。一方面，人们要赞赏海外学者当年对中国人民怀抱信心、勇于变革行动所寄予的希望；另一方面，人们也要清醒地认识到接下来的路还很漫长，中国在创新制度安排上的伟大成就绝不是当年的认知水平所能够理解的。

---

① 郑永年：《全球化与中国国家转型》，郁建兴、何子英译，浙江人民出版社，2009。作者时任新加坡国立大学东亚研究所所长。在当时20世纪90年代的背景下，知识界讨论的范围局限在新自由主义和新左派的意识形态争论中，作者虽然还判断不出来中国未来的走向是法治社会还是法制社会，但还是对中国政府能够持续改造自己的政治体制，创造出更为崭新的话语体系去承载未来的使命，抱有谨慎乐观的态度。

② 郑永年：《中国模式：经验与困局》，浙江人民出版社，2010。作者一直保持着清醒的视角，在海外观察并思考中国制度建设领域里的创新实践。本书收集了他的一系列学术文章，共分12讲，通过中西方发展比较、民族主义和自由主义、政党改革、中央与地方关系、乡村改革发展等多个角度，对新中国成立30年形成的所谓“中国模式”概念提出对应问题，并进行了深入分析。

而当进入 21 世纪的第二个十年以后，中国经济在持续深化改革中，又要面临新的供需结构调整和全球化进程加快，制度创新仍须进一步升级。国内的著名经济学家和地方主政官员也在对中国经济形势进行着密切的研判，期望对中国经济的未来趋势做出预测。在他们看来：改革中剩下的问题都是结构性的，房地产与城镇化、制造业与互联网，都是一体两面、深度耦合的问题，必须放在一起解决①；要通过税收体制和社会保障体制两者联动的持续深化改革，才能突破眼前增长的障碍；中国自身的问题也在牵连着整个世界，对外开放不再是简简单单地引进外资，而是对外实施大国战略的重要抓手；在这个背景下，“一带一路”、人民币国际化、金融市场开放都是牵一发而动全身的事情；要想突破，就必须在创新中发展，在发展中创新。只有这些深层次的制度得到重构，中国才能在新的平衡态上获得下一轮的增长动力②。

这些论断很多都已变成正在实现的措施，人们有幸生活在这些曾在纸面上描述的创新制度之下，接下来也会以此为起点，再去构想新的制度创新。回过头来看，这些创新的脚步在一步步走过来的时候，所踩中的节点也都必须放到中国近百年来不断在意识形态领域创新的节奏中来体会。一部制度创新史，也是一部学术观念突围史。掌握了这个锚定不动的基本点，人们就可以对看似变幻莫测的制度大舞台报以笃定的目光而前行。

---

① 黄奇帆：《结构性改革：中国经济的问题与对策》，中信出版社，2020。

② 吴敬琏、刘鹤、樊纲：《中国经济新方位：如何走出增长困境》，中信出版社，2017。本书以中国经济 50 人论坛为平台，汇聚了中国最具话语权的经济学家们对新常态下中国经济制度转型方案的回答。

15.5 归根到底要增强国家能力

中国的命运该如何改变，归根到底还是要靠增强国家能力。中国近代以来的屈辱经历和新中国成立以后的辉煌成就，验证了败也国家能力，成也国家能力的基本判断。再往前回顾更久远的历史，中国在国家能力建设上有过的成功经验和苦难经历，也能为人们拨开历史兴亡迷雾、找出提升国家能力规律提供例证；展望未来更为长远的前景，我们也还是要依靠进一步发展国家能力，才能保证持续为人民谋取福利。

可是增强国家从民间汲取资源、获得社会控制能力的观点通常会被认为与专制集权联系在一起，论及这个话题时需要非常小心。相比之下，反而来自民间的声音虽有争议但也更具有代表性，所面临的环境更为宽松[①]。人们能够想象得到，中国人对这种思潮由来已久的渴望其实就来源于近代以来苦于国家能力孱弱所带来的巨大痛苦和恐惧。毕竟负面案例太严重，面对这个问题时的相似体验不由得让人们做出深刻反思，在努力探索中国朝代兴衰背后的规律后，迸发出要增强国家组织能力的强烈愿望。

① 白云先生：《世界是红的：看懂中国经济格局的一本书》，贵州人民出版社，2017。作者是民间政论意见领袖，本名姚玉祥。本书按照作者自创的话语体系，详解了新中国成立后从过去“活命经济”到现在“发财经济”，再到未来“老板经济”的展望。一方面，书中采用激进观点和受害者视角，重新评价了新中国成立以来中华民族所遇到的种种挫折和付出的万般努力。一系列逻辑递进的概念组合将各种错综复杂的事件串联起来，构造出一整套自洽的观念体系，最后无可辩驳地推导出未来我方将大获全胜、敌人遍体鳞伤的新世界蓝图，让乐观的读者如获至宝。另一方面，谨慎的读者又能感受到书中强烈的危险思想倾向，其中有的来自对各种理论概念的胡乱借用，有的来自高度膨胀的民族自大情绪，有的来自对未来好大喜功背后的不自量力。这提醒人们，作者笔下的国家能力的确是一股既能让人血脉偾张，但又必须清醒加以约束的力量。

有学者认为[①]，要想真正变革社会，就必须从社会的基层组织做起，从中国社会的真正主体农民做起，从中国农民最依赖的土地制度做起。然而，明清两代虽然都成功地将权力从官僚集团收归到皇帝手中，但却又都面临着皇权无法掌控底层民众的困境。其实，专制集权并不等于强大的国家能力。反而是由于统治者在财政金融知识方面的无知，国家经济由于白银资本的净流出而深陷泥潭，在历史性的大分流后，导致中国在世界工业化进程中逐渐处于落后地位。这些因素叠加起来推导出的结论是，中国在公元1500年以后在国家能力建设上出现了严重的缺失。这是一个极为反面的教训。

从某种意义上说，今天人们习以为常的金融资本在近代刚出现的时候，对于传统世界来说是一种“破坏性”要素，其参与资源和财富分配的过程给世界带来了巨大的影响[②]。不知是幸运还是不幸，东亚大陆的传统儒家思想天生与金融资本不容。这让中国失去了500年前的那次机会，随后而来的是持续200年的惨痛教训。但也是中国独有的儒家现世主义文化，以及世界金融危机中中国政府官员和企业家所发挥出的救世作用，才让中国在今天又能创造出举世称赞的经济奇迹。

社会力量与国家能力，资本主义与人本思想，可能就是要做出非此即彼

---

① 韩毓海：《五百年来谁著史：1500年以来的中国与世界》，九州出版社，2009。作者是北京大学中文系教授，从金融和大历史的视角分析明清两代500年的兴亡，以“基层组织”“财政金融”“世界大势”三个主题为支点重新解答，最终得出是“国家能力”在影响中国历史发展中发挥重要作用的结论。不过作者在经济学和历史学领域发表的观点主要依靠的是世界体系理论奠基人、德国学者弗兰克的《白银资本》和加州派代表人物、美国历史学家彭慕兰的《大分流》两本专著，立论难免不稳，诟病颇多，被人评价介于历史随笔和学术著作之间。

② 李晓鹏：《这个国家会好吗：中国崛起的经济学分析》，中国发展出版社，2012。作者是青年经济学家，在本书中设计出一套经济学分析框架，对中国近几十年来的崛起现象进行了解释。

选择的对象。既然要讨论的问题落在中国，而且中国自古就是一个常态为“强国家、弱社会”的实体，那人们就不必再去费尽心思考虑如何将其转变成一个“弱国家、强社会”的实体。实际上，当这种状态在中华大地上出现时，它往往是一个分裂和贫弱的国度。基于这个世所公认、不言自明的假设，更有意义的做法是思考如何实现国家能力的强大，怎样发挥强大国家能力的好处。

解铃还须系铃人，儒家提供的入世精神给出了最好的答案。当社会精英都以经世致用为最高目标，通过中国特色的职业政治家制度，社会中最优秀的人才就能够源源不断地补充到国家体系中，成为为社会创造价值的主体。在儒家思想主导的社会环境中，强大的国家能力将能够把贪婪的资本力量节制在刚刚好发挥有益作用的范围内，实现一个积贫积弱国度的历史性崛起。这样的强大国家也是儒家孜孜以求、希望实现的大同世界，这样的国家能力就是儒家努力实现经世致用目标的总合力。

第五篇　别异复礼

能够顺利完成“经略治国”阶段的要求，这在很多人看来已经是臻于完美的境界了，为什么还要殚精竭虑地去思考“平天下”的事情呢？集中精力做好自己国内的事情不好吗，为什么还要去对抗那些有危险的强国，这不是穷兵黩武吗？为什么还要去援助那些没有回报的弱国，这不是好大喜功吗？

往圣先贤在《大学》里早就思考到了这一层，“至善”的境界必须不断推广下去才能保持住。在今天的国际丛林环境中，没有一个国家是能够独善其身的，尤其是像中国这么体量庞大的文明型国家。中华文明曾经在历史上早早地形成了当时目力所及范围内的天下秩序，奠定了未来发展的根基。但随着中华文明影响范围的进一步扩大，以及世界范围内各文明因为交通能力提高而产生的相互影响，历史随后演进的残酷现实告诉人们：如果中华文明不能在强盛期与时俱进地继续“平天下”，那就会在下一个低谷期遭遇“亡天下”的惨痛教训。

蒙元之灭南宋、清朝之灭南明以及列强对近现代中国的蹂躏，曾让中华文明遭遇过三次“亡天下”的灭顶之灾。所幸凭借强大的生命力，中华文明得以浴血重生，很快融汇了新生力量，强力反弹到更大的范围和更高的程度。但谁又能保证未来是否还会有更大力度的冲击，中华文明是否还能有如此幸运的机缘得以再次绝处逢生？如果真有那么一天，当子孙们在下一次生灵涂炭之际，回想到他们的先人——今天的我们畏首畏尾、居安忘危的样子，我们又有何种颜面去面对他们呢？

作为承前启后的一代，人们只有如履薄冰地利用无数先烈们接力托付到手中的这段时间窗口，一鼓作气将“经略治国”的经验推广到全球范围，彻底消灭那些让世界陷入痛苦的不平等因素，让人类从此远离战乱和贫穷，让全世界还在受苦的人民也能借鉴中国人建设美好家园的做法，过上通过勤劳双手获得的幸福生活。这就是儒家所向往的大同世界，一个必须以“每个人的自由发展是一切人的自由发展的条件”而得以成立的理想社会，也是自身美好生活得以持续下去的必要条件。

简而言之，人类只有在一个天下、一个命运共同体之内才能获得全体性的、永久的幸福。除此之外，别无他路。任何建立在所谓特定民族、国家、宗教、种族、性别和阶级上，以损害其他类别人群利益为代价而获得的局部成功，都将被证明是短暂的，是必然消亡的。

既然如此，那么人们就有必要充分辨别当今世界存在的各种差异的历史渊源，了解人类发展过程中为什么会出现民族、国家、宗教、种族、性别和阶级上的各种不平等现象，以及这些不平等给人类带来的巨大痛苦，才能做到“别异复礼”，为未来恢复合理的世界秩序找到答案。

第 16 章 差异始自文明之初

文明是一种非常珍稀的现象，只有在非常特殊的条件下才会产生。人类在约 20 万年前从东非走出，散布到世界各地之后，历经千辛万苦尝试适应各种自然环境，费尽百般周折发展出特有的风俗习惯，也只是几千年前才刚刚在有限的几块区域上独立发展出了可以称为文明的人类活动现象。如今人们考量这些古代文明的标准一般为是否出现对文字的使用和国家制度的建立。有了文字，文明活动的迹象才有可能超越时间和空间的限制被记录起来和传播开去，文明才有可能得以延续和壮大；有了国家，文明运转的力量才有可能超越个体和血亲的局限被组织起来和执行下去，文明才有可能得以交流和较量。

由此可知，正如人类不是整体脱离自然界，而是一个部落一个部落地进入原始社会；人类也不是整体进入文明时代，而是以采用不同文字体系的国家组织形式在不同时间、不同地点逐渐形成各自的文明。也正因为如此，人类社会从一开始就在文字和国家的层面上出现了巨大的差异。人们相互之间语不同音、字不同形、国不同号、政不同令，一旦接触起来感受到的更多是差异，而不是相同。文字和国家这些标志着文明出现的重要特征，在分别帮助一小部分人群提高自然界生存能力的同时，也在制造更多不同人群之间的混乱与分歧，甚至是敌意与纷争。千百年来人类就不得不这样拿着这把双刃剑在漫漫的黑暗中摸索前行：一个文明的火种点燃了，旋即又在争斗中被打灭；抑或是被新的火把接起，通过书卷点燃更多后继者；也有一支火把延续长存，至今还在散发出新的光芒。

如果此时有一个外星文明观察员在太空执行任务，负责监视这几千年里地球上燃续起文明火把的动态过程，他将能格外注意到在东半球北纬 30 度附近地带独立出现并逐渐蔓延的四处文明发源地，他会看到西方的火光连点成线地围绕在地中海周边的陆地，看到东方的火光在黄河流域忽明忽暗地不断加强和扩散，看到东西两端之间存有一条连绵几千里星星点点的闪亮带。

如果他还需要向自己的母星基地回传观察报告，则一定会写上：这颗蔚蓝色星球上的生物虽然现在还受限于文字与国家的隔阂，未能形成整体的意识和决定，但他们中已经开始有人有意识地将目光脱离地面、投向星空，将吸附在星球表面、包裹住他们的那圈大气层视为具有神圣意义的天，并在努力消除天下的差异。通过文化交流与贸易往来，他们开始了解到彼此都是同类，有着共同的需求与爱好。他们只是暂时还不清楚自己未来的命运。

16.1 起源处的谎言与真相

今天那些能够影响世界局势的各个国家，都可以向前几千年追溯到分别在亚非大陆上发源的古代文明，也就是人们所熟知的古埃及文明、古巴比伦文明、古印度文明和古中国文明[1]。几千年来，这些古文明的命运潮起潮落，有分有合，有中断，也有接续。文明的火种在不同民族之间薪尽火传，文明所在的中心和边缘地带也在不断发生转变。只有理解这些古文明的起源和关联，才能清楚今天世界格局背后的真面目；只有不断用最新的考古证据和缜密的逻辑分析，才能排除那些习以为常的错误概念。要想真正掌握这个世界的差异，人们只有努力从源头上去分辨。

自从文艺复兴时期以来，法国、英国、德国、意大利和美国等国学者就开始不断搜集古典文献、积累考古证据、建立学术体系，而我国在研究世界范围内其他古代文明的工作还很初步，人们现在还是要先依托二手甚至三手研究成果才能对此有初步了解[2]。不过近年来，文字学、经济学和社会学的最新进展也被学者们纷纷引用进来，古代文明研究领域的深度和广度不断得到延伸扩展。

---

① 李政、刘文鹏、刘欣如、王以欣、拱玉书：《世界文明起源研究——历史与现状》，昆仑出版社，2015。本书提供了西方学者在这100多年来对古美索不达米亚文明，古安纳托利亚地区哈梯、赫梯、胡里特诸文明，古埃及文明，古印度文明和古爱琴文明研究成果的总集。因为研究内容范围太广，需要兼有语言学和历史学的学科背景，所以这本书是由北京大学外国语学院西亚系李政教授、内蒙古民族大学世界上古史和埃及史研究所所长刘文鹏教授、美国新泽西大学历史系刘欣如教授、南开大学历史系王以欣教授和北京大学外国语学院东语系拱玉书教授等五位学者分别执笔完成。由于每个研究领域的学术成果和笔者精力能力不同，因此书中每部分的篇幅和水平也各不相同。相比较而言，外国语专业学者执笔的第一章古美索不达米亚和第五章古希腊部分的内容比较丰富，有很详细的总结和论述，能够反映19世纪以来西方学术界在古代文明领域的研究状况。

② 晏绍祥：《古典历史研究史》，北京大学出版社，2013。作者是首都师范大学历史学院教授、中国世界古代中世纪史研究会秘书长。本书是国内第一部系统论述世界古典历史研究发展状况的专著，对文艺复兴以来西方国家在古希腊、古罗马历史方面的研究进行了系统的梳理，使得人们可以了解过去几百年间西方学者对世界文明起源问题的研究全貌。书中以时间序列为线索，在每个时间段里分别论述世界古典历史研究的进步过程。人们可以看到有关希腊和罗马的古典历史被一代又一代学者反复研究、推陈出新，逐渐生产出蔚为大观的知识体系。

其中值得一提的是运用人类学理论，从跨文化比较角度研究人类社会进化规律的新进化论学说。这种方法与人们常见的历史学详述研究方法在学术套路上有所不同，容易让人产生疑虑。但同时也会更多地运用到考古学和民族学的研究成果，有助于将原先宏观复杂的文化现象拆分成更为细粒度的单位考察，从而得出背后的本质规律。学者们由此发现，在人类社会从平等社会向等级社会的文化演进过程中，要经历游群、部落、酋邦和国家四个阶段的社会进化模式[①]。西方人类学研究的这种先确立古典文明理论，再推演向更多文明案例的研究方法，表明了他们试图建立更为普遍的文明演进路径的学术愿望。但这些论述和案例也让人们发现，有关于古典文明研究的话语权和方法论，还是掌握在西方学者手中。这些理论中有关古中国文明和古印度文明的论述，要么是简单略过，要么是刻意回避，甚至是故意歪曲。很少有人愿意在世界范围内对不同地域的文明进行客观的比较评估[②]。人们很容易产生这样的疑问：为什么西方的突破式文明就可以被判定为主流趋势，为什么中国、中美洲的连续式文明反而被忽略成了少数异类[③]？

① [美]埃尔曼·塞维斯:《国家与文明的起源：文化演进的过程》,龚辛、郭璐莎、陈力子译，上海古籍出版社，2019。作者是新进化论代表人物、美国文化人类学家，他在书中描述了所谓“酋邦”形态，还介绍了五个存在于现代的原始国家的民族学案例，以及六个古代文明形成和演变的考古学案例。

② 刘家和：《古代中国与世界》，商务印书馆，2020。本书收录了作者早期有关世界范围内古代文明的五篇论文，论及古代印度在种姓制度、土地关系和社会形态上的特点，以及斯巴达社会奴隶制度的渊源。在全书最后一篇《论古代的人类精神觉醒》中，作者采用了比较分析法，指出人类精神觉醒的三个条件，以及这些条件在古希腊、古印度和古中国产生的历史根源。且不论这些条件是否完备和适当，其立论根基和研究视野就是值得人们学习和倡导的。

③ 张光直:《考古学专题六讲》,生活·读书·新知三联书店,2013。作者在本书第一讲《中国古代史在世界史中的重要性》中提出，“从史前到文明的过渡，中国社会的主要成分有多方面的、重要的连续性”，并借用西方学术界判断文明的文字、城市、金属工业、宗教性建筑等特征，论证出从世界范围看，连续性文明是大多数、是主要形式，突破性文明反而只有西方文明一个案例。

可不管怎样，这些摆上案头论著的基本内容和材料主要源自近100多年来西方学者的研究，是他们深入现场、用从实地考证出的蛛丝马迹连缀出一个又一个自成体系的故事。只是当人们站在这座巍峨的学术大厦面前时，却不得不深思：历史迷雾是否真的已经被完全拨开，处于资本主义早期上升阶段的西方强势文明，究竟在建构古代文明起源的过程中，选择了哪些内容，又放弃了哪些内容？

其实，关于“西方中心论”，以及构成西方文明起源几条主线的反思在西方学者内部一直也都没有停歇。这其中的一个重大疑点就是古代犹太人的身份问题。人们有必要跳脱开早已熟知的犹太人历史故事，去深入理解当年“两约之间”和犹地亚以外犹太人的生活场景，以及中世纪塞法迪犹太社群的历史，这样才能重新打开对于犹太历史的想象空间。这是一个靠字符凝聚的民族，无论走到哪里，他们都会带上《托拉》以确认自己的独特身份[①]。也正是对知识的格外推崇，才造就了犹太人在科学和思想领域的独特成就。同样也是由于不断过于强化自身文化，造成犹太民族与周边民族相互隔绝，始终无法融入当地，从而酿成一个没有自己国土民族的悲剧。

悲剧背后隐藏的可能是另一个更为深刻的问题：犹太人是否还是2000年前被迫流亡的那个民族的后裔[②]？实际上，大多数犹太人的故土遍布中东和东欧，这些分散的不同群体能形成一个犹太民族，进而成为一个犹太国家，其实是在一种新编纂的历史下发生的，其背景则是近代以来整个欧

---

① ［英］西门·沙马：《犹太人的故事：寻找失落的字符（公元前1000年—公元1492年）》，黄福武、黄梦初译，化学工业出版社，2016。作者是哥伦比亚大学艺术史、历史教授，他历经40年的实地考察和反复思考，还原并总结出了他所理解的最真实的犹太历史。这是一本由纪录片资料改编而成的书，作者在书中保持了一种距离感，带着强大的自信心在引导读者从一处处遗迹、一桩桩事件和一页页文献中构建自己对犹太人故事的理解。

② ［以色列］施罗默·桑德：《虚构的犹太民族》，王宗兴、张蓉译，上海三联书店，2012。

洲的民族主义的崛起和发展。如果反过来追溯多数现代犹太人的祖先的话，则会发现他们来自一个生活于南俄草原的、改宗犹太教的古代人群：卡扎尔人（Khazars），或者译为哈扎尔人。这个卡扎尔人的王国的最高统治者叫作“卡根”，它的拼法是 Kagan 或 Khakan，前者来自一位亚美尼亚的基督教主教，后者则来自阿拉伯哈里发的使者，翻译过来竟然是中国人最熟悉的“可汗”。

原来，由于长年的流亡生活，所谓的犹太人已经与当地民族逐渐融合，只是在宗教信仰上还保持着相对的独立。于是，流亡在外居无定所的犹太族群已经由被犹太文化吸引而来的其他异族民众所逐渐替换；仍留在故地的犹太后裔，反而由于接受了后来异族统治和宗教改换，逐渐蜕变成今天的穆斯林族群。历史就是这么吊诡，只是如果这些就是真相的话，那么在今天愈演愈烈的巴以冲突里，大家到底争的又是什么呢？

西方中心论的另一个疑点是古希腊的来源。人们都知道，今天生活在希腊土地上的民族早已不是当年古希腊文明时期传承下来的那个族群了。但即便是古希腊文明，它来源于何处，由哪些族群构成，则掩埋在近 100 多年西方考古的叙事场景之下，真相不得而知。然而其中不可忽略的一个因素则是亚洲地区的古爱奥尼亚人对希腊文明的贡献作用[①]。西方学术界可能最难承认的也是这点，即：古典文明，或者说西方文明的根源来自亚非语文化。但是自 18 世纪以来，尤其是 1785 年到 1850 年这段时期，学术领域盛行的种族主义思想有意无意地忽略了亚非语文化的影响作用。经过众人调整后通行

① ［英］威廉·雷姆塞：《希腊文明中的亚洲因素》，孙晶晶译，大象出版社，2013。作者是古希腊史学者、考古学家。本书主要内容来自作者在爱丁堡大学吉福德讲座时所采用的讲稿，书中运用历史学、地理学、语言学等知识，以小亚细亚地区的考古、铭文、历史文献等证据进行论证，从小亚细亚的神话、神的崇拜、法律、婚姻、习俗、语言等文化中追溯希腊文化的源头。

于世的说法将古典的希腊文明描述成来自北方、说印欧语的雅利安人征服了当地具有发达文明但已经变得虚弱的土著居民后混合而成的结果。但仍有学者通过大量更为早期的学术文献论证得出，古典时期的希腊人根本不存在这种“雅利安模式”的认知，他们没有原创所谓希腊文明的意识[①]。相反，他们认为自己的文明源自东方，或者说主要就是埃及，他们是从埃及渡海向外发展的殖民者。从人们今天的地理认知角度来看，他们的真实身份是来到欧洲的非洲殖民者。

这些有关古希腊文明来源最大胆也是最严肃的讨论，已经以无可辩驳的逻辑论证出：是 18 世纪以来的欧洲学者尤其是德国和法国的语言学家，带着种族偏见，凭借着欧洲殖民者在世界范围内的统治力量，在意识形态上为古代文明的起源问题编造出了一个欧洲中心主义版本的故事。如此观点在西方学术界引起了非常大的争议，也在悄悄提示着人们：这些无心强调形成的“常识”和有意制造出来的“知识”，几百年来随着西方文明在全世界范围内强势建立起来的政治、经济和文化体系所发挥的影响作用，已经深刻地塑造了随后展开的现代世界对人类文明发展史的认知，至今还在成为人们处理世界事务时先入为主的思想背景。这是人们今天在倡导一种新的世界秩序时，必须首先面对并重新思考的重大命题。

---

① [英] 马丁·贝尔纳：《黑色雅典娜：古典文明的亚非之根》，郝田虎、程英译，吉林出版集团，2011。作者是英国著名左翼学者、汉学家、历史学家和政治学家，在历史、哲学、宗教、神学、语言学、考古学和文学领域都有广泛涉猎，论证起来时做到旁征博引、句句落实。他在 1987 年发表《黑色雅典娜》的第一卷《编造古希腊：1785—1985》之后，又陆续在 1991 年和 2006 年发表了运用考古学和历史语言学证据的第二卷《考古学和书面证据》和第三卷《语言学证据》，进一步证明着自己的观点，目前已经在南京大学出版社出齐。为了回应更多有关于此的争论，他还在 2001 年专门出了一本 *Black Athena Writes Back*，提供了更多在埃及学、语言学、历史文献和科技发展等方面的证据。

16.2 终归平寂的大地中央之海

如果说中华文明是围绕着中原大地，不断吸引周边民族聚居而形成的大陆文明，那么西方文明则是环绕着地中海，依靠连接欧亚非三大洲民族交往而诞生的海洋文明。然而“地中海”这个词，在拉丁语里是“Mare Mediterraneum”，顾名思义的原意是“大地中央之海”，并没有被陆地所环绕之海的意思。只是后来人们的地理知识丰富了，知道那片区域在地貌上就是一块几乎被陆地完全包围的海洋，于是这个名词才得到了特指那片为陆地所环绕海域的含义。

所以在过去以欧洲为中心的世界观中，这里就意味着世界的中心，是西方文明体系的“中土”，是他们可感知世界的“中国”。他们不认为自己生活在陆地的边缘，而是大地的中心。这个基本概念很重要，之前，中国人会很容易先入为主地以自己的“中国”概念来理解对方，假设对方已经在心目中认识到，他们生活在以中国为中心陆地的边缘地带，是由三块大陆边缘包围而成的海岸区域。但其实根本不是这样。

可真相是：他们也认为自己生活在大地的中心，只不过这个中心恰好是一片海域罢了。甚至在没有全球性海洋的概念之前，这不过是一个大咸水湖罢了。抛开今天人们的后知之明，当时谁又能知道这片水域不会是一条巨型河流的片段，谁又能知道是地球的直径大小和球形表面决定了它与其他水域联通形成的是海洋？

不过今天人们已经知道，由于这个镜像“中国”文明的地理中心地带在地貌上是海洋，于是天然形成了便于交通的生活方式，为沿海地区提供充沛的水分，不需要有高度集权的政府来负责兴建大型道路交通和水利设施。在这种地理环境下发展起来的西方文明，会在哪些层面上向人们提示文明更加本质的特性，将非常有利于人们再去理解中华文明中大家已经习以为常的特征，从而产生更为深刻和新颖的认识。

与中华文明的遗迹多是在河道边发掘不同，西方文明的遗迹则要在海中的岛上找到。近代以来，人们通过考古地下挖掘已经辨明了当年神话传说中的米诺斯文明就曾经存在于现在的克里特岛上。那时的希腊半岛上分布着众多独立城邦，它们大多承袭自古埃及文明和古巴比伦文明。仍然继续向北和向西不断迁移的殖民者，在环地中海北岸的诸多小岛和临海山地上建立起来的诸多据点，形成了亚非古大陆文明在地中海上的次生文明。后来经历过雅典与斯巴达两大城邦集团的多年争斗，以及波斯帝国的打击，希腊文明逐渐衰落，进入所谓的希腊化时期。其实也就是环地中海区域有更多的地区和民族受到希腊文明的影响，组织起了更大规模的社会群体。最终，是意大利半岛上的拉丁民族在成功实施了对降服民族的接纳融入政策之后，逐渐壮大起来，围绕着罗马城建立起覆盖整个环地中海区域的大帝国。

从希腊到罗马，西方文明完成了最初的国家建设，也塑造了深厚的群体记忆。到了公元100年前后，著名的罗马传记文学家普鲁塔克以古代希腊和罗马社会的历史舞台为背景，刻画出一系列栩栩如生的人物形象，保存了很多已经散失的文献材料和罕闻的传说逸事，至今仍是研究古代希腊和罗马历史必不可少的参考资料[①]。人们可以从中触及古代希腊和罗马历史中那些性格鲜明人物的心灵，对他们的跌宕命运感同身受，进而产生强烈的愿望，去

---

① [古希腊]普鲁塔克：《希腊罗马名人传》，席代岳译，吉林出版集团，2011。本书是西方世界的传世佳作，可与中国的《史记》相媲美。它的体例很有特点，全书共有50篇，其中有46篇是将分别来自希腊和罗马的两名生平特点相似的传主聚类，一共列举了23组，每一组的后面还会有一段合论，给人一种两个文明相互传承的印象。这本书在商务印书馆出过由黄宏煦、陆永庭、吴彭鹏等老一代译者完成上册的译本，虽然翻译字句精准，但非常遗憾不是全本，而且存在遗留的版权问题；也在吉林出版集团出过由台湾退休中将席代岳独立完成三册的译本，终于可以让人们一览无余，但作者自创的中式诗句却让很多读者感觉失去了西方古典文明的代入感。

细致观察生活在每个历史场景里人们的生活细节，设身处地地思考每个人为什么会有那样的行为，整个国家为什么会有那样的命运[①]。

当年的罗马部族一开始也只不过是亚平宁半岛上的一个据山而居的小部落。他们一路走来，战胜并吸纳了在很多方面都优于他们的其他部族，从王政时期进入了共和国时期。在共和国全盛阶段，罗马公民是一个世人皆向往的身份，就如同几十年前的美国绿卡一样。罗马军团可以在前线开疆辟土，商人可以在地中海上自由贸易，世家大族子弟可以顺畅地进入元老院，执政官们可以频繁地来回完成最高权力交接。

随着霸权的扩张，经济压力可以得到放松。但前方的罗马士兵在完成军事任务回到国内后，却发现自己的土地早已被兼并给了后方的权贵们。罗马城里聚集起越来越多虽有投票权但没有恒产的游民，阶级矛盾愈演愈烈。在经历格拉古兄弟几次失败的变革尝试之后，开始有人拥兵自重，凭借战功收获底层士兵在经济上和心理上的认同。事态最终演变成为胜利回师的恺撒下定决心渡过卢比孔河，顺势推动了罗马从共和国到帝国的转变。

帝制终于缓解了阶级矛盾，让国家又继续繁荣了几百年。尤其在五贤帝时期，罗马的势力和文化波及整个环地中海区域，抵达不列颠，直到莱茵河。边疆地区的上层阶级能够顺利融入罗马社会，新辟行省的人民也在为罗马城提供数不尽的物资和人力，供养着达官贵人们在浴室、斗兽场和广场上享受罗马文明的光辉。罗马皇帝拥有属于自己统领地的税收和物产，可以收买供养游荡在罗马城里的无业游民，获得他们的欢呼和拥戴。一切都是那么美好，

① [日] 盐野七生：《罗马人的故事》，计丽屏等译，中信出版社，2020。作者定居罗马30多年，用15年时间写成了长达15册的巨著。与以往科班出身的史学家着重论述每个历史时期政治、经济、文化和军事政策不同，作者从历史细节入手，完整地还原了那个发迹于意大利半岛的小邦国，是如何演变为一个世界性的大帝国，并持续辉煌1300多年的历程，以一条主线为人们再现了那个英雄辈出的时代。

可是谁还愿意去驻守那越来越漫长的边疆防线，去抵御那些在越来越边远的苦寒之地渴望涌进帝国的难民？

民族冲突带来的管理难题逼迫皇帝戴克里先将帝国一分为二，开始雇佣半归化的蛮族去抵御更边远的蛮族。可是终究会有一天，蛮族将领发现自己才是这个花花罗马世界的真正主宰。他们招引来更多的蛮族，一拨又一拨地侵袭帝国、骚扰边境，如海浪凿穿坚硬的礁石，如蝼蚁啃噬结实的堤坝。最后竟然发展到军阀可以频繁更替皇帝，元老院再也无法发挥平衡作用，基督教由地下秘密组织成为整个帝国新的精神支柱，罗马帝国就这样土崩瓦解，一步步滑入了黑暗的中世纪。

在那个罗马灭亡后的地中海世界里，没有源自罗马人的“法”的精神后，罗马帝国废墟之上呈现出的是一派中世纪景象①：地中海上的海盗日益猖獗，和平与安全毫无保障，人民生活在极度恐惧中，经济发展几近停滞。往日象征着繁荣与和平的地中海，变成了伊斯兰世界和基督教世界之间角力的战场。再辽阔的海域也容纳不下两个互认为邪恶的宗教，海盗则成为两方都试图利用的力量。

漫长的海岸线不再是可以做贸易的优势，而是成为海盗们打家劫舍的场所。除了抢夺的财物，对方宗教的信徒本身就成为可供交易的大宗商品。人口贩卖以及为此赎买亲属的行业成为地中海上最热门的生意。宗教在某种意义上成为可以让人们扯下最后一缕道德遮羞布、心安理得杀人越货的理由：既然对方是异教徒，是魔鬼的子民，自己又有什么事情是不可以对他们去做的？

这期间的地中海只不过是各种势力角逐的战场，西方世界力量的每一次

---

① ［日］盐野七生：《罗马灭亡后的地中海世界》，田建国、田建华译，中信出版社，2013。

重新摆向都会在它周边产生止不住的涟漪。1453 年，奥斯曼帝国穆罕默德二世的军队围攻过君士坦丁堡[①]。这座象征着罗马帝国最后辉煌都城的陷落是一个标志性事件，在西方历史上无论怎么强调都不为过。当时的罗马教廷受到极大震动，还处于四分五裂状态的欧洲列国从此开始整军备战，在随时都有可能被异教徒灭亡的压力下，在政治、社会、文化层面上不断创新，在世界范围内率先启动了迈向现代化的步伐。1521 年至 1580 年，伊斯兰世界继续从地中海迈出向西扩张的脚步[②]。这一次的主角是苏莱曼一世，他的对手则是查理五世。前者攻占下了罗得岛，后者则在突尼斯取得了关键性的胜利。不过从 13 世纪到 18 世纪，在地中海上一直未曾停歇的却是热那亚和奥斯曼帝国在外交和军事领域展开的交锋[③]。凭借着独特的地理优势，威尼斯像是后来大英帝国的预演，从普通的海港渔村崛起为贸易强国，并且发展出强大的海军力量，在穆斯林国家和基督教世界之间左右逢源、主导局势。这座由诡计、炮舰和金钱堆砌起的财富之城一时之间成为地中海世界繁荣的象征。未知的大海本身就孕育了无限希望，混乱之中充满无限可能。直到 1740 年，奥斯曼土耳其作为国家在全面禁止海盗行为的《海盗禁令》上签字，海盗现象才开始逐渐退出历史。1856 年，《巴黎海战宣言》宣告严禁一切海盗行为，才标志着地中海的海盗现象终于销声匿迹。而上一次在公元前 67 年由罗马

① [英] 罗杰·克劳利：《1453：君士坦丁堡之战》，陆大鹏译，社会科学文献出版社，2014。作者曾花费多年时间在地中海世界游历，还在伊斯坦布尔长期居住过。他对这片发生过太多传奇故事的土地产生了浓厚兴趣，选择从最能触动人心的战争场面带引人们进入这段历史。

② [英] 罗杰·克劳利：《海洋帝国：地中海大决战》，陆大鹏译，社会科学文献出版社，2014。作者在本书中展现出描述战争细节的强大文字功底，以讲故事的方式将这 60 年恩恩怨怨的千头万绪铺陈在人们面前。

③ [英] 罗杰·克劳利：《财富之城：威尼斯海洋霸权》，陆大鹏、张骋译，社会科学文献出版社，2015。

将军庞培有史以来首次完成的消除地中海上海盗的军事行动，实现罗马治下的和平，已经是2000年前的事情了。

可是这些地中海上的硝烟在更广阔的历史视野看来，都只不过是冰山上最显眼的一角而已，而且终将散去。从总体历史的思想出发，16世纪后半期，即西班牙国王菲利普二世在位时期的地中海世界已经愈发显现出其作为西方世界中心的独特地位了[①]。人们必须把微观层面平凡的日常生活与宏观层面伟大的历史潮流有机地结合起来，才能全景立体式地观察到那个特定时代地中海及其相关地区人类生活的全貌。

首先必须承认的是，菲利普二世作为哈布斯堡王朝西班牙国王、葡萄牙国王、那不勒斯和西西里国王、尼德兰领主和米兰公爵，在其在位的1556年到1598年，推动哈布斯堡西班牙的国力臻于极盛，使得西班牙成为整个天主教世界的精神领袖和军事霸主。在他的领导下，天主教旗下的“神圣同盟”经过勒班陀战役，遏止了奥斯曼土耳其帝国在地中海西部的扩张。他甚至还成功击败法国，通过胡格诺战争的胜利得以进军巴黎。但是，更加整体的考察却告诉人们，决定人类历史发展进程的反而是人力所无法控制的地理环境和气候。

依照年鉴学派著名的影响历史发展的三层作用结构理论，人们得以分别从长期地理与气候环境形成的“结构”、中期经济与商业活动演变的“局势”和短期政治与军事行为发生的“事件”三个方面来剖析地中海世界这个“总体史”的研究对象。历史在由“结构”决定的海床中展开，制约着“局势”发展的海潮，而“事件”只不过是海浪中时而抛起、时而卷走的浪花罢了。

① [法]费尔南·布罗代尔：《地中海与菲利普二世时代的地中海世界》，唐家龙、曾培耿等译，商务印书馆，2017。作者是法国年鉴学派第二代代表人物、集大成者。在这部长达2000页的巨著里，布罗代尔将地中海世界作为一个整体加以考察，广泛地运用了历史学、地理学、社会学、政治学、民族学和经济学等多个学科的研究方法。

拨开令人眼花缭乱的云雾，在菲利普二世治下真正实现的是，基督教世界和伊斯兰世界的边界终于被固定下来，双方都承认各自的力量在地中海海面上达到了尽头，商业贸易的通道被关闭，地中海在某种意义上成为一片“静止的海域”。

作为西方世界在地理意义上的最西方，西班牙王国在强盛之后带给人们的启示是要将眼光投向更远的西方。于是，地中海已经不再被视为大地的中央。西方世界不再纠结于自己是不是位于大地中央之海，身边的家园是重新启航的出发点。新航道已经开始召唤那些富有冒险精神的勇士，大航海时代即将开启。人类的历史活动即将在更为宏大的地理环境中展开。

16.3 交通东西方的丝绸之路

如果说向西发展是西方文明与伊斯兰文明陷于胶着状态，在地中海最终归于平寂之后，努力走出中世纪的无奈变态之举，那么向东沟通则一直以来是古代波斯文明、罗马文明与华夏文明进行交往的通顺常态行为。漫长的陆地丝绸之路就是见证人类文明早期互通有无、相互影响的事实。但由于几次文明的中断，很多当时的交往记录没有保留下来，后人很难想象先人在很久以前就对彼此有着清晰的认知，只是由于路途遥远，这些相互作用的影响需要以更大范围的时间和空间才能得以展开，并为世人所知晓。

所幸由于历史学家和考古学家们的努力，人们得以从史料和遗迹中得知当年丝绸之路的盛况，很多原来在各自文献中偶尔提及的人物和事件，一旦交叉印证起来，就会重新凸显出新的价值[①]。先人的经营从来没有白费，后人对其了解愈深，就会对今天我们要从事的“一带一路”伟大事业有更加具体生动的理解[②]。当时，罗马帝国曾经在其本土及北境、东境经常遭到蛮族的进攻、骚扰，以及其主动发起和被动接受的诸多战争，都往往直接或者间接地受到中国对西域地方的经营及政局变化的影响。丝绸之路的阻断和联通，再加上时间和距离因素导致的放大和延缓效应，往往会让这两个政权之间进行非常有趣的对话[③]，带来文化上潜移默化的影响[④]。

这里既有汉文典籍向西域地区和东亚地区的传播，比如敦煌文献、龟兹典籍、院碑墓志和《兰亭序》，也有西方物质文明和宗教文化沿丝绸之路向东方的传播，比如于阗花毡、粟特银盘、于阗佛寺壁画和《金光明经》。遣唐使、粟特商人、于阗使者和景教徒几千年来在这条丝路上来回穿梭，塑造着整个世界的精神面貌。从某种意义上来说，并不存在纯粹的东方或西方文

① ［德］夏德：《大秦国全录》，朱杰勤译，大象出版社，2009。作者是德国汉学家，早在 1885 年，就在本书中考证出中国史料中所记载的大秦国，指的并非是定都罗马的罗马帝国全境，而只是罗马帝国的东部省份，即今天的叙利亚、埃及和小亚细亚，且以叙利亚为首。这个结论开创了夏德在汉学界的地位，这本书发表后，引发了东西方汉学家们的热烈评论，书后附录了当时争论的文章。

② 夏德还从当时“琉璃”在中国被作为稀世珍宝出售的历史事件中挖掘出自己的观点：中国史书记载公元 166 年大秦国派遣到中国的使团并不是一个国家性质的使团，而是叙利亚商人的一次私自商业行为。而中国史书中记载公元 97 年“甘英奉使”来到条支，后被“船人”劝返的故事，夏德也认为这是叙利亚商人为了垄断商业机密而采取的蒙骗手段。

③ ［美］弗雷德里克·J. 梯加特：《罗马与中国：历史事件的关系研究》，丘进译，大象出版社，2009。本书最早出版于 1939 年。

④ 蔡鸿生：《中外交流史事考述》，大象出版社，2007。作者是中山大学历史系教授。本书收录了其在中外交流领域的 35 篇论文，内容涉及唐代以后经由丝绸之路的商贸往来，给中国带来文化方面的影响。上篇介绍了唐代九姓胡和突厥的礼俗、摩尼教传入中国的演变历程、昆仑奴的由来，下篇则记述了近代以来俄罗斯、瑞典、荷兰等国与中国在文化层面的交流和影响。

明，有的只是两个文明之间不间断的、分波次的碰撞和交流[①]。彼此都学习到对方的精华，然后经过反思和改造，再在下一个时期创造出新文化，继续交流。

遗留在这条东西间大通道上的诸多考古实物为当年文明古国和平交往的繁荣景象提供了证据[②]。这种交往在中国唐代进入了高潮，并在一座中亚名城撒马尔罕留下了深深印记[③]。撒马尔罕今天位于乌兹别克斯坦境内，有着2500年的历史，是连接中国、印度与波斯（今伊朗）的丝绸之路枢纽。据公元554年的《魏书》记载，撒马尔罕时称“悉万斤”，后在《隋书·西域记》被称为“康国”，唐代也继续沿用。在五代史籍《旧唐书》《唐会要》，宋代类书《册府元龟》和元代史书《辽史》中都曾正式提及“康国进金桃”一事，“贞观二十一年正月……康国献黄桃，大如鹅卵，其色如金，亦呼金桃”。在中外交流史上，撒马尔罕的金桃可能只是一个小事件，不像瓷器和香料那样成

① 荣新江：《丝绸之路与东西文化交流》，北京大学出版社，2015。作者曾任北京大学历史系教授，在本书中分五编探讨了汉唐之际丝绸之路的地理走向特点，以及通过丝绸之路展开的东西方文化交流。

② 夏鼐：《丝绸之路考古学研究》，浙江大学出版社，2019。本书收录了多篇作者有关丝绸之路的论文，内容包括波斯萨珊朝银币、东罗马金币、阿拉伯金币、威尼斯硬币的发现，拉丁文墓碑的发现，阿拉伯数码幻方、黄道十二宫的传入考证，瓷器、珠宝、绮、锦和刺绣等实物的发掘，还介绍了汉唐时期中国丝绸业的发达程度。

③ [美] 薛爱华：《撒马尔罕的金桃：唐代舶来品研究》，吴玉贵译，社会科学文献出版社，2016。作者是美国著名汉学家和语言学家，20世纪下半叶美国唐代研究乃至整个西方唐代研究的领军人物。他在本书中精心选取了中华民族古代最为鼎盛的朝代——唐代为研究对象，详细研究了当时的东西方文明相互引进的社会生活状态。一旦深入到唐朝生活内部之后，可选的题材就一下子变得极大丰富起来。书中研究内容包含了家畜、野兽、飞禽、植物、木材、食物、香料、药品、纺织品、颜料、矿石、金属制品、世俗器物、宗教器物、书籍等，共18类170余种，举凡生活所需无所不包、日常所用无所不括。

为可以作为大宗交易的商品[①]。但在人们心目中，越是这样普通具象的符号，就越适合作为人们了解曾发生于唐代中西方频繁深入交往的象征物。

不过如果总是停留在这个层面的话，在千百年来的历史积淀里，中国人脑中逐渐形成的是一副充满异域风情的意象：一条连接欧亚大陆两端的线条，我们在东端，遥望着被漫天黄沙遮住的荒漠尽头，期盼着驼队的铃声响起，带来异域的黄金白银和奇兽异果。这只是停留在贸易和文化交流的层次上谈论丝绸之路，没有看到它作为信仰之路、基督之路、变革之路……以及中东之路、伊战之路，乃至于今天世人热议的新丝绸之路——“一带一路”的另外多重面貌。这可能也是导致人们在重新把握这个突然在21世纪初被拎起的时代新话题时，始终不得要领的根本原因[②]。

在这条丝绸之路上，三大宗教（犹太教、基督教、伊斯兰教）水乳交融，相互砥砺而产生人类文明的智慧之光。伊斯兰教作为在罗马和波斯两大强权夹缝中逆袭取胜的思想潮流，一方面能充当缓和社会危机，结束阿拉伯半岛分裂纷乱格局的政治力量；一方面能得到犹太教精英阶层的认同和扶持；一方面也能在基督教教义上灵活调整，教导信徒遵从一个上帝，但真理和教谕来自穆罕默德这个唯一的先知。这让人不由得赞叹古人们在已有框架上叠床架屋的理论创新能力，远不是今天原教旨主义者给人留下的刻板印象。三教同源，是今天中东乱局的肇因，是不是也孕育着将来回归平静的结局？

在这条丝绸之路上，世界史不再是东西两大文明独立发展，各自辉煌而

① 吴军：《文明之光》，人民邮电出版社，2017。本书第一册里用了多章内容介绍瓷器和香料在古代中西贸易中的独特地位。

② “一带一路”是“丝绸之路经济带”和“21世纪海上丝绸之路”的简称，是由中国国家主席习近平分别于2013年9月7日在哈萨克斯坦纳扎尔巴耶夫大学作演讲和10月3日在印度尼西亚国会发表演讲时，提出的建设“新丝绸之路经济带”和“21世纪海上丝绸之路”的合作倡议。

又不时跌入黑暗，然后经由地理大发现重新连接在一起的传统叙述过程。世界史从一开始就是欧亚大陆史，广袤土地上的人民从来都是紧紧连接在一起，相互吸收养分，不曾分离。奥斯曼帝国的精神文明如同物质文明一样辉煌，1000 年前的伊斯兰文明也曾是先进文化的前进方向，那时西北欧的国王们还只能在世界的边缘烤火取暖。只用意大利文艺复兴的概念来试图解释失传的古希腊罗马文明又重归西方，避而不谈威尼斯、热那亚在穆斯林通商贸易中的关键作用，理由多少也会显得牵强。

在这条丝绸之路上，蒙古帝国的文明意义得到重估，横跨欧亚大陆的金融信贷体系和便捷的通关贸易活动，第一次在真正意义上将整个大陆连接成了一体。从此单一世界史成为可能，并从 1206 年这个由蒙古定义的天命之年展开新的历史画卷①。帝国的影响至今存在，其衣钵由俄罗斯和中华两大帝国继承。这里需要额外澄清的是，直到经过元明清三朝改造后，中华文明的“天下”概念才算稳定下来。经中华民国固定而成“五族共和”的地理版图，其实是继承自蒙元的开创。除此之外，蒙古人带来的另一个礼物是横扫 14 世纪的黑死病，它从根本上改变了欧洲的人口结构，为其西北部边陲那个小岛的发展奠定了长期基础；15 世纪穆斯林垄断东西方贸易引发的世界金融危机，欧洲大陆对硬通货近乎痴迷的渴求，则刺激了接下来波澜壮阔的地理大发现。不要忘了，每个水手在出海前心心念念要去寻找的，都是远方那脚下遍地黄金的大汗。

在这条丝绸之路上，英格兰国王会为了平息《勇敢的心》中威廉·华莱士的苏格兰叛乱，而失去了与蒙古人结成反伊斯兰埃及同盟的机会；也会因为东印度公司在南亚殖民地的失败而大幅提高北美殖民地的税率，因而引发

① [日] 冈田英弘：《世界史的诞生：蒙古帝国的文明意义》，陈心慧译，北京出版社，2016。1206 年，铁木真统一了蒙古诸部落，称“成吉思汗”。

波士顿倾茶事件，并最终导致独立战争，失去新英格兰属地。第一个全球性的日不落帝国登上历史舞台，依靠的是对丝绸之路上每个贸易据点的控制，从苏伊士到马六甲，从耶路撒冷到德黑兰。商人追逐短期利益的本性使得带来繁荣的同时，也播下了动乱和仇恨的种子。二战后，大英帝国逐步撤出，美国接手，犯下的也是同样的错误。“近几十年来的局势表明，西方在应对该地区时，缺乏一种站在全球史角度的更高更广的洞察力。”①

人们在阅尽世界古代文明在这近2000年来西突东通的努力之后，应能体会一种深刻的洞察：世界重心离开中国之后的世界性失衡，也将以重心重新回归中国而得以平衡。今天人们看到的各种局部现象，“伊斯兰世界的混乱和暴力、宗教激进主义的兴起、俄罗斯与邻国的摩擦，以及中国西部省份极端主义的猖狂”，究其本质，“其实都是这一曾经支配全球知识、文化和经济格局的地区再次崛起过程中的阵痛”。

① [英]彼得·弗兰科潘：《丝绸之路：一部全新的世界史》，邵旭东、孙芳译，浙江大学出版社，2016。作者是英国著名历史学家，他以扎实的考证功底、丰富的背景史料、宏观的洞察视角和鲜活的时代精神，将丝绸之路的意义扩充到20多个维度来叙述，将尘封在浩瀚史料中的一部全新世界史竖立在了世人面前。

第 17 章 融合与差异并存的近代

通常认为在公元 15 世纪前后，当资本主义生产方式萌芽开始出现在欧洲大陆上时，整个世界就进入了近代史范畴。当然，这并不是在说只有资本主义的力量在推动历史前进。因为当时在全球范围内还有很多不同类型的社会组织形态。在这些形态中，由资本驱动、围绕着让资本增殖的那种社会形态的分量还很轻，并没有显示出将要扩散到全世界的趋势。资本作为催化社会元素重组和扩张的作用，在很多社会组织形态中也都被用到，但一般都会受到宗教或国家力量的节制。这种重本抑末的态度在历史上已经被反复证明，是一个能在封闭型社会中，对商业和资本既能利用其长也可抑制其弊的最佳方案。

那个时候的世界局势，有点像古代中国的春秋时期。各种不同形态的政治实体纷纷林立于世，不时会有某个地区范围内的盟主出现维持秩序。各国采用不同的诸子学说推行政令，没有哪个单一的学说可以号令天下。一方面，是大家在经济与文化方面各扬所长、互通有无；一方面，是各国在陆地和海洋的战场上各逞所强、另辟蹊径。原先独立分散的人类社会逐渐被近代全球化裹挟到了一起，只是限于交通工具和通信手段的能力，还不足以让每个人都理解自己所身处世界的本来面目。

在交往与争斗的过程中，人们逐渐认清楚了彼此之间的差异。差异带来交往的动力，互相存在差别才有交换资源的需求；差异也带来争斗的冲动，彼此视为异端就会升腾消灭对方的欲念。首次进入全球化的世界就是在这样两种此起彼伏的因素作用下缓慢成型，各个政治实体在发展过程中内部出现的民族、国家、宗教、种族、性别和阶级上的各种不平等现象，也在交往和争斗过程中逐渐调谐成相似的频率，发生起共振效应，形成世界范围内更大的差异，继续加剧世界的苦难。

因此，如果说人类社会在文明起源阶段由于文字和国家的不同，先天的就已经存在了各种隔阂与误解；那么人类社会未来想要生活在同一个天下，则在开始要形成整体意识与行为的早期阶段，还必将经历一段因为资本的力量虽然加速世界融合，但又会放大社会内部不平等而带来的更大层面和更高程度上差异的痛苦历程。

虽然资本融合世界的方式相比以往军事征服的方式还是在进步，大英帝国相对蒙古帝国已经文明了许多，但世界各地仍然遗留下来很多创伤，存在很多有待纠正的地方。人们有必要深入了解发生在500年前的那些历史事件的来龙去脉，掌握各种不平等现象背后的本质规律，找出它们之间相互影响的关系，才能通过系统有效的方案，早日消除这些差异，达到世界大同。

17.1 错失一次天下大同良机

从古代到近代，欧亚大陆上的经济联系一直没有中断，这里存在着一个由奢侈品贸易驱动的强大市场，其间不乏中亚各个游牧民族的穿针引线，闪动着基督教、伊斯兰教和佛教传播者的虔诚背影。以中国为中心的东亚及东南亚经济，与以西欧为中心的欧洲经济，在这段时间里的半封闭半交流环境中发展壮大，尝试探索不同类型的经济形态。如果有时光机回到当时的地球上空，俯瞰两片区域中人们的忙碌身影，恐怕多数人会得出前者优于后者的结论。可是随后发生的进程却出乎人们意料，于是一代又一代的学者又要费尽心思论证后者优于前者的原因。

这也就是当年著名的“李约瑟之谜”提出的问题：为什么中国科技水平和经济发展在历史上一直遥遥领先于其他文明？为什么中国科技和经济现在不再领先于世界水平？时至今日，当人们把观察的角度拉宽，博采众长，又会得出不一样的结论。来自经济史领域加州学派的学者认为，煤炭资源的开采和美洲大陆的发现是英国最早走向工业革命的决定性力量。煤炭在经济生活中的作用早已为人所知，但煤矿开采的地理条件因素赋予当时中国的是，山西的煤距离南方的经济重心太远，落后的运输能力限制了这些能源资源的利用；而英国的煤矿直接位于经济发达的核心区域，运输费用低廉，因而可以广泛使用。英国的煤层含水量大，在开采时需要不断抽水才能正常运行。这本来是一项劣势，但反而促进了蒸汽机的发明，由人力转为机械力，结果大大提高了工作效率，降低了生产成本。此外，新大陆的发现还为狭窄的旧大陆提供了原先短缺的土地集约产品。棉花、木材和粮食被源源不断地从殖民地运送过来，解决了困扰西欧1000多年的生态环境制约问题。从此工业革命的势头一发而不可收，以英国为代表的西欧国家开始提速，这才在19世纪起与中国走向不同的发展道路，开始现代经济的“大分流”①。

不过从政治视角观察中国和欧洲经济变迁的进程，似乎政治形态的偏好和政权空间的规模才是促成“大分流”的根本原因②。人们只要重新审视欧亚大陆两端近千年的历史进程，把研究的视野向前推进到“大分流”真正出

① [美]彭慕兰：《大分流：欧洲、中国及现代世界经济的发展》，史建云译，江苏人民出版社，2004。作者曾任美国加利福尼亚大学尔湾分校历史系主任，现为芝加哥大学历史系教授。他的“大分流”学说让人印象深刻，在美国汉学界独树一帜，其所在的加利福尼亚大学尔湾分校也是人才辈出，形成了所谓的“加州学派”。

② [美]王国斌、罗森塔尔：《大分流之外：中国和欧洲经济变迁的政治》，周琳译，江苏人民出版社，2021。这两位作者也是加州学派的代表人物。

现之前的几个世纪，就能找出早已深埋在中国与欧洲政治架构之中的差异根源。特定的煤炭资源和机械动力只是一些中间变量，这些因素和海外殖民的努力均可被看作优化配置的自然结果。对英国来说，国内资源总量与市场规模总是有限的，对外殖民才是更为切实可行的政策。

而另一端的中国之所以放弃这么好的选择，并不是因为当时的统治者有多么愚蠢和落后，无法看到几百年后的世界景象。回到当时的历史条件下，中国早已完成国内统一，巨大的消费市场足以消化旺盛的生产力。相比改变国内政治结构向外发起殖民运动，维持国内长久持续的和平使得交易成本最低，才是更加务实的选择。所以，中国与欧洲出现“大分流”并不是由于历史上的不同禀赋或过去发生的偶然事变，而是各自的政治力量在调控周边资源配置时，出于当下最优判断选择的必然后果。以这种“以最小代价实现最高收益”的说法，还可以解释中国困于下沉在乡村的熟人社会、没有发展出成熟的信贷体系等老生常谈的问题。因为，在一个缺少外来竞争的本地环境中，信任问题已经通过家族网络和名声传播得到解决了。而现在人们所推崇的所谓契约精神、代议制度，不过是在另一种信任度更加恶劣的环境下不得已而为之的非常手段罢了。

既然中西之间只是由于禀赋条件不同而恰好在某个历史转弯处出现“大分流”，那么长久以来“西方国家建立并推动全球化，资本主义与工业革命必定首先出现在欧洲”的西方中心主义史观就很难再站住脚了①。在经济变化方面，通过对欧洲发展史的研究就可以看到，当时中国与欧洲都存在大量的劳动力投入于农业生产，造成过密化生产的情况，也就是所谓“内卷”现象。在这点上，英格兰地区和江南地区并没有本质区别，大家都需要解

① [美]王国斌：《转变的中国：历史变迁与欧洲经验的局限》，李伯重、连玲玲译，江苏人民出版社，2010。本书分经济变化、国家形成和社会抗争三篇内容，逐一比较中国与西欧在长时段历史的异同，否定了长期盛行的各种西方中心主义研究框架。

决增长极限的问题。在国家形成方面，虽然中国政府有需要额外承担维护大一统帝国和教化意识形态的这些职能，但在市场培育、民间自治等方面，中国与欧洲并没有本质的不同。相反，中央集权政府在保证社会稳定、调配国家资源等方面还更值得西方去学习。在社会抗争方面，两者发生食物短缺骚乱的种类和环境都很相似。不稳定的食物供给所引发的抗税活动一般仅指向地方政府，很少发展成为全国性质叛乱乃至革命。其要求也是以争取适当公平合理的税收为目标，一般在得到国家层面的关注和调解后就会得以平息。

在对比分析过中国和西欧在工业革命之前的社会发展状况后，人们将会发现：欧洲与中国当时在社会发展变迁的未来可能性上是较为一致的。虽然欧洲的经济制度相比中国在实现资本主义兴起方面具有优势，但中国社会也能承受将经济制度进行一系列改进后的压力，并促进其加速实现工业化。20 世纪发生的中国工业化进程也进一步证明这一点，西方中心论则不过是夸大了欧洲作为世界原生经济中心的地位与作用。

不过，也有来自社会学领域芝加哥学派的反对者认为，传统中国社会的儒教经过几千年的发展已经实现意识形态和政治权力的完美结合，在能够做到维护中华帝国周而复始传承换代的同时，也杜绝了自发产生工业资本主义的任何可能性[①]。与此同时，工业资本主义出现在欧洲则是必然，罗马帝国覆灭后的弱国家强社会模式，使得教皇、商人、冒险家和国王种种因素互相

① [美] 赵鼎新：《国家、战争与历史发展：前现代中西模式的比较》，浙江大学出版社，2015。作者曾为美国芝加哥大学社会学系教授，强调要从历史社会学的视角探讨前现代中西经济发展模式差异的原因。本书在社会变迁理论框架基础上分为“中国历史的模式”和“欧洲的战争与国家”两部分，共收录了 13 篇相关论文。不管是前半部分首篇的《为韦伯辩护：比较的逻辑和中国历史的模式》，还是后半部分首篇的《加州学派与工业资本主义的兴起》，人们都可以发现作者是在高举韦伯主义大旗，强调新教伦理对工业资本主义的促进作用，反对加州学派和“大分流”理论。

交织，这就给了工业资本主义得以异军突起的历史契机。当然，终有一天人们也许还会回来重新思考工业资本主义的危害，想到儒家思想曾有力地抑制过工业资本主义在中国的萌芽，也许是为人类保存了另一种进入现代性的可选方案。

以上的研究目的都还在追究中国和西欧到底为什么会走上两条不同的道路,前者究竟有没有可能也走上后者的道路。但是当这一切都已经尘埃落定，似乎再怎么论证也无济于事，甚至有削足适履之嫌了。其实当人们能够进一步了解更大范围内近代中国经济状况时，还会看到世界经济本来可能发展的另外一种形态：围绕着南中国海，这个位于亚洲的“地中海”曾经发展出来的全球化经济圈。

与地中海类似，南中国海也是环海周边的东亚和东南亚当地民族在文化、贸易、政治关系等各方面交流的重要海上通道，并一直以来对来自西方和北方的商人、冒险家和传教士保持着开放，可以说是东亚和东南亚经济的贸易之海。这片水域风力适中，没有太多海上风暴，季节性风向容易预测，周边陆地有着丰富的木材资源适合造船、发展海上交通。邻近的大国在意的更多是国内的稳定和统一，很少有对这片水域动用武力殖民和劫掠的传统。

这就使得东南亚国家能够在相当长一段历史时期里，一方面与这些文明保持良好互动，另一方面仍能实现自我发展。而贸易活动则是连接所有人的活动，也是人们长途跋涉最重要的动力。在这个东南亚的贸易时代里，孕育出很多独特的社会现象，比如各集团为了获得权力而对依附人所进行的无休止争夺、政治家和他的支持者建立起的互惠的庇护依附关系、两性关系的相对平等。

在这样一个没有中央政府管控的区域，一直是由外国商人控制着贸易时代的货币供应，向种植者直接购买经济作物。虽然在 1400 年以后，中国的铜钱就曾是东南亚商业化最基本的润滑剂，但随后欧洲人输入的白银成为不可阻挡的有效国际货币，这使得欧洲人在争夺该地区经济控制权的斗争中占据了上风。欧洲人抵达这片“季风吹拂下的土地”[①]之后，开始了不同以往的武力征服和殖民活动时代。东南亚大部分重要的海上贸易中心不是被敌对势力摧毁便是被占领，东南亚逐渐脱离了国际贸易的轨道。亚洲由来已久所具有的优势在世界贸易体系中荡然无存，东南亚的贸易时代也落下了帷幕。

如果从全球性视野来考察这片地区的变化，人们便可判断出，这片地区在 17 世纪面临的危机也正是全球性经济下滑的结果。造成这种结果的原因之一是欧洲各国卷入的破坏性内战，特别是在经历了“漫长的 16 世纪”物价的长期上涨之后，全球商贸额和贸易量都在直线下滑。此外，在与中国进行经济互动中出现的贸易量变迁至关重要。中国在 17 世纪早期就开始发生的国内动荡，以及之后的王朝更替战争，使得往来商船数量明显下降，即使到了 18 世纪也未能恢复到 16 世纪末时的水平。

那么，当时作为世界贸易中心的中国到底在面临着哪些选择，又发生了哪些事情呢？原来，一方面是 16 世纪发生的火器技术和军队组织变革经过不断的积累与传播，终于在 17 世纪世界范围内产生了重要影响，“唯利是图是商人的本性。如果某种有用的知识和技术在某个地方可以带来更好的回报，商人就会把这些知识和技术出售给能够出最高价的主顾，而不问他们是

① ［澳大利亚］安东尼·瑞德：《东南亚的贸易时代：1450—1680》，吴小安、孙来臣、李塔娜译，商务印书馆，2013。作者是东南亚史专家、澳大利亚国立大学东南亚研究所教授。本书探讨了在那个全球贸易时代里东南亚的地理、物质和社会结构概况，重点关注那些最能影响普通民众的特征和变迁，填补了人们在这片相对边缘的学术研究领域里的知识空白。

何人，这就破除了国家对先进军事技术的垄断”[①]。红夷大炮在明军的宁远大捷，红衣大炮在清军的三藩平乱之中，都曾发挥过改变战局的作用。而另一方面，国际间流通的白银串联起生丝、丝织品、陶瓷、蔗糖、香料、茶叶等商品，打开了大航海时代的全球市场。与传统的明清“闭关自守”论相悖，早在16世纪欧洲人从海路到达这里之前，中国就已经深深卷入其中，“东亚地区形成了一个联系日益密切的国际贸易网络”。但由于“当时东亚世界最主要的国家——中国未能充分认识变化了的国际形势，在创造一种国际新秩序方面未能发挥作用”，曾在国际贸易中扮演过核心角色的明政府不但未能有效利用这次全球化浪潮的机遇，反而在内忧外患中失去了政权，让“‘丛林法则’成为早期经济全球化时代东亚世界国际行为准则”，非常可惜地耽误了自己——其实也是整个世界几百年的时间。

解铃还须系铃人，这一次全球化的机遇又摆在了我们面前。世界同样需要更有智慧的中国人彻底打破当年被强迫树立的丛林法则，摆脱东西方发展两条道路非此即彼的思想窠臼，细心梳理出掩埋在历史废墟中的故道，为国际社会恢复新的秩序，重新找回自己应有的位置。

---

① 李伯重：《火枪与账簿：早期经济全球化时代的中国与东亚世界》，生活·读书·新知三联书店，2017。作者是北京大学历史学系教授。本书从新史潮、全球史和公共史学三个角度，重新梳理了15世纪到17世纪的早期经济全球化时代中国与东亚世界互动时的特点，抓住了在国际贸易规则还未形成的阶段，经济全球化所具有的商业与军事暴力同时存在的现象，以火枪和账簿两个意象，从军事和贸易的角度为人们描绘了早期经济全球化时代的具体特征，为人们重新理解明清易代提供了新的视角。

17.2 借助文化重新引领世界

第一次中国式经济全球化虽未成型，但不可否认的是，古代中国文化还是曾经给世界带来过巨大的影响，并不是只在东亚大地上孤芳自赏的封闭文化。早在几千年前,从中国周边的藩属国,到贸易通道上的东南亚、中亚诸国,再到西方各民族国家，都曾非常热衷于向古老神秘的东方大国学习当时最为先进的文化。欧洲在“文艺复兴时期，虽以中国的发明为其物质基础，却以希腊人的入世观念为精神基础，可是到了启明时代，希腊的精神影响已为中国文化所替代，中国成为 18 世纪精神文化的诞生地，其力量之大，实远过希腊，希腊不过是欧洲本土的产物，中国则为外来文化的生力军，影响所及，使欧洲的文化历史划一新时代”[①]。各国学者通过将一批批经典文献翻译后融入本国文化之中，在本国的典籍中塑造起中国的文化形象。“在法国 18 世纪思想家中，孟德斯鸠是最好奇与最努力的。他的著述，特别是他的《法意》，时时举中国为例，中国给他一种强有力的诱惑。”[②]

到了近代，海外文化也开始反过来影响中国文化，以至于今天国人们熟悉的很多概念、术语和思维定式都来自西方，或是经由日本改造后的话语体系，中外文化互通进入了新的历史阶段。如今，随着中国经济实力的不断增强，中华文明的自信心也又达到了新的历史高度，人们很自然就会开始思考中国文化如何重新引领世界的问题。这是因为，虽然在经济上的相互较量很难分出胜负，但文化上的交流互通却往往会是一件双赢的事情。

在这方面,人们既不能像那些不了解古代中国文化影响力的崇洋媚外者,

① 朱谦之:《中国思想对于欧洲文化之影响》，山西人民出版社，2014。

② 阎宗临:《中西交通史》,三晋出版社,2015。本书收录的作者在 1940 年发表的论文《中国与法国 18 世纪之文化关系》一文中，列举了法国思想界孟德斯鸠、伏尔泰等人崇尚中国文化，借助中国文化推动欧洲思想启蒙运动的事例。

只是因为国势颓败就将其贬损为落后的封建文化和愚昧的专制文化，也不用像那些过分宣扬往日辉煌的复古自大者，总想把已经发霉变味了的古董拿出来展览，而是要认真回顾中外文化交流的整个过程，先重新恢复彼此欣赏的态度。在认真研究过 20 世纪中国古代文化经典在域外的传播和影响之后，人们需要自信地“走出‘东方与西方’‘现代与传统’的二元思维，在世界文化的范围内考察中国文化的价值，以一种全球视角来重新审视中国古代文化的影响和现代价值，揭示中国文化的普世性意义。这样的研究对于消除当前中国学术界、文化界所存在的对待中国古代文化的焦虑和彷徨，对于整个社会文化转型中的中国重新确立对自己传统文化的自信，树立文化自觉，都具有极其重要的思想文化意义”①。

然而，也正“由于这是一个跨学科的崭新研究领域，尚有不少问题需要我们深入思考”，所以，除了通过文献典籍的传播研究中华文化的影响，人们还需要考古学从实物层面给出在大航海时代诸文明的冲突与交流过程中更

① 张西平、孙健主编：《中国古代文化在世界：以 20 世纪为中心》，大象出版社，2017。2012 年 12 月，在北京召开了“中国古代文化经典在海外的传播与影响研究——以 20 世纪为中心”国际学术讨论会，会议邀请了世界范围内的百余位学者参加，共议中国文化的世界性意义。本书结集出版了会上的论文，重点介绍了《论语》、《孟子》、《道德经》、《诗经》、《楚辞》、唐诗、《史记》、《汉书》等中华典籍在海外传播和研究的情况，探讨了日本、韩国、缅甸、越南和东干等地对中国文化的传承和变异，考察了俄国、日本、法国和英国汉学家对中国古籍、民俗等文化现象的研究成果。这些论文在理论、地域和人物三个层面涵盖了有关中国古典文化在海外传播影响的诸多话题，在突破以往将中国古代文化经典的研究局限于中国本土的研究方法方面令人印象深刻。

为丰富的证据和论证[①]。人们也要学会不只是从自己这方观察对方，还要利用对方的文献来理解自身在对方眼中的身影，只是这方面的文献资料相对于中国在海外流传的典籍更难获寻[②]。所幸历史也曾留下过吉光片羽，凭此人们可以跨越时间和地理的阻隔，探寻先人们在全球化初始时参与东西方互动的生活场景；也可以得到观察世界的全新眼光，不再受限于欧洲中心主义思想去重新认识全球化的历程。

充满好奇心的西方殖民者和传教士虽然带走了对昔日神秘东方大国的细致描述，但也带来了傲慢的老大帝国所欠缺的科技技术，并通过百余年的本土演进，推动形成了近代中国虽显稀薄但格外珍贵的科学文化环境。“18 世纪初，在中国的耶稣会士们都是些科学家和道德家。继利玛窦之后，

① 林梅村：《观沧海：大航海时代诸文明的冲突与交流》，上海古籍出版社，2018。作者是北京大学考古文博学院教授，早年致力于起源于古代犍陀罗的佉卢文等西域语言文字研读，精于丝绸之路区域的考古发掘领域，对海内外考古和文物藏品如数家珍。他的这些专长集中体现在了本书中，全书通过近 300 幅的文物、图籍、遗址彩色图片，向人们介绍了明清两代中西的海上交流史，考证清楚了葡萄牙人首航中国登陆地屯门、16 世纪全球贸易中心双屿港（Liampo）的具体位置、泉州至波斯湾外销景德镇陶瓷的航线、郑芝龙绘航海图的年代和缘由、《野墅平林图》的作者及所绘位置等多个或影响重大、或细微有趣的史实，为人们建立起一幅具体生动的中西文化交通画面。

②《文化杂志》编：《十六和十七世纪伊比利亚文学视野里的中国景观》，大象出版社，2003。西班牙殖民者胡安·包蒂斯塔·罗曼在 1584 年因为一番机缘巧合来到澳门，“曾有机会同耶稣会士利玛窦神父通信（利玛窦在前一年定居于广东省内地的肇庆），并且同时设法取得有关天朝帝国情况的资料”，把西、葡两国在大航海时代早期对中国的观察记录文字部分整理出版，选取了当时葡萄牙人和西班牙人最早对中国的记载。这本书在揭示近代早期的中葡关系、伊比利亚人对中国及中国人的看法，乃至澳门历史的诸多方面，为后人提供了第一手的历史文献。本书内容是一面有趣的折射镜，它本来是想帮助当时的西方人理解最初一批殖民者在 400 年前来到东方时的观感，目的是为了跨越长途距离，召唤更多的同伴前来冒险，但却为人们了解这批开拓者和冒险家的心态提供了最好的参考资料。

他们以高度的机智和坚韧的毅力来耕耘这块神圣的土地。"[①]但由于过去对于近代中国的研究总是聚焦在帝制革新、民族革命和阶级斗争上，而且科学发展也确实总是停留在落后状态上，其在近代史上的作用于是就被忽略了。但明代末期出现的天文历法危机在当时统治者眼里看来并不是件小事，帝国的崩塌迹象正是从这道科技缝隙中显现出来的。当时主要来自法国的耶稣会士为了更好地传播教义，希望用西方更为先进的第谷体系天文学知识改造中国历法，向在意识形态上封闭了几千年的"天朝上国"铁壁砸出了第一锤；随着中华帝国国门被迫打开，更多的西方数学、医学和工程制造技术传入中国，并随着新教传教士的活动在江南地区传播开来；洋务运动的实际需要、科学杂志的出版发行、翻译事业的蓬勃发展，这些因素结合在一起，为近代中国科学思想的发育和科技人才的培养提供了不可或缺的动力。这些事实汇聚起来展现出一幅别开生面的中国近代化图景，"如果说自 19 世纪中叶以来中国有一种持续不变的东西，那就是，帝制下的改革家、早期的共和党人、国民党骨干和中国共产党全都把科学和技术看作最应该优先考虑的事物"[②]。但中国的思想界在这种优先考虑背后需要承受的是 19 世纪晚期西方列强携带来坚船利炮的冲撞，他们是从这些切身体会中刻骨铭心地感受到科学技术的重要性的。

殖民者们不远万里来到大清国海岸，通过一个又一个不平等条约敲碎原先华丽但又脆弱的中国花瓶。他们七手八脚将原先想象中神秘古国的衣服剥

---

① 阎宗临：《中西交通史》，三晋出版社，2015。作者在他研究法国耶稣会士、汉学家让·巴普蒂斯特·杜赫德的博士论文《杜赫德的著作及其研究》一文中，曾这样高度评价过欧洲传教士的历史作用。

② ［美］本杰明·艾尔曼：《中国近代科学的文化史》，王红霞等译，上海古籍出版社，2019。作者是普林斯顿大学东亚系和历史系教授。本书涵盖了 16 世纪中叶以来中国的现代科学、医学和技术的文化史，主要分为两个阶段：17 世纪到 19 世纪之间耶稣会士对中华帝国晚期的影响，以及 1840 年至 19 世纪末新教传教士对近代中国的影响。

下，随后又用新的话语体系包装出另外一个中国形象。大清朝与西方列强之间发生的这场“帝国碰撞”，曾经长久地陷入胶着的“话语政治”问题中。两股巨大的力量之间既有横跨文化体系的客观障碍，也有互不信任带来的反复博弈，在各自经历过碰撞初期的适应性反应后，终于重新塑造出新的意识形态秩序。

这其中最挑动人心的莫过于对符号“夷”“yi”和“barbarian”的解释了。翻译领域的意识形态之争成为另一场没有硝烟的战场。最终，原先被蔑称的“夷”变成了“洋”,原先自奉的“天朝上国”则在他者的文本中被指向为“支那”。伴随于此的是，中央帝国体制下的藩属国纷纷自立，大清国也终于蜕变成一个普通意义上的近代民族国家。不过，既然已经能在真枪实弹的战场上占据上风，强大的西方列强为什么还要如此纠结于这一个字眼？原来，在殖民者的意识形态里，“欧洲人关于‘野蛮人’的殖民话语，就是起到指示态称谓的作用，它把殖民地的人命名为‘野蛮人’，并以此建立和巩固自身的主权地位。欧洲的各个帝国把美洲土著人和欧洲以外的种族叫作‘savages’（接近‘畜类’）或‘barbarian’，在认识论上维持了殖民地他者的文明低劣等级，而欧洲人的文明等级的普遍秩序所依据的标准是种族、文化、技术、语言和所有权等”[①]。由此可见当年殖民者对于自身身份想象的巨大焦虑,他们必须在枪炮声中颠覆对方的话语体系。

同样，清朝统治者们也需要反省的是：本来自身曾相对中华正统被视为“夷”，入主中原在经过三代统治之后，刚刚由雍正帝偷换概念并反复强调，才得以为统治合法性正名；如今遇到了新来叩关的域外番邦，本以为可以赶紧将暗含不平等地位的“夷”帽再甩给对方，没承想却被人坐实了不愿对等

① [美] 刘禾：《帝国的话语政治：从近代中西冲突看现代世界秩序的形成》，杨立华译，生活·读书·新知三联书店，2009。作者是哥伦比亚大学终身人文讲席教授。

交往的敌视心态。只可惜“夷”字在交锋之中越来越被污名化，不知如果当年面临西方殖民者袭扰的是汉人政权，情形是否还会如此荒唐？至少晚明的学者们在面临西学刚刚传入、自家心学弊端丛生、已无思想武器抵挡之时，还是能僧俗联手严守耶儒大防，构建斥耶学理，未让耶教也随洋枪洋炮在中华大地上长驱直入[①]。这也启发人们今天在重新发扬华夷胡汉认同观念方面，还得多下一番苦功，认真辨明华夷、分清胡汉才是。

那么，如此长期被西方或有意或无意误解的中国文化，面向未来还能够贡献于全球治理的革新吗？在已经初步具备文化自信的今天，人们又该如何致力于中国文化的复兴？有浸淫于西方世界、熟谙其话语体系的中国学者，已经眼光独到地从曾经在早期促进全球经济发展、现如今已经越来越阻碍知识进步的专利权问题出发，通过层层递进的缜密论证，提出脱胎于中国文化语境的“雅境”概念，推演出了一套以中国文化解决全球知识治理体系难题的解决方案[②]。这是一种包含了乐趣、认可、事业、收入的复合酬答方式，若能取代现在盛行的金钱酬答方式，将能更为开放包容地促进整个社会的创新发展。此说若成，当可对西方文化赖以成立的资本主义运行体制釜底抽薪。

不难发现，雅境代表的所谓“复合酬答”方式，其实就是儒家所追求的“经世为学”目标。人生在世的价值不以金钱多少为衡量标准，而是以在修身致用的阶梯上所达到的高度来评判，就是儒家倡导和力行的事情。自古以来中国人所推崇的圣贤，有哪个是以财富多少来排名，有哪个是以帝王将相来判定？儒家推行于世的这套标准，不仅可用于为逝者盖棺论定、评判身后事，更是作为无数士人一生追求的目标，可以伴黄卷青灯任衣带

① 何俊：《西学与晚明思想的裂变》，上海人民出版社，2013。作者是杭州师范大学教授。

② 邵则宪：《昭隆传统之大美：中国文化如何成为全球治理的建构者》，清华大学出版社，2019。作者是澳大利亚西澳大学终身教授、英国伦敦大学法学博士。

渐宽，可以随蜡炬成灰终皓首穷经。这可能确实是西方世界所不能理解的文化真味，也是中国文化在互通交流中一直向外传播、始终不曾改移的思想精髓。

17.3 世界岛上的霸权争夺战

欧亚大陆被近代地缘学者誉为世界岛。发生在这块大陆上的霸权争夺战一直不曾停歇，几千年来不断上演着整个世界的权力分配大戏。一次又一次转移权柄的结果，是逐渐将世界上的几大文明融汇在一起，从而产生出更多种新文明的可能。在霸权的争夺过程中，催生出征服者和被征服者都没有料想到的结局。因为每一个新的大帝国的诞生，都会带来几百年帝国疆域内各民族融合的进程，加速文化交往的进度，但又会阻碍东西两端经济体交往的程度；相反，东西两端经济交往的压力，又会反过来侵蚀帝国内部的稳定性，用时间的毒药不断侵蚀表面庞大的帝国组织。

启动欧亚大陆霸权争夺的第一动力来自北方广袤大草原上的游牧民，今天人们掌握的翔实史料已经证明，在从公元4世纪到14世纪的1000多年时间里，活跃在欧亚大陆舞台中央的一直就是以游牧为生的族群。匈奴、突厥、柔然、回鹘、沙陀、契丹、女真，这些游牧民族不断变换组织形态和活动范围，发展出一套与农耕民族截然不同的生活方式。他们过着逐草而居的简朴生活，社会形态灵活松散，文化习俗兼容并包。特殊的地理条件让他们早早地意识到了商贸交换的价值。运用这些优势，游牧民或主导或引发了欧亚大陆在经济、政治、军事、文化等方面的诸多变革。这样的努力一直酝酿到13世纪蒙古帝国的出现，这是一个以同心圆扩展的游牧民族集团，他们成功地将欧亚大陆贸易圈组织起来，连接起穆斯林的商业和江南的手工业，成为世界史的分水岭①。

即便蒙古帝国后来衰落分裂了，它的残骸也改写了世界文明在近现代史中发展的基本框架。而在此之前，历史分别在公元前5世纪与公元前1世纪，诞生出了司马迁在《史记》中记述的中华文明与希罗多德在《历史》中记述的地中海文明。前者无论在现实世界里发生了多大变化，记述时都会竭力维护一条贯穿始终的"正统"脉络；后者则在不断的强国变弱、小国变强的命运转换中，确立起"欧洲战胜亚洲是历史的宿命"的必然规律。直到公元13世纪，蒙古帝国的出现打通了这两个文明间的隔绝。四处征战的蒙古军队建立起一条畅通的商路，让中华文明与地中海文明得以连接。覆盖整个欧亚大陆的世界史从此才变得可能，人类文明才真正进入世界史的时代，这也正是蒙古史的文明意义。

现今世界也因此而划分为两大势力：一边是像美国、日本和欧盟这些国家，没有受过蒙古帝国的统治，凭借资本主义制度获得成功；一边是像俄罗斯、中国这样的国家，作为继承者占据着当年蒙古帝国极盛时扩展开的疆域。蒙元之后的中国皇帝甚至还笼罩在成吉思汗的阴影之下，成为"以成吉思汗为原型的中央欧亚型游牧君主的中国版"②。只可惜这样就将中国武断地划归到欧亚内陆帝国的范畴上，完全漠视了中国近代在海洋事业上的开发与贡献。

不过，蒙古帝国的崛起确实将位于欧亚大陆中央地带的中亚地区带到了

① [日]杉山正明：《游牧民的世界史》，黄美蓉译，中华工商联合出版社，2014。作者是京都大学文学研究科教授，号称日本研究草原民族与蒙古历史第一人。本书从中央欧亚大陆的结构出发，超越了以往分别以西欧或中国为中心的视野，但又在中西方史学家司马迁和希罗多德的史料文献基础上，描绘出由游牧帝国开创的别开生面的世界历史，彻底改写了游牧民总是作为"野蛮入侵者"或"军事破坏者"的传统形象。

② [日]冈田英弘：《世界史的诞生：蒙古帝国的文明意义》，陈心慧译，北京出版社，2016。作者是东京外国语大学亚非研究所教授。

世界舞台最显眼的位置。但由于缺乏足够的话语权，在今天的观念世界里他们被贴上的标签似乎就是未开化的蛮夷。可是这种把不似己类文明特征的他者一概视为蛮夷的做法，其实是一种不负责任的简单化处理。如果将今天的主流文明细究起来，又有哪个能完全剥离掉来自对方的所谓西域或东方元素？而这两种元素重叠起来对应的区域，就是这片位于中亚的“边疆”。于是，越来越多的学者开始将目光投放在这里，去重新观察这块所谓的边缘地带上发生过的事情[①]。

更有甚者，如果完全从伊斯兰国家的角度出发去观察西方的基督教世界，打破欧洲人从西方“发现”世界的传统，将其作为被伊斯兰国家发现与观察的化外之民，就会有更多新颖，而且也许更逼近真相的发现[②]。当时的环地中海区域大体可以分成东部的伊斯兰世界、西部的基督教世界以及二者之中的拜占庭帝国三部分。在中世纪时，伊斯兰世界的文明程度在很多方面其实是超越欧洲的。尤其是在数学、医学等重要学科上，人们只有学会阿拉伯文才能接触到当时最前沿的知识领域。而在伊斯兰教兴起之前，阿拉伯人曾经一直处于拜占庭帝国和波斯帝国争斗的夹缝中求取生存，他们虽然保持着独特的文化和身份认同意识，但力量十分微弱。

---

① 刘新成：《全球史评论（第十一辑）》，中国社会科学出版社，2016。本书收录了 6 篇论文、1 篇评论和 12 篇书评，关注重点是以中亚为世界史研究的中心，划出覆盖欧亚大陆半个地球的区域作为研究对象，提供了一种更加客观的视角来评判欧亚大陆联系和交流的主体人群——中亚民众的生活方式。

② ［英］伯纳德·刘易斯：《穆斯林发现欧洲：天下大国的视野转换》，李中文译，生活·读书·新知三联书店，2013。本书以穆斯林世界接触遭遇基督教世界的视角，重新评述了阿拉伯人与法兰克人的普瓦提埃战役、土耳其人和天主教国家的海上勒班陀战役、罗马教皇发动的十字军东征（伊斯兰人所称的法兰克入侵）和土耳其人对哈布斯堡家族的维也纳之围。不同之处在于作者引证的是伊斯兰学者的史料，留下的是他们当时对西方世界的所见所闻。这种清空成见、回归事实的态度是极为可贵的，唯此才能正确探讨穆斯林世界对西方认识的真实来源与现实本质。

不过，如同美国东方学家菲利普·希提在《阿拉伯通史》中所描述的那样，"阿拉比亚的穆斯林虽然只有很少的一点科学、哲学和文学的根底，但他们从沙漠里带来了敏锐的感官、强烈的好奇心、难以满足的求知欲和大量的才智潜能，当他们征服或接触更古老、更先进的民族的时候，他们不久就变成了那些古代文化的受益人和继承人"。先知领导下的穆斯林们，在统一的伊斯兰教义下团结起来，不但彻底将波斯帝国从人类历史长河中剔除，而且最终彻底改变了古代地中海世界的势力平衡，将势力范围推到基督教世界的底线，迫使欧洲文明的重心向西、向北迁移，推动整个欧洲文明从古典时代步入中世纪。

有一段时间，欧洲文明的重心还曾经转移到了法兰西，甚至还在拿破仑创造的插曲中差点改变历史，有希望重新实现欧罗巴的统一[①]。但最终的结局在英国人坚定执行大陆封锁战略之时已被决定。随后的一系列征战充满混乱和意外，仿佛是命运之手在以赌运气的方式调整着战局的发展。作为后来人，人们看不到当事人经历努力、挣扎的心路过程，看不到他们接受命运时的神情，于是只能对他们面对吉凶莫测前途时的无力发出感慨。

一代枭雄拿破仑究竟留下了什么，这是世界发展本来的走向吗？如果不是，卑鄙的胜利者为什么会成为被后世缅怀的英雄？历史是由轰动一时的伟人书写，还是由真正改变细微走向的精英决定，比如巴克莱。风卷残云之后，俄国保证了自身的安全与利益，进一步确立了沙俄帝国的发展基础，但俄罗斯的现代化进程被延迟了，普鲁士的统一进程被加速了，英吉利却毫无疑义地成为西方世界的新霸主。就这样，奥斯曼土耳其帝国垄断起了东西方之间的贸易，逼迫伊比利亚半岛的冒险家们去开拓新的航海路线；法兰西帝国没

① ［英］多米尼克·利芬：《俄国与拿破仑的决战：鏖战欧罗巴，1807—1814》，吴畋、王宸译，社会科学文献出版社，2014。本书语调平缓、平述直叙。

有成功将欧罗巴统一起来，被迫将霸权转移给最西端的大不列颠岛。对世界霸权的争夺于是转移到了更广袤的海洋上。

17.4 海洋里的“互联网经济”

人类很早就开始与海洋打交道，海洋早就自然而然地成为沿海居民贸易交往的重要渠道。随着人们对海洋认识程度的加深、对航海技术的掌握，发源于大陆上的物产、文化和人口越来越加速通过海洋、河流与湖泊进行交流与互动。到了近代以来，人们在指南针、帆船、陀螺仪和季风知识的帮助下，终于摆脱陆地的束缚，踏上万里海波的征程。海洋民族在世界范围内越来越有实力，逐渐承担起组织世界经济的重要责任，发展出一整套利用航海工程创造出来的在时间空间上的优势，重新调配陆地定居文明的资源进行生产和消费的航海文明。这一更替对人类文明发展史的影响重大，至今余波未平。

认知影响行动，人类对海洋的不同认识为文明带来了不同的命运。从近代开始，人们越来越意识到，海洋之所以可以滋养出伟大的文明，其价值不在于海洋本身，而是其联通不同人群交换物产与思想的媒介价值①。茫茫大海，无边无际，是超越陆地上一切王权与神权的自由领地。陆地运输时遇到的重重关卡、地方政权巧立名目设置的课税都被绕过，生产者与消费者直接产生连接，大量的中间交易成本被省去，世界以更方便的方式获得重组。在某种程度上可以说，15世纪末葡萄牙人竭力寻求直达东方的航路就是那个年代的“互联网经济”。

---

① [美]林肯·佩恩：《海洋与文明》，陈建军、罗燚英译，天津人民出版社，2017。作者是美国著名海洋史学者。本书是一本从海洋视角出发看待世界历史的著作，全面展现了人们对海洋的认识与人类文明发展之间的关系，描述了人类是如何一步步从只是简单地向大海获取物产，到将其改造成高速公路，发展出有别于陆地的海洋文明的历程。

相比而言，中国的“互联网经济”开始于建设内陆的水路系统，通过建造各种水利工程来管理国内纵横交错的众多河流。中国的古人并不是天生就更保守落后，也不是故意选择更低效的方式，而是在特定的地理和历史条件下，选择了另一种更为高效的联通方式。而选择了海洋文明的欧洲人之所以如此，也是先受困于其不利的生产环境，无法产出丰富的农业和手工业产品，只能选择从远距离跨国贸易开始，然后再逐步刺激国内贸易，直到很晚近才能发展出大规模的农业。

海上活动的远距离、不定时、长预期等特性使得整个社会发展出一套以谋求增殖利润为驱动力、以平衡普遍风险为润滑剂的运作模式，驱动着渴望改变现有命运的人们不断向外开拓，前往遥远而陌生的新大陆。整个世界由此而发生改变，新大陆和旧大陆上的文明被迫卷积在一起，以野蛮的方式完成了文明的升级。当年的葡萄牙就是这样的冒险家，通过掌握高超的航海技能，从偏居西方世界一隅的贫穷小国，在一个世纪里发展起来，实现主宰海上霸权的传奇历程①。

葡萄牙人在最初开始探索通向印度的新航道时，只是为了应对穆斯林世界统一后对所有香料贸易的垄断地位，却不想就此永久地摆脱了对传统陆上贸易通道的依赖，建立起以海洋贸易为主的全球经济体。一代又一代葡萄牙冒险家们，在国王和总督的支持下向海洋发起进攻，怀抱着在海外建立属于自己的殖民帝国梦，寻找着传说中非洲大陆上的基督教君王约翰，最终在印度洋上安插下一个又一个据点，重新形成海洋上的贸易垄断地位。

葡萄牙人是西方世界里第一个做成这件事的开拓者。沿着他们的足迹，西班牙、荷兰、英国和法国人纷纷效仿而来，潘多拉的魔盒就此打开。人们

---

① [英] 罗杰·克劳利：《征服者：葡萄牙帝国的崛起》，陆大鹏译，社会科学文献出版社，2016。

在获得对世界更加立体认识的同时，也彻底改变了角逐霸权的游戏规则。中亚地带的商路不再被人重视，原先那些繁华的西域都城莫名其妙地失去迷人魅力，逐渐成为荒漠中寂静的遗迹。新的商业帝国这次是将军队和商船投放在四通八达的航海线上，整个世界的重心被翻了个个儿。

与此同时，另一批冒险家则开启了继续向西探寻，打通连接香料与丝绸之路的征途。一代又一代的西班牙殖民者在哥伦布的指引下，来到了之前对欧亚大陆完全陌生的新大陆，通过枪炮和病菌彻底粉碎了原住民在几千年间建立起来的美洲文明。

这是一处独具特色的人类文明，本来有希望和欧亚大陆上的文明以更加平和的方式接触交流。没有人想到它会作为整个文明从根上被生生毁灭，更不会预知到它那悲惨的毁灭过程。如今，人们根据近年来人类学、考古学和人口学领域的最新进展，已经可以勾勒出在西方殖民者到来之前，这块美洲大陆自行发展的原生状态①。有越来越多的证据指向在哥伦布到达前，美洲人口的估计值能有一亿以上，大量原住民死于第一批欧洲殖民者携带来的像天花这样的传染病。疾病的传播范围会比之前人们认为的要广得多，而且疾病导致的生态崩溃进一步使得印第安人社会失去对环境的控制力，成为一个逐渐衰亡溃烂的世界。以至于在一两百年之后，当新的西方探险家、传教士和殖民者再抵达这里时，竟将这里当作一块渺无人烟的处女地了。

每一个有正义感的人都需要记住的是，被病菌和枪炮打败的印第安人，曾经在这块土地上自然和谐地生存了数万年。在隔绝于全球其他早期人类社会之外，能够独自创建出高度发达的文明，这本身就是文明多起源论的最好例证。遗憾的是，人们仅有的对他们的了解，都只能来源于令他们灭绝的敌

① ［美］查尔斯·曼恩：《1491：前哥伦布时代美洲启示录》，胡亦南译，中信出版社，2016。作者是美国《大西洋月刊》《科学》和《连线》等著名杂志的撰稿人。

人的描述。西班牙殖民者不但在肉体上消灭了这个族群，而且还有意识地销毁了美洲原住民在文化层面的遗存，使人们失去了人类历史上宝贵的另一份档案，以及文明间有可能展开的对话和启示。这就好像是在孩子出生时，从他身边永久地抽掉环境中的一种颜色，他将永远无法理解彩虹的美丽，带着一生的不解困惑下去。

这种困扰将一直持续下去，引发所有有良知学者的探索欲望，希望能理解新旧世界的人类会出现不同发展道路的背后原因。在从公元前 15000 年至公元 1500 年基本保持独自发展的美洲历史上，地理环境适应论所能提供的解释是①：在经度方向横向扩展的旧大陆和在纬度方向纵向扩展的新大陆，在与海洋带来的水汽接触时，分别会出现气候学上的季风现象和厄尔尼诺现象，这将导致美洲文明在应对自然环境挑战时，发展出的是更为松散的社会组织和粗放的生产方式。此外，美洲大陆广泛分布的致幻植物，能够更为普遍地带给原住民们神秘莫测的精神世界，这也非常有利于宗教组织的长期统治。这些因素加上外来的病菌和枪炮，决定了不远万里来到美洲，消除这里文明的是欧亚大陆最边缘、最贫穷的西方殖民者，而不是相反。

就这样，辽阔的海洋在阻隔人类文明分头多源发展几万年后，又充当起连接不同文明形态人群交流与对抗的工具。当从东非走出、分布于世界各地的人类族群重新聚首的时候，历史的进程就被拨动到了近代大航海时代。如此看来，错过的这一天迟早还是要到来的，只不过采用了更加激烈的方式。

① [英] 彼得·沃森：《大分离：旧大陆与新大陆的历史与人性》，孙艳萍译，格致出版社，2015。作者是英国著名文化史家、新闻记者和小说家。

17.5 全球贸易重塑世界面貌

大航海时代以来，全球经济一体化成为不可逆转的发展趋势。原先分布在世界各个角落里的经济元素在新生力量的组合与推动下产生更高频次、更大范围的关联。这股趋势很快席卷全球，顺其势者，纷纷从世界的边缘地带依次崛起，强力冲击着旧世界体系的格局；逆其势者，惶惶于各种新的局面蜂拥而至，被迫成为新兴势力主宰瓜分的资源和市场。

如今，全球经济一体化早已超出当初发动者自身的意志在加速进行。滚滚巨轮裹挟而来的走向让人们忘记了当年车轮启动时的位置与方向。如果能够从一开始就了解当今全球经济关联是如何建立起来的，则能更好地判断未来经济进一步聚合变化的走向。在这条大路径上，人们可以发现人口、商品和货币是最为关键的三要素，贸易则是让这三者发生关联并进一步调整分布状态的重要活动，这些因素在全球经济最初发生关联时的作用细节都值得细察深思。

贸易这件事情人类社会早已有之，中西方之间的贸易往来也始终不绝，近代以来更是成为一条主线串联起世界经济发展和变化中的关键因素①。不过，由贸易推动的世界经济发展其实充满了不确定性，每一项历史进程都在受到社会与文化因素的多重作用。今天看似定局的全球化并不是单单由西方推动发展的产物，但是15世纪出现于西欧的资本主义市场体制却彻底改变了贸易的意义。在除去了获取族群声望、用于宗教仪式和提升社会地位等传统社会中的意义之后，资本主义制度为其自身找到了只为获取利润最大化的终极目的。事态从此一发不可收拾，商机驱动着无数人加入进来，不断地发

① [美]彭慕兰、史蒂文·托皮克：《贸易打造的世界：1400年至今的社会、文化与世界经济》，黄中宪、吴莉苇译，上海人民出版社，2018。

现更多的市场，去创造更多的利润。

回头看来，当时资本所挑选的热门商品，如香料、糖、茶、咖啡和橡胶等，无不是在欧洲有着巨大利润的大宗奢侈商品，而且都具有相同的特点：非欧洲本土生产、原产地遥远、产量极小。商人们只要能够找到替代品打破垄断，就能拉低价格、获得暴利。于是西方殖民者先是找到通往印度的航线，绕开中间商直接采购货品；接着干脆占领原产地的岛屿和港口，赶走原住民掠夺物资；进而找到与原产地自然条件相近的殖民地，强迫黑人奴隶大面积种植同类产品。从此，欧洲人终于彻底改变了原先的贸易体系，将整个世界改造成高利润商品的生产车间、运输通道和消费市场。

可是在以朝贡体制参与国际贸易的中国眼中，与外邦交换货品只是为了体现天朝上国在政治与文化上的优势地位。只要这种意识形态不发生改变，贸易方式就不会发生改变，人们也只能推断出中华帝国的范围可能会随着人口的流动和文化的传播而继续扩大，但绝无可能自发产生新的资本主义生产方式。

但在当时，加速推进的全球经济互联进程不会停下来等待中华帝国。从15世纪开始，贸易活动越来越开始主导人口、商品和货币在全球范围内进行配置。

在人口流动方面，人们通常能想到的是大量西方殖民者携带坚船利炮出现在全球海岸线上。但与此同时，还有一幅更为波澜壮阔的华人在全球范围内发生大规模移民的历史图景。由于走私活动和朝贡贸易，大量域外的白银和铜钱流入内地，刺激起国内以丝绸为主的手工业和以茶叶为主的农业经济蓬勃发展。这虽然缓解了往常会对传统王朝统治带来冲击的人口增长压力，但也彻底动摇了中国传统社会的基础结构，“中国始于17世纪的大移民时代首先是一种国内现象,而朝向海外的移民只是一个次生现象”[①]。人口外溢于是成为不可避免的社会选择。

与西方殖民者不同，中国移民者以中华文化独特的方式离开故乡，走向全球各个角落，融入当地民间社会，给世界格局带来了深远影响。他们之中既可开疆辟土成为一方统治者，也会漂泊零落沦为被奴役的贱民，“华人”与周边的“他者”之间呈现出错综复杂的互动关系。假使没有后来的西方殖民者打破这一进程，人们可以想象出这很可能是中华文明再一次播散到更大范围蛮荒地带的华夷融合过程。

所以，人们不必局限于从经过近代和现代大量历史事件重塑后的中国视野出发，用本土经验的思维去回溯前近代问题，而是要能够不带民族国家偏见，打开具有全球性的而非地方性的视野，具备外部流动性的而非内部变迁式的研究思路。这样才能充分理解到，近代的全球经济关联不只有由西方民族国家强力推动的版本，还有一个虽被中途打断但早在16世纪时就曾广泛存在于中国海域周边的经济联合体版本。“中国史不能不包括海外华人史”，这些走出去的中国人所创造的历史，也应该属于中国史的范畴。

可是当时谁也不曾想到，这场全球贸易的大变局会因为一件最为普通的商品——衣服而改变，穿衣问题竟会成为带动全球化的头等重要大事。在18世纪中期之后，引领欧洲的工业化进程，开启全球化经济转型的是棉纺织品。转型后的惊人结果是，到19世纪早期，印度、中国和奥斯曼帝国这些老牌棉产国竟然转而成为欧洲棉纺织品的购买国，并且在接下来的两个世纪一直未能摆脱这种地位。这是一个来自亚洲的技术、美洲的棉花种植园和非洲的奴隶，如何在欧洲全新的组织关系——资本主义制度下，以空前的方

① [美]孔飞力:《他者中的华人：中国近现代移民史》，李明欢译，江苏人民出版社，2016。

式满足全球消费者穿衣需求的传奇故事[①]。

棉对于现代世界的意义在于，原棉作为一种低耗能、低成本、高利润、大体量的理想材料第一个被资本主义生产方式选中，棉纺织产业驱动的工业化成为第一个进入机械化的产业。有了这个产业基础，才会有之后的贸易和流通，才会驱动商船驶向世界各地开辟航线、建造港口，逐渐建立起以新兴商品为基石的“新全球体系”。在此之前，从公元 11 世纪至 18 世纪中期，世界上通行的是以印度为中心的旧棉纺织体系。这个体系是“离心”的，印度虽然是核心，是棉花栽培的发源地，但并不主导其他地区。而 18 世纪中期以后以欧洲西北部为中心的新棉纺织体系，在仿制了印度和中国的技术体系后，采用革命性的组织管理过程，成为后来居上的全球核心。这个体系是“向心”的，欧洲的棉纺织业终于成功地实现了对其他地区资源和利润的“剥削”。

与此同时，资本还看上了另外一种特殊商品——货币。过去人们通常使用的金属货币总量受限于金、银和铜等矿产，因而对这些金属矿产的开采、提炼和运输，也会对世界尤其是 19 世纪清王朝的经济产生至关重要的影响。比起人们通常认为的鸦片战争是传统中国由盛转衰转折点的观点，有学者认为，中国在鸦片战争前后因为拉丁美洲白银减产而出现的经济危机，比战争本身带来的影响更深[②]。

源自明代中期的财税改革养成了中国经济运转对白银很高的依赖度，但偏偏中国本土的白银产量很小，因此白银供给主要依靠从国外输入。全世界的商人都知道中国人最爱白银，以白银为货币的贸易成为中国与世界联系起

① [意]乔吉奥·列略：《棉的全球史》，刘媺译，上海人民出版社，2018。作者是英国华威大学全球史教授。

② 林满红：《银线：19 世纪的世界与中国》，詹庆华、林满红等译，江苏人民出版社，2011。作者是中国台湾“中央研究院”近代史研究所研究员。

来的纽带。但拉丁美洲在那段时间的白银出口量骤减，使得中国国内银贵钱贱，影响到了普通民众的日常生活，甚至几乎颠覆了清政府的统治。当然不能假设域外的白银可以继续源源不断流入中国为清政府续命，这一切的根源还是在于当时的中央政府根本没有意识建立起主权货币的管理机制。

全球贸易引发世界范围内的资源重新配置，在人口流动、商品生产和货币管理上都彻底颠覆了人们习来已久的传统观念，并由此动摇了那些还沉浸在旧日幻想里的老大帝国。但是历史也在告诉人们，主动发起者未必在一开始就有洞察全局的能力，被动承受者未必后来就没有翻盘获胜的机会。今天当一切的前因后果都摊在眼前时,细读过这段历史的人们终于可以放平心态，不必妄自菲薄，也不用再患得患失。大家自然可以接受世界被重组成了今天大家所熟悉的状态，但也不能忘记它曾具备的另外一种可能，以及这种可能还会以新的面貌重现于世的使命。

第 18 章　礼崩乐坏的现代世界体系

以俄国十月革命为标志，世界文明进入了现代史阶段。近代以来资本主义体系在全球范围内的普遍推广也催生出了它的掘墓人——社会主义组织方式。两种针锋相对的理念在这 100 多年里既有水火不容的对抗，也有相互交融的借鉴。不同的国家和民族因为各自特定的历史条件和因缘际会，纷纷选择了自认为是最正确的发展道路，成为实践和验证各自理念的真实样例，抑或说是试验品。一时之间，人类社会变成了永远无法复拟的巨大实验场，革命与战争、建设与发展这些主题成为不同理念拥护者们一展身手、一验真伪的修罗场。

如今虽硝烟散尽，可风波再起，人类发展又来到了新的历史关口，但呈现在世人面前的已经是被民族、国家、宗教、种族、性别和阶级上的各种不平等现象消磨得千疮百孔的破绸烂缎。怎么才能将其修整成原先光鲜亮丽的模样，重新恢复人类社会普天同庆的气象，是人们在痛定思痛后必须做出的艰难选择。

为此需先正视脚下所依赖之现代世界体系形成的前因后果，这毕竟是一个巨大的势场，是每个现代人赖以生存和行事的基本前提。且不管这个体系在形成过程中沾满了多少肇端人的罪恶，牺牲了多少无辜者的意志，但它也确实完成了今日世界之所以成立所必需的原始积累。这一切自然无须也不可能推倒重来，但是要细心辨识其中的原委来由，做到去伪存真。

尤其引人注目的是推动这一体系形成，并至今仍在国际间保持主导地位的英美体系国家。发家者隐藏在历史迷雾中的痕迹虽然已经被巧加遮掩，脱卸责任和自我拔高的理由也已找出千万条，但真相却仍逃脱不过历史学家的仔细推敲和后人的反复思考。更多历史事件的意义还在不断被历史学家们发掘出来，对此一话题的解说永远不会停歇，还远未达到题无剩义的程度。

与掌握了制海权的英美国家相比，现代以来在陆地上相继崛起又灭亡的强权们络绎不绝。大陆上的霸权似乎特别难以持续，以强大的军事力量制霸总是会遇上不知在哪里的隐形边界。没有触探到时总会认为自己可以继续扩张下去，可一旦越界要等待的命运就会是彻底的灰飞烟灭。分裂后的版图于是再次展开新的碰撞与融合，在混乱中孕育和寻找新的接替者。

驱使这一切运转的动力其实都来源于人类个体在从传统的等级关系体中抛离出来之后，置身于现代世界的汪洋大海之中，急切盼望能够找到新的归属认同感的需求。被精心包装起来的一个个民族国家，虽能承诺并做到为国内民众提供必要的安全保障，但各种寄生于彼的社会问题也都因此找到宿主，可以借助民族国家的旗号，伪装以爱国的名义展开无休止的缠斗。

在世界近代史中看到的由于在文字与国家上的差异，为刚刚融合于整个世界的人们带来的苦难，到了现代社会不但没有减弱，反而是愈演愈烈了。民族、国家、宗教、种族、性别和阶级上出现差异是人类社会走向更高层级文明的必然选择，但也是让他们背上诅咒的灾祸之源。人们没有理由让这些毒害人类机体的各种不平等问题继续困扰后世的子孙，而是要有责任开始主动地清除那些曾经让人们各自摆脱蒙昧但又在制造彼此隔阂的往日枷锁，为未来的大同世界创造更多的有利条件。

18.1 世界是怎么被组装起来的

进入现代以来，人类社会通过全球性的贸易活动空前紧密地联系在了一起，历史进程因而被大大加快了。世界不再是几块被高山、沙漠和海洋分割开来的孤立陆块，而是一整块彼此频繁交往、不断你争我斗的大舞台，世界终于就此成为一体。今天人们再回过头来看这套世界体系的形成过程时已经是眼花缭乱了，非常希望能够抽丝剥茧，厘清这团麻线当初纠结在一起的缘由①。同样有意义的是，弄明白现代世界体系的起源问题，才能够理解随后以民族国家名义行事的种种历史事件背后的原因，才能够找出重构这个世界体系，进而实现天下大同的根本方法。

寻找起源问题时总是千头万绪，但历史的真实进程发展脉络不会如剧作家安排的这般跳跃和巧合。人们需要建立起系统的思维，才能够涵盖近代历史各项重大事件，从线到面地以“大历史”的宏观视野来理解世界现代化发展的必然路径，从而关注起资本主义因素在刚兴起时对整个社会的经营组织变革产生的巨大作用，以及各国民族特性和文化背景差异对其产生不同影响的演变过程。

---

①［英］詹姆斯·伯克：《线：现代世界意外起源的双重轨迹》，张大川、王书锋译，上海科技教育出版社，2011。作者身兼广播人、作家、电视剧制作人和科学史研究者多重角色，找到了一种切入现代世界起源问题的奇特方式。他将发生于现实世界中的一系列看似没有关联的事件组合在一起，于混沌意外之中发现蛛丝马迹，从而揭示出现代世界的复杂性。本书介绍的 25 个故事分布在 1610 年到 1804 年近 200 年时间里，每个故事都是分别先从前现代世界的两个事件出发，各自串联起一系列历史事件，形成两条历史轨迹。作者利用强大的叙事技巧，在穿越时间和空间、从深度和广度两方面探索完每条轨迹的来龙去脉之后，最终展示出这两条轨迹如何出人意料地在人们所熟知的现代世界交会在一起时的奇妙效果。这种有趣的叙事尝试，不失为从芜杂历史空间中找寻规律的一种探索方式，赋予人们极为魔幻的阅读体验。

经济发展从来都不是独立的活动领域，而是“嵌合”在其所存在的社会和政治环境中[①]。因此，如果要从技术实现层面来分析资本主义的特性，最好是将其视为一种整体的组织和运动。以意大利、荷兰、英国、美国、日本、德国、法国和俄罗斯等国的社会转型过程为研究对象，人们在分析后便可发现[②]，“资本主义是一种经济的组织与制度，内中物品之生产与分配，以私人资本出面主持。大凡一个国家采取这种制度以扩充国民资本为当前主要任务之一，所以私人资本也在其政治生活中占有特殊的比重”。对于这样一种经济组织方式，“首先必须承认它有超越国界的技术性格，更要看清它的展开在世界各国有不同的时间表，于是它才能慢慢累积其成果。如此一来，资本主义才可视为一种绵延好几个世纪、至今尚未中断的全球性庞大组织与运动”。

有志于此的西方各国，在迈向此终极目标的演进运动中大概需要做三种努力。

第一，改组高层机构。需放弃君权神授，执行政教分离国策。这种措施将会促成现代政党政治及内阁制度。

第二，整顿低层机构。需改变封邑土地产权制度，逐渐消除在此基础上的佃农经济。

第三，重建高低层之间的联系。需公布权利清单，保障司法独立，摆脱习惯法，采取平衡法，使之更适应于商业体制。

简而言之，就是要让“各种经济因素公平而自由交换”。

而中国则“从未曾有过明确的‘有效率的私人财产权’”，因而也不会产生资本主义，“因为她志不在此。她不仅不能产生，而且一向无意于产生”。

---

① ［英］摩西·芬利：《古代经济》，黄洋译，商务印书馆，2021。

② ［美］黄仁宇：《资本主义与二十一世纪》，生活·读书·新知三联书店，2006。

资本主义这项系统性工程从一开始就迥然不同于中国自身内在的发展轨迹，更不可在某一偶然的技术革新中就找到发生产业革命的种子。人们需要从现代所有权体系和社会制度漫长的孕育过程中去思考现代经济增长的本质，回答西方世界兴起的原因。

不可否认，有效率的经济组织是经济增长的核心。因此，有学者就认为西欧崛起得益的就是经济制度组织的建立，尤其是产权制度[①]。当然，从无到有形成产权制度的成本相当高，要想迈过这个门槛必须满足特定的条件，即制度内在演变所需的激励能够由私人收益超过实行产权制度所需要的成本来获得保证，这时有效率的经济组织制度才会持续运转下去。论及提高私人收益、设立产权制度，在人类历史上能够完成这个艰巨任务的主体只能是政府。只有政府能够以较低的成本做到这点，而政府决定要创立怎样的经济制度则取决于它在现实中的财政需要。在古代，解决财政问题主要取决于如何利用土地和人口这两个要素，而西方世界从 9 世纪到 14 世纪的经济增长过程显示：当时的人口在不断增长，但土地相对稀缺，于是人们更愿意去荒凉的地方开拓新的土地。人口的不断迁徙造成了不同地域人口密集度的不同，从而变得有的地方适宜生产劳动密集型商品，有些地方适宜生产土地密集型商品，这样就带来了专业化与分工，出现了国际贸易的需求。

但到了 14 世纪，黑死病、饥荒和战争大幅度减少了欧洲的人口，原先在人口密集情况下发展出来的庄园经济变得特别需要人手。于是，庄园主，即所谓的终身产业持有人（freeholder）不得不想尽办法留住更多的佃农，即

① [美]道格拉斯·诺斯、罗伯特·托马斯：《西方世界的兴起》，厉以平、蔡磊译，华夏出版社，2009。诺斯是 1993 年诺贝尔经济学奖得主，他在本书中从制度经济学的角度，运用交易成本理论、公共产品理论以及所有权理论，对西方近代民族国家兴起这一课题进行了深入的学术探讨。

所谓的副本产业持有人（copyholder），佃农在宽松的政策下也享有了将土地遗传给后代的权利。庄园经济在经过层层租约掏空之后，终于走到了它的历史使命尽头，时刻准备释放出大量的自由劳动力。

与此同时，不断扩大的商贸活动使得保护个人财产的责任被交到了更强大政治实体的手上。国王们得到更多来自下层领主的赋税支持，开始有能力设立忠于自己的常备军。增强后的军事实力推动国王渴望进一步扩大自己的领地，因为这样就可以收取更多财税。金钱与权力成为一对共同长大的孪生兄弟，刺激着从15世纪到17世纪在欧洲政治版图上涌现出一个又一个不断扩张、合并、叛乱和战争的民族国家。最终能够生存并壮大下来的强国，都必然是在采用创新性的产权制度，能够更强有力地从市场收取财税的竞争胜利者。法国、西班牙、尼德兰和英国，大家各自的资源禀赋不同，因而也各显神通。直到工业革命前夜，从现代眼光来看，经济组织体系所必需的要素市场、商品市场、资本市场和知识产权体系都已纷纷具备，那时西方世界的崛起变得势不可当，似乎就等着某个契机呼之欲出了。

可是，如果想真正理解现代世界体系的形成过程，只了解西欧的一个地方和经济组织方式的一个因素是片面的，只听一个创业者事后讲述的完美奋斗故事也是远远不够的。在这个世界体系中，劳动力、资本和资源之间的不同集聚方式与竞争方式确实很重要。这种组织方式演进的结果也确实令现代资本主义体系最终脱颖而出。是它在驱动现代民族国家崛起，塑造国际地缘政治格局，点亮科技发展树释放出前所未有的生产力，最终完成了人类社会形态的向前更替。

但人们也绝不可忽视的是，这个世界体系存在所谓的发达核心地区，一直在通过各种经过复杂设计的经济交换手段，对更多的半边缘地区和边缘地区施行治理、驯化、剥削乃至压迫[①]。“这是一个以地球的空间并同时以地球上的人心为轴线的双重结构”，结构背后隐含的则是“文明－野蛮”的二元概念。这种貌似科学的文明发展理论试图将世界划分为从“文明”“开化”“蒙昧”到“野蛮”的几种不同等级体系，实际上是想将“进化史观所支持的人类发展的历史阶段转化为同一时间里处在不同空间的人群/社会的发展等级”，将“时间序列置换成了空间等级”[②]。于是，核心地区与边缘地区之间的对抗和转化不断地在历史舞台上演，推动着这个永不平等的世界体系渐次形成，直至最终覆盖到全球每个角落，达到它的顶点，同时也就成为崩塌的开始。

现今人们所理解的世界体系是在一个加长版的19世纪里逐渐演变成型

① [美]伊曼纽尔·沃勒斯坦：《现代世界体系》，郭方、夏继果、顾宁译，社会科学文献出版社，2013。作者被西方学术界称为“新马克思主义”代表人物。他在这部四卷本巨著中，将资本主义发展史作为整个世界体系的历史来研究，论述这个以资本主义为特征的世界体系产生和发展的演变过程，从而能够更加完整地回答这个问题。这本书的第一卷从16世纪开始讲起，介绍了现代世界体系早期的基本经济和政治制度情况。在第二卷中，沃勒斯坦并不将霍布斯鲍姆所谓的“17世纪普遍危机”看作欧洲经历的一场重新封建化过程，而只是接续16世纪经历扩张和收缩循环模式的一个例证。更为引人注目的是，列强之间争夺霸权的战争模式促使人类历史上第一次出现了世界性的经济体系，从而开启了新的时代。第三卷则叙述了从18世纪30年代至19世纪上半期，战争与革命所引发的一轮轮争霸赛裹挟起美洲、亚洲和非洲地区，使其被迫卷入现代世界体系，成为所谓的边缘区和半边缘区。在第四卷作者进一步探讨了从1789年到1914年这段时期，基于现代世界体系正在形成的地缘文化。这种文化由所谓“温和的自由主义”为中心所塑造，并在随后逐渐成为占据整个世界意识形态的主流思想，加深了现代世界体系在人类社会的政治、文化和经济各方面的影响。

② [美]刘禾：《世界秩序与文明等级：全球史研究的新路径》，生活·读书·新知三联书店，2016。作者是美国哥伦比亚大学比较文学与社会研究所所长、东亚系人文讲席终身教授。本书收录了多篇分析欧洲国家在19世纪至20世纪殖民扩张盛期建立世界秩序、形成文明等级观念的论文。

的，人类现代史由此拉开序幕①。谁都没料想到，原先静态的传统社会生活一旦被冲击开，便会在重新组合的过程中释放出惊人的能量。人口流动、生活水平、城市体系、边疆生态、帝国体制、国际战争、革命年代和民族国家这些新概念成为新世界居民必须要考虑的话题。无法再安分下来的他们像是被抛进了惊涛骇浪的小船，要么放松舵把任由历史的潮流将自己吞没，要么拼命地摇动船桨力争在下一个浪头前保持平衡。新问题总是不由分说地迎头而来。人们对能源利用、劳动解放、网络互联、社会分级、知识传播、种族争斗、宗教变革这些不同时代主题猝不及防地应对，同时也遗留下来更多新问题，就如同炽热的岩浆在喷涌出来后，逐渐冷却下来留给今天这个世界必须面对的基石。如果细心观察，人们也许还能听到岩石在咯吱咯吱收缩时发出的声音，看到在黑漆漆地面上腾起的热烟。

透过这些事无巨细的事件和主题，人们才能更加深刻地认识到发生在19世纪里所有变化的本质，在社会经济史层面抽象出这些巨变背后的矛盾，那就是：资本主义体系对经济的要求与民族国家社会对福利的追求，这两者之间存在着永恒的冲突②。自由放任的经济与政府干预的社会之间内在不可调和的矛盾，既推动了欧洲文明从前工业化时代转型到工业化社会，也预示了随后西方文明必然崩溃的命运。

---

①［德］于尔根·奥斯特哈默：《世界的演变：19世纪史》，强朝晖、刘风译，社会科学文献出版社，2016。本书的书名虽然说是19世纪，但实际上其内容覆盖了从1789年法国大革命爆发，到1914年第一次世界大战前夕的这段120多年的漫长时间。本书分近景、远景和主题三个角度，全景式地剖析了这段全人类都在经历历史性巨变的时代。由于此中蕴含的元素实在是太过于庞杂，以至于要在第一部内容中先用三章的篇幅来界定观察手段和感知时空。虽然这些观察到的景象合在一起未必等价于那个真实存在过的时代，但也已经是现在人们目力所及范围内，最为透彻了解脚下这个世界在刚刚成型时所有细节的教材了。

②［英］卡尔·波兰尼：《巨变：当代政治与经济的起源》，黄树民译，社会科学文献出版社，2013。

在思想界早已泛滥的自由主义经济理论解释不了这一切。因为，认真审视过世界近现代史后人们就会承认，历史上根本就没自发形成过放任自由的市场经济秩序。相反，这项变革是资本与政府的一场合谋之作。这也就回应了之前诺斯提出的观点。而且即便在所谓的自由市场经济秩序形成之后，它也一直需要有来自政府的外力才能维持其存在和运转。这一过程中最为重要的是人口、土地和货币三大生产要素，它们在资本的需求下出于增殖的目的被迫要完成虚拟化。但这就威胁到了真实世界社会的存在，为其自身体系的最后崩溃埋下了深深的隐患。

既然市场经济无法解决自己赖以生存的矛盾，出生于匈牙利的经济史学家波兰尼因而提出了他的社会主义方案，“社会主义是工业文明的内在倾向，这种倾向有意识地试图使市场从属于一个民主社会，从而超越自发调节的市场”。在这样的民主社会中，企业生产不以利润为终极目标，而是要像波兰尼所说的彻底转换价值坐标轴，以人的生存状况的改善作为企业目标。现代世界从此有了新的意义，向所有人打开了通往最终自由的大门，“这种新的自由是由工业社会向所有人提供的闲暇和保障所产生的。这样一个社会能够同时承担起公正和自由”。

生活在现代世界的人们，还是摆脱不了波兰尼所揭示出这些社会问题的困扰。而且有关这个世界体系的解释逻辑在遇到中国这个巨大存在时，也不免出现了难以回答的困境。人们终将不得不考虑中国在进入这个资本主义世界经济体系时的反应与作用。曾经作为世界中心的中国主动放弃海外贸易巨大利润，漠视域外海疆潜在空间的战略决策，并不能简简单单被归结为统治者的短视，而是自有其深层次原因。相反，中国努力在农业上精耕细作、在政治上维护大一统的特点，其实也都可以归结到其已经自成一套“世界帝国体系”这个终极原因之上。为了维护这个好不容易建立起来的政治单级中心，技术进步和贸易利润都不再重要。即便是在明代已经出现了代表个人觉醒意识的“心学”思想，也不会成为冲破中国版“世界帝国体系”束缚的决定性力量。在这套底层逻辑的支撑下，中国也绝无出现“资本主义萌芽”的事实和后续“生根发芽”的可能。

不过好在中国在经过艰苦卓绝的调整后，已经走在了正确的道路之上：既能享受现代世界经过高效组织后释放而出的巨大生产力，又能在本质上超越无序市场经济过度威胁人的生存所带来的困境。曾经因为教导人们毕其一生要重视家族亲缘价值、追求经世为学目标，而被认为无法诞生出资本主义萌芽的儒家文化缺陷，此时路转峰回，又成为开辟新局的中国式制度优势。自身无法孕育出资本主义，但并不代表着不能借鉴更高效的经济组织方式，移花接木也许会更枝繁叶茂。历史小姑娘就是这么调皮，总是在你四顾彷徨的时候绕到身后轻拍一下，给人以莫大的惊喜。

18.2 盎格鲁－撒克逊异军突起

人们可以从现代世界体系的形成过程中发现，这是一个由英美主导的国际格局。一个偏居在欧亚大陆西端的孤岛，在100多年里成功地孕育出工业革命，以极其低的国内变革成本自上而下构造出一套稳定的政治制度，支撑其打造出覆盖全球的日不落帝国。随后又在北美扫荡掉原住民部落，驱赶走早来的殖民者同行，建立起一个能继承母国基因和文化的崭新国家。

究竟是什么因素让盎格鲁－撒克逊人有如此显著的成果，使得即便是他们的近亲，如德意志和法兰西人，也只能随后再在其体系内均沾些雨露？有关于此的研究众说纷纭、疑点重重。领先者可能也并不愿意将自己早年间发现的金钥匙轻易地公之于众，但又觉得有必要找出若干条独特性以证明自己的天赋异禀和理所应当。于是后来者就只好在各种信息迷雾中自行穿梭，努力发现些蛛丝马迹，也许能另辟蹊径，铺就一条成功之道。

如果把这条道路再向前追溯些的话，人们会发现荷兰是这套体系更早的开创者，也许他们能解释那最为激动人心的工业革命首先发生在欧洲西端的原因。在建立起有关中世纪的知识经济和人力资本的数据模型，并与同期具备发展潜力的其他地区进行对比后，有学者发现：让西欧能够脱颖而出的“工业革命不是突然发生的,而是经济增长和结构转型过程的结果”。支持这一观点的证据来自数据模型,因为“自中世纪晚期以来,西欧在制度、人力资本形成以及经济绩效三个方面都具有突出的表现”，这些优异成绩都表明了“中世纪晚期和近代早期阶段是通向‘腾飞’的工业革命的一条‘漫长的跑道’”①。

想要站上这条跑道的长跑运动员们必须完成各种热身运动和训练任务：国家投入资金进行基础科学研究，有天赋的个人负责发展钻研科学研究的兴趣；企业投资于应用技术开发，并不断创造出新的产品，进入新的行业，拓展新的市场，从市场中获利以维持不断创新的增长机制；国家补贴保护弱势的民族产业，发起技术升级换代，再推动下一代“工业革命”的诞生。由此人类社会找到了一条由只能通过迁移、战乱来化解人口危机的传统经济，过渡到可以通过持续的科学发现和技术创新进行优化控制，并且还能加速增长的新经济形态的转型之路。

可是这么美好的一条充满蜜糖的田间小径究竟是怎么被英国人最早发现的呢，他们怎么就那么恰好在屋里发现小熊的那碗不烫不冷的麦片粥呢？有经济史领域的学者认为，这是英国在成功地应对了从 17 世纪到 18 世纪一系列全球化经济挑战之后自然获得的奖赏②。与同期其他国家相比，英国具有

① ［荷兰］扬·卢滕·范赞登：《通往工业革命的漫长道路：全球视野下的欧洲经济，1000—1800 年》，隋福民译，浙江大学出版社，2016。作者是荷兰乌得勒支大学经济史教授。
② ［英］罗伯特·艾伦：《近代英国工业革命揭秘：放眼全球的深度透视》，毛立坤译，浙江大学出版社，2012。作者是英国牛津大学经济史教授。

诸多优势，如高工资水平、低煤炭价格、充足的资本和高素质的人力。万事俱备，东风来配。因此，像蒸汽机、纺纱机以及用煤代替木材作为燃料的焦炉冶铁技术，这些标志着第一次工业革命诞生的发明成果也都无一例外地在英国最先出现。是英国特有的以高工资为主要特征的经济模式，让更多人有机会接受充足的学校教育和职业培训。这些在知识和技能体系上的优势终将转化为经济产业在新发明创造上的成果，体现为成规模增长的经济效益。当这个正向反馈建立起来之后，更大范围的工业革命继续扩展到西欧其他国家，并对全世界产生影响。

政治家则不会满足于这些学理层面上的优势，他们会将英语民族的成功归结于其在精神世界秉持的自由价值观[①]。英伦小岛上的民众据说是因为各种机缘巧合偶然发现了这项弥足珍贵的观念，并在此基础上开创出契约精神，从而推动工业化和现代资本主义的过程。这个民族由此显得那么与众不同：他们首先在自己的小岛上创制出了颇为精妙的既能激励生产又会保护弱小的契约制度，然后经由英语族群的先驱们筚路蓝缕地带着坚贞信念，一路漂洋过海来到新大陆，将此精神种子播撒在未经开垦的处女大地上，融汇于开天辟地的美国宪法中。

在这所谓自由传统的核心价值中，首要的基石是“个人自治”原则：个人所有要受到私有财产权和契约的保护；个人权利可以部分让渡于集体，但必须经由“代议制”选出的代表来决策，并向民众负责；决策由惯例而成法律，但必须在“法治”原则下成为个人保护自我的机制，而不是政府统治民众的工具。这三项原则层层递进、步步加深，塑造了盎格鲁 - 撒克逊体系领先全球的制度优势，成为现代英语国家崛起的制胜法宝。

---

① [英] 丹尼尔·汉南：《自由的基因：我们现代世界的由来》，徐爽译，广西师范大学出版社，2015。作者毕业于英国牛津大学。

确实，现代世界的诞生带有非常鲜明的英语国家特色。这不但反映在其发端于欧洲大陆的西部边缘角落——英国，更被再次证明于其在新大陆的东部边缘角落又能得到继续发扬光大。而能够将这两者连接在一起的，便是之前在人类历史上完全不曾留下笔墨的大西洋。这次对大西洋的跨越让两岸的制度优势得以愈加彰显，是英语民族的再生之旅让其成功具有了可复制性[①]。连接一方面让美国人可以在进步改革年代里借鉴欧洲的古老智慧，早早地避开曾经在欧洲社会引发激烈变革的不成熟政策，“寻找切实可行的措施来缓解经济改革过程中的紧张关系”；另一方面无限广袤的美洲大陆也为摆脱传统制度桎梏的开拓者提供了让资本主义得以焕发新生的机遇，丰富的资源足以支撑创新者们对新技术、新发明的追求。这样的制度优势确实在人类历史上绝无仅有，英语系民族抓住了这次机会，在短短几十年里实现了技术的突飞猛进、经济的迅速增长和文化的彻底革新，在劳工保障、社会保险、城市规划、市政服务、食品药品安全、农村合作、公共卫生和城市住房改革等关系民生的社会政策尝试中为全世界树立了全新的榜样。

当然，收获也是巨大的。经过两次世界大战的洗礼，古老的欧洲愈发疲惫不堪，大西洋的地位愈加凸显，成为驱动新世界发展的动力源泉。北大西洋公约组织更是在冷战之后成为这个世界上最为强大的军事集团。如果说彬彬有礼的学者还是在试图凸显以大西洋为纽带的改革故事，努力将美国的社会政治问题放到同期欧洲社会政治动荡的大背景中观察，希望为令人沮丧的社会改革方案提供启示与借鉴，那么有官方背景的研究者在面对这个问题的时候就更不加遮掩了。英国和它的继承者美国在过去 300 年里建立起一整套

---

① [美]丹尼尔·T. 罗杰斯：《大西洋的跨越：进步时代的社会政治》，吴万伟译，译林出版社，2011。作者是美国普林斯顿大学历史系教授。他在书中构建起了现代世界形成期的社会进步叙事，其视野不仅在大西洋，而且涉及澳大利亚和新西兰，这其实就是一部英语系国家的崛起史。

成功的政治、权力、投资和贸易全球体系，它们次第崛起的辉煌历史被认为是基督教与资本主义在全球范围的胜利，现代国际秩序的形成过程也可被简化为英语民族之间的接力赛。暴发户们毫不掩饰胜利者的心态，以漫不经心的口吻告诉世人，虽然“这样说粗俗得不可原谅，但在三百多年的战争中，英语国家确实常胜不败”①。

可是，300 年时间在人类历史发展的长河里不过是沧海一粟。不知他们何以而来的信心，仅凭借这放在中国历史中只有一个朝代时间段的优势，就能得出英美方案的绝对正确性来。在人类有史以来 5000 多年的文明历程中，如果以 300 年为一个学期来看，人类也才不过完成 18 个学期，刚刚上到初中三年级而已。有名插班生在初三的考试成绩优异，可小学六年一直发挥稳定的学习委员，虽然上了初二以后在新开的物理、化学课上没跟上，但也很快通过补课把成绩提上来了。更何况接下来大家还会继续面临升高中、考大学、读硕读博的挑战，眼下初三的几次月考成绩又能说明什么呢？

然而这种傲慢的态度对于同时对英美体系抱有追赶和钦慕心态的我们来说，却又不啻为一剂重要的清醒剂。既然中华文明自身也有世俗化的类似亚伯拉罕的信仰故事，也能有信心自如收放对资本的种种管束和激励，那么通过几百年的努力学习并赶超英美体系也并不是那么遥不可及的事情。只是学我者生、似我者死的规律已经在世界范围内摧毁过无数期盼成为金发姑娘的小红帽们的希望了。中华文明还是必须通过自身的努力，才能找到另外一条通过黑暗森林的小路。

---

① [美]沃尔特·拉塞尔·米德：《上帝与黄金：英国、美国与现代世界的形成》，涂怡超、罗怡清译，社会科学文献出版社，2014。作者曾任美国外交关系委员会高级研究员。

18.3 欧陆强权此起彼伏兴亡

在现代英美体系海权国家崛起的背后，映衬着的是一个个欧陆强权国家的兴亡。奥匈帝国、德意志帝国、纳粹德国和苏维埃联盟，分别在欧洲大陆上组建并开拓出覆盖疆域广大、包含民族众多的强权体制。当国势强盛时，亿万民众被各个历史时期不同的名号统一在一起，或是皇帝，或是元首，或是领袖。当国力衰微时，旧帝国的遗体很快又成为孕育新强权的母体，帝国的幽灵从来没有死去，只是不断地在选择附身的肉体。20 世纪世界范围内的三场大战—— 一战、二战和冷战，让这些强权爬起又倒下。但兴亡的轮回并不是简单的更替，兴亡的背后有哪些规律，是值得人们从这些强权成败历程中学习总结的。

首先倒下的就是那个曾经声名赫赫的长命皇朝——哈布斯堡王朝[①]。它的名号在欧洲大陆上可谓是强盛和辉煌的同义词，过去曾抵御住土耳其人发动的异教攻势，守护住欧洲的基督教文明；在反法同盟中扮演着关键角色，带领封建君主们从拿破仑的枪口下重获新生。但到了 19 世纪，整个世界的重心已经转向海洋，这块深处欧洲内陆的传统帝国终究还是成为第一张倒下的多米诺骨牌。

历史的可叹之处在于当事人的全然不知。已经身处民族国家纷争的前夜，这个以多民族共处著称的帝国却不甚清楚自己的危险；为求得一时的缓和，向国内第二大族群的匈牙利人开出优惠条件，却引起其他弱小民族的连锁反应；迷信主体民众同是德意志民族的德国武力，自不量力地用已经过时

① ［美］杰弗里·瓦夫罗：《哈布斯堡的灭亡：第一次世界大战的爆发和奥匈帝国的解体》，黄中宪译，社会科学文献出版社，2016。作者是美国北德州大学军事史中心主任。本书采用详细资料，从当事人奥匈帝国的视角讲述一战的历程，试图解释这个帝国为什么会挑起那场让自己覆亡的战争，从而彻底改变世界史的走向。

的军事体制在欧洲两线作战；战争机器开动起来后并没有可以踩下刹车的阀门，原先生活优渥的贵族男子们被成批送上前线成为炮灰。原先繁华富庶的欧洲大陆涤荡尽了过去 300 年间积攒的物质财富和贵族阶层。直至战争以莫名其妙的方式结束，人们也不清楚在过去几年里究竟是为了什么而战。

不过只有它轰然倒下，才有机会引发随后的一系列变局。战后旧帝国的尸体被摆上手术台上任人展示和分割的场面展现在了 1919 年巴黎的世人面前。在中国人心中永远难以忘怀的巴黎和会，在当时是一场盛大而漫长的筵席。各国政要们在这里举办沙龙、观看戏剧、交朋结友，觥筹交错之际一纸纸条约被拟定下来，一个个新的国家和组织被商定出来[①]。在从 1 月到 6 月的半年时间里，整个世界的目光都投向这里，希望从和会上预先知道有关未来的答案。

战场上未能赢得的成果，从来不可能在谈判桌上拿到。于是德国人绝望了，俄国人放弃了，中国人愤怒了，阿拉伯人受挫了，就连犹太人也迷失了。即便这些都是必然要承受的苦果，但战场上赢得的成果，也未必能从谈判桌上拿回。巴黎和会的另一面呈现出的却是日本人的心有不甘，法国人的仇意难平，美国人的无可奈何，英国人的鞭长莫及。博弈之后竟然都是输家，这可能是历经战争劫余的幸存者们没有想到的事实。其原因也许在于，生长于旧时代的政要们还在用过时的思路解决新生世界的问题。诞生于威斯特伐利亚时代的外交机制早已不能处理日益复杂的全球性危机。民族国家这套概念，以及建立在其基础上的均衡外交理论，在遇到一个综合体现了阶级、宗教、文化等巨大差异的全球体系时，已经越来越显示出其很难适应的症状。美国总统威尔逊、英国首相劳合・乔治和法国总理克里孟梭这三位巨头，彼时确

---

① [英]玛格丽特·麦克米兰.《大国的博弈：改变世界的一百八十天》，荣慧、刘彦汝译，重庆出版社，2006。作者是英国牛津大学教授。

在精心地为他们的后代设计一个永久和平的框架，可事实上却是在这 180 天内反复勘察地点后，为整个人类埋下一枚巨大的定时炸弹。

失败的和会只会制造出更多的仇恨、偏见与敌对，并且终于在十几年后催生出更为恐怖和强大的欧陆霸权——纳粹德国。它的接生者希特勒那时还正在旧帝国中心的街头流浪，名不见经传。他曾经只是一位希望在维也纳实现绘画梦想的文艺青年，后来也不过是一名在德军战壕险些成为炮灰的陆军下士。然而时势造英雄，短短几年间，他便在纷乱的时局中展露出过人的政治才华，一举攫取德国总理宝座，进而成为第三帝国的国家元首①。

不过，在从无名之卒走向国家元首的崎岖道路上，希特勒表现得首先更像是现代政治语境中的左派人士。他要扫除的是当时在魏玛共和国当政的保守势力。希特勒所代表的广大民众认为是这些腐朽的精英阶层因为自私和怯懦而葬送了德国的利益，可耻地输掉了本该属于德国的未来。为了巩固这个政治基本盘，国家社会党在争权的过程中，理所当然首先要做的就是排挤掉有可能和他同样争取底层民众的共产党，抢过工人运动的大旗了。其次，作为德国人的哈夫纳敏锐地意识到希特勒并不是一个真正意义上的德国政治家，甚至都不能算是一个德国公民。他是在即将接近德国国家权力的顶峰时才刚刚完成了国籍的确认。从某种意义上说，是一个会说德语的外国人，搭上民族国家形成过程的末班车，窃取了德意志这个当时还面临认同危机的国家机器，在对其改造后冲向毁灭的过程中，去完成他个人的终极目标。在希特勒心中，没有对德意志民族的热爱，有的只是在需要时的煽风点火和废弃时的羞辱咒骂。这种解读能够合理地解释希特勒在其一生中无数次于历史关头做出令正常人疑惑不解的决定的缘由。

---

① ［德］塞巴斯蒂安·哈夫纳：《解读希特勒》，景德祥译，译林出版社，2016。作者是德国著名政治评论家与历史学家，他在书中没有简单地将希特勒的行为和思想做妖魔化处理，而是将其代入具体的历史环境来考察。

回到政治现实层面，当人们充分了解希特勒的个人生活史、纳粹党派的兴起渊源和掌权过程、德国政治势力的钩心斗角，以及西方各国的外交内幕后①，就能够跳出常有的以若干重大历史事件转折点为知识架构的叙事范式，在人性的层面上理解到：人类社会进入现代以来，民族国家这种组织机制在经过内部权力的组合与放大后，将会释放出多么可怕的力量。这是一条完全合法的路径，可以从一名外籍失业军人出发，最终将国家机器的权力改造后集于一手。在传统的贵族宫廷式国家，这条发迹之路是完全不可想象的，但在现代民族国家的政党代议制体系里又是完全可能的，只是希特勒阴错阳差、先人一步地发现了这条蹊径而已。不需要通过激进的大革命，希特勒实验成功了通过组建代表广大“民众”的政党，培育政府之外充当警察职能的武装组织，利用对手的野心和弱点展开表面合法的议会斗争，逐渐收编党政军体系的所有权力，最终在近乎全体的支持率下成为国家元首的升级之路。当然，也是这近乎奇迹般的成功，让希特勒拥有了将整个国家交付到手上的力量去毁灭整个人类命运的信心和支持。这就好像在草原上追逐打闹的孩童突然发现一盒火柴，玩弄于手掌间时擦燃一支，瞬间一片火海。

好在第二次世界大战终于结束，彻底浇灭了德国作为欧陆强权幽灵可能复活躯体的火苗。但这个幽灵很快又找到了新的肉身——苏联。在接下来的几十年里，苏联成功地控制了欧洲的绝大部分领土，建立起更加完善的强权体制。对于这样的体制，战争已经无法攻克它。20世纪末的结果证明，是冷战潮水的不断侵蚀，是来自上层精英自己的革命，才能让苏联体制走向

---

①［美］威廉·夏伊勒：《第三帝国的兴亡：纳粹德国史》，董乐山等译，译林出版社，2020。作者是美国作家、记者、历史学家。本书特点在于作者亲身经历的新闻视角和引人入胜的出色文笔。

终结[①]。真正灭亡这个国家的不是内部的经济困境，也不是外部的政治压力，而正是这个体制自己所精心培养出的上层精英。

这个体制能够创造出大量的财富，而且上层精英也能在财富的分配机制中取得先机。但如何将已经占有的财富归属到个人，并传递给自己的后代，在苏联体制下却成了至关重要的问题。体制内的官僚们经过数代人的实践思考发现，只有将整个体制转向西化，在完全放任的自由经济体系下将特权转移成资本，才是保证家族持续控制社会财富的最好方式。就这样，即便如苏维埃这个曾经钢铁般坚强的意识形态，也还是向资本对社会资源的组织方式低下了高贵的头颅，照其行事。

如果说奥匈帝国是在不知情的情况下被民族国家的大浪冲击得土崩瓦解，纳粹德国是在借助民族国家的巨大力量于膨胀后自我毁灭，苏维埃联盟是在用意识形态改造民族国家后仍然无法抵御资本潮水的侵蚀腐锈，那么近100多年来欧陆强权在英美以资本立国威势的颠覆下始终处于不断整合但又终将落败的颓势。回到这个现代世界体系形成时的缘由，是资本打开了人类社会组织的潘多拉盒子，释放出来巨大的能量，人们得以以民族国家的名义重新组织到了一起。那么由此看来，欧陆强权们的努力在资本面前，要么是无力招架，要么是飞蛾扑火，要么是欲拒还迎，始终无法给出终极可行的解决方案。欧洲大陆上的民众，也不幸成为两次世界大战的受害者，成为各种社会政治制度的受试者。

所以，不解开民族国家冲突的根本矛盾，弥合民众所受冲突苦难的伤痛，全球无法实现真正和平，世界难以趋向永久大同。

---

① [美] 大卫·科兹、弗雷德·威尔：《来自上层的革命——苏联体制的终结》，曹荣湘、孟鸣歧等译，中国人民大学出版社，2008。两位作者分别是美国马萨诸塞州立大学经济学教授和加拿大著名记者。

18.4 放出魔瓶的民族国家幽灵

资本主义借助民族国家的概念重新塑造世界体系，在这一过程中还是从荷兰、英国到美国的海权国家在世界范围内主导权力分配，抑或是一个又一个欧陆强权不断地在试图将多个民族实体装进一个大框架后再分裂开，从威斯特伐利亚体系中诞生出的民族国家成为现代世界的基本组成元素和行动主体，彻底改变了世界历史发展进程和政治面貌。与民族国家相伴生的两大主题是战争与革命，这些词语好像对于现代史来说已经习以为常了，可是进入现代世界范围内为什么会出现战争，为什么会爆发革命？在战争与革命中为什么会产生国际外交，人们需要怎样的外交？战争、革命与外交，是深入理解现代世界民族国家冲突的三把钥匙。

这一切还是得先从中世纪一直延伸到现代早期的欧洲国家建设进程说起。有学者认为这是在18世纪下半叶时，整个欧洲大陆的政权和国家基础结构发生了根本性变革而出现的变革，可以用地方政府组织形态和地缘竞争军事压力这两个重要因素来解释这些变化的原因①。不同的政治制度路径起点和事件发展时间序列导致了在法国大革命之前那段时期形成的欧洲现代国家走向了不同的发展路径。如果按照世袭/官僚和绝对/宪政两个维度划分，国家的政治体制具体来说可以分为四种类型：世袭绝对主义（典型代表是拉丁语系国家）、官僚宪政主义（典型代表是英国）、官僚绝对主义（典型代表是德国）和世袭宪政主义（典型代表是匈牙利）。需要强调的一点是，这里

① [美]托马斯·埃特曼：《利维坦的诞生：中世纪及现代早期欧洲的国家与政权建设》，郭台辉译，上海人民出版社，2010。作者是美国纽约大学社会学系副教授。书中的主要内容基于作者在哈佛大学社会学系所做的博士论文，原本是要"分析14世纪—1789年间英国、法国、西班牙、普鲁士等国的连绵战争对管理方法、财政状况和军事组织所造成的冲击"，寻求面临近现代国家体制日益强劲发展的应对之策。

的绝对主义（absolutism）和人们平常熟悉的专制主义（despotism）在学术领域还是有一些区别的。前者特指西欧君主制国家的政治体制，后者通常用来描述东方亚洲君主制国家。埃特曼认为，只有以英国为代表的官僚宪政主义才是正确的发展道路，因为这种模式兼顾了地方政府积极参与和中央政府强势主导两方面的正向作用，可以促进全社会的广泛联合，从而抵制权力寻租对国家制度的破坏。

姑且不论将某种国家制度判为最优解是否能得到公认，埃特曼的回答里并没有给出已经形成不同模式的现代国家之间该如何相处的答案。在这种情况下就率先认为自己已经先人一步找到真理，这本身就是一种非常危险的态度。政治学领域的学者独具慧眼，早就看出了在这些利维坦之上并没有更高层次的权威震慑。所有大国毫无例外都是损人利己、追逐权力的个体，竞相希望成为支配性国家。在此过程中大国之间必然产生冲突，这就是大国政治的悲剧宿命[①]。

在有关这场争斗原因和目的的看法上，汉斯·摩根索与肯尼思·华尔兹这两位在国际关系领域的现实主义理论方面具有划时代贡献的大师级学者观点相异：前者认为原因在于国家内在的生存需求，目的是获得最终的霸权；后者则认为原因存在于国家间的外部结构，目的是保持国际体系的相互平衡即可。米尔斯海默因而进一步提出了他所谓的“进攻性现实主义”观点，认为国家既不是出于内在对权力的渴望意志去争夺霸权，也不会满足于仅保持适合自身能力的权力大小，而是会更具有“进攻性”，出于对国际间无政府状态的不安，不断争夺一切能够获取的权力。

该理论必须有五步相辅相成的基本假设作为支撑：一、国际社会处于无

---

① ［美］约翰·米尔斯海默：《大国政治的悲剧》，王义桅、唐小松译，上海人民出版社，2014。作者是美国芝加哥大学政治学教授。他在书中回顾了汉斯·摩根索与肯尼思·华尔兹的观点，将其映射在对两个基本问题的回答上：争斗的原因和目的。

序的无政府状态；二、拥有进攻性军事力量的大国，掌握对其他国家构成伤害和破坏的能力，会对他者造成潜在的危险；三、国家之间永远不可能明确了解相互的真正意图；四、国家的首要目标是维持自己的生存；五、国家了解外部环境风险，能够对如何生存下去做出理性的判断。这其实就是“黑暗森林”策略的理论升级版，在这五个假设都成立的情况下，每个大国都会主动采取针对其他国家的进攻行为，并相信别国也会如此行事，这将是最为合理的博弈策略。这将导致每个大国都会极力扩大自己手中的权力，直至其中一个在全局范围内达到最大值，也就是霸主的地位。

在这种论调之下，只要国际体系处于无政府状态，国家之间不进行力量竞争的真正和平就不会存在。“截至20世纪，战争，以及在战争及和平时期围绕现在或未来的战争而进行的远不限于军事领域的各种规划、动员、汲取和竞争，大体一直是各主要国家政治生活的核心内容，也作为一种原动力塑造了人类的物质、精神和制度空间。”① 每个大国自成立初始就被无情地抛上了竞技场，不是在试图成为霸主的道路上，就是彻底笼罩在霸权的阴影下。而且依照这个理论，霸权争夺战争在多极体系中比在两极体系中更容易爆发。因为在多级体系中，潜在参与冲突的国家越多，权力不平衡状态就更严重，国家之间误算彼此实力差距和意图的可能性就越大。而在双极体系中，两方阵营意图磊落清晰，对方实力可以简单加和，反而更不容易出现突发的战略误判和频繁的实力赶超。结果在面向21世纪的大国政治进行点评和预测时，

① 梅然：《战争、帝国与国际政治变迁》，山西人民出版社，2017。作者是北京大学国际政治学副教授。他希望能够抛开国际政治理论的约束，从历史的角度“更直观、真切和近距离地去感受现实世界”，在书中娓娓道来其对国家间围绕战争与和平这两个主题进行竞争与合作策略的看法。书中的首尾两篇内容分别介绍了中国、欧洲乃至世界范围内形成政治、军事格局的成因与选择，中间的三篇内容则主要集中论述一战和二战中德国与日本的战争策略、做出得失评价。在这些偏于个人感悟体验的叙述之上，人们可以更加心态平和地回顾近现代以来在民族国家名义下展开的历史脉络。

愈将趋向世界多级格局中的中国毫无悬念地被视为对现有霸主美国的最大威胁。

作为民族国家，对外面临着残酷的战争风险，对内还必须时时处理巨大的社会危机，稍有不慎就有可能酿成重大的革命危机。人们通常都会认为，重大的革命事件都是社会矛盾积累到一定程度之后，在多重危机共同作用下爆发的结果。其中，人口压力作为一个独立变量对物价等经济发展状况造成影响的作用非常重要[①]。而危机产生的逻辑在于，物价会影响政府的财政收入，削弱政权的合法性；变动后的物价在社会各阶层产生不同的影响，从而加速贫富差距，形成社会阶层割裂；越来越多的底层民众意识到阶层固化，就容易在政治鼓动下爆发出强烈的社会动荡能量，革命于是发生。因此，在这个过程中能否通过有效的社会流动调整精英阶层的分布就变得非常重要了。人口增长在这里再一次作为关键的独立变量，通过影响家庭规模和家庭内部资源分配来对抗由于物价变化而产生的社会压力。如果中产阶级家庭也开始在经济上破产，在政治上失去向上发展的通道，就必将向社会释放出大量新的底层民众，他们将成为革命爆发的导火索和助燃剂。

于是，人口增长在“革命与反抗”理论中具有极为重要的地位，马尔萨斯的人口陷阱是让早期现代国家无法逃离“崩溃—稳定”的循环宿命的关键所在。然而似乎唯有产生于西方世界的资本主义制度才能解救人类社会，在人口增长的同时通过工业革命释放出的巨大生产力，拉住革命疾驰的缰绳。

---

① [美]杰克·A. 戈德斯通:《早期现代世界的革命与反抗》，章延杰、黄立志、章璇译，上海人民出版社，2013。作者是美国乔治·梅森大学公共政策学院讲座教授，他分析了近现代以来发生在英国、法国、奥斯曼帝国、清帝国和日本的那些重大革命，在本书中构建了一个能解释国家崩溃现象的危机发生模型，试图从逻辑路径上解释当政治、经济和社会制度在有限的资源条件下难以适应人口增长的沉重压力时，革命与反抗就会产生的过程。

可这就又是限于欧美国家革命案例得出的简单结论，只有当人们将视野转向更多其他国家时，才可能会有更为公允的答案。也并没有一个简单的内部独立变量就能解释所有现象，人们需要详细考察每个国家所处的国际环境和历史背景对其国内政治冲突的重要影响作用。

以当年发生在法国、俄国和中国的政治危机为例，人们若是观察这三场革命案例的起因与结果，就会发现它们之间非常类似[①]。在起因方面，三个国家里都有一个面临巨大外部压力的政府，需要同时应对国内掌握土地、阻挠变革的支配阶级和有可能被组织起来参与反叛的农民阶层，政权合法性受到严峻挑战，国家陷入严重的政治危机之中。政府于是处于极为危险而尴尬的局面：拒绝改变现状只会让情形继续恶化下去，可开启变革又会促发不可预料的连锁反应。这就导致革命往往发生于统治阶层刚刚开始启动变革的那段时间，老房子猝不及防的倒塌会让所有人都惊呆。革命者并不是这场胜利的幕后导演，真实的情况是当旧秩序崩塌之后，人们在震惊之余理所当然地将重建的接力棒交给他们而已。因此在革命后重建的新生政权往往会比原有的旧政权更加集权，更加让普通人难以承受。这样的逻辑链条更加合理一些，也能因此解释世界范围内更多国家革命的演变模式，干脆推倒了那根通过政府自上而下施行改革来完成现代化的路标，转而指示出通过民众自下而上暴力革命重新扭转到现代化建设道路上的方向。

可战争与革命的破坏力是巨大的，人类自进入民族国家林立时代以来经

① [美]西达·斯考切波：《国家与社会革命：对法国、俄国和中国的比较分析》，何俊志、王学东译，上海人民出版社，2007。作者是美国哈佛大学政治社会学教授，马斯·埃特曼的导师。她在书中选取了三个更具代表性的国家和社会革命的著名案例：从1787年到19世纪初期的法国革命、从1917年到20世纪30年代的俄国革命和从1911年到20世纪60年代的中国革命，试图从国家结构、国际力量和阶级关系这三种要素如何结合在一起作用的角度，解释社会革命转型的起源与价值。

历了太多的暴力冲突，由宪政而立的国家与经过革命的国家更是充满不可调和的对抗。国家之间在此过程中逐渐摸索出一套解决国与国之间关系的外交谋略，现代外交理论其实就来源于欧洲国家之间尔虞我诈交锋之后的经验总结。自 17 世纪法国主教黎塞留开创“国家至上”的现实主义外交政策以来，纵横捭阖于世界政坛的外交家们无一不是将国际间的争端看作奉行国家利益至上原则更大的竞技场。但由于国家存在强弱之分，而且永远处于不断变动的状态，与其竭力追求国力第一，不如在平衡各国内在利益的情况下保持均势，这似乎是一件成本最低且各方均可接受的最佳方案。随后将此项策略发挥到极致的是纵横欧陆的铁血宰相俾斯麦，以至于在他去世后竟无人能继承其开创的欧洲各国均势局面。为此，心有戚戚焉的基辛格评论道：“俾斯麦的遗憾是他的能力超出社会可接受的程度，他留给德国的是难以企及的丰功伟业。”①

不过，在这位西方最顶级的战略家看来，冷战结束后 20 世纪末的国际形势又回到了“在五六个大国以及许多小国参加在其中的国际体制上，就和过去数世纪一样，必须借由调和、均衡各自竞争的国家利益，去建立秩序”的局面，只是在这里面却又加入了一个新的玩家。老列强们擦亮眼睛终将不可忽视的是，“在所有的大国或潜在的大国中，中国的声势最盛”②。

在滚滚而去的 20 世纪里，发生在现代世界框架下的革命、战争与外交格外引人注目。但人们对它们的底层动力的探求，却必须放在整个现代世界

① [美] 亨利・基辛格：《大外交》，顾淑馨、林添贵译，海南出版社，1997。书中展示了自黎塞留时代以来，特别是第二次世界大战之后数十年间外交领域的诸多重大事件，可以从中剖析世界各国外交风格的差异，也能窥探美国现行外交政策的实质。

② [美] 亨利・基辛格：《论中国》，胡利平、林华、杨韵琴、朱敬文译，中信出版社，2012。本书专门讨论中国政策问题，分析和梳理了中国自鸦片战争到新中国成立以后，一直以来外交政策的制定机制与执行过程，进一步验证了其对中国崛起的看法。

体系的缘起过程中才能进行深入思考。法国与德国的两败俱伤，日本与中国的此起彼伏，从俄国到苏联的反复挣扎，从英国到美国的霸权交接，也必须参考世界资源是按照海洋还是陆地的逻辑来组织的法则才能理解透彻。归根到底人们将发现，人类社会里所有这些物质、精神和制度空间的配置方式，虽然在表面上看似形式五花八门，但最终都还是以民族国家的面貌在呈现。先掌握其中奥妙者，自然领先于众。后窥见其精神者，也正试图奋力一搏。当然也还有至今未能以此为手段组合资源的伊斯兰体系与印度体系，仍困于泥沼之中。

可是对于在过去300年间已完整经历此间过程的中国人来说，虽经历代志士仁人精心打造这一民族国家之体，已将吾钟爱之华夏文明托形于其中，但传至我辈却绝不可以遗忘当时的初衷是要将其发扬光大、泽及四方，而并不是要成为再多出来的那么一个列强。“民族国家”这个概念，既是中华借之得以再次强大的不死躯壳，也是中华应带领全人类将其归还于历史的沉重枷锁。纵观世界现代发展史，我们必须得出此一结论，就让中华以“天下”之封印将其重新收入魔瓶吧。

第 19 章 匡扶美室，可平天下

在世界历史进程中，以民族国家形态演化得最为成功的案例恐怕就是当今世界的霸主——美利坚合众国了。它在立国以来短短的 200 多年时间里，完美地诠释了如何依据共同向往民主与自由的理念，在一片新大陆上屏蔽掉旧大陆上的保守思想与势力，不断开疆拓土探索人类文明想象力的极限，接连展开工业革命、信息革命和智能革命浪潮，成为全人类精英和底层民众都心向往之山巅圣地的神奇历程。对这样一个集人类文明思想精华于一身的国度来说，社会物质财富极大丰富，文化影响力号令全球，权力运作规则被广泛习用。尤其在冷战结束之后，西方学界一时盛行起历史终结论，认为人类政治制度的演进道路已经终结，美国作为世界各国的学习样板已成定论，甚至连社会政治学也再没有什么新的研究可做了。

只可惜，事出反常必有妖。美国作为民族国家理论和现实的集大成者，在光鲜外表下隐藏的是巨大的矛盾与危机，“如今外面的架子虽未甚倒，内囊却也尽上来了”[①]。现代世界体系在演进过程中所积攒起来的有关民族、国家、宗教、种族、性别和阶级上的不平等问题全都在美国体制内得到充分展现，并输出到它的对外政策与举措上。从某种意义上说，美国就是现行世界在北

① 语出《红楼梦》第二回，“子兴叹道：‘……如今虽说不及先年那样兴盛，较之平常仕宦之家，到底气象不同。如今生齿日繁，事务日盛，主仆上下，安富尊荣者尽多，运筹谋画者无一；其日用排场费用，又不能将就省俭，如今外面的架子虽未甚倒，内囊却也尽上来了。这还是小事，更有一件大事：谁知这样钟鸣鼎食之家，翰墨诗书之族，如今的儿孙，竟一代不如一代了！’”

美大陆上的一个缩影，美国就是一个充满矛盾和危机的小世界。美国的所有问题都能在世界范围内找到起因，世界上的所有问题也都要到美国寻得解答。

由于认识不到这点，或者是刻意忽略这层关系，如今的美国仍然在世界各地制造或放大各种不平等现象。但这些世界范围内的不平等因素迟早都会通过非法移民、贸易逆差、金融危机和恐怖主义等渠道的因果链再次传导、汇聚到美国国内的种族歧视、贫困失业、毒品泛滥和枪支失控等现实问题上，继续制造或放大美国自身在民族、国家、宗教、种族、性别和阶级上的不平等现象。可是过于自大，或者说已经难以对自己动手术的美国无法真正面对这些问题，只能继续给世界带来更多更大的麻烦。结果反而是问题变得层层累积、级级加大，最终走到无法收拾的崩溃局面。

解铃还须系铃人，要想真正解决世界范围内的不平等问题，就必须深入研究现代世界体系的最大受益者，同时也是最大病原体的美国。面对这么典型的观察标本，通过掌握美国在立国之初就确立起来的意识形态本源，折射美国在形成发展过程中暴露的阶级矛盾本相，抓住美国当今社会面临的政治危机本质，人们才能够形成对当今世界各种复杂问题更加透彻的认识，才能有的放矢地找出通向未来大同世界的必经之路。

中医疗法讲究整体观念，相信随着外部世界范围内不平等现象的消除，美国社会自身的各种顽疾也会逐渐消解下去，甚至不治而愈。中华文明所倡导的天下大同理念同样也要覆盖美国人民，儒家对未来美好生活的向往同样也会泽及北美大陆。我们想象不出在这个地球上会被人为地分裂出两个大同世界，或者在已经实现的大同世界里还有一处地方永远成为例外。这都将会证明儒家思想的失败，是经世为学的半途而废，我们不会允许这种情况发生。我们是周，要替天行道。所以，人们今天希望能“匡扶美室”的努力也将被证实是要完成“顺天革命”[①]的各种方案中成本最低的一种可能：匡，意味着要纠正其现行做法；扶，意味着可辅佐其国祚不绝。再次新生的美国将不再为世界带来新的争端，并将最终伴随着世界大同而得到永久的宁静，真正实现这片土地原先最早的主人和后来避祸至此的那批难民希望过上和平安宁生活的共同愿望，从而发自内心地去感恩。

19.1 美利坚意识形态的根基

大航海时代开启了旧大陆居民向新大陆的移民浪潮。几百年间，来自欧洲尤其是英国，向北美的大规模移民潮彻底改变了这块大陆的人文面貌，建立起一个迥异于历史上任何一种政体的国家——美利坚合众国。在通常的叙述故事里，这些早期移民是为了逃离旧大陆上残酷的宗教迫害而背井离乡，漂洋过海在一片新天地里无拘无束地实现更加自由的宗教理想，于是再造一座山巅之城——上帝的应许之地。

但这样的移民大背景究竟给逐渐酝酿的新生国家带来了哪些基因，这些基因又是怎样在立国早期主导着一些重大事件的发展，开辟出足以影响后世的深刻趋势？历史学家们一直在努力从各个角度回放那个历史空间里的各种片段，尝试拼接成更具解释力的理论模型。这种追根溯源的探索是我们今天试图理解现代美国各种矛盾和危机的出发点。真正理解到那些早期殖民者面临的困境和解决方案，将有助人们擦亮看清现实的眼睛，也能帮助美国神话走下神坛，回归到本该属于它的位置之上。

在有关移民来源与特点的问题上，美国人自己已经对此做了大量详尽的

---

① 语出《逸周书·周书序》：“周将伐商，顺天革命，申谕武义，以训乎民，作《武顺》《武穆》二篇。”

研究。他们认为在1629年到1775年的100多年里，英国向北美的先后四大拨移民潮深刻地改变了北美大陆，依次跨海带来了四种不同的不列颠民俗，并由此奠定了新大陆上不同区域特有文化的基础。虽然现今美国人口中只有不到20%比例的人群向前追溯还能找到英国祖先的存在，但从文化意义上讲，大多数美国人都是阿尔比恩（大不列颠岛的古称，英文是Albion）的种子，都可以归属到其中的一种传统之中，无论他们的祖先是谁[①]。那些前往北美大陆的不列颠移民都在心中共享着这个相同的出发地，在100多年的殖民史中一拨又一拨地将来自母国的种子播撒到之前完全陌生的土地上，相互交融逐渐生长出全新但明显分层的美国文化传统来。

第一拨是来自东盎格鲁地区的清教徒，也就是常在历史书中提到的在17世纪20年代乘坐“五月花”号大帆船而来的那拨人。他们后来定居在新英格兰地区，今天位于美国东北部的几个州是其主要活动区域，核心在马萨诸塞州。所谓的清教徒其实是较早采用资本主义生产方式发展起来的那些资产阶级和新贵族。他们难于忍受当时英国本土国教的宗教氛围，也不愿接受由此而来的税收压力，所以才愿意在支付一大笔航海费用后来到更加自由和开放的新大陆。在阶级属性上他们主要来自英国的中产阶级，包含了工匠、小店主和低等贵族。在思想上他们与母国更加决裂，也最早在莱克星顿打响了独立战争的第一枪。

第二拨是来自南英格兰地区的贵族，是17世纪40年代在英国内战中被议会派打败而逃离本土的那批保王党人。他们一般都是来自英国王室的大贵族，在政治上相对保守落后，主要聚集在弗吉尼亚州，带来大量的奴仆和乡下庄园的生活方式，也由此引发起罪恶的奴隶制度。此后种植园经济在美国

① [美]大卫·费舍尔：《阿尔比恩的种子：美国文化的源与流》，王剑鹰译，广西师范大学出版社，2018。作者是马萨诸塞州布兰迪斯大学历史学教授，他在本书中尝试从民俗成分的角度来回答美国文化体系决定因素的问题。

南部逐渐蔓延开来，形成自给自足的经济体系，并因此埋下后来美国南北分裂的种子。

第三拨是来自英格兰中北部的贵格会信众，这是一个从向往自由的新教中分离出面向底层民众的新派别，从 17 世纪 70 年代开始在宾夕法尼亚州建立起海外根据地，随后不断将会友们从母国向新大陆输送。他们的目标受众是那些穷困民众，因而在宗教政策和居民条件上的限制更加开放宽容。贵格会始终坚持争取社会正义的活动，后来在南北战争中极力反对奴隶制度，协助黑奴逃亡的就是他们。

第四拨是来自英国边缘地区穷苦守旧的苏格兰人和爱尔兰人，他们在 18 世纪才开始向北美迁徙。因为美国东部的很多地区都已经被前面的移民所占据了，他们来到美国之后仍得生活在当时靠西边偏内地的地方，所以还是边区人。这些长期生活在社会底层的人，历来就有着强烈的反抗精神，坚信必须将枪杆握在自己的手中才能捍卫上帝所赋予的权利，对大一统的中央政府有着天然的反感。后来在美国西部大开发活动中持枪立马的牛仔们，就是这批边区人。

随后 200 多年的美国历史就是这四股在追求自由和保守传统的态度上相左，在经济实力上存在差异的力量在不同历史环境下相互对抗和交融的过程。那些被现代术语包装起来的历史事件如果追踪到底层的动力，都不免与此四种元素产生复杂的关系。掌握了这些概念，将非常有助于世人修正传统的 WASP（白人盎格鲁 – 撒克逊新教徒）起源论，从而深入了解美国社会现象下的复杂关系。

当这些文化原料已经准备好，各路族群纷至沓来，即将粉墨登场。他们又是按怎样的逻辑组合起来构建起这座美国大厦的基石呢？后来的研究者希望将根基牢牢锚定在《旧约》中的先知时代，认为从古希腊罗马时代一直到后来的基督教盛行，再到中世纪的宗教改革，是有一条完整的线索串下来[1]。而线索环节上的每一次调整与补充，都是在为后来奠定新大陆上的美国秩序预先做着准备。换而言之，首先是由基督教教义中服从神引导的信念延伸出遵循秩序的自由观；在此观念下再有自由市场与有限政府配合起来完成一切经济活动的基本保障；随后的各种因缘际遇使得北美大陆具备了以上基础条件，因而为生活于此的人们提供了发挥个人自由活力的最佳场所，于是才有植根于西方文明传统之上的美国专享此条线索之上的丰厚馈赠，永保自由与繁荣。

即便在叙事脉络的关键节点上还存有几处瑕疵，也可修补装点起来。比如，英格兰历史上曾被来自欧洲大陆的诺曼人征服过的几百年是否还具有自主性？美国通过独立战争摆脱英帝国殖民地身份的举动是否具有合法正当性？这些破裂之处都可以被裁剪成为创造更加现代的代议制民主和追寻更加保守的传统自治体系之举，因而似乎更具历史连贯性，成为坚守美国秩序核心价值的有力佐证。

从英格兰到美利坚的历史中找出的这套保守主义思想价值观为天选之子们一直所共同奉行[2]。它主张建立一个能够保证私有产权、由少数精英统治的等级社会，并为其找到在宗教与道德上的解释，认为这是在奉行神的旨意为社会维护道德规范。他们“要建立一个自由政府，即合成自由与强制者两个相互对立的因素”。因此，这个社会将反对“极权主义”和“集体主义”，主张限制和分散政府的权力，因为这样才能维护个人在政治上的自由权利；

① ［美］拉塞尔·柯克：《美国秩序的根基》，张大军译，江苏凤凰文艺出版社，2018。作者是美国著名政治理论家。

② ［美］拉塞尔·柯克：《保守主义思想：从伯克到艾略特》，张大军译，江苏凤凰文艺出版社，2019。本书经由作者博士论文修改而成，作者在书中提供了自英国政治理论家伯克以来保守主义在西方世界发展的详细谱系，并由此开始深入思考保持政治秩序连续性的问题，也就是一个政治共同体如何才能做到绵延不绝，这“需要苦思冥想和超凡智慧”。

这个社会将反对政府干预私人企业，主张维护自由经济制度和私有财产权，因为这样才能维护个人在经济上的自由权利。

新生的美国就是依据这样的理念，在维持一种有力秩序的同时还能保障个人的自由和某种意义上的民主。这一学说为当时处于颓势的保守派赋予了更加完整的价值意义，使之明了自己这些在美洲大陆上怀有保守天性的人能够持续抵制旧大陆上激进革命理论和剧烈社会变革的关键所在，并由此开启了美国现代保守主义运动的序幕。美国社会意识形态的保守性和自由度在此得到了合二为一的整体论述，成为一体两面的综合体。

美国意识形态保守性的具体细节还深深体现在凝结了其数代先贤思想精华的美国宪法之中。这部宪法的文本自从 200 多年前形成以来，只经历了非常少的改动，可以说从最大程度上延续了美国立国先贤们的意志，是最能代表美国创立之初意识形态的纲领性文件。那时，美利坚合众国的开国元勋们面临的是国家权力和民众权利之间的巨大分歧。刚刚从英国国王的统治下独立出来，获得自由，为什么还要将自己的权利交给一个更加没有权威、自己选出来的统治机构？于是，美国联邦政府和各州在一起经过反复博弈，设计了一套通过分权从而实现对人权保障的制度，并实践下来[①]。可以这么说，1787 年在费城产生的联邦宪法的核心主题就是“分权”，新成立的美国政体从一开始就在纵向和横向两个维度上被拆分开来。

在纵向上，联邦是在各州原始主权的基础上建立起来的，也就是先有州，才有联邦，联邦政府的权力来源于州政府的授权；联邦宪法至高无上，接受各州授权以后，它的地位就高于任何州的宪法和法律，轻易不得修改；联邦政府虽有至高的联邦宪法授权，但其使用权力的原则是非明确授予则假设无

① 张千帆：《美国联邦宪法》，法律出版社，2011。作者是北京大学法学院教授，是国内研究美国宪法的权威，他在本书中以“分权与人权”为主线，专门介绍了美国联邦与各州设计与实践案例。

效，州政府所依赖的州宪法虽然等级较低，但其使用权力的原则是非明确禁止则假设有效。这样就为联邦政府和州政府在援引各自宪法界定权力范围时留下了巨大的模糊空间，最终的裁量权于是交到了联邦最高法院手中。

在横向上，联邦政府内部实行三权分立，立法、行政和司法各自独立，互不隶属；立法权再分设两院制，任何法律必须同时通过众议院和参议院的批准，在削弱国会权力的同时，又兼顾了大州与小州的利益；以宪法修正案的方式补充有关特殊人群人权保障的条款，查漏补缺确保国民在各项事务上的平等权利。这样就为社会上各种群体相互博弈，在宪法条款中争取自身利益提供了基本的制度条件，当裁决不下的时候还是可以由联邦最高法院来决断，解释联邦宪法。

美国宪法中的司法审查制度很关键。它既是美国宪法的突出特征，也是联邦最高法院能够对宪法发挥作用的重要制度保证。宪法构建早已完成，但还是需要有实践活动才能从纸面上的宪法走向现实中的宪政。这其中，联邦最高法院的司法审查手段，也就是违宪审查，由法院审查国会制定的法律是否符合宪法，以及行政机关的行为是否符合宪法及法律，就成为至关重要的最后一条防线，在后来的美国宪政史中屡屡发挥关键效用。

于是人们会发现，宪法文本是死的，可宪法的精神与实践却是生动活泼的，一直在原则与妥协中迎来新的生命[①]。美国宪法的真正伟大之处不在于其确立之初的完美正确性，而在于其能形成一套机制，在不危及核心原则的前提下，经由不同利益集团之间的谈判，都能在不同时代适应社会的最新变化，这才是美国宪法的精髓所在。美国社会的利益多元化现象会迫使各个利

---

① 王希：《原则与妥协：美国宪法的精神与实践》，北京大学出版社，2005。作者是北京大学历史系教授。他从“权力”和“权利”二者的互动过程出发，通过大尺度的历史叙事来探讨美国宪法原则的精神起源，以及在实践过程中不断妥协，但又向前发展的动力与机制，对300多年来美国宪政的精神与实践给出了深刻的诠释。

益集团与公共利益之间不断展开多方的持续“谈判”，在谈判过程中总是能趋向某种程度的妥协，重新划定利益边界，不断更新宪法原则。从某种意义上说，正是美国社会富有自由度的一面，在不断塑造着体现保守性的宪法精神。

同样，也正是美国社会的保守性，才能够保障自由市场在有秩序的环境中健康发展。美国社会特有的自由度也为民间企业的创新提供了适宜的环境。因为在这里正好能展现出有秩序的自由观是如何派生出自由市场和有限政府的制度安排，而自由市场和有限政府的制度安排又会为美国经济、社会和个人自由发挥活力提供尽可能多的保障的理念。美国立国以来波澜壮阔的进步历史,也正是以这样充满创造性的人物与事件层出不穷而为世人所钦慕。尤其是在近 200 年间，从蒸汽机到搜索引擎，美国为世界贡献了太多革新者的创新传奇[①]。美国的繁荣史就是一部善于在自由环境下发明创造的人民的历史。

不过在现实生活中，保守主义和自由主义的冲突并不总像学者们所分析的那样，能轻易地在完美的宪政体制下得以化解。尤其是进入 20 世纪 80 年代以来，在有关保守主义和自由主义的争论中，人们的注意力开始越来越集中到同性恋者权益、女性堕胎权、种族平权、言论自由权和网络隐私权的话题上。这些议题大量占用公众舆论和公共资源，引起社会族群撕裂，结论反复拉锯，以至于最终只能交付给最高司法机构来评判。原来看似完美的三权分立原则似乎应该在此时发挥关键的作用，可是它的神秘面纱却开始被人悄

① [美]哈罗德·埃文斯、盖尔·巴克兰、戴维·列菲：《他们创造了美国：从蒸汽机到搜索引擎：美国两个世纪历史上最著名的 53 位革新者》，倪波、蒲定东、高华斌、玉书译，中信出版社，2013。作者埃文斯是英国著名报纸编辑，他在书中串联起了上百个这样的创新者、发明家和创业者，用他们的故事构成了美国意识形态另一条鲜明生动的主线。

然揭下[①]。人们发现，在社会普遍关心的有关堕胎、民权、政教关系等议程上，联邦最高法院内部也是充满了交锋的火药味。而且大法官们的个性还进一步放大了矛盾的激烈程度，最高法院的风云变幻于是成为世人关注的焦点。

原本是要起到稳定和延续作用的联邦最高法院，反而变成了反映美国意识形态争夺战的风向标。民主党和共和党，分别代表着自由主义和保守主义的强烈倾向，越来越难以在国会和白宫达成一致，结果导致战火一直延伸到本来可以保持中立的法院，延伸到九位大法官人选的选定上。两党都拼命想在自己政党的任期内将代表本党派意识形态的大法官送到最高法院里，成为党派利益的代言人。

可是民主共和两党的成功之日，也就是联邦最高法院的失败之时。党派化的最高法院不再能承担传承美国宪法真正价值的责任，经过几百年精巧设计和反复操练的宪政体制还是被射中了阿喀琉斯之踵。民主选举制下两党政争互相激发对方走向极端化，终于彻底毒害了这套坚守美国价值观的体制，也反映出当今美国社会在意识形态上的严重对立状态。

19.2 阶级矛盾让美国梦破灭

美国意识形态中保守和自由两面所形成的张力曾经很好地维持住了社会进步这个巨大滚轮的平衡，一拨又一拨的移民浪潮则为滚轮向前转动提供了取之不竭的动力。早来者占据着天时地利，逐渐被推向阶层金字塔的顶端，后来者可忍几代平民之苦，终究还是有突破阶层限制进入高端的可能。这就

① [美]杰弗里·图宾：《九人：美国最高法院风云》，何帆译，译林出版社，2020。作者是美国著名法律记者，她采访到了 1980 年至 2007 年间的现任大法官与 70 多位法官助理，在本书中分别对伦奎斯特、奥康纳、罗伯茨、肯尼迪、斯卡利亚等大法官立传，生动展现了他们的理念偏好与成长经历对各自政治派别与判决意见的影响关系。

是能用代际升阶缓解阶级矛盾的所谓“美国梦”，吸引了几百年来无数有才之士怀揣着出人头地的梦想进入这个灯塔之国。

如果整个国家处于上升期，那么这种阶层之间的差别在几代之内是可以接受的，甚至在某种程度上还会是推动整个社会向前发展的内部源动力。但是，如果已居高位者开始动心思用种族差异混淆视听、分化瓦解底层民众，在密室里违背当年承诺的宪政精神，向中间阶层关闭向上通道，让最基础的生存困难耗尽贫困者的精力，最终形成僵硬的固化阶层，高速旋转的飞轮就会逐渐慢下来，开始摇摇摆摆。这时，无论加强保守还是强调自由都只会让轮盘更加倾斜，直到最终倒下。此时再去预测倒向哪个方向可能已经没有意义了，人们需要知道的是表现为宗教、种族和性别差异的阶级矛盾是如何一直驻存在美国肌体内部，并且愈演愈烈，直至不可收拾的。

这样的心腹之患可以说是先天性的,美国的历史从一开始就充满了歧视、压迫和暴力，掠夺穷苦人和杀戮无助者的场景一次次地在这里上演。无数遭屈辱、被迫害、受剥削的人民是这部美国史的主角[①]。他们是曾安居于此的印第安原住民、被强迫离开家园的黑人奴隶、得不到公正对待的妇女、权益被忽略的儿童、挣扎在生存线上的苦工，以及经受军事侵略和占领的被征服民众。那些在密室里签署宪章的庄园奴隶主和资本权贵只不过是窃取了人民的努力成果，而且还在继续编织谎言欺骗他们的子孙后代。在这段血雨腥风的历史进程中最让人印象深刻的是，世界各地的不同种族源源不断地加入这个国家，主动或被动地融入整个历史发展中的复杂网络里。只有弄清楚他们的动机和经历，才能真正理解：为什么在如此恶劣的生存环境下，竟还会有这么多人愿意漂洋过海来到这片新大陆讨生活，而他们的努力也就正好解决

① [美]霍华德·津恩：《美国人民史》，蒲国良、许光春、张爱平、高增霞译，上海人民出版社，2013。作者是美国著名左翼历史学家。

了这片大陆上时时存在的深重危机[①]。

这是因为，一方面，这些背井离乡、远离母国来到美国的人，与他们原住地周围的人相比会更具有进取心，在面对困难时更能够主动开拓、解决问题。具体来说，他们一般都会具有重视子女教育、勤奋工作、传承代际经验这样的优秀品质。另一方面，各个种族也有着不同的文化特征，比如爱尔兰人热衷政治，犹太人酷爱知识，意大利人重视家庭，华人依赖行会，等等。这些特征可能在原先文化环境中还不是那么显著，但在重新组合而成的移民社会里就会得以放大凸显，形成互补的新生态，产生新的化学反应。

在讨论种族问题的时候，尤其需要小心的话题便是如何看待种族间的差异。与通常人们脑中的印象不同，不同种族间的差异更多是由社会和历史环境影响而成的文化基因所决定，与生物层面上的基因关系不大；同一种族内部由于划分出阶层而强加在部分弱势人群上的种族负面标签，比起这个种族整体的真实状况，要更为整个社会所认知。所以在本质上，各个种族人群并不存在以生物特征为依据的社会差异，真正的差异还是在于遍布于整个社会的内部阶层分化。如果再做诛心之论的话，所谓的种族矛盾，无非是被人有意制造出来。先是在各个种族之间形成先后优劣的鄙视链，然后就能让各个种族之间永远无法真正地团结在一起，去为破除阶级间的不平等而争取自己的权利。

阶级上的不平等现象在很多社会问题中都能体现出来，在现代大城市中暴露得尤为显著的就是住房问题。被扫地出门是时刻悬在这些穷苦家庭头上

① [美]托马斯·索威尔：《美国种族简史》，沈宗美译，中信出版社，2011。作者是美国著名经济学家和社会评论家，他在大量历史事实和调研材料的支持下，在本书中深入浅出地讲述了各个种族在美国的奋斗史、文化史，其中包括了爱尔兰人、德国人、犹太人、意大利人、华人、日本人、黑人、波多黎各人和墨西哥人等族群。

的达摩克利斯之剑[①]。一旦维持不了虽然看似已经很糟糕的居所，等待他们的将是更加万劫不复的阶层堕落之路：藏污纳垢的收容所，荒芜隔绝的废弃建筑屋，乃至彻底的流落街头、无家可归。

更加可悲的是，这仅够维持基本生活条件的租房也是堵绝他们阶层提升之路的压身石。手握资本的富人发现房产租售是榨取穷人最后一滴血汗的优质产业：房客出去打工刚刚赚回的微薄收入，转手就要交给房主，没有任何剩余资金用于提升技能和改善生活。为了不被扫地出门，房客的生存底线不断被突破，只能被锁死在仅仅维持最低生活条件的绝境边缘，永世不得翻身。穷人们往往是在等待着一场大病、沾染毒瘾、婚姻失败或是丢掉工作等厄运的最后一推，然后接受彻底被这个社会所淘汰的宿命。

住房问题上的不平等现象背后更深层次的社会原因是：近半个世纪以来，美国国内虽然有各种劳工组织在努力维护工人的权益，但全球化浪潮使得大企业能够通过劳力外包的形式在发展中国家找到更便宜也更不用考虑用工约束的人力资源，价格低廉的进口货也在取代原先需要国内高人力成本才能生产出来的商品。结果，中小企业无法再提供更多职位。像威斯康星州的密尔沃基这样的典型锈带城镇急剧衰落，普通家庭的整体收入多年停步不前。在巨大的利益面前，资本选择了通过投资房产、提高贫困人群居住成本的方法来获取国内少有的暴利。

驱逐房客的事例变得越来越频繁，更加注重保护富人利益、崇尚自由竞争而又漠视保护失败者尊严和福利的社会趋势正在加剧。被扫地出门既是过往贫困的结果，也是加速更加贫困的根源。因为被迫失去住房，穷人们可能

---

① [美]马修·德斯蒙德：《扫地出门：美国城市的贫穷与暴利》，胡䜣谆、郑焕升译，广西师范大学出版社，2018。作者是美国普林斯顿大学社会学系教授。作者亲身探访贫困社区，走进底层民众的生活现场，在书中揭示了那些不为主流意识形态所关心人们的悲惨命运。

会同时失去好不容易才找到的工作，失去原有社区的帮扶支援，花更多的时间去寻找新的住所，甚至要花更多钱才能尽快租到，结果只能是住更差的房子,进一步沦入贫困的境地。居无定所的弱势群体无法形成一个稳定的社群，构成自我认同的“阶级”概念，因而也就无法团结起更强大的力量为“我们”抗争。深刻的阶级矛盾就这样被消解到了每个命运悲苦的穷人身上，他们在一处处条件越来越差的住房之间疲于奔命，最终无声无息地消失在社会的边缘。

如果贫困阶层就这样算了，那么中产阶级会好过些吗？这是一个社会还能继续向前发展的中坚力量，他们的命运关系到整个社会在种种复杂矛盾的巨大压力面前是能治愈顽疾，还是趋于崩溃。人们需要格外关注中产阶级在社会历史发展过程中所起的关键作用。以中产阶级中最为典型的公司白领职业人群为例，便可揭示出很多问题①。他们被视为新技术革命以来新兴的中产阶级，出现于二战后的经济繁荣时期。这是因为当时出现了很多采用新型生产方式的大型公司，内部的科层管理体制使得专业分工更加精细，于是为社会提供了大量的白领雇员职位。

可是这些因为获得职位而进入中产阶级的雇员并没有在社会层面组成一个稳定的阶层。他们只不过是完成了从原有的以财产多少进行分层，到按照职业等级高低来分层的模式转变。在重构后的现代社会中，他们并不是单独的同一个水平层面上的阶层，而是分散到社会阶层大金字塔的各个层面上，

① [美]C. 莱特·米尔斯：《白领：美国的中产阶级》，周晓虹译，南京大学出版社，2016。作者是出身于白领职员家庭的美国社会学家，一直以来就以对美国社会的激进批判而著称，善于对社会阶层间的权力斗争过程进行理论分析。他在20世纪50年代就出版了本书，依据马克思的异化理论分析了白领阶层的社会生活状况，又借助韦伯的科层理论分析了白领阶层的社会地位、职业特征和政治态度，着重论述美国中产阶级兴起与变化的历史，揭示出美国中产阶级的本质特征。

其实就是隐含在大金字塔中的一座小金字塔。不同公司、不同等级上的白领职业者在物质利益和意识形态方面甚至可能存在相互的矛盾和对立，他们无法构建彼此之间的共识和认同感，因而不可能在更加广泛的社会活动中形成稳定的同盟关系。

但从白领们自己的视角来看，商品社会中人的地位的周期性变化给了他们虚幻的感觉，可以暂时忘记自己在现实社会中的真实状况。在工作日时，作为生产者约束在办公室的格子间里，按时段出卖着自己的劳动力；在假日和夜晚时，他们则可以作为消费者购买到超出自己社会地位的服务，体验到虚假的"阶层跃迁"感。这种生活在社会学意义上"时分多路复用"[①]技术中的现代白领们，于是就可以在一种虚拟的无阶级差别，甚至是准上层阶级幻想中继续漠然地生活下去。他们之间可能也有差别，但无非是有的已经成功地麻痹自我，有的尚未成功，还在努力自我麻痹而已。作为一个整体，他们表现出来最突出的特点则是政治上的冷漠。但这种冷漠并不是真正的不感兴趣，而是在精巧设计下的无奈与放弃。因为他们心中已经很清楚地意识到，通向更上层的通道已经被别人永久性地封闭了。

如果再退一步来说，哪怕自己这一代只能接受锁死的阶层状况，那么有可能在下一代改变命运、突破阶层间的隔离吗？毕竟孩子是未来的希望，历来社会上通过多代接续努力、实现阶层跃升的案例比比皆是。只要下一代还有可能，那么这一代人通过重视子女教育、勤俭节约和家庭观念等方面的努力，就一定能在不久的将来得到更丰厚的回报，整个社会也能因此获得新鲜的血液和前进的动力。

---

① 时分多路复用（Time-Division Multiplexing，TDM）是一种在传输信号时采用多条虚拟线路复用同一物理通道的通信技术。使用这种技术后，两个以上的信号或数据流可以同时在一条通信线路上进行传输。对使用者来说，表现为在固定占用同一通信信道的某个子信道；但在物理上看，信号还是以时间分段的方式轮流占用物理信道的。

可是美国当今社会的贫富两极分化已经深深地影响了下一代人的生活机遇，生活在不同阶级家庭孩子的人生轨迹将进一步无可逆转地塑造美国社会的未来走向。美国社会过去大半个世纪以来在代际传承方面的重大变化将又是一记破碎“美国梦”的重击。

在20世纪50年代，一个在俄亥俄州小镇长大的孩子还能够通过个人努力成为哈佛大学的社会学教授①。不过，他的成长轨迹脱离不开整个社会的大环境。那时，美国社会蓝领工人和白领职员之间的差距还不是特别大，而且都生活在相似的社区里，一起看球，一起郊游，在教育与社交方面并不存在明显的阶级隔离。那些童年小伙伴虽然出身背景各异，但其中大多数人都能在成年后实现社会阶层的逐渐上升，至少过上比父辈更好的生活。

可是到了21世纪，穷苦孩子和富家子弟在成长过程中出现了全方位的差距。原生家庭阶层上的差别体现在了陪伴成长时间、引导兴趣发展、提供学习资源、营造社交氛围、家庭和睦程度等指标上，而且越来越呈现出贫富阶层之间互相封闭的趋势。孩子们不在一起玩了，家长会上也不再出现各种职业的父母。穷人家的孩子早早开始承担生活的压力，忍受家庭失败带来的种种苦果；富人家的孩子则在父母的陪伴下早早为进入社会做好各种铺垫与努力。对孩子来说，既要接受生而不平等的现实，也要承受长而不公平的重负；对父母来说，社会不再向自己的家庭敞开向上进阶的大门，自己还要担忧阶层坠落的危险命运，一切都要靠自己才能勉强维持现状。阶层向上通道收窄的恐怖前景其实笼罩在整个社会的每个家庭头上。

美国社会在野蛮生长阶段就奠定的阶级矛盾本色，在快速发展阶段虽然经过统治者对历史事件叙述的篡改，以及用现实生活中种族和性别等议题的

① [美]罗伯特·帕特南:《我们的孩子》，田雷、宋昕译，中国政法大学出版社，2017。作者是哈佛大学社会政治学教授。他历经多年，跟踪调研了生活在美国各地的107位年轻人，采访他们生长的环境与成长过程中的遭遇，并融入自己的亲身体验写成本书。

包装，已经越来越被淡化了。但随着近年来经济发展的乏力、金融危机的冲击和全球化浪潮的侵蚀，原先曾被掩盖的阶级矛盾本相却又越来越通过社会各个阶层都遇到的困惑与迷茫顽强地重新显露在世人面前。早有预感的社会学家们已经通过几十年来的调查研究掌握了第一手的数据，得出能真实反映现状的判断，也同时在试图给出解法。只是这些解法在不触及阶级矛盾本身的情况下，都只能是无助和肤浅的。巨大的政治危机是显而易见的，它们需要得到更深层次的回应。

19.3 陷入应对政治危机怪圈

20 世纪 50 年代以来，作为代表资本主义世界与社会主义阵营相对垒的旗手，美国在经历朝鲜战争、越南战争的接连失利之后，国际政治地位就一直受到各方面的挑战。但是凭借着当时正值巅峰的国力支持，美国在世界各地进行战略布局，不断投放经济、文化和军事资源，还能够组织起维护整个世界生产、贸易和投资的大循环体系，并且从中不断吸取属于霸权的红利，可以用于缓解国内愈演愈烈的阶级矛盾，维护早已摇摇欲坠的意识形态。到了 20 世纪 90 年代冷战结束后，美国在世界上的地位日益凸显，整个民主世界的舆论都认为这将是人类最后一个既能占据道德高地，又能收割经济利益的全球性帝国，而且一切将永远这样维持下去，“人类的历史终结了”。

可是美国自身存在着的更为深刻的政治危机不可能不为其统治阶层关注到。有识之士早已看清楚这些内在问题，知道所谓民主灯塔的基石其实岌岌可危。面对这场巨大的政治危机，西方世界的政治学家和政客们从多个方向提出了见解各异的方案，通常来说对这些言论的标签有右翼还是左翼，保守主义还是自由主义，民主党派还是共和党派，令人眼花缭乱、无所适从，因而需要细心归纳整理才能辨识行踪、一窥端倪。

美国著名战略问题专家布热津斯基曾凭借独特的历史机遇和清醒的政治头脑，较早地就意识到了美国在冷战后世界格局中的特殊地位，运用地缘战略学说提出颇具代表性的强硬对外政策[①]。通过分析这盘大棋局上的主要地缘战略国家——法国、德国、俄罗斯、中国、印度，以及战略政治支轴国家——乌克兰、阿塞拜疆、韩国、土耳其、伊朗，他对世界局势做出以下判断：一、在今后一段时间内，或者说一代人以上的时间内，不可能有任何单个国家向美国的世界首要大国地位提出挑战；二、美国不仅是人类有史以来第一个真正的全球性超级大国，而且很可能也是最后一个；三、在今后的几十年内，世界范围内将会逐步建立起一个基于地缘政治现实并能够发挥实际作用的全球性合作机构，它将最终取代美国这个超级大国。

当然，这些分析与建议都毫不掩饰其维护美国霸权的目的。而且尽管美国的决策者们也意识到美国终究将失去这些霸权，但这并不妨碍其还要坚持在这一天到来之前，尽早利用现有霸权的影响力在全球建立起一个符合美国利益的国际秩序。简而言之,就是美国要以游离在欧亚大陆之外国家的身份，通过控制欧亚大陆的方法，永久性地成为欧亚大陆大国关系的关键仲裁者，成为唯一的全球性大国。这还是基辛格博士在《大外交》中所推崇的“离岸平衡”外交策略，只不过这里的“岸”换成了整个欧亚大陆。

如果以做出这个判断的1997年开始计算的话，经过30年一代人的时间则应该是到2027年。按照他的设想，美国将是空前绝后的全球性超级

---

① ［美］兹比格纽·卡济米尔兹·布热津斯基：《大棋局：美国的首要地位及其地缘战略》，中国国际问题研究所译，上海人民出版社，2007。作者是移民自波兰的犹太裔美国人，曾任美国民主党总统卡特的国家安全事务助理，以极端反共著称。他在这本最早英文出版于1997年的书中，分别分析了所谓的欧亚大陆地缘战略国家和地缘支轴国家，根据这些国家在欧亚大陆的地理位置、发展前景、政策走向以及同美国的利害关系，为美国提供冷战后的国际霸权战略。

大国，它将在几十年内完成自己的历史使命，并将人类引导到永远没有霸权的新时代。可是随后时局的演进并非如此。20多年过去后，布热津斯基也逐渐意识到了原先理想模型下的美国已经在全球遇到了更为深层次的危机[①]。这些危机表现为：权力在世界范围内逐渐由西方转移到东方，世界各地的民众纷纷在政治上得以觉醒，但美国自己在国内和国际上的表现却不尽如人意。但即便如此，他仍然相信美国当前的衰落只是相对的，在今后较长一段时间以内，世界的格局仍将由美国主导；而中国就算能一直保持当前的发展速度，那么到2025年以前也依然难以做到单独挑战美国的地位。原先预言到2027年的结论似乎不用做过多调整。

当然，这需要美国的当局者更有远见些：在欧洲，要能够说服现有盟友放下成见，以实现更大范围的团结，甚至还要把一直互不信任、排除在外的俄罗斯和土耳其也接纳进大欧洲的版图；在亚太地区，要能够利用和日本的盟友关系维持该地区的和平发展，避免以军事方式介入到区域大国间的冲突，巩固与中国在全球范围内的全方位合作关系。现在回过头来看，这些建议不愧为金玉良言，布热津斯基作为学者和观察家对美国国势的分析和判断还是中肯客观的。

曾经成功预言到柏林墙倒塌和苏联解体的左翼战略思想家约翰·加尔通则直接大胆预言美帝国将于2020年崩溃[②]。不过需要强调的是，加尔通预言要崩溃的不是人们通常所指的美国，即美利坚合众国，而是指美帝国，一个

---

① [美] 兹比格纽·卡济米尔兹·布热津斯基：《战略远见：美国与全球权力危机》，洪漫、于卉芹、何卫宁译，新华出版社，2012。

② [挪威] 约翰·加尔通：《美帝国的崩溃：过去、现在与未来》，阮岳湘译，人民出版社，2013。作者是挪威政治学家，被誉为“世界和平学之父”。他在书中以自己于1980年时预测苏联解体的理论为基础，深入考察了美国正在逐渐衰退过程中的影响因素、发展阶段和时间地点等条件，分析判断世界未来格局和比较西罗马帝国兴衰历程之后，得出美帝国将于2020年崩溃的结论。

能够跨越国别界线、用强势文化合法化暴力、按照中心与边缘的不同身份进行不平等交换的权力架构，这更接近于人们所称的美帝国主义。按照他的描述，在这个帝国位于中心位置的少部分精英，通过经济上剥削、政治上征服、军事上干涉、文化上异化等四种手段，在世界范围内建立起一整套维持其运作的秩序体系。但这个帝国主义体系在经济、军事、政治、文化、社会等方面存在着巨大的矛盾，就是这些矛盾将会拖拽着美帝国一步步走向崩溃。然而，美帝国的崩溃并不代表美国的死亡，反而是美利坚合众国的新生，是那个“提倡创新、平等、宽容和普遍性”的美国又要回来了。起死回生的美国也有望以平等的身份重新加入一个更加和平的世界中来。

相对于约翰·加尔通这样的国际左翼人士，美国民主党在政治理念光谱上是资本主义左翼思潮在美国国内的代表势力。他们通常会更强调多样性、平等性和自由主义，照顾工会、少数族群和妇女等弱势群体的利益。当年名噪一时的首位黑人总统奥巴马就是这样一位被视为代表美国价值正确性的典范，曾以其无所畏惧的“改变”理念征服过各个阶层的民众。2004 年，他在美国民主党代表大会上发表了题为“无畏的希望”的演讲，从此一炮打响[①]。民众们相信以他的特殊身份和他所倡导的各项改革措施，将有望将陷入泥沼的美国社会重新带上正途，重造美国梦。

当时还是参议员的奥巴马希望围绕着“改变”这个主题，致力回答如何改变美国的实际民生和现实政治的问题。他从自己的亲身历程出发，引导出对美国近代政治运动的看法，并试图找出美国政治生态中出现的偏狭政见与激烈党争的历史原因。他熟稔美国政治话语，自由、保守、宪法、权利这些字眼已经烂熟于胸。但最让他痛心的是，虽然开国先贤和最初的宪法批准者

① [美]巴拉克·奥巴马:《无畏的希望：重申美国梦》，罗选民、王璟、尹音译，法律出版社，2008。本书内容正是源于奥巴马的这次演讲。

们在宪法和普通法中融入了很多神圣不可侵犯的权利，并通过保障这些权利知识告诉了美国人该如何思考，但就是没有教会美国人该思考什么。先贤们百般小心为的就是竭力避免出现专制统治，可是如今呈现在美利坚国土上的混乱境况真的是他们所期望的吗?

所以，宪法不仅是赋予个人权利的保障，它同时还是组织民众进行民主对话、探讨共同未来的工具，是未来民众政治赖以建立的共同价值观基础。奥巴马在为一个充满无尽希望的政治共识努力寻找基础，可现实中却是充满分歧的两党为了各自的政见与利益在处心积虑割裂这个社会，只留下那些生活在支离破碎价值观里的美国人在苦苦地“等待着、盼望着我们民主和共和两党哪一天能够停止争吵，快步赶上他们”。人们怀有最大的善意，应该相信当时未曾握有总统权力的奥巴马先生，还是在激发人们心中无畏的信念，真诚地想为这个国家找寻到一条折中的解决之道。

可惜真正手握权柄的美国政客们却未必能真的听进去这些观点，将其融入自己的认识和政策中去。奥巴马本人上台以后在国际外交政策上采用的却反而是布热津斯基的鹰派战略。反倒是他命运中的继任者、来自对手共和党的特朗普，在执行提倡积极和平主义的约翰·加尔通先生所指点的“帝国瓦解”政策：在全球卸下对盟友的责任，采取一种孤立主义的态度，只顾追求美利坚合众国第一的利益。追溯其思想根源，人们可以发现他在早年间就曾使用过充满煽动性的语言，为这个虚弱的病夫开出一剂自以为是的猛药①。

一直以来，特朗普经过多年商战经验总结出的人生信条是：面对难题，不要放弃；绞尽脑汁，相信直觉；创造运气，保持警惕；以牙还牙，势不可当；专注目标，勇者无敌，直到找到一个创造性的解决方法。同样，面对美国社

① [美]唐纳德·特朗普、比尔·赞克：《特朗普传：激情创造梦想》，唐其芳、顾岳译，中华工商联合出版社，2016。

会各种病入膏肓的问题，特朗普先生也自认为已经为他心目中的美国人找到了一个“Make American Great Again”的毁灭式创造方案。如同一头莽撞的公牛闯入瓷器店，特朗普如愿以偿地砸烂了自己眼中旧世界强加给美国的义务枷锁，但却留给继任者更加混乱的局面，他则想在下一轮任期里继续扮演“未来救世主”的角色。

特朗普治国理念的虚妄之处在于其将孤立的、片面的、极端的商业竞争行为，总结成有因果的、全面的、普适的处世经验。但更为可怕的是，它竟然通过特朗普在2016年当选为总统而成为长达四年的美国治理国内和国际事务的原则，让世界看到了一个前所未闻的美国，也是一个更加真实的美国。恐怕后世的研究者在整理这段历史的时候，都会困惑于美国政坛的理念为什么会从之前那么一丝不苟的氛围，在经历激烈的党派轮换和复杂的政策传承之后，却会愕然面对如此前功尽弃、荒诞不经的一段。世人眼中看到的是一个泥足巨人，为了维护摇摇欲坠的纸牌屋，奋力一击打向面前敌人的一拳，却反过头来挥向自己的额面，于是在错愕之中踉踉跄跄地倒下。

美国好像陷入了莫比乌斯怪圈，从带子上的一点出发，在经过大幅度的左右摇摆和内外切换操作之后，竟然又绕回到原先出发的位置上。之所以会出现这种违反常识的现象，正好说明了美国自身的社会问题已经与整个世界的问题构成了一组相互正向放大反馈的映射关系。这就好像面对能将现实场景形成微缩倒影的水晶球一样，你越是想伸出手去抹掉球面上映出的污点，想让画面看起来更加光洁些，就越会放大脏手在水晶球面上的污迹倒影。

政治学者和政客们都在努力缓解美国出现的政治危机。且不管他们费尽心思开出的药方是否有效，却至少说明了由西方世界发明并盛行的这套试图包容却实际放大了由于民族、国家、宗教、种族、性别和阶级上的不平等而带来矛盾的国家制度出现了大问题。不平等现象的出现确实会给人类社会带来物质的丰富、资本的增殖和少数人的发展，但代价却是大多数人在政治上受压迫，在经济上受剥削，在文化上被异化，人类整体并没有得到全面发展。

美国社会在这几十年来的徒劳挣扎反而更为加剧了其整体趋于衰败的进程，这本身也说明如果仍停留在旧有的错误观念中，是永远不可能找到真正答案的。未来全球的新秩序必将是所有民族、国家、宗教、种族、性别和阶级都团结合作，以公正合理的方式创造一个尊重所有人尊严的世界。等到那一天到来人们再回过头看，将会发现美国作为历史发展进程中的那个最具代表性的典型标本，其价值正在于它曾经带给人们的借鉴和启迪。

第六篇　合同兴乐

相信通过对世界范围内存在各种差异的历史渊源的考察，人们已经对人类发展过程中出现民族、国家、宗教、种族、性别和阶级上的各种差异现象有了更加全面和深刻的理解。这些差异在历史长河中一直伴随着人类社会进步发展而演变，曾经为各个族群塑造过认同心理，带来过竞争优势，抚慰过心灵世界，延续过生存命脉，提供过发展动力。但与此同时，这些差异引发的不平等问题也给人类社会造成了不可忽视的巨大伤害。如何将人类从这些亦利亦弊的桎梏中拯救出来，已经成为今天生活在全球化环境中的人们所共同面临的巨大难题。

现实中的差异是客观的、历史的和巨大的，人们必须首先将其接受下来，然后才能考虑如何消解，建立大同世界。对于这样的理想社会，孔子早在春秋时期就主张用“礼”和“乐”作为教化万民、建立秩序的基本途径。《礼记·乐记》里记载：“乐也者，情之不可变者也；礼也者，理之不可易者也。乐统同，礼辨异，礼乐之说，管乎人情矣。”《礼记正义》里对此注解道：“乐主相亲，统同即合同；礼别贵贱，辨异即别异。”可见古人认为可以通过音乐消融情感上的界限，通过礼制知道身份上的差序，从而达到调和人类社会关系的作用。

这种领先于同时代其他地方文明的先进思想告诉我们，人与人之间是存在共通性的。只要找到这种共通性，不管是以音乐的方式，还是以全人类都能接受的其他普遍方式，都一定能将全人类团结在一起，用大家都认可的规则约定出不同的权利与义务，找到全人类未来发展都必须遵循的最大公约数，从而为建设人类命运共同体提供源源不断的底层动力。

可能也会有人担心，如果真的在世界范围内消除了民族、国家、宗教、种族、性别和阶级之间的各种不平等现象，那么人类社会虽然变得更加团结与和平了，但会不会也失去这些制度带来的好处，又陷入原始的停滞状态。其实不然，推动人类社会发展的真正动力，隐藏在复杂世相之下的共通规律，归根到底是人类文明在科学、经济、政治、社会及文化层面上能发挥的所有积极因素，它们从来也没有缺席过人类社会的发展进程。只是早期在世界范围内分别发展文明的人们，因为地理阻碍和时间隔断，被标识在民族、国家、宗教、种族、性别和阶级上令人眼花缭乱的种种差异所遮蔽。人类历经了多少坎坷，耽误了多少岁月，一直未能意识到应该彻底抛弃这些精神和物质上的枷锁，经过自主意愿结合而成真正意义上的人类命运共同体，重新成为一家人。

在全书的最后一卷，我们将集中精力研究为了最终消除差异而平天下，该如何解决科学发展的不平滑问题、经济发展的不平衡问题、政治发展的不平稳问题、社会发展的不平等问题和文化发展的不平和问题，分别探讨为了实现人类大同，结成人类命运共同体，能够接合科学传播的断裂层、整合经济运行的对立面、弥合政治形态的分界线、调和社会阶层的冲突带、契合价值观念的共通点和融合文化形态的互补处而要采用的解决方案。

在全书的最后一章，我们相信通过对儒家经典的“大学”理念采用穷理格物、尽性致知、修辞立诚、慎思用意、明辨正心、笃行修身、鉴史齐家、经略治国、别异复礼、合同兴乐等十个条目的重新诠释后，一定能够再次顺应新的历史条件，推动全球人类命运相互依存发展；进入人类命运共同体时代的儒学，其经世为用、为学为体的核心理念，将会成为帮助每个人开始完善自我，逐步成就社会，最终实现大同的共同价值观。

第 20 章 接合科学传播的断裂层

今天尽享科学技术带来便利生活的人们通常会有一种错觉，认为科学发展是人类社会发展的各个方面之中唯一能做到持续累进的变量，而且发展速度越来越快。科学被描述成源自古希腊文明晴朗星空下理性辩论后种下的萌芽，再经过古罗马文明的实践应用而茁壮成长，后虽不幸蒙尘于中世纪的黑暗神学罩纱之下曲折生长，但所幸由坚持真理的科学家和呼唤人性的启蒙运动将其唤醒接受阳光雨露的洗礼，最后在诸多科学巨星如哥白尼、伽利略、开普勒和牛顿等人的持续努力下，找出那些隐藏在世间万物内部的规律，终于长成参天大树，将人类带入科学昌明的时代。

但这只是许多颗科学的种子劫后余生再经过重新组装的叙事。科学的火种在人类远古的历史上曾经无数次地遭遇熄灭的厄运，直至在近几千年间也是出现过许多次重大的断层空白。前后两次科学繁盛场面之间的重新连接需要出现非常巧合的契机，某一种条件的不满足，都有可能将下一次的兴盛再往后推延数百年。追寻科学发展的历程就可以知晓，这场薪尽火传的接力赛非常辛苦，今天的局面是近几千年里多个文明携手跨越时空阻碍才得以完成的。《三体》一书中描述的“三体”游戏[①]，就以虚拟世界体验的方式让人们感知到以科学水平衡量的文明是如何在恶劣的自然条件下一次又一次重生的。人们从而能够深刻地理解到，在文明的发展历程中，科学积累出现断裂和空白是常态，连续一段时间发展才是偶然。如果科学还能得到快速发展，

① 刘慈欣：《三体：“地球往事”三部曲之一》，重庆出版社，2008。

那在历史的长河里就更是小概率事件了。

再以近代发生的科学革命为例，这种千载难现的突破也绝不是仅靠几位天才人物冥思苦想，用后世学者总结出的所谓“科学家精神”激励自己勇攀科学高峰就得以实现的。分析科学革命发生的表象与实质就可以知道，这种歪打正着的戏剧性结果，是当时信奉不同宗旨的多个学派经过反复博弈后才意外涌现出来的。

正因为如此，人类当时其实并没有做好迎接现代意义上所谓科学出现的心理准备。它是一个怪物，还是一位天使？它为什么会以如此形式降生在某时某处？人们都说不清楚，只能看着它一天天地长大。考察科学发展的意义就可以辨清，这个暗含多重巧合的意外惊喜背后的连续性其实非常薄弱，并不如后来的科学史家说得那么有信心。

其实人们只要稍微清醒一些就会发现，在有关科学源流问题主流叙事之外的黑暗角落里，还散落着无数个失败者的身影没有散去。大家不愿意承认，或者无意中忽略的事实是：古希腊城邦并没有因为古典科学发达而延续下去，当时那么多著名的学派后来都随着城邦制的瓦解而消散了；阿拉伯帝国曾是古代世界科学技术的中心，可今天学术界来自阿拉伯世界的学者和成就却非常稀疏；古代中国到了明代末年已经在世界科技水平上达到了历史巅峰，但一场易代战乱的毁灭性冲击就能让这个民族蒙上长达300年科技落后的耻辱；苏联也曾拥有能与整个西方世界抗衡的科技实力，并在还不遥远的20世纪60年代在很多领域让美国望尘莫及，可是只过了20年随着国家解体和人才外流，这棵科技树就在现代科技体系里枯萎了。

当然也有新中国这样的正面范例，中华人民共和国成立以后在东西方两大阵营之间相互借力。先是学习苏联的技术体制，建立起一整套现代国民经济体系和学科体系，跨过了几百年来在科学革命这件事情上落后拉开的差距；再是学习美国的科技体系，发展起适合市场经济发展的生产和消费环节，掌握了近几十年来西方世界在科学技术领域取得的新成果。这样就一下子又让中华民族从科学课堂上的差等生变成了优秀生，甚至还当上了课代表。

这些现象都是科学发展不平滑的结果。各个民族大起大落，大喜大悲，在科学发展的过程中出现过太多次断裂。不过研究科学之所以具有价值的理论基础，人们就可以理解这其中的玄秘：科学代表的是人类对现实世界规律的正确认识，但如何得到这种认识，如何将这种认识与错误认识区分开来，不是一件轻而易举的事情，必须进行异常严苛和高度抽象的思维才能稍稍接近。在人类社会层面，这类活动需要耗费大量的智力与物力资源，长期投入到短期无法获益的无边际探索上，如此集中精力的专注过程注定无法长久持续。

于是，像科技进步这样的认知活动高速发展阶段通常都只能发生在一个国家高度兴盛的时期。相应的不利之处则是，皮之不存，毛将焉附。一旦国家衰落，依附于一个国家一种制度的科学体系也就很快凋败。再有才华的科学家也无法在政治动荡和经济凋敝的社会环境中发挥作用，整个社会积累的科技成果也会很快因为人才不足而面临无人传承的困境。几代人之后就会出现重新处于蒙昧状态的后人面对无法理解的前人成果而无所适从的景象。这一地区的人们在强敌环伺的压力下通常很难再依靠自身力量重塑辉煌，而指望接续走科学火种的异族再回过头来为自己续上香火则无异于与虎谋皮。世界历史上很少有像中华民族这样经历几起几落之后，仍然还能跑在前列的选手。大多数曾经在早期和中华民族并驾齐驱的选手要么仍是远远落后，要么早已销声匿迹了。

那么对于已经掌握科学技术领先地位的国家和人群，该如何维持自己手中的火种长久燃烧下去呢？历史上幸运的成功者们都选择了利用科学技术实力上的差距来维持自身的优势地位，巩固并扩大自己所占有的资源。可后来他们都失败了，最近的一个成功者也正自信地走在通向失败的道路上。将科学体系与一个国家一种制度相绑定是人们在欲望与恐惧心理之下的必然选择，但也是注定会失去它的开端。画地为牢将自己与别人隔开，看似能在一段时间内和一定区域中独享科技发展带来的成果，甚至去压榨剥削别人的成果，但这种越来越扩大的差异必将形成影响人类发展的鸿沟，最终将自己的那些浮华吞噬进去。

即便对于今天正在重新走向科学技术高峰、逐步恢复世界领导力的中国来说，谁又能保证在未来的两三百年之后还能继续维持世界领先的状态，不会因为自身或外部的问题而被其他族群取代。历史已经无数次重演过这样的剧目，中华民族理应珍惜这次全人类所馈赠的机遇，担当起应有的历史责任，在自己的手上终结过往各个民族共同的不幸遭遇，带领新时代的人类走上一条康庄大道。

所以，当人们越来越开始关注广泛开展的科学普及行动时，才会摒弃错觉、充满信心地用手中科学的火种点燃更多的火把，让更多的人分享科技进步带来的便利成果，就能将科学传播在人群之间的断裂带重新接合起来，永久彻底地解决科学发展中的不平滑问题。独乐乐不如众乐乐，只有真的放下让科学为自家谋利的私心，让科学知识在全人类范围内得到普及，自己也才能永久享受到科学发展带来的美好生活。

20.1 一场薪尽火传的接力赛

科学不是一堆熊熊燃烧的篝火，而是一盏薪尽火传的明灯，在过去的几千年里随着人类文明在各地的兴衰而此熄彼亮。它最早在北非的古埃及和西亚的古巴比伦被点亮，发展壮大于地中海岸边的古希腊，在横跨三洲一海的古罗马灭亡后又再次点燃于阿拉伯半岛的伊斯兰文明。它曾经在南亚的古印度、东亚的古中国技术发明的助燃下火势渐旺，终于在中世纪的欧洲再放光明。它成为过基督教的婢女，借助上帝之手得以爆发，火势一发不可阻挡。它又在文艺复兴的鼓风下在英国点燃了工业革命的炸药桶，迸发出的火星点燃世界各地的火炉，一时间星火燎原。在二战的硝烟散去之后，它又在美国经过军工、金融和互联网催化剂的加速而火势蔓延，让当初曾经传出火种的古老文明都焕然一新。

然而薪火相传的历程格外艰辛，一棒又一棒的传递者耗尽了各自短短几十年的生命才得以让那团火焰再亮一些，或是再多燃一段。甚至有时竟是那可恶的战争，在以人类社会的巨大灾难为科学技术的创新提供着意想不到的作用[①]。今天的世人们在享受现代科技文明的时候，有必要重温当年无数探路者筚路蓝缕的拓荒历程，才能有切身体会思考这段历程背后推动力的来之不易，才能找到今天科学技术发展不平滑、科技成果创造价值分配不平均问题的解决方法。

追寻古代科学发展的源头，需要将视野推进到史前古埃及和古巴比伦人在数学和天文学领域的智力活动上。那时，东方古文明和古希腊文明之间存在着明显的相互影响关系[②]。尤其是在公元前 6 世纪时，在位于今天土耳其安纳托利亚半岛西南海岸地区的爱奥尼亚出现过以数学家毕达哥拉斯为代表人物的科学昌明景象。到了公元前 5 世纪的古雅典文明时期，古希腊人已经展现出在自然哲学、地理学和医学等方面取得的成就，其中以哲学家苏格拉底为代表人物。在公元前 4 世纪，则进一步出现了像柏拉图、亚里士多德、色诺芬这样的大思想家，犬儒学派、斯多亚学派、怀疑论学派以及伊壁鸠鲁学派等影响后世的重要思想学派也都纷纷出场。亚里士多德则作为希腊黄金

① [美]迈克尔·怀特:《战争的果实：军事冲突如何加速科技创新》，卢欣渝译，生活·读书·新知三联书店，2009。

② [美]乔治·萨顿:《希腊黄金时代的古代科学》，鲁旭东译，大象出版社，2012。作者是美国科学史家，在本书中探讨了从史前一直到公元前 4 世纪古代科学的发展历程。

时代的古代科学的集大成者，汇聚了当时人们在数学、天文学、物理学、医学、人文科学等方面所取得的进展。

科学在后来世界新中心的多次转移之间继续得以保持繁盛。从巴格达到大马士革，伊斯兰世界的学者们也曾义不容辞地接过这把探索理性精神的科学火炬，并为其加入更加偏向具体实证的方法，从此推动科学发展进入一段新的黄金时代[①]。正是在那里，人们开始认真回答自从远古以来就萦绕在脑中的核心问题——如何解释这个世界？“我们生活的世界充满了各种谜题，而我们对这个世界和我们自身的看法、感受，正源自我们如何认识和解释这个世界。”[②] 这句话虽然读起来有些拗口，但就是针对“如何解释世界”这个问题的回答，贯穿了从古希腊、中世纪到近代的时间轴线，在一次又一次艰辛的研究过程中逐渐让人们形成科学的思维方式，建立起现代科学体系。人们最终会意识到，思想观念的转变和解释角度的调整，既推动了世界向前发展，也是世界变化回馈给我们的礼物。

在科学发展的历程中，这些重新解释世界的故事里最为关键的一个，恐怕就是哥白尼挑战地心说了。波兰天文学家哥白尼提出的“日心说”启迪后人对传统科学观进行反思与挑战，揭开了现代科学发展的序幕。人们现在可能会觉得相信地球是围绕太阳转是一件再自然不过的事情，可放在哥白尼所生活的16世纪，他却不得不为此终身隐匿观点，直到快逝世前才决定托付别人发表自己的《天体运行论》。

可是在那个教会占统治地位、地心说被奉为理论基石的中世纪，并没有精密仪器提供精准的观察数据可以支撑哥白尼去证明自己根据假设提出的日

---

① ［英］吉姆·哈利利：《寻路者：阿拉伯科学的黄金时代》，李果译，中国画报出版社，2020。

② ［美］斯蒂芬·温伯格：《给世界的答案：发现现代科学》，凌复华、彭婧珞译，中信出版社，2016。作者是诺贝尔物理学奖得主，美国得克萨斯州大学奥斯汀分校教授。

心说。从某种意义上讲，以当时积累的观测数据和解释理论来判断，地心说相比日心说显然更加符合“科学”。哥白尼的理论显然太过于激进了，而且引发了很多新的问题无法解决，自然会被视为异端邪说。那它又是怎么被接受下来，在极端恶劣的情况下得以传播的呢？

如果想要解开哥白尼日心说在提出和接受过程中的种种谜团，恐怕就得考虑到当时盛行的占星术这一线索[a]。后来的研究者们似乎觉得有关占星术的纠葛会有损哥白尼理论的光辉形象，因而选择性地忽略它的作用。但这是一个绕不过去的话题，科学的故事往往就是这么真实。有研究者发现，当时意大利的著名哲学家皮科·米兰多拉在生前极为反对占星术，在他去世两年后于1496年才得以出版的《驳占星预言》一书中，对“动摇信仰、鼓吹迷信、宣扬偶像崇拜、招致不幸和悲剧”的占星术进行了大量驳斥。为了回应皮科的挑战，哥白尼希望通过重新排列行星的运动序列，尤其是太阳、水星和金星的秩序，来反驳皮科基于对行星秩序的质疑和否定而展开的对占星术的批评，这才是要用日心说代替地心说的深层原因。在当时的思想界并没有所谓“哥白尼学说”这样的概念，更谈不上“哥白尼革命”的历史转折。事实上，是后来辉格史观的反向有意选择，才给人们留下了尘封多年的哥白尼日心说在牛顿创立新物理学的验证下为人所接受的印象。

不过，当年如果没有哥白尼的学生、奥地利天文学家雷蒂库斯的执意要求，人们就可能无法看到《天体运行论》这本书的印制和出版了。保罗·维蒂希，这个与第谷同年，但名不见经传只活了40岁的天文学家也很重要，是他连接起了从哥白尼、莱因霍尔德到他，然后再到第谷、开普勒的传承谱系。

---

① [美]罗伯特·S. 韦斯特曼：《哥白尼问题：占星预言、怀疑主义与天体秩序》，霍文利、蔡玉斌译，广西师范大学出版社，2020。作者是美国加州大学圣地亚哥分校的历史学系教授。他深入调查了从哥白尼到牛顿的200多年间，数十位相关人物的著作、言论和社会关系后认为，占星术的因素在哥白尼提出日心说的故事中发挥了至关重要的作用。

历代学者围绕着这本书持续做评注，一代又一代人在100年间不断突破概念上的限制：不再依赖环环相扣的均轮和本轮，不再坚持天体的匀速圆周运动，逐渐修正到日心说[①]。在这些新观点被提出、接受和传播的历史细节之中，更值得人们在意的其实是去观察人类从此过程中获得的显著成长：提升认知能力，在给出世界答案的同时受到新的启发，尝试重新去解释这个世界。

就以“运动”这个无时无刻不发生在人们身边的现象为例，人类对它的认识所发生的变化其实贯穿了整个物理科学发展的全过程，发挥过至关重要的作用。如今的人们已经有了牛顿力学知识的帮助，可以在宏观世界中理解运动发生的机理，并以此形成一整套观察万事万物运行机制的概念，乃至在社会生活中也会不自觉地运用“运动”科学的原理，来解释各种社会关系及事物发展的规律。但自以为熟知此概念的人们对它背后的来龙去脉却并不了解。

其实，物理科学概念中的动态性并不如教科书讲解的那般轻易，它作为一种穿透性的力量曾经改变过整个物理学大厦的结构，也成为至关重要的一环影响至今[②]。新观念诞生的背后则是一大堆旧模型的坍塌：亚里士多德根据生活观察认为只有力才能让物体运动的观点被抛弃了，针对地球自转假说质疑为什么没有在全球存在单向大风的疑问被打消了，托勒密天体运动体系里

---

① [美]欧文·金格里奇：《无人读过的书：哥白尼〈天体运行论〉追寻记》，王今、徐国强译，三联出版社，2017。作者是哈佛大学天文学及科学史的双料教授。他历经30年时间寻访搜集《天体运行论》传播过程中的关键人物和事迹，完整讲述了《天体运行论》这本在科学史上开天辟地之作流传于世的坎坷历程。这段揭秘的过程如同侦探小说，其曲折程度足以拍摄悬疑电影。

② [美]伯纳德·科恩：《新物理学的诞生》，张卜天译，商务印书馆，2016。作者是美国著名科学史家，他在本书中详细讲解了运动科学研究的案例，通过介绍哥白尼、伽利略、开普勒和牛顿等人在深入探研这个问题时所面临的问题和做出的贡献，向世人展示了新物理学创立过程的内部细节和依赖逻辑。

神圣的标准圆运行轨迹假设被打破了。这一切都被牛顿在《自然哲学的数学原理》一书中所提出的力与运动间关系问题的公式所重新解决，加速度、冲量、引力、椭圆轨道这些概念被牛顿重新组合在一起，彻底颠覆了此前所有的运动理论，引发出至今仍被人们在日常生活中坚定奉行的绝对时空观。从此，空间经过抽象从物质世界剥离出来，因而具有了单独可以操作的意义；时间则是作为一维均匀流动的变量，在不同的空间坐标上标示运动的不可逆方向。世界还是那个世界，但人们看待它的眼光完全不同了。

在引导人类走出传统思想观念的桎梏，重新构建近代概念体系方面，牛顿确实是一位无与伦比的科学巨人①。他在前人的引导、同行的启发和论敌的争辩中抓住每一丝可以利用的地方，找到它们之间可以连接在一起的新方式。经由他手，新的世界观在原先神学和自然哲学观念体系各自内部的冲突中诞生出来。新生儿转身将旧世界的舞台拉上帷幕，结束此前一切激烈的争辩，从此近代科学在根基上与经院哲学划清界限，人们开始在崭新的概念体系上继续推动科学思想的发展。

所以，不管是笛卡尔致力于用几何语言描述科学思想，希望将其纳入形而上学框架，建立大一统的哲学体系，还是牛顿受伽利略开启的数学化研究方法影响，坚持仅仅靠数学描述就可以建立近代物理学大厦；不管是莱布尼茨强调要应用第一性原理的先验思维，不完全依靠实验证据来推导得出结论，还是牛顿坚持必须由实验和现象得来的证据推进工作，当缺乏证据时就只能

① ［法］亚历山大·柯瓦雷：《牛顿研究》，张卜天译，商务印书馆，2016。作者是俄裔法国哲学家、科学思想史学派的领袖人物。他在书中延续其反辉格史学的研究传统，不去预设一条累积知识的胜利者凯旋大道，而是重在描述一场充满危机的勇敢者幸存游戏。书中选用了七篇论文从不同方面为人们剖析牛顿伟大的科学思想，分别将笛卡尔、莱布尼茨、胡克、惠更斯和科茨作为参照对象与牛顿放在一起讨论，向人们展示这些人类的最优秀大脑们在擘画全新宇宙概念图景过程中的真实身影。

到此为止；不管是胡克认为自己更早地发现了平方反比定律，进而质疑牛顿在《自然哲学的数学原理》中的不准确表述，还是牛顿认为自己在光的微粒假说上更具有开创性，反而遭到胡克在皇家学会上的无理打压；总之，科学发展的历程中越是充满纷争，人们才越是能理解最终胜出并流传至今观念的难能可贵与价值不凡。

相反，如果一味地用辉格史观去装点这段历程中看起来不那么和谐的地方，刻意塑造出一些充满正确性的既定目标和不断进步的前进过程，再围绕于此组织材料展开论述，实际上包装出的却是一条并不“科学”的科学发展道路。这条思路的危害之处还在于，既然断定必须是特定文明找到一条天命使然、自带光环的历史独径才能最终曲路通明，那就会引导人们反推出其他文明在根源上就没有产生科学的基因，进而探索其何以没有此种可能的原因，甚至还要推断其在经济、政治、社会和文化上的缺陷，再和实际中的种种不平等现象绑定起来，这就更加谬以千里了，格外值得人们重视与反思。

20.2 基督教帮助欧洲摘得桂冠

科学发展的曲折历程留给人们最大的疑问是：为什么近代科学的突破性发展会出现在欧洲，而不是之前曾经领先过好几千年的亚洲和非洲，不是曾经统一繁荣过的中国、印度和阿拉伯民族？越来越多的学者开始从西方世界所处的外部环境和历史渊源出发寻找关键性因素，希望能够论证这些因素在从古希腊到中世纪晚期的各个历史阶段推动科学发展时所起到的直接作用。

如今人们回过头来再审视就会发现，这些外部因素有些可能只是关联条件，却被硬捏合在一起被强调为因果关系；有些可能还是倒果为因，论者忽视或分辨不清多个现象之间的出现顺序，胡乱判了先后。更可怕的是如果再以这些结论为出发点，得出东西方环境对科学的不同影响作用，进而想指导现代科学的发展趋势，就更加谬以千里了。所以要想真正看清科学发展的脉络，解决当今世界科学发展不平滑的问题，就必须首先对这些观点加以认真考察。

秉持西方科学特殊地位观点的学者通常会从宗教观念、哲学传统和政治体制等方面为发生于16、17世纪欧洲的科学革命找出原因[①]。他们认为，近代科学的渊源来自欧洲从古代到中世纪漫长时期的积累，这使得欧洲具备了同期其他文明所未有的条件：从11世纪西欧城市兴起开始，依托教会经院学校、受到市政当局和行业公会资助的大学得到普遍发展，培养了大量知识型人才；在12、13世纪时，原先用希腊－阿拉伯文记载的大量自然哲学著作被转译成拉丁文，并得到广泛传播；最重要的是，基督教会和神学家们对亚里士多德学术思想进行了认真的继承和广泛的接受，并在14世纪时对亚里士多德自然哲学的阐述过程中形成了一个新兴的神学家—自然哲学家群体，这构成了中世纪晚期形成近代科学的基础。

针对阿拉伯文明对于科学的贡献问题，这些西方学者认为，即便当时拜占庭和伊斯兰地区在以数学、天文学、静力学和光学为代表的所谓“精密科学”领域确实领先于西方世界，但由于基督教对于异教成就的包容性，以及西方社会特有的教会－国家二元权力体制在客观上为人们自由探索自然哲学留有了独立自主的空间，所以最终还是由西方文明水到渠成地完成了近代科学的突破。按照这个思路，根本不存在什么突变的科学革命，黑暗的中世纪之说不过是后人们对当时渐进的转变过程不甚了解的误会。他

---

① ［美］爱德华·格兰特：《近代科学在中世纪的基础》，张卜天译，湖南科学技术出版社，2010。作者是美国中世纪科学史家、印第安纳大学科学史和科学哲学系教授。

们极力驳斥基督教阻碍科学发展的说法，认为西方文明中由来已久的科学传统在中世纪一直对科学发展做出了必不可少的贡献[①]。在某种条件下，基督教会是民间科学活动的主要赞助者，政府类似的投入行为有时反而会起到相反的作用[②]；从长远来看，基督教还是西方文化的重要传承者。是基督教内部源自神学命题的讨论和推动，科学才会在16、17世纪产生出令人惊讶的革命性突破。

早期基督教的神父们在与异教对手的辩论中发现，自然哲学的逻辑工具是非常有用的方法。人们将哲学方法应用于《圣经》内容的研究和神学命题的讨论，利用哲学工具接近神学目标成为当时学者们通行的治学路径，经院哲学就这样产生了。这与后来的近代科学研究有一点重大的不同之处在于：他们首先假设，或者是预先认为存在一个全知全能全在的神，人所生存的世界是由祂如己所愿创造出来的。人如果想尽可能准确地了解神最初的旨意，那么对身边自然现象的观察，对《圣经》提示内容的推理就是最为可行的方法。于是神秘的宗教便成为科学的早期庇护者，科学作为神学主人的婢女，借由基于经验的自然哲学作为蒙在身上的外衣，以其实用性和可控性而得到最初的资助和提倡，并在翻译运动和大学发展的帮助下，于中世纪晚期蓬勃发展起来。

原来，中世纪的欧洲并非一团黑暗，中世纪的科学与宗教的关系也并

① [美]戴维·林德伯格：《西方科学的起源：公元1450年之前宗教、哲学、体制背景下的欧洲科学传统》，张卜天译，湖南科学技术出版社，2013。作者是美国著名科学史家、威斯康星大学科学史系教授。

② [英]特伦斯·基莱：《科学研究的经济定律》，王耀德等译，河北科学技术出版社，2002。作者是英国剑桥大学临床生物化学系高级讲师，他在书中以经济史的角度论证了政府与科技的关系。在关于科学技术发展，尤其是纯理论科学研究的经济基础来源问题上，作者认为并非是政府的投入，而是由像业余科学爱好者和工业界或个人资助大学里的科学研究在推动实现。

非像后来故事中描述的那样水火不容，而是有着深厚渊源关联和诸多相通之处。两者彼此渗透、相互影响：自然哲学家们有必要时可以直接援引上帝的绝对能力，来解释亚里士多德自然哲学体系内棘手的问题；神学家们也可以广泛运用自然哲学的知识体系，对《圣经》以及其他神学著作进行评注阐释。

这样到了中世纪晚期，在有关神学问题的解答中已经充斥了大量自然哲学和数学的概念与技巧。近代科学所依赖的很多基础性准备条件就这样被创造出来。它诞生于神学的殿堂之上，终有一天可以做到自立门户。

20.3 观念世界转换之交的断裂

除了从大学培养、翻译启发和神学庇护这些条件为近代科学发展寻找原因之外，还有一派学者在从人的思想观点发生根本性转变的角度来理解科学革命的产生。他们认为是由于思想家们采用机械论观点对世界进行了重新认识，引发了人们不断将整个形而上学体系原有的根基进行拆除，随后换上一组全新的概念名词，并由此搭建出一座更为宏大坚固的科学殿堂。

亚里士多德的那套自然哲学话语体系虽然已经盛行了 1000 多年，也能够很好地和基督教教义结合在一起，但时代在变。古代哲学家的思想在欧洲文艺复兴以及印刷术的影响下为更多人所知，并在发现新大陆和医学进展的帮助下传播到更远的地方。毕达哥拉斯主义和新柏拉图主义的复兴则让人们开始意识到要逐渐摆脱亚里士多德哲学所主导的科学观束缚：世界观，由实体世界转变为原子的、机械的世界；方法论，由目的因、形式因转变成动力因的因果关系；认识论，用由心灵与广延构成的二元论解释世界。这可谓是两套范式之间的转换。

近代科学确实是建立在形而上学体系基础上的，但近代物理学却在形而上学意义上发生了重大变迁，其本质是亚里士多德旧体系与中世纪的新发现之间存在强烈的不相适应。物理学的研究范畴从实体、本质、质料、形式、质、量，变成了今天人们耳熟能详的力、加速度、质量、空间和时间。旧观念大厦崩塌后，人类依靠智力又在原地就地取材建起了一座新大厦。重新武装起来的人类从此变得势不可当。

这场观念变化可以从哥白尼引发的问题开始研究起。哥白尼当时所揭示问题的根本意义在于又复兴了毕达哥拉斯主义，由此引发了有关时间与空间数学化运动的讨论；在经过开普勒、伽利略、笛卡尔和巴罗的不懈努力后，形而上学的最新表述中开始出现了像因果性、时空和质量这样的概念；与此同时，数学化运动无法解决的部分则被归结到采用笛卡尔二元论划分出来的心灵实体部分，可以用第二性质的观点加以解释；牛顿则作为基督徒中的异端分子，延续了伽利略等人开创的思路，把原先置身万事万物之外的上帝从高位拉下，并将其设为自然界的第一动力和初始原因。

结果，因果性在动力学的帮助下取得突破进展，用动力因表述机械论的观点成为主流。上帝的地位开始衰落，整个物理世界进入机械化时代，第一性质被格外重视，第二性质则遭到鄙视。然而，这一切却让人们担心，“如果科学拒绝接受目的因，在其成功的范畴中科学也许能够成功解释所有，但是在其之外，没有某种形式的目的，没有形而上基础的科学研究如何成为可能”①。当然，这种担心是有道理的。二元论剥离出来的感受如果被描述成一种外界实体属性映射到心灵内部的运动冲突，那么第二性质是否真实存在都会是个问题。而像磁力、内聚力、引力这样当时还难以理解的物理现象，则

① [美]埃德温·阿瑟·伯特：《近代物理科学的形而上学基础》，张卜天译，湖南科学技术出版社，2012。作者是美国哲学家、历史学家，康奈尔大学哲学教授，生于1892年。本书出版于1924年，书中对比了世界观概念在中世纪与近代的区别，深入分析了因果性、实体、时间、空间、质量这些现代人耳熟能详的基本术语在当时产生和变化的过程。

被借由一个新的概念“以太”来解释。结果，牛顿在形而上学思想上的突破被他在实用层面的巨大成就所掩盖。一套还未经严格审视的世界观念于是就这样悄悄地潜入到近代人的思想底层。

如果沿用辉格史观的视角来诠释人类这段重塑世界图景的历程，可能还会比较容易为人们所接受。“机械论”的观念可以用来解释原子的运动由力学定律所支配，除了两个物体相互接触时施加的那些力之外，不用承认其他任何力。可是这种原子论曾一直为亚里士多德所驳斥，并由于后来斯多亚派和基督徒也激烈反对伊壁鸠鲁体系而受到牵累。但作者在书中坚定认为，只有把“机械论”定义为“借助于力学 (mechanics) 概念”，并把力学理解成一门基本概念为数学概念的运动学说，才能恰如其分地理解机械论的含义，才能真正体现经典科学与中世纪科学之间的对比。这样理解下来，“世界图景的机械化”实际上应该是“世界图景的力学化”。这里的力学在其本质上又是要由数学在背后发挥作用的，所以最终“世界图景的机械化意味着借助于经典力学的数学概念引入了一种对自然的描述”①,这种新叙事逻辑的威力影响至今。

由此看来，世界是数学的。近代自然数学化观念的转变来得那么深刻，使得过去 400 年里建立起来的数学物理学不仅彻底改变了人们对世界的理解，而且也塑造了现代人的思维方式和生活方式。有学者更是由此认为，现代思想可判定为源于在 17 世纪发展出来的一种“普遍数学”(mathesis

---

① [荷兰]爱德华·戴克斯特霍伊斯：《世界图景的机械化》，张卜天译，商务印书馆，2018。作者是荷兰科学史家，生于 1892 年。他在 1950 年出版的本书中，以机械论观念的产生和对自然的数学描述为主线，深入细致地探讨了从古希腊到牛顿这 2000 多年里科学思想的发展历程，从毕达哥拉斯学派开始，经过希腊自然哲学的主要阶段、古代的科学遗产、中世纪和文艺复兴的科学，一直考察到牛顿的经典科学，精准全面地分析了经典物理科学得以产生背后各种思想的源流和脉络。

universalis）的观念[①]。从古希腊的数学成就和哲学背景出发，人们可以找到近代自然数学化观念发生的必要条件——古代数学的符号化。在此基础上，近代的“普遍数学”观念要求一切理解世界的活动都要通过符号进入抽象层面来运作。在这种观念指导下，人们用概念理解世界，乃至与世界发生直接接触，都必须满足符号性的要求。结果，“普遍数学”要达成的目标并非是要呈现出最终的真理，而是要找到达成真理的技艺。现代科学于是挣脱了古典科学的束缚，将过程中的手段作为目标，自然世界在经过符号化后的面貌已经不再那么熟悉，追求如何支配自然的技术性问题则成为现代科学理性化的象征。这可谓是整个近代形而上学体系发生的一场革命性转变。

可是当时身处其中的人们并没有太意识到这场转变的意义。新兴大学里的学者们在获得了大量由阿拉伯语译成拉丁语的亚里士多德和托勒密的著作后，只是想竭力消弭古希腊哲学和基督教教义两个知识体系之间不相容的地方，尽力让它们都能彼此安顿下来。在他们的努力下，亚里士多德的科学模式受到教廷承认而居于权威地位，亚里士多德主义和基督教神学也在所谓中世纪经院哲学中紧密交织在一起，成为大多数欧洲大学一直占据主导地位的课程。

当时，经院哲学家们基于以太、超距作用等基本假设，在神学基础上建立起了各种不同的科学体系。但这些成就在他们眼中不过是某种适当的神学自然观，他们并没有成形的近代科学观点，甚至也不认为自己是后世眼中的科学家。科学研究的内容也是分布广泛，包括还陷于炼金术中的化学、仅满足于收集各地标本的生物学、脱胎于占星术的天文学、发端于制造仪器的光

① [美]雅各布·克莱因：《雅各布·克莱因思想史文集》，张卜天译，湖南科学技术出版社，2015。作者是俄裔美国哲学家，生于1899年，逝于1978年。2013年，人们整理他在马里兰安纳波利斯的圣约翰学院长期讲授科学史的研究成果时，汇总了他过往的22篇论文，编成本书。

学和到处偷尸体解剖的医学。那些今天已经戴上神圣光环的早期开拓者，其投身科学研究的动机也各有不同，有可能是领主的政治需求、宗教的奉献精神、大众的商业行为，乃至个人的收藏癖好。

反倒是像哥白尼和伽桑狄这样兼有神学家和哲学家身份的宗教人士，逐渐对亚里士多德的科学观产生了怀疑。他们开始恢复毕达哥拉斯和伊壁鸠鲁时代人们对于数和原子的思考，这才建立起一种新的自然哲学为世界知识提供框架基础，为随后的近代科学提供创新土壤。这种新的自然哲学，就是后来被称为“机械论哲学的某种版本，这种哲学通过物质和运动来解释一切自然现象”①。当时出现了一门新的学科——数学物理学，“随着这门新学科的出现，自然哲学的方法和内容得到重新规定，亚里士多德体系逐渐被废弃不用”。这门学科的发展后来终于在牛顿的努力下实现了集大成者，“其自然哲学工作核心处的力的概念，使他能够实现机械论哲学家追求的目标——用物质和运动来解释自然现象。同时，他对力的概念的使用使自然哲学发生了根本变革”。

虽然伽利略、笛卡尔、牛顿以机械化、量化观念为主导的物理数学思想逐步取代亚里士多德以质为中心的自然哲学的历史过程是悄然发生的，但是到了“1700 年，自然哲学家、博物学家、化学家所描述的世界与 1500 年的世界显得相当不同。机械论哲学的拥护者用物质微粒、惯性运动和碰撞取代了亚里士多德的质料、形式和四因等基本解释术语。学科类别发生了转变：最值得注意的是，数学成了一种用来描述物理实在的语言，而这在亚里士多德看来是不可能的。对未知世界的探索不仅扩展了地理知识的范围，而且也扩充了关于世界上动植物的知识。对许多学者来说，经验、观察和理性的权

① [美] 玛格丽特·J. 奥斯勒：《重构世界：从中世纪到近代早期欧洲的自然、上帝和人类认识》，张卜天译，湖南科学技术出版社，2012。作者是美国卡尔加里大学历史系和哲学系教授，生于 1942 年。本书在她于 2010 年去世时出版。

威取代了古代文本的权威”。

不过过去中国人还是对西方中世纪物理学史的理解不够深入，尤其是对其中最为关键的经院自然哲学家们有关运动学研究的成果及其背景，就更为陌生了。深入观察当时欧洲的牛津学派（也称牛津计算者）和巴黎学派（也称布里丹学派）之间的学术探索过程，将有助于人们补上这块细节的知识空白，更好地理解人类的观念世界在中世纪发生重大转换时的意义①。

其中，布雷德沃丁是牛津计算者的领袖人物。他的主要贡献是在《论运动速度的比》一书中将数学中的比例论方法运用于动力学领域，试图以给出运动定律的方式，用数学关系将运动物体自身速度的变化与外界决定速度的推动力和阻力的变化两者联系起来，从而能够找到一个全面表示出推动力、阻力和速度之间关系的精确数学法则。这种思路就已经非常符合后世的物理学思维了，翻译成现代科学语言来说就是：随推动力 F 与阻力 R 之间比值做几何增加，速度 V 做算术增加。布里丹则是巴黎学派的代表人物，以其冲力理论为代表的运动学成就经常在中世纪科学史中被人所提及。他设想：冲力（impetus）作为推动者传递给物体的一种性质，能使受到它作用的物体运动；冲力的大小就等于物体的速度乘以物质的量（quantity of matter）；冲力作用在物体上的总量保持不变，除非被外界阻力减弱或耗尽。这个理论就已经很类似后世的动量守恒定律了，它所能解释的现实现象包括抛射体运动、加速运动和天体圆周运动。可以说，再往前走一步就是今天人们所熟知的惯

① 张卜天：《质的量化与运动的量化：14 世纪经院自然哲学的运动学初探》，北京大学出版社，2010。作者是科学史学术著作翻译领域的杰出译者，清华大学人文学院科学史系长聘教授，以其博士论文为题出版的本书可谓是国内有关于此领域研究的开先河之作。书中选择了以伽利略为代表的现代科学之“先驱”——经院自然科学为研究对象，基于西方世界的原始文献和此前诸多科学史家的研究成果，探讨了其在 14 世纪得到重点发展的运动学领域，为人们解释了当时解决有关质和速度的量化问题是如何实际推动近代科学发展的原因。

性定律了。

发生在 14 世纪的这些观念上的变化一直持续影响到了 16、17 世纪，并为伽利略、笛卡尔、牛顿等人所接受和继续推动。最终，所有持有旧观念的人逐渐逝去，所有新生的人逐渐视新观念为正常，从而完成交替。正如张卜天所总结说的："中世纪不仅不是一个理性毫无地位的黑暗时代，而且正是神学的保障可以使理性发展到极端。完全可以说,中世纪是理性时代的基础。神学与科学或自然哲学的敌对更多是表面上。大部分自然哲学问题，特别是亚里士多德表述的问题，直到今天也没有完全解决，其中许多问题都落入了今天的科学哲学这门相关学科中，在基本观点上仍然可以分成实在论者和唯名论者。在上帝绝对能力的保证下,经院哲学家考虑的是问题的一切可能性，其逻辑的彻底性和极端性甚至远远超过现代。他们试图确定事物的一切边界，消除一切模糊性，理性强大的摧毁力量隐约显示出来，'上帝死了'的时代已经遥遥可见。"①

其实每一次科学火种的接续都将经历一场这样的观念重生。老上帝终将死去，新真理艰难诞生。接续期间的传递过程需要非常小心翼翼，一旦发生社会环境的冲击就会有夭折的风险。人们要感谢那些站在新旧观念交替关口的先驱者，是他们费尽心思地既要保证旧房子里原住民的安全，还要将其建筑材料逐一拆下后，再组装成新的理念大厦，用自己的一生在努力接合新旧世界之间的大门。

---

① 张卜天：《中世纪是理性时代的基础》，《科学文化评论》2017 年第 14 卷第 4 期。

20.4 拼装：工具主义与实在主义

近代科学革命发生之后，人类进入了一个全新的世界，原先似乎永远会以线性速度增长的人类发展慢车一下子被带上一条不断让人目瞪口呆的加速通道。科学革命本身于是成为一项值得深入研究的课题：推动科学发展的规律是什么，这种不可逆的转变到底意味着什么，未来还会有怎样不可思议的事情发生在人类身上，人类是否能够主动掌控接下来的一切？

如果不去认真思考这些问题，只是将人类今天的境况归结为由某项或某几项因素就会自然而然触发进程的理所当然的结果，那就好比是部落里有人最早在捕猎的时候发现锋利的石头可以方便地割破兽皮，当他好奇地端详着这充满工艺感的“神器”时，旁观的高等文明观察者则已经意识到，这个文明的社会形态接下来将会经历怎样的蜕变，这时需要有一个声音告诉他：孩子，把石头收起来，最好等你想清楚再去碰它。在此之前，你还有很长一段路要走。

为什么掌握了利器还要把它放下，能使用锋利的石刃杀戮野兽这件事情本身不就说明了人类的心智足以驾驭这项黑科技了吗？还真不是。为了回答这个问题，人们需要首先了解科学革命的原因和实质。自 19 世纪以来，科学史家们有关于此的观点汗牛充栋，可谓是众说纷纭。科学编史学则可以帮助人们将它们归拢为关注科学发展表象的外因论和发展实质的内因论两条路线。

对于“内史”路线，也就是科学史上至关重要的机械化和数学化问题，这一领域的四位大师——柯瓦雷、伯特、戴克斯特霍伊斯和迈尔的观点互有异同。其中，柯瓦雷和伯特基本持非连续发展观点，戴克斯特霍伊斯持连续发展观点，迈尔则经历了从连续发展向非连续发展的转变过程。打个比方，如果说科学是一阶研究、科学史是二阶研究的话，那么科学编史学就是三阶研究，将科学史家们熟练运用的观念分析方法运用于科学史家本身。科学史家科恩借助编史学研究，就像是在组织一场纸面上的学术沙龙：通过在文献材料和论据观点上对比科学史家工作之间的异同，用一些人的观点去评判另一些人，再让另一些人隔着章节做出回应，他则作为主笔侧身在篇章之外，只是需要不时站出来进行调解[①]。这样人们就可以从他精心准备的文本之上更加深刻地认识到：这些争论并不是学者们各自孤立的兴趣之学，也不是私人间无谓的意气之辩。可是学者们都已经对函数做三阶求导了，难道还是找不出科学发展曲线的趋势吗？科学史家之间那些难以绕开的分歧，凸显出的恰恰就是科学发展史中最为棘手的难题：它的意义究竟在哪里？

科恩认为，"外史"路线虽然可以解释科学的火种屡屡能够在断裂之处又接续点燃，但并不能解释科学之所以发生、发展，以及作为一个整体存在的实质原因。因此我们可以知晓，各种不同的政治、宗教和经济因素在不同条件下组合起来，做出某种"选择"，可以产生出科学理论，但这不意味着就必须是在这些参数下才能产生这样的科学理论，科学理论也并不是必然地就从这种条件下得以导出。这就好比一个科学天才出生了，当日的天气、医生和产床都是非常重要的条件，但我们也不能由此就说只有在此条件下才能

---

① [荷兰]H.弗洛里斯·科恩:《科学革命的编史学研究》,张卜天译,湖南科学技术出版社,2012。本书是唯一一部关于科学革命的编史学研究著作，是对过往科学史研究的研究，其经典和权威地位不容小觑。凭借自己对科学史研究领域的深刻理解和对历史文献材料的熟练运用，科恩采用了让各位科学史家的研究成果相互对比映衬的写作方式。他在书中总结了科学史领域的60多种观点，对其特点和不足都给出了自己的解释。科恩自己持有的则是连续发展观点，不过好在他将这些科学史家的观点采集在一起进行比较的时候，并不是简单地做取舍，而是会有意识地将这些观点与持有人的思想背景和理论脉络联系起来。可以看出，科恩虽然并不认为"外因论"和"内因论"这两种研究进路有严格的高下之分，但仍更倾向于内部研究，或者至少是先进行内部研究，因为从内部研究中可以导出"更有价值的问题"，而这些问题往往也是外部研究的起点。

生下来爱因斯坦。医院开具的出生证明记录下来了这些数据，但这只是给孩子打上一个标签。如果想知道孩子为什么会出生，还是得从他自身内在的生长发育过程中找答案。

现在回过头来看，科恩认为近代科学在起源过程中分别经历过三次自然认识形式的重生，它们是：雅典、亚历山大和文艺复兴[①]。这三种自然认识形式在文化发展和交流中发生升级和融合后，从雅典式自然认识到近代科学之间发生过的六次革命性转变，其代表人物分别有哥白尼、开普勒、伽利略、惠更斯、胡克和牛顿。具体来说，雅典认识形式着重于构建自然哲学理论，试图以确定性的第一原理来描述整个世界的性质；亚历山大认识形式的特点是“抽象的－数学的”自然认识，发展出了几何和数符对抽象的逻辑世界进行推论证明，不太考虑实在的物理世界；文艺复兴认识形式则是一种“发现的－实验的”自然认识，注重精确观察和实际应用。

第一次革命性转变发生开普勒和伽利略身上，他们的研究让“抽象的－数学的”自然认识与物理世界产生了关联，从而具有了实在性内容，完成了从“亚历山大”到“亚历山大加”的转变；第二次革命性转变则是在贝克曼和笛卡尔那里给出了对古代原子论的物质微粒与运动机制之间联系的重新解释，从而具有了现代物理学意义上的特征，完成了从“雅典”到“雅典加”的转变；第三次革命性转变是从原有的在自然条件下观察，发展到全新的“发现的－实验的”系统研究，文艺复兴认识形式出现了，人们开始主动创造在自然条件下通常不会出现的事实和现象，通过实验发现物理世界的规律；第四次革命性转变是在惠更斯和早年牛顿的努力下，开始用微粒说理论逐步拓展基于数学的自然认知，完成了“亚历山大加”和“雅典加”的融合；第五

① [荷兰] 弗洛里斯·科恩：《世界的重新创造：近代科学是如何产生的》，张卜天译，湖南科学技术出版社，2012。

次革命性转变则是由波义耳、胡克和早年牛顿用“发现的－实验的”自然认识限制微粒思想的任意性，将“雅典加”和文艺复兴认识形式也结合起来了；最后的第六次革命性转变是由牛顿完成的，在他那里近代科学经过几代人的努力达到了思辨、数学与实验层面的高度统一，“亚历山大加”“雅典加”和文艺复兴认识形式也完全融合在了一起。

这样结合外史和内史的研究成果，也许可以解释科学革命为什么没有在伊斯兰世界和中国发生，而是在近代西方发生：伊斯兰世界未能产生近代科学主要是由于外部条件没有达成，本来可能在伊斯兰科学的黄金时代出现、实现第一次从“亚历山大”到“亚历山大加”革命性转变的“伽利略”被压抑住了；而中国未能产生近代科学的主要原因在于内部就根本不具备此类土壤，中国人对自然环境的探索仅限于实用，中国人的心灵早早地就放在如何顺应自然的规律而获得更完善的人生上了。西方文明则在承接古巴比伦科学在行星天文学中应用成果的基础上，叠加上古希腊特有的数学抽象能力①，沿着从古希腊天文仪器到16世纪欧洲的钟表装置，再到17世纪英国皇家学会的精密仪表，最后到20世纪现代物理实验室的回旋加速器和射电望远镜，乃至21世纪美国汽车工厂的生产装配线，这样一条重视实验方法的发展路线，当仁不让地第一个孵化出了人类的近代科学②。在近代科学传播到世界各地之后，群众性的科学实践开始发挥越来越重要的作用。最好的例证就是原本没有任何近代科学成长土壤的北美洲，在采用了全新科学观念人群的实

① ［美］莫里斯·克莱因：《西方文化中的数学》，张祖贵译，商务印书馆，2013。

② ［美］普赖斯：《巴比伦以来的科学》，任元彪译，河北科学技术出版社，2002。作者是耶鲁大学科学史和医学史教授。本书是他在1959年10月至11月耶鲁大学斯特林纪念图书馆举办的系列公开演讲稿经整理汇编而成。作者独辟蹊径地对在19世纪末从安第凯色诺岛附近海底打捞出的古希腊天文仪器进行大胆的科学考证，将其确定为约公元前1世纪的古希腊日历计算器。这项物证填补了西方钟表机械中常见的擒纵轮装置的发明史空白，并将其起源上溯到了古希腊的阿基米德时期。

践活动中，后来居上成为世界科学技术的新中心，不断推动新一轮的科技革命。科学本无人种国界和文化习俗的限制，科学活动就像是一种不断自我繁殖的生物，一旦找到合适的环境就会自发扩展开来。人们甚至可以通过科学计量学来定量地研究科学发展的规律,预测出未来科学按指数级增长的趋势。原本笼罩在神秘面纱下，仿佛只能经由极为精妙和罕见的操作才会出现的科学也终于可以将其身世和前途大白于天下了[①]。

就这样，人们终于找到了一条将科学发展对应到认识形式发展的解释路径，一部科学发展史可以说就是一部人类认知进化史。可是，科学技术每天还是在迅猛向前发展，人们极为需要有一套面向未来的观念体系来理解其发展的意义，从而掌握其继续发展的趋势。时不我待，转变概念、重构世界观，人们需要尽快学会利用这样的理论框架、这种科学认识世界的思维工具，来正确认识科学[②]。人们需要意识到，世界观是一个整套的大拼图，由许多相互匹配、彼此融合的认知板块拼装而成。新的世界观不会因为旧拼图缺失一两块就能取代后者，必须经过全局的替换才能逐步完成；拼图里的那些理论板块又可以分为经验事实与概念事实，很多新板块刚被拼上去的时候是作为经验事实，但时间长了和周围的板块融在一起，就会被看作概念事实，于是很难再被拿下，只有在新世界观的映衬下才会显出错误；科学研究过程中的工具主义和实在主义则像是拆装拼图的两只手，前者只要求科学理论能预测

① [美]普赖斯:《小科学，大科学》，宋剑耕、戴振飞译，世界科学社，1982。1962 年，普赖斯就科学计量的方式方法以及科学政策的内容举办了系列演讲，并于 1963 年出版了这本科学计量学的奠基之作，向公众证明了通过计量方法研究客观世界的科学本身也可以成为计量研究的对象。

② [美]理查德·德威特:《世界观：科学史与科学哲学导论》，李跃乾、张新译，电子工业出版社，2014。作者是美国费尔菲尔德大学教授，本书按照世界观转变的模式，系统地阐述了科学发展的最终意义，并对新兴科学的未来发展，如相对论、量子理论和生物进化理论的前景做出了探索性预言。

现实情况，不管它是不是反映了事物的真正面貌就想把新板块加上，还得有实在主义这只手倾向于多等会儿，直到有能更接近实际的板块再重新换上。

世界观最近一次遭受的冲击就是量子理论和生物进化理论了，它们又把人们带到了重构世界观拼图的面前。人类即将被迫放弃原有宏观世界的一整套想象，放弃长期以来坚信的人类特殊论观点，这将动摇现行社会有关宗教和伦理的所有传统观念。如果说亚里士多德世界观可以被隐喻成一株有待展开的树苗，牛顿世界观可以被隐喻成一台上了发条的精密钟表，爱因斯坦世界观可以被隐喻成一列有弹性的宇宙快车，那么人们现在还停留在没有想好该如何对未来新的世界观做出描述的状态，科学家们还在绞尽脑汁收集手上可用的拼图板块。

唯一可以确信的是，这次还会像以往那样，随着信奉旧观念人们的逐渐逝去，新概念终将会在我们不断成长的后代脑中留存下来，发展出与今日理所当然的一切所截然不同的世界观。

20.5 类比与测量联手构建理论地基

科学发展的标志性成果是一代又一代的科学家们发展出不断成熟的科学理论，用它们拼接成完美的世界观大厦。那么，这些科学理论的板块能成立的根本原因在哪里，科学家们在抽象出这些理论时采用了怎样的方法论，经验事实怎么才能上升为概念事实，是什么将科学理论和伪科学理论清晰地划分出来，好的科学理论又有着怎样的特点，能够让更多的人接受?

想清楚这些事情，将有助于人们明辨那些似是而非、混淆人心、借着科学大旗骗人的奇谈怪论；也能用全新的眼光评价今天盛行的科学理论，知道它们的来龙去脉；进一步地，当人们要去在社会中普及科学知识、传递科学理念时，会更有底气站在坚实的理论基础上做到平心静气地解说，从而让人们从知识底座就处在同一水平线上，让科学理念在不同地区、不同性别、不同年龄的人群中都平滑地完成对接。

在20世纪初科学至上思想盛行的年代，人们曾经奉行一种所谓的操作主义哲学。这是由美国哲学家、实用主义创始人查尔斯·桑德斯·皮尔斯（1839—1914）最早提出的思想，认为一个概念或命题的意义在于对应了一套与之相关的科学实验操作和经验行为，因此确定某一概念的理论意义的过程就是对这一概念的实体对象进行一系列操作的过程。美国实验物理学家布里奇曼（1882—1961）后来根据当时相对论、量子力学等物理学的新发现，对皮尔斯的观点进行了扩展，正式创立了操作主义思想，认为一切科学概念均以经验为基础，即人的行为和遭遇，并由一系列具体的操作构成。

如果按照这个思想，可以推出“一个符号，例如一个方程式，只有在它关系到某些可能的人类操作的情况下才有意义”，确定一个概念的理论意义的基本方法不是要指出这一概念所反映的客观实在内容，而是要指出与使用这个概念相关的一套操作。可是这样理解显然太过于生硬了，于是，阿根廷裔加拿大哲学家、物理学家马里奥·邦格（1919—2020）在深入研究讨物理学基础中的哲学和方法论问题之后提出反对意见，极力提倡用新的物理学哲学来取代当时盛行的操作主义哲学①。根据他的新物理学哲学，人们应该首先将物理理论公理化，达到明晰和有秩序的目的，这样才有利于人们对物理理论的理解和掌握，有利于物理理论的发展。他指出，公理体系的好处在于建立起来一个好的形式结构，可以在追求物理概念的明晰性方面发挥重要作用。这样理论才可以通过经验进行真理性检验，可以被用来设计和诠释、观察、测量和实验，可以被用于实用目的。而且理论不能单方面被检验，必须

① ［加拿大］马里奥·邦格：《物理学哲学》，颜锋、刘文霞、宋琳译，河北科学技术出版社，2003。本书最早于1987年出版。

放置到一些信息、一组假设及一个确定模型的整体环境里产生关联才能被检验。当理论不再经受实践检验时，人们就会抛弃原本不可怀疑的假设，再用新的假设建立起新的理论。

相比于公理化方法，马里奥·邦格认为类比虽然具有很重要的启发功能，但充其量只能算是一个“脚手架”，在理论大厦建立起来后就应该被抛弃掉，否则就会影响到人们对理论的深入理解和理论的后续发展。不过，来自英国埃克塞特大学的学者詹尼弗·特拉斯特德尤其强调归纳法是人类最早获得基本知识的重要来源，后来是科学归纳法对原有的本能归纳法进行了矫正，从而成为更为高级的归纳模式，这就变成了扩展推理的一种形式[①]。归纳的过程就非常依赖经过观察与实验后的类比，只有经过这一阶段才能进入数学形式的抽象证明过程，将结论上升到更高层面的归纳推理，并最终通往理论和定律。

把经验事实与概念事实连接起来的那步是至关重要的，类比在其中发挥了关键性的作用，这个脚手架对于建造理论大厦绝不是可有可无的。在理论物理领域中，对那些让人望而却步概念的类比，甚至还可以上升到用神话故事、诗歌、寓言和绘画来把握与理解。一个好的物理理论当然是要能足够真实地反映自然，但它的精妙之处和足以让人接受并流传下来的原因里面，一定包含了对于自然现实理想化抽象的那些元素。换句话说，“一个好的科学理论像是关于实在的符号化了的传说抑或寓言”[②]，科学家必须有

① [英]詹尼弗·特拉斯特德：《科学推理的逻辑》，刘钢、任定成译，河北科学技术出版社，2000。本书最早出版于1979年。

② [意]维尼亚勒：《至美无相：创造、想象与理论物理》，曹则贤译，中国科学技术大学出版社，2013。作者是美国密苏里大学物理教授，他以深厚的专业知识和富有诗意的语言文字，将理论物理世界中那些只能为天才的物理学家们用数字公式才能把握的不可见而又至美无相的概念表述出来，向人们展示了理论物理思想是如何在现实物质世界里呈现的至美实相。

想象力，要学会类比，在浩瀚的人类思想宝库中找到最合适的素材，大胆对应过去，去挑战思想的极限，然后再在小心的求证中逐渐修改假设、逼近真理。

其实，在近代科学刚开始兴起的时代，西方学术界也并非完全认定实验就是科学理论的基础，而只是把“观察”和“归纳”方法作为发现物理实验和数学公式之间联系，找出因果关系的必经之路。但后来在面对像休谟难题论及事实命题与价值命题的关系、波普尔提出划分科学边界的证伪主义、拉卡托斯对判决性实验理论进行批判、迪昂－奎因之间从整体论角度质疑评判科学理论,以及弗里德曼想用实证主义方法论验证经济学理这些困扰论时，人们就会发现“实验、观察和归纳似乎既得不出任何可靠的因果结论，也判定不了任何错误。沿着这个路线的研究一直到今天，几乎都还是以纯思辨或接近思辨的方式进行,这种研究是不可能得出科学的结论的”①。也许有必要破除只有实验才是近代科学基础的看法，而是将测量作为现代科学的基础，并且将实验仅看作测量的子集。这样转换思路才能有效解决原来大量难以采用实验方法的研究领域实现科学化的难题。此路如果能走通，那么现代人对于什么是科学、怎样才是科学研究手段的问题都会产生新的思考，科学王国的疆域又将获得一次极大的开疆拓土。

总而言之，有关如何构建科学理论的研究成果可以简述如下：人们最早可以由直接经验获得感知，推理出某种可以应对未知环境的结论，即尚未观

① 汪涛：《实验、测量与科学》，东方出版社，2017。作者是国内独立学者，曾在中兴通讯任职，本科是南京邮电大学电子测量专业。他在书中总结出了可以贯通一切科学的四大主干学科——数学、测量、信息科学与牛顿力学，并对所有其他学科建立了一种“共轭标准”要求：任何科学的学科，必须是理论和测量学成对设立，否则就不是完善的科学。为了证明这套理论的有效性，作者还将这种方法推广到了通讯学、人口学和战争学等领域，为这些学科都建立起了满足共轭标准的所谓“纯科学”体系。

察到或经验证过的结论，这是一个从经验事实到概念事实的过程；但科学研究不会停留在这个阶段，它会通过建立公理体系的方式，从这些已经描述观察到的特殊事件开始，再追踪到大量与其相似但又未观察到的特殊事件，这称为推断（deduction）；或再追踪到大量与其相似但又未观察到的一般事件，这称为归纳（induction）。它们是扩展推理的两种形式。那些经过验证，被认为是较为可靠的假设，就会在一段时间内被认定为理论和定律。

不管怎样，感性的类比想法和理性的测量手段被认为是推动从物理的经验世界到抽象的概念世界转化的两个重要力量。因此，有志于在未来的科学领域取得丰硕成果的人，应该早早有意识地培养自己分别用感性的方法类比世界和用理性的方法测量世界的能力。

20.6 出路唯有将科技普惠众生

现在人们了解到，科学发展的规律就是人们不断地改换新的认识形式在物理世界之上重新塑造出新的概念世界，再在新的概念世界的指导下去改造物理世界；认识形式的变革是用新的理论拼图替换旧的理论拼图的过程，拼图不是逐块替换的，而是在旧拼图积攒了太多不适应新观念指导下要改造物理世界的矛盾之后，才会在经历几代人的交接后逐步走下历史舞台；在这个过程中如果有巨大的社会动荡，所有的努力都会白费，刚搭建好的楼房也会被推倒重来，直到下一个新兴的文明因为机缘巧合接续起这个重任。

科学技术的这种有悖于通常人们所理解的线性发展方式带给人类社会发展的影响就是科技能力在不同地区人群之间的不平滑切换。经济困难、政治冲突、社会动荡和文化隔阂会打断科学技术的发展过程，反过来科学技术的不平滑切换又会拉大不同地区人群之间在经济、政治、社会乃至文化上的差异，产生更多的分歧。如果想要彻底解决科学发展不平滑的问题，人们只有将科学的火种普及全世界，让每个人都机会享受到已有科技水平带来的便利，利用已有科学知识去探索新的科学奥秘，整个人类才有可能将科学传播在人群之间的断裂带重新接合起来，永久地、全体地让科学为人类服务，而不是还有可能会陷入科学发展中断乃至倒退的悲惨境地，甚至让科技成为一部分人恃强欺凌另一部分人，或是两强相争同归于尽的毁灭性武器。

以今天的眼光看来，当年无数的神话传说和奇幻故事，其实都是不同年代流传下来的科学普及知识和科学幻想情节。这些情节久久萦绕在我们祖先的脑中，为后来的科技昌明时代留下不绝的火种。这就是基于已有科学知识的科学普及和面向未来科学发展的科学幻想的巨大价值和意义。

在这场永不停歇的接力赛中，科学帮助人类不断加深对身边世界的理解，技术带给人类工具拓展认知的前沿。在这几百年中，总有一拨又一拨愿意负重前行的开拓者，愿意埋首于实验仪器之中，用毕生的心血追寻未知世界的答案，换回科学征程上的每一点进步，换回后人可以继续前行的阶梯。新中国成立以来，来自中国的科技工作者们也以新的姿态重新加入这个行列中来①。不过到了21世纪初，人类仍然在很多领域面临着全新问

①《物理》杂志编辑部：《岁月留痕：〈物理〉四十年集萃》，中国科学技术大学出版社，2012。《物理》杂志于1972年创刊，在新中国科学发展史上发挥过举足轻重的作用。2012年创办40周年之际，编委会汇集曾在这本杂志上留下过光辉足迹的物理学家们的感人事迹，编成本书。这里有对吴有训、叶企孙、萨本栋、汤佩松、王竹溪和赵凯华这些物理学家的采访和追忆，有对中子弹、正负电子对撞机、原子核裂变、磁约束聚变物理研究的介绍，有对胰岛素晶体结构、晶体相变和临界、准晶态、介电体超晶格、水分关系、花卉形态等物理现象的描述，有对理论物理、凝聚态物理、高能物理、声学、半导体物理、量子理论、分子生物学、软物质物理、宇宙学等物理学科的综述，有对抗日战争期间西南联合大学物理系往事的回忆，有基于个人经历、经典著作和诺贝尔奖对未来物理学人生的建议。全书40篇文章中有11篇文章的作者在本书出版时已经逝世，他们留下的这些遗作因此更加珍贵。

题的挑战[①]。

在这场永不停歇的接力赛中，科学激发人类不断探索浩瀚宇宙的奥秘，技术赋予人类动力走出地球的摇篮。在这几百年中，也总有一拨又一拨领先于时代的思想者，会基于已经掌握的科学知识和技术手段，去畅想未来社会的面貌，去编织可能实现的路径，在这个过程中传播科学思想的火把[②]；或者以布道者的身份向普通公众介绍科学知识与日常生活之间的关系，不借助引人入胜的情节就能提升人们的科学素养，引发人们去思考在各种科学元素的组合情况下人类社会未来的可能形态[③]。

① 高福:《Science 125 个前沿问题解读》,科学出版社,2019。1880 年创刊于美国的《科学》杂志在 2005 年纪念创刊 125 周年之际，精心挑选了 125 个挑战全球科学界的重要基础问题，范围覆盖宇宙构成、地球演化、生命兴起、物质构成、人类认知，以及数学与计算机科学、政治与经济、能源、环境和人口等问题，代表了人类对自身以及宇宙奥秘产生好奇,并不断寻求答案的强烈欲望。这些问题迫切需要答案。从 2015 年开始，在中国科学院院士高福的主持下,《科学通报》陆续邀请了相关领域的百余位专家学者对这 125 个问题进行解读。到 2018 年，全部 125 个问题都得到了回答，共发表 136 篇文章。这些解读文章得以结集成本书，成为人们了解当下人类科学进展和未来发展趋势的最佳窗口。

② 20 世纪以来的科技迅猛发展，让科学幻想主题的文学作品大行于世，也涌现出闻名于世的科幻作家,其中首屈一指的是创作出“大基地”系列科幻小说的艾萨克·阿西莫夫。他一生创作发表了 200 多部小说著作，值得人们耗费大量时间追寻其中。

③ [美]艾萨克·阿西莫夫:《宇宙秘密:阿西莫夫谈科学》，吴虹桥、苏聚汉、林自新译，上海科技教育出版社，2012。作者在这本充满科学趣味的随笔集里向人们展示了他对社会制度中奴隶和妇女地位的判断，对非理性崇拜智商的嘲讽，对社会中常见反科学思潮的剖析，对生与死的理解。随笔文体虽然比较零散，但能从更多侧面反映这位高产科幻作家内心对科学、社会和未来的看法，也更能理解那卷帙浩繁的“大基地”系列故事背后想向人们传达出有关宇宙社会发展规律的思想源头。

进入到20世纪八九十年代，电影技术的发展和科幻作品的普及还催生出了新的文学作品形态——科幻电影。借助现代科技和科幻电影导演的想象力,原先需要在文字中描述的未来世界被全景式地呈现在了观众面前。从此，科学幻想不只是成人的童话，孩子们也有了更容易理解的科普作品，能迅速地从图像化的经典科幻电影中吸收科学养分[①]。

当然，这些作品在要达到吸引观众眼球的同时，也必须尊重基本的物理学和数学设定，也就是所谓的“硬科幻”。科学知识一方面扮演了科学幻想的限制条件，另一方面也伴随着这些广为人知的科幻大片得到进一步的普及传播[②]。从《哈利·波特》到《德雷斯顿档案》，从《星球大战》[③]

① 王元卓、陆源：《科幻电影中的科学：科学家奶爸的宇宙手绘》，科学普及出版社，2020。作者王元卓是中国科学院计算技术研究所研究员，大数据研究院院长。他在陪孩子去影院观看《流浪地球》之后，从几幅手绘解释电影中科学知识的图画出发，一气呵成地涵盖了《流浪地球》《星际穿越》和《火星救援》等二十部孩子们都喜欢的科幻电影，用图解的方式回答了孩子们感兴趣的科学话题。虽然本书涉及的科学知识不是那么高深，但生动的图画和表格，让原本枯燥的概念变得形象起来，在科普领域首开先河。

② [美]查尔斯·L. 阿德勒：《巫师、外星人和星舰：科幻与奇幻中的物理数学》，雒城译，清华大学出版社，2015。作者是马里兰州圣玛丽学院物理学教授，他在本书中为人们科普了那些经典科幻大片里的基本物理学和数学设定，能让人们在惊讶于炫酷的视觉效果和奇妙的故事情节之余，还能领略科幻与奇幻背后的科学知识。

③ [美]珍妮·卡维洛斯：《〈星球大战〉里的科学》，周思颖、曹烨、吴奕俊译，北京联合出版公司，2016。《星球大战》是科普现代物理学和天文学知识的最佳教材，星际交通工具和运用核能武器构建了星战系列的框架设计。作者作为美国宇航局天体物理学家，借助这部史诗级的科幻电影，以宇航员的身份向非专业读者解释了那些科幻与科学相互交叉的前沿知识，比如宇宙中生命幸存下来的可能性、星际旅行发现可居住行星的概率、外星人的生物进化路径、机器人的存在形态和情感模式、星际交通工具和武器的实现原理、更高层次能量的获取和运用形态。

到《星际穿越》[①]，每一个人为构想出来的魔法和科幻世界要想吸引人，都要有能自圆其说的运转规律。人们可以饶有兴趣地去讨论波特物理学，分析魔法移动中要遵循的动量守恒定律。要想进行星际旅行，人们还必须考虑到能耗问题，基于这些假设才能设计不同的星际移民模式，人类离开地球的安全边界在哪里，月球、火星、小行星、木卫四、土卫六……哪个才是最适合人类的定居点[②]。在常见的外星人问题上，人们也可以依据严格的逻辑演算出人类与外星人相遇的可能与方式。至于人类文明的未来，这取决于人类利用能源以及抗拒短期风险的能力。至少在目前的设想中，人类要想进入高等级文明还有好几道门槛需要迈过。

这些发生在科幻时空里的战争与和平，汇集了人们能想象到的各种元素，深究下去又能衍生出关于未来真实世界里将会发生事件的无穷设想。随着人

---

① [美]基普·索恩：《星际穿越》，苟利军、王岚、李然等译，浙江人民出版社，2015。作者是引力物理和天文物理学领域的领导者，凭借对引力波探测和观测的巨大贡献而获得诺贝尔物理学奖，也是《星际穿越》电影的科学顾问。高维宇宙学说和量子引力理论是这部电影情节的设定基础，作者在这本与电影同名的科普书中继续向人们详细解释影片中的种种科学设定和进一步假设，科幻大片再次成为绝佳的科普教材。作者首先介绍了像宇宙大爆炸、黑洞、中子星、时空弯曲、潮汐力这样基本的现代宇宙学概念，然后分章逐一解释了影片中有关卡刚图雅黑洞、地球枯萎病、虫洞跃迁星际旅行、米勒星球自然环境、高维生物传递信息以及宇航员进入黑洞后种种情节的科学依据和进一步发挥的合理假设。观众们开始接受星际旅行必须舍弃化学能，借助引力能量形态的概念——行星、黑洞尺度的引力弹弓竟然可以实现飞行器的加速或减速；更大尺度的星际旅行则需要引入虫洞概念，片中物理学家利用高维空间人类的计算能力才求解出模型参数；外星球上的时间、潮汐力和引力都必须是星际旅行要考虑的因素，稍有不慎都会给故事情节带来意想不到的变化；最烧脑的部分还是未来的人类终于突破了时空维度的限制，在高维空间利用引力跨越时空传递信息。诸多新近的物理学理论和合理猜想汇聚到了一起，让这部科幻大片经久不衰，不断引发爱好者们的思考和探索。

② [美]克里斯托弗·万杰克：《太空居民：人类将如何在无垠宇宙中定居》，李平译，社会科学文献出版社，2021。

们对这些科幻题材作品背后庞大知识体系越来越深入细致的了解，构想出来的情节甚至终于有一天会完成自我实现，这才是科幻最伟大的力量。

从科普到科幻，再从科幻回到科普。科学知识将在这种方式下实现平滑承接，甚至是逐级放大。这样一层层涟漪所能激发出来人们对未来世界的探索意向，将远远超出这几部电影和著作原创者的预想。在科学知识普及和未来畅想的生花妙笔下，人们看到了科学走上平滑发展道路的希望。

第 21 章　整合经济运行的对立面

不管科技发展的历程有多么艰辛，是许多场接力赛经过重重困难之后接合在一起，才勉强连接出一条时强时弱的发展脉络，但只要让科技有那么一段迅猛增长的机会，它就会喷薄出强大的动力，带起整个人类社会发展向前的脚步。每一轮由少部分学者和工程师创新出来的科学技术推动生产力发展，为人类社会创造出巨大的物质财富；这些用新生产力增殖出的财富促进了旺盛的经济行为，从而让整个社会能够更加高效地组织生产、分配所得，才能有人可以去思考更高层次的精神问题，绽开文明的花朵；经济活动构建在以科学技术为第一生产力的物质基础上，它的运转虽然依赖科技提升带来的动力，但在经济领域内部却也发展出自有的一套规则和玩法，值得人们深入思考。

尤其是进入到现代社会，人类认为自己已经越来越掌握了经济发展的规律。经济学在插上数学演算公式的翅膀，装上经济运行数据的轮子之后，也逐渐被人们接受为是社会科学中最“科学”的一门学科。身处现代社会的人们无论如何也摆脱不了经济发展趋势的影响，更何况越是精明的人越想了解这台经济机器运转的奥秘，希望能从中获得先机，更早更精准地占据优势地位。若是想经世济民的志士，也必须有拨开经济迷雾的能力，不能再只是穷困于书斋、脱离现实只会谈天说地的腐儒。经济学领域的常识，在剥下它们身上用来在世俗生活中招徕追捧的华丽外衣之后，仍需被放置在显微镜下认真观察比对。现代经济生活中无处不在的货币、资本和金融现象，都值得每个人去深思细察。在这里，人们有必要借助更为严谨的经济学分析框架去重新端详这些可能被认为是早已熟知的概念，从更加具体的经济生活领域和更加抽象的理论分析视角来认识它们。这是一个飞到云端，再去放低心态体验地面生活的升华过程。

货币就是每个人在日常生活中都能切身感受到的实物，每个人都在中学课本里学过货币的产生根源和存在价值，在大学课堂里知道它在现代经济体系里发挥的重要作用，在工作和生活中见识过它润滑万事万物的巨大威力。它太重要了，所有力量都在争取它。它是一把双刃剑，人们必须保证它被掌握在正确的手中。

一旦抓不住货币,它就会想办法自己跑起来。因为跑动中的货币会增殖，会越滚越大，而且它会倾向于滚动到能更加让它增殖的人手中。它变成了资本，捧着它跑步的人就是资本家。资本裹挟起来的巨大能量，会不以人的意志为转移而将传统社会改造得天翻地覆。有了资本，人类社会经济发展确实加速了很多，原本平淡的世界突然像是从地底下唤起了无穷的力量。但它也有致命的矛盾。

如果说资本是运动的货币，货币是静止的资本，那么金融就是现在世界和未来世界的货币在跨越时空做资本流动时，因为巨大质量扭曲时空而产生的作用力。金融是优化资本配置比重的重要手段，有了金融工具，政府、银行和金融资本家就能如鱼得水地在不同时空动态调整货币的存在形式，它可以是现金、存款、票据、股票、债券、保险，乃至各种各样名目的金融衍生品。金融在提高了人类在经济世界生存能力的同时，也引入了巨大的风险。

人类就是在这些概念和工具的基础上创立了各种立场的经济理论，希望它们能够帮助自己在现代经济海洋的航程中找到方向、躲避风浪。但发生于20世纪20年代的大萧条、20世纪70年代的滞胀、21世纪初的金融危机和如今的全球化倒退现象，却又让人们困惑于先前的经济理论是否还管用。而且不管经济学家们还在怎样争论，有一个不争的事实是——世界经济发展变得越来越不平衡了。首先,世界被划分为了发达国家和发展中国家两大阵营，它们之间存在着历史积累的巨大鸿沟；每个国家的内部也都出现了巨大的利益既得集团和弱势边缘群体，它们之间现在变得越来越难以对话；世界貌似还在继续向前飞速发展，但层出不穷的新技术、新产业、新市场对于不同人群的意义和作用却截然不同，在某种程度上已经沦为继续扩大差距、打破平衡的工具。

在这种局面下，人们真的有必要去好好拆解那套已经用惯了几百年的西方经济学理论框架，毕竟从这个百宝箱里已经掏不出太多灵光的物件能够应对今天这个日新月异的世界了。今天的思想者，除了有必要关注发源于地中海周边区域，以分散的商贸城市和分隔的消费－生产区为地理特点，以个人主义为立论基础，强调任由市场自发调节资源配置关系的西方经济学；也应该去研究下发源于东亚中原大地，以统一的中央国家和互补的政治－经济区为地理特点，以集体主义为立论基础，强调通过政府主导参与资源合理分配的东方经济学。东西互补，必有益处。

人们还有必要去真正理解经济增长过程存在的固有模式和应对方案，因为所有的理论最后都会遇到现实问题，需要决策者在政府与市场、管制与自由、大众与精英、长期与短线之间去做取舍，最终实现经济的平衡发展。在这些问题上，已经有许多不同派别的经济学大师为人们留下了丰厚的理论财富，也有近几十年来反复上演的重大事件为我们树立了深刻的前车之鉴。

人们更有必要去用心了解当下正在发生的产业代际变革的状态和意义，从最近一次的技术更新换代可能对产业发展阶段产生跳跃式影响的作用中，找出在智能时代经济生活中可能出现的机遇与风险。在土地、人口、资本和技术之后，数据越来越成为经济发展中的重要因素，一个崭新的数字经济时代已经扑面而来。它是会继续扩大数字鸿沟，让沉沦在数字低谷中的“原始部落”彻底无法翻身？还是有希望实现数字普惠，彻底消除真实世界里的信息不对称问题，让每个人都能在数字化世界里释放出自己的能量？这些问题都等待着人们去思考与回答。

扬弃以往所有争执辩论，整合现在所有有利因素，讨论出一条帮助中国自身乃至全世界经济共同体实现平衡发展的永久之路已经迫在眉睫。

21.1 货币：水能载舟，亦能覆舟

货币是每个人在日常生活中都能切身感受到的实物，也是人们都乐于接受的好东西。微观环境里的货币，也就是钱，自然是多多益善；可超出人们日常体验范围、存在于宏观层面的货币，就是一把利刃，既可利己，也能伤人。现实话语里，人们常用“放水”来形容货币管理机构向经济实体中投放大量货币，也正说明了货币在平时是生活必需品。然而水能载舟亦能覆舟，货币也可能成为洪水猛兽，冲破监管堤坝的束缚，给人们带来灭顶之灾。

既然货币各有利害，于是就有人试图操纵货币的力量达成通常需要战争才能解决的目标，甚至是操纵战争的走向来影响货币的归属①。进入近代以来，国与国之间通过货币相互往来，结成不可割裂的网络结构。货币如水在其中穿梭往来，起到汇通交合的作用。但如果有人故意拦起堤坝蓄水，或是扒开河道改变水流，就有可能造成灾难。自从1694年英格兰银行成立以来，世界范围内的常见重大事件在经过精心梳理后，便不难显现出国际金融资本

① 宋鸿兵：《货币战争》，中信出版社，2007。作者是国内著名财经作家。他在本书中打破思想窠臼，石破天惊地阐释出罗斯柴尔德家族在拿破仑战争中的独特作用，并以此为线索逐层阐述了过往人们不曾留意的在近代史和现代史中围绕着货币发行权的种种明争暗斗。本书在当时可谓是开一时之先河，后续“货币战争”系列著作更是引发过全社会的讨论和思考，将国人的注意力一下子转移到了货币政策的重要性上，普及大量经济学知识，提升国人对于国家货币主权的关注度。其实，对货币的了解不妨就先从阴谋论入手，这样更能引起人们的兴趣，愿意进入原来感觉陌生的经济世界。

势力的隐秘身影来。按照阴谋论的观点，在这300多年时间里，他们在背后通过对重要国家经济命脉的掌握，推动经济危机、发动政治事件、搅动社会变革，不但控制了世界财富的流向和分配，还主导了人类文明和思想的发展趋势。货币发行权在此过程中受到格外关注，一方面让人们对它的神秘而又巨大的作用叹服不已，另一方面也为它打上了阴谋冷峻的标签。人们对于发行货币引起的动荡不再认为只是经济发展周期必然出现的规律性危机，而是开始投以警惕的目光，要预先防备下一场不流血的货币战争。

继续透过对历史事件脉络的分析，人们还可以找出欧美各国在近代200多年来战争、革命、政变和危机之间的关联，发现西方世界所有重要银行家族之家的人脉关系，是他们从金融运作的角度对历史重大事件起到了决定性的作用①。这些举足轻重的金融大资本家、大财阀，除了已为人熟知的罗斯柴尔德家族，还有摩根、洛克菲勒、巴林、希夫、赛利格曼和布雷施劳德、米腊博等家族，是他们通过或明或暗的联系组织起了统治世界的"国际银行家族俱乐部"。放在这张西方金权人脉关系网络的背景下，俾斯麦发动普奥战争、美国从英国独立、希特勒建立纳粹德国、犹太人发起复国主义和英美联手构建金融霸权这些风云事件都得到了全新的解释。更可怕的是，顺着这条因果链，人们将从刚刚席卷完全球的金融危机海啸中领悟到隐匿在背后的惊天阴谋：随着美元国际地位的持续衰退和全球变暖议题的不断热炒，很可能未来还将实现以黄金和碳排放权为基准的全球单一货币。通过武力维持和观念操纵，这张金权大网将改头换面再次笼罩在中国人的头上。

前景虽然很可怕，但历史也未必会重演，关键是人们如何从中吸取教训、未雨绸缪。通过分析第二次世界大战后这些银行家族之间的混战过程，人们

① 宋鸿兵：《货币战争2：金权天下》，中信出版社，2012。作者在书中披露了世界范围内对重大历史事件从金融运作角度起到决定性作用的17个银行家族关系图。

也已经看清楚他们运作这套货币体系，以达到在世界范围内获取金融霸主地位的路径。二战后，美国挟黄金以令诸侯，获得世界范围内的铸币权，逐一剿灭与之有竞争力的英镑、马克、法郎和卢布，并通过马歇尔计划将美元深深地打入欧洲[①]。在这场没有硝烟的货币战争中，欧洲列强失去了二战中都未曾失去的货币主权，英德法在一番痛苦挣扎后拱手称臣；美国兴师动众挑起的冷战要隔绝的绝不是表面的意识形态差异，而是水火不容的苏联货币体系。

天下没有一直免费的午餐。等到欧洲逐渐完成战后的经济复苏，德法马上结成货币同盟，首先就从最根基的黄金向美国发出挑战，结果导致美国的黄金大量外流。可是美国人铁定要吃霸王餐，不顾体面地在 1973 年结束了自己一手建立的布雷顿森林体系。美元从此成为自我放飞的纸黄金，成为既体现美国货币霸权，又支撑美国货币霸权的永动机。这才有随后欧美各种债权危机和金融危机，有欧元区国家的各种努力和挣扎，有日本和中国的不同发展道路。为了保住改革开放几十年来的辛勤成果，为了带领世界走出美元体系的陷阱，结束“战国时代”，中国必须先统一亚洲货币，再完成货币的国际化，走出一条完全不同的全球单一货币道路。

可是现实总是更加残酷，历史也在一次次地告诉人们这条路上的艰辛。因为美国在维护货币霸权这件事情上采用的霹雳手段更是无所不用其极。人们眼中美国经济体上的弊端，可能正是这个魔术师的障眼法；市场上的风云变幻，可能却是这个高段棋手布下的陷阱。货币霸权是美国的命根，对手会为此不惜发动现实战争。想挑战它，就要做好充分的准备。山雨欲来风满楼，中国曾经有几代人都生活于贫困匮乏状态的痛苦经历，在经过了改革开放以来 40 多年的高速发展后，又难免盲目于经济只会是永远线性增长的乐观想

① 宋鸿兵：《货币战争 4：战国时代》，长江文艺出版社，2011。

法，完全没有对经济大萧条的思想准备。正可谓："贪婪兴，则兼并起；土地聚，则税负畸；国库空，则货币贬；民力竭，则内乱生而外患至！"[①]

在这个关系到中华民族生存发展的重要关口前，全体中国人都应该参与到这场大讨论、大思辨、大动员中来。人们开始思索之前习以为常的国际经济环境，意识到美元凭借美国国力成为全球各国共同认可的强势货币之后已经越来越具有霸权属性[②]。这是一场隐秘、不见硝烟和不对称的金融战争。由于美元作为基准在为世界各国货币确定汇率，已经成为世界经济结算的主要货币，但美国作为主权国家不受任何其他主权国家的监督，可以通过各种花样翻新的货币手段对外输出美元，通过与其他国家的贸易往来获得实物资源。与此同时，为了融入这个巨大的贸易市场，每个国家都愿意扩大自己的美元储备，并且倾向于贬值本国货币，推高美元汇率，在与其他国家同类商品的竞争中取得比较优势。这样美国就有更多的实力和选择，可以在全球范围内不断通过美元的升值与贬值来制造别国金融危机、肢解别国经济体系、侵吞别国经济成果，最终达到美国生产美元、别国生产实物的美元殖民战略。

当然，人们观察到的这些还都只是宏观上的表象。美元作为美国经济体系正常运行的关键因素和对外扩张实力获取资源的重要武器，背后究竟还有哪些更为深刻的本质规律，这其实是有待人们倾注更多精力去发掘的。美国在过往百年间崛起过程中精心设计并发展出的这套货币制度绝对不能小觑，义和团式的仇恨和诅咒并不能真正解决我们面临的问题。相反，人们有必要

---

① 宋鸿兵：《货币战争5：山雨欲来》，长江文艺出版社，2014。本书主要讨论了美国在货币战争中所采用的金融控制手段，包括贸易结算货币、股票回购、影子货币、操纵利率、抬高房价和资产分配等内容，让人们对未来可能遇到的艰难坎坷有更加清醒的认识。本书也回顾了古罗马和中国北宋这两个货币经济曾经高度发达的历史时期，希望从货币在这两段相似的兴起和衰落历程中所起的作用，找出今天"美国梦"注定将破灭的历史归宿。

② 吴学云：《美元刀：美元全球经济殖民战略解析》，中国经济出版社，2009。

找到经济生活中的货币存量作为观察对象，学会应用货币理论对实际社会现象进行研究，从而通过分析货币供应变化和通胀水平的因果关系，进一步论证采取不同的货币政策会对经济运行状态如何产生影响①。

这部波澜壮阔的货币史起源于对1867年美国货币存量的分析，从那个绿钞时代开始人们就展开了对于货币发行权的激烈争夺。之后，货币承载着美国经济发展中至关重要的分配收入、衡量价格、流通交易等责任，在经历了白银和黄金时代，保障了美国国内相对稳定发展的同时，也将隐患悄悄埋在了联邦储备体系之中。在1923年到1933年的大萧条期间，货币供应量的下降幅度高达三分之一，货币存量不足，市场未能被及时注入流动性。学者们认为，美联储应该对这场经济大萧条负关键责任。因为表面原因是美联储内部不同派系的权力斗争，背后暴露的则是当时美联储官员对美国经济困境的真实原因和货币政策的实际作用缺乏正确的认识。这一解释动摇了人们对于主张应由政府主导经济活动的凯恩斯主义的信念，从而发起了对“凯恩斯革命”的“反革命”，于是成为经济学理论发展史上一个至关重要的转折点。

与此同时，历史的发展也在暗合这条线索。1951年3月，美联储与财政部达成了《美联储－财政部协议》，美联储开始逐渐脱离财政部的管辖，成为独立制定货币政策的决策机构。美联储是对国会负责，而非总统。除了美联储主席和理事由美国总统提名之外，政府并没有左右货币政策制定的权力。美联储也不负所望地在决定美国货币总量的道路上一骑绝尘，一直到1960年，都通过积极的货币政策实现了经济周期的稳定运行，成为后世遇

① [美]米尔顿·弗里德曼、安娜·J.施瓦茨：《美国货币史(1867—1960)》，巴曙松、王劲松等译，北京大学出版社，2009。作者分别是美国著名经济学家和经济史学家。本书研究了美国从1867年到1960年这近100年来货币制度的发展历程，并剖析出其对美国乃至世界一系列重大历史事件的影响作用。这是一部应用货币理论对实际社会现象进行研究的经典著作，被视为货币主义学派的核心文献。

到类似情况采取宏观经济政策的参考案例。直到今天，货币量和利率仍然是各国央行调控宏观经济运行的重要指标。

相比而言，石币岛的故事对货币理论的阐释会更加生动些。石币岛上岛民认可沉入海底巨额财富的故事揭示了人类社会中法定货币的本质：大家基于信用共同并普遍接受的交易媒介。这种基于观念的力量一经确立就大得惊人，如同一支魔法棒能够支配起整个人类社会的活动。再聪明的人在货币政策面前也可能会看起来像石币岛上的原始土著一样可笑。但是，“白银购买计划”这个真实的故事,听起来可能就没法让与之相关的中国人那么轻松了。在 20 世纪 30 年代，美国总统罗斯福由于国内白银利益集团的游说而实施了所谓的“白银购买计划”，大幅度拉升了国际市场上的白银对黄金的兑换比率。由于当时中国还是世界上唯一实行银本位体系的大国，政府在巨大的白银外流压力下只好宣布放弃历史上沿袭已久的银本位，而改用不可兑换的法币。相比还能受到实物总量约束的金属货币，纸币在腐败政府对货币发行权的滥用下逐渐沦为贬值的废纸，变成通货膨胀的加速器。终于在金圆券替代法币的改革失败之后，国民党政府彻底陷入了通货膨胀的危机，这也成为蒋介石输掉内战最重要的经济原因[①]。

于是，人们可以得出这样的结论：货币的出现是为了节省交易费用，但货币的发行权控制在谁手里很重要。政府总有多发货币的倾向，这会带来通货膨胀的恶果。为此，弗里德曼建议必须将发行权交给独立的中央银行来严格控制货币的数量。否则在告别落后的金属本位制之后，任凭政府信用作为货币体系的基石，恶性通货膨胀将永远成为经济挥之不去的梦魇。

对于这样一个重要的问题，奥地利学派的罗斯巴德曾说：货币太重要了，所以必须交给市场。弗里德曼则说：货币太重要了，所以必须交给央行。而

---

① [美] 米尔顿·弗里德曼：《货币的祸害：货币史片段》，安佳译，商务印书馆，2006。

我们要说，货币这么重要，必须交给人民。200 多年来，中国人在用不好甚至是完全不懂货币手段利害的情况下输掉了一场又一场货币战争。但在今天，随着对货币发行权与近现代历史事件之间关系的深入了解，人们完全有理由避免再次重复这些历史的教训与悲剧，让那些曾经不可一世的所谓银行家族都被扫落到历史的角落，重新把这份权力交还到人民手中。

可是要想拿稳货币这把双刃剑，既便利百姓，又促进发展，就必须有一套理念领先的货币理论和体系完整的货币制度，结合货币和地缘两个因素去解决世界范围内的经济、军事和政治问题，才能帮助世人将这柄利剑入鞘，最终实现不战而屈人之兵[①]。在这里，“币缘”有可能将作为促进全球化发展的关键因素。人们不用再拘泥于传统国际政治学说中所谓的现实主义、自由主义和建构主义，以及地缘政治的研究框架，而是可以另辟蹊径，以白银的货币化和资本化为起点，找出一条币缘的历史发展和现实演化主线。这里有中国及东亚经济圈、奥斯曼帝国的衰落，有西班牙、荷兰、英国和美国等国的兴起，资本主义世界体系这 500 年来的发展历程里隐藏了太多有待发掘的规律。

所谓币缘，其实就是人们在货币交换过程中形成的一种社会关系。它随着资本主义世界体系的扩张，在国际货币 – 资本体系中逐渐衍生成为国际社会上的重要关系。但由于近代以来币缘一直被基于资本力量的政治关系所主导，从而发展出了专门服从于资本增殖的巨大威力。到了现代，世界货币体系进入信用货币时代，货币的承载基础由实物变成了国家主权信用。这意味着只有拥有世界性霸权的国家，才有可能向世界市场提供主权信用货币。于是，币权与霸权相互融合、反复强化，发行货币成为支撑霸权的有力手段，

---

① 王湘穗：《币缘论：货币政治的演化》，中信出版社，2017。作者是北京航空航天大学教授、退役空军大校。

维护霸权成为垄断货币的重要保证。

由此可见，当今世界币缘主导权的归属关乎全球经济利益的分配，也关系到未来世界秩序的构建。为了人类的明天，人们既不能将其交给市场这只看不见的手来操纵，也不能听任某个政府或金融机构来管理，而是要对现有的资本主义世界体系进行重构，将币缘主导权放在一个多元货币体系的币缘圈中进行管控，使其成为全球性的公器。只有这样才能约束单一货币体系的影响作用，使其不能获得不受监督的绝对权力。

在这一过程中，币缘主导权的天下性将逐渐成为币缘政治的原则。原先充满纷争的国际丛林将达成兼顾彼此利益的共识，推动消弭资本、民族和国家差异的互惠合作，孕育全球治理的新逻辑，催生新的经济命运共同体。如果把眼光放得再长远些，人们可以看到随着中国等新兴市场国家的崛起，已经开始出现了以人民币等多个发展中国家的一揽子货币作为国际贸易结算货币和储备工具的新趋势。尤其是新建立的人民币跨境支付系统（CIPS），将成为发展中国家摆脱被发达国家控制、赢得货币自主权的国际结算新系统。货币终将在它被人类发明出来几千年后，成为有利无害、造福人类的无价之宝。

21.2 资本：无法停下增殖的脚步

货币如果被绑定在商品之上，就永远只是静态的一般等价物，用于交易支付、衡量价值和存储财富。可一旦货币冲破束缚，获得了自我意识，开始推动自身不断增殖，它就变成了运动中的资本。

资本已经是现代经济生活中绕不过去的课题。这个名词既让人生恨，又让人心爱。恨的是它一出世就充满了巨大的矛盾，以不以人的意志为转移的力量将传统社会改造得天翻地覆。任何正常社会里天然存在的亲情、友情和爱情关系在资本面前统统不堪一击，人们辛辛苦苦搭建起来的法律和道德体系在资本的冲击下也纷纷解体。资本家为了实现资本的增殖，敢于去冒被绞死的风险，敢于出卖绞绳给出价最高的人。

然而真实社会中的人又都很爱它，似乎都想离资本更近一些，利用资本的力量获得财富、发展经济、改变世界。如今，工业资本家托名成了企业家，金融资本家则变身为风险投资人，都是光鲜亮丽的贤达身份，可算推动经济发展的有功之臣。

可是，资本究竟为何物？掀开污名之袍，摘下盛名高帽，资本究竟是怎样的一副皮囊？人们有必要重温一遍当年振聋发聩的《资本论》，让表面上变化多端的资本无藏身之处，找到它虽自相矛盾但也推动进步的根本原因，这样才能发现解决今天纷繁复杂经济问题的核心钥匙。

不过，人们现在从头去啃大部头的马克思主义经典文本已经不太现实。为了更加形象地理解，人们不妨把资本当作一个拟人的存在。自诞生几百年以来，这个有着强劲生命力的资本就在一直不断探寻自己可以扩张的领域，探求自己的限度在哪里[①]。首先，他赋予了商品、租金、利润这些概念新的灵魂，是他们构成了资本主义早期发展运作和形成危机的机制。接下来，随着个人在资本面前丧失了自主权成为资本不断增殖的载体之后，国家与国家之间在为了竞相吸引国际资本集聚的过程中也逐渐被异化，被迫放弃统治资本的权力。于是，资本与劳动的博弈在空间上进一步扩展开来。资本用力催生出的过剩价值，只能在一次又一次不知悔改的战争和金融危机中才能得以消耗。二战后虽然有过度的消费主义以人的异化为代价消耗过量生产出的商品，但再次获得重生的资本还是不免面临扩张限度达到极限后的新危机。

---

① [英] 大卫·哈维：《资本的限度》，张寅译，中信出版社，2017。作者是美国纽约市立大学教授。他在本书中提供了一条深入浅出探寻马克思《资本论》脉络的途径。

资本其实也很疲惫,不想这样陷于永恒的奔命之中。可问题的根源在于,资本一旦停下奔跑的脚步就会失去生命力，资本主义如果没有不断的物理扩张就无法存在下去。过去，运输和交通技术的重大创新是使得资本得以扩张的必要条件。因此早期的资本主义确实在打破商品、人员和观念流动的空间障碍方面具有进步意义。为了不断寻求新的市场、劳动力和资源，资本翻山越岭、漂洋过海来到世界各地。但由于不同地区的市场交换先决条件的不公平性，资本旋风席卷之下的全球于是变得更加不平衡。富的地区变得更富，穷的地区变得更穷。然而更加迫在眉睫的难题是，这个星球上似乎已经没有更多的地理空间可以提供给资本去扩张了。于是，更有远见的资本家已经想到了可以去火星殖民，可以更新换代用硅基劳动力，这样就可以创造更新的需求、卷入更多的资源。

资本必须在运动中创造价值。但进一步考察了资本循环过程，人们就会发现资本可能会出现由于资金链断裂而引发出债务问题，这就是所谓的“反价值”概念[①]。这一概念其实源自马克思的“贬值理论”，意思是说：资本的运动过程由价值和反价值的辩证关系组成，而资本作为一种必须在运动中才能体现出的价值，始终要努力克服诸多由于技术故障和资本循环失速而造成的对价值在实现环节的否定，因而始终潜伏着“静止”的可能性。如此补充好经典的理论框架，人们将认识到“时空”问题在资本运动过程中的显要位置。这是因为：资本流动唯一目的在于积累，当生息资本可以无中生有地利用着未来的生产价值，让繁荣继续疯狂下去，但此时也在积累着无处不在的反价值，让巍巍高塔显得摇摇欲坠。资本主义内在的根本危机就埋藏于此：资本不断追求相对剩余价值，努力寻求节省劳动力的技术进步，若技术变革成功，则可减少劳动者创造的价值部分，劳动者似乎可以购买到更多的工资

---

① [英]大卫·哈维:《马克思与〈资本论〉》，周大昕译，中信出版社，2018。

商品，但资本家也同时获得了更多的剩余价值，贫富差距也就此越发扩大。

由于马克思主义理论认为只有活劳动才是真正的价值源泉，机械劳动，哪怕是更加智能的机器劳动在创造价值层面也毫无意义。因而当技术进展到机器无人化时，由于劳动者的缺失而失去了价值来源，这可归结为是资本主义在新时期遇到的全新矛盾。在追求利润的驱动下，新时代的资本找到了对知识产权寻租的新“地租”；资本对“大数据”的贪婪占有也可谓是一种新的“圈地运动”；资本总是有寻求货币利润最大化的潜在倾向，会被吸引到不产生任何价值或剩余价值的投资领域，于是表现为不断从生产环节向流通环节进行转移。

资本主义如今终于遍及全球，被冠以“全球化”这一至高无上之名。但在德国哲学家看来，其在发展进程上仍只不过是资产阶级开发地球、构建一套资本世界体系的历史，在地理空间上是用一座“水晶宫”将地球上的居民们坚硬而排他地分隔开来[①]。若是再往前追溯全球化的历史，西方世界迄今为止还曾发生过三次全球化浪潮：一是古代人们主观世界中的形而上学全球化，二是近代以来资本主义通过工业化大生产和航海殖民实现的大地全球化，三是今天由电子信息和互联网络的蓬勃发展而展开的电子全球化。资本这一次新发起的全球化，不再带有殖民和帝国主义的强盗逻辑，但却在人们的意识当中消除了对于空间与时间客观真实存在的感受能力，从而使资产阶级的隐性权力控制和潜在商业盘剥得以更加细微地弥漫到了日常生活的方方面面。因而，今天所谓的“全球化”概念，其实是一个由背后控制者伪造出来的意识形态，不过是用以掩盖资本运动至全球之实，而行收割全球之利。

可是，不加制约的资本主义导致财富不平等现象加剧的事实毕竟是掩盖

① [德]彼德·斯洛特戴克：《资本的内部：全球化的哲学理论》，常晅译，社会科学文献出版社，2014。作者是德国哲学家。他在本书中选择于21世纪初开始的全球化背景，从更加立体的“球面学”角度分析资本内部的哲学命题。

不住的。法国经济学家在对自18世纪工业革命以来的财富分配数据进行分析后，向人们揭示了一个细思极恐的规律：这300年来的真实情况是当投资回报率平均维持在每年5%左右时,GDP平均每年只增长了2%左右[①]。这意味着通过投资回报每14年名义上的财富就能翻一番，而经济增长要经过35年才能创造出翻番的财富。以100年的时间跨度计算，有资本的人的财富能够翻7番,是开始的128倍,但真实世界的经济规模只会比100年前增大8倍。有资本和没有资本的人都变得更加富有了，但是贫富差距被拉得更大。那么结论只能指向一点：有人利用资本的增殖侵占了没有资本的人创造的财富。

皮凯蒂进一步判断，由于资本回报率总是倾向于高于经济增长率，换句话说，资本总是跑在货币前面，所以贫富差距将是资本主义社会的固有现象。面对这个零和博弈的难题，他认为自由市场经济并不能完全解决财富分配不平等的问题，而且在现存世界格局的情况下，贫富差距只会继续扩大。因而只有通过国际范围内的民主制度才能制约资本主义，要在全球范围内征收超额累进的资本利得税，才能有效改善财富不平等现象，解决经济发展不平衡的问题。当然，这就得要求国家之间首先放下有关意识形态的争议，从内部创新政治架构，还得在国际银行之间实现数据共享，避免跨国逃税的现象，从而实现整个世界财富的分配都在公开透明的机制下完成。

通过分析皮凯蒂的思想，人们可以发现：他的主要贡献在于能够在经过大量数据分析后总结出资本收益率r和经济增长率g这两个参数[②]。在有了这两个基本参数之后，得出的结论也就很简单：当资本收益率高于经济增长率

① [法]托马斯·皮凯蒂：《21世纪资本论》，巴曙松译，中信出版社，2014。作者是法国经济学家。

② 何帆：《〈21世纪资本论〉导读本》，中信出版社，2015。为了让人们能更好地看懂这本1000多页的巨著，作者专门编写了这本对《21世纪资本论》内容的精华导读。原书缩写以后只有270页，既涵盖了原书的基本思想，也补充了学界对原书的评论和争议。

时，财富会越来越集中到资本手中，整个社会的矛盾开始激化；当经济增长率高于资本收益率时，财富会越来越分散到社会上，整个社会的流动性也比较高。

对于资本收益率 r，皮凯蒂发现这个参数在人类历史上是长期不变的。在所有可靠的历史纪录里，资本收益率就是 4%~5%。而且从各种文学作品中也能得到验证，地主和高利贷者获得的差不多就是这个回报率。

但对于经济增长率 g 来说，皮凯蒂发现在有可靠统计数据的 20 世纪以来，它经历了从 20 世纪 50 年代至 20 世纪 70 年代的 4%，到 20 世纪 90 年代至 21 世纪前 10 年的 3.5%，再到 21 世纪 30 年代至 21 世纪 50 年代预测将降到的 3%，甚至 21 世纪 50 年代到 22 世纪开端预测将降到的 1.5%，这样一个缓慢递减的过程。作者认为这是由老龄化人口比例一直在增长、人口红利逐渐消失而导致的。

不管怎样，当 r>g 时，也就是资本生钱的速度大于经济增长的速度，财富就不可避免地会集中到本来就更有钱的人手里，贫富差距无可逆转地被不断拉大。

再回到最重要的结论上，有人会奇怪现实世界缓慢的经济增长速度为什么能够支撑名义世界总是比它更快的资本增长速度。这是因为：世界上最初只有现实的、活生生的劳动力创造财富。每天都有一个鲜活的劳动力出现在农田或工场里。一天结束以后，不管这个劳动力有没有劳动过，这份劳动力都随着时间消失了，直到第二天才会又有新的一轮工作带来一份全新的劳动力。随着劳动创造财富，财富用货币表示，历史上沉淀下来的劳动力积累成了原始资本。掌握了这些静态货币的人于是开始将其投入生产活动中，用运动起来的资本和每天新投入进来的劳动力一起获取收益。虽然人们现在还推导不出这些对时间求了积分的历史劳动力与只有当下意义的瞬时劳动力在创造财富时发挥作用的具体公式，但可想而知前者的累积效应将会为其赢得更高的效率，结果在人类历史上稳定地呈现出资本的收益增速超过劳动力收益增速的现象。

但财富还是那么多，既然在比例上财富增长部分的分配是逐渐偏向资本的，那么劳动力所能分走的那部分必然是被缩减了。如果 r 与 g 的差距真能一直静态地维持在 5% 和 2% 的程度上，这个不平衡的游戏也还能继续玩下去。但实际上只要这个偏向的趋势一旦打开，人们看到的将是随着时间的累积，死去的劳动力，也就是资本，相比鲜活的劳动力，将越来越能赢得更大的份额。换句话说，资本在不由自主地加强自身的力量，越来越紧地扼住劳动的脖颈，直至令其窒息。整个世界的经济增长也就逐渐失去动能，经济增长开始减速、衰退甚至停滞。新的一天开始了，不再有新鲜的劳动力来到农田或工场创造财富，死去的劳动力又怎么能让一切栩栩如生呢？

经历了以上这么多解释和分析，人们终究还是要回到马克思身边，感叹他在 100 年多年前就展现出的睿智，回想他为什么总是对的。不过，想对那些指责进行反驳是一件很困难的事情，而且吃力不讨好。不相信马克思主义的人总会再从这些辩驳的文本中找出更多的观点不一致的地方，因此展开新一轮的批评。换句话说，坚定的马克思主义者举出的应战牌很快就会沦为新的箭靶。相信马克思主义的人则还会觉得这些反驳论述得还不到位，没有表达出马克思的真正意图，或者是自己所理解到的马克思想表达的观点，甚至还会批评前来应战的观点还不够犀利和全面。

然而，马克思虽然论述的是资本，但马克思主义从根本上是以人为中心的唯物主义，是以人为本的唯物主义。马克思是在观察到了资本对劳动的挤压、对人的异化之后才会格外关注资本的产生和运行过程。他所提出的所有主张也都是要帮助人摆脱被资本的压迫、被物的控制，成为能够充分以自身能动性改造物质世界和精神世界、掌握自己命运的主体。所以说，

"问题的关键不在于如何在这场枯燥乏味的冲突中选边站队，而在于认识到这一冲突是如何根植于发达资本主义的本然天性之中的——处于全球化形态的资本主义制度持续深陷这一内在矛盾之中而无法自拔，只要不消灭资本主义制度自身，它就无法消灭这一矛盾，然而此刻这一矛盾正威胁着要削弱资本主义制度。在追求这一认知的过程中，马克思的思想一如既往地是中肯的"[a]。

不幸的是，人们一直对马克思抱有各种误解，迷惑于他为了解放人而提出的各种概念之中，尤其是那个充满了矛盾的"资本"。人们已经生活在一个离不开资本的世界里，随着对资本运行规律的了解，其实每个人都已经应该知晓：资本是不可能推翻的，但资本需要得到节制，它需要跑得更慢些。过度膨胀的资本终将侵占劳动力创造价值的空间，引发财富增长速度的衰减。皮凯蒂已经判断出了经济衰退与人口老龄化之间的关系，但这又何尝不是劳动者在资本重负下的本能反抗。既然每天新鲜的劳动力只会有越来越低的回报率，那么劳动者就不愿意进行人口再生产，用无声的抗议应对残酷的现实。从某种意义上说，资本是最有用的避孕药。

吊诡的是，资本主义社会自己已经无法将脚从加速板换到刹车板，在面临国际市场饱和与国内人口衰减的困境下只能任由资本溢出国境寻找新的增长点，被迫放松移民政策在国内留下满目疮痍的种族问题。不过换个角度来看，今天资本所做的一切又都是在为彻底解决它造成的问题创造条件。人类社会为自己划定的国别界限已经被资本穿透得千疮百孔，全球各个阶层的经

---

① [英]特里·伊格尔顿：《马克思为什么是对的》，李杨、任文科、郑义译，新星出版社，2011。作者是英国马克思主义理论家，一直以正统的马克思主义者或马克思主义左派自居。他在本书中对平时最为常见的10个对于马克思的批评逐一进行了反驳，试图消除人们对于马克思的误解。这10个观点总结起来无外乎马克思的思考还很片面，判断早已过时；理论陷入教条，期望耽于空想；行动太过激进，实践存在危害。

济利益从未如此紧密地联系在一起，经过消费主义重新连接的人们具备了更为广泛的共识和意愿，那就是：产生于劳动创造的财富，需要和劳动力一起创造新的财富的资本，必须被交还到它原来的主人手中，和货币一样要成为造福人类的工具，而不是人类的主宰。

21.3 金融：跨越时空的危险博弈

如果说资本是要不断保持加速度运动的货币，货币是还处于静止状态的潜在资本，那么金融就是改变货币运动状态的作用力。它凭借巨大的货币质量能够产生影响时空分布的引力，推动资本于现在世界和未来世界之间进行跨越时空的流动。本来未来就已经充满了不确定性，再加上预期会发生的未来还会反过头来影响现在的发展走向，如此叠加激荡起来，于是金融体系无时无刻不处在巨大的风险旋涡之中。被从潘多拉盒子里放出之后，它就将人类抛掷在波涛汹涌的大海上，带来无限发展的可能，但人们也需要建造起能够防范风险的大船才能安身立命。

金融的力量在历史上曾经数次改写人类的命运。人们过去意识不到这点，对于历史上的兴衰治乱多以帝王将相和谋臣红颜来解释，如果更深刻一些则会以地理、军事，又或以思想、主义来解释。长久如此以来，人们便忽略掉很多历史真相，没有发现金融创新曾经以各种不同面貌在不同场合，悄悄地扳动过历史轨道的闸机，让轰鸣的火车气势汹汹地驶入不同的轨道[①]。近代以来，历经磨难之后人们才沉痛地意识到：近代中国之所以积贫积弱，逐步

① 王巍：《金融可以颠覆历史》，中国友谊出版社，2013。作者是中国金融博物馆创始人。他在本书中通过罗马帝国衰亡、十字军东征、王安石变法、鸦片战争、甲午海战、辛亥革命这些耳熟能详的历史故事，表达出自己对于金融在历史发展中所起到关键作用的独到见解。

沦为半殖民地而不能自拔，关键在于丧失了金融主权。陆地边疆的沦陷只是表象，金融边疆被突破后，本国之经济命脉掌握在列强手中就只能人为刀俎、我为鱼肉[①]。

不过将目光转向大洋的另一侧，人们将会惊讶地发现盎格鲁－萨克逊民族早已洞察先机。而且更可怕的是，他们并没有停下来等待世人悟出这个残酷的道理，而是在尽可能地利用这股力量实现对全球的统治。纽约城防护墙的遗址上发展出的世界的金融中心，不但为本国经济的发展提供了持续的动力，而且能向全球各地伸出金融触手，操弄着各国经济发展走向，不断掀起腥风血雨[②]。

观察那些在金融舞台上不断变换的风云人物表演，人们可以看出：在华尔街、在金融圈，从来就没有什么道义可言，向来就不曾存在什么良知，有的只是各个利益方在整个过程中不断增强和施展出的谋略。“Game”一词也许就是最能够概括这一过程的名词了。在新大陆上这样一个集中了诸多利益冲突的博弈场内，无时无刻不在上演着拥有坚韧、贪婪甚至邪恶灵魂的人类精英们惊心动魄的角斗故事。由此人们也无须再怀疑，从这个角斗场中胜出的幸存者，在将目光投向世界范围内的其他地域时，又有谁能完好无缺地全身而退。

只可惜这场“Game”玩到了2008年的金融危机，终于还是被逼到了要崩盘的局面。博弈的各方，如监管机构、投行、投资者都被困在了巨

---

① 宋鸿兵：《货币战争3：金融高边疆》，中华工商联合出版社，2011。本书重点回顾了中国近代金融的历史，深入剖析了从清末到新中国成立期间的洋务运动兴起、大革命失败、日本选择军国主义、国统区法币改革等历史事件，总结出以史为鉴的观点。

② ［美］约翰·戈登：《伟大的博弈》，祁斌译，中信出版社，2005。作者是美国经济史学家。他在本书中以华尔街的发展历程为主线，全景展示出美国金融体系演进的全过程，将200多年来由美国主导的全球金融变革进程事无巨细地暴露在世人面前。

大的迷雾之中。每个人都想突出重围，想在人人自危的环境下力求自保，于是演绎出一幅幅跌宕起伏的众生相①。美国政府当时面临的困境是这样的：明知道华尔街那些贪婪的金融大鳄是在用无辜纳税人的利益为赌注去冒险赚取巨额收益，可他们已经用激进的商业模式绑架了整个经济环境，向他们开刀在道德上无疑是正确的，但在实际中却会遇到严酷的考验。金融圈的高管们也正是吃准了政府的这个痛点才敢于如此肆意妄为，赌赢了他们将从此逍遥法外、一路高歌，赌输了也会有政府出来收拾残局、息事宁人。

危急关头，是时任美国财政部长保尔森、美联储主席伯南克和纽联储主席盖特纳这“三巨头”动用了政府最后的权威，直接干预企业之间的并购决策，才维护了市场稳定。资本市场向公众权力低下桀骜的头颅，以自由、民主著称的国度在某一时刻甚至被镀上了“社会主义”的色彩。人们开始意识到金融不受约束的巨大能量必须被纳入合理的游戏规则之下，博弈的多方之间不能没有更高层级的管控。如果说原先只限于一个国家内部的“伟大博弈”还具有某种实验性，可以在一定的时空范围内被接受，那么当这场牌桌已经扩展到整个世界，已经无人再能从中逃脱。“大而不倒”被证明只是一个神话，如何防止“尾大不掉”才是决策者要考虑的问题。

城门失火，殃及池鱼。彼岸不断玩火，此岸需得深究。人们在对全世界范围内发生过的1929年经济大萧条和2008年国际金融危机进行比较后就可以发现，导致这两次危机爆发的原因竟然都与宽松的货币政策逃不了干

① [美] 安德鲁·罗斯·索尔金：《大而不倒》，巴曙松、陈剑译，中国人民大学出版社，2010。作者是《纽约时报》专栏作家。他在本书中通过一幕幕生动的场景描述，向人们客观而详尽地展现了金融危机发生之后的一系列连锁反应。

系[①]。虽然最初往往是新技术的广泛运用导致社会生产力快速提升，在短时间内将人们的消费需求激发出来。但随之而来的是，高科技产业和金融行业的发展往往相互促进，复杂的金融手段可以更有效地将过量的货币投放到市场上，从而扭曲了原有的供需关系，发出歪曲真实经济状况的信号：未来的现金流可以穿越回现在进行折现，人们对未来充满乐观，倾向于提前消费，这本身又会刺激当下的经济，让泡沫看起来非常真实；眼下的低质资产可以经过层层手续被包装成别人手中的金融产品，潜在的真实风险在乐观情绪下仿佛就不存在了。

在面对这样的经济危机时，作为决策者其实很有必要在制定经济政策时添加所谓的“逆周期因子”作用。这是因为，人的本性在经济好的时候总是低估风险背后的危害，高估风险可能带来的收益，用短期收益评估长远未来。这种现代金融的顺周期特性只有在政府强力主导的宏观审慎行为下才能得以遏制，通过对冲市场上的非理性情绪，降低发生经济危机的概率。

而当危机真正发生的时候，它就会按照一套自有的逻辑顺次展开。刚开始时是经济增长率的大幅降低，繁荣时期的泡沫破裂，失业率攀升，经济困境加重并转向社会、政治和军事领域。这时政府先会采取货币紧缩政策，泡沫破裂带来的经济压力通过货币贬值和债务重组得以缓解。在经济未实现实质好转之前，超发的货币涌向股市会带来一次虚假复苏，但很快会遇到经济增长率的再次探底。由于国内矛盾激化，政府开始向外部转移和推卸责任。

① 刘鹤：《两次全球大危机的比较研究》，中国经济出版社，2013。在当时全球金融危机的大背景下，中央财经委员会办公室于2010年启动了“两次全球大危机的比较研究”课题，邀请到多家相关单位，目的是以史为鉴、防患未然。课题组从国际政治经济、货币政策、金融监管、微观机制等角度展开研究，最终分别完成了专题研究报告。时任中央财经领导小组办公室主任、国家发展和改革委员会副主任、58岁的刘鹤在此基础上主编完成本书。

危机开始向更多的国家间蔓延，一直到走完整个过程才能达到新的平衡点。

在这种情况下，金融危机在本质上反映的是资源的错配，表现在国家内部是贫富差距的扩大，表现在全球范围是国家间经济实力、政治地位与资源分布的错配。既然是错配导致原有经济发展遇到瓶颈，那么解决危机的方案在本质上也是要解决错配问题。

不过这样的解决方案背后往往代表的是重大的理论创新。在全新理论主导下实施的资源再分配方案，将导致大国间权力的重新转移和国际经济秩序的重大变化。换句话说，每次全球危机都是形成全球新秩序的契机。采取这种观点去认识货币、资本与金融的作用，既是人们在今天要去解决世界经济发展不平衡问题的出发点，也是中国赢得战略发展机遇期，500 年来第一次主动构建全球经济关系的落脚点。

21.4 划出经济学理论的坐标象限

货币、资本和金融，是人们理解现代经济现象的重要概念。透过对这三者起源、特性和关系的深入理解，人们将得以建立起一整套观察和分析经济发展过程的思维体系。其实，由于经济问题切实关系到人们日常生活的方方面面，所以自先民们从茹毛饮血的状态中解脱出来以后，就不断有贤人志士开始思考这些表象背后更本质的规律。这些入世的思想者在人类历史的各个阶段，基于不同的生产条件，提出了各种因地制宜的观点。

这些观点大多经过实践验证后，曾经有效地推动各民族发展起不同特色的经济体，有农耕，有游牧，有商贸，有工业。其中更加成熟的观点会逐渐形成有关经济运行的基本原理，并且由于最初生活场景来源不同，而各自承袭了不同特色的思维模式，于是成为今天不同经济理论框架的基础。世界上的各民族在经历了近千年无数次自然灾害、战争纷扰和政权更迭之后，也逐渐形成了如下几套能够解释经济现象，并指导经济运行的理论学说。

首先必须提到的是当前影响力最大的主流经济学，也就是发源于地中海周边区域，以分散的商贸城市和分隔的消费–生产区为地理特点，以个人主义为立论基础，关注市场如何自发调节资源配置关系的西方经济学[①]。这条学术脉络最先是由亚当·斯密的《国富论》和大卫·李嘉图的《政治经济学及赋税原理》这两部经典著作，在19世纪确立了古典经济学的理论体系。到了20世纪初，西方经济学进入新古典经济学时代。其中，阿尔弗雷德·马歇尔作为创始人，首先在《经济学原理》中论述了市场价格在供需双方短期和长期力量下实现均衡的过程；阿瑟·塞西尔·庇古作为马歇尔的学术思想继承人，在《福利经济学》中从增进国民收入的目的出发，引入了通过政府干预作用，实现社会资源合理配置的理论；在20世纪30年代经济大萧条背景下，约翰·梅纳德·凯恩斯则从根本上推翻了古典经济学理论关于充分就业均衡的假定，指出其根源在于有效需求不足，只有政府才能采取积极的财政政策，通过增投资刺激经济，弥补自发市场中的有效需求不足，从而实现充分就业，消除经济危机的基础。

但到了20世纪40年代，新自由主义经济学又开始兴起，强调要反对国家对经济的干预。其中，冯·哈耶克以《通往奴役之路》《致命的自负》和《自由秩序原理》等著作对集体主义的批判而为世人瞩目，他认为：只要是在中央集权的计划经济管制下，就必须得由特定的个人或团体来决定资源的分配，但这些计划者永远都无法获取足够的信息以进行正确的分配资源。路德维希·艾哈德则作为西德总理，在战后亲身实践了社会市场经济的理念：一方面保持私有制和市场经济，保护自由竞争，限制垄断，一方面实行社会保障和补偿制度，调节不公平的分配状况。詹姆斯·布坎南的突出贡献是创

① 王东京：《经济学笔谭》，人民出版社，2016。作者是中共中央党校教授、副校长。

立了公共选择理论，将经济学中理性自私人的概念移植到了政治决策领域，从而推出了“政府不一定能纠正问题，事实上反而可能使之恶化”的结论。米尔顿·弗里德曼作为新自由主义的掌门人，在《资本主义与自由》中提倡将政府的角色最小化，让自由市场运作，这样才能维持政治和社会的自由。举例来说，正是由于美国联邦储备银行的过度干预政策，错误地减少货币供给，才恶化了一场原本普通的金融风暴，使之酿成20世纪30年代的全球经济危机。

另一方面，作为对新古典经济学理论过于静态化和理想化模型的批判，在19世纪末20世纪初社会矛盾激化的美国产生了制度经济学。代表人物托斯丹·邦德·凡勃伦以《有闲阶级论：关于制度的经济研究》的犀利笔锋指出：工业体制要求不断改进技术与统治阶层追求享乐这两者的矛盾限制了生产的发展和技术的进步。但随着技术的不断发展，技术人员也在不断获取管理社会经济的权力，一旦两者结合，有闲阶级就会被抛弃。主持过美国国家经济研究局的米契尔则反对用抽象的均衡原理来描述经济周期过程，主张必须依靠经济统计数据才能说明制度因素在经济周期中的表现。约翰·康芒斯则强调交易、产权和组织对制度的影响作用，希望寻求企业、工会和政府内部思想开明的领导者支持，一起制定可以为各方所接受的解决办法。他们之间虽然观点不尽相同，但可谓是老一代制度经济学的三大巨擘。

进入20世纪50年代，西方又出现了新制度经济学。一派是以约翰·加尔布雷思为代表，继承了凡勃伦的思想传统，不但继续批判新古典经济学抽象的、静止的和均衡的分析方法，而且更为彻底地主张采用整体的方法研究制度的演进过程；一派是以罗纳德·哈里·科斯和道格拉斯·诺斯为代表，把新古典经济学的逻辑和方法运用于分析制度的构成和运行，同时从人的行为只具备有限理性和人在谋求最大利益时存在机会主义行为倾向这两个方面对新古典经济学进行了修正。

在这些争论过程中，西方经济学留下了许多著名的假说、疑点、定理、模型和准则来应对现实问题的挑战，推动学术理论的发展。经济学家们总是在不断地修补好一座座待完善的理论大厦，但很快又会困惑于意料之外新事实的出现。但不管怎样，只要还是将经济现象看成由无数个人组成的巨大资源配置系统，就总有无限可能在其中找到理论与现实不吻合的罅隙，并不断探察出更多的解释方法和调整动作。

要想理解西方经济学为什么会面临这种困境，就得回到其分叉发端的基础上来看。学者们已经发现，现代主流经济学的伦理学基础其实落在杰里米·边沁和约翰·斯图尔特·密尔在18世纪末、19世纪初提出的功利主义上，也就是人们要以满足“最大多数人的最大多数幸福”作为理论支撑，去追求更大的边际效用①。于是，原本在古典经济学中看重的由劳动创造价值的客观原则，被替换成由物品满足人欲望的能力或人对物品效用的心理评价的主观价值。西方经济学的发展脉络从此偏离了劳动价值论，而进入了效用价值论轨道，并由此延伸出一整套概括为善、幸福、财富、效用、情感、价值、成本、收益、利润、价格、一般均衡、社会正义以及情景理性这样的经济学基本概念。

到了19世纪70年代，英国的威廉姆·斯坦利·杰文斯、奥地利的卡尔·门格尔和法国的里昂·瓦尔拉斯进一步提出了边际效用价值论，在强调商品的价值是人对物品效用的感觉和评价的基础上，继续推导出：这种效用价值是一个动态变量，会随着人们消费某种商品的不断增加而递减；效用在经过一系列递减作用后所达到的最后状态，即最小效用，这才是衡量商品

① 汪丁丁：《经济学思想史讲义》，上海人民出版社，2012。作者是北京大学国家发展研究院经济学教授。他在本书中结合政治学、社会学、心理学等多学科的研究成果，对西方经济学进行了深刻的反思。

价值量的尺度。因此，所谓的市场价格，不过是在充分竞争条件下买卖双方对物品效用的感觉和评价彼此达到最终均衡后的结果值。西方经济学从此彻底摆脱劳动力价值的束缚，将经济人的活动量化为可以主观感受的效用，在全新的伦理道德大道上一路狂奔，用一个又一个更加复杂的数理模型去揣度“理性人”那微妙的感受与行为。

在资本主义还处于殖民掠夺和原始积累的发展阶段，对人世间正在滴血的剥削劳动价值事实避而不谈，只基于脱离现实的几个经济学基本假设而论，再在上面叠床架屋进行供求关系、价格作用、市场行为、资源配置等命题的数理分析。今天的观察者们必须承认，“功利”地说来，这样的经济学确实非常实用，且存有正面的历史推动作用。但随着资本在全球范围内配置的完成，经历过20世纪以来多次经济大萧条、滞胀、金融危机的冲击，人们已经越来越发现所谓的新古典经济学再也应对不了这些“新”问题了，于是又要有新制度主义来解决；从老牌资本主义国家发展历程中总结出来的自由主义经济学也解决不了战后发展中国家的发展新问题，于是又要有发展经济学来帮忙。西方经济学就这样在不断地为“旧”理论打“新”标签中负重前行。一堆经济学家也越来越娴熟地在老屋上翻新，但谁也没有勇气和实力去重构经济学的假设，并有信心将其带到一条全新的轨道上来。

当然，还是会有西方经济学学术圈外的独立学者，敢于大声喊出皇帝的新装是什么。经过独立思考后，人们就会想到：虽然还是以人的主观感受为价值评判标准，但为什么不可以试着把“理性人”的内核打开，从而从根本上就认为人的欲求本身就是可测量的呢？这样，经济学家不用借助于外部的数理模型求导，就完全可以研究需求与供给的因果关系，从而推导出经济学的所有规律。这将是一门以研究创造或获得财富全过程规律为目标的“科学经济学”[①]。

因此，对于科学经济学来说，它的核心任务不在于证明自由市场机制下可以实现社会福利，甚至可以由数学公式推导最大化的福利值，反而是要找出市场运行规律中的缺陷，确认市场失灵对社会福利的损害，进而完善市场管理体系去解决这些问题。这就类似自然科学里的那些应用领域，总是要有理论能够纠正现实世界里存在的偏差，有工程实验手段将对理论的应用约束在一定可控范围内。人们不能总是对发生在真实生活中的现象进行观察后，还停留在类似亚里士多德“四因说”式的认知阶段。由此看来，西方经济学即便在西方人引以为傲的现代科学视角看来，也还处于很不成熟的发展阶段。

其实在效用价值论之外，西方经济学还有另外一条不为现代主流所认可的另类枝干，那就是马克思沿着劳动价值论这条线索提出的坚持马克思主义的政治经济学。与沿着效用价值论线索、建立在边际效用论和均衡价格论基础上的新古典主义理论不同，马克思继承了古典经济学的代表亚当·斯密、特别是大卫·李嘉图有关劳动形成价值理论和价值量分析的研究成果，进一步创立了剩余价值理论。这就为后来推导出资本主义社会的内在矛盾，以及必须通过阶级斗争消除生产关系对生产力的阻碍作用，才能推动社会前进的革命纲领，打开了宽阔的理论大道。正是在这里，马克思经济学和新古典经济学出现了彻底的决裂，为人类观察经济现象、指导社会实践提供了另外一种可能。

相对于西方世界在近500年来经济体量的快速发展，古老的东方大陆在更漫长的岁月里一直处于经济发展的领先地位，也培育出一套发源于东亚中原大地，以统一的中央国家和互补的政治–经济区为地理特点，以集体主

① 汪涛：《科学经济学原理：看见“看不见的手”》，东方出版社，2019。他在本书中从自己的专业——测量学角度出发，希望能够重新在科学心理学研究的基础上建立起一套分析需求和供给的研究框架。

义为立论基础，强调通过政府主导参与资源合理分配的东方经济学。只是主流的经济学界目前还没有具有明确共识的专有名词来称呼它，人们可以通过了解相对而言较为自成体系的“孔门理财学”和“国计学”学说，来把握其中的精髓。

与西方经济学先假设有独立发挥作用的个人，再在此基础上建立模型，预测整体变化情况的思路不同，东方经济学总是先假设整体应该如何呈现状况，再在此基础上设立规范，调解个体应如何相互处理关系。早年在万木草堂受业于康有为，参加晚清最后一榜科举成为光绪三十年（1904）进士的陈焕章，后赴美国哥伦比亚大学经济系留学，在1911年获得经济学博士学位，可谓学贯中西。他就是这样按照东方人的思路给经济学下了定义：“经济学是为了集体生活着的人，根据正义原则进行财富管理的科学。”为了阐释这门源自儒家思想的经济学理论，他的博士论文定为 *The economic principles of confucius and his school*，后译成中文出版为《孔门理财学》，是第一部总结我国古代经济思想的著作[①]。

陈焕章也为孔门理财学，也就是东方经济学找到了伦理学基础，那就是义与利要保持一致。“孔教以为真正的利拥有义，而与义抵触的眼前利，从长远视之，它根本就不是利。义与利，这两名词在本质上是一样的，只是用了不同的术语表达而已。”在这里，经济利益与社会价值是一体两面的综合体。中国人以此原则“作为理财学的基本准则”，并付诸日常的实践活动，坚信利益与正义不可分割，不去探讨应该如何制定策略才能保证在特定条件下维持最大多数人的最大利益。

---

① 陈焕章：《孔门理财学》，韩华译，商务印书馆，2015。作者在这本书中融合了历史、法律、经济等多门学科的研究内容，讨论了孔子及其儒家学派在经济方面所提出的学说，第一次参照西方经济学原理的体例，向世人阐释了东方经济学在消费、生产和分配财产等方面特有的思想价值。

每个人都坚守诚信和正义，社会就会变得繁荣与发达。如果不成立，那也不是要调换其他什么模型来预测和解释这些现象，抑或是采用什么手段来调解个体的需求与欲望，而是要求每个人都去正确地处理好与自己相关的义与利的冲突问题。这里不存在每个人先天地就戴有某种面具的“理性人”的假设,只能通过外界条件的刺激才能让他们整体地呈现出不同的需求与感受。孔门，也就是儒家学派，认为人从本质上是可教化的。儒家经典也为此提供了大量可以从内部修为道德的标准方法和实践案例。

当然，孔门理财学也有自己的经济政策，可分为放任政策与保育政策。司马迁在《史记・货殖列传》中就主张大力发展工商业，让人们自由获得财富。他尤其赞同汉代初年“开关梁,弛山泽之禁”的政策,认为这样能使“富商大贾，周流天下，交易之物莫不通，得其所欲”。班固则在《汉书・司马迁传》中批评司马迁“述货殖则崇势利而羞贱贫，此其所蔽也”，主张政府要对自由竞争进行干预,以减少过度竞争给社会带来的危害。但实际上,“中国政府极少采取积极政策以干预民众的理财活动。从历史上看，政府无论在何时采取微小措施以干预民众的理财活动,均以失败告终,而极少有例外者”。因为东方经济学的目标始终是要构建一个和谐平等的社会，“平均财富为最好之事，而将民众划分成穷人与富人则为最糟糕之事。这样的理论不是共产主义，说得更确切点，是国家社会主义”。

无独有偶，20 世纪初严复在以《原富》为名翻译出版西方经济学之父亚当・斯密的 *The Wealth of Nations*，向还没有现代经济学概念的中国引进西方观念的时候，曾仔细思量过“又见中国古有计相计偕，以及通行之国计、家计、生计诸名词。窃以谓欲立一名，其深阔与原名相副者，舍计莫从”，于是将 economics 译为“计学”。这就说明先贤早已注意到西方所谓 economy，乃起源于希腊文，原意乃管理持家之本的一家之计，而中国古有对应之理，其实包含了家计之上的国计民生之事。

历史深处的这一点细节，足以启发中国学者开始研究以国计分析为基本特征的中国古典国计学，区别于以家计分析为最初起源的西方经济学[①]。在系统地比较中西方经济理论的渊源联系及演化发展历程之后，其实中国人也完全可以在自身传统经济理论的基础上构建出一套完整的理论体系和国计运行模型。而且由于中国古典国计学特别强调有效调配整个国家资源，充分发挥市场积极性，以期最终达到整个国家经济发展的平衡状态，因此能够早早地就在宏观经济管理理论上优于后来的西方经济学。这一经济理论上的优势在历史上曾经极大地帮助了中国领先于世界范围内的其他地区，形成了大一统的中央帝国，建立起有效的社会管控，发育出完善的官僚体制。

现在将主流西方经济学、科学经济学、马克思主义政治经济学、孔门理财学和国计学放在一起，人们将可以看到隐隐地有两道脉络将它们区分开，其中一条区分的逻辑是研究方法是具体的还是抽象的，另一条区分的逻辑是研究对象是个体的还是群体 / 社会的。

主流西方经济学假设研究对象是无差别的“理性人”，通过数理模型可以求解出整体效用的最大化，因此是在抽象个体基础上研究抽象群体；科学经济学认为“理性人”的心理状况也是可以测量的，加入科学的共轭手段就能够在整体上进行实验，因此是在具体个体基础上研究抽象群体；马克思主义政治经济学也是在研究无差别的人类“活劳动”，但由此推导出生产关系与生产力的这对矛盾在社会中是真实存在的，因此是在抽象个体基础上研究具体群体；东方经济学包括孔门理财学和国计学在内，更是从每个人的内心深处去寻找问题的答案，它在意要生产出的并不是物质财富，而是由活生生的人所组成的真实社会，因此是在具体个体基础上研究具体群体。

---

① 程碧波：《国计学：国计民生的系统科学》，中国社会科学出版社，2015。作者在写作本书时还在中国社会科学院研究生院求学，现为中国政法大学商学院教授、资本金融系主任。

分别位于经济学理论框架中四个象限的不同学说，各有其特别想强调的重点内容。在评价这些学说的价值时，应该说无论中西，不问对错，都不是最终真理，都有待继续发展。可问题是，后学者如何在这般海量的文本知识中既得其精髓，又另辟蹊径？人们需要从思想史的角度进一步反思经济学，要能在逻辑叙事和历史叙事的冲突与统一中去把握这套理论框架[①]。于是大家不妨跳出那些传统的经济学概念，直接去感受鲜活的历史情景，也许能更好地解决经济学这 200 多年来发展过程中一直存在的、静态均衡分析与动态演化分析这两者之间的紧张关系。

思想史方法的好处在于能够将人带入历史情境，让人获得身临其境般的感受，产生罗素在《西方哲学史》序言中所说的对哲学家应抱有的“同情的理解”和陈寅恪在《冯友兰中国哲学史上册审查报告》中所说的对古人之学说“应具了解之同情”。要想达到这种状态也不难，只需“在运用思想史方法时，我们首先试图想象作者的生活情境（物质生活、社会生活、精神生活），然后试图感受作者通过作品试图表达的重要性。我们常要重复这一过程，直到获得比单纯文本分析所得的更令人信服的理解”。

为了进入这一境界，人们需要进行广泛阅读。借助余英时自述“广泛阅读的主要功能是帮助读者感受特定历史情境，并由此理解当时的作者在他们的著作里希望表达的重要性感受”的观点作为佐证，汪丁丁凭借自己远超越于一名经济学家格局的丰沛知识储备和宏大叙事能力，已经努力向人们传达出自己感受经济学艺术的三重阶段——当时感、贯通感和同一感，乃至最终达到如黑格尔所言的“历史与逻辑的同一”的境界。但“这样一种对冥冥之中、六合之外存在着决定性地影响着人类事务而且远非人类理性可能洞察的宏大

① 汪丁丁：《经济学思想史进阶讲义：逻辑与历史的冲突和统一》，上海人民出版社，2015。

秩序的信念”究竟是什么？他也遇到了自己在感知和表述层面的天花板，无法独立给出答案，最终只能诉诸神秘主义了。

可正在勇敢实践着的人们不会心甘于此。他们格外期待能有一套崭新的经济学理论，既能够运用马克思主义基于劳动价值论的理论武器，又能够容纳儒家通过调节个人行为达成和谐社会的愿望，还能够加入现代科学手段实现量化控制整体福利的目标，真正解决人类经济发展不平衡的根本问题。在这个问题上我们相信，正在实践中的、将马克思主义与中国国情相结合、以数字经济为主要形态、有中国特色的社会主义经济理论，可能是最有希望的答案。

21.5 纵横对比经济增长运行模式

面向未来，不管哪种经济理论得以胜出，标志性的判断条件除了要能解释人类社会发展的过往现象，更重要的是要在新的历史条件下，能够指导人们彻底解决经济发展不平衡的根本问题。为了摘取经济学王冠上的这枚明珠，几百年来经济学家们在经济增长的研究领域前赴后继，提出过各种不同的解决方案。

在这条寻求经济发展规律的漫漫征途上，每个参与者都无法置身事外。后学者们既有责任尊重前辈的权威论断，也有便利能够取长补短自成新说，当然也要有开放的心态任由更后来的学者评判自己的观点。然而这条征途未有穷期，经济增长这个话题在世界范围内仍然存在诸多尚未解决的重大问题。经济学家们的努力虽然是在代代传承，但也各有侧重。如果想要找到一条直面现实挑战的未来之路，就有必要将各种不同观点下的增长模式放在一起做纵向拉通和横向比较。

自 18 世纪中期到 20 世纪末的这 200 多年来，在经济增长理论领域已经涌现出多种经济增长模型，其中的一条主脉就是经济周期和发展阶段学说[①]。在这套理论体系里，人口、资本与技术被认为是影响经济增长的三大重要因素，已经为历代的经济学者们重点关注，推导出相应的基本增长方程式，并在收入、利率、价格等问题上展开过大量讨论；后来凯恩斯在提出短期宏观调控理论、萨缪尔森在引入数学模型分析工具方面，分别帮助人们找到了可以对经济体产生作用的方法。这套路数由于格外有效实用，于是吸引到当时的经济学家们纷纷将注意力投向有效需求的决定因素上，展开了大量的量化经济研究；在这些极容易引人注目的关键特征和指标之上，人们逐渐开始注意到一些在体系内周而复始和国家间相似可比的现象，就这样不断对经济周期和增长阶段进行深入研究；尤其当短期的刺激政策在每个局部范围内时，会让信息不充分的人们产生如穆勒所说的非理性预期。当这种不可控的人性因素经过多层放大之后，再精妙的宏观调控政策也不过是在延迟危机的爆发时机，积累危机的蕴含能量，直到在一场波及所有人的大崩溃中才能得到最终的释放。

研究进展到这里，于是就有奥地利政治经济学家约瑟夫·熊彼特做出抽象概括，将这种自然而然发生的经济周期称为景气循环，或商业周期。从这

---

① [美]华尔特·惠特曼·罗斯托：《经济增长理论史：从大卫·休谟至今》，陈春良、茹玉骢、王长刚、郑恒等译，浙江大学出版社，2016。作者是美国经济学家，1916 年出生于纽约，是在发展经济学领域扮演承前启后角色的关键人物。他在学术上最重要的研究成果是基于西方各国的工业化发展经历，提出了经济成长的六个阶段理论，希望以此能代替马克思理论对人类社会历史发展阶段的划分。他的另一个重要身份则是作为经济史学家，在本书按照时间纵向维度向人们介绍了自大卫·休谟以来的经济增长理论发展史。罗斯托本人不是经济学专业出身，分别获得过耶鲁大学文学学士、牛津大学文学硕士和耶鲁大学哲学博士的学位。如此深厚的人文领域背景让他能够以超乎常人的洞察力和叙事能力，将现有的经济学理论应用到经济史研究中，在偏重描述和制度分析的领域发挥他的长项，而这恰好能帮助人们全面而快速地对庞大的经济增长理论体系进行整体把握。

一名称中人们就能看出他对此持有的应对态度：繁荣与衰退都不需要，也无法借助任何外力，反而每一次的萧条都天然地包含着下一次技术革新的可能——“资本主义的创造性破坏”，或者是今天人们更习惯提到的“创新”，会把原有生产要素重新排列组合为新的生产方式，以达到提高效率、降低成本的目标。

后来在熊彼特的经济三重周期嵌套模型（康德拉季耶夫长周期、朱格拉中周期和基钦短周期，时间上大致符合 1：6：18 的比例关系）所勾勒出经济循环运行的框架基础上，罗斯托自己则提出了更具备方向指导性的经济成长阶段论。他希望这套理论能找到主导产业发展的核心动力，拉动经济增长跳出循环周期，进入最终的繁荣，而熊彼特的创新生命周期只是包含在他的理论内，以不同的波长在各个阶段起到引领创新的作用。这个经济成长过程可依次分为六个阶段，分别是：传统社会阶段、准备起飞阶段、起飞阶段、走向成熟阶段、大众消费阶段和追求生活质量阶段。其中位于第三的起飞阶段尤为重要，工业化开启进程，经济加速发展，成为一国能否摆脱不发达状态的分水岭。

不过罗斯托的经济成长阶段论还只是一种线性发展理论，不具备周期理论的预测性，也忽略了其他路径实现经济增长或者跳跃性发展的多种经济发展模式并存的可能性。针对这些问题罗斯托本人也有所察觉，在他晚年重新编订书稿时，曾发出“我们的命运正横于刀锋之上，是险路逢生还是凄惨谢幕”的困惑之言。

经济学界随后也越来越重视对现代信息革命浪潮的反思和未来演变趋势的研判，陆续产出了像阿尔文·托夫勒的《未来的冲击》《第三次浪潮》和约翰·奈斯比特的《大趋势》等未来学著作，极大地启迪了人们立足现代科技、畅想未来经济发展模式的思路。经济学领域也越来越被看作复杂性模型的绝佳应用场景。中国学者陈平在大胆地引进非平衡态物理学的研究方法，借鉴非线性人口动态学领域的逻辑斯蒂增长模型之后，提供了一个可以分析演化与竞争行为的框架。换句话说，他将经济增长看作由技术驱动、为竞争市场份额而不断推进的小波现象[①]。

这种观点认为，无论是罗伯特·索洛的外生增长理论，还是保罗·罗默的内生增长理论，新古典经济学虽然已经考虑到了经济要素和技术水平对增长模式的影响，但还是忽略了资源限制和技术发展的波动效应。这是由于新古典经济学家们并不理解技术进步从量变发展到质变的转化过程，以及在这一过程中经常出现的间断现象，再加上人类发展史上所面临的资源种类曾经经历了人口、土地、能源和资本等数次重大迭变，能源中又有煤、石油、电力和核能等不同技术条件下所能提供的种类不同，因而有必要将经济发展视为一个复杂系统在不同参数条件下的演化现象。

在高等数学语言的帮助下，技术小波可以用来解释经济生活中的生命周期现象，小波模型可以提供预测资本运动和政策变化的分析机制。在加入了集体主义和个人主义的分析参数后，人们还可以定量比较两者的优缺点，分析出东西方文化差别的原因在于中国与西欧农业的技术结构不同。这种中西劳动分工模式的基本差异，即西方模式发展的是资源密集—节省劳力的技术路线，而中国模式发展的是节省资源—劳力密集的技术路线，这结果导致了工业革命发生在以发展节省人力、消耗资源的技术为目标的西方世界。按照这个推断，如果科技革命能不断拓展人类可利用的自然资源，则西方模式仍有发展空间；相反，如果创新无法发现新的更大的资源，个人主义将在存量资源市场上输给更加集约的集体主义。

于是，熊彼特的经济周期模型和“创造性毁灭”的创新理论都可以被新

① 陈平：《代谢增长论：技术小波和文明兴衰》，北京大学出版社，2019。作者是复旦大学中国研究院的研究员，师从非平衡态物理学和复杂系统科学的奠基人伊利亚·普里戈金，是国内经济混沌和经济复杂性研究的先行者。

的新陈代谢理论来描述，经罗斯托简化了的经济阶段论也能够在描述产业兴衰的技术小波与宏观总量的经济波动建立起联系后得到更直观的理解。人们确实要感谢复杂性理论带来的对非线性和非均衡现象的描述语言，建立起了理论和观察之间更紧密的连接。

在这些经济学家百家争鸣的众说纷纭之中，如果从政治思想光谱的横向维度来看，还可以分成左、中、右三派，在有关如何促进经济发展的问题上做出了对政府和市场、管制和自由、阶级和大众这些议题的不同选择。在这些政治经济学领域的思想家中，格外引人注目的三位代表人物分别是：英国的约翰·梅纳德·凯恩斯、英国的哈罗德·约瑟夫·拉斯基和奥地利的弗里德里希·奥古斯特·冯·哈耶克。他们分别出生于1883年、1893年和1899年，共同经历过20世纪中期的那些决定我们今天经济面貌的重大历史事件[①]。

其中，凯恩斯的历史贡献在于打破当时以马歇尔为代表、居于主导地位的新古典学派自由放任经济学说，在1936年发表的代表作《就业、利息和货币通论》一书中主张由政府通过收入分配政策，可以刺激有效需求来达到充分就业，通过扩大消费和投资支出可以改善有效需求不足的状况。市场上没有一只能够将对追求私人利益转化为满足社会利益的“看不见的手”，让传说中供给与需求可以自动均衡的“萨伊定律”在现实中成立。他的学说在二次大战之后被奉为圭臬，他本人也被称为“战后繁荣之父”。

当然，拉斯基也主张要有国家干预经济，甚至还格外推崇苏联所采用的计划经济。但他脑中所设想的调控力量可不是凯恩斯经济学中最终能受益的国际金融资本家。拉斯基是一个激进的社会主义者，希望建立经济上平等的

---

① [美] 肯尼斯·R. 胡佛：《凯恩斯、拉斯基、哈耶克：改变世界的三个经济学家》，启蒙编译所译，上海社会科学院出版社，2013。作者是美国西华盛顿大学政治学教授。他在本书中按照从身份背景到思想萌芽再到意识形态的发展逻辑，诠释了这三位经济学家背后代表的经济思想对政治经济发展的实际影响作用。

福利国家和政治上自由平等的民主社会。为实现自己的政治抱负，他在战后担任过英国工党的全国执行委员会主席，作为精神领袖为艾德礼的工党政府进行的民主社会主义改革提供了思想基础。

而哈耶克虽然早在1944年就针对集体主义展开批判，写出《通往奴役之路》以反对政府对市场进行过多干预，从而为自己赢得巨大名声，但同时却不得将其思想转化为政策大行于世。然而他活得足够长，在75岁时获得诺贝尔经济学奖，并在随后的20世纪80年代美国里根总统和20世纪90年代英国撒切尔夫人首相的保守派政府崛起后，凭借其被取用为保守主义理论基础的古典自由主义思想内核，因而获得了世界范围内的广泛关注和追捧，得以于93岁高龄寿终正寝。

这三位代表人物的思想拘于时地限制，可以说各有偏颇。现实中各个国家在不同历史时期，都会分别借助政府干预、市场调节和社会进步的力量对经济发展过程起到积极推动作用，并且避免任何一种力量的过度发展而导致的失衡。真正致力于实现经济增长的决策者，绝不会在脑中对某一派学说崇拜得五体投地，引为真理而不作置疑。如果人们有看到在某个特殊的历史时期出现了这种极端的情况，那也一定是决策者出于不得已的原因在矫枉过正。真实世界的运行规律一定是以一种不同身份、不同思想、不同意识形态相互调合、相互补充的状态才能持续向前发展。在学习这套规律的时候，有必要分门别类地来看；但在运用时，则一定是要掺杂在一起做。

人们在此处需要再进一步辨别的是，偏右的自由主义经济思想内部又分为两派：一派是奥地利学派，代表人物是前面提到的哈耶克，更多还是停留在对“自发合作秩序”的理论推演上；另一派则是芝加哥学派，代表人物是米尔顿·弗里德曼，相对来说能够对现实经济现象进行深入的实证分析了。

弗里德曼晚于哈耶克两年获得诺贝尔经济学奖，这表彰的是他在消费分析、货币供应理论和历史，以及稳定政策复杂性等范畴的重点贡献。不过究其根本，弗里德曼经济思想的底层逻辑还是在宣传自由主义，反对凯恩斯主张的国家干预经济政策。这在他于 1962 年出版的《资本主义与自由》一书中就早早显露出来。后来，他在与夫人罗丝·弗里德曼于 1979 年合著出版的《自由选择：个人声明》一书中，更是用通俗易懂的文笔向人们表明了他对由于政府“制定了过多的法律法规、实施了过多的政府管制、建立了过多的行政机构、花费了过多的财政预算，才使我们的自由和财富受到了侵蚀和削弱”的强烈反对，认为“一旦政府以中间人的身份插手干预，良好的愿望往往会导致悲惨的结果”①。

弗里德曼在书中提出的很多观点，如今都已成为现实生活中人们反对自己的政府对经济活动进行干预的理由。比如，良好的市场可以通过自由交换机制达到物尽其用、人尽其才，实现高效率的运作；政府只要履行好最基本的职责就可以了，保护好每个人的合法权益不受侵扰，建设并维护重大的公共基础设施；政府不应该在国际贸易中设置太多的税收和限制条件，这样只能让国内那些不成熟的企业继续生存下去，但受损失的是更多本国消费者的正当权益；庞大的官僚机构掌握了整个社会福利的运转机制，他们没有动力为普通人的利益过多考虑，只会在安逸和垄断的环境中逐渐丧失创新和改进的勇气，拖累整个社会收取与分配福利的效率；政府掌握了货币发行权，这种权力会让拥有者上瘾，通过不断地向经济体供应货币而享受铸币红利，因此必须要有独立的金融主管机构更加中立地管控货币发行量。

在 20 世纪末、21 世纪初的中国，这种自由主义的经济观点也非常热门。但经过随后 20 多年的经济实践，人们对这类言论的思考也就更加成熟起来。这个世界真的只是由一群善意的理性人和一个不怀好意的政府组成

① [美] 米尔顿·弗里德曼、罗丝·弗里德曼：《自由选择：个人声明》，张琦译，机械工业出版社，2008。

的吗？假设政府的权力被限制了，可世间万物运转的规律没有改变，消失的权力去哪了？如果有一只手，看不见、摸不着，也无法测量，那么遵循奥卡姆剃刀原理，直接认为它不存在是不是更合理？即便每个人都有足够的信息做决策，或者基于尊重个人最初意愿的理由，可以将原本要再分配的社会财富分到每个人手上，在面对分散的个人时，资本有什么理由证明自己会比政府更善待他们？政府干预行为被证明会加剧经济危机而背上了骂名，但这场批判是不是越过了边界，模糊了做法正当性和实际效果的差别，成为资本摆脱监管的借口？

于是，人们开始冷静地思考弗里德曼在劳动保障、财政金融、人权平等、教育普及和消费权益等问题上开出的具体药方，比如反对最低工人工资、主张休克疗法、取消外汇管制、设立教育代金券等，在1972年的《新闻周刊》上发表《禁酒与毒品》一文支持毒品合法化，并曾在1975年不光彩地参与了智利历史上臭名昭著的皮诺切特军政府发起的经济改革政策制定过程的经历（这也是最为引起世人争议的地方）。

其实，自由主义的经济观点在欧美国家也在经历更深层次的质疑与挑战。人们越来越意识到其核心是盎格鲁－撒克逊式金融资本在不断扩张的趋势，当下成为热点的金融化、放松管制与全球化议题都与此相关。来自欧洲大陆的法国经济学家热拉尔·迪梅尼尔和多米尼克·莱维，采用资本家、管理层和大众构成的三级阶级结构来剖析20世纪以来资本主义社会的联盟关系，结果发现：在二次大战后的妥协时期曾出现由管理层阶级和大众阶级联合而组成的左翼结盟，但在新自由主义时期则变成了金融资本家来主导。

他们指出，解决之道唯有动摇管理者阶级与资本家阶级之间的协作关系，组成管理者阶级和大众阶级的新型左翼联盟，完成两者的最终解放[①]。这将

① [法]热拉尔·迪梅尼尔、多米尼克·莱维：《大分化：正在走向终结的新自由主义》，陈杰译，商务印书馆，2015。

是一个跨阶级的联盟，而不是大众阶级的雇员在不同企业之间的联盟；这将是一场新管理主义与新自由主义之间的混合，也是欧洲人打破盎格鲁－撒克逊金融霸权的必争之战；这将是欧洲大陆分裂前的最后一次挽救机会，法国和德国有责任终结新自由主义的错误选择，分离管理者和资本家，寄希望于整个社会转向左翼，开启资本主义的渐进式超越之路。

看来，来自欧洲大陆的经济学家们已经对盎格鲁－撒克逊式的经济发展模式产生了疑虑。与此同时，专门研究发展中国家经济增长的学科——发展经济学，也在讨论政府与市场在经济发展中所应扮演角色的争论中分化出了左右两个派别①：

一个是结构主义，研究发展中国家如何通过变革经济机制，使得国内经济结构能够从仅可维持生存的传统农业经济，转变为现代化、城市化、多样化的制造业和服务业经济。他们主张依靠国家强有力的政策支撑，发展内向的进口替代战略，通过贸易保护培育本国的新兴工业，使其生产出替代原先需要进口的工业品。

一个是新古典主义，认为经济不发达的结果主要来自错误的价格政策，以及政府的过度干预所导致的资源配置不当。他们主张发展以出口为导向的外向经济模式，利用市场力量解决发展问题。

在 20 世纪 80 年代，急需西方经济学理论滋养的中国改革者们也注意到

① ［美］吉拉德·M. 米耶、都德莱·西尔斯:《经济发展理论的十位大师》，刘鹤、梁钧平、杨焕昌、陈研译，中国经济出版社，2013。这十位经济学家包括：结构主义学派的代表人物科林·克拉克、阿尔伯特·赫尔希曼、阿瑟·刘易斯、纲纳·缪达尔、劳尔·普雷维什、保罗·罗斯坦森·罗丹、华尔特·惠特曼·罗斯托和 H.W. 辛格，新古典主义学派的代表人物彼特·T. 鲍尔和简·丁伯根。本书收录了这十位经济发展理论大师的早期开创性文章，罗斯托这次也成为后学者研究的对象。1986 年夏，当时年仅 34 岁、还在国务院发展研究中心工作的刘鹤，连同梁钧平、杨焕昌、陈研等人将此书翻译成中文出版，给当时正在探索中国自有发展道路中的人们带来了一缕理论上的阳光。

了以上两个流派的区别：结构派强调进口替代、保护自主产业，发挥国家作用；新古典派则强调对外贸易、开放互利合作，发挥市场机制。放眼全球，20世纪六七十年代分别奉行前者的拉美国家和后者的东亚国家也以其不同的后果为面临选择的中国提供了参考案例。年轻的中国学者们经过比较后认为这两套发展模式并不矛盾，可以兼收并蓄。以东亚各国的发展模式来说，虽然“表现为‘出口导向’，其实这个模式是既在促进出口，也在促进劳动密集型产品的‘进口替代’，并且正是早期‘进口替代’打下的工业基础，促进了后来向‘出口导向’的转型”，更何况“东亚国家在推进市场机制建立完善的同时，政府在加速资本积累、解决‘双缺口’问题方面，对推动本国工业化和形成产业国际竞争力方面发挥了积极作用”。而拉美国家在早先采用“进口替代”模式没有成功的情况下，再接受华盛顿共识，转向由新古典综合理论指导下发展模式，也是从另外一条路径上为中国的决策者们提供了更加生动的参考案例。这段有效借鉴国外经济发展模式的理论与实践、减少自有发展道路摸索时间、避免弯路和陷阱的往事，直到今天也仍有很强的教育和借鉴意义。

人们要感谢当年那些先行者的探路和选择。因为事实已证明，“地方政府不仅可以为经济发展创造环境，它本身就是经济发展的深度参与者”[①]。在中国鲜活生动的经济发展实践过程中，决策者必须躬身入局，政府必须置身事内。中国模式最终形成的“这种‘混合经济’体系，不是主流经济学教科书中所说的政府和市场的简单分工模式，即政府负责提供公共物品、市场主导其他资源配置；也不是简单的‘政府搭台企业唱戏’模式。而是政府及其各类附属机构（国企、事业单位、大银行等）深度参与大多数生产和分配环节的模式”。唯有此，才会有中国经济持续长达40多年的强劲增长。时隔

① 兰小欢：《置身事内：中国政府与经济发展》，上海人民出版社，2021。作者是复旦大学中国社会主义市场经济研究中心、经济学院副教授。

多年以后，当人们再回忆起这段如饥似渴地想要消化这些宝贵的经济增长理论，为中国抓住历史节点机会、实现重大跃升，而探寻国外经济学界参考方案的经历时，已经可以欣慰地说出："中国已经完成了早期发展经济学家所说的经济'起飞'阶段的历史任务，站在了罗斯托所说的经济持续增长阶段的新起点上。"

但是，中国的故事还没有结束，"中国的增长奇迹尚未画上句号"。唯有"继续将中国中等收入阶段发展的特性要求和共性规律紧密结合，大力推进理论创新，才能认清这个阶段发展的本质和推动因素，引领中国顺利跨越'中等收入陷阱'，实现全面建成小康社会的宏伟目标"。只是这时已经没有太多先例可以给我们还像以前那样学习和参考了。无论左右、不舍南北，更新更高的挑战留给了有志于为全世界探寻出一条永续发展道路的中国实践者们。

21.6 平衡五大要素，发展数字经济

在有了对货币、资本和金融这些经济要素发挥作用的理解，对经济研究中涌现出各种流派理论所处方位的把握，对经济学家为促进经济发展而提出各种方案模式的比较之后，人们可能还是没有足够的信心确信能够找到一条实现经济平衡发展的永久之路。世人们看到的更多还是，有的国家通过抢占某项资源先机而获得发展优势，有的国家利用垄断地位而尽享制度带来的发展红利，有的国家在费尽全力将核心技术转化为阻断别人的发展壁垒，各种经济理论、制度和工具被研究出来之后并不是为了让更多人获益，反而成为进一步加大世界各国贫富差距、扩大发展不平衡状态的助推器。

在这一片混乱之中，中国在这几十年里经济发展所取得的巨大成就便尤其显得非同寻常了。中国的成功经验能否"将目光投向更长的历史和未来"，

为全世界经济共同体实现平衡发展的永久之路点亮一盏明灯，是每个有志于经世为学的人所关心，也有责任努力将其变为现实的重大课题。

在观察国民经济宏观体系时，人们除了要重视数据来源和方向趋势之外，也需要具备对数据在横断面上的交叉验证和横向比对能力[①]。这既包括了要以系统思维的眼光对比多个经济变量的变动来确定产生关键作用的经济因素，比如在探讨2008年中国出现对外贸易盈余收缩原因的时候，需要综合分析这一时期经济增长、人民币汇率、多个部门物价、工业企业利润率和发电量等经济指标的变化，才能确定背后的根本原因是国外需求的萎缩，而非国内需求的增长或供给能力的缩减；也包括在从劳动力供应、资本存量以及技术进步三个影响总供应能力的因素来观察产能周期时，在没有可靠的全要素生产率（TFP）测量数据支撑时，需要从其增长趋势来找寻背后的经济意义，发现中国人均资本存量短缺的情况，得出中国经济周期以投资和产能的剧烈波动为特征的结论（这也与当每次中国经济的扩张周期运行到顶峰时，总是会表现出明显的资本存量约束现象相吻合）；还包括了要能将经济实体变量和金融虚拟变量结合起来，采用数学推导方式来解释现实问题，比如在解释资产替代效应的理论依据时，结合起现实生活中的资产重估和配置问题，就能非常好理解。

这种对经济运行逻辑的拆解正好暗合了中国经济发展在货币、资本和金融这三大领域曾经遇到的关键问题。如今，人们已经可以在充分的数据之上和严缜的逻辑之下将其作为案例细加评说。在基本掌握此类理论分析框架的基础上，经济学家们面向大众进行宏观经济分析则成为时下最为热门的显学。

---

① 高善文：《经济运行的逻辑》，中国人民大学，2013。作者是安信证券首席经济学家，在中国经济发展过程中至关重要的通货膨胀形成机制、产能周期波动和资产价格变化等实践领域积累了丰富的经验和认识。他将其自成体系的理论分析框架总结在本书中，为人们提供了一套可以观察今天宏观经济运行的思维体系。

通过这些分析，以及对这些分析的综合比较，人们也越来越培养出更加客观全面的经济学素养，有望在社会中涌现出新的思维方式来理解经济体系的变化规律。

其中有一种较为流行的观点就是，将中国自改革开放以来所取得经济成就的原因归结于陆续在人口资源、制度变革和加入全球化等方面释放出的红利所致①。当这些红利见顶之日，人们终将要面对改变旧有的惯性思维，寻找新机遇实现转型的挑战，让中国经济再次达到更高层次的平衡。这会有助于将人们讨论经济平衡发展的话题引导到决定国民经济运行及市场主体生产经营所必须具备的基本要素——劳动力和土地上来。如果回到这两个熟悉的领域，人们将会发现：

首先，中国在改革开放之初所具备的特有人口结构是生产者比例大于消费者，因而较高的储蓄率使得投资需求较强，相反，消费需求较弱；对于整个国民经济而言，由于投资的资金主要来自国内储蓄和对外负债，因而国内需求相对较弱，相反，出口相对较强。同时，在人口流动方面，则有大量的农村人口流向城市，加速了以城市为中心的现代经济建设。这份红利在消费与需求之间、在农村与城市之间产生了强大的势能，具有强大的牵引力。

其次，中国房地产行业特有的土地使用制度造就了房产成为既可作为居住使用又具备投资价值的特殊商品。政府可以以此来调控资本市场的变化，促进整条供应链上的消费能力，缓解经济发展中的通胀问题，带动银行信贷业务发展，实现城市经济与产业的布局调控。在房地产泡沫形成的过程中，所有参与者都是赢家，因而参与者也会越来越多。这份红利的分配过程中较量的是信息差，是时间差。

---

① 彭文生：《渐行渐远的红利：寻找中国新平衡》，社会科学文献出版社，2013。作者是中国国际金融有限公司首席经济学家。

然而红利之后留给中国的是新的挑战：30年过去了，人口老龄化彻底改变了人口结构，消费者比例将大于生产者，原有的消费群体、消费模式都在发生根本性转变。完善养老和鼓励生育将成为新的人口形势下需要特别关注的消费形态；整个社会对环境保护的重视，国家对房地产投资属性的摘除，政府对各种新业态内需消费的鼓励，让线下的住房与商铺越来越失去原来被过度叠加的价值，人们需要重新考虑对于资产和消费的投入配比。

这样一来，为了要达到中国经济新平衡态的转型政策路径——重视人口拐点和加速制度变革，就有了坚实的落脚点。因为只有回归到经济基本要素的层面上，从劳动力和土地问题上寻找解决问题的答案，才有可能向着最终实现经济平衡发展的目标迈出最稳健的第一步。这种观点也得到了时任中央财经领导小组办公室主任刘鹤的认可。而且他还进一步认为人口结构变动、收入分配差距和房地产价格上涨问题叠加在一起，就会影响到更宏观的金融风险体系[①]。要想继续在这些经济要素之间取得平衡，人们还需要继续关注由房地产价格和银行信贷两个关键指标决定的金融周期问题[②]。于是，这就涉及决定国民经济运行及市场主体生产经营所必须具备的另外两个经济基本要素——资本和技术。

若从世界金融发展史来看，各国通常都是先在一定规模的人口基数下，

① 刘鹤曾为彭文生所著《渐行渐远的红利：寻找中国新平衡》一书作序。他评价道，这本书“尤其在三个方面值得关注。第一，人口结构的变动不仅通过劳动力供给影响经济增长，对宏观经济的其他方面包括经济结构、物价和资产价格也有影响，其表现形式可能不像人口结构渐进变化所意含的那样平缓。第二，收入分配差距是中国经济最大的不平衡，导致消费弱、投资强，进而造成产业结构中的工业占比高、服务业落后，进而带来环境污染、资源压力等问题。第三，高储蓄、房地产价格上升和信用扩张联系在一起，带来房地产泡沫和相关的宏观风险。彭文生强调根本的出路在于改革，提出改革需要在公平和效率、政府和市场、上一代与下一代、金融与实体、需求与供给等方面取得平衡”。

② 彭文生：《渐行渐近的金融周期》，中信出版社，2017。

由技术进步提高劳动生产率带来社会财富增加，经济发展进入快速增长区间；这时整个社会会表现出非常乐观的情绪，信用扩张，人们愿意去花明天的钱来满足今天的需求；这对经济体又产生了刺激效应，商家感受到需求增加就会更愿意去扩大生产，增加投资。经济进一步发展，但这是一种虚假增长；扭曲的增长传导出错误的信号，破坏了国家正常的产业构成比例和财富分配体系，房地产行业往往会成为这个巨大泡沫的载体；泡沫越来越大，一开始还会对经济发展有温和的激发作用，但随着时间加长，错误变量越积越大终于成为不可承受之重，房地产价格波动和银行信贷政策变化就会成为金融周期进入新阶段的风向标。

21 世纪初，中国正在经历第一个金融周期，而且是已经到了顶部拐点。在随后的 3 到 5 年时间，中国逐渐进入金融周期的下行半场，那时最理想的组合政策是"紧信用、松货币、宽财政"，也就是人们常说的用积极的财政政策、稳健的货币政策和严厉的监管政策来干预金融周期，调节其发展趋势，尽可能地消除经济运行体系中不和谐的噪声，使之重新得以润滑高效地运转起来，直到这轮金融周期平稳落地，可以期待技术发展引领下一轮周期的到来。

除了顺应金融周期自身的运转模式，要想在这一轮调整期间利用变革的力道为实体经济的下一轮发展铺平道路，央行还需要进一步向市场投放货币，降低企业对银行信贷的依赖，发行数字货币用于减税也是一种可选的方案，商业银行与投资银行则有必要采取分业经营以降低金融风险。反映到经济生活中来，这就意味着持续多年的房地产泡沫要被挤掉了，民间的金融操作不再被允许私加杠杆了。整个国民经济体系会在相当长一段时间内告别过往乐观的行情，但在这段清苦日子里，脂肪肝消失了，肚子变小了，整个人没那么浮肿了，身子骨强健了才有机会在下一拨周期起来的时候跑得更快。这已经是在现在主流经济理论框架下，所能设想到相对较完善的调控经济平衡发展的解决方案了：意识到并假设经济增长存在波动性，然后识别出所处的波动周期，并采用多种经济手段医治经济体中的病灶，一步步地进行微操手术，在保持稳定的情况下尽量平滑地进入预定的周期波段。

如果放在过往的研究大背景下来看，这种思路和方法本身没有问题，也很有效。但在今天若去面对因科学技术快速进步而导致的产业代际更迭挑战，其预测能力和指导功效都会变得黯然失色。尤其是进入 21 世纪以来，世界经济已经发展到空前复杂的状态。一波波技术革命不等人们来得及准备就将原有的经济假设重新定义，而且每代变革之间的时间差越来越短。数据在每轮迭代中越来越成为更加重要的经济要素，人们需要有新的思维方式来理解经济体系的变化规律，数字经济和计算智能将在其中发挥不可忽视的决定性作用。

不管是出于主动还是受于被动，人们都越来越意识到数字化技术给人类社会带来的巨大变革和便利，并相信这是一条人类通往社会发展和繁荣的光明大道。技术进步带来的是更便捷的沟通、更丰富的信息获取和更开放的知识共享，普通人将得到以前无法想象的免费产品、优质服务和空闲时间，人与电脑的关系不是替代，而是互补。重组型创新概念是支撑这种乐观想法的主要来源。当然这需要政府不断去改进教育政策，鼓励创业，促进就业市场信息匹配，加大科研投入、基础设施投资和财税改革。对于个人来说，“你未来的收益水平取决于你在多大程度上能与机器完美地配合工作”①。

于是，当新一轮发展机会重新摆在世人面前时，东西方又都站到了同一起跑线上。事实上，中国在计算智能应用领域获得的收益更大，甚至在某种

① [美] 埃里克·布莱恩约弗森、安德鲁·麦卡菲：《第二次机器革命：数字化技术将如何改变我们的经济与社会》，蒋永军译，中信出版社，2016。两位作者分别是麻省理工学院斯隆管理学院的教授和科学家，他们在书中尝试为人们找出在数字经济中最佳的生存策略与发展计划。

程度上可以说是实现了弯道超车。在那必然会到来的智能时代里，每个人都必然会遇到巨大的变革。无论它会怎样，不管自己该如何应对——“预测未来的最好办法就是把它创造出来”①。是的，身处在这伟大变革时代的每个人，都有义务去创造未来，去搭上这列正徐徐启动的快车。搭上它，沿途都是风景；错过它，只能哀叹时运不济。人们只要去借鉴那些在人工智能时代弄潮儿的实践案例，就可以很清晰地看到成熟的商业变现模式。这是新时代的淘金之路，它公平地面向每个有想法的普通人。

但普通人可能会觉得这些畅想离自己太远，是不是只有加入人工智能公司才能参与变革呢？其实不是。我们知道，人工智能的最终目标并不是让机器像人一样思考，而是把求解过程转变成大数据与算法的问题，是用大数据和算法彻底改变未来的商业模式。其实每个人都可以从微观层面运用普遍适用的衡量体系和思考框架，来分析自己所在企业面临的增长业务体量和提高财务收入的问题；采用大数据和人工智能技术，来处理各种纷繁复杂的业务难题和盈亏困境②。沿着这个思路，每一家公司、每一个人都可以把自己改造成大数据的生产、转化和消费过程，以及算法的建模、计算和匹配过程中某一环节的参与者，在自己力所能及的范围内构建起一套大数据智能驱动增长的行动框架。面对数字经济的变革，最正确的做法是去了解它内部各个组成部件的机能和运作规律，并结合自身需求进行调整适应；去丰富、放大和加快这个流程，进而从中实现自己的价值。

---

① 李彦宏：《智能革命：迎接人工智能时代的社会、经济与文化变革》，中信出版社，2017。

② 蒋凡：《智能增长》，人民邮电出版社，2017。本书探讨了人们在需要应用大数据和人工智能技术去增长业务、提高收入等真实场景下会遇到的具体问题，从方法论角度提供了普遍适用的衡量体系和思考框架，可以处理各种纷繁复杂的业务难题和盈亏困境，帮助人们自行搭建起一套大数据智能驱动增长的行动框架，了解其中各个组成部件的机能和运作规律，并结合自身需求进行调整。

人们已经越来越相信，发展数字经济将能够帮助人们找到一条摆脱循环往复周期发展，或者是阶段跨越发展宿命的新路。这是因为，实体经济为数字经济得以实现提供了巨大的物质基础，数字经济则为实体经济的进一步发展提供了新的容身空间，两者相互促进才有可能平衡好土地、人口、技术、资本和数据五大经济要素的作用，真正实现经济运行的均衡发展。

然而要想平衡好这五大要素之间相互转换、相互促进，但也可能相互抑制的发展关系，却是一件很不容易的事情。但只要人们意识到了这点，再去重新考察金融周期内部的转化关系就可以看出，原先的人口规模达限、技术水平进步、财富扩大生产、资本加大投放、人口超前消费的那个死循环，正是在一个正向促进的流程中，在资本的那一环节过度放大了需求，因而导致货币信号紊乱而形成的错误闭环。之所以会出现这样的错配，是因为在数字经济时代之前，数据作为经济要素的作用还不够明显，资本（实际表现为金融）发展起来以后无法找到合适的载体，于是只能向位于下一个的人口环节传导出被扭曲的信号，错误地进入下一轮循环。明白了这层道理人们就会醒悟到，如果不能正确地将发挥数据要素作用的环节补上，大力发展数字经济，那么无论经济学家再构想出多么复杂精巧的金融周期理论来干预经济运行的细节动作，也只能是隔靴搔痒，或是缘木求鱼，甚至是错上加错。

因此，随着在经济生活中越来越多地积累大数据和应用智能方案，数字经济的比重逐渐加大。它一方面能够容纳更多的资本流入，产生更加丰富的新兴行业，促进经济健康繁荣，溢出的货币有了数据的载体；另一方面则能够降低沟通成本，发挥人力优势，带来更多线上消费，满足人们多元化的消费需求，数据的丰富又提高了人们的生活质量。如此一来，那条在人口、技术、土地、资本和数据之间本该能够顺次正向激发，但被阻断并误导的相互促进闭环，就可以被正确地重新建立起来了。

同样，借助这五大要素之间相互抑制的关系，也可以帮助人们理解在平衡经济要素两两之间关系时需要注意到的反作用。比如，数据对技术标准的更高要求，提醒人们每当数字经济影响过大时，比如出现了个人隐私数据泛滥，技术就必须受到严格监管，要经过限制后才能以更规范的形态出现；过于超前的技术会反噬资本，表明一旦金融体系本身采用技术手段加快增长速度，就一定会出现过于虚假的泡沫，经济运行处于危险状态；资本对人的异化，验证了资本一旦过度膨胀就会开始奴役劳动者，尽可能地剥削走劳动力创造出的剩余价值；人口对财富的滥用，对应了人口不加限制的滋生也会很快消耗掉土地和财富，让经济发展陷入马尔萨斯陷阱；过于看重传统产业而轻视虚拟经济，则暗示如果过于重视供给实物的生产环节，而不想办法在流通、分配和消费环节提高效率，就很难形成如黄仁宇所重视的“数目字”上的管理。

在这些经济平衡发展思想的帮助下，人口、技术、土地、资本和数据五大经济要素终于可以各安其位，各司其职，再也不需要用额外的手段补充或消除其中任何一个要素的作用。这样符合内在逻辑，能够自动运行，达到平衡发展的经济体系，才是人们最渴望实现的理想目标。在经历了太多困惑、迷茫和挫折之后，我们相信，人类在21世纪大力发展的数字经济事业，最终将能够找到不但帮助中国自身，也能引领全世界经济共同体实现平衡发展的永久之路。

第 22 章　弥合政治形态的分界线

如果只是局限在经济领域内部采取措施以实现经济平衡发展的目标，那么人们只需要关注如何调配人口、技术、土地、资本和数据五大经济要素之间的关系，使之相互促进，形成正向循环就好了。但实际上远没有这么简单，因为所有的经济现象都能找到政治根源，所有的经济危机也都会演化成政治困局。在现实生活中，有关生产、分配、消费物质与服务的经济问题反映到人类的社会活动中就是政治现象，政治则成为经济的集中体现。相应地，人们在政治领域可以做到的是，采取手段保证各项经济要素能够得到自由流通、充分发展、兴利除弊和相互补充，最终在经济领域实现持续稳定的平衡发展。

由此可见，经济要做到平衡发展，就必须有政治力量在底层支撑，起到使之四平八稳的压舱石作用。然而要想做到政治平稳，需要主政者能够将各种可能导致人们不能无差别参与政治生活的因素弥合起来，在人性的层面寻求更大范围内的一致。

首先，政治的核心抓手是国家政权。国家通过政府对内实施有效的治理手段，治理能力的高低直接影响本国人民的生活水平、自由程度和发展前景。每个严肃的公民都会非常关注自己国家政府对待民众的态度、政府治理事务的效率，乃至政府获得合法性的方式。政府对国家治理能力的高低决定了施政效果的优劣，决定了政权是否稳固的问题。

其次，政治的操控艺术体现在国与国的交往之间。没有一个国家能够自外于这个体系而生存下去。很多时候外交即内政，国际政治关系的一点变动传导到国内就会对应重大政策的调整。在无政府状态的国际环境下，每个国家都面临着生死考验。只有正确的理论和清晰的思路才能指导人们穿过黑暗森林，要想博弈到最终稳妥的局面需要极为高超的政治智慧。

再次，政治的现实因素脱离不了地缘。地理位势以及在此之上人口、交通、气候、生态等因素综合作用之强大，决定了人们必须不断更新认知。妥善组合这些变量，把不同地理空间的人群在同一时空统合在一起，才能形成更为强大的政治共同体，让这个世界变得更加稳定，不会轻易让别有用心的人打翻地缘格局。

最后，政治的活动主体是人，人又会受到现实制度的制约和推动。是人性决定了政治观念的形成和演进，也只有解决了人的问题，才能真正做到弥合当今遍布于世的各种政治分歧。人类自古以来就在不断寻找维持政治秩序的解决方案，但直到今天，人们仍有必要深入探讨如何才能实现稳定政治局面的理论基础和制度保障。

因此，政治发展要平稳，就必须认真研究如何提高国内治理能力，改善国际外交关系，塑造地缘利益格局，能在世界范围内达成有关人与制度共同发展的理论学说与解决方案共识。

22.1 判断国家治理能力的优劣

国家是拥有共同语言、文化、种族、领土、政府和历史渊源的社会群体，是构成当今世界秩序的基本政治单位。国家通过政府对内实施有效的治理手段，政府治理能力的高低直接影响本国人民的生活水平、自由程度和发展前景。

有关于国家治理能力的观察、分析和判断总是最挑动人们的神经，每个国家也都在依据自身的条件和意愿进行着各种不同模式的实验验证。究竟什么才是正确的国家治理方式，什么是“良政”？人们不能偏信于单方面观点，而是应该多方比较，细心分辨，才能得出中肯可行的判断。熟悉中国近现代史的人们知道，这实在是非常重要的一件事情，有太多的历史事件与此相关，有太多的精力被投掷在这个话题上。但同样让人困惑的是，至今仍然有太多貌似正确，实则大谬的观点还在误导着人们。

为了全面厘清这个问题，人们有必要先从感受最直接的中国政治现实出发来寻找答案。在20世纪末，中国社会的维权和泄愤事件尤为突出，社会转型期不期而至的冲突现象直接暴露在世人面前。分析认清这些案例的基本特征及社会风险，将有助于人们学会系统性地从社会治理角度找出如何化解社会冲突的方案。在社会学领域的有些学者看来，当时中国社会的政治虽然处于稳定状态，但实际上是一种处于“刚性稳定”状态的“抗争性”政治①。也就是说，社会的政治结构没有必要的韧性和延展性，精英联盟和底层群体之间没有缓冲地带，主政者只好时刻处于高度的紧张状态，需要运用大量社会资源来维系这种稳定状态，但最终可能会因为维稳的社会成本大于稳定状态下社会收益的承受范围，而导致刚性的统治关系发生断裂，社会秩序失去控制。“维稳”维得了一时，但维不了一世。因次，他们建议索性不如遵从底层社会内部结构的逻辑，坚持从底层人群的个体利益出发，相信普通民众能做出理性的判断，并进而能产生行动影响社会发展，带来政治运作逻辑的变化。

不过，在如此悲观看法背后的假设其实是：社会上存在一个依赖刚性稳定结构并与底层群体隔离的精英联盟，维稳的成本在持续增加并时刻挑战国家财政的承受能力，政府在历史上积累的权威遗产会随着时间流逝而逐渐减

① 于建嵘：《抗争性政治：中国政治社会学基本问题》，人民出版社，2010。作者是中国社会科学院农村发展研究所教授。

弱并反映到对社会的控制力上。在这样一个紧张、脆弱、乏力的政府治理下，自然就会出现持此种观点的公共知识分子们所观察到的大量越来越失控的“社会泄愤事件”，这反过来恰好又印证了他们开始的判断。

同样还是这个政府，但在另一派公共知识分子的观察下，却极有可能超越它的本分，在没有相应监督与制约的情况下过度干预民众的生活，从而产生另外一种不稳定[①]。他们采用奥地利经济学派的观察视角，将20世纪末至21世纪初中国社会呈现出的很多政治问题归结于没有发展出一套制约政府的理论和方法，人们因此会受到政府和它身边利益相关方的各种剥夺和制约。相应地，政府主导应该让位于民主宪政和自由市场，只有在民众权利得到充分尊重后，中国的政治与经济才能得到真正的发展。

基于这套判断逻辑，印度与中国作为历史背景相似、成立时间相近、基本国情可比的两个发展中国家，但在政府承担的角色和表现的能力方面有着截然不同的特性，因而具备了非常合适的观察价值。前者国内中央对地方、政府对民众的影响力都很弱，在没有这些管制之后的企业家创新和全球化机遇之中出现了所谓的“自然增长”；后者则有政府在背后起着强力的推动作用，在一个明确的目标下通过详细的规划和坚定的措施实现的是另一种“强制增长”。

这一派的公知们显然是不太看好这种政府主导作用的“强制增长”。但若没有政府的强力作用，另一派的公知们所担心的“刚性稳定”恐怕也难以维系。那么政府究竟该发挥什么样的作用呢？这个问题对于那个年代的公共知识分子们来说可真是一个两难的困境。为了回答这个难题，来自现代公知大本营的祖师爷曾经尝试过用更为科学的经济学理论的思想来指导政治学研

---

① 秋风：《政府的本分：基于民众权利的中国政治与经济》，江苏文艺出版社，2010。作者本名姚中秋，是国内知名独立学者。他的好友于建嵘先生为本书撰写推荐序。

究。他们基于“理性人”和“利益最大化”的经济学基本假设，假定在政治活动中的政府、政党和选民都会做出理性选择，在给定的约束下追求自身利益的最大化，因而就有可能建立起一个能够去理解公共政策和政府行为的理论模型[①]。这样，人们就能在西方民主政治制度的环境下具体地分析清楚其背后的实际运行机制，找出其内在的动因和本质的局限。这就相当于直接把于建嵘和姚中秋想解决的中国问题放在了他们所依赖理论的发源地去研究，让大家可以一起来看看这套理论到底是否适用。

于是，待解的问题转化成：理性的政治主体在选举制民主的约束之下，它的行为、后果及稳定性究竟是怎样的呢？原来，在这个假设的世界里，所有行动都以选票最大化为目的。在一个提供了完备信息的理想世界里，理性选民的投票策略是这样的：他将能够非常有信心地将票投给能够为自己带来最大效用的政党，或者投给更有可能当选的其他政党，以尽可能地阻止他所反对的政党当选。而作为博弈的另一方，执政党希望能继续控制政权，反对党则想方设法夺过政权。那么，执政党的最佳策略就是采纳多数选民赞成的选择，反对党则试图将不同政策影响的人群区隔开，设置不同议题，然后再通过在每个关键问题上找到那些不被重视的少数选民，从而形成一个持不同意见者的大联盟而寻求胜算。

如果一切都能这么简单就好了，可是充满不确定性的现实世界里并没有这么光滑的假设。真实投票人为了了解环境、获得信息、做出投票决策，需要付出额外的成本。这些成本在政党、利益集团、游说者和其他投票人的影响和干预下会变得无比昂贵。这种昂贵不仅体现在金钱上，也包括时间、知识面和判断力。大部分投票人在经过衡量之后终究会发现要付出的这些成本

① [美]安东尼·唐斯：《民主的经济理论》，姚洋、邢予青、赖平耀译，上海世纪出版集团，2010。作者是美国著名政治学家、公共选择理论代表人物。

远远高于自己能从改变选举结果这件事获得的收益。因而高决策成本实际上改变了普选权所保证的平等性，人们貌似完全理性的行为最终导致的反而是政治上的不平等事实。这也是实际上大量中间选民弃权的根本原因。

对于掌握了这些道理的政党来说，既然最后追求的是选票最大化，所有选民投出的选票在数字层面都是一样的，那么自然是尽可能地去达到选票效用的边际均衡。但由于政治不平等现象的实际存在，不但经济只能停留在低于帕累托最优的次优状态，政治上经过各方的多轮博弈甚至还会形成越来越恶劣的生态和越来越热衷追求民粹的选票型政党。

这些严肃的政治经济学研究终于让人们发现西方民主政治体制在获取政权路径上的缺陷，意识到政府和政党的行为是会受到私利影响，政治决策背后更多是那些有势力的人士和群体经过反复博弈后形成的。为了对此进行修正，西方学者继续锲而不舍地设计出了一套所谓的代理人模型，期望能够在一定的制度前提下出现更加有效的政府[①]：既能利用政府谋求公益的潜力，又能约束其在制度框架内，通过内部激励和选拔任用机制的调整，让其成为所谓的守规的代理人，最终实现以人均寿命、富裕程度、公共基础设施等尺度来衡量的良政，让有关政治制度的优劣及活力的判断最终体现在人民的满意和认同上。

不过这些设想也还都停留在理论模型上。当回到现实世界里，真的有一个能代表大多数民众意愿、采取更加缓和务实态度、避免两极化意识形态、约束政策范围和力度的政党，它又该如何制定选举策略，在执政以后又该如何表现出自己的治理能力呢？人们可以将目光投向西欧各国那些老牌的社会民主党。它们在面临经济全球化和欧洲一体化的巨大社会变迁后，曾经试图

① [英]蒂莫西·贝斯利：《守规的代理人：良政的政治经济学》，李明译，上海人民出版社，2009。作者是伦敦经济学院政治经济学教授。

革新自己的纲领、目标和政策工具，希望走出一条新的“第三条道路”[①]。他们所采取的政策、道路和模式，也许能够给人们一些启迪。

首先，政党理论和价值观念的变革让原先以左翼自诩的社会民主党在意识形态取向上发生了重大转向，实现了从强调上下对立的阶级政治，向左中右并存的中间政治环境的调整。党的意识形态更具有包容性和代表性，但却使得党失去了原有的阶级定位，施政纲领的重心也从过去的“主义”之争转向发展经济。既然如此，无论执政还是在野，也都没有必要和其他政党之间形成过于激烈的对立冲突。当然，这种意识形态上转变背后的主导因素还是社会基础的变化。科技革命进步提高了机器在生产过程的应用比重，减少了对人的需求，这导致欧洲社会民主党原先依赖的产业工人群体人数锐减。同时，中间阶层开始崛起并成为社会的主流人群。社会民主党必须适应这些变化，争取经济选民的支持，不断调整自己的政党属性才能成为他们的代言人，保证执政或参政的长期地位。为此，西欧的社会民主党们找到了公平、正义、责任、民主这些可以凝聚社会共识的价值观，希望能够调和自由主义与保守主义、民主社会主义与新自由主义，加快经济发展与维护社会公平之间的矛盾。

但自从2010年以来，欧洲的社会民主党们纷纷表现低迷，支持率整体持续走低，在多国失去执政地位并跌落谷底，难以再依靠其原有政策主张得以翻身。而那些持有极端观点、挑拨族群对立的政治素人反而开始在各国政坛大放异彩，出现一个又一个政治传奇。欧洲政坛当年的那些政治实验于是为今天的人们验证“民主的经济理论”和“良政政治经济学”这些体现西方

① ［德］沃尔夫冈·麦克尔、亚历山大·佩特林、克里斯蒂安·亨克斯、克里斯托弗·爱格勒：《社会民主党的改革能力》，童建挺译，重庆出版社，2009。本书描绘了20世纪90年代中期到2004年的那段时间里，在英国、德国、法国、荷兰、瑞典和丹麦执政的社会民主党以不同的方式进行尝试的过程和取得的经验。

道路的理论模型提供了绝佳的观察案例。

与此同时，广大的发展中国家也在竭力寻找解决自己国家政治和社会问题的良方，也许他们的经验能够给人们提供更有价值的参考。这些在二战后独立的大量“第三世界”国家在启动现代化道路之后的表现并不好。相反，还有很多国家在经历了军事政变、寡头政治和街头政治之后陷入了无尽的混乱之中。但正是这些发展中国家所面临的实际问题，向当时主流经济学家的“现代化”理论提出了挑战：对一个国家来说最重要的不是统治的形式，而是统治的有效程度①。但是拉美、非洲和东南亚的那些发展中国家，并没有弄清楚如何才能在实现成功之前先实施有效统治，而是简单套用了英美等发达国家在成功以后采用的政治制度。貌似先进的现代“民主”制度反而会带来更加混乱、腐败和衰弱的政治秩序，结果彻底断绝了在本国实现现代化突破的道路。

如果采用社会组织效率和社会群体参与度两个指标来解释国家政治的稳定性变化原因，人们就会发现“区分现代化国家和传统国家，最重要的标志乃人民通过大规模的政治组合参与政治并受到政治的影响”。实际上，一个传统国家转进为现代化国家的过程，就是不断有新的民众主动或被动地参与到政治生活，并发挥作用的若干不同阶段而已。通常来说，在那些刚刚开始现代化进程的传统国家内部存在着三股政治势力，他们分别会在现代化转型过程中起到不同阶段的作用：一开始来源于旧体制的封建贵族、宗教团体等传统势力，会推动国家形成一种有效的“集权”政治制度；接下来为了发展现代化事业，又必然出现企业家、产业工人、职业军官、知识分子这样的新兴社会阶层，因而需要在原有的政治版图中进行“扩权”；最后在已经趋于

① [美]塞缪尔·P. 亨廷顿：《变化社会中的政治秩序》，王冠华、刘为等译，上海人民出版社，2008。作者是美国最有影响力的政治思想家、哈佛大学教授。

现代化的社会当中，那些相对稳固下来的中间阶层开始产生利益诉求时，又要能在现存的政治制度下展开“分权”。如果在这个过程中出现了暴乱和动荡，原因往往就“是社会急剧变革，新的社会集团被迅速动员起来卷入政治，而同时政治体制的发展却又步伐缓慢所造成的”。

这个思路启发人们认识到，现代化的过程必然是一条让更多人从传统生活方式中解放出来，广泛参与到社会化大生产中，不断提高社会运转效率的不归之路。要做到这些，绝对离不开政府在社会生活中所起到的不断强化的作用。在承认这个现实的基础上，人们还要意识到“任何一种给定政体的稳定都依赖于政治参与程度和政治制度化程度之间的相互关系”，而政治的艺术就在于根据现代化进程的快慢节奏如何把握这种相互关系。

首先，“在传统政治制度软弱或根本不存在的地方，稳定先决条件至少得有一个高度制度化的政党”，其政治制度化程度也都存在明确的判断识别条件。政党与政府的关系也是明确的：“不是政党反映国家意志，而是政党缔造国家，国家是党的工具。政府的行动只有反映了政党的意志才是合法的。政党是合法性的根基，因为它是国家主权、人民意志或无产阶级专政的制度化身。”

其次，政党要持续作为“合法性和权威性的源泉”，其能量恰恰来源于不断“吸收新的团体进入政治体制，这意味着该政治体制权力的扩大。政治制度中的权力犹如经济制度中的财富”。高超的政治家应该能够创造出更多的政治财富，他们思考的“问题不在于夺取权力，而在于制造权力，在于动员各社会团体进入政治领域并组织他们参政”。

这种将政党、政府、国家和人民的意志合而为一的观念，这种在动态发展过程中看待政治权力的观念，可能恰恰是那些只学到西方政治思想皮毛的公共知识分子一直难于理解和接受的事实。

22.2 国际政治的无政府困局

当今世界是一个全球互联的共同体，没有一个国家能够自外于这个体系而生存下去。很多时候外交即内政，国际政治关系的一点变动传导到国内就会对应重大政策的调整；很多小国都是在复杂的国际环境中诞生出来、生存下去，甚至分裂消失；大国更是因为其大国地位就是来源于国际政治关系，要视其为安身立命的根基。联合国大会会场里散布的代表座席和广场上花花绿绿的旗帜似乎能掩盖国与国之间实力的差距，给人一种平起平坐的感觉。可一旦放在长期的国际关系史中考察，大国之间势力的此消彼长、小国努力在夹缝中求得生存、失败国家一着不慎面临国破家亡的惨剧，都在提醒人们需要真正认识国际政治关系的本质，用正确的理论和清晰的思路指导人们穿过黑暗森林，才能在世界范围内实现稳妥的政治局面。

西方学者率先在国际政治学领域展开了非常广泛和深入的研究。自从修昔底德的《伯罗奔尼撒战争史》开始，一代又一代的研究者们就形成了悠久的国际关系理论模型建构传统。从雅典与斯巴达之间的对峙，到形成威斯特伐利亚体系，再到两次世界大战和冷战期间的争斗，西方政治学家们已经为人们总结出国际关系理论的三大主流派别①，它们分别是：现实主义，认为国家是一切行为的唯一主体，国家存在于无政府状态的国际体系中，以国家利益为基础采取均势策略追求安全目标；自由主义，认为国家是最重要的，但也存在跨国的组织和族群等实体，可以通过增强经济联系和遵循国际安全制度逐渐消除国家间的冲突；建构主义，认为除了实在的权力和制度之外，还应该关注意识形态的作用，强调观念、规范和文化这些社会因素在国家行为

---

①［美］卡伦·明斯特、伊万·阿雷奎恩－托夫特：《国际关系精要》，潘忠岐译，上海人民出版社，2018。两位作者分别是美国肯塔基大学政治学系教授和波士顿大学助理教授。

及利益形成过程中起到的重要作用。此外还有激进主义、后现代主义等等。

他们还为人们提供了从国际体系、国家和个人三个层次，由简单到复杂的思考顺序去理解世界政治事务的分析框架，可以在现实国际政治环境下综合运用并检验以上理论[①]。比如，在国际体系层面一般会先考虑现存的国家间权力结构，某个国家的实力变动往往会引发结构的变化，国际关系需要得到重塑，在这个过程中出现争斗；在国家层面则需要观察其国内的经济、社会状况，以及外交决策机制的特点；在个人层面主要就是关键领导人的行为特点和突发事件了，或者在某些时间点上往往会产生出乎意料的结局，或者为整个局势的发展打上深深的个人烙印。

在清楚这些理论框架和分析路径之后，人们很快就会意识到，“与国内政治不同，国际政治的互动中并没有中央权威政府机构，这一政治事实对国家的行为产生了重大的影响”[②]。所以，深入掌握国际间的无政府状态根源，以及如何在这样的无政府状态中形成平稳的政治局面，这才是国际关系领域永恒的主题。对于前者，西方学者已经发现：与通常在经典国际政治理论中假设国家是一个完全理性的行为体，是对每一步决策都采取了严格的成本 -

① [美] 小约瑟夫·奈、[加] 戴维·韦尔奇：《理解全球冲突与合作：理论与历史》，张小明译，上海人民出版社，2018。两位作者分别是美国著名政治学家、哈佛大学教授和加拿大滑铁卢大学政治学教授。

② [美] 罗伯特·J. 阿特、罗伯特·杰维斯：《政治的细节》，陈积敏、聂文娟、张键译，世界图书出版公司，2014。两位作者分别是美国布兰代斯大学国际关系教授和美国政治学会主席，他们合作挑选了国际政治领域内的 53 篇经典论文，分为无政府状态、武力使用、政治经济学及全球化、世界政治中的当代议题四个部分，汇总在了这本书中。这本书的原版书名为 *International Politics：Enduring Concepts and Contemporary Issues*，直译过来是《国际政治：持久的观念和当前的议题》，为人们提供了通过掌握国际关系研究史上那些里程碑式的一手作品，可以帮助人们进一步深入理解政治学最优秀学者在各个领域的深入思考，从而建立起经过历史反复考验的核心概念和不断以崭新面貌出现的热点问题两者之间深层次链接的专业方法。

收益分析之后才做出的认知不同，很多时候国际政治中决策者的心理因素也会在很大程度上影响国际关系的演变[①]。这种现象对于国际间的无政府状态无疑起到了进一步放大的作用。从认知心理学角度分析决策者知觉形成的原因，以及错误知觉可能在国际关系中扩大影响而产生的后果，将极大启发人们重视“交流”在国际日常事务中的重要性。国与国之间需要各种渠道密切的交流，国家级决策者内部也需要充分地交换意见，决策者自身更要注意从周围环境中得到反馈意见，调整认知状态。

通常人们都会注意到，当两个国家交恶，开始互相召回大使的时候，一般都意味着这两个国家之间的关系进入了紧张状态。这似乎是一种表示敌对态度的结果。但按照所谓的“错误知觉”理论，此时两国其实进入了更加危险的互动模式：切断了原有的正常沟通渠道后，双方都只能通过更加失真的行动向对方传递信息。无论是采取更大力度的军事威慑以图恢复和平局势，还是提高自我保护能力以尽力维持现状，都会被对方解读成为需要进入下一轮更高级别冲突的刺激信号，“双方所处环境和双方具有的幻象所起到的作用创造了一种产生反向和误解动力的情景”。这种极端情况除非是决策者为了渲染局势的危险程度而有意为之，否则确实可能会进一步促成错误知觉产生极其严重的安全隐患。而即便如此，此一举动公认的危险性也反过来证明了，国与国之间还愿意维持良好的知觉状态这一事情本身是多么的重要。

遗憾的是，现代认知心理学发现的人类思维局限性可能并不会为决策者们所在意，他们总是认为自己明白对方在想什么，也清楚自己正在做什么，甚至还能推导并坚信对方也知道自己在想什么。所有的一切都在一个合理的判断框架内顺滑地运行，无非是添加上几个实力参数而已。正是由于国际间

---

① ［美］罗伯特·杰维斯：《国际政治中的知觉与错误知觉》，秦亚青译，上海人民出版社，2015。作者是美国哥伦比亚大学国际政治学教授。

无政府现象导致无人传递信息、监督和纠正国家决策人的这种“错误知觉”状况，又进一步放大了国际间的对抗与冲突，用现实世界里的错误行为去自我验证头脑中的错误知觉。这实在是一件极为可悲的事情。

如果说决策者是国家领导核心层的那几个人，整个决策组织满足自上而下的高度一致性，人们可能还能稍稍安心些，至少这一套决策机制相对还是稳定可预期的。但在所谓的西方民主国家里，由于政府的权力还受到民意机构的制约，并通过强大的法律效力影响到国际合作关系。这些国家为了对国内选民完成承诺，还会出现经由立法机构影响外交政策的现实情况。尤其是美国，很多情况下国际政治其实就是其国内事务的延伸。对美国总统来说，国内政治和国际政治并非截然不同的两个领域。西方学者们因此试图说服人们相信，在这两个领域之间可以运用相似的概念和模型来推演每个政策的理由和效果，并且尽管立法部门对国家对外承诺的可信性可能存在负面影响，但已经经过制度化的立法部门参与国际决策所产生的作用在总体上还是正面的[①]。

换句话说，立法部门不批准国家领导人达成和执行重大的国际协议，比如威尔逊总统倡导的国联，或者出台与国家对外政策相反的法律法规，比如通过与中美三个联合公报精神相违背的《对台关系法》，在西方学者们看来反而会进一步增强美国国际承诺的可信性，使得政府部门的对外谈判地位在得到立法部门的确认下更加稳固。只是这种直接打通国内和国际决策链路的方式，实际上削弱了一国政府的权威，并将其权力下放到国内的选民手里，在某种意义上是在进一步放大国际间的无政府状态。如此一来，国际间的事务可以通过各国民意机构采集来的各国民意，再乘以各国实力来做权衡判

① [美] 莉萨·L. 马丁：《民主国家的承诺：立法部门与国际合作》，刘宏松译，上海人民出版社，2010。作者是美国威斯康星大学麦迪逊分校政治学系教授。

断。这种决策依据虽在法理上经过理论家们所倡导的制度化而得到虚幻的认可，但实际上人们反而陷于更加丛林化的现实环境。民主政治还未充分证明自己在处理一国内政时的有效性，怎么就能直接登上世界政治的舞台？在这个问题上，未能挽救的一战后国际形势和当前冲突不断的台海局势就是最好的回答。

所以，问题还是需要回到如何消除国际环境里的无政府状态，实现国际间政治平稳的方案上来。乍一看无政府性确实是国际体系本来就固有的属性，已经成为国家行为体采取国际行为的根本动因，是国际政治关系的第一推动力。由于没有一个可以监督和制约各国政府的更高级存在，弱肉强食的国际体系必然会自然形成一套自助体系，结果就是无穷无尽的权力斗争和军事竞争，中间以短暂的势力均衡状态过渡。在这种充满博弈的国际关系中生存下来的主角更像是有着个性和情感的野蛮人，他们生活在毫无更高权威保障的无政府丛林中，只能一点点试图凭借实力和信任建立起最初的国际社会。

因此要想从根本上建立面向未来的国际关系理论，就要从根本上否定无政府性作为国际政治第一推动的论点。为此，国际政治领域建构主义的代表人物温特试图从源头上就证明，自助性和权力政治不是由无政府性派生出来的。他想告诉人们，“自助性和权力政治的产生和存在是国际体系成员的互动进程和实践活动导致的，与无政府性没有直接的因果关系”[①]。也就是说，两者之间只存在共现关系，但没有必然的因果关系。与此同时，更为关键的前提条件是“没有国家直接的实践活动，就没有国际结构，就没有所谓的无政府逻辑”。由此可见，是实践先于结构与逻辑。“由于自助性和权力政治是国家之间互动的产物，所以它们是社会性、制度性因素，不是无政府性内

① ［美］亚历山大·温特：《国际政治的社会理论》，秦亚青译，上海人民出版社，2008。作者是美国芝加哥大学政治学教授、建构主义国际政治理论的代表人物。

在的逻辑和必然的结果。”这样，温特就对国际关系领域主流学说所依据的首要概念提出了富有意义的质疑，从而向人们宣告了“无政府状态是国家造就的”的著名论断。

温特指出，既然权力政治是在国际社会中建构出来的，那么当两个国家在无政府体系中相遇时，既可能成为朋友，也可能成为敌人。问题的关键取决于每个国家实际采取的行动以及双方对这种行动意义的理解，国际体系的无政府性本身不会驱使两个国家行为体必然产生敌意。与此同时，国家间的相互行动还可以形成其他类型的无政府文化。之前人们关注更多的是由敌人角色结构确立的霍布斯文化，温特基于他的理论认为世界上还存在由对手角色结构确立的洛克文化和由朋友角色结构确立的康德文化。目前盛行于世的国际体系已经发展到了洛克无政府文化，将来的国际社会必然会逐步向着更加有序友好的康德文化前进。

但究竟如何才能从一种文化向另一种文化发生结构变迁，挑战过现实主义、发展了自由制度主义，并最终吸纳了建构主义思想的基欧汉教授却没有采纳温特提倡的相互依存、共同命运、相同性质和自我约束四种驱动因素的说法，而是设想了在美国霸权衰落后可能出现国际合作的情况①。他也是曾以无政府性为起点开始研究国际制度，并将无政府性视为“表述了国际政治的特征”的基本要素。这种无政府性导致的利己性再加上基欧汉引入的理性主义假设，就可以在长期博弈的环境中形成一套行之有效的国际机制。这种机制虽然会受到霸权衰落的影响，但天底下没有新鲜事，国家间的现实主义考量迟早还会在后霸权时代重新组装成新的国际机制以维持稳定。

基欧汉依据科斯定理认为，外部存在的国际机制能够起到制约国家行为

---

① ［美］罗伯特·基欧汉：《霸权之后：世界政治经济中的合作与纷争》，苏长和、信强、何曜译，上海人民出版社，2006。作者是美国杜克大学政治系教授。

的作用，因为它可以为国家间形成帕累托最优的解决方案提供减少法律负担、降低交易成本和削弱不确定性等方面的支持。这样的话，政府考虑到有损国际声誉、面临惩罚报复的情况，会在更加充分的可靠信息下基于自身利益做出合理的选择。冷战结束以后，国际制度已经在单极世界的严峻考验下很好地证明了自己的价值，将来在多极世界中也一定会在促进国际合作中发挥着越来越重要的作用。所以，基欧汉教授并不认为霸权的衰落会使国际合作变得不可能，相反，他认为设计好的国际制度还能够促进利己主义政府之间的相互合作。

所以，不管是温特所期待的国家间相互交朋友的美好前景，还是基欧汉所预言的国家间反复算计后形成的表面和气，国际关系领域的理论大师们都还是为身处混乱世界格局里的人们指出了可以努力的方向。这一方向背后持续而稳定的力量其实来源于人们对世界长期处于无政府状态的不满与创造未来平稳国际政治局面的向往。只是人们也必须承认，不管是国际现实环境还是理论知识储备，目前要想达成这一目标的条件都还是很不成熟的。

换句话说，今天的世界乱局本来就是由西方力量的失序膨胀一手造成的，如今国际关系领域的主流思想又是在此过程中派生的，两者相互叠加形成了不可分割的自闭环现实－话语空间。而且如果说在国内政治领域至少还有已经相对成熟的具体国家案例可以作为参考，但在国际政治领域，由于其唯一性和复杂性，至今人们也还都未能摸索出一条可以经过验证的成功路径。这就启发人们要跳出从国家到国际、再从国际到国家这样无解的思考闭环，再从地理和时间的广阔空间里寻找更满意的答案。

22.3 重组地缘，天堑变通途

要想身临其境地培养对政治关系的理解，首先需要意识到政治是由分布在不同地理空间位置的人群，按照共同达成的权力分配原则组合而形成的人与人之间的关系。因此，地理在决定国家治理能力、国际政治关系和政治制度方面具有基础性的作用。如果想把不同地理空间的人群在同一时空统合在一起，形成更为强大的政治共同体，就必须深入了解这颗蓝色星球上有关地理学的基本条件，搞清楚这几千年来人类或受限或得益于这些地理条件而形成的历史事件。

所幸的是，近几百年来随着地理大发现和勘测技术的不断进步，人类已经基本探明了这颗星球上凡是适合生存的各个角落的情况，也基本形成了有充足地理数据和历史细节支撑的地缘政治理论，为人们在此基础上考察国家治理能力、国际政治关系和政治制度，构想弥合人类各个群体之间政治关系的解决方案提供了有力工具。

地理大发现和测量技术最重要的成果就是地图这个既代表了人类对于未知世界充满的好奇心，又凝结着诸多智慧的产物了。因为“地图掌握着人何以为人的线索。它不仅叙述历史，还校正历史，反映了我们的美德与劣迹、探索与好奇、冲突与毁灭，还记录着权力的转移”[①]。从早期反映人类宇宙观的图示，到中世纪向读者提供交互式体验的知识读物，再到现代精确反映地理坐标的平面图的发展历程，现代地图观念的形成本身就是人类探索世界、认知世界的一次重大变革。这背后涉及天文学、投影几何、航海技术、测绘技术的不断发展，也折射出不同时代人们奉行的价值观。直到最后，高度标

① [英]西蒙·加菲尔德：《地图之上：追溯世界的原貌》，段铁铮、吴涛、刘振宇译，电子工业出版社，2017。

准化的地球仪几乎成为中产阶层以上人群在办公和家庭场景必备的标志性产品。它成为人类进入工业时代以后所必须具备全新观点的集大成者，没有一个人所共知地球仪概念的全球化也是不可想象的。

然而，地图虽然启发了人类，但也限制了人们的思考。地图语言里充满了深深的陷阱。

首先，将三维的球面投影到二维的平面上这件事就大费周章，最终选定的墨卡托投影方法仍然遗留下来了两极地区的陆地面积被过于放大后的错误印象。直观的平面地图让人们想象不出高纬度地区两点上的距离其实没有地图上标示的那么远，对历史上总是袭扰南方富庶地区的北方游牧民族来说，他们眼中东方的汉帝国和西方的罗马帝国之间的距离，并不像这两个帝国互相认为的那么远。换句话说，北纬 30 度地区人们形成的地理观会和北纬 60 度地区人们的地理观天然有着巨大的差别。

其次，平摊球面成可观的平面时，上北极、下南极，且取太平洋和大西洋分割的做法让人们先入为主产生了以亚欧大陆为世界中心的错误印象。人们在讨论地缘格局的时候自然以为自己是生活在一块平坦的大陆上，周边是可以通过陆路或水路到达的边缘地带。可是从空中视角看,这又是多么荒谬。球形外表面的物理现实让生存于上的每一个民族都认为自己是世界中心，但其实他们都不是世界中心。一开始就错误的认知导致了后来多少无谓的争斗，以至于直到今天还有人在不断构建或丰富所谓世界岛的地缘理论，这样只会引起新的不必要的冲突。

但在近代一开始，这类研究是作为地理学的全新突破来看待的。英国近代地理学鼻祖哈·麦金德早在 1887 年于英国皇家地理学宣读的论文《地理学的范围和方法》就力主将自然地理和政治地理结合起来，继而以此为基础在 1904 年发表了影响至今的地理学开山之作，也被看作地缘政治学的代表著作[①]。在这篇论文中，麦金德第一次提出了“大陆岛”理论，并对这一观念做出解释：生活在欧洲的人面临欧亚大陆内部草原民族的不断向西入侵，是在“反对亚洲人入侵的长期斗争”中才形成了“欧洲”观念。所以，在研究“大陆岛”地缘格局的掌控问题时，人们不能因为今天西方文明的昌盛就忘却了在人类历史上曾经长期存在的欧洲人遭受亚洲人入侵这一事实。地理环境在这件事情上曾用它巨大的周期之手来回调拨着人类脆弱的命运。其实，地球在大历史尺度上的气温变化有高有低都是正常规律，相应之下人类随着温度和降水变化而四处迁徙也是自然现象。全球大气候自有其循环周期，非人类所能影响：寒冷期由于食物不足而使北方民族南下征伐，如匈奴人入侵；温暖期由于人口膨胀而在东西之间展开宗教民族冲突，如中世纪战乱。总而言之，“小冰川期为需求而战，气候最适期为贪婪而战，气候创造了历史，但人类的痛苦永远挥之不去”[②]。

在奥斯曼帝国占领君士坦丁堡、灭亡东罗马帝国的残存拜占庭帝国之后，欧洲被迫遭遇的局势更加恶劣。但非常侥幸的是，占据“大陆岛”位置的内陆帝国并不知道美洲的存在，欧洲人无意之间向西开拓引入的新大陆变量导致了世界地缘格局的巨大变化，海权第一次胜过了陆权。但是能够控制“大陆岛”的潜在陆地霸权始终是新的海洋霸主的心腹之患。在麦金德看来，不管是俄国、中国还是日本，只要有任何两家联合起来完成对“大陆岛”的掌控，都将会是重新改变世界格局的巨大事件。

---

① ［英］哈·麦金德：《历史的地理枢纽》，林尔蔚、陈江译，商务印书馆，2010。

② ［瑞士］许靖华：《气候创造历史》，甘锡安译，生活·读书·新知三联书店，2014。作者是瑞士联邦技术学院实验地质学系主任，他在本书中通过气候、地质、考古、语言、生物、人类和历史多个学科知识的交叉验证，得出了有别于当今人为造成气候变暖主流观点的结论。这些研究成果可以帮助人们从气候变迁的角度深入理解人类历史进程中的那些重大而且永恒的政治事件。

在 20 世纪初政治地理学研究兴起的背景下，人们越是继续深入探寻地理因素对世界政治关系的影响作用，就越是意识到欧亚大陆的地理位置对 1500 年以来全球史的发展方向起到了极为重要的影响作用。受困于阿拉伯人控制了世界岛的中心位置，垄断了东西方的贸易，原本分散在世界边缘的诸多西方国家只得开始一拨又一拨探索通向富庶东方新航线的不懈努力。理由只有一个，就是为了东方贸易。如果说得更直白些，就是为了和中国做生意。没想到竟然就是这样让中国人啼笑皆非的缘由，引发了随后 100 多年让国人不堪回首的历史事件。不过即便在那个前途未明的年代，严肃的学者仍然能做出中肯的判断："不论清朝统治者结局如何，中华民族并无衰落之象。中国历史仍将受陆地与海洋的庞大势力支配，越来越趋向于统一，并结合得比过去更加紧密。中国所拥有的分布极为广泛的煤炭资源，对于未来必定有着特殊的利害关系。只有中国在无须外来援助的情况下，其土地仍能够保持肥沃。与德意志相比，中国甚至在更大程度上处于一个主宰大陆心脏地带的位置上，受外来干扰的可能性很小。"①

100 多年来，这个早被预言的真命天子被迫沉沦着。于是引得对这块"心脏地带"觊觎过的大英帝国、纳粹德国、苏联和美国们纷纷粉墨登场，而后又不甘心地消散在这个舞台上。醉心于此、注入了几代人精力的德意志人一刻也没有放弃思考这块土地地理位置的价值，甚至还产生了新的期待。在二战后成长起来的新一代德国学者施米特看来，虽然德国在前两次空间革命中

① [英] 詹姆斯·费尔格里夫：《地理与世界霸权》，胡坚译，浙江人民出版社，2016。作者是英国地理学家、地缘政治学家，他在本书中如同一位地理老师，打开了人们尘封已久的中学地理知识点的记忆。等温线、等降雨量线、季风、信风、针叶林、阔叶林这些以前无比熟悉的概念又都被唤醒出来。地球的形状、黄赤夹角幅度、南北半球的陆地海洋面积比、山脉河流的走向都不再只是简单的数字或平白的描述，这一次它们成了决定文明诞生、历史走向和力量对比的关键因素。费尔格里夫的研究封笔于 1915 年，他当时尚不知晓未来会发生什么，但仍然做出了让今人为之慨叹与中国有关的预言。

都没有抓住机会，却有责任超越海洋与陆地之争，在科技进展带来的天空空间竞争中重新承担领导世界的重任。在他看来，世界历史就是一部海权对抗陆权的斗争史，这个渊源自从伯罗奔尼撒战争里希腊和斯巴达的对抗就开始了[①]。在随后展开的历史里，只是将对抗双方的主角替换成迦太基和罗马、拜占庭和阿拉伯、威尼斯和奥斯曼、英国和俄国、美国和苏联，并伴以海权霸主和陆权霸主阵营内部各自的替换，如从荷兰、英国到美国，如此而已。后来的故事人们就都知道了，德国在陆地上和海洋上的争夺都归于失败。施米特于是将下一次的期望寄托于更加充满机会的天空，不遗余力地预言上一代地缘逻辑终将失效，新的地缘秩序终将到来。

可是在升入太空之前，还是要看清楚脚下的土地和过往的历史。人们其实不必如德国人这般失望，在慌不择路之后又想一步登天。因为英国人售卖给世人的“世界岛”理论很可能就是一个陷阱，诱骗着一代又一代渴望成为新霸主的挑战者们跳入它设计好的圈套。人们在设计未来世界地缘格局的时候有必要彻底摆脱这种陆地 – 海洋二元对立的思维定式，抛弃一开始就设定等级差异的中心 – 边缘逻辑，以平等关系来看待及与世界上所有地区的族群相处。唯有此，才有可能找出一条重新看待地缘因素，以最终达到组合来自世界各地资源禀赋的、为人类创造和平相处而不是产生争斗的地缘格局。

时代变了，这一次真的是有所不同。当年作为使尽所有手段欲逐出竞争队列，达成鱼肉之对象、分割之目标的中国，已经提出明确的“一带一路”倡议，并且开始分别在陆地和海洋上修复那条失落已久的丝绸之路，希望重新打通世界各地的文明。全球化正在进入超级阶段，一幅全世界范围内互联

---

① [德]卡尔·施米特：《陆地与海洋：世界史的考察》，林国基译，上海三联书店，2018。作者是天主教思想家、政治理论家和法学家教授，他在本书中从自己最擅长的法理学的角度，向人们论述了在采用陆地与海洋两大元素观察视角下欧洲近代政治格局的演变路径。

互通的超级版图正在形成。100 多年前的英国人费尔格里夫没想到当年对于地理与世界霸权的诠释，将会在他意料之外的历史条件下产生全新的价值。100 多年后的美国人帕拉格·康纳却已经意识到了这点，他根据自己 20 年来对环球超过 100 个国家的观察和实践发现[①]，未来世界范围内竞争的格局已经不在于用更大的国界线将自己与其他国家区分开来，在国土主权之上限制人员、资本、资源、技术的流动；有价值的新增空间并不是物理上的天空，而是逻辑上的互联互通。

所以说，与其画地为牢，不如广结善缘。具备和越多国家产生连接能力的国家才会在未来赢得新的胜利。正确的选择是通过修建基础设施，打造供应链，实现资源、生产、服务、消费的连接。21 世纪的地缘竞争在本质上其实是一场争夺“供应链权”的角力，各个大国比拼的是对核心供应链通路的控制力，比如油气管道、铁路、公路、隧道、航空航海线路、网络缆线和电网。在这个逻辑下，建设“一带一路”的策略要远远高明于设置各种壁垒的举措，更不用说在边境线上树立起拦截的铁墙，在海关门口强加上高额的关税了。

康纳进一步预言，到 2030 年全球将会出现 50 个超级城市群。它们将会持续地吸引全球的资金、资源、人才、技术，不断将周边的小城市融入进来。人们必须改变原有的世界必须存在中心到边缘分层结构的假设，霸权必须控制某几个关节点才能保证中心能够源源不断地将世界的力量汇聚到自己身上，因而不惜将战火倾注在那里，让其成为旧霸权的坟墓或新霸权的产房。更平等、更互联的超级城市群模式有望彻底打破这些假设，网状的供应链体系将会被证明是更加鲁棒和持续的方案，成为稳定全球社会的锚。任何企图

① [美]帕拉格·康纳：《超级版图：全球供应链、超级城市与新商业文明的崛起》，崔传刚、周大昕译，中信出版社，2016。作者是美国战略学家、美国国家情报委员会顾问。

单方面破坏这个供应链的国家都会发现成本相对收益完全不值得一提，只有开放性地融入其中才是能让自身也获得永久繁荣的最佳选择。这将对人们在地缘政治、经济发展、人力资源、环境保护、社会福利等方面的认知都持续产生深远影响，而且是越早认识到这点才能越早获得收益。

进入21世纪，人们终于能从传统的陆地－海洋二元对立、中心－边缘等级差异的霸权主义和殖民主义思维中走出来，采用全新的地缘观念看待自己和别人的地缘价值。未来将有越来越多的国家意识到全球互联互通趋势的不可逆性，愿意积极地加入全球供应链体系之中，成为上通下达的一员。人们相信这一进程会越来越加速，并在以国家为人类社会组成单元的前提下，为在其内部与外部最终形成平稳的政治关系铺平道路。

22.4 政治的逻辑：哪种制度更优越？

国家权力、国际关系和地缘格局都是人们平时观察和思考政治事件的重要视角，之前的分析也让人们意识到这些元素还只是为政治这个话题提供了一个可以展开论述的舞台。真正的主角——人，这一在政治活动中自主行动并决定自身命运走向的主体，是不能缺席这个舞台的。从这个意义上来说，政治其实是人类作为一个整体如何认识并塑造自己的行为总和。

千百年来，人类在政治活动中不断地发现并认识到自己的社会性需求，也是在这个过程中完成了对自身的认知，从而成为一群有整体意识的生物，并以此脱离自然界而独立。国家，是这个虚拟的整体意识得以依托而新创立的想象共同体；国际，是许许多多生长又破灭、重组又生长的国家意识在更高一层相互交流、确认和激发的社会性网络；地缘，无论是陆地、海洋还是城市链，都是这些虚拟意识不断调整视角以重新划分定位的新说法。但只有人，才是政治生活的主体，是人性决定了政治观念的形成和演进；也只有解决了人的问题，才能真正做到弥合当今遍布于世的各种政治分歧。

为了解开这个难题，英国政治学家阿兰·瑞安教授将2500年来人类有关政治思想的演化历程归纳成一个关键问题：人如何治理自己[①]？人类为了回答这个问题，历经千辛万苦曾经找出过各种有价值的答案，这里有最早始于雅典、处于军事保护目的而形成的城邦民主制；也有柏拉图寄希望由哲学家作为最高统治者发号施令的理想国；有亚里士多德推崇的综合了君主、贵族和民众利益，实行温和统治的共和政体；后来罗马时期的政治思想家如波利比奥斯、西塞罗依此为罗马共和国论证出一套最为优越的混合型政治理论，体现到罗马宪制中就是由执政官代表君主制，元老院代表贵族制，公民大会代表民主制；罗马帝国覆灭、基督教兴起打翻了这一切，教皇、国王和领主开始统治欧洲大地，按照奥古斯丁的设想，权力不再来自民众按不同周期的多次性赋予，而是被解释成上帝赋予的宗教权威和世俗权威，而且两者还经常互争高下；直到13世纪，终于由阿奎那做出了重大理论创新，剔除奥古斯丁的观点，将亚里士多德的异教哲学融入基督教神学，又为政治找回了来自人民的权威源泉，君权、神权和民权的关系在阿奎那的神学政治思想中得到了有机安排，从而对近现代西方政治发展产生了重大而深远的影响。

这三者之间的复杂关系经过近现代诸多历史事件的演变，让人们逐渐意识到政治发展中的三大基本元素：强大的国家、有约束力的法制和负责任的政府。它们有幸在当今世界的政治生活中找到了自己的平衡模式：迫于现实的战争压力让人们聚集在一起组成国家；但是必须有类似宗教裁判性质的最高法律体系能够将所有人，包括最高统治者也置于法律制裁之下；日常则通过某种民主机制在国家权力和社会力量之间形成某种竞争性的制衡。这三者

---

① [英]阿兰·瑞安：《论政治：2500年政治思想史》，林华译，中信出版社，2016。

的效用越是平衡，则政治制度越是成功。做出这些理论提炼的美籍日裔政治学学者福山认为，根据中国在历史上的表现，其政治制度无疑在构建强大国家方面是非常成功的，在负责制政府方面由于儒家思想中的人本主义元素相对其他发展中国家做得也不错，只是由于从来没有超越现实生活的宗教精神而始终未能实现真正的法治。只有英国“是三大组件聚合在一起的第一个大国”①,于是成为将这三者有机结合在一起的标杆案例。强大的早期国家带来了健全的法制和对合法产权的广泛认识，平民阶层据此群起纷争，将负责制强加给英国君主政体。可以说每一步都踩在恰当的时机点上，每一股力量总是发展起来以后又受到后一股力量的抑制，最终让英国在法国大革命时成为强大国家。

不过伟大的工业革命给全世界的格局带来了巨大的改变。国家汲取资源的能力大大加强，法治要保护的内容发生变化，获得政治权利的人群范围也在不断扩大，原有的政治秩序开始面临新的挑战。为了应对这套本该优越的政治制度似乎无可避免地走向衰败的困境，一个社会必须持续保持其强大、非人格化和负责任等特点，在各地不同的历史条件下有效地发展出国家、法治与民主负责制这三大因素的重要作用②。

在福山看来，一方面正如自己在“历史终结论”所强调的，随着经济全球化和社会福利增进，最终世界各国都会逐渐选择民主制度，持续改善成为法治社会；另一方面却不得不惊讶地发现在那些民主优等生国家里，尤其是民主的灯塔——美国却出现了严重的国家能力衰退。虽然福山能指出衰弱的国家能力是美式“三权分立”民主逐渐发展的一个结果，但他似乎也没有什

---

① [美]弗朗西斯·福山：《政治秩序的起源：从前人类时代到法国大革命》，毛俊杰译，广西师范大学出版社，2014。作者是哈佛大学政治学博士。

② [美]弗朗西斯·福山：《政治秩序与政治衰败：从工业革命到民主全球化》，毛俊杰译，广西师范大学出版社，2015。

么更好的解决方法。而中国即便在这些低能国家中间显得卓尔不群，但在福山眼中也还是会因为没有清晰的法治环境和健全的民主制度而注定无法持续保持眼前的领先状态。

一个看起来是开放性的理论框架和比比皆是的自相矛盾案例构成了福山的论述内容，但这也正好反映了福山不再那么强调政治制度的绝对性，而是开始深入分析制度背后的不同人群。他已经意识到，某个特定的制度只是在当时由人们创立出来解决眼下的具体问题，它既然能在某一时期推动人类历史发展，就难免在另一时期成为人类继续进步的阻碍。具体来说，西方政治制度的优越性一直是学界津津乐道的话题。在古希腊城邦点燃的自由民主火炬，经由古罗马传播到整个地中海区域，再经文艺复兴时期启蒙运动的重新发掘，得以在英伦三岛通过君主立宪的制度重新拨亮灯芯，随着内心笃定的新教徒漂洋过海传递到新大陆，延续给了矢志摆脱国王苛捐杂税统治的殖民地先贤们，在《独立宣言》的号令下撰成的美国宪法，为三权独立的自由民主制度建立起影响至今的基石。号称以自由民主为内核价值的西方政治制度，向来是欧美政客和学者向全世界推广的金字招牌。

然而以今天的美国政治制度为例，福山发现其在当年设立、随后又不断完善的分权制度已经高度稳定、极为精巧了，甚至可以写入教科书广为宣教。但与此同时，这副架子又会成为依附于此的既得利益阶层不断扩大自身权益、排除边缘群体参与的基石。福山将此现象称为“家族制复辟”，其实就是社会精英阶层对公权力的私用和自肥。距离权力中心最近的那些人，总是比其他社会群体享有更加优越的资源和信息。在原有的制度设计中，他们应该公平、公正、公开地行使制度根据契约精神赋予他们的权力。可是每个人都必须面临的考验是对子女并延伸到家人、亲朋的馈赠态度。在没有监督的情况下，人们就是难免地在家族内部产生互利的交易行为，进一步利用政治影响力巩固自己在经济上的优势地位。权力制衡体系并没有解决根本问题，随着时间推移，联姻、师承、校友、乡党这些顽固的腐蚀因素总会吞噬刚建立制度时的铜墙铁壁，让它们成为一堆废铜烂铁。这段从兴盛到衰败的时间往往就是200多年，经历过朝代更替的中国人对此再为熟悉不过了，福山不过是刚刚又重新发现了这个规律而已。此时的福山已经没有了1992年出版成名作时的那般自信，还认为随着冷战的结束已经证明自由民主政体可能构成“人类意识形态进化的终点”和“人类政府的最终形式”,并由此构成“历史的终结”，而自由民主制下的布尔乔亚将成为“最后的人”。

假设福山对于“最后的人”（last men）的讨论有意义的话，那其实又是把讨论的重心转移到人的本质属性上来了。他认为现代自然科学驱动经济发展的逻辑并不能单独为人类历史提供有效的指引，还必须在承认黑格尔所说的“最初的人”具有的“基本人类属性”就是“寻求承认的欲望”，并在这个欲望的驱动下进行着“关乎生死的斗争”时，才有可能驱使人类去寻求平等的承认，最终在作为“历史的终结”的“资本主义全球化的现实”中成为“最后的人”，摆脱被奴役的身份，迎来彼此相互承认的自由社会。

然而关于这个话题，与马基雅维利齐名的西方政治学者前辈弗朗西斯科·圭恰尔迪尼就曾做过深入的思考。这位实干家和学者特别善于从人性角度解读历史。在他的眼中，“人都是依据自我利益而采取行动的”才是理解纷繁复杂的政治活动和历史事件的不二法门[①]。而且有趣的是，与福山的日裔身份相对应，来自现代西方民主发源地英国的约翰·邓恩，却对民主的本质有着更深刻的理解。他一针见血地指出，“民主”作为一种政治观念，当

① [意大利]弗朗西斯科·圭恰尔迪尼:《政治与经世备忘录》,王忆停译,浙江大学出版社,2021。作者是16世纪意大利杰出政治外交家、哲学家和历史学家，本书记载了他在经历了几起几落政治生涯后的感悟与判断，从另一个侧面让人们了解到政治运作背后的真实规律，可能是以单纯的学者身份必须在更宽广的学术空间中才能体悟到的。

年只是在希腊临时应对地方性困境的补救措施[①]。在柏拉图和亚里士多德的眼里，民主都不是一种首选的政治制度，甚至被评为一种病态的社会形态。此后的世界历史发展也印证了这些论断，雅典城邦并没有持续太久，罗马最终采用的也是共和制，甚至帝制。

美国被认为是在2000年后又举起了民主大旗。但《联邦党人文集》中詹姆斯·麦迪逊提出民主政体其实是一种“共和政体，我指的是一个采用代议制的政府。……代议制的原则构成了美国共和的主轴”。民主就这样被改头换面，“从一个历史上毫无指望的失败者，变成了更为持久的胜利者”。但即便如此，“代议制民主也很难说是建立秩序、和平，实现安全、繁荣和正义的引人侧目的好办法”。

2010年，面对“在20年前，多数人相信西方民主已经取得了决定性的胜利，而民主共和似乎就是帮助西方国家政府摆脱困境的灵丹妙药”的局面时，约翰·邓恩仍旧强烈反对美国一厢情愿地输出“美国式的民主”[②]。对于福山当时坚信的“随着冷战的终结以及苏东社会主义政权的瓦解，未来全球各国已经没有其他的发展方向，唯有成为‘美国式国家’，坚信‘美国式民主必胜’，美国将成为人类文明的继承者”论调，他的判断是，“当美国将选举民主移植到其他国家时，选举民主往往缺乏应有的稳定性，尤其是那些深陷内战或社会动荡的国家，往往难以接受美国式的民主”。

人类社会发展史就是一部“以自由民主制度为方向的人类普遍史”，自由民主制度是“人类意识形态发展的终点”和“人类最后一种统治形式”这样的论调已经在很多方面得到了驳斥，然而针对它最强有力的反击还是马克思主义政治学。不过与人们的常识相反的是，马克思主义政治学在之前很长

① [英]约翰·邓恩：《让人民自由：民主的历史》，尹钛译，新星出版社，2010。作者是剑桥大学国王学院荣誉教授，剑桥学派代表人物。

②《国外社会科学文摘》2010年第10期。

一段时间里并没有得到人们专门的研究，它要么是被简单化地等同于“阶级斗争”或是“科学社会主义”，要么是被理解为“马克思主义的政治学”，是根据马克思主义的基本原理和方法论展开对政治问题的研究，在引用马克思主义经典作家论述的同时，也会吸取其他学者的研究，这已经成为政治学原理研究的主流。真正的马克思主义政治学是将研究的范围局限在马克思主义经典文献的原作者，也就是马克思、恩格斯、列宁、斯大林、毛泽东、邓小平等人对政治问题的相关论述，侧重于直接引用这些作家的原话，从而推导出马克思主义政治学体系的一系列基本原理。

这项极为重要、填补空白的工作终于在1994年，由当时还是复旦大学国际政治系教授的王沪宁完成[①]。人们从此可以在马克思主义的基本原理“生产力决定生产关系、经济基础决定上层建筑”的指导下真正地展开对政治问题的研究，从而总结出一系列的政治学基本原理。从“政治是经济集中的表现”的前提开始，由生产力发展、私有制产生、阶级斗争需要、国家成为阶级矛盾不可调和产物、政治表现形式分为国体和政体这些条件，人们可以一直推导出在阶级社会里的民主政体仍然是阶级统治工具这一事实，而马克思主义政治最终要实现的社会主义民主，才是能够解放全人类的民主。在这个过程中，只有先实行无产阶级民主和无产阶级专政的统一，为社会主义民主的实现创造条件，无产阶级政党因而肩负着实现无产阶级民主的重任。

而人类政治发展的最终目标，就是要实现人的自由和全面的发展，实际上形成作为自由人联合体的未来社会[②]。如果还是有人对此不理解，认为是某种抽象的民主制度在让人民自由，那么他可以在此认真回味一下马克思主

① 王沪宁、林尚立、孙关宏：《政治的逻辑：马克思主义政治原理》，上海人民出版社，2016。

② 在《政治的逻辑：马克思主义政治原理》的最后一章“人类社会必然向共产主义社会过渡”中，王沪宁向人们描述了他作为政治学学者对人类政治发展最终目标的理解。

义政治对自由的理解。自由不是无拘无束的，原始状态下的自由人其实整天生活在恐惧和匮乏当中。人所真正渴望的自由总是受到自然和社会的制约，要想得到它关键在于发展生产力和废除私有制。人只有在社会中才能获得自由，并且奴役别人的人也不会获得真正的自由，人只能在全体人获得自由的条件下才能获得个人的充分自由。这就是人们必须要在政治领域弥合人们在参与政治生活上还存在的差别，要通过实实在在地建设社会主义民主，最终才能实现国内和国际政治平稳发展的根本原因。

第 23 章　调和社会阶层的冲突带

探讨如何实现平稳的政治环境将人们研究的注意力转移到人的本性上，因而需要集中了解普通的个人为什么需要以及如何组成更大规模的群体，并在其中活动与发展。于是，人们必须继续上升到社会层面，去考察几千年来人类社会发展的动力和趋势，才能看清楚原本不平等的社会关系究竟是如何带领我们来到现代社会，同时又留下一大堆现代性问题要去解决的。

通过从对人最初的动物社会性观察，人们可以发现先民们为了应对自然环境的挑战，放弃部分自主性，选择组成更大规模群体的必由之路。在这一过程中，为了进一步提高生存效率，必要的社会分工和阶级分层出现了。社会发展开始不平等起来，但相应地，具备这些属性的群体因此也在自然界面前、在其他人类群体面前具有了更强大的力量。成为他，或者加入他，残酷的现实使得人类社会别无选择地进化成既在内部互相压迫，又要对外扩张势力的形态。人类文明也就这样一天天地壮大发展起来，逐渐成熟地沿着科技促进经济发展、经济推动政治变革、政治塑造社会形态的路径展开。

然而科技的力量一旦释放出来，就不再受人类的意志束缚。近代的科学革命及其引发的一轮又一轮产业革命，让身处其中的人们应接不暇。处于社会金字塔顶层的精英们开始目睹社会变革的冲击波摧毁了自己曾经认为永远不会改变的世界，在整个 20 世纪留下自己痛苦的回忆。出身于社会底层更广泛的知识分子群体也在全世界范围内的各个角度汲取社会变革的力量，经过艰苦的思考和实践，留下自己沉重的反思。

这一切的努力可能不会如同科学、经济和政治领域的难题那么容易找到明确的答案，但近现代以来的思想者们已经越来越逼近最终的目标。那就是代表物质范畴的科技力量不断发展，已经远远超过代表精神领域的人文框架所能承载的限度。物质极大丰富了，但精神却已经枯竭，人类文明的发展来到了一个至关重要的岔路口。这是现代社会诸多冲突的根本困境所在，也是今天人们寻求文明下一个阶段突破的起点所在。好在既然找到了这个命门，那么离解决它也就不远了。

23.1 人性源自苦难，也造就新的苦难

人是最复杂的社会性动物。相比蜜蜂、蚂蚁这些具有初级社会性组织的生物，人类在漫长的进化旅程中发展出了个体之间极为精巧的关系，并涌现出一种称为“人性”的特殊属性。人类很快意识到这点，而且发现这种属性从来都不能只在单个人类个体上去认识，而是必须放在群体中才能发现其规律，于是自有群体意识以来就没有停止过对于自身“人性”的研究与了解。这是人类自诩脱离自然界最为显著的特征，也是千百年来人类社会各种痛苦背后的根源。

现在人们知道，所谓的“人性”就是人的社会属性，是把人放在同类群体中就必然会呈现出的行为和体会到的感受。它一次又一次地呈现在不同区域的不同历史阶段，驱动人群中上演一幕幕生动具体但又大致雷同的剧目。今天人们在生物学、经济学和社会学等现代科学的帮助下，终于能对这个激动而又困扰人类多年的社会本性有更清晰、更深刻的理解。这才有可能拨开之前笼罩在人类日常生活之上、又被加快发展的文明进程所加重的迷雾，从中找到一条调和社会关系的解决之道。

历史上哲学家们对“人性是什么”的抽象思考已经进行很久了，但实际上人性更多地展现于日常的社会交往层面。一句话，落地到人间。把人放在

他们现实存在的地方——人的社会中，对人性进行探索。这样才能具体地对人进行全面的研究，掌握更多的资料，建立更好的理论模型，做出更准确的解释，让人对于自身有更清醒的认识和把握。从人的社会行为观察切入，便是这种探索理念的最好方法。如果从经济学和社会生物学的角度重新审视人类的社会行为，人们就会意识到“这些‘猿猴的把戏’不是横空出世，不是空中楼阁,而是跟我们的动物性有着千丝万缕的联系”[①]。灵长类学家从人类和灵长类甚至其他动物的实例出发，已经可以依据进化理论给出关于人性的科学模型解释。再通过不同相似物种之间社会行为的横向对比，人们就会惊奇地发现在现代人身上还存留着的那些进化路径上的遗产。从某种意义上来说，人也是动物，只不过是一种更高层次的猿。猿猴惯为的把戏，何尝又不是人类熟稔的手段。

人们大可将两只猕猴被关进一个小笼子和两个陌生人在电梯里相遇做对比，将猴子之间在休息时相互理毛和办公室里上下级间测试服从度做对比，将两只雄狒狒互把对方睾丸握在自己手中和意大利黑手党不同家族之间的幕后交易做对比。这些类似的情景让人们越来越确信自己身体里的这些社会动物性并没有因为几万年来的进化而逐渐磨损。相反，作为更加高级的社会性动物,已经植入人类意识最深处的控制欲望无时不在影响着人们的日常生活。人类也像猿猴一样，痴迷于夺取更多的权力，占有更多的领地，支配更多的同类。到了一个陌生的环境，优先想到的总是依靠亲属的帮忙，要凭借裙带关系获得更大的竞争优势。政治在哪里都是要把自己的人搞得多多的，把敌人搞得少少的。虽然从生物学上已经可以判断人类的进化已经停止了，但人类在社会生物学意义上的进化却在不断加速，人类必须有更新更准确的理论

① [美]达里奥·马埃斯特里皮埃里:《猿猴的把戏：动物学家眼中的人类关系》,吴宝沛译，电子工业出版社，2014。作者是美国芝加哥大学教授。

来解释它。

社会心理学家为此选取的研究方法是：从人的从众心理入手，找出一个人或一个团体的真实或是臆想所产生的社会压力所能够引起个人行为或观点变化的真实原因[①]。这时，群体意见是否一致是决定一个人是否遵从群体意见的关键因素，而影响个体遵从群体压力的另外两个重要因素则分别是：受压力的个体是什么样的人，以及团体是由什么人组成的。相较而言，缺乏自信的人比那些自我评估较高的人更有可能遵从群体的压力。

具体的心理机制是这样的：人对世界的诠释取决于他所感受到场景中最显著的事物，而显著的事物是由先入效应所引发的。先入为主的原因在于，大脑总是捕捉到最近的或经常被激活的想法来解释社会事件。这种"认知吝啬鬼"的战略在很多场合可能是有效的，因为这样大脑就可以在认知资源有限的情况下加工近乎无穷无尽的信息。当然这种策略同样会产生严重的错误和偏见，特别是在大脑选择了错误的战略，或者在匆忙中忽视了重要的信息时。但更为糟糕的是，如果当事人认知不到"认知吝啬鬼"战略的缺陷，就会误以为自己总是真理的化身。但无数历史事实已经告诉我们，人们很容易将仇恨与残暴用到极处，却还以为自己是绝对正确的。

更可怕的是，人类的记忆究从本质上而言是可以重建的。也就是说，当人们自以为打开自我记忆的闸门时，流淌出的信息流未必是对以往发生事情的真实诠释。当事人所持的态度不仅会影响对过往事实的判断，甚至还会影响人们对那些事实的记忆。人们可能会主动或被动地引入错误的记忆，从而回忆起根本不存在的事情。比如，坚持某种信念的人几乎永远不可能从其他观念的角度看问题，无论他面对的论证从第三方的角度看有多

① [美]埃利奥特·阿伦森：《社会性动物》，邢占军译，华东师范大学出版社，2007。本书被誉为美国社会心理学的《圣经》。

么有力和公正。

偏见虽然无处不在，但是刻意秉持某种观点却并不一定就是恶意行为，它可能只是人们简化对世界看法的一种便捷方法。在复杂的真实场景中，人们面对的信息量太大，而且往往自相矛盾，因而很难说服自己做出最正确的判断。这时，选择一种大多数人接受的观点，也许就是一种信仰，可能就是当事人的最优选择了。这种选择会在随后的认知和行为过程中不断得到强化，因为这时人们已经无法想象世上还存在着其他观念，而且一个怀有很深偏见（很强信仰）的人对与其持有的固定印象相反的信息具有天然的免疫力。

总之，人就是这样一种动物，毕生都在寻找自身存在的意义，努力使自己相信其存在不是荒谬的。当然，这也是人最迷人的一面，永远把自己视为善良和理性的存在。

对于这种人类社会由来已久的谜之自信，心理学家已经通过丰富的实例和缜密的思辨给予了充分的反驳：人性并不是一块生来不染尘埃的白板，世上也并不存在那个理想化的他者。相反，人性是在经历了亿万年的进化之后凝结成的心智模式①。在这些依托于近现代最新科学发展成果的人性论基础上，人们可以再回过头来反思近现代以来人类在宗教、社会、文化领域所犯过的累累过错。想想吧，人类有史以来在种族、性别、贫富、教育等议题上根深蒂固的过时认知以及由此产生的偏见，曾经造成了多少战争、

---

①［加拿大］史蒂芬·平克：《白板：科学和常识所揭示的人性奥秘》，袁冬华译，浙江人民出版社，2016。作者是哈佛大学心理学教授，以研究儿童语言学习模式闻名于世。本书虽题名为“白板”，但意图是在提出反驳人性白板理论的观点。作者透过语言本能和思想本质，剖析社会文化演变，在书中运用大量进化心理学、行为遗传学、社会生物学、语言学、解剖学、脑神经学的最新科研成果和学术思想后，通过哲学思辨分析出了人性善恶的奥秘所在，提出了自己对于人性的论断。简而言之就是：人天生固有人性（反驳了白板说），人性同时存在向善和向恶两面（反驳了高贵的野蛮人说），人性是经过漫长历程进化而来（反驳了心灵独立说）。

歧视和禁锢；现代以来西方社会急于拨乱反正而兴起的逆向种族歧视、女权主义、提高社会福利和改善教育环境等政策又矫枉过正，反而更加深刻地伤害了更多社会群体，引起社群分裂和动荡。可想而知，当目睹过历史上的这些正面和反面的大量实例，每个人都会领悟到：如果不回到最本初的话题，即有没有人性、人性是什么，如果不建立在坚实的科学成果和理论基础上来回答这些问题，那么无论做出怎么样看似正义的判断和行动，都将是徒劳无功，甚至是谬以千里的。可悲的是，那些曾在现实生活中甚嚣尘上的思潮和运动，又有多少会去考虑其底层的生物科学，甚至是社会科学基础呢？无非都是反过来在利用人性的弱点贩卖私货、谋取私利，结果制造出更多的混乱和不公。

好在还有清醒的学者愿意奋力拉住西方社会思潮中不顾及甚至故意漠视基本科学常识的错误倾向，向人们展示了以上科学领域内的思想共识和经典案例,从而能够将原先混沌不清的社会争议标本剖析在明亮的学术实验台上，让稍具科学素养的普通人都能够从中做出正确的判断，相信平心静气去看待人性才是解决问题的正道。

然而有时真理并不是愈辩愈明，很多社会现象的变化也未必是有理走遍天下。平克可能也是深感西方社会中日益混乱的价值观正在掏空表面上坚固繁荣社会的根基，本身却无力改变什么，所以也只能做到将所有道理都说出来，所有材料都摆出来，但也不能提出什么解决方案。虽然有些遗憾，但凭学者一己之力能做到这点也是不易了。因为提出解决方案确实是一件必须慎之又慎的事情。当平克先生在自己的心理学和语言学专业领域正确地论证出人性同时存在向善和向恶的两面性后，又开始在社会学领域推广有关人性善恶在不同历史时期变化趋势的观点时，也会不幸地从真理之处再往前多走了一小步。他虽然能用卷帙浩繁的内容来填充人类历史发展进程中暴力现象正在减少的论断过程[①]，但仍然掩饰不了其试图通过偷换概念包装错误观点的本质。

平克的创新之处在于其提出的新衡量方式，也就是单位人口中受到暴力侵害的人数比例。经过这一层转化，人们似乎就能从各种拼凑而来的数据表格和图线中看到他生造出的事实和趋势。假设敌对阵营总是两方，人类社会的人口数量会逐渐增长。在最早出现人类的村庄里一开始只有 100 人，一场争夺猎物的丛林暴力冲突死亡了 10 人，这时的暴力伤害比例是 10%。后来因为和平和技术发展带来的物质充裕，部落人口增加到了 1 万人，但随之而来争夺财富的战争在山谷里杀害了冲突双方参与战斗 2500 人中的 500 人，这时的暴力伤害比例降到了 5%。人类社会继续组成了国家,人口达到 100 万，开始因为宗教、种族、经济或政权而厮杀，双方动用了 10 万军队，在整个平原里杀害了 3 万人才决出胜负，这时的暴力伤害比例进一步降到了 3%。于是，平克先生跳出来向大家证明他暴力在减少、人性开始向善的观点了，并为此找到了一大堆振振有词的原因。

然而只要抛开这个模型中精心排列的干扰概念，回到常识判断，每个人都能用最简单的算术加上最基本的限制条件觉察到其中的荒谬。

首先，暴力现象并没有在今天的社会生活和国际环境中消失，而且有愈演愈烈的趋势。

人类明明是从在一天 10 平方公里范围内杀害 10 名族人的械斗，发展成为在一个月 1000 平方公里范围内杀害 500 名战士的战斗，到后来在一年 10 万平方公里范围内杀害 3 万职业军人的战争。这种演变，能算暴力因素越来越减少吗？相反，人类社会范围内的暴力因素在越发增加，暴力伤害变得越

① [加拿大] 史蒂芬·平克：《人性中的善良天使：暴力为什么会减少》，安雯译，中信出版社，2015。

来越专业化、职业化，因而可以局限在一小部分人范围内。冲突的双方只需要在直接参与战争的人员中互相伤害就能够决出胜负，从而被动地划分出了占人口比例更多的平民群体（而且这种区分在战争中还并不能得到严格遵守）。还以上例计算，双方并不需要动用 100 万人参与战争，战争也只需要发生在有限的几处战场。但若只计算直接战斗人员的伤害比例，那就会看到从 10% 到 20%、30% 的增长趋势，这才是真相。

其次，总体人口增长的因素不能忽略，而且巨大的人口基数并不能掩盖暴力存在和增长。

为了得出平克的计算公式，巨大的人口基数分母不可或缺，但这一事实也与人性的善恶毫无关联。归其原因，是由于农业、畜牧业和现代生物技术的发展，人类能够将更多的太阳能转化成可供食用的生物能，才能养活今天的 80 多亿人口。可是平克有意无意忽略掉了这个巨大的前提假设，并没有详加论述，而是巧妙地将其作为分母置入自己的计算公式，轻松得出了急于推出的最终结论。还以上例计算，如果人类人口规模受限于资源只能维持在 100 万左右，但随着人们已知的历史发展进程将会看到各种更精巧高效的杀人工具被发明出来，即使人类能将伤害人数限制在一小部分范围内，也会出现暴力更加强烈的倾向，只不过会更快地发生和消失而已。战争的持续时间和范围会变成一天 10 平方公里 10 人到 1 周 100 平方公里 500 人、2 周 1000 平方公里 3 万人的增长趋势，这才是真相。

错误的结论会导致错误的认知，因此可能会被用来掩盖更大的罪恶，导致更大的犯罪：

1. 既然人类社会总体的暴力现象是下降的，那么近代以来出现的种种罪恶都只是整体向好趋势中的局部现象，至少没有比以前变得更坏。这个论调很容易将这几百年来发生在亚洲、非洲和美洲大陆上的种种暴力事实淡化，美化出一个世界正变得更美好，至少在平均值上更美好的假象。西方人来到这些地方，虽然带来了些暴力，引发了些灾难，但如果算平均数的话，至少比你以前社会形态下的情况要好啊，而且现在更好了啊，白人带来的还是和平和繁荣啊。

2. 既然人类社会的暴力现象已经下降到历史最低水平了（因为总是在下降），那么人类现在要关心的暴力形态也就该发生改变，要提高道德水准的要求才能配得上人类自诩已解决大多数痛苦类型的高等文明身份。

于是，民主社会的白左和圣母们要开始为 LGBT 平权、为动物平权、为已经多占社会资源的少数族群平权。而真正需要被拯救，被认为在平均数上已经不再那么承受暴力，但仍饱受战乱、种族屠杀、贫穷、疾病、强奸和性别压迫的人们反而失去了被关注的焦点，继续成为那些默默无助的分子。无知并不可怕，真正可怕的是掌握了知识和制造知识的方法，但却去制造并传播错误的知识。

好在还有一些身处欧洲大陆的知识分子没有回避这些现实问题。作为世界范围内左翼知识分子的大本营——法国知识界的核心人物，布尔迪厄主动肩负起学者责任和公民使命，用看似平淡的个人生活史的叙述揭示出震撼人心的苦难真相①。他将这种无须经过确切的界定，但可为每个有良知的人感受到的社会疾苦大致归结为两类：

一是由于特定社会结构塑造而感受到的，表现为内在矛盾形式的位置痛苦。比如那些注定要承担所谓“社会功能”的警察、基层法官、社会工作者

① [法] 皮埃尔·布尔迪厄：《世界的苦难：布尔迪厄的社会调查》，张祖建译，中国人民大学出版社，2017。作者是法国当代著名的社会学家、思想家和文化理论批评家，他在晚年与其他 22 位合作者以细腻的情感和认真的观察及倾听，耗时三年访谈数百人写就了这部著名的田野调查著作。本书通过访谈形式展现出一个个鲜活的生活史案例，描绘了当代法国社会普通人日常生活中遇到的种种困难与痛苦。书中通过专业的社会学解释，向人们揭示出世人所见苦难背后更为深刻的社会和政治根源，以及人与社会的复杂关系。

和教育工作者等群体。他们在徒劳无功地消除市场经济带来的社会疾苦时，永远要面对国家赋予他们的“不可能完成的任务”和手中掌握的有限资源之间存在的矛盾。

二是由于集体性和社会性解组而引发的，表现为伴随群体衰落的个体遭遇。比如那些社会上的弱势群体、备受歧视的少数族群和逐渐衰落的工人阶级。他们无法从自己所属的群体中获得保护，有的只是在社会解体过程中无处不在的失落感和无力感，永远赶不上社会发展的脚步，只能逐渐被边缘化，直到无人问津。

布尔迪厄为此明确指出，不论哪种形式的社会疾苦，在其背后都有着某种共同的政治性根源，那就是新自由主义。这是“一套旨在破坏可以阻止纯市场逻辑的集体结构的行动纲领”，会使人类陷入社会达尔文主义的野蛮状态，永远处于“一切人反对一切人的斗争”之中。布尔迪厄的调研和思考引发了人们对于社会不平等、种族歧视和族群团结等问题的大讨论，成为当代法国历史上一次重要的社会和政治事件。他的论断也启发人们继续思考究竟还有哪些理论和方案，曾经和正在解决社会当中无处不在的分层差异和时时需要的协同合作问题。

23.2 社会权力演变：分层、争斗与合作

人们组合在一起形成社会之后面临的新问题就是：原先分散状态时相互独立平等的状态不复存在了。只要有两个人相处，就会存在支配与被支配的差序关系。但整个人类仍然选择了放弃一盘散沙的独立状态，选择了群居在一起区分出不同的贵贱等级，并发展出种种相互合作的策略，从而谋取整个种群的利益最大化。人类因此迎来了空前的进步和繁荣，在自然环境中获得了相对其他物种更具优势的地位。

由分层而导致的政治不平等，由合作而产生的权益最大化，其实是人类社会中永恒而又辩证的两大课题。它们相生相克，不停地在人类个体身上产生伤害，然后又推动人类整体前进。必须把它们放在一起观察，人们才能找到这些表面上令人费解的社会问题背后的动力源泉。

法国思想家卢梭最早在《论人类不平等的起源》一书中就指出人类每向前发展一步，不平等的程度就加深一步[①]。那还是在18世纪下半叶，地理大发现为人们打开了全新的视野，欧洲大陆社会上的不平等现象在探险家游记中所描述另一个世界的映衬下显得是那么的尖锐而深刻。那也是法国大革命的前夜，西方自诩文明的知识分子在思考人类不平等的时候，却在不经意间看到了偏僻角落野蛮人的平等关系和宁静生活。

在这样的大背景下，卢梭展开充满辩证的想象与推理，在蓬勃新兴的博物学知识海洋中探究人类不平等的起源和基础。“人与人原本是平等的，就像其他各类动物，在种种自然因素使它们身上发生我们目前尚能观察到的变异之前，同类的动物从来都平等一样。”可是，原本平等的人类在走出自然状态后为什么会变得如此不平等呢？这究竟是源于人的自然本性，还是源于后天的社会属性？

卢梭为了弄清这个问题，决定首先要把人的社会性剥掉，把人还原为一个自然的人，这样才有可能找出人的自然本性在社会中一步步地演化出不平等关系的原因，才有可能发现原本平等的动物界一步步演化成充斥着不平等和压迫社会的路径。他发现，回到原点在自然生存状态下的人，或者说野蛮人的需要仅仅是填饱自己的肚子，或者是为了繁衍后代的性需求。每个人都是孤立的个体，顶多是小范围的自给自足，建立不起稳定的联系纽带。原始

① [法]：让-雅克·卢梭：《论人类不平等的起源》，吕卓译，中国社会科学出版社，2009。

的人类还处在自然的蒙昧状态，他们并没有今天所见的社会上的各种恶习与压迫。

在卢梭看来，自然状态下的人既然没有组成社会，也就没有社会关系，因而不存在不平等现象。但是生产力的发展让人类开始掌握了冶金和农业这两项技艺，铁制品和谷物成为人在生存之外可以用于交换和存储的富余产品，随后为了进一步提高生产效率，又产生了相应的社会分工。这些都促成了私有制的产生，让人类社会走向文明，同时也让人类走向没落，成为不平等现象的万恶之源。

人类社会不平等发展的历程是不可逆的。因为只要有一个社会因为内部的不平等而获得更强的竞争优势后，那么其他人要么选择加入这个社会，要么也只能效仿建立相似的社会。从此以后，人们之间不平等的矛盾可以在社会内部得以缓解，取而代之的则是社会与社会之间规模更大的争斗。

由此可见，社会分层带来了整体效率的提升。虽然出现了社会内部各阶层之间的不平等，但不同阶层只要还结合在一起，那么他们相对其他不做分层、没有进入阶级社会的群体就会具有更强的竞争优势。但从此以后，有关人类社会要不要分层、该怎么分层的争论就没有停歇过。争论的核心问题在于谁得到了什么，以及为什么能够得到。从本质上讲，这是一个社会权力和财富分配的问题。在激进派看来“社会不平等被谴责为不公正的、不合理的和不必要的”，但保守派却认为“它又被捍卫为公正的、合理的和必不可少的”①。两方都有着各自坚守的立场和论证逻辑，在历史上谁都没有彻底击败过对方。但细分下来，在这些争论当中划分观点的红线是：人的本性和社会

---

① [美]格尔哈特·伦斯基：《权力与特权：社会分层的理论》，关信平、陈宗显、谢晋宇译，社会科学文献出版社，2018。作者是美国北卡罗来纳大学教授，他在书中对社会分层理论进行总结，试图将众说纷纭的矛盾观点都包容在一个可以不断向前发展的理论框架当中。

约束哪个更重要？保守派不信任人的本性，强调社会制约的必要性；激进派则不信任社会制度，更相信人性。那社会是静态还是动态？保守派认为社会是一个能让个人获得福祉的完善系统，激进派则将其视为时刻充满竞争的修罗斗场。

面对这两派理论，社会分层理论的提出者伦斯基试图以从人性推导出社会性质为出发点，对两种传统观点的适当部分予以吸收与综合，从而形成了他独特的理论架构。他指出，当代心理学在人类婴儿生长过程的研究中已经发现其是一种极端以自我为中心的生物。然而每个正常的婴儿在成长到一定阶段后又都会开始考虑他人的愿望。这说明，虽然从自私出发，但承认他人利益正当性并与之展开合作也是每个自然人的最佳策略。再将这一洞察延展至人类社会问题上，人们将发现正是因为许多自私的个体为了更好地实现个人目的而聚合在一起，才会在人类社会中衍生出与自私相对立的道德、权利和公正等概念。

这个理论框架的价值至少是先将人性与社会性包裹起来了，让人们看到了从争斗到合作的可能。更进一步地，在社会当中产生合作及未来进化的各种可能性甚至还可以通过算法模拟出来。有行为学者借助博弈理论中的经典案例，以“重复囚徒困境”竞赛为研究对象，结果发现在两轮竞赛中最终胜出的竟然都是最为简单的策略——“一报还一报”①。这种理论和实验相结合的论证方法简单明晰，让人一看即知，为人们进一步了解个人、组织和国家之间如何产生合作，提供了极备可操作性的方案。这些公共行为领域的研究表明：在符合假设条件的社会中，合作的种子是可以被逐渐植入原有社会中的。这是因为相互合作的收益大于每次都相互背叛；社会上可能有多种合作

① ［美］罗伯特·艾克斯罗德：《合作的进化》，吴坚忠译，上海人民出版社，2007。作者是密歇根大学政治学与公共政策教授。

策略存在，采用同样的合作策略之间的收益较高，不同策略之间则收益较低，这造成了社会分层，合作发生了进化。

不过，这种剥离了具体细节、放在抽象的环境中观察行为体反应的方法也有它自己的漏洞。那就是参与博弈的决策者都要意识到自己和对方都会在未来长期共存。如果打破了这个共识，也就谈不上还需要继续合作的必要了。因此，增加接触次数，增进相互了解，是有助于社会各阶层展开更紧密合作的前提。

回到现实生活中来，尤其是中国在从传统社会向现代社会的转变过程中，社会结构的形成和调整如何影响中国社会各个阶层之间的合作方式，其实一直是人们更加关心的话题。根据西方国家的经验，人们可以归纳总结出现代性的三个要素：个人权利、工具理性和民族国家。研究者会注意到这些观念与中国传统社会有很大的不同[①]：首先，西方的“个人”观念在原先中国的语境里根本就不存在。中国人的概念中是先有群体、先有关系，然后才谈得上有处于这个社会的个人。其次，“权利”在西方观念里是和个人绑定在一起的，是与生俱来的正当性，但不同于中国人所理解的道德正当性。不理解这些，后面的工具理性和民族国家自然也就全无可能在中国文明中诞生，现代社会也就只能在集齐了以上三件法宝的西方文明中出现。

但是，现代社会制度的正当性在 20 世纪又遇到了新的问题。新自由主义从政治哲学的根基上区分出了“正确”（right）和“权利”（right），认为社会制度的正当性应该建立在“正确”而不是“权利”之上，契约应该建立在个人自主性而不是个人权利之上。这也正是罗尔斯在《正义论》中要解决

① 金观涛：《历史的巨镜》，法律出版社，2015。作者在 2009 年本书初版时已是中国台湾政治大学讲座教授，他在书中系统讨论了传统社会转型的一般模式，以及现代社会结构在继续发展过程中所遇到的整合危机，指出 20 世纪人类社会在这些问题上寻求得出的答案和仍待探索的问题。

的问题，即通过有条件的契约论得到差异原则，推导出经济不平等的增强只有当对市场中最弱势群体有利时才是正当的。因此，当今的人们需要重新理解“个人”和“自由”这些似乎已经熟悉的概念，重新驾驭已经失去控制的工具理性。

至于民族国家，自从它最早在欧洲大陆被从魔瓶里放出，就一直在贪得无厌地抢夺原本属于社会各个阶层的权力而集中于自己一身。马克思早就发现，国家权力“作为思维着的人，作为思想的生产者”总是试图通过控制、教育与引导“调节着自己时代的思想的生产和分配”①。因此，若以马克思唯物史观社会权力思想为指导，对于民族国家的权力也应该报以警惕的态度，因为“国家权力总存在着拒斥一切可能与其抗衡或制约的社会力的冲动，即使这种社会力是以社会意识、社会文化甚至于科技力量等较为柔性形式表现出的”②。社会各阶层若想实现更为紧密的合作，则“应引导社会权力以一种经济和文化渗透力和感召力的形式缓慢释放与平衡运行，发挥其社会服务性与群体黏合性功能”。

那么，在现代社会里每个人究竟该如何和他人建立合作关系呢？这是实际关系到个人生存的“政治”问题。贴近中国人传统儒家观念的“和”可能是一种最可信赖的策略，它将被证明能够在互相伤害最小化的条件下去谋求互惠利益的最大化③。因为在中国的伦理学和政治哲学话语体系里，本没有所谓的普世价值。相反，儒家思想是非普遍主义的，“不认为那些

---

①《马克思恩格斯文集》第1卷，人民出版社，2009。

② 陆在春：《唯物史观视域下社会权力思想研究》，安徽师范大学出版社，2021。作者是安徽师范大学法学院副教授。

③ 赵汀阳：《每个人的政治》，社会科学文献出版社，2010。作者是中国社会科学院哲学研究所研究员。他在本书中批判分析了西方主张的普世价值、天赋人权和民主等观念，借助中国先秦哲学思想，在提出的新方案中主张普世价值包括了公正、自由、和谐、仁义四个方面，并建议以预付人权取代天赋人权，以双票民主与反票数公议改进民主。

具有终极价值的东西可以被独立的命题充分表达，因为它们总与具体的变化过程有内在关联，所以总需要在历史情境中以合乎时机的方式被实现出来,而不能按照某个号称是普遍有效的现成标准被推广和造就”[①]。如果一定要指出人们都应该思考的基本行为规范，那最重要的也就是“如何对待他者”这个问题了。对于此,儒家思想早已给出了自己的回答——“己所不欲，勿施于人”。现代儒学则可以进一步将其升级为“人所不欲，勿施于人”，从“我”一个人的眼界扩展到所有可能的眼界，尊重每个人，把每个人都考虑在内。

人们要知道,这里强调的不是一个个孤立的个人,而是人与人之间的“关系”。人的存在首先是关系的存在,“共存”的关系优先于“存在”的个人。没有“关系”就谈不上人权和权利等概念。因为，人的一切权利也都不是天赋的，而是人为的，更确切地说是“关系”的另一方—— 他人赋予的。人必须在接受与他人间关系的前提条件下才有可能得到人权。这就推导出了所谓的“预付人权”理论，即人权是以借贷的方式预付给每个人的，相应地，也必须以每个人履行义务的方式去回报。而双票民主与反票数公议则是一种既强调权利又重视义务、既尊重民主又保护自由的具体改进方案。只是不知，这些建议是否是那些总是强调中国文明先天不足、无法诞生现代性社会形态的学者想要的答案。

23.3 西方现代社会深陷危机

金观涛和赵汀阳两位先生的疑问其实也是20世纪西方社会持续在思考的问题。20世纪初期，西方文明在经历了大航海时代发现新大陆带来的意

① 张祥龙:《从现象学到孔夫子》，商务印书馆，2011。

外财富、工业革命时代技术突飞猛进呼唤出无穷的机器力量、炮舰外交时代通过非法海外贸易和殖民劫掠获取大量不义之财之后，欧美社会逐渐进入了一段相对稳定而富足的阶段。建立在大量财富积累之上的上层社会开始逐渐发展出各种精致的生活方式，文学和思想领域空前活跃，出现了一大批具有良好修养和反思能力的知识分子。

然而山雨欲来风满楼，表面平静的生活下面则是暗涛汹涌的激流险滩。欧美域外的战争、殖民、劫掠和压迫无时无刻不在发生，它们迟早会动摇这个金玉其外败絮其中的海市蜃楼。那些真正有着人类良心,得益于这个社会，但又能良心发现，观察到这个社会正在溃烂下去的知识分子，不得不痛苦地用笔记录着整个社会危机的发展过程，苦苦思考能医治这个充满罪恶但又尚待怜悯的文明社会的良方。

一方面，他们观察到个别精英人物在推动历史发展、改造社会面貌方面的巨大作用。所谓英雄造时势，在那些特殊历史时期和社会环境下，总会有风口浪尖的弄潮儿挺身而出。他们往往以一己之力扭转乾坤，以自己独特的性格气质影响着一时风气。他们的一举一动广受关注，他们的言传身教更是影响着一代又一代后继者。人类社会仿佛就是以这样一种江山代有才人出的形式不断向前演进。无论是穆罕默德二世、亨德尔、列宁、菲尔德这些成功引领社会发展的幸运儿，还是拿破仑、斯科特、威尔逊这类功败垂成但留下巨大历史遗产的失意者，人们都会从当事人在鲜活历史场景中的不断争斗中感受到昂扬向上的英雄气概，社会前进的局面也为之改观。这些闪耀着的群星照亮了人类社会的前程，给人们以必胜的信心。

深深植根于那个时代的伟大作家茨威格显然知道，“虽然历史是一切时代最伟大的诗人和演员，它也不可能持续不断地进行新的创造”，而且“在一个民族内，为了产生一位天才，总是需要有几百万人。一个真正具有世界历史意义的时刻——一个人类的群星闪耀时刻出现以前，必然会有漫长的岁月无谓地流逝而去”[①]。虽然他期待着这样的时刻尽快出现，“宛若星辰一般永远散射着光辉，普照着暂时的黑夜”，但仍然不得不痛苦地意识到他自己所处时代里再也找不到能拯救欧洲传统社会于水火之中的关键人物了。他“似乎觉得，为我们所经历过的那种紧张而富有戏剧性的令人惊诧的生活见证，是我应尽的一种义务”，只能无能为力地看着那些曾经有过光荣与梦想的熟悉人物在自己的眼前一个个地消失。那些曾经熟悉的场景也都成为昨日世界，都只能深埋在他这个老欧洲人的回忆之中[②]。

20世纪刚开始时的欧洲社会景象像一部轻松的浪漫电影，“谁也不会相信有战争、革命和天翻地覆的变化。一切激烈的暴力行动在一个理性的时代看起来已不可能。我们陶醉在和平保守的音乐之都，在剧院、博物馆、大学，在飘着音乐和花香的林荫道……生活是那么曼妙、那么从容不迫、那么富足安稳”。然而此时的欧陆已经战云密布，西方列强在完成对整个世界的瓜分之后越来越难以避免彼此之间的直接冲突。此时处于风暴眼中的奥地利又怎么可能独善其身，“保住自己在欧洲范围内的安然无恙的地位”？当茨威格以追忆者的视角描述这些事实的时候，虽然也会反思“我

---

① [奥地利]斯蒂芬·茨威格：《人类的群星闪耀时》，舒昌善译，广西师范大学出版社，2004。作者是世界著名传记作家，他笔下的人物性格鲜明，无论身处什么社会环境都有着执着向前的精神状态。本书是那些曾强力推动历史变革的伟大人物的传记合集，在这短短十几篇历史特写文章中，后来人得以深深体会那些杰出人物在推动历史进步方面所作出的贡献。阅读这些强调精英作用的书籍，可以帮助人们更好地理解这些具有强烈人格特点的历史人物当时的所思所行，明白他们作为普通人也会承受的压力和局限，从而对波澜壮阔的社会发展过程产生身临其境般的通感。

② [奥地利]斯蒂芬·茨威格：《昨日的世界：一个欧洲人的回忆》，舒昌善、孙龙生、刘春华、戴奎生译，广西师范大学出版社，2004。作者在本书中以饱满真挚的感情、平实顺畅的文字叙述了他所认识的那段特定时期的各种人物，他亲身经历的社会政治事件，以及他对那个动荡不安的时代的感受。回忆录里忠实记录了从一战前夜到二战欧洲危局的社会现实，披露了世界文化名人鲜为人知的生活逸事，同时穿插了作者各种细腻的心迹。

们共同的理想主义，我们进步中必然产生的那种乐观主义使得我们低估和忽视了我们共同的危险”，但他并没有意识到自己所向往但被打破的这种乐观的世界主义，这种进步的自由主义，是建立在世界上 90% 的民族还处于被压迫、被奴役的状态上的。这是一种奴隶主的世界大同，这是食利者的自由平等。

当然，茨威格本人也是这场灾难的受害者。作为战前最为知名的知识分子，他的家受到无端搜查，他的书籍因为思想不符合极端的社会氛围而被纳粹分子从图书馆和书店里抄走，他本人也只得流亡到南美。作为那个曾经无限美好世界的见证人,他最终选择了与自己心目中理想社会同归于尽的结局，用自己的生命为自己的文字写下了最为沉重的注解。

无限怀念那个旧世界的回忆者还包括后来闻名西方世界的现代管理学大师彼得・德鲁克，他于 1909 年出生于维也纳这个旧世界的中心。那时的茨威格才刚刚 28 岁，还沉浸在法国飞行员布莱里奥飞跃英吉利海峡的巨大喜悦中。整个少年时代都生活于奥匈帝国治下和平的德鲁克在几十年后回想起那个年代里的人们——奶奶代表奥匈帝国日常生活中的普通市民，赫姆叔叔和吉妮亚阿姨代表一战前的精英阶层——时发现：在那个暴风雨来临前诡异的和平时光里，每个人都好像是散发着独特光芒的传奇人物，演绎着与世隔绝的虚幻小说情节。一幕幕熟悉的生活画面代表了永远无法复制的那一代人难以想象的神韵和精髓，以至于他只能以旁观者的视角去体会，才能接受这种巨大断层带来的心理冲击[①]。

幸运的是，他后来遇见了欧洲大陆最优秀的那批青年思想者，包括思考社会历史转型的波兰尼，以大国外交理论成为基辛格导师的克雷默；他又来

① ［美］彼得·德鲁克：《旁观者：管理大师德鲁克回忆录》，廖月娟译，机械工业出版社，2005。

到新大陆，走进了积极探索未来的那批美国人中间。正是他们所代表的社会发展方向和开拓创新的企业家精神，启发德鲁克对未来企业、社会与管理者的关系进行深入的思索。从维也纳街区里走出的孩子，终于在美国大都市里创造出了现代管理学理论。

不幸的是，对于1948年出生于伦敦、以研究法国知识分子群体和战后欧洲史闻名的托尼·朱特来说，直到生命尽头他所期待的仍是要找到“一种激进认识论能够反击右翼普世主义的连贯性”，以拯救这个社会不至于再制造更多愤怒、贫穷和怨恨的中下阶层。毕竟，对他们这些知识分子或是政治哲学家来说，“首要任务不是去想象更好的世界，而是要思考如何避免更坏的世界”[①]。透过朱特那双深邃的眼睛，人们可以感受到他作为历史学家的直觉和知识分子的良心，并思考他为此提出的社会民主主义解决方案，以期社会中的所有成员都能在相对公平正义的条件下获得有尊严的生活。

只可惜这种老派的政治理想更多继承自19世纪的欧洲知识分子氛围，已不再适合面对21世纪被全球化和新经济浪潮所抛弃到社会边缘的失意者。长久以来，在新自由主义经济的影响下，人们已经普遍接受不平等乃生活的自然状态的观点。那些在现代公司制度下被淘汰的失败者既不值得同情也不应得到救济。从管理学角度来看，对这些人的援助不仅会

① [美]托尼·朱特、蒂莫西·斯奈德:《思虑20世纪：托尼·朱特思想自传》，苏光恩译，中信出版社，2016。托尼·朱特是西方研究战后欧洲历史的著名思想家，他的身体不好，2008年就被诊断出患有肌萎缩性侧索硬化症，2009年颈部以下瘫痪。在观察完灾难深重的20世纪已告结束后，晚年的朱特在重病缠身的状态下给世人留下本书。他在书中回顾了自己亲身观察的那些发生在20世纪里的重大社会事件，如马克思主义运动、纳粹种族大屠杀、犹太人复国运动及战后欧洲的社会重建。通过对那些曾经风起云涌观念重新审视，人们得以依据朱特鲜活的个人视角获得一份历史的在场感，同样会喟叹世道如此败坏，究竟是哪里出了根本性的大问题。

降低整个社会的竞争力，而且还会让他们更加懒散和依赖他人。社会阶层被撕裂至此，人们普遍缺乏共同感受和公认伦理。再也没有社会组织出面弥合分歧并谋求减少不平等，有的只是在市场和竞争议题下对经济增长的不断追求。火车开得越来越快，越来越顾不上被抛下的无票乘客。朱特的改良方案虽然看起来还是那么的保守，但老欧洲能提出的似乎也就只能如此了。

23.4 笔墨事功重构世界图景

如果人们再把眼界放大一些，就能发现对于近现代社会种种乱象的思考，在知识分子群体里是一个经久不衰的核心话题。抛去老欧洲旧大陆知识分子自带的那缕感伤，越来越多渴望找到进步解决方案的新世界探索者们开始正视社会中无处不在的不平等现象。他们从自己身边的社会环境中发掘元素，亲身实践，一直在用笔墨事功努力重构着新世界的图景[①]。正是当年的那些思考奠定了如今社会的基石，今天的人们或多或少都会在价值观念深处受到这些功业的影响，即便还没有拜读过他们的原著，那也少不了在他们的格言逸事中找到自己行为处事的规范。

他们启动的现代历史进程可以回溯到20世纪初的那批俄国知识分子的

① 周泽雄：《知识分子的笔墨事功》，西苑出版社，2017。作者是中国独立作家，他在本书中向人们介绍了16名古今中外的著名知识分子，其中包括14位西方人士，比如卢梭、左拉和弥尔顿，以及中国的胡适和钱锺书，基本上还是倾向于西方自由主义传统。书中展现了他们在历史转折关头作为人类思想最深处价值捍卫者所具备的品格与风貌，可谓是知识分子版的《人类的群星闪耀时》。

心路历程，异常艰难但却给全世界带来极为深刻的影响[①]。这批现在看来可以冠以“圣徒”称号的受难者，其实就当事人来说完全是被迫走上这条道路的。由于沙皇俄国统治阶级并没有太多资源可以像英美上层社会那样通过工业革命和海外殖民的成功完成整合，也没有经历过法国大革命中那么残酷的派别内部相互屠杀，因而对当时的知识群体采取的是自上而下严酷的镇压和禁锢政策。辽阔的远东腹地为沙俄政府提供了广大可供选择的流放场所，因而造就了一批批被后来人蒙上圣徒光辉的思想先知，促成了整个处于崩溃状态中的社会对激进主义的更大兴趣和革命党人的人身崇拜。

这些俄国知识分子也确实不辱使命，他们亲身参与社会变革，哪怕是遭受流放和流血的命运也不曾改变心意推动红轮的向前翻滚。

横贯整个 20 世纪的欧风美雨和西伯利亚寒潮也在不断地冲击着东亚社会。原先稳定了几百年的朝贡体系被鸦片战争打破，中国作为宗主国的地位不复存在，藩属国们则各自努力，从此各奔东西。原先奉行的儒家意识形态受到西方民族主义、自由平等思想、马克思主义、殖民文化等观点的冲击，各国民众们在终于意识到一切均不如人的情况下，纷纷采取了不同的国家转型方案和社会改造计划。

日本可谓最早意识到千年之变局、最积极向西方靠拢的东亚国家。但到了二战后，一切努力转头成空，日本社会继续面临向现代转型的问题。这

---

① 金雁：《倒转红轮：俄国知识分子的心路回溯》，北京大学出版社，2012。作者是中国政法大学人文学院教授，她在书中将那些在俄国历史上发挥过重要作用的知识分子群体如何产生、发展和消亡的历程做了精致的描写，并对两位典型的代表人物索尔仁尼琴和高尔基进行了个案研究，勾勒出俄罗斯民族特有的知识分子形象——独行于世，但又心怀众生的“圣徒”。她还用“倒转红轮”这个意象提醒人们，今天熟悉俄国社会革命留下深深车辙痕迹的我们，有必要再回过头去考察那些或隐藏在车轮后、或碾压于车轮下的先行者，才能知其然更知其所以然。从以俄为师，到以俄为镜，是我们做出深入思考和当下判断的重要依据。

时，分析清楚明治精神的实质内核，想清楚该如何从问题中走出来，于是人们再去回顾那些已经逐渐被淡忘的思想家就显得大有裨益了。其实明治时期的日本社会是研究东亚社会变化最合适的样本。当时所谓的日本明治精神，后来经日本学者研究被剖析成为国家主义、平民主义和自由主义三位一体的架构[①]。如果追根溯源的话，国家主义可算是来自日本社会自有的儒教精神，但近代以来引入的欧洲思想却开启了明治时代平民主义和自由主义浪潮的先河。然而在日本的近代化过程中，明治维新运动的主导者却纷纷选择了国家主义，并发展成为军国主义。相反，可能导致全盘西化的平民主义和自由主义却没有坚持下来。一开始热热闹闹的兴民权、设议院、实现君主立宪并没有真正得以实施，反倒是最后国权压倒了民权，导致整个日本民族走上赌国运、对外扩张的战争道路。

日本的教训固然惨痛，但其实不光是日本，整个亚洲在20世纪都是世界上所有思想实验和社会实践的大培养皿，在100年间上演了无数幕生动感人的剧目。今天回过头来看，他们的努力异常生猛，经验教训更是值得深思。所幸万劫渡尽人还在，重整山河有后生。东亚社会的转型过程虽然沮颓沉重，但仍为整个人类社会探索出了一条灾后重生的复兴之路。就在西方社会越来越对自己创造出来的各种历史问题无能为力，山重水复疑无路而怨天尤人之时，20世纪末、21世纪初的东亚社会已经在重新评估自己的历史价值，试图从亚洲人民在这100多年里遭受的苦难里思索背后的意义，寻找治疗这身

① ［日］松本三之介：《国权与民权的变奏：日本明治精神结构》，李冬君译，东方出版社，2005。作者是日本当代著名思想家，他在本书中对明治时期的福泽谕吉、植木枝盛、中江兆民、德富苏峰、陆羯南和内村鉴三等六位思想家及平民社的政治主张和社会活动进行了观察与梳理，找寻出当时历史环境下国权与民权两个概念如何相互对立但又不断发生转变的线索，让人们对于明治时期还未被甚嚣尘上的军国主义所盖过的近代思想发展过程有了更细致的认识。

经百病虚弱之躯的良药，于柳暗花明又一村处昭示新篇[①]。

二战后的历史仍然延续着殖民的话题。在英国、法国等殖民国陆续撤出亚洲之后，亚洲的独立自主并未真正到来。美国在战后迅速地取代了老殖民帝国主义的地位，接管了原有的殖民主义体系瓦解后的空缺。而且就文化与思想层面而言，美国的新殖民帝国主义对于战后亚洲主体性的构成产生了更为广泛而深远的影响。这显示了一个可怕的现实，当已经被内在化的殖民主体性让被殖民者完全丧失自我并被异化之后，一个新的处于主导性的外在价值观体系会被很快自然而然地树立起来。刚刚摆脱旧殖民主义的人民对于独立自主、真正脱离殖民的追求如同镜花水月般，看似接近，但又永远那么遥远。因为殖民主义并未结束，也不再是一股外在于被殖民者的力量，而是早已进入、活在被殖民者的主体性里面了。如今，这种表现为“亲美”，但实际为主动接受美国为首的新殖民帝国主义所带来的依附情结，正是当前亚洲的病理核心所在。

在距离大众更近的电影文化领域，有关叙事主体性的争论更加激烈[②]。那些历史题材的影片，如国内的《十月围城》《金陵十三钗》《南京！南京！》和国外的《阿甘正传》《末代皇帝》，现实题材的影片，如国内的《钢的琴》和国外的《大而不倒》，以及那些超越普通生活的冷战谍战片，无一不缠绕着当时社会上仍有的分歧观点，并经过影片的放大后持续在社会上引起新一轮的发酵。在某种意义上，电影作为一种特殊的语言也在记录着历史，它的

---

①《读书》杂志：《亚洲的病理》，生活·读书·新知三联书店，2007。本书收录了多篇有关亚洲近现代历史、亚洲的主体性、底层民众、中日关系、华人问题的历史与现状以及亚洲国际政治等问题的文章。

② 戴锦华、王炎：《返归未来：银幕上的历史与社会》，生活·读书·新知三联书店，2019。本书通过七次对谈文字记录的方式对电影话语权问题做了深度的阐释。在你来我往的唇枪舌剑之中，那些曾经给观众以视觉冲击的影片再一次和发生在20世纪的社会变动连接在了一起，足以引发人们更多的关联思考。

独到之处在于能以某种神奇的方式将人们对历史的回忆与具象的胶片对应起来，从而可以让每个人都快速成为这个话题下的知识分子，在一部电影之下进行专门的反思。

整个20世纪90年代的思想界虽然没有那么多轰轰烈烈，但它作为“小小十年”和充满理想主义的80年代相比，并不是思想贫乏的年代。相反，“这是剧烈转变的时代，这是一个常常让人感到困惑的时代，但这也是许多中国知识分子真诚地投入思想探索和社会实践的时代”[①]。走出“80年代对于西方的崇敬，这个时代的思考中渗透了新的文化自觉；相较于许多后社会主义国家的思想颓败，中国的知识分子力图重整思想的旗帜，建立批判的阵地；相较于过去时代的声调相对单纯的讨论，这个时代的思想空间容纳了更为丰富和多样的声音”。那个年代的中国知识分子群体对于“社会的大转变时代的见证，也是中国知识分子在这个时代中勤奋探索的侧影”。人们有理由相信，这“小小十年”埋藏着未来的种子；人们也有理由相信，只要继续坚持反思，这些种子就会在当下的土壤里生根发芽，并最终长出一个崭新的世界。

①《读书》杂志：《重构我们的世界图景》，生活·读书·新知三联书店，2007。本书的诸多选文有助于人们以崭新的视角去分析“全球化”下的叙事逻辑，从而可以重新审视当代中外的知识分子对于殖民文化和社会转型的不同观点。这里包括对西方主流国家所极力声讨的恐怖主义起源问题的探讨，对依照欧洲中心主义观点建构起来的“落后文明”的关注，对美国依赖自身政治、经济与军事霸权在全世界犯下各种双标罪行的揭露。这些文章虽略显陈旧，但确实真实反映了20世纪90年代以来中国知识分子的思想历程和探索过程。在那个时代谈论无比正确、引领潮流的“全球化”概念，既是某种弄潮儿的荣耀，也势必在无形中承担了历史的责任。好在其中有些文章的观点放到今天再来审视，也仍然具有穿越时光隧道的预言意味。

23.5 连接过去和未来的通路

现在人们知道在人的自然属性中就存在种种弱点，因而需要结聚成群、组成社会。为了提高整体的生存能力，社会结构中产生了必要的分层与合作，这样对外体现出更强的资源调动能力，对内更有效率但也会产生诸多苦难。这样的社会组织形式运行了几千年，不同人群组成的社会在相互竞争中会发展出各种先进的科技能力，获得器物上的竞争优势，从而赢得更多的生存机遇。

一旦意识到这点之后，人类社会越来越重视科技实力的发展，尤其是在战争武器和制造工具方面。以科技能力为代表的生产力不断提升，推动社会形态进入新的阶段，呼唤出土地、人口、资本、技术和数据这些经济元素创造了极大丰富的社会财富，也带来政治制度的相应调整，衍生出自由、民主、公平、正义这些概念，去缓冲不断加快增长的科技力量所带来的冲击。

技术的冲击带来一定程度的社会进步，但这更像是一把双刃剑，甚至在某种程度上可以认为，与其说是人类发明了技术，不如说是技术在不断改造人类，以至于“机器自 17 世纪以来已经成为一种宗教，而作为宗教是无须证明其有用与否的”①。这体现在两方面,其一是机器文明为人类重新定义了时间概念，人的生活节奏从此要受到分秒必争的机械化控制；其二是无所不在的军事化管理渗透入经济活动，常规程序代替了原先个性化的协作关系，后者甚至会被视为落后和懒散的代名词。

于是，人们接下来的任务就是更大限度地利用机器的力量向到处是处女地的大自然索取。井井有条的机器秩序给了庇护在其下人们以无比的信心和

① [美] 刘易斯·芒福德：《技术与文明》，陈允明、王克仁、李华山译，中国建筑工业出版社，2009。作者是美国著名城市规划理论家、历史学家。他在本书中通过对机器在人类文明中重要性不断提升的追踪，向人们描写了技术对文明的强大控制力。

支配，其结果就是掏空了人们内心深处原先平衡的秩序感和归属感。在丢失了平静的中世纪情感家园之后，人类似乎只有在这条狂奔的道路上一路向前，任何减速的动作都有可能随时带来更加可怕的前景。那么如何才能有一个更好的未来，将更值得珍惜的生命价值放到更中心的位置，并使机器变成一个更加温和谦逊的存在，就成为社会学家们要继续思考的问题。强调现代城市规划主导思想应重视各种人文因素的芒福德因而主张科技进步同个人发展，以及不同地区发展的目标必须协调一致[①]。他的一项重要贡献就是将城市建设与人类文明发展的内在逻辑关联到一起。芒福德指出，一部城市建设史就是人类文明史，城市是凝聚文明力量的物质形态，也是保持文化传承的精神家园，建筑的穹顶和塔楼、宽广的大街和庭院，都在表达人类文明的各种概念。他在向人们揭示城市规划过程中的社会性原则时，无不体现了其秉持的城市建设的基本问题是要满足人的基本需要，是要促进人的相互交流这样的社会性问题。在这个理念下，高楼大厦其实是将一部分人带离了社会大众，人们获得了高度这样一个新的空间维度，但却在社会空间中永远地割裂开来。“城市文化的构成状况决定着最终产物的品相”，不同形态的城市产生了不同性质的文化，并最终培育出不同气质的人类。

不幸的是，近代以来工业革命将人类社会带入不可逆转的发展阶段。在上了这条快车道之后，人类逐渐警觉到车速有些快得要失控的危险，因而开始重新审视社会生活受到科技以及背后理性思想影响的来源和趋势，终于发

---

① [美]刘易斯·芒福德：《刘易斯·芒福德著作精粹》，宋俊岭、宋一然译，中国建筑工业出版社，2010。本书从芒福德的诸多著作里选编了代表性的章节集中出版，既非常全面地囊括了各个主要的专业领域，同时又能保持在时间顺序和逻辑层次上去展现其思想的内在成长脉络。书中讲述了他的初心立愿，并分别讨论了建筑、城市文明、城市及区域的未来、美国研究以及技术与文明等话题，给出了其在城市发展、交通决策、用地规划、环境保护、裁减核军备等诸多领域的思考和建议。

觉有必要发展出一种新的人文关怀主义精神来干预科技至上主义的作用。原先在政治伦理中所强调的诸如正义、理性、责任、德性、荣誉、权威、自由这样的传统价值观在现代社会中失去了原有的地位，过去曾经指引人们前进、赋予人们力量的思想与文化传统面临中断的困境。“由于过去不再把它的光芒照向未来，人们的心灵在晦暗中游荡”①，因而有必要从这些传统观念中提炼出对现代人最有价值的部分，再一次引导人们沿着这些思想的遗迹，思考当下现实的事件，进而找出未来的路标，“就如同每个新人都要让自身切入一个无限过去和一个无限未来那样，每一代人都必须重新发现和开辟自己的道路”。

在寻找连接过去与未来通路的过程中，思想家忧虑的并不是科学技术本身，而是人们对其背后科学主义的盲目信心。深受过极权主义迫害的他们给出的解法，是要找回人们在狂飙突进时丢失的古老智慧，重新唤醒来自柏拉图和亚里士多德谆谆教导的西方政治哲学传统；而不是像马克思那样在黑格尔式历史哲学的指引下，用最终的目的取代行动的意义，进而产生人类自己可以制造历史的疯狂想法。他们发自内心地担忧并竭力警告世人，这种出现在社会性领域为了建造人间天堂的科学理论，反而带给人们的是地狱，而这可能正是 20 世纪诸多灾难的来源。

但是，科学技术以及背后的科学主义真的有这么可怕吗？ 20 世纪最伟大的科学家，同时也是那个时代睿智的思想家，并在现实中极力倡导人道主义与和平主义的社会活动家——爱因斯坦是怎样判断的呢？现在人们已经知道，爱因斯坦之所以与众不同，除了他在科学领域的杰出贡献，还有就是他作为一个“具有深沉的宗教情怀的人”，这种情怀能让他在面对已有科学认

---

① [美] 汉娜·阿伦特：《过去与未来之间》，王寅丽、张立立译，译林出版社，2011。作者是原籍德国的犹太裔思想家、政治理论家，她在这本写于 20 世纪 50 年代的政治论文随笔集中，为人们勾勒出现代社会面临的紧迫危机。

知不能解释的现象时，始终坚信“最深奥的理性和最灿烂的美”[①]。他以亲身经历和言传身教让人们相信：在这个物欲横流的时代，只有严肃的科学研究者才是唯一具有深厚宗教信仰的人。同样，一个科学家也只有先具备宗教意义上的道德观，以人为本，才能正确地发现科学世界的规律，应用技术领域的成果。

所以，人们要能够为科技变革社会的车轮加上一道人文的刹车阀。这不仅是一件好事，也是一件非常有必要的事情。20世纪最显著的变化是科技领域一骑绝尘的发展，快速取代了人文艺术曾经在知识领域的垄断地位，超越了其在思想领域发挥的巨大作用。相比科学知识在这100年内的快速增长，人们在人文艺术领域的成果不仅相形见绌，而且还丢失已有的自信，在各种挑战传统的名义下迷失了方向，“结果表现出的常常只是对于奇技淫巧的过分追求，而不是对已有知识的独创性见解和补充”[②]。

其实，这种所谓的“现代性”问题自从现代社会源起，就与每个生活于

① [美]阿尔伯特·爱因斯坦：《我的世界观》，方在庆译，中信出版社，2018。本书的内容以影响较大的1953年德文版《我的世界观》为底本，又增补收录了一些散落别处的相关文章，最终编译出独特的《我的世界观》中文版，其中有20多篇珍贵文章此前从未翻译成中文出版过。作者在书中涉猎了从宗教到科学、从军事到政治、从社会到经济、从教育到哲学各个领域的重要话题，给人们留下了深刻独到的思想见解。

② [英]彼得·沃森：《20世纪思想史》，朱进东、陆月宏、胡发贵译，上海译文出版社，2006。作者在对整个20世纪人类思想进步发展脉络进行观察和理解后，提出的核心观点也是要重新重视人文在社会领域的重要性。他在这本鸿篇巨著中按时间线列举出一个又一个人类思想领域的天才巨匠，涉猎哲学、文学、历史、政治、艺术、科学等各个领域，包含了每个重要历史时期的热点事件，并把它们捏合在一起，向人们呈现出那个时代真正的精神风貌。这种将各个学科看似零散的思想观念纳入更为广阔的时代精神气候中去理解的历史叙事手法，不仅为抽象的思想元素赋予了深厚的现实背景，而且还建立起了不同学科知识之间的精神联系，最终带给人们的是磅礴的思想冲击，也是在对科技进步进行了深刻反思后的重新认知。

现代社会的个体如影随形，让一代又一代思想家们苦苦思索而不得解脱，并留下曲折的心路历程和不屈的挣扎痕迹①。确实，是理性打开了进步的大门，让人们可以摆脱中世纪对神学的依赖，相信依靠自己的独立判断就能掌握这个世界。可上帝死了之后，人类的价值找谁衡量，如何衡量？这是任何工具理性都无法正面回答的问题。

为了修补这个漏洞，思想家们只好不断祭出更多的法宝。价值多元论、清教伦理、消费主义、社群主义、自由主义都被召唤出来应对思想冲突困境；政治现实主义者认为各个文明的发展差异最终不可消除，永远存在冲突的风险；政治乐观主义者认为历史已经终结，所有的文明形态已经穷尽，世界已经走在融合为一体的道路上。这些20世纪遗留的问题还没解决完，21世纪的全球化又造成了一条深刻的“冲突带”。冲突不是出现在国与国之间，而是出现在每个国家的内部，出现在全球化的受益者和因为全球化而受挫的人群之间。

人们有必要认清这些思想冲突困境的根源在于：推动人类文明进步的理性精神的确伟大，但若想持续发展文明，人们还需要知道并承认理性精神存在不可避免的局限才能日臻成熟。今天的人类缺少的已经不是能源、土地、人口、数据和科技这些物质条件，而是如何认识和运用它们真正价值的智慧。这份智慧如同一部梯子，只有找到它，才能帮助人类从如今的困境中挣爬出来。

---

① 刘擎：《刘擎西方现代思想讲义》，新星出版社，2021。作者是华东师范大学政治学系教授，他在本书的43节内容中浓缩西方现代思想精华，向公众输出了19位西方现代思想家的理论精髓和著作导读。

第 24 章　契合价值观念的共通点

在之前的章节里，我们沿着格物、致知、诚意、正心、修身、齐家、治国、平天下的研究路径拾级而上。但在分析了近现代社会如何变成今天这个样子之后，人们可以看到，虽然科技昌明、物质丰富、生活便利、个性自由已经成了每个现代人的日常标签，但全世界人民却同样在更大程度上无处不往、无时不在地承受着民族、国家、宗教、种族、性别和阶级属性上的各种不平等状况，并没有在科学、经济、政治、社会和价值观层面调动起一切积极因素，结成整个世界范围内的人类命运共同体。结果反而是，在进入 21 世纪以来——尤其是在 2020 年之后，世界局势更加动荡。原来披着经济全球化外衣的全球一体化进程被彻底打断，甚至出现逆转。政治对立和军事冲突愈演愈烈，曾经被遗忘很久的第三次世界大战和核战争的话题也开始被人们认真地探讨起来。

世界真的就这样无可救药地沿着既定的抛物线坠落下去了吗？如果一切不可挽回，那么人类社会在这几千年里孜孜以求的大同社会又有什么意义呢？如果料想到局面如此糟糕，那么近代以来人们集结几代人的聪明才智发展出的科技能力不是反而成为了枪口指向自己的绝命武器？答案绝不如此。直至今日，我们仍然对人类有能力从先贤的智慧中汲取力量充满信心。

回望几千年前在人类刚进入农业社会时，也是面临天下大乱、礼崩乐坏的场景。中国的圣人敏锐地感受到了器物变化对人心的影响，但他并没有求诸神灵，也没有诉诸武力，而是耐心地劝导人们要相信、约束和引导内心的力量，找出一条经世为学的大学之道，才有可能将华夏族群带出那个混乱的时代。这种信仰在今天也格外有意义，当可激发起人们在天下范围内找到彼此契合的价值观、再次穿越这个礼崩乐坏时代的使命。

但是,要想在今天如此嘈杂的世界中汇聚出统一的价值观将是何等困难。我们也只能在此抛砖引玉,努力找出各种价值观中最为共通的部分——审美、向善和求真，并在此基础上寻找可以相互观察和探讨的话题。

艺术体验是一项审美的能力。凡生而为人都会对美好的事物充满向往，古往今来各个文明各个历史阶段的人们也都在培育自己的审美意识上做出过相似的努力。哪怕是再充满敌意的对手,在面对对方创造出的美的艺术品时，即时第一位所产生的念头也肯定是无法控制的一致的，那就是发自内心对美的欣赏。邪恶的抢夺念头，应该是第二位才产生的吧。因此，如果我们承认世界上所有民族的人都还是有人性的、是能审美的，那就至少应该先在什么是美的、怎么欣赏美上达成一致的观点，做到费孝通先生所期望的“各美其美，美人之美，美美与共，天下大同”①。

宗教信仰是一种向善的行为。宗教将人们从污浊不堪的尘世中暂时地解脱出来，信仰指引人们向着幸福美好的未来新世界不断前进。世界各地的人们为了这两个目的树立了各种不同的宗教和信仰，虽然可能会由于彼此之间缺少沟通而忽略了对方的存在，或者是各执己见认为自己的宗教信仰才是所谓的真理，本来出于向善目的而产生的宗教信仰在现实生活中带来更多的反而是作恶；但人们必须正视们它的存在，认真剖析其来源和发展历程，才能求同存异找到最大公约数，那就是所有宗教信仰的基本盘都必须要承认的部分——劝人与人为善，共同建设美好生活。

---

① 1990 年 12 月，著名社会学家费孝通先生在其 80 岁寿辰聚会上发表“人的研究在中国——个人的经历”主题演讲时,总结出了“各美其美,美人之美,美美与共,天下大同”这一处理不同文化关系的 16 字“箴言”。

哲学认知是一段求真的历程。它很早就在爱琴海边灿烂的阳光下，启发人们在解决温饱问题之后探索这个世界究竟是什么、何以为此的本源问题。后来不幸成为神学婢女，被指使去论证神之所以能为所欲为的根本原因。但它依然能证明自身价值，在一层层追本溯源的探究之下，终于向人们展示出隐藏在万事万物运转现象背后的规律——科学，从此引领人们跳出神学的管制，走向没有约束的未来。它也因此成为各个民族都奉为圭臬的知识之源，不管这知识是能更好地为世人谋利，还是会让其他人陷入困境，但至少在要求知求真这个层次上，大家可以取得共识。

如果人们能够在追求真、善、美的这些话题上具备哪怕最基础的一点点共识，培养出最浅显的一丝丝同理心，那么只要在此基础上汇聚的人数规模足够大，我们都会更有信心地认识到，不管大家的心灵曾经如何被无知和误解所遮蔽，人们心底最强烈的渴望都是要创造更加美好的生活，幸福美满地过完自己的一生。

24.1 从艺术体验里获得美的感受

在艺术中获得美的感受是全人类共通的体验。绘画、雕塑、建筑、音乐这些最常见的艺术表现形式在世界各个文明都曾找到过各自独具风格的载体，但当全世界各个文化的人群相互更加了解起来之后，人们惊异地发现，艺术是最能够缩短人们之间交流距离，找到彼此共同兴趣点的直通车。

因此，如果想拉近不同文明间的距离，消除彼此对对方文化的偏狭理解，最轻松也最有效的方法就是去体验其他文化的艺术成果，从中得到异质文明传导给自己的美感。可以想象一下，如果一个人能够同时从中华文明、西方文明、伊斯兰文明和印度文明的艺术品中获得有关描绘春回大地、万物复苏景色的美感，能分辨出各自代表性建筑的风格特色，喜爱利用不同文明特点的图案元素装扮自己的服饰，那他就一定会更容易成为一个爱好和平、尊重差异性的普世主义者，更不容易受到偏激仇恨的言论鼓动，去敌视他并不了解的种群。

这种努力早在古罗马时期就有人尝试过。维特鲁威是那个时代西方世界最伟大的建筑家，他曾为后人留下过欧洲中世纪以前唯一的一部建筑学专著《建筑十书》，后来成为西方文艺复兴时期、巴洛克时期和新古典主义时期建筑学领域的经典文献[①]。至今，它所蕴含的丰厚人文思想还在润泽着现代人，决定着这个世界的人文景观。人们学习和接受了维特鲁威所倡导的建筑哲学，也就能理解到他生活在罗马共和制向帝制过渡重要转折期在文化上所要坚持的“保守主义”思想倾向，这与今天教育领域正在强调的作为“人”要大力培养的通识教育，注重各个领域知识的统一性，充分考虑工程技术与社会伦理、人类健康、自然环境之间的协调关系其实是一致的。这也说明，维特鲁威当年希望传承下来的古希腊文化价值观和建筑理念至今仍然具有顽强的生命力。对他而言，一个理想的建筑师自然应该掌握自然规律，但也需要通过研习哲学问题而修身养性，通晓历史知识而洞明世事。推而广之，每个经过大学教育的现代人，不也应该有意识地克服由于人为划分学科而带来的技术与人文的割裂，由于傲慢与偏见而带来的东西方艺术的高下判断吗？

这种案例就发生在中西方在建筑领域艺术价值的理解上。近代以来，由于人们对于中国传统建筑艺术性的模糊认知，一直无法旗帜鲜明地给

---

① [古罗马]马尔库斯·维特鲁威·波利奥：《建筑十书》，陈平译，北京大学出版社，2012。本书不只是一本简单的建筑技术大全，而是能在建筑艺术这个主题下容纳古代文化的百科全书，涉及哲学、历史、文献学、数学、几何学、机械学、音乐学、天文学、测量学和造型艺术等诸多领域的通识。

出现代意识下对中国古典建筑成就的价值判断。因此，在寻求中西方艺术在建筑领域的共通之处时，首先也必须承认双方在一些根本性问题上的差异。运用中西比较和归纳汇总的科学方法，人们可以发现：中国古代工匠为统治世俗世界的君主服务，他们选择木材，利用力学知识在技术上创新地解决了木质结构原来不足以构成宽大建筑物要求的限制问题，这样让建筑物平面铺开，引向现实的人间；而西方建筑师则为统治精神世界的教会服务，他们大量运用砖石，采用的是承重墙布局的方式，解决砖石建筑不断提升高度的扩展问题，这样让建筑物高耸入云，指向神秘的上帝。可以说，“中国建筑和西方建筑走着不同的道路，各自取得不同的成就，不同的经验”[①]。

不同的设计思路和建筑风格会导致西方人着重追求建筑物的高度层次，比如巴黎的卢浮宫，尤其是在中距离上以繁复的建筑立面和凹凸变动的平面构图给人留下深刻的印象。身处其中的人将不由自主地获得紧张的神秘感，在巨大而幽闭的空间里感到渺小恐惧，从而发自内心地寻求上帝的保护；而中国人却主要致力于在一个平面上横向拓展，比如北京的故宫，既能在远景效果上通过规划设计呈现出优美柔和的整体轮廓，又能在近距离让人们感受到中国木建筑精美的雕梁画栋、交错的斗拱构造、细致的造型装饰和鲜艳的外观色彩。在这样复杂多样的楼台亭阁中游历，缓缓展开的行进画卷传递给人生活的安适和环境的和谐。卢浮宫和故宫的最初建设年代相差约200年，后来也都历经多个历史时期的重建，反映出的是两种完全不同的建筑理念，

① 李允鉌：《华夏意匠：中国古典建筑设计原理分析》，天津大学出版社，2005。作者是香港著名建筑师，出生于艺术世家，为国画大师李研山之子。他从青年时代开始就一直希望能向世界介绍中国的古典建筑理念，常年研究中国建筑设计的传统技法，又有机会实地考察西方建筑典范，终于在学贯东西、博采众长之后在本书中将中国古典建筑的设计原理和盘托出。

但并不妨碍现代人都能从中汲取美的感受。

在建筑领域了解艺术的途径必须是亲身体验。进入这座殿堂的正确姿势应该是先去了解建筑师多年来一路走过的历程，在具象上去体验一件件别致精巧的建筑作品，体会其中蕴含的独特建筑哲学[①]。像奥地利著名艺术家、建筑设计师白水先生（Friedensreich Hundertwasser，1928 年出生于维也纳）设计建造的白水公寓，以及日本漫画家宫崎骏作为范本营造的三鹰之森吉卜力美术馆，都是这样能让参观者产生亲身体验的杰作。一以贯之的是用简单弯曲的线条和大块艳丽的色彩来表达内心的感受，共通的理念是表达居住在建筑中的主体 —— 也就是人，既享受现代科技带来的便利和可能性，但又不用被工业化千篇一律的规制限定的理想生活状态。每个人都可能选中正对自己感悟的那段吉光片羽，就像在漫长海滩边零零散散蹲拾卵石的孩子。每个孩子都有过这种孩童的纯真，他们在绘画班里都能描绘出稚嫩的画作。然而随着年岁增长，人们会被匆匆填入快节奏的现代都市生活，能在工业化的楼房中找到一间能安身的隔间就算不错了。建筑设计家总是要超越生活，他们能保持孩童的纯真并运用更加高端的现代技术将这些建筑理念变成现实的前卫建筑物。

---

① ［日］藤森照信：《何谓建筑：藤森照信的建筑思考》，景瑞琴译，上海人民美术出版社，2015。作者是日本著名建筑家，他在本书中通过一篇篇短文分享了自己与多位著名建筑家交流的心得，以及在那些建筑营造环境下产生的思考，带给人们究竟“何谓建筑”更深一层次的感悟。其实 1946 年出生的藤森照信在 45 岁之前一直是名建筑史专家，直到 1991 年一次偶然机遇主持创作的“神长官守矢史料馆”获得日本建筑设计界最高荣誉“建筑学会作品奖”的入选名单，才放下评判者的身份正式进入建筑的世界。他的建筑设计成就也从此一发而不可收，而最著名的几件作品分别是：一夜亭、高过庵、忘茶舟、入川亭、茶室徹、空中茶室、烧杉之家、秋野不矩美术馆和熊本县立农业大学学生宿舍。其实这本书也是作者的一次前卫的建筑实验，理念源自藤森照信的建筑哲学，建筑材料却需要读者自己去寻找，各自独立完成施工，在自己的头脑里构建一幢别样的茶室。

我们也不妨拾起这些卵石，在自己的生活中寻找能嵌入的地方。大多数人虽然可能无法设计和营造一座独立的大型建筑，但就像藤森照信所思考的那样：建筑包含实体和空间，实体由建筑师完成，空间却由居住者完成。人们每一次进入这些建筑，探索它的构造，体会它的功用，都是在参与建筑的过程，参与艺术创作的过程。

追溯人类艺术的起源，纵观从人类祖先最早时在洞窟的石壁上进行绘画，到如今行为艺术者在大城市中进行实验艺术的整个艺术发展历程，人们就会发现：原来艺术的目的并不是像很多人以为的那样，要用各种手段和材料尽可能地逼近现实。原始人的作品之所以在今天的人们看起来那么笨拙古朴，也并不是因为他们的表现手法太低下、工具资源太贫乏。在创作这件事情上，“与我们不同的不是他们的技艺水平，而是他们的思想观念”[①]。每个时代都有着属于自身特色的艺术用途，艺术家们都在以互相难以理解的观念，去表达自己所想要表达的意图。一部人类艺术史，也因而被成就为一段“各种传统不断迂回、不断改变的历史，每一件作品在这历史中都既回顾过去又导向未来”的道路，乃至后人们研究艺术史的历程时还会继续附着在这条道路上，

① [英]恩斯特·贡布里希：《艺术的故事》，范景中、杨成凯译，广西美术出版社，2008。作者是著名艺术史学家，于1909年出生于奥地利维也纳，后来入籍英国。他在二十多岁的时候就发愿编写一本能将不同艺术风格融汇在一起，向所有普通人讲解人类艺术发展历程的故事书。贡布里希也是一位跨越语种界限的语言大师，迷恋于语言隔阂带给人们的不同体验。因而，选择用语言表达出艺术的历史，本身就是他的一项无与伦比的创作。当在他笔下的《艺术的故事》成为能够为所有人讲的故事，成为关于所有人的故事时，它也就成了“故事的艺术”。

又生发出能够相互补充和遥相致敬的新故事[①]。

在这条道路上，西方人赞叹于“中国人是第一个不认为作画卑微下贱的民族，他们把画家跟富有灵感的诗人同等看待”，对于东方艺术元素的渴望与想象一直没有停止过。在大航海时代之前，陆路在不同历史时期隔绝与联通而产生断断续续的交往，这既带给西方上流社会各种意想不到的新奇体验，也引发了人们对这个遥远神秘国度近千年的无限遐想。这场“中国风”发起于 11 世纪，在马可·波罗、鄂多立克等前来中国旅行的冒险家和传教士们的推波助澜下，曾经掀起欧洲人在日用物品、家居装饰、园林建筑各个生活领域的时尚潮流。到了 17 世纪，欧洲社会上至王公贵族，下至市民阶层，都对传说中的东方文明心向往之，对“舶来”的中国风尚趋之若鹜。这股强劲的“中国风”在 18 世纪中叶时达到顶峰，直到 19 世纪才逐渐消退。随着越来越多的西方人亲自来到中国，看到的是与想象中截然不同的落后景象，再加上殖民者必须强调的自身优越性，这场猎奇与臆想了 800 年的精神之旅才告一段落。然而，西方时尚史上著名的洛可可风格和存留至今的众多中式建筑、艺术品和工艺品，还是忠实地记录和保存

① 范景中、[英]恩斯特·贡布里希：《〈艺术的故事〉笺注》，范景中、杨成凯译，广西美术出版社，2011。20 世纪 80 年代，范景中和杨成凯两位老师在无人指点的状况下，根据《牛津艺术指南》这种工具书附录部分的引用频率披沙拣金而知晓《艺术的故事》一书，并翻译成中文。但是在那个年代要想出版一本书颇费周章，书稿便一直闲置在出版社。于是在等待出版的过程中，范景中先生开始为本书做注解，竟然又写成了《笺注》一书。《笺注》以原书为基础，像梳理辞条一样对重点内容进行注解，其中不仅有对具体画家、画派和画法的解释，更涉及历史、宗教、建筑、科技、文化乃至思想史背景的补充，而且俯仰之处还可瞥见中西方文献互相借鉴的亮点。这番细致功夫对中国人来说，可以很好地弥补贡布里希作为一名西方学者的文化隔阂。因为他毕竟是欧洲人，尽管丝毫没有在书中带有对欧洲以外艺术的偏见，比如他曾写道“中国人是第一个不认为作画卑微下贱的民族，他们把画家跟富有灵感的诗人同等看待”，但确实还是会由于对东方艺术所知甚少而无法详述。

了它当年风靡欧洲大陆不可磨灭的痕迹。

不过这种所谓的中国风仍是一种欧洲式的风情，它代表的是中世纪欧洲人对一个心理和实际距离都遥不可及古老国度的理想化解读，实质上是“欧洲人对于神州景象做出的表达”[①]。比如，在追求辉煌华丽色彩的巴洛克艺术风格中，各种中国元素小到椅子、幔帐，大到瓷屋、宫廷，只是为了借助“财富是寻常之物”的中华帝国概念满足时人对奢靡生活的追求欲望；到了洛可可艺术思潮开始兴起，中国风又成了艺术家们为了创作出“优雅迷人的堕落”主题的最佳方式。总之，这些都不代表中国艺术家真正的风格，而是欧洲艺术家创作出的“一种带有异国情调的装饰风格，它在理念上完全是欧洲式的”。因此，随着西方艺术发展到“歌德和雅克－路易·大卫新古典主义”阶段，中国风就不再风靡于世，就只能沦落为过往历史一段别有风趣的注脚。

如此看来，真想拉通中西方艺术体验的工程注定是浩大漫长的。人们无法指望源自西方艺术传统的现代主流审美标准，主动做出调整来包容同样历史悠久但明显带有自身风格的东方艺术体系；也更不能因此让东方美削足适履，丢失这份独有的艺术价值去适应西方经过歪曲甚至捏造后的观赏情趣。人们只有沉下心来，原原本本、扎扎实实地弄懂自己祖先曾创造出的永恒审美价值，贴近他们的生活场景，揣摩他们的创作历程，才有可能站在更高更新的艺术露台上，从容不迫地融汇东西方艺术的精髓部分，让重新焕发出的艺术光芒照亮世界上每个角落向往美好事物的人心。我们有信心做这件事情，是因为坚信先人教导我们美好的事物是相通的，只有做到“各美其美，美人之美”，才能达到“美美与共，天下大同”。

---

① ［英］休·昂纳：《中国风：遗失在西方 800 年的中国元素》，刘爱英、秦红译，北京大学出版社，2017。作者是英国当代著名艺术史家，他在本书中为人们从西方文化长河中摘取出了这段中国风潮兴衰起落的历史过程。

这段东方美的历程从远古图腾中的龙飞凤舞出发，到文明初始凝结下的青铜饕餮，再经历先秦理性、楚汉浪漫、魏晋风度、佛陀世容、盛唐壮音、中唐别韵、宋元意境，直到明清文艺，人们可以领会到“时代精神的火花在这里凝冻、积淀下来，传流和感染着人们的思想、情感、观念、意志，经常使人一唱三叹，流连不已。我们在这里所要匆匆迈步走过的，便是这样一个历程”[①]。人从动物界脱离出来虽然靠的是对工具的制造和使用，但随之而来“对使用工具和规律性的形体感受”和“在所谓‘装饰品’上的自觉加工”，才让人终于在物的实用性之外发现了更高层次的价值。如果说前者还只是一种“物化活动”，只“是将人作为超生物存在的社会生活外化和凝练在物质生产工具上”，那么后者则已经是一种“物态化活动”，能“将人的观念和幻想外化和凝练在这些所谓的‘装饰品’的物质对象上”了。这种观念上的重大突破既极大扩展了原始人类对外界事物的把握能力，也反过来很好地训练了原始人类的认知能力。从这个意义上来说，最终能够在诸多原始人类群体中脱颖而出的那些胜出者，也一定具有更高的审美能力。因此，审美绝不仅仅是一项锦上添花、可有可无的装饰，“美作为感性与理性、形式与内容、真与善和规律性与目的性的统一，与人性一样，是人类历史的伟大成果。那么，尽管如此匆忙的历史巡礼，如此粗糙的随笔札记，对于领会和把握这个巨大而重要的成果，该不只是一件闲情逸致或毫无意义的事情吧”。

当然不是，而且这个巨大而重要成果的来龙去脉还关系到中华文明的精神内涵。与通常政治史和思想史的拆解方式不同，在加入了对“美”的理解后，便可以用理性主义概括先秦儒道互补的社会环境，用浪漫主义赋予楚汉

---

① 李泽厚：《美的历程》，人民文学出版社，2021。作者是中国当代著名哲学家、美学家和思想家。

相争的时代特色。这样，南中国传统的巫术文化和北中国古朴的世俗精神得以通过诗歌、辞赋、壁画、石像这些载体融合并保存下来，也为以汉民族为主体的中华文明奠定了最基础的审美风格。

不幸的是，东汉末年的天下大乱摧毁了人们由来已久对现实世界的态度根基。无论是魏晋风度，还是佛陀世容，都是人们在三国到南北朝这段长时间分裂状态下，在审美意识选择上的挣扎和尝试。与以往不同的是，宗教观念开始进入中华文明的艺术形态，或者说，中华文明开始有选择地采纳宗教元素，利用艺术表现手段这个工具将其融入自身的发展洪流中。这就极大避免了宗教本身有害的一面，减少了其对政治、社会和经济层面的冲击。一旦各种体现了道家和佛家思想的艺术形态完成了整合，开始在社会上推广开来，那时社会对宗教的容忍度和宗教对社会的冲击力，都会达到一种更加成熟的状态。尘世中卑微的个人可以在宗教艺术中找到升华的通道，饱经战乱的社会也能在大量充满宗教色彩的仪式活动中得到休养生息。

如果说战国秦汉的艺术表现了人对世界的铺陈和征服，魏晋六朝的艺术突出了人的风神和思辨，那么盛唐在意的是人的意气和功业，中唐以后则呈现的是人的心境和意绪，这份意境接下来又从宋元的“无我之境”发展到明清的“有我之境”。一路走来的各代艺术家们越来越摆脱自然世界的各种限制，越来越意识到对主观心理活动进行体验和表达的重要性。自然景物、社会活动和文化形象，纷纷成为艺术家们手中可以用来传达个人思想情感的工具。无论它们宏大还是细致，都是在某种情境下能够更好衬托主体心境的载体。越是能达到这种出神入化境界的艺术家，就越会被认为是掌握了东方美神韵的大师。在过去追寻美的历程上，人们更在意的是通过呈现艺术作品这种形式，去深度挖掘潜藏在背后的整个社会的思想意识形态；在今天发现美的历程中，可以留待人们继续探究的还有处于这样的意识形态中的艺术家的特殊思想状态，因而也就显得格外富有价值。通过对这些思想状态的探寻，美学大师李泽厚先生坚定地相信“人类是发展的，物质文明是发展的，意识形态和精神文化最终（而不是直接）决定于经济生活的前进”，相信“这其中总有一种不以人们主观意志为转移的规律，在通过层层曲折渠道起作用”。他所强调的要加深人们对于生产力和艺术发展之间关系规律的认识，其实就是人们今天迫切要解决的如何让科技力量与人文精神以一种更加符合发展规律的方式共存共荣。过去只能告诉人们——美走过怎样的历程。那么，接下来更漫长的道路还在前方等着我们去摸索。当然，也会有更多美的事物等着我们在新的路口去欣赏。

24.2 在宗教信仰中培育善的力量

人类自脱离蒙昧状态以来，有很长一段时间处于神话传说和原始宗教的意识形态统治阶段。世界各地的先民们都依托自身环境塑造出了各自民族的神话人物和保佑神灵，进而随着各民族的融合将各种版本的神话故事和崇拜偶像糅合在一起，形成更具包容性、抽象性的神祇。其中有的宗教体系里包含了多神，比如印度教，有的则更加坚定地选择了一神，比如犹太教、基督教和伊斯兰教。当然，也有的民族跳离了这个阶段，选择了有信仰但无神明的宗教观，比如佛教、儒家和道家。

不管是哪种宗教信仰，既然能够创立至今且吸引到亿万信徒，都一定有其合理性，并在当时的历史阶段里曾经有力地促进了人类社会的发展。这背后的逻辑就是：所有的宗教在创立之初都是为了劝人行善，为了能弥合社群内部的矛盾，为了能给孤独的人类个体找到安身立命的依据。因此，美国宗教史权威休斯顿·史密斯将宗教定义为“环绕着一群人的终极关怀所编织成的一种生活方式"[①]。他的感悟是所有宗教都殊途共归,都是要求"生命取向要高",这样才能脱离低级趣味,追求人生真正的价值;要求"生命体验要深",这样才能戒除琐事羁绊,修炼回归自我的内心;要求"生命能量要强",这样才能保持积极乐观心态,布施行善爱人的举动。

虽然今天有的宗教或是已经发展出教义偏执的极端教派,或是形成自视高人一等的狭隘思想,成为世界和平的破坏者。但是宗教本身仍然有着强大的生命力,能在各个文明族群内部起到团结人心的作用。而我们想要形成更大范围内的世界和平,就更需要再在这些宗教信仰之上找到更大的公约数,让信徒们回归到最早树立这份信仰的初心上,去行更多的善。

确实,当回归到每个宗教最原初的教义时人们就会发现,其实每一种宗教在刚设立时的出发点都是向善的,因此各种宗教之间本就不该有那么多分歧。如果宗教给人类社会造成了痛苦或者开始鼓励它的信众去攻击别人,那只能归因为自称信仰它的人背离了最初的教义,他们自己才是教派里的异端。令人好奇的是,这样的情景一而再,再而三地在各种不同宗教内部反复发生。经常是最初的创始人逝世之后,他原来的信徒很快就会因为后人看起来莫名其妙的原因分裂成几大派别。各个派别之间一开始还只是因为某些理念相争,到后来就演变成大规模的流血冲突。冲突引发的仇恨让彼此更加难以交流和理解,各自秉持的教义中会加入更多否定对方的内容,分歧越来越严重,直至各自成为对方正好相反的另一面。

犹太教、基督教和伊斯兰教就是这样相爱相杀了2000年的三大宗教。人们不理解,其实它们都信奉同一个神,那为什么还会争斗得如此激烈?它

① [美]休斯顿·史密斯:《人的宗教:世界七大宗教的历史和智慧》,刘安云译,海南出版社,2013。作者出生于一个传教士家庭,作为一个自己有着宗教信仰,但又能抽身于各种宗教之外的学者,他于1958年完成本书,向人们介绍了世界七大宗教——印度教、佛教、儒家、道家、伊斯兰教、犹太教、基督教的传统,以及各种原初宗教智慧。

们的教义都那么向善，也都曾引领过信徒度过最为黑暗的时期，那为什么还会将神的子民推向深渊？但当人们从“神”的视角回顾祂代表人类走过的历程时就会发现，当年犹太人在巴比伦时期在异教的偶像崇拜中创立独一无二的一神论宗教可谓是当时石破天惊的创举。在此之前，人类社会不是没有对神的崇拜，而是有太多的神要去崇拜。可以想象，如果有人认定这世间只有一个神，而其他所有的神都是虚妄，这需要有多大的勇气。这不啻今天有人提出这世间有且仅有一个命运共同体，全人类拥有一个共同的梦想，必将到达共同的彼岸。发现并坚持这个想法的古代犹太人也因此经历了众多苦难，在周边部族的竞争中，在一轮轮征服者的压迫下，用这一革命性观念统一了迦南各地人们信奉的不同的神，以耶和华的名义召集大家反抗强权，保留着让所有人走向同一个目标的希望。

但是犹太教的内部腐化让高层的祭司们变得越来越依靠罗马统治者，于是底层的信众又开始推崇新的更能为自己代言的教主。一个木匠的儿子成为众望所归的对象，创立了基督教。他虽然在自己短暂的人生里失败了，但却开启了更为长久作为神的历程——他的死反而给了信徒更强的理由去传播他的教义。在长期经历外来迫害与内部纷争之后，基督教会逐渐演化成当时最有效率的组织，成为原来高高在上的统治者挽救政治上衰落趋势最好的工具。就这样，罗马帝国终究还是灭亡了，但萌发于帝国边缘的一个小教派却成为统治欧洲大陆最强大的组织。

当人类社会发展到公元 7 世纪时，按理说此时已有宗教的成熟程度和人们对新信仰的接受程度都不应该支持再新产生世界性的宗教了。但是之前在人类历史上并不显眼的阿拉伯半岛上，伟大的先知穆罕默德竟然又在基督教教义上发展出自己的理论，不但能包容住以往所有的论述，而且能为新生的伊斯兰教扫清未来成长的障碍：他自己是那个唯一的神在人间最后选中的先知。他精通阿拉伯语的咏叹韵律，用《古兰经》经过精心修辞后的文字统一了阿拉伯人的思想。在人类发明出印刷术之前，能以口口相传方式传播的思想才是最有效率的胜出者。这其中有一段让人忽略的历史事实是，犹太人曾经在伊斯兰教发展史上扮演过极为重要的角色，他们和阿拉伯人一起发展教义,反抗共同的敌人波斯人。此时作为爷爷辈的犹太教，对于刚新分出的伊斯兰教还是抱有称许和包容的态度。但是后来，基督教神学无意之间培育出来的科学取代了神的地位。现代性阻断了人们与神之间的关联，大自然可以通过人挖掘科技的力量去征服。神越来越退缩到不必要的角落，似乎只是那些失意者和无能者在解决不好尘世间问题时才会偶尔去拜访的对象。

可是即便是那些永远走在前方的人也会遇到有困扰的时候，每当空虚袭来的时候，神还会像以往那样随身相伴吗？主张宗教跨界对话的西方学者阿姆斯特朗提倡人们去寻找新的终结关怀，扬弃人格化、关怀当下、引入女性元素、密教训练……这些方案都有人在尝试①；主张在人间实践佛教教义的星云大师认为研究佛法不能只限于佛理，还必须在日常生活中体验，出家人也可以“走出山林，投入社会公益，实践佛教慈悲利他的本怀”②；主张将古老文本故事和现代传媒技术相结合的神话学大师坎贝尔则希望通过向身处现代社会的人们讲解神话的方式，重新帮助人们从内在成长角度找到答案，找出

① ［英］凯伦·阿姆斯特朗：《神的历史》，蔡昌雄译，海南出版社，2007。作者是英国最具盛名的宗教评论家，早年曾在罗马天主教修道院修行7年，后来在牛津大学学习并获得博士学位，对于这三大宗教既有亲身的宗教体验，又有深厚的理论研究。她在回到尘世生活之后写成本书，解释了它们之间的来龙去脉与恩怨情仇。

② 星云大师：《宗教与体验》，上海辞书出版社，2008。

一条现代社会的解脱之路[①]。

神话故事在每个民族、每个文明历史长河的发源处都存在过。但长久以来，神话故事似乎因其远离真实场景的情节已经沦为儿童读物，稍微自认为有了理性的成年人只会将其当作童年美好的记忆来回顾，但内心并不会太认真对待这些文本背后的意义。但是，神话能够穿越时光流传下来，串起几十代人血脉相连的人生经历，只凭这一点就绝不能因为其显得不切当下生活而被轻视。或者可以说，神话之所以有价值，可能就保存在它与今天人们所认为理所当然观点不同的地方。在那里，还留存着人类远古时代的记忆与信仰，还能够呼唤起人们对生命本身的觉醒意识。因此坎贝尔引用印度文化将神话解释为“道路”，就是想向人们说明：古人留给我们的神话，其实是一条指引人们找到真实信仰的道路。

神话故事里固定呈现的模式、反复提及的情节和意味深长的隐喻，都是祖先在遥远的年代发出的呼唤，而迷失在现代性中的人们之所以会对神话中蕴藏的智慧感到生疏，恰恰是因为大家已经太久没有找到属于自己的信仰，以至于丢失了理解神话的本能。通过对大量具体神话故事的诠释，可以一点点地帮助现代人恢复那来自远古、写在基因里的记忆，感悟到神话背后所传达的古人早已做过对宇宙和生命的深入探索。这些故事文本的相似性和情节的共现性有可能在现代话语体系下重新打通各种价值观的底层逻辑。当古老的神话可以超越时间的障碍在现代社会重新抚平人们的身心，也就证明剔除掉那些当初为了传播神的旨意（其实就是人类祖先想向后代子孙叙述的话

---

① ［美］约瑟夫·坎贝尔、比尔·莫耶斯：《神话的力量：在诸神与英雄的世界中发现自我》，朱侃如译，浙江人民出版社，2013。两位作者分别是比较神话学大师和记者，他们在 1986 年出品了一档电视谈话节目《神话的力量》，重新让神话以另一种直通心灵的方式走到了大众身边。这次电视节目的对话稿后来被汇编成本书，成为现代人重新认识神话、找到信仰、探求自我的一叶渡舟。

语）而人为制造出的宗教隔阂后，人们将有可能更加逼近信仰原本指向的终极目标，培育出全人类共通的内心向善的力量。

24.3 在哲学认知后求索真的存在

除了感受世间的美好、体验内心的善良，人类文明自有文字记载以来一直都在思考这世界的本源是什么、人为什么会产生意识、人存在的价值在哪里，诸如此类的问题。实际上，流传至今的文字里记载的也大多是古人对这些问题思考后的初步结论。这些问题启迪和激发了一代又一代的智者不断去完善人类智慧最核心的底层操作系统——哲学体系。后人只需从这丰富的宝藏中略取一二，就能在自己的生活和工作中受用不尽。因为哲学思考能够改变人们的元认知，透过无数先贤的眼睛获得更加犀利的视角，重新看到更加广袤深邃的空间。

了解哲学体系关心的话题，弄清哲学思想演变的过程，也是能够在不同文明之间消弭分歧、化繁为简、统一思想的不二法门。既然世界上所有的文明都在思考这些问题，那么每个文明最有智慧的那些人能否在这些共通话题上达成一致就显得愈发重要。事实上人们发现，在不断提升认知能力探索世界真实性方面，所有的文明都是殊途同归，无论东西。哲学这个人类智慧皇冠上的明珠，也应该被擦亮去照耀世界各地普罗大众的心灵。

哲学思考体系里有很多大问题，普通人在日常生活中遇到很多困扰的背后经过寻根溯源也将找到这些大问题。哲学并不自信能对这些问题给出最终答案，而是希望引导人们用正确的方法思考这些问题，得出每个人心中最接近真理的看法[①]。之所以有这份自信，是因为这些问题已经被哲学领域内无数前辈反复思考过，他们也因此成为具有更高智慧的哲人。因而对普通人而言，直接获取其中的智慧，让其成为自己思想刀片的磨刀石，不失为一条进入真正思考大门的正途。

首先，人终其一生摆脱不了的任务就是要追寻自己来到这个世界上的意义何在。为所作所为赋予更高层面的意义，既是人们得以幸福快乐生活下去的理由，也是组织人们以更大规模协同合作的动力。其实在这个出发点上，人们的心中就已经有了各式各样的看法，开始朝着不同的方向迈出人生的脚步。不出意外地，西方哲学传统在此时总会把上帝带过来，在信仰层面引入这个关键因素进行讨论。上帝给了信众从最初的宗教热情到理性看待世界的精神动力，同时也带来了新的怀疑，那就是：什么是实在的本性？真理的彼岸是可以抵达的吗？这也就是人们所熟知的本体论与认识论。

对什么是真实的理性追问让人们去探索表象背后更加抽象的真实世界，世间万物依赖它存在，它也不为外力所创造与毁灭。这就引发人们不断思考物质与心灵之间的关系，争论这个世界究竟是一元还是二元；对怎么才能最终达到“合理性”认识的继续追问还让人们理解到，人类的认知要经历一个从最早的“符合论”（客观真理）往“合理性”（主观真理）转化的过程。于是，西方哲学在将主观世界和客观世界进行分离后，终于剖析出了其孜孜以求的“自我”问题。

在以上的语境下，“自我”是每个人最为独特的部分，是绝对区别于其他人的内在本质。具体来说，在身体上，自我是一种身份和体征的外在认同；

---

① [美] 罗伯特·所罗门：《大问题：简明哲学导论》，张卜天译，广西师范大学出版社，2011。作者是美国著名哲学家、得克萨斯大学奥斯汀分校教授，他在本书中用一条完整的脉络将意义、上帝、实在的本性、真理的追寻、自我、自由、道德和良好生活、正义和好的社会、美这些哲学领域的大问题串联在一起，给出相应通顺合理的解释。

在意识上，自我就是笛卡尔所强调“我思故我在”的我。一元论和二元论的争吵将延续到这里，继续辩论人的身心是否能合一。

而不关心这些哲学命题的普通人，则要在日常的社会生活中时时面对两者偏差所引发的种种冲突：自由、道德，以及正义。比如：个人角度追求的绝对自由与社会层面能承受的相对自由之间的距离，其实需要由“自我”意志是否独立来回答；道德是一项美好的生活目标，还是可以规范个人行为的准则，取决于“自我”究竟是打算生活在内心的自洽之中，还是准备存活于外界的社会环境；正义在为人们的行为提供必要性和合法性的同时，所依赖的基石正是无数个抽象“自我”的平等性。

对宗教和自由的强调是西方哲学家们在讨论这些问题时绕不开的话题①。而对两者之间关系的完美论述则落脚于：甚至在宗教信仰上，每个人也都有事先选择信还是不信的权利，因为这是个人经过理性思考后做出的决定，而不是毫无理由的盲目迷信。作为哲学家们典范的苏格拉底，用自己的生命早在2500年前就为此做出了诠释。他带给雅典城内青年人自由选择观念的能力，但自己却毫不迟疑地选择不相信神的存在。这两项罪名让他失去了生命，也在哲学史的一开始便提醒人们——哲学的意义就在于此。

---

①［美］罗伯特·所罗门、凯瑟琳·希金斯、克兰西·马丁：《哲学导论：综合原典教程》，陈高华译，天津人民出版社，2019。几位作者在这本哲学教材里选择了实在、宗教、知识、自我、心灵与身体、自由、伦理学、正义这八个哲学核心议题，配以历史上多位哲学家对这些问题的回答，再加上自己对这些议题和文献背景的评注和解释，为人们提供了通过直接从西方哲学经典文献吸取养料，再按照基本范式展开哲学思考的自学路径。在这些议题中，实在、宗教、知识被归在“世界与彼岸”话题下，讲的仍然是本体的真实性和认知的可达性，宗教则作为一种直达彼岸的特殊手段；自我、心灵与身体、自由被归在“认识你自己”话题下，所罗门仍然在强调哲学最基本的精神就是“个人自主性”，也就是说，每个人都天生就具有结合自身经验、通过独立思考去判断事物对错的能力，而不用依赖父母、老师和统治者这样的外在权威；伦理学和正义被归结到“善与权利”话题下，要解决的是充分体现的“个人自主性”如何在社会环境内共处。

后世的哲学家将这些根本问题凝缩成三个最基本的灵魂拷问：我们从哪里来？我们是谁？我们到哪里去？这分别对应着人的本质问题、自我意识的本质问题和自由的本质问题。恩格斯对第一个问题的回答是“劳动创造了人本身”这个经典的论断，而在此基础上的现代哲学思想还注意到，人不仅“是制造和使用工具的动物”，更是有目的地“携带工具的动物”[①]。由于要用双手在行进中携带工具，古人类不得不两腿直立行走。这就带来了人体构造的巨大变化，不但解放了上肢，而且也因为重力方向的变化在喉咙周边形成了空腔，从而使得人类可以通过喉部肌肉的细微振动空气，产生各种复杂多变的语音。语言的出现使得人类个体之间可以进行交流，语言用符号记录下来就成了文字。就这样，人由于携带工具而逐渐产生的命题式语言和符号化思维，让最初的“自我意识”逐渐从与“对象意识”的矛盾冲突和相互蕴含中产生出来，并从此成为哲学家们最为热衷讨论的话题。

携带工具刚刚出现的时候一定是件让人匪夷所思的事情。将某种暂时看不出任何功利价值的器物随时随地带在身边，只是为了满足未来某个场景下的需求，这要求人类要在意识层面具备超越眼前利害关系的“个人自主性”。但这可被看作自由的起源，人从此可以自主选择在某些条件下的束缚，但也因此能在其他条件下做到为所欲为。这种超越功利目的的追求也成为人类社会实现真、善、美的前提。当人类社会作为一个整体，在让一部分人从事最辛苦繁重的劳作时，还愿意支撑另一部分人脱离物质生产、去追求那些看起来华而不实但是在发展人性在真善美共通处的精神生产——祭祀、绘画、舞蹈、音乐的时候，人类就进入文明时代了。

所以在回答“人的本质是什么”这个问题时，德国古典哲学的创始人康

---

① 邓晓芒：《哲学起步》，商务印书馆，2017。作者是华中科技大学哲学系教授，他根据自己为哲学系之外的本科生所上通识课“哲学导论”的课堂录音整理而成本书，为人们更加通俗地理解哲学思想体系提供了便利。

德就特别关注当人从繁重的世俗生活中脱离出来后着重发展出来的认知能力，因而提出著名的哲学三大灵魂拷问：我能够知道什么？我应当做什么？我想要什么？他自己给出的回答是三大批判[①]。因此，康德哲学也被称为批判哲学。

纯粹理性批判，是要探讨人的认知能力。这也是康德的第一批判、批判哲学的原点，因为“我们在认识之前，应该首先对人的认识能力、认识工具加以探讨，加以批判的考察”。

实践理性批判，是要探讨人的道德能力。在有了认知之后，可以做什么，不可以做什么，人必须能在道德层面做出自主决断。“人为自己立法”说的就是人要通过自律，以更高的自由意志限制自由意志。

判断力批判，是要讨论人的审美能力。在是什么和怎么做的问题都解决了之后，最为关键的就是有足够的智慧去判断真、善、美的标准了。而且，这种美的判断力也会是“科学的真”和“道德的善”的基础，是连接认知能力和道德能力的桥梁。

驱动康德提出三大批判的原因还来自休谟在怀疑论方面的挑战：彻底的经验感觉主义让人们只去相信那些根据观察才能得到的知识，对经验以外的事实与规律则一概不信，或者采取存而不论的不可知态度。这将凿空现代自然科学要发展起来所必须依赖的因果论、实体性、同一性等哲学基础。为了提前化解这个巨大的危机，康德认为“一切知识都开始于经验，但并非都来源于经验”，他提出必须承认人具备包含了先天的直观形式（时间、空间）、知性概念（实体、范畴、因果）和后天的各种自在之物映射于人的各种感官

① 邓晓芒：《德国古典哲学讲演录》，湖南文艺出版社，2017。本书是作者为哲学系本科生开设“德国古典哲学”课的讲课录音整理而成，可以帮助人们更为专业地了解到西方哲学思想内容及其演变过程。书中重点讲述了康德和黑格尔的哲学，随后也相应提到了费希特、谢林和黑格尔学派。

而形成知觉印象的认知能力。这样也才有了后面持续的一系列批判，他也最终作为艺术的门外汉，从纯粹的理性自身规律中推导出了康德美学。

这份自信使得他在毫无绘画、音乐和雕塑经验的情况下，仍能断定“真、善、美”并非理性思考的结果，而是来源于人类天生的判断力。这其中，“美”的判断力是本原的，“真”和“善”的判断力则来源于“美”。其实，“美学”在英语中“aesthetics”的字面意思就是“感性学”，是人感受万事万物最基础的能力。康德选择它作为自己整个哲学体系基石的原因就在这里。

这份感受的另一个例证还存于维特鲁威在《建筑十书》第六节里讲述的故事：信奉苏格拉底学派的哲学家亚里士提卜（Aristippos），有一次因为船只失事而落难到罗得岛海岸。危困之际，他在沙滩上突然看到了几个明显的几何图形，于是就高声向伙伴们呼唤：“让我们心怀最美好的希望吧，我看到了人类的足迹！”毋庸置疑，罗得岛海岸痕迹所具有的简洁美感是在全体人类范围内通行的，因此它也成为象征西方自然哲学思想的标志性符号①。在这里，神创论思想对西方哲学观念产生着巨大的影响。在地球是由一个无所不能的神有意设计出来的巨大假设下，世界之所以如此存在的目的性、合理性和完美性都得到了圆满的解释。

于是，人的出现和存在就成了证明这个假设成立的最好理由。不管是人

① ［美］克拉伦斯·格拉肯：《罗得岛海岸的痕迹：从古代到十八世纪末西方思想中的自然与文化》，梅小侃译，商务印书馆，2017。作者是美国地理学家、加州大学伯克利分校地理系教授，他在论述西方思想发展过程时，选用了罗得岛的典故作为书名。他在本书中用西方历史上人与地球关系的三种代表性观念——神意设计地球观念、自然环境影响观念，以及人作为地球施动者观念的变迁来概括西方思想在18世纪末之前的主题内容。因此本书也不仅仅是一部单学科的地理思想史著作，而更是一部详尽的自然哲学史经典。除此之外，更能体现格拉肯勇气和眼光的地方还在于，几乎再没有其他哲学家愿意像他这样，从人与自然关系的角度着眼，从地理学家关心的细节入手，提出了神创论思想对西方哲学观念的影响。

类社会早期起主导作用的地理环境影响人类，还是后来人类掌握科技力量可以对地球施动，这些观念也都可以找到是由神意而设计地球的思想作为最初的发端。人与神的和谐关系似乎可以一直这样保持下去。只是到了 18 世纪末，关于自然的思想在各种新知识的冲击下发生了天翻地覆的变化。随之进入 19 世纪之后，进化论哲学开始流行，知识门类变得越来越专门化，这才使得关于人与自然关系的思考最终彻底抛弃了神意设计地球的理论基础和人与地球关系的整体考虑。

不过在此之前，西方哲学在整个中世纪始终关心的还是从神与人的关系探讨心灵的本质。不管在中世纪哲学的拉丁、阿拉伯、犹太和拜占庭四个传统中的哪个里面，神总是一个绕不开的话题[①]。可是当这个巨大的因素被加入讨论以后，它先天就内在的逻辑困境又会让无数哲学家困苦不已。这是因为，如果人是神设计并制造的，那么人的心灵虽然会非常类似神，但永远都会是有限的，所以无法完全表达出其创造者的意图。在这个关键问题上，教会会要求信徒无条件地通过信仰接近本质是无限的神，但哲学家们则认为可以通过人们心灵中理性的部分去把握神作为不存在物的存在。

于是，人的心灵被赋予了无限的性质，曾经为神所独家占有的无限性现在变得可以为人人共享了。结果人更加接近神，反而又变成其自身理性难以理解的对象。一番推论下来，人面临的问题似乎更多了，而且被自己逼入了一个两难的困境：要么放弃理性，回到对神无条件的信仰中；要么坚持理性，在接近神之后推翻祂，宣布上帝已死，只留下掌握了理性的人类孤独地存在于这个尘世中。在西方哲学思想看来，这个尘世是变幻莫测的，必须有一个绝对不变的真实存在去对抗它。这个真正存在先是神，后来是神背后的理性。

① [英] 约翰·马仁邦：《中世纪哲学：历史与哲学导论》，吴天岳译，北京大学出版社，2015。作者是剑桥大学三一学院教授。

人们曾经自信地认为自己找到了那个绝对不变的理性而弃神于不顾，而今又产生了新的怀疑。这就是西方哲学思想在认知论和存在论问题上一以贯之的基本取向和现实困境，其发展史也就是这样一个从引入神开始，到推倒神之后又陷入彷徨的过程。

来自中国的智慧早就认识到这种变化不可避免，甚至变化本身就是那个终极的实在。所以在古代中国的哲学思想中人们相信“缘起性空”，从不尝试去寻找万事万物绝对确定的始点，而是将关注点放在如何在这些变化中更好地完善自己。相反，人们之所以会产生各种困惑，正是由于对各种变化进行抗拒而带来的负面作用。在同属东方文明的婆罗门教义里，人最终可以达到的最高境界是“梵我一如”，也就是中国人所说的“物我两忘”，在内心放弃对各种名相的追逐后，使得自我、大我和梵天可以进入合一的完美状态。因此，当人们在面对各大文明之间纷繁复杂的现实问题而束手无策时，不妨回到彼此的源处，“承认并尊重中国、西方和印度的哲学传统的相互独立性，尽量原本地揭示它们各自的哲理特色，特别是各自独到的思想技艺和方法，并让它们相互摩擦和对话”①，以便从“痛切的思想边缘感”中找到可以契合价值观的共通点。

① 张祥龙：《中西印哲学导论》，北京大学出版社，2022。

第 25 章　融合文化形态的互补处

最后，我们终于接近大学之道最核心的目标，进入最终解决方案的探讨，希望通过融合全世界所有有价值的文化，找出人类作为一个命运共同体在当今这个科技力量远超过人文关怀时代的出路。

在此之前，西方文明经过神学领域的反复思辨，在精神上痛苦地摆脱上帝的监护，为人类探索出了进入现代文明的道路。虽然神学早已因此而从高台跌落，但人们不能对它落井下石。今天主流的价值观里虽已不再需要神学做出什么贡献，但人们依然不能抹去其在人类还在从蒙昧状态中走出的路上发挥的独特作用。重要的不是它证明了什么是真的——其实现代科学今天所持的观点也还远不是绝对真理——而是它曾帮助不同时期的人类在如溺水般无知状态下能快速抓住些什么，即便人们很快也就知道那些枝条并不牢靠，而已经可以抓更粗大的藤枝了。每个族群彼此共通的是早期阶段都在思想上经历过神明的统治，虽然后来采取了不同态度，但不妨碍这个共同话题还能让大家重新聚在一起。

更何况中华文明还为人类保留了另外一种可能——人与自然本来就可以和谐共生，而且这有可能还是全人类最终会选择走下去的道路。虽然在过去的几百年间经历了太多苦难，但消磨苦难、浴火重生的经历反而更加证明了这条道路的持久性和广泛性。西方文明快速发展制造出来的现代性问题，以更长尺度的文明视角来看，也许将会有完全不同的理解和应对，从此带领人类走向另一片新天地。

此刻最为稀缺的就是能够重新论述这个世界来龙去脉的话语体系。为此，儒学已经在这100多年来的近代挫折中经历了太多困惑与尝试。不断的打击让很多人走失了队伍，每一次的努力都似乎遥遥无尽头。然而峰回路转，江山代有新人出，历史必然、时代召唤和形势所逼，总是会在每个转折的关头涌现出能够用新的表述为儒家思想注入活力的人物，让人相信耐心等待总是有价值的。

也许历史就是这么喜欢捉弄人，它预埋了草蛇灰线给人“不识庐山真面目，只缘身在此山中”的启示，设立了千山万水让人“踏破铁鞋无觅处，得来全不费功夫”地跋涉。然而“众里寻他千百度，那人却在灯火阑珊处”，这个目标就写在每个人、每个家庭、每个民族和每个国家的文化基因中。如果说要汇集成一个共同的诉求，那就是修身为己、经世致用；那就是如何才能更好地提升自己的修为，具备更高的能力与智慧，积极地参与到现实世界的发展和改造活动中去；那就是去改善自己和家庭的生活，改善民族和国家的生活，改善全人类的生活。

为了找到这条出路，儒学自古以来就是这样一门将“经世为学”既作为手段又作为目标的学说，或者人们可以将当今社会一切有利于做到经世为学的观点都融汇到传统的儒学中，使其发展成为一门能够在今天这个礼崩乐坏的乱世中让人们知道该“有所为，有所不为”的学说。但不管怎样，民族国家的现实世界正在分崩离析的前景是迫在眉睫的，建设人类社会下一个形态——人类命运共同体的任务是困难艰巨的，而能够统合每个人最基础诉求的理由却是相同的。此处的“共同”实乃以共产主义远大理想为目标、为往圣先贤所乐道的大同社会。在这个意义上，一直以天下大同为目标的儒学思想及其实践方法——大学之道是责无旁贷的。

25.1 人神脱离引发冲突

当宗教引领人类社会逐渐发展壮大，自身也形成严密的组织和系统的理论体系后，就会有意识地对过往积累的知识进行整理和论证，以期自证其教义的正确性，同时显示对于其他宗教的优越性，这就是神学产生的原因。但是，在人类发展出现代观念的过程中，神学的作用一直被低估，甚至被判定为负面，总是以一种保守、落后的面目不合时宜地出现在阻挡人类前进的道路上。中世纪里“哲学成为神学的婢女”这一说法，让很多人在脑海中构想出一幅生动的画面：如贵妇人般高高在上的神学，对着台阶下唯唯诺诺的哲学婢女指手画脚，差使她做些粗笨蠢重的体力活，稍不如意动辄打骂。

但是这种理解其实歪曲了神学与哲学，进而与现代文化的演进关系。托马斯·阿奎纳采用这个比喻只是为了说明，当时在神学指导下从事的哲学求证工作必须遵循特定的规范，也就是神学的基本假设——上帝的存在。虽然理性通过推理过程也能达到部分真理,这些相互重合的内容属于“自然神学”范畴；但这种作用是有限的，不能完全取代信仰，必须要依赖天启的帮助才能上升到神学，这是理性无法企及的“天启神学”。正是在这种关系下，哲学可以为神学提供服务，被“看成神学的下级和女仆来使用”。

这确实反映了当时的现实情况：中世纪的经院哲学家，或自然哲学家，他们都自认为是神学家，在假定上帝存在的情况下，用各种实验和推理方法试图了解上帝那深不可测的旨意。他们想尽办法找寻上帝存在的证据，发现上帝影响世界的规律，一层又一层地剥去伪装在现实世界表面的外衣。直到最后一层外衣被剥下,他们却惊奇发现里面躺着的是一个叫“科学”的孩子，向他们大声宣告其实本不需要假设上帝的存在，科学就可以解释世间万物的运转。

科学后来发达了，再也不让神学摆弄自己，于是神学只好黯然神伤地退缩到角落。可是人们却不能忽略神学虽从错误的假设出发，但不断证伪，结果歪打正着，从另一侧登上山峰的事实真相。

为了了解事实真相，人们有必要回到西方神学研究的出发点和验证标准——《圣经》。考察《圣经》在自然科学的兴起过程中所起的作用，对于深入理解西方近代科学的兴起，或者说科学革命，是一件极为关键的事情。可以说《圣经》及其后来被不断诠释的过程，对西方世界从公元 3 世纪到 17 世纪形成的自然观念产生了深远影响。直到近代，新教教徒们开始采用不同方法处理《圣经》文本，这才导致了中世纪知识体系的坍塌，但也为以科学目的研究自然和以技术手段开发自然开辟了新的大道①。

现在通行教科书中的主流观点通常认为，科学是在摆脱了中世纪黑暗的宗教束缚之后才终于得到了长足进展。因此，进步的科学与落后的宗教两者之间水火不容，而神学则是宗教用来打压科学的工具。为了掩盖神学漏洞百出的破绽，新生的科学不得不在严酷的现实中艰难成长，早期科学家们不得不冒着生命危险去求得一点点的科学进步。直到科学在现实领域得到越来越广泛的运用之后，宗教机构再也维持不住神学的权威，原先勉强树立起来的偶像才不得不轰然倒塌。但另一方面，人们在掌握更多当年的资料之后，却不得不面临棘手的困境：为何诸多现代科学的开创人物，如帕斯卡、笛卡尔、牛顿、哥白尼、培根，他们都首先是一名虔诚的教徒？为什么他们在大多数时间里，都和当时的宗教机构保持着良好的联系？

宗教学者的最新观点是，现代科学其实并不是以反对宗教的姿态出现的，相反它是为了验证基督教教义中某些固有的假设才被允许研究出来的。这里关键的一个跳跃就是对《圣经》诠释方法的转变，从奥斯丁所认为的神使人

① ［澳大利亚］彼得·哈里森：《圣经、新教与自然科学的兴起》，张卜天译，商务印书馆，2019。作者是昆士兰大学欧洲著述史中心研究教授和主任。

们能够认识这个世界，到阿奎那所主张的世界让人们更好地认识神。在前一种诠释方法中，《圣经》文本已经包含了神想让人类掌握的所有知识，自然界隐秘了神的知识，人们需要《圣经》的启示才能接近它；在后一种诠释方法中，《圣经》文本是需要经过校勘的，每个人都可以从中读取自己理解的含义，重新赋予自然界以新的意义，以得到更为接近神的旨意的地位。新教的宗教改革在撬开人们思想密箱的同时，为自然科学的兴起提供了空间。就是在这样的一场重新调整人与神关系的竞赛中，现代科学产生了。

从某种意义上说，早期的近代科学活动更可能被当事人自己理解为一种特殊的宗教仪式。只不过这项仪式在人们生活中所占的比重越来越大，以至于原先在中世纪还是主流的天主教信仰仪式已经不得不退缩到无人关注的角落。大行于世的科学活动于是被后人选择性地理解成人类因为反抗宗教束缚而取得的进步成果，在剔除了宗教的原罪之后，重新组装起一套科学拥有无上正当性的价值观念，带领人们在追求物质世界研究的道路上阔步前进。神学的这番过度操作直接让人们卸下宗教的包袱，但从此也不再那么注重心灵世界的培养。怎样对思想观念的源头保持敬畏之心，怎么保持物质和精神的平衡状态，就成为人类在享受科技快速发展福利之后新的困扰。

为了更好地理解在宗教领地中发展神学时意外开辟出科学领地的过程，人们有必要进一步厘清两者之间错综复杂的关系，认识到现在所谓的“科学”与“宗教”概念其实都是近代以来的观念，是现代社会形成过程中被人为构建起来，以两种截然不同方式理解这个崭新世界的手段①。追寻它们的原义，科学的“scientia”和宗教的“religio”最初指的都是个人的某种内在品德。在16世纪，人们认为这种品德需要通过不断理解和实践教义才能达成。科学活动只是被视为一种通过逻辑证明演练宗教修行者获得德性的方法，可以

① ［澳大利亚］彼得·哈里森：《科学与宗教的领地》，张卜天译，商务印书馆，2016。

帮助个人完善品行。直到17世纪，所谓的科学活动一直与宗教保持着密不可分的联系。

只是到了19世纪，人们才开始认为科学活动中最关键的是一种独有的方法论，而不是从事科学活动者的宗教观念。于是，科学被单独从人文领域搬了出去，科学与宗教也在后来的此消彼长间，各自在人类的现代价值领域中划出一片领地，反过来重新叙述那刚刚过去的300年发展史，重新塑造刚刚以现代人身份自居的群体记忆。如果人们今天不了解清楚这个过程的来龙去脉，只是僵化地将现代观念套用于过去，那就只能任由科学与人文的裂痕继续扩大，必然得出一幅越来越扭曲的观念图景。

这种认知的转变产生于新教改革的冲击。宗教信仰不必再经由教会的诠释，而是一种个人与神的关系。每个人都可以运用神赋予的理智，在自然界中寻找到神留下的痕迹，进而更加接近那个无所不能的万物之主。神学变得自然化，这为科学研究提供了可以自由操作的空间。自然哲学随之逐渐演变出今天人们所能理解的现代科学，这个当年的婢女就如此偷天换日地反客为主，在迎奉科学新王登基之后，通过后人的叙事说出一段自幼贫寒、屡受打击之后成功逆袭的励志故事。

科学也自此就被带上无上的光环，在物质层面的功效自然会被看作人类不断进步的证明，在精神层面的价值也就被加上了摆脱宗教愚昧钳制的正当性。崇尚科学变成了不言自明的前提假设，科学脱胎而出的产床则被视为一团模糊不清的疑云。然而，出生后的科学将发现，它所面临的新世界和以前相比一切都是反着的了。从事科学活动、增长科学知识不再是为了演练和培养心性。相反,人们需要培养科学精神才能获取更多支配自然界的科学知识。自然界不再是验证和体现神意识的场所，而是人们得以接近神而要去控制的客体。现代科学成为宗教所不是的东西，并和宗教所代表的人文精神对立起来。人们的科学知识越多，在科学和宗教的话题上讨论得越多，距离心性修养就越远。

于是，今天人们再想解决现代科学发展中让人困扰的问题时，宗教（准确地说是基督教）无法被轻易绕过，神学也必须被请回来作见证。它们俩不重归于好，已经在享受现代科学福利的人类也永无宁日。俄裔法国科学史家柯瓦雷曾断言“人们普遍承认，17 世纪经历并完成了一场非常彻底的精神革命，近代科学既是其根源又是其成果”[①]，然而德裔美国科学史家哈里斯却从中仔细分辨出“现代科学并非既是革命的根源又是革命的成果，而是只是成果，或者更恰当地说，只是成果之一”[②]。也就是说，现代科学和当今盛行的西方文化，不过是中世纪基督教文化按照自身路径演进的产物。其产出过程，可以在视角的不断转变中得到解释。因此要想重新理解现代思想和过往神学思辨之间的关系，就必须了解自中世纪以来人类观察世界和自身视角变化的过程。可以说，是视角在某种意义上决定了人类所看到的景象。

这个创意来自绘画领域。文艺复兴时期透视法的奠基者阿尔贝蒂依据自己对数学技巧的掌握，在《论绘画》一书开创了人类中心主义的透视画法，借艺术家之手替代了上帝造物的作用。这一视角的转变，悄悄地将曾经高高在上的神圣偶像变换成了可以在世俗世界里操作的对象，为后来的人性启蒙打开了方便之门。

而 1277 年的那场由巴黎主教唐比埃发起的“大谴责”，提出驳斥托马斯神学的 219 条命题，引发了亚里士多德哲学体系的宇宙论观点和当时正统

① ［法］亚历山大·柯瓦雷：《从封闭世界到无限宇宙》，张卜天译，商务印书馆，2016。

② ［美］卡斯滕·哈里斯：《无限与视角》，张卜天译，湖南科学技术出版社，2014。作者是哈佛大学哲学系教授，他在本书中为人们提供了一条最早是有关上帝无限性的神学思辨，后来到对上帝、上帝与人、上帝与自然关系不断变化的重新理解，再到人的自我理解也发生转变的考察路径。这也是一条考察中世纪基督教文化自我演进，进而形成全球性现代文化的路径。

神学诠释之间的正面冲突。虽然之后出现的经院哲学基于两者联姻在某种程度上缓解了两种世界观的矛盾，但随之而来的唯名论的兴起还是进一步扩大了人类求知者与上帝之间的鸿沟。针对唯名论的继续讨论导致了大家都未曾预想到的结果——人类原先想利用上帝赋予的理智去无限接近上帝，但是在接近的过程中越来越感觉到上帝形象在被去人格化后变得虚无了。换句话说，人们论得了既然上帝无处不在，那么上帝就又哪都不在，祂没有存在的必要了。人变得可以超越自身的局限，可以像上帝一样思考，那又何必再多设一个上帝呢？

就这样，无限放大的无限性和超越视角的视角最终让人自以为获得了无限的可能，超越了被观察的位置。上帝已经不再能为人类提供稳定而中立的价值观体系，地球也已经容不下人类躁动不安对外探索的欲望。外太空势必成为人类拓展殖民的下一站，星辰大海才能继续号召人类精英找到新的精神家园。哈里斯认为，当现代科学走向神坛接受万众顶礼膜拜之后，有必要有一种宇宙心智学说来充当新的变革者，提供全新的后现代“地心说”。无限性将被进一步放大，视角将被再次超越。这一次引领人类的将是新时代的大航海——星际航行，其意义在于再次超越观察自身的视角来彻底认识人类。

这一轮新的设计其实也是符合上一轮神学最初本意的。犹太裔思想史家阿摩斯·冯肯斯坦就认为，发端于 12 世纪的“神学”本来就是人们在探索宇宙奥秘时，为超越当时所掌握的自然知识领域所保留的术语。只是在 16 至 17 世纪时，大量自然哲学家和普通宗教人士开始对神学里的经典问题展开讨论，这才将科学活动和神学研究以创新的方式结合在一起进行想象——神学世俗化，并对后世产生了深远的影响 。这一拨神学世俗化运动的源头可以追溯到两希——古希腊哲学与古希伯莱律法传统，而且其过程在某种程度上其实就是中世纪的经院哲学在若干关键问题上对两希传统的批判性继承。

这些经过分析得出的宗教源头都在引导人们将思考现代性问题根源的注意力集中到神学上，或者就更直接地指向一个真相：现代性产生于要摆脱中世纪西方神学传统框架内唯名论革命所引发危机的一系列努力。人们也因此直到今天还必须回应唯名论革命所引发的那些基本问题：否认共相具有客观实在性之后，神不必通过一个共相才能维系无数个个体的存在；神得以直接面对被造物，而不用担心被共相所僭越；神的全能性、神的自由意志得到了彻底的维护。

但这个唯名论的全能神却是如此令人不安，祂处于至高无上的地位，可以有无限量的绝对权威和行为力量。这摧毁了中世纪经院哲学长久以来的努力，而这种努力曾“试图把希腊人的自然伦理学说与关于一位全能造物主的基督教观念统一在一起”[①]。从此以后，神得到了全能的称号，但也失去了人的亲近。由于神变得不可预测和认知、不受理性和道德的约束，人类像是一叶扁舟被抛进变幻莫测的大海，于是开始自己寻找生路。在某种意义上，“现代科学恰恰发端于唯名论，因为它重新思考了唯名论的存在论的含义”。

中世纪唯名论革命和现代性危机之间跨越时空的关联在提醒人们，如何认识上帝，这个在宗教精神世界里的特有问题并未在貌似已经世俗化的现代社会得到解决。在与基督教教义有着千丝万缕联系的伊斯兰神学内部也遇到过类似的情况。但这两种宗教对危机的不同处理方法却被人们武断地以是否“现代”在单向的时间线上划分开。在界定彼此位置时，西方社会将自己定位为已经世俗化了的“现代”社会，默认将自己放置在更进步的历史序列上，而仍然保持当年宗教传统的伊斯兰世界则被定位为未开化的“前现代”社会，处于更加落后的历史序列。

---

① ［美］迈克尔·艾伦·吉莱斯皮：《现代性的神学起源》，张卜天译，湖南科学技术出版社，2019。作者是杜克大学哲学教授和政治学教授。

这种思维模式是造成当今世界诸多困惑与冲突的原因。如果能够以更加宏观的视野进行观察，西方世界与伊斯兰世界在今天两个不同空间的冲突，可以对应到西方世界在同一个空间内处于时间序列上“前现代”与“现代”两种世界观的冲突。换句话说，西方世界内在的现代性矛盾问题就等同于西方与伊斯兰世界的文明冲突问题。而西方世界在和伊斯兰世界相互沟通时发生的误解，其实在很大程度上是由于西方世界自己在有意或无意地选择遗忘过去。不过从好的一面理解则是，如果西方思想界当年所经历过的中世纪唯名论危机能得到认真反思，那么这种共同的体验和相通的困境将有可能成为双方达成和解，撬动彼此充分沟通内在基本价值的阿基米德支点。

25.2 天人合一找到答案

如何处理人与自然的关系，如何探索内心深处的本质，中华文明在上帝和理性的主题之外为人类的未来找到了另外一条道路。这个解决方案在形成过程中并没有和当时交通隔绝的西方文明做过有意识的对比，完全是原生的东方文明根据自身条件和历史渊源主动选择的解法。当然，今天人们已经可以有针对性地将两者进行比较发现，前者是在不停地与神的假设进行着艰苦卓绝的斗争，先是皈依，再是质疑，终是脱离；后者则早早地选择了人与自然之间和解，努力进入一种天人合一的状态，从而保持了中华文明在时间上的延续和空间上的统一。

近年来随着更多考古资料的发掘和现代性本质认识的加深，“天人合一”这个概念越发为人们所重视。眼下的危机越强烈，人们也就越能意识到这种与自然相处、与自我相处哲学理念的博大精深和弥足珍贵。它绝不简简单单是一种朴素草创的生活态度，只是在远古的时候由浅陋的先民不加深思地奉行，到了现代则作为一项冠冕堂皇的时尚风潮，成为苦恼于城市生活人们寄托的方向。它可能是智慧的先人留给我们的一把钥匙，等待着有心人用其打开通向人类社会未来发展真正方向的大门。

要清扫覆盖在“天人合一”观念上的浮尘，首先有必要在中西方哲学思想渊源和旨趣上做出明确区别。在学术界有一股强势的观点认为中国古代就没有哲学，因而也谈不上什么哲学思想，只不过有一些夫子自道的伦理观念罢了；也有人还在煞费苦心将西方哲学的发展阶段、命题范式和推理逻辑套用在中国古代自有的思想内容上，一定要梳理出一套可比的框架体系，将“古今之争”错配地还原为“中西之争”，可谓削足适履。其危害性还在于，这样“非常轻易地以良知坎陷的方式开出民主和科学，从而在理论上错失了以儒学之根本精神重新组织政治社会的历史任务，也诱导他的后继者们离开本文化生命而建国的重大关切而走向文明对话乃至宗教对话”[①]。

可是中国古代的圣人不会在意这些后世庸人附加的想法，东方智慧在根源上就采取了不同于西方哲学的探索方式——“无意”而为[②]。这里所谓的“无意”，是指圣人并不会从众多观念中挑选出某一个而详加阐发，也不是在脑中先预存了某个观念作为基本准则，然后就此广为演绎。相反，东方文明所推崇的圣人“不持有任何观念，不为任何观念所局囿”，这是一种更高层级的智慧。熟悉西方哲学史的人们都知道，“哲学的历史就是从提出一个观念开始的，就是不断地提出观念”。而哲学这个单词“philosophy”的原意是爱智，它更强调的是对“智慧”的追求过程，因此会在过度的投入中产生偏离智慧的某种执着。圣人则不如是，大智若愚。

因为圣人知道，只要执着于一个观念，那么在这个观念为自己照亮前行

① 唐文明：《隐秘的颠覆：牟宗三、康德与原始儒家》，生活·读书·新知三联书店，2012。作者是清华大学哲学系教授。

② [法] 弗朗索瓦·于连：《圣人无意：或哲学的他者》，闫素伟译，商务印书馆，2019。作者是法国哲学家、古希腊学家和汉学家。

的道路时，也就关闭了通往其他方向的可能。一旦哲学家开始思辨，就必然会在持续的辩驳中趋于极端与武断。辩论结束留下的是两方更加疏离彼此的距离和更为强化叠加的力度。因此，对探索智慧的哲人们来说，重要的不是在一开始就坚定地秉持什么观念，而是要做到对过往观念的视而不见。在某种意义上说，西方思想史中的那些伟大的哲学家，或者说更像是圣人的那些思想家，比如苏格拉底、柏拉图、康德，他们之所以那么伟大，正是因为从一开始就选择了不再固执什么观念。

于是，“无意”的圣人什么也不提出，不会留下可以作为原则的观念，从而避免了后人在此基础上发展出更为偏激的观念。由于没有执着的欲望，也就没有人兴致冲冲地提出一个又一个的假设，再去激烈地追求它或推翻它，并在此过程中体验着“爱智”的兴奋。中国的智慧只是如深水静流般运转，不见波澜，不起风浪。但它仍然能够保持时时在变，不舍昼夜地流向远方。

要做到如此境界，对圣人来说，在其心中所有可能性都是开放的。而要保持这种开放性，最为忌讳的就是“自我”。采取“自我”作为观察万事万物并采取行动的视角，会局限人们的境界；一切以“自我”概念来讨论命题，终究会形成越来越缩小的封闭恶性循环。圣人强调的是“君子周而不比”，保持“中庸”的状态，不做出明显的倾向；强调的是“可以仕则仕，可以止则止，可以久则久，可以速则速”。永远保持“可以”的状态，最大限度地探索事物。所以孔子曰，“圣之时者也”。

思考到这里，可能已经有人开始质疑圣人是不是在模棱两可、回避问题。但这恰恰说明人们对智慧的把握进入更深的领域。这里讲的“执中”不是无原则地取平均，不是对矛盾采取无视的态度，而是要尽可能地在各种极端的状况下努力寻找平等的可能性。“中”中还可以引导出两个核心概念——显和隐，能够解释东方智慧是如何在极端思想中游刃有余，在没有立场的“虚”中实现两极之间的变化。

这种想法首先见于《中庸》第一章所说的“道也者，不可须臾离也，可离，非道也。是故君子戒慎乎其所不睹，恐惧乎其所不闻。莫见乎隐，莫显乎微，故君子慎其独也”。这是说，君子的功夫下得最深的地方其实是在最隐秘、最细微的角落，而不是最显眼、最宏大的场所。所以说君子一个人独居的时候要特别谨慎。可是这时谁又能知道呢？这样做有意义吗？这种苦心孤诣的难度可想而知。

《中庸》第十一章继续讲道：“子曰：素隐行怪，后世有述焉，吾弗为之矣。君子遵道而行，半途而废，吾弗能已矣。君子依乎中庸，遁世不见知而不悔，唯圣者能之。”这是说，在追求中庸的道路上，很有可能半途而废，或者不为世人所知晓，但君子仍然要执着不悔地去做，才能成为圣人。朱熹在《中庸章句集注》里解释道：“言幽暗之中，细微之事，迹虽未形而几则已动，人虽不知而己独知之，则是天下之事无有着见明显而过于此者。”，也是在感叹圣人行事为道的艰辛所在。

对显与隐状态的考验显示出东方智慧的不同之处：“显”要在“隐”中去落实，“隐”要在“显”中去搜寻。这种态度反映到人们所熟悉的哲学范畴则体现为，智慧不纠结于识别出本体，不在意区分出主体与客体，它要指向的是不确定的事物。你不能直奔这个目标而去，你要保留住距离这个目标的空间，而这个因此而存在的空间才是圣人想要体现其思想价值的区域。在这片区域中，将没有原来的各种观念、概念和体系的限制，人们将能够更加自由地表达自己。

中国古代圣人划出的这片独特的思想空间留给了中华文明发展出“天人合一”观念、保持人与自然和谐关系的机缘。明白此中玄妙，也将更有助于人们深入理解中西文化的差别所在。不过更有趣的是，学者们在考察了晚商和西周的出土文献材料之后还发现，甲骨文献的卜辞中经常出现商人规训神灵不要作祟的内容，当时的人神之间存在着微妙的敌对关系；而通过对西周青铜铭文和《诗经》早期诗歌的释读，人们已经可以找到周人开始否定生者与神圣祖先之间存在潜在张力，进而宣称人的行为——尤其是西周统治者的行为——可以与神之间建立某种联系的例证。这项“殷商卜辞暗示了人神对立，时至西周，人们转而信奉人神之间的绝对联系”①的新发现，打破了原本视为理所当然的中国文化从一开始就与自然保持连续性的假设。今天人们所熟悉的“天人合一”观念，只是到了汉代经由《史记》的裁剪，才从此占据了中国思想的主流地位。

如此重要观念的被重视的时间比它最初形成的时间延迟了这么久，真是让人有些意外。但对于今天想要重新发扬光大此种观念的人们来说，这个结论不只是从更为严谨的学术态度来说必须要做，更为发人深省的则是为中国撕去了作为“一切例外的例外”的特殊文明标签。原来，中国在其文明早期发展阶段同样面临了其他早期文明遇到的问题，其他地方发生过的学术争辩和政治争斗也同样在中国出现过。唯一不同的是，中华文明的先哲们做出了不同的选择。这无疑对希望中国文化装入另册的特殊论者形成了挑战和冲击，也为中华文明未来继续发展包容埋下了深长的伏笔。有了这层祛魅的操作，人们才有可能将这一珍贵价值推广到更大范围，从而也就杜绝了另一种危险推断的可能：中西方文明天然就是分开发展的，从一开始就走上了不同的道路。如若再往前推论一步，甚至还有可能得出两者势必水火不容、无法沟通交流，只能越来越相望甚远、形同陌路的结论。

人与自然之间的这层重要联系在古代是以今人已经不再熟悉的“作”的概念实现的。东汉学者许慎在《说文解字》的序言曾提示过人们：“古者庖

① [美]普鸣:《作与不作：早期中国对创新与技艺问题的论辩》，杨起予译，生活·读书·新知三联书店，2020。作者是哈佛大学东亚系和人类学系双聘教授。

牺氏之王天下也，仰则观象于天，俯则观法于地，视鸟兽之文与地之宜，近取诸身，远取诸物，于是始作《易》八卦，以垂宪象。”可见在“天人合一”观念中，圣人之“作”并非完全来源于个人的创造，而是源承自抽象的自然之理，只是通过圣人之手将其呈现在世人面前而已。“作”在远古曾具有极为丰富和重要的含义。

考察从商周到秦汉之际的文本，学者们相信这种对于“作”的定义是直到汉代才开始逐渐成为主流的，而在此之前对“作”的讨论语境中则始终含有一种潜在的对于自然的僭越。为了解决这个问题，儒家想办法将文化塑造成礼仪和德性，认为后人只需仿效前代圣人已经形成的规范就可以做到对自然和传统的遵循；墨家着重通过器物和技艺的发明推动社会发展，认为创造本身在价值立场上是中立的，不应受到排斥和压制。只是这种争论已经模糊了原本应该关注的焦点。现在人们有必要回到问题的本质上来辨析，“天人合一”这一观念究竟是如何经过思想世界和政治世界的相互影响和反复争论，才最终在司马迁的笔下汇总成全面的叙事体系的。

在解读了被认为是出现于战国时期的文献后，学者们普遍认为，“神”的原义指原始宗教所崇拜的神灵[①]。在商周时期神与人最早的关系设定里，神是宇宙创生和运行的依据，占卜是人反复试探神意的工具，祭祀则是人向神发起沟通并试图影响神意的举动。商人们将祖先的鬼魂作为向神沟通的媒介，并相信越是古老的祖先就越是能通达到最高级的神灵。从商到周，虽然宇宙中的至上之神从“帝”变成了“天”，但周人和商人同样还是要致力于维护自己与祖先的关系，而且为了强调自身继承天命的正当性，周人会更称赞他们祖先在与天沟通方面的称职，并表现出对祖先无比服从的姿态。

① 张岱年：《中国古典哲学概念范畴要论》，中华书局，2017。

但到了战国时期，人们在著作中开始将“神”与“形”并举对称，“神”被用来指称人所具有的精神作用。“神”的含义愈加微妙起来，在与“化”连用后具备了到达的可能，称为“神化”。中国的思想家们逐渐调整了人与神之间的关系，从而发展出一种新的宇宙论。在这里，孔子虽然表现出对天的崇敬，但无意与鬼神产生过多关联；墨家则将宇宙论伦理化，看中的是祭祀活动的实用性；《国语・楚语下》描述了主持祭祀仪式者的角色应该更恪守祭仪专家的身份，而不是更宽泛的神职人员，比如萨满；《管子・内业》则试图完全打破人神之间的障碍，主张在“气”的层面就可以通过自身修炼而达到神的状态。这些观念都指向同一个目标，即“人能够以比当时的祭仪活动更加直接的方式来获取神力”。当然，儒家在这其中打破祭司阶层对沟通神力垄断地位、完成神学理论改造、引导人们去追求圣人境界的关键性贡献还值得专门再做探讨。

原来在之前非黑即白的两个思路——要么是西方宇宙论所设立的由唯一全能的神在掌控世界，要么是东方宇宙论主张的人与自然和谐共生——之间，还存在过另一种更为古老的宇宙论①。这种宇宙论认为在神秘莫测的神和世间万事万物之间还存在着人的祖先鬼魂能够与之交流。他们能接受子孙的祭祀和供养，答应为他们祈求福祉；他们能向神汇报情况，说服神改变世间的秩序。这种居间于人神之间断裂和天人之间合一的宇宙论还构建出了新的张力。周的新统治者可以在协调好天与祖先的关系后，采取积

① [美]普鸣:《成神：早期中国的宇宙论、祭祀与自我神化》，张常煊、李健芸译，生活·读书·新知三联书店，2020。作者在本书中专门考察了这种古老的宇宙观，重新构造了“天人合一”观念背后所蕴含的“关联性宇宙论”在中国历史发展进程中的叙事逻辑：早期中国同样经历过一场有关“人”与“神”的界限如何划分、“人”是否能成“神”等问题的大讨论，“关联性宇宙论”是在取代了祭祀活动所赋予的意义之后，才成为主张“人”也可以自我神化思想所要借重的主流观点，并逐渐作为中国思想的基础设定。

极的态度去“作”，不断地开疆拓土；儒家也可以在巧妙地选择性忽略鬼神的作用后，以圣人作为典范“作”出各种礼仪制度，持续教化民众；墨家也可以借用这个中介的人格形象，致力于在器物层面“作”出各种新奇的发明，改善百姓日常生活。

这种宇宙论与传统上人们认定的东方宇宙论虽然在出现时间上有先后，但本质上并无差异。它陪伴了中华文明度过早期的那些蒙荒岁月，并随着其不断成熟而逐渐融入日臻完善的“天人合一”观念体系当中，成为不再那么受重视的一部分。就好像生物在演化过程中，经常会有某个器官在特定阶段发挥完重要作用后，逐渐弱化到身体的整体构造中，既无法摘除出去，也不可能发挥显著作用了。

这些观念在后世的进一步发展就是人们所熟悉的“天人合一”路径了。皇帝要通过封禅这样的举动表明自己在人间积累足够多的功业之后，能够获得登天成神的身份；官僚集团创制了一套天人感应理论，希望通过妥善治理世俗事务、约束最高统治者的过度行为，就能建立起人与自然和社会的和谐关系；普通人也可以采纳老庄的学说，通过身体修炼的方式摒弃形骸，融于天地，获得在宇宙中神游并永生的能力。

西方汉学家已经敏锐地发现，“在早期中国并不能找到人神之间和谐连续或人神之间没有张力的预设”。虽然这种描述似乎已经有意或无意地模糊了“神”字含义的边界,并对“天”与“神”这两个概念做了轻描淡写的转换，但人们可以确认的是，中国思想的底蕴并不像一般论者所以为的那样只是关注俗世间的现实生活。在《诗经》《书经》《左传》《国语》《论语》《孟子》《荀子》《易传》《中庸》这些重要的先秦儒家典籍中包含的是具备充分开放性的人文主义，或者说是一种超越性。这种超越性或在商代多表现为“帝”，或在周代多表现为“天”，但都表现出思想的连续性，展现出宇宙观中的那种对终极价值的普世关怀[1]。即便是道家所定义的“道”,也可以被视为另一种形态的“文化理念”，作为对原来被宣称是全能主宰“天”的信仰的一种取代尝试。任何忽略中华文明在早期就存在过宗教性质哲学的状态，只是在随后的思想革命中被逐渐替换这一事实的想法，都是对中国古人心灵世界博大精深程度的简化理解。正是由于这些存于思想层面的渐次努力，古代中国政治才由神权发展到了德治，古代中国君主也才得以摆脱宗教传统的影响，可以自信地接受上天的委任，负责教化天下民众。

虽然后来周王朝也衰亡了，周天子的权威不再为诸侯所信奉，天的概念也分崩离析，用孔子的话说就是礼崩乐坏；但这对春秋战国时期的思想家来说，又何尝不是一次重新塑造天的概念，重新定义超越性的良机？诸子百家的争论就是在此大环境下展开的。如果说以往人们会更强调先秦百家争鸣在政治理念和学术追求上的实际作用,那么今天放在重新考察中西方文明差异，进而需要在新的历史条件下融合彼此的关口上，人们可能需要更关注这场思想变革在彻底消除原始宗教影响，回答人性本质及其与超越性发生关联的方式等问题上取得的重大哲学突破了。

中国在早期文明阶段确实是经历了一场思想界的革命，不管是通过概念的替换，还是内涵的丰富，直到汉代人们终于能够在政治界和思想界、在官方和民间、在形式和方法上都建立起一套完整可行的人与自然、社会的和谐发展观。这种观念虽不像人们之前想象的那么理所当然，但也正因为如此而显得弥足珍贵。相反，如果不说清楚这段存在于从商周到秦汉时期特殊的凡

---

① 傅佩荣：《儒道天论发微》，中华书局，2010。作者是台湾大学哲学系教授，为方东美先生的弟子，他在本书中深入梳理先秦文献，从侧面补充了普鸣之前的论述。为了进一步说明其中复杂度，傅佩荣将商周之际取代“帝”的地位、继续作为最高主宰的“天”所扮演的角色分解为统治者、启示者、审判者、造生者和载行者五个侧面，并分别指出这些名称各自的特点和限制。

人与天神之间的复杂关系，是解释不了中西文化差异的渊源与性质的。过于将中西文化置于对立状态，用二元与一元、连续与断裂、原始与超越、和谐与悲剧这些两极化概念，看似能更加充分地将两者的特点剖析清楚，但实际上却丢失了很多信息。

为了解决这个跨文化融合的难题，有学者期望能够将东方的易学与西方的本体论嫁接，“以易学中的不易之体来界定人在经验与思维的统合中所呈现的动态真实”[①]，从而为深陷文化隔阂的人类提供一条出路。换句话说，就是提取出易学理论中核心的“不易”概念作为产生哲学范畴所需的本和体的来源，为西方哲学思想在东方找到“太极”作为载体，期望一阴一阳的动态结合能够展开出万物的用与行，从而“宇宙充满生机，人类得其精华，故其生命方有价值，文明油然而生矣”。

但是由于过往的传统易学家过于“关注易学的道德规范性与吉凶实用性，并没有真正去掌握易学中的本体与知识问题”，而现今易学的主流派别又“一直缺乏对象数与义理的整合的清晰认识”。因此，如果要想在21世纪重新理解传统文化体系，解决如何在“统合主体与客体的本体意识与理解诠释问题”的大背景下深入思考宇宙第一性的问题，那么用本体诠释学将易学转化为世界哲学这件事，也就具备了自身继续发展和重新驱动文明的双重历史意义。

不过随着这项研究的深入，人们将越来越发现易学作为一项深厚的思想资源，其价值更在于能够为中国哲学发展提供历史起点和理论基础。这是因

① [美]成中英：《易学本体论》，商务印书馆，2020。作者是“第三代新儒家”代表人物之一，早年师从一代哲学宗师方东美先生，后又入哈佛大学，师从20世纪西方著名哲学家、分析哲学大师蒯因。他能够掌握西方哲学思想的核心，运用逻辑分析和本体论的诠释方法重建中国哲学。本书收录了作者的16篇论文以及11篇易学讲演录和4篇附录，呈现出易学在帮助人们认识宇宙本体、理解人类处境和反思自我方面所能提供的本体论与认识论价值。

为，“易学首先是一种本体宇宙之学，能帮助我们认识我们所处的真实宇宙，同时也有助于体察真实宇宙中之价值与我们的关系，即同时关联了知识问题和价值问题，且在思考这些问题的过程中与人的存在自身相关联”。它可以用来理解先秦思想在调整人与神之间关系时所积累的知识，可以成为在秦汉时期结合儒家与道家的基础、在魏晋阶段接洽起中华文明与佛教思想的融合、在北宋年间再度触发道学家的思辨而促成理学的兴起，乃至今天仍能继续帮助人们对接西方哲学思想的基本概念，寻找到既能参与世界又能完善自我的道路，一起去解决 20 世纪以来人类要面临的共同问题。

必须承认的是，儒家在这场从“奉神之旨意”到“行天之使命”的思想大变革中为人类做出了无可替代的巨大贡献。儒家思想的精髓也被证明是一种“融宗教于人文，合天人之道而知其同为仁道，乃以人承天，而使人知人德可同于天德，人性即天命，而皆至善，于人之仁心与善性，见天心神性之所存，人至诚而皆可成圣如神如帝”[①]的人文宗教。因此，推翻传统观念中对儒家从纯道德主义的解释，回归到原始儒家的天命观念中去理解孔子、孟子思想的真精神，也将有助于今天的人们在面对现代性困境时，找到一条虽已被荒废但仍有生机的突破之路。“子罕言利，与命与仁”[②]，儒家最为关键理念的“仁”其实代表的就是对这个“天命”的认可。“带着自己对人生的严肃关切进入哲学研究”，人们将发现在儒学所追求的超越性，也就是“天命”观念中：天命比仁爱更为优先，且构成仁爱的基础；仁爱之可贵又在于其不可越级，是一种差序之爱[③]。

在这个大立场下，现代语境下的人文学试图将儒学置于只考虑人与人之间关系的狭隘道德领域是不合适的。超越性并不为西方哲学所专属，它本就

① 唐君毅：《中国文化之精神价值》，广西师范大学出版社，2005。

② 语出《论语·子罕》。

③ 唐文明：《与命与仁：原始儒家伦理精神与现代性问题》，商务印书馆，2020。

是儒学的应有之意,也是人们期许其在今天更需要各方面展开对话、谋求“相与之道”时提供解决方案的应有之题。在这个大题目下,人们可将中国古代世界观和人生观的基础归于商周及其后的天命观念;孔子念兹在兹的儒家伦理“仁”,也不过是要承担并弘扬原来由周礼文化所承担的天命;子思、孟子所倡导心性生命之学的成功,则代表了这种借助伦理实践让更多人接受并践行天命的设想终于得以实现。

在确认了原始儒家伦理本身就具备道德层面的形而上基础后,儒学对现代性问题的启示作用得以浮现。现代性虽由西方世界发起,但已经成为全球面临的整体性问题。其之所以难以解决,正是因为对问题本身定义的方式:现代,这一名词从一开始就代表了西方是在对现代性用直进式的时间观念进行理解。这种对时间的特殊领悟埋伏着无处不在的“时间的断裂性体验”,不由分说地将人们从原有与世间万事万物融为一体的状态中剥离出来,置身于要求不断向前的时间序列之中,再也没有可能回到恒定的精神家园。而原始儒家的天命观念倡导的是一种连续式、循环式的时间体验,这与现代性的断裂式、直进式的时间体验形成了鲜明的对比。天命观念还承认每个人都可以从“天”获得平等的天命权利,并通过后天“为己”的努力,逐渐接近自己所要承接的天命责任。

于是,“天命”观念在某种程度上可以提供儒学对现代性问题的回应。当然也许还有更多的问题细节需要回答,但这已经从思考框架上为人们勾勒出儒家提供此种可能性的内在基础:儒学本身就萌发于中国古代思想要解决西方世界同样要解决的宇宙是什么,以及自身的起源问题;在早早地就剥离了神的因素、消除了宗教的影响后,中华文明依靠儒家特有的超越性观念,维持了无论是在时间还是空间范围都最为广大的文明体;面临时间断裂性体验的西方文明,一旦将其问题归结为现代性,也就从根本上宣告了自身无法从文明内部找到最终的解决方案。

因此，当西方世界经过快速发展而将现代性问题带到世人面前时，早已有过类似经历的中华文明应该有信心、有能力指出：所谓的现代性问题，不过是一种执迷不悟的理解。天不变，道亦不变。之所以会有各种在时间尺度上观察到的困惑与矛盾，就是因为人们缺乏与天命沟通的能力，一旦不能再通过理性接近神之后，不同社会之间、社会内部之间在世俗化上的差距被以时间维度彰显出来而导致。因此，从这个意义上来说，儒学在曾经肩负起在“周”这个地理范围内重建天下秩序的责任之后，今天又有必要再一次在世界范围内承担起实现复礼兴乐的天命。

25.3 重塑儒学话语体系

儒学复兴是近来颇为热门的话题，持此论者的理由通常会归结到这三条：

一是历史必然。儒学研究者在全面了解儒家思想从先秦以来的发展轨迹之后，自然会得出当代新儒学在吸取了现代文明价值之后，必然会在中华文化传统核心理念之上融会贯通，提出更加符合现代人思维方式和生活习惯的论述体系，就像历史上曾经发生过的多次儒学复兴一样再次获得重生。

二是时代召唤。全人类在进入 21 世纪以后所面临的现代性危机愈演愈烈，西方文明所宣扬的以个体价值为立论基础的自由民主观念越来越被证明不是各种现实问题的解药。儒学正好提供了新的可能，以一种全新但又能得到验证的论述可以统一解答个人身心、社会生活和世界局势所陷入的困境。

三是形势所逼。中国在经过 40 年的高速发展之后，无论是在向自身提供更具内向凝聚力的思想共识，还是在向外部宣导一起消弭分歧的共赢理念等问题上，都在逐渐陷入不知道说什么、不知道怎么说的尴尬局面。曾经在东亚文化圈成功推行过的儒学有着在国内外可以取得共识的独特地位。

不过人们也知道，时至今日已经不可能再用传统儒学的话语体系直接应对现实问题了。在当今世界各种价值观冲突的复杂性、要突破现代社会思想束缚的颠覆性和站在人类社会发展转折点上的前瞻性面前，儒学若只论几本经典文献的诠释，只评价几位大儒宗师的生平贡献，只辨析各个学派的渊源异同，那就只能被当作可供研究的学术话题，永远被禁锢在象牙塔里不得新生。儒学要想真的活泼泼地成为统领人们思想、指导人们行动的理念，那就需要真的有一批人，持之以恒将其精髓在新的历史条件下阐发出来。这份功业，可能未必会在当世显现出来。但只要持续有人去做，就终究会在未来的某个时点被人串接起来，重新评价他们所认定的“古人”在历史上曾经做出的不可取代的贡献。这就好像韩愈在唐代重续道统，又经周敦颐在北宋重新发掘，再经过张载、二程到朱熹才终于汇成蔚为大观的新潮流。那么在此之前，无论多么微小的个人曾经在历史的隐蔽处为其注入过涓涓细流，都是功不唐捐的伟业。

要想从旧言中生发出新意，首先得做一番联系历史与现实，为传统概念赋予时代感的功夫。人们已经注意到，儒家思想由于对“外在超越”或“纯粹超越”的强调不够，没有一定要达到彼岸的紧张与压力，因而在形而上的知识体系构建上始终缺少动力支持；但儒家基于“内在超越”思想推演出的诸如“仁爱”“和而不同”“天人合一”和“克己复礼”等观念，却蕴含了人与自然、人与社会、人与人之间相处的普遍之道，这在当今世界尤为珍贵；尤其是在“文明冲突论”甚嚣尘上的环境下，“和而不同”的理念更是为人类社会要解决的和平与发展问题提供了不同文化传统之间可以对话与交往的伦理基础[①]。不过，中华文明千百年来一脉相承，在每个历史阶段都能积极地吸收当时最优秀的思想和成果，不断地充实和完善自身的理论体系，已经形成了一个有机的整体，包括知识体系、价值体系、政治经济和社会实践体系。更重要的是，中华文明每次都能输出全新的话语体系，重新构建一整套有关历史和未来的叙事逻辑，得到最广大群体的认同和实践。

怎么“接着讲”，确实是一项极为关键的能力；接着“讲下去”，更是今天每个热爱中华文明的人应有的责任。人们要有勇气拨乱反正，一改以欧洲为中心的直线发展历史观和以欧洲近代以来全球扩张为起点的平面扩散历史观，深入到近代以来中国史学研究状况和史论观点演变的细节之中，才能正本清源梳理出中华文明发展的历史脉络，理直气壮地认识到政治上的大一统格局是形成中华文明的重要根底。因为统一是一个文明体系得以存在和发展的基础和保障，没有统一就不足以谈文明。统一没有要不要的疑问，只有大小之分。小规模的统一只能支持形成小规模的文明，大规模的文明必须实现大规模的统一。人自从脱离自然界、组成社会以来，就不再是“完全孤立的、原子化的存在，只有在族群、国家、文明这样一些命运共同体中，他们才能够成为真正现实的存在”[②]。而组成越来越大的命运

---

① 汤一介：《儒学十论及外五篇》，北京大学出版社，2009。作者是中国当代著名哲学家、国学大师、北京大学哲学系教授，他在本书中将现代社会人们最关心的真、善、美这三个方面，对应到儒学话语体系的“天人合一”（何为真，即宇宙人生的根本问题）、“知行合一”（如何善，即做人的根本道理）和“情景合一”（怎样美，即审美境界的问题）这三个命题上展开论述。“知行合一”与“情景合一”这两个命题又可以被认为是将“天人合一”命题进行展开、对宇宙人生论在不同侧面的表述，从而体现出这些基本命题内在的思维模式——“体用一源”。此外本书还涉及了“普遍和谐”“内在超越”“内圣外王”“道始于情”“和而不同”“周易哲学”和“儒学复兴”等命题，都是从儒学思想宝库中挖掘出来，有可能在解决儒学现代化问题上发挥作用的重要思想元素。

② 姜义华：《中华文明的经脉》，商务印书馆，2019。作者是当代著名历史学家、复旦大学历史系教授。

共同体，则是人强化自身能力、证明自身优越性的最好体现。换句话说，大一统本身就是衡量文明程度的重要指标。中华文明已经由此而证明了其高度发达的特性，但这也许正是其长久以来又会在这一点上为人所污蔑的原因。

建立在这个基本认识上，就不再难理解中华文明的基本社会结构以及由此而生的伦理价值观。在长期的历史发展进程中，中华文明已经通过不断的理论构建和社会实践，完成个人、家庭与国家的高度同构化，形成了不可分割的“家国共同体”：每个人都是由父母生下来，而不是被上帝创造出来；他们从一开始就嵌入到活生生的社会关系网络中，而不是在抽象的自由平等基础上组成冷冰冰的经济契约关系；他们的一生成长就是一部由家庭，进而逐步递升至国家乃至更大社会共同体发挥作用的融入史，而不是在资本主义私有制的基础上相互竞争、阶级对立，追求自我实现的个人价值。这样的社会结构就保证了家国共同体的价值、整个文明的价值远远高于并永远优先于个人价值，而个人价值只有通过家国共同体、通过整个文明才能得以真正实现。从另一个角度来看，这也是中华文明得以规模如此之大、持续如此之久的关键原因。

在历史观背后真正发挥作用的是思维模式。如果继续追根溯源的话，是中国式思维在维系着中华文明数千年来的悠久历史传统，它将被证明是能够穿越时空、塑造中国特有精神气质的重要历史能量。与之相对应的反例则是，近代以来颇为强势的西方思想，自通过译著文献的传世、学术体制的更替和器物层面的覆盖，处处证明其不容挑战的位势，但至今只停留在少部分高级知识分子的头脑中，却从来未曾在普通中国人的行为处事思维方式深处立足。另一方面，西方汉学的研究成果作为来自西方知识精英阶层对中国进行深入观察和思考后所凝结的智力结晶，也可以比对出中国的古人在当时的历史环境下进行思考的基本逻辑，最终解码出中国式思维模式底层的基本语法。究竟是什么在约束和规定中国古人思考问题的基本范式，数千年来反反复复地从阴阳协调、内外平衡的角度论述政治思想中君主和臣民的关系；究竟是什么导致英美思想体系中有关个体权利的至高无上性，无论其论证逻辑多么清晰却一直得不到近代中国普通民众的真心接受，碰撞不出火花；究竟是什么因素让来自欧洲大陆的思潮，无论是法国、德国还是俄国，都能迅速在中国国内引发普遍的追寻，产生不可估量的化学效应；究竟是何处而来的感召力，能在国家意识淡薄、个人权益缺失的社会群体中席卷出以“天下为公”为至高目标的运动能量，横扫一切与之相悖的社会制度。

所以，与其耗尽精力地去研究为什么中国的古人没有提出并解答西方早期文明常见的问题，还不如去思考为什么他们会提出自己的问题、为什么按照特有的方式提出问题，以及他们在论证这些源于自身境况而产生的问题时所遵循的一般性认知规则、推理形式和思维路径。这才是定义“中国之所以为中国”的关键要素，才是人们要继续发扬光大的宝贵财富。从思想史研究的角度可以发现，问题正出现在人们潜移默化的思维模式中。正是在习染而不自觉的获取和利用知识系统过程中，中国人养成了在“史问论域”惯常于构建整体叙事框架的共识。以其最为独特的著史传统为例，是将知识系统中的“事实”按照时间、人物、事件的某种秩序逐一排列，在具体生动的“叙事”过程中，彰显出事物背后的“道理”，指出世人所要关注的“问题”，达到传世铭鉴的目的。

这可被称为中国思维的“第一域”，也是中国思想史研究的主流类型。然而在此域之外，人们很容易就发现中国思维由于受到“天人合一”的预设基础限制，无论各朝各代的各派思想家如何论述，最终都会聚焦到那些在儒家伦理中常见的议题上，不断地展开循环论证，而且一直未能开出新的核心命题。这就是中国思维所谓的“第二域”——“认知论域”。中国古代的思想者在“第二域”中延绵数千年心安理得地共享着同一套稳定的知识体系，

“这套知识体系规定了他们或明显或潜在的前提预设，而正是这些前提预设，规定了他们之‘问题意识’的性质”[①]。

这里其实借用了现代语言学家弗迪南·德·索绪尔（Ferdinand de Saussure）在《普通语言学教程》中的术语，把“第一域”称为“言语”，如同一场演说，是时常变动的，呈现出的是“历时性”（diachronic）；把“第二域”称为“语言”，相当于更底层的“语法”规则，呈现出的则是“共时性”（synchronic）。人们都知道语言塑造思维，思维借助语言，两者密不可分。现在把中国思维的动静两层映射成语言学中的句子和语法，也将更有助于人们理解中国人在运用这套思维模式过程中的独特之处。

这样做还有另一层理由，就是为了更好地将人们尤其是中国人自己从熟悉的文化环境中抽离出来，将中国放在世界历史体系里显示其真正的位置和意义。西方传教士和汉学家们注意到了这点，他们无可选择地从异质文化的角度观察中国，这帮助他们避开中国同伴或同行眼前很多视而不见的障碍，因而也更加确认中国人的关联性思维方式与西方人的逻辑思维方式有着完全不同的性质，是由于特殊的认知机制所产生的差异。换言之，就是一种以宇宙为一整体的有机体，个体则为无数同构的小有机体与之形成永久持续关联的基本假设。这一点认识对中国人而言已经习以为常了，但一直以来仍为西方学者津津乐道。不过这也让人深信，如果有一天中华文明要以某种统摄性的观念让西方人士接受，那也一定是从这项让他们着迷的中国古代“有机哲学”中阐发出来的新意。

近年来，已经开始有国内学者在努力发掘中华文化中被深藏、被遗忘的思想资源，基于中国思维模式的底层逻辑在重新组装元素，以更符合现代人

① 萧延中：《中国思维的根系：研究笔记》，中央编译出版社，2020。作者是中国当代政治思想史学家、华东师范大学政治学系教授，他在本书中尝试从认知的角度找出中国式思维的基本特质。

认知习惯的方式阐发出来。不然的话，由于近代以来大量外来的思想裹挟着新造的名词冲击进入中国的观念世界，很多原先在中文语境中自有其含义的字词都已经被涂改得面目全非，导致后人再想重新追寻起那古老的思想脉络时也会发现自己无所适从[①]。他们会回探到东方思想的源头，从最古老的可见文献中找到立论的依据。他们的做法在某种程度上也正暗合中华文化每次重生的规律：从认知论域进入史问论域，用基础的中国语法再一次开口说出更加响亮的中国话。

于是，在当今主流思想界四处大声疾呼要重建中国式学术话语体系的背景下，民间其实已经出现了新的声音。它们的声量虽然还很微弱，但新意往往就出自主流思想的边缘地带。有越来越多的人认识到有必要将儒学中最为核心的“仁”的思想作为仁学剥离出来，因为前者包含了“秦后出现的综合制度性现象和封建政治意识形态”，后者则可专指“先秦伦理学思想”。不如就让那意义斑驳的“儒学”随着旧时代的结束而永远逝去，而保存下只针对人性心理特质的“仁学”[②]。有越来越多的人相信在儒学世界里万事万物皆可格，而人生活于万物之中也算为一物，那么格物就是一件最为平实的事情，每天每时都在发生。发扬“易”的精神，接受来自远古智慧思想的能量，能让人们得以从形而上的高度重新审视这些格物之举[③]。有越来越多的人通过

---

① 金观涛、刘青峰：《观念史研究：中国现代重要政治术语的形成》，法律出版社，2009。

② 李幼蒸：《〈论语〉解释学与新仁学：仁学与现代人文科学的关系论》，中国人民大学出版社，2018。作者是旅美独立学人，中国社会科学院世界文明研究中心特约研究员。

③ 孙仲兹：《格物学》，九州出版社，2020。作者是青年易学研究者，他在本书中尝试通过对《周易》中有关世界万物之形而上认识的解读，告诉人们日用而不知的格物功夫其实就存在于人与世间万物的普遍联系之中。作者为此重新阐释了物理学、心性学和美学的形而上之处，从而让人们能摆脱形而下的格物视角，重新认知自己的行为举止，达到于寻常熟知生活中找出普遍而持久意义的目的。

研习国学加入“治国平天下之学”的追求之中，将原先静态囿守的“本国”之学，扭转成为动态作为的“治国”之学，并接续上《大学》里的三纲八目[①]。有越来越多的人开始在实践儒学的道路上前行，将“儒”字打开，钻研起“人需”的学问：从满足生存需要的“文化儒”，到满足做人需要的“君子儒”，再到满足社会需要的“大人儒”[②]。

这些古老而又新鲜的思想在提醒人们：从“格物”开始，在“大学”中一以贯之精神的基础在于“正心”，目标则是“平天下”，是要让人的内在修养达到极致、止于至善，境界与“天”持平，进入“天人合一”的状态。平心平天下，正是要从解决个人的正心修性问题出发，最终达到经世致用的

① 廖彬宇：《平心平天下：传统文化中的内圣外王之道与经世致用之学》，北京时代华文书局，2017。作者是华夏文化促进会驻会主席、国际易学联合会荣誉会长。他自学中华传统文化成才，自 19 岁起就在清华大学、中山大学等高校设席讲学，先后受聘为国内多数著名高校的特聘教授。这位国学传奇人物从《周易》研究起，接着深入到儒学思想内涵，尤为擅长用全新但又有渊源根据的表述方法将传统文化的理念阐述给现代人。为了让人们更容易理解儒家思想体系，作者用从“一”到“十”的数字序列穿插勾连起传统文化的多个核心概念，再次发挥了中国文化以“数”统领的表述方式，灵活地运用拆字、组词、对偶、排比等文字功夫，将深奥的道理用浅显的话语传递出来，瞬间给人以智慧在高度上的冲击，让人以醍醐灌顶的感受接纳这些思想，获得大彻大悟的体验；再加上其在书法、诗词方面的修养和造诣，能以视觉、音韵等更加直观的美感将人们一下子拉回到那古色古香的传统文化环境中。凡人很难不心生钦美之情，自然就愿意为这么古老典雅的文化所折服感染，因而更加欢喜地将其融入自己的人生体验中，从此无怨无悔、孜孜以求。

② 廖彬宇：《大成之道：中国精神的气质、气度、气势与气象》，北京时代华文书局，2018。作者在本书中选取《论语》入手，深入诠释国学经典的思想内涵。为了讲清楚三纲八目的进阶过程，作者将《论语》的“格物致知”中的“知”折解为更加细致的“三十一知”，分别是：知志、知学、知诚、知心、知易、知天、知命、知本、知己、知足、知常、知因、知敬、知勇、知觉、知几、知名、知时、知行、知权、知中、知重、知谦、知礼、知德、知容、知言、知人、知趣、知信、知政。这条线索看似繁复，但却是一条主线。它落在三纲八目里，能够从立志求学的“格物”开始明德，到守信为政的“平天下”止为至善，串联起来形成一整套前后贯通、知行合一的大成为圣之道。

最高目的。儒家要解决的“人需”，往小处说可以是个人的需求，儒学为其指出了一条修身为学之路；往大处说也可以是人群的需求，儒学为其指出了一条治平经世之路。更为关键的是，儒家能够将这两条路合二为一，打通从个人修身到社会治理的进阶通路，这就是《大学》里讲的从明明德到亲民，再到止于至善的三纲八目。

这样方可响应当今世人们的心理需求，从博大精深的中华文化知识宝库中选取重要元素，经过精心组合排列呈现出更加清晰的思考脉络，去建起一整套能够统合起传统文化和时代问题，推演出从个人到国家再到世界进阶路径的理论框架。如果有志者真能一以贯之地践行下去，那将何愁不能在每个人身上实现中国精神发自内心气质的表现、气度的宣扬、气势的彰显和气象的升腾，达到中华文化精神世界的大成境界——经天纬地承大道，济世匡时致良知！

25.4 复兴天下大同使命

儒学在受到近代以来危难政治局势的冲击和强势外来文化的挤压之下，曾经有很长时间被蒙上了不堪其用的遮布，被移置在无人问津的阁楼之上，任其落满历史的尘埃。偶尔也有人心血来潮要打扫房屋，又不免将其拖拽出来曝晒于烈日之下，扑打其老朽之躯。然而总还是有有心人，能够意识到儒家思想已经浸透入每个中国人的心灵深处，运转于日常事务之中而不为当事者自知；更有行事者早已开始在儒家思维框架内悄悄地重新整合各种思想元素，使其能在不同时代、以不同的面貌延续着不断发展的使命。

道阻且长，患止不迟。只要儒学还在继续生根发芽，继续丰富着自身回答这个世界该如何走向的能力，那它就是饱经困难的人类在面临命运选择时最有可能认同的核心价值观念。欲开新局，需知旧篇。人们还得先知道儒学的坚守者在过去的100多年间都经历了什么，他们交到我们手上的是怎样一副既命悬一线但又充满生机的思想体系。

从19世纪末到20世纪初，当是儒学发展历程中最为惨淡的一段。在此之前，儒家经典的经学化、孔子的圣人化、儒家的教育选举制度和政治法律制度曾在古代中国为儒家提供了稳定可靠的制度基础。儒家虽失败于晚清时期在各项器物制度上的退却，但号称“保教”的康有为在消解儒学人伦价值上的方案却发出了这根巨柱折断前的第一声脆响。一方面，在康氏更宏观的大同主义里，人伦礼教只具有小康阶段的局部意义；另一方面，在他迎合时局的改造下，儒学变为一种去伦理化的道德主义。与之相关的，则是维新派在现实中提倡的制度改革。“天下大同”和“彝伦攸斁”在中西古今之间形成了巨大张力[①]。经过这番摧折，“在短短30多年时间里，儒学由中国人安身立命的基础和社会秩序合法性的基础，转变为新派知识分子眼中走向民主和自由的障碍物，中国人的心灵经历了一场深刻的震荡和认同危机”[②]。历史虽然并未严格按照康有为所愿发展，但随后科举制度的废除、现代法律制度和政治制度的建立，以及各种新思想的轮番登场，还是标志着儒家制度从此在中华大地上彻底解体了。在这段历史时期，原有的旧学大师纷纷凋零，新思想影响下成长起来的新人们也不再对老古董感兴趣，弃之如敝履尚可算宽慰，除之后快者也大有人在。

与此同时，中国社会的各派政治力量和学术群体都在从各自的角度尝试对儒学进行研究、利用和改造。从辛亥革命到五四运动的8年时间里，儒学因此遭受了三次重大冲击。第一次是辛亥革命后成立的南京临时政府和制定的《中华民国临时约法》，从政治上和法理上确立了以承袭自西方的民主思想代替儒学，作为国家根本性指导思想的方针，儒学于是丧失了自汉代以来

① 唐文明：《彝伦攸斁：中西古今张力中的儒家思想》，中国社会科学出版社，2019。

② 干春松：《制度化儒家及其解体》，中国人民大学出版社，2012。

就作为官方学说的垄断地位。随后的教育改革更是将经学从教学体系中剔除，儒学只是作为历史上曾经有过重大影响力的学派被放在重新编排过的现代学术体系中进行割裂地研究，从此丧失了自先秦以来就在学校教育中所占的专有地位。第二次是袁世凯在复辟帝制时企图利用儒学制造尊孔复古社会舆论，反而引起了社会各界对儒学更加猛烈的批判。学术问题和政治问题纠缠在了一起，儒学被动地绑定在袁氏的历史倒车上，被贴上落后反动的标签，正好充当了当时亟待崛起的新进思潮攻击的靶子，彻底失去了翻身发声的能力。第三次是在五四新文化运动中，以陈独秀创办的《新青年》为主要思想阵地掀起了更加激进的对于儒学的声讨，进一步理论化、系统化地论证了传统儒学已经不适应当时中国处于大变革时代，急需大破大立，先要拆除人们思想中的旧有藩篱，才能如饥似渴地广纳全世界范围内的优秀思想，形成切实可行的行动方案救亡图存的危难状态。经过这一场思想大洗礼，“打倒孔家店”已经蹿起为中国知识界群体的广泛共识，儒学在极为尴尬的情况下结束了 2000 多年在中国思想文化领域的统治地位，失去了号召中国人民从自身优秀文化中汲取资源复兴的精神统领能力。从此，“儒学再次回到民间，开始以自己独特的学理来寻求知音的艰难历程”①。

中华人民共和国成立以后，国内的儒学研究在 20 世纪 50 年代至 70 年代一直由于教条主义与极“左”思潮的影响干扰而进展甚微。实际上，学者们的精力更多地被投放于从各个角度对儒学展开批判，甚至浪费于无意义的自我批判运动和反复的检讨活动中，根本没有可能去认真思考如何继承传统

---

① 宋仲福、赵吉惠、裴大洋：《儒学在现代中国》，中州古籍出版社，1991。三位学者出生于 20 世纪 30 年代，曾于 20 世纪 80 年代在中国西北省份高校钻研儒学，活跃在当时的思想界。他们在本书中对儒学在中国面临现代化转型过程中所发挥的作用和遭受的境遇做了整体描述，并在最后试图指出儒学要进一步发展，就必须与中国走社会主义道路进行现代化联系起来的宿命。

价值,更不用提面向未来发扬光大了。直到1978年8月12日,著名历史学家、哲学家，山东大学教授庞朴在《光明日报》上发表《孔子思想的再评价》一文，重新提出了要正确评价儒家思想和孔子地位的命题。1984年9月，全国性的孔子学术思想讨论会重新在山东曲阜召开，会上正式成立了全国性民间学术团体——中国孔子基金会，这才标志着新一轮研究和弘扬儒学思想的基础条件开始在国内出现。

与此同时，还有另一脉研究儒学在20世纪新的历史条件下应该如何演变的学派在港台得到了意外的发展。这就是以梁漱溟、熊十力、马一浮、冯友兰、张君劢、方东美、牟宗三、唐君毅和徐复观为代表人物的新儒家。20世纪50年代，当时还留在大陆的新儒家代表梁漱溟、熊十力、冯友兰、贺麟等人已不能正常开展儒学研究，张君劢、钱穆、唐君毅、牟宗三、徐复观等人则在台湾和香港两地，以新亚书院和人文友会为阵地，继续从事儒学的现代转化工作。其标志性事件就是唐君毅、牟宗三、徐复观、张君劢等四人在1958年元旦联名发表了《为中国文化敬告世界人士宣言》，向外界宣示港台新儒学的异军突起，也意味着儒学的现代化转型进入新的阶段。

新儒学的思想根源还要从陈独秀倡导新文化运动、启动对儒家思想的大批判开始算起，从梁漱溟提出要将儒学、佛学和西学融会贯通的“文化三路向”说，到熊十力借佛学资源，从本体的哲学高度提炼儒学，提出“新唯识论”，再到冯友兰从共相理论出发，为儒学寻找形而上的哲学基础，提出“新理学”，直到贺麟在分析完本体论意义上更为抽象的“心”之后，提出“新心学”。于是，儒学的现代面貌已经焕然一新，传统概念和术语都在越来越紧密地向西方哲学体系靠拢[①]。

---

① 胡军:《中国儒学史（现代卷）》，北京大学出版社，2011。作者是北京大学哲学系教授，曾在1978年恢复高考后考入哈尔滨师范大学。他在本书中选取新儒学思想的代表人物，描绘了他们主要思想的演变路径。

接着到了方东美那里，新儒家思想又开始回归传统文化价值，重新以易经思想为主体、兼容并蓄构建新的本体哲学架构，力主中华文化必须首先从先秦思想中接续到原初的生命精神，才能广泛吸纳世界上各个历史阶段的优秀文化，最终达到多元发展和融会贯通的理想阶段。牟宗三继承了熊十力的哲学思想，并通过对康德哲学体系的引介，提出要在道统上维护住儒学的连续性，在道德宗教的价值上为儒学重建形而上学基础。唐君毅则在接受熊十力思想时有一段发展的过程，但这不妨碍他还是坚定地走向了要向内探索心之本体和道德自我的学术道路。等到他费尽心力从漫无边际的随感而发文字中挣扎而出后，最终还是以完全采用中国思维的方式构建了一整套“心通九境”的中国哲学文字体系。

相比之下，出身为乡村小学教师的钱穆投入了更多精力向普罗大众阐发中国文化，因而在某种程度上也就不那么为正襟危坐的新儒家主流所接受。他文史并重、著述颇丰、文字通俗、流传广泛，以一生经历践行了一名士人在现代社会所能达到的高度。而受熊十力改名、国民党少将军官出身的徐复观也是由史入文治学，从中国传统思想史的脉络中找出了要想重建儒家士大夫的理想、节制君权，就要借助民主与科学的力量，让中国传统的人文思想得到一次飞跃。

人们可以从这批新儒学大师的身世境遇和心路历程中看到儒学在面临巨大的现代文明冲击后，奋力挣扎以图再生的本能愿望。仅仅是部分流散到港台的学人，也能在边缘和异质的土壤上，重新浇灌出生机勃勃的景象。他们在西学触动下，奋力从中国传统文化中挖掘出的佛学（唯识论）、形而上学、人文观和善圆论等思想元素，至今仍在反过来从港台给予人们更多的启发，提供着恢复儒学现实生命力的接力棒作用。

等时间到了 1983 年，在北京大学哲学系进修了两年的胡军于盛夏返回母校哈尔滨师范大学继续工作。深秋时节，比胡军小 6 岁，但同在 1978 年考入北京大学哲学系的景海峰，则在北京大学勺园二号楼的会议室里第一次见到了远道而来、应邀为北京大学哲学系中国哲学史教研室做学术报告的哈佛大学教授杜维明，这才从这位唐君毅和徐复观的弟子那里首次听到了“新儒家”的说法。海峡两岸及香港隔绝了几十年的学术界终于互通了彼此尘封已久的空气，流寓港台的学者苦苦探寻所得的思想成果终于得以再次传播，其意义可比南北朝晚期政治环境松动后两侧学术思想的再次交流。可以想象当时的思想冲击给景海峰留下了深刻难忘的印象。

景海峰后来对这批思想家和新儒学的境遇念念不忘。通过分析梁漱溟、熊十力、冯友兰、唐君毅和牟宗三等人学术思想的发展过程，他的眼前再现出儒学在近现代社会里突然被动进入边缘地带之后，由一群身处边缘的学者努力向内、向外追寻自身价值的重振曲线[①]。他看到了以经为本的汉学彻底衰落、以理为体的宋学再次振作，导致了儒学在身份上分裂和形而上基础的缺失，因而在面临西方哲学思想的冲击时显得无从还手、无力应答、无可奈何，充满了焦虑和自卑。仓皇之下，儒学在现代学科体系中为自己找到了支离破碎的容身之所，改头换面般地随风潜入夜，在割裂开的学术领域中各自苟延残喘下来。只是如此这般，儒学的真谛倒不为人所提倡奉行了。

所以，不管是梁漱溟和熊十力的“援佛入儒”，还是冯友兰的“削儒适哲”，不管是唐君毅的重释“人文心灵”，还是牟宗三的重建“道德主体”，乃至后来他们参照源自西方的民主和科学精神，都是希望找到中国传统与现代民主政治的契合点，再次使得儒家历代所推崇的“内圣”与“外王”能在现代社会里重新统一起来，返回到从儒学所重视生命之本挖掘出的“内圣”上来，以开出适应现代化需要、符合民主和科学价值观的新“外王”的路径。

---

① 景海峰：《新儒学与20世纪中国思想》，中州古籍出版社，2006。作者是深圳大学文学院院长、国学研究所所长、哲学系教授。

人们应该承认，以上这些努力都是有价值的。这些港台的新儒家虽然最终未能成功地开出“外王”，但也还不至于要转向到《春秋公羊传》里秘传的“政治儒学”轨道上去，强行用“中西之别”代替“古今之争”，非要复古到“王道政治”的理想，在中国建设一个尊崇中华文化的代表孔子为教主、以儒家经典作为国家意识形态的主导、以道德教化取代“依法治国”、政教合一的儒教国家[①]。人们只需注意到，这么多真诚的思想家在经过反复推敲之后还是在坚持传统的“经世致用”观念。

但新儒家由于其历史局限性和现实环境偏差所忽略的是，儒学所依赖的社会现实基础已经发生了根本性的变革。儒学如果想要真正意义上地老树发新枝，就必须回到滋养它生长的环境中，而不是只在学术概念上做各种令人眼花缭乱的组装和嫁接。因此，海外的新儒家虽然在那几十年里从时间维度接续上了儒学继续向前发展的脉络，但从根本上讲，它游离于中国主体社会发展变迁的主航道，不能真实反映具体生活在中华文化环境中广大人民群众的诉求，因而也是没有持久生命力的。他们自以为这应该是中国文化道德精神自身逻辑发展的结果，但这种理论上的推理在现实政治中越来越显得不合时宜，找不到突破口得以验证其能改变现代民主的政治逻辑，因而也就逐渐沦为清谈。

① 蒋庆：《政治儒学：当代儒学的转向特质与发展》，福建教育出版社，2014。

参考书目

《读书》杂志 《重构我们的世界图景》 生活·读书·新知三联书店 2007

《读书》杂志 《亚洲的病理》 生活·读书·新知三联书店 2007

《文化》杂志 《十六和十七世纪伊比利亚文学视野里的中国景观》 大象出版社 2003

《文史哲》编辑部 《“疑古”与“走出疑古”》 商务印书馆 2010

《物理》杂志 《岁月留痕：〈物理〉四十年集萃》 中国科学技术大学出版社 2012

《中华文史论丛》编辑部 《陈寅恪新论》 上海古籍出版社 2020

阿尔弗雷德·阿德勒 马晓娜译 《自卑与超越：你要清楚自己应该怎样过好这一生》 吉林出版集团 2015

阿兰·瑞安 林华译 《论政治：2500年政治思想史》 中信出版社 2016

阿摩斯·冯肯斯坦 毛竹译 《神学与科学的想象：从中世纪到17世纪》 生活·读书·新知三联书店 2019

埃德温·阿瑟·伯特 张卜天译 《近代物理科学的形而上学基础》 湖南科学技术出版社 2012

埃尔曼·塞维斯 龚辛、郭璐莎、陈力子译 《国家与文明的起源：文化演进的过程》 上海古籍出版社 2019

埃尔温·薛定谔 张卜天译 《生命是什么：活细胞的物理观》 商务印书馆 2014

埃里克·布莱恩约弗森 蒋永军译 《第二次机器革命：数字化技术将如何

改变我们的经济与社会》 中信出版社 2016
埃里希·弗罗姆 王大鹏译 《生命之爱》 国际文化出版公司 2007
埃里希·弗罗姆 王大庆等译 《健全的社会》 国际文化出版公司 2007
埃里希·弗罗姆 郭乙瑶、宋晓萍译 《被遗忘的语言》 国际文化出版公司 2007
埃里希·弗罗姆 刘林海译 《逃避自由》 国际文化出版公司 2002
埃里希·弗罗姆 李健鸣译 《爱的艺术》 上海译文出版社 2011
埃利奥特·阿伦森 邢占军译 《社会性动物》 华东师范大学出版社 2007
艾萨克·阿西莫夫 吴虹桥、苏聚汉、林自新译 《宇宙秘密：阿西莫夫谈科学》 上海科技教育出版社 2012
爱德华·戴克斯特霍伊斯 张卜天译 《世界图景的机械化》 商务印书馆 2018
爱德华·格兰特 张卜天译 《近代科学在中世纪的基础》 湖南科学技术出版社 2010
爱德华·威尔逊 梁锦鋆译 《知识大融通：21世纪的科学与人文》 中信出版社 2016
爱因斯坦 方在庆译 《我的世界观》 中信出版社 2018
爱因斯坦 杨润殷译 《狭义与广义相对论浅说》 北京大学出版社 2006
爱因斯坦 张卜天译 《狭义与广义相对论浅说》 商务印书馆 2013
安德鲁·罗斯·索尔金 陈剑、巴曙松、陈剑译 《大而不倒》 中国人民大学出版社 2010
安东尼·瑞德 吴小安、孙来臣、李塔娜译 《东南亚的贸易时代：1450–1680》 商务印书馆 2013
安东尼·唐斯 姚洋、邢予青、赖平耀译 《民主的经济理论》 上海世纪出版集团 2010

安妮·雅各布森 李文婕、郭颖译 《五角大楼之脑：美国国防部高级研究计划局不为人知的历史》 中信出版社 2017

巴拉克·奥巴马 罗选民、王璟、尹音译 《无畏的希望：重申美国梦》 法律出版社 2008

芭芭拉·奥克利 教育无边界字幕组译 《学习之道》 机械工业出版社 2016

白先勇 《白崇禧将军身影集》 广西师范大学出版社 2012

白益民 《三井帝国在行动：揭开日本财团的中国布局》 中国经济出版社 2008

白玉冬 《胡风西来：西域史语译文集》 上海古籍出版社 2021

白云先生 《世界是红的：看懂中国经济格局的一本书》 贵州大学出版社 2017

包伟民 《走向自觉：中国近古历史研究论集》 中华书局 2019

包伟民 《传统国家与社会：960—1279 年》 商务印书馆 2009

保罗·戴维斯 徐培译 《上帝与新物理学》 湖南科学技术出版社 2012

鲍善淳 《怎样阅读古文》 上海古籍出版社 1982

贝恩德·海因里希 朱方、刘舒译 《夏日的世界：恩赐的季节》 上海科技教育出版社 2016

贝恩德·海因里希 赵欣蓓、岑少宇译 《冬日的世界：动物的生存智慧》 上海科技教育出版社 2015

本杰明·艾尔曼 王红霞等译 《中国近代科学的文化史》 上海古籍出版社 2019

彼得·德鲁克 廖月娟译 《旁观者：管理大师德鲁克回忆录》 机械工业出版社 2005

彼得·德鲁克 许是祥译《卓有成效的管理者》 机械工业出版社 2005

彼得·德鲁克　朱雁斌译　《21世纪的管理挑战》　机械工业出版社　2009

彼得·弗兰科潘　邵旭东、孙芳译　《丝绸之路：一部全新的世界史》　浙江大学出版社　2016

彼得·哈里森　张卜天译　《科学与宗教的领地》　商务印书馆　2016

彼得·哈里森　张卜天译　《圣经、新教与自然科学的兴起》　商务印书馆　2019

彼得·圣吉　张成林译　《第五项修炼：学习型组织的艺术与实践》　中信出版社　2009

彼得·沃森　朱进东、陆月宏、胡发贵译　《20世纪思想史》　上海译文出版社　2006

彼得·沃森　孙艳萍译　《大分离：旧大陆与新大陆的历史与人性》　格致出版社　2015

彼德·斯洛特戴克　常晅译　《资本的内部：全球化的哲学理论》　社会科学文献出版社　2014

卞孝萱　吴汝煜　《刘禹锡》　上海古籍出版社　1980

滨下武志　朱荫贵、欧阳菲译　《近代中国的国际契机：朝贡贸易体系与近代亚洲经济圈》　中国社会科学出版社　1999

滨下武志　高淑娟、孙彬译　《中国近代经济史研究：清末海关财政与通商口岸市场圈》　江苏人民出版社　2022

伯纳德·科恩　张卜天译　《新物理学的诞生》　商务印书馆　2016

伯纳德·刘易斯　李中文译　《穆斯林发现欧洲：天下大国的视野转换》　生活·读书·新知三联书店　2013

卜正民　方骏、王秀丽、罗天佑译　《纵乐的困惑：明代的商业与文化》　广西师范大学出版社　2016

布赖恩·格林　李泳译　《宇宙的琴弦》　湖南科学技术出版社　2018

布赖恩·格林　刘茗引译 《宇宙的结构：空间、时间以及真实性的意义》 湖南科学技术出版社　2013
布兰登·伯查德　王岑卉译 《专业化生存：在你擅长的领域成为专家》 中国华侨出版社　2014
采铜 《精进：如何成为很厉害的人》 江苏凤凰文艺出版社　2016
蔡鸿生 《中外交流史事考述》 大象出版社　2007
蔡尚思 《王船山思想体系》 上海人民出版社　2019
蔡尚思 《中国文化的优良传统》 上海人民出版社　2012
蔡宗齐　陈婧译 《汉魏晋五言诗的演变：四种诗歌模式与自我呈现》 北京大学出版社　2015
曹道衡 《汉魏六朝辞赋》 上海古籍出版社　1989
查尔斯·阿德勒　雒城译 《巫师、外星人与星舰：科幻与奇幻中的物理数学》 清华大学出版社　2015
查尔斯·赖特·米尔斯　周晓虹译 《白领：美国的中产阶级》 南京大学出版社　2016
查尔斯·曼恩　胡亦南译 《1491：前哥伦布时代美洲启示录》 中信出版社　2016
查尔斯·塞费　隋竹梅译 《解码宇宙：新信息科学看天地万物》 上海科技教育出版社　2010
查尔斯·塞费　隋竹梅译 《阿尔法与奥米伽：寻找宇宙的始与终》 上海科技教育出版社　2010
柴德赓 《史籍举要》 北京出版社　2014
柴德赓 《清代学术史讲义》 商务印书馆　2013
常修泽 《常修泽学术自传》 广东经济出版社　2020
沈惠乐　钱伟康 《初唐四杰和陈子昂》 上海古籍出版社　1987

陈斌 《广义相对论》 北京大学出版社 2018

陈伯海 《严羽和沧浪诗话》 上海古籍出版社 1987

陈存仁 《银元时代生活史》 广西师范大学出版社 2007

陈锋 魏文享 倪玉平 《近三百年财税变革与财政治理》 科学出版社 2020

陈冠中 《我这一代香港人》 中信出版社 2013

陈怀宇 《在西方发现陈寅恪：中国近代人文学的东方学与西学背景》 北京师范大学出版社 2013

陈焕章 《孔门理财学》 商务印书馆 2015

陈焕章 《孔教经世法》 上海书店出版社 2016

陈晋 《毛泽东阅读史》 生活·读书·新知三联书店 2014

陈晋 《读毛泽东札记》 生活·读书·新知三联书店 2009

陈来 《诠释与重建：王船山的哲学精神》 北京大学出版社 2013

陈梦家 《中国文字学》 中华书局 2011

陈平 《代谢增长论：技术小波和文明兴衰》 北京大学出版社 2019

陈荣捷 《朱学论集》 重庆出版社 2021

陈荣捷 《朱子新探索》 重庆出版社 2022

陈荣捷 《近思录详注集评》 重庆出版社 2021

陈荣捷 《王阳明〈传习录〉详注集评》 重庆出版社 2022

陈尚君 《唐诗求是》 上海古籍出版社 2018

陈旭麓 《近代中国社会的新陈代谢》 生活·读书·新知三联书店 2017

陈寅恪 《隋唐制度渊源略论稿》 商务印书馆 2011

陈寅恪 《唐代政治史述论稿》 商务印书馆 2011

陈寅恪 《中西学术名篇精读：陈寅恪卷》 中西书局 2014

陈友琴 《白居易》 上海古籍出版社 1978

陈垣 《中国史学名著评论》 商务印书馆 2014
陈允吉 《佛教中国文学溯论稿》 上海古籍出版社 2020
陈长琦 《官品的起源》 商务印书馆 2016
陈振寰 《读词常识》 上海古籍出版社 1982
陈志武 《非理性亢奋》 中信出版社 2008
陈志武 《为什么中国人勤劳而不富有》 中信出版社 2008
成中英 《易学本体论》 商务印书馆 2020
承现峻 孙天齐译 《连接组：造就独一无二的你》 清华大学出版社 2016
程碧波 《国计学》 社会科学文献出版社 2015
程俊英 《诗经译注》 上海古籍出版社 2012
仇鹿鸣 《魏晋之际的政治权力与家族网络》 上海古籍出版社 2015
仇鹿鸣 《长安与河北之间：中晚唐的政治与文化》 北京师范大学出版社 2018
川本芳昭 刘可维译 《东亚古代的诸民族与国家》 社会科学文献出版社 2020
川胜义雄 徐谷梵、李济沧译 《六朝贵族制社会研究》 上海古籍出版社 2018
达里奥·马埃斯特里皮埃里 吴宝沛译 《猿猴的把戏：动物学家眼中的人类关系》 电子工业出版社 2014
大栗博司 逸宁译 《引力是什么：支配宇宙万物的神秘之力》 人民邮电出版社 2015
大前研一 刘锦秀、谢育容译 《思考的技术：思考力决定竞争力》 中信出版社 2010
大卫·哈克特·费舍尔 王剑鹰译 《阿尔比恩的种子：美国文化的源与流》 广西师范大学出版社 2018

大卫·哈维　周大昕译 《马克思与〈资本论〉》 中信出版社　2018

大卫·哈维　张寅译 《资本的限度》 中信出版社　2017

大卫·科兹　曹荣湘等译 《来自上层的革命：苏联体制的终结》 中国人民大学出版社　2008

大卫·克里斯蒂安　晏可佳、段炼、房芸芳、姚蓓琴译 《时间地图：大历史 130 亿年前至今》 中信出版社　2017

戴海斌 《覆水不收：科举停废百年再思》 上海古籍出版社　2020

戴锦华　王炎 《返归未来：银幕上的历史与社会》 生活·读书·新知三联书店　2019

戴维·巴斯　熊哲宏译 《进化心理学：心理的新科学》 华东师范大学出版社　2007

戴维·玻姆　洪定国、张桂权、查有梁译 《整体性与隐藏序：卷展中的宇宙与意识》 上海科技教育出版社　2013

戴维·林德伯格　张卜天译 《西方科学的起源：公元1450年之前宗教、哲学、体制背景下的欧洲科学传统》 湖南科学技术出版社　2013

戴维·瓦格纳　张卜天译 《中世纪的自由七艺》 湖南科学技术出版社　2016

丹尼尔·罗杰斯　吴万伟译 《大西洋的跨越：进步时代的社会政治》 译林出版社　2011

丹尼尔·伯勒斯　约翰·戴维·曼　金丽鑫译 《理解未来的 7 个原则：如何看到不可见，做到不可能》 江西人民出版社　2016

丹尼尔·博尔　林旭文译 《贪婪的大脑：为何人类会无止境地寻求意义》 机械工业出版社　2013

丹尼尔·丹内特　辉格译 《自由的进化》 山西人民出版社　2014

丹尼尔·丹内特　冯文婧、傅金岳、徐韬译 《直觉泵和其他思考工具》 浙

江教育出版社　2018
丹尼尔·汉南　徐爽译 《自由的基因：我们现代世界的由来》 广西师范大学出版社　2015
单纯 《立命·究底·理政三道综论集》 新星出版社　2013
单育辰 《甲骨文所见动物研究》 上海古籍出版社　2020
当代中国研究所 《中华人民共和国简史（1949—2019）》 当代中国出版社　2019
岛田虔次　邓红译 《中国思想史研究》 上海古籍出版社　2009
道格拉斯·诺斯　厉以平、蔡磊译 《西方世界的兴起》 华夏出版社　2009
邓广铭 《辛弃疾传：辛稼轩年谱》 生活·读书·新知三联书店　2007
邓广铭 《邓广铭治史丛稿》 北京大学出版社　2010
邓小南 《祖宗之法：北宋前期政治述略》 生活·读书·新知三联书店　2014
邓晓芒 《德国古典哲学讲演录》 湖南文艺出版社　2017
邓晓芒 《邓晓芒讲演录：哲学与生命》 长春出版社　2012
邓晓芒 《哲学起步》 商务印书馆　2017
邓野 《民国的政治逻辑》 社会科学文献出版社　2010
邓野 《联合政府与一党训政》 社会科学文献出版社　2011
蒂莫西·贝斯利　李明译 《守规的代理人：良政的政治经济学》 上海人民出版社　2009
杜希德　丁俊译 《唐代财政》 中西书局　2016
渡边信一郎　徐冲译 《中国古代的王权与天下秩序：从日中比较史的视角出发》 中华书局　2008
多米尼克·利芬　吴畋、王宸译 《俄国与拿破仑的决战：鏖战欧罗巴，1807—1814》 社会科学文献出版社　2014

范泓 《雷震传：民主在风雨中前行》 广西师范大学出版社 2013
范景中 恩斯特·贡布里希 范景中、杨成凯译 《〈艺术的故事〉笺注》 广西美术出版社 2011
费尔南·布罗代尔 唐家龙、曾培歌、吴模信译 《地中海和菲利普二世时期的地中海世界》 商务印书馆 2017
费雷德里克·梯加特 丘进译 《罗马与中国：历史事件的关系研究》 大象出版社 2009
费孝通 《乡土中国》 上海人民出版社 2006
费孝通 《江村经济》 上海人民出版社 2006
费勇 《传习录》 三秦出版社 2018
冯达文 《寻找心灵的故乡：儒道佛三家学术旨趣论释》 中华书局 2015
冯浩菲 《〈论语〉辨疑研究》 上海古籍出版社 2019
冯仑 《野蛮生长》 中信出版社 2007
冯仑 《理想丰满》 文化艺术出版社 2011
冯时 《中国古文字学概论》 中国社会科学出版社 2016
冯天瑜 《晚清经世实学》 上海社会科学院出版社 2002
冯亚君 《书法侧锋用笔研究》 湖南美术出版社 2015
冯至 《杜甫传》 人民文学出版社 2014
弗朗索瓦·于连 闫素伟译 《圣人无意：或哲学的他者》 商务印书馆 2019
弗朗西斯·福山 毛俊杰译 《政治秩序的起源：从史前人类时代到法国大革命》 广西师范大学出版社 2014
弗朗西斯·福山 陈高华译《历史的终结与最后的人》 广西师范大学出版社 2014
弗朗西斯·福山 毛俊杰译 《政治秩序与政治衰败：从工业革命到民主全

球化》 广西师范大学出版社 2015

弗朗西斯科·圭恰尔迪尼 王忆停译 《政治与经世备忘录》 浙江大学出版社 2021

弗洛里斯·科恩 张卜天译 《世界的重新创造：近代科学是如何产生的》 湖南科学技术出版社 2012

弗洛里斯·科恩 张卜天译 《科学革命的编年史学研究》 湖南科学技术出版社 2012

福冈伸一 曹逸冰译 《生物与非生物之间》 南海出版公司 2017

福井谦一 那日苏译 《学问的创造》 河北科学技术出版社 2000

傅佛果 陶德民、何英莺译 《内藤湖南：政治学与汉学（1866—1934）》 江苏人民出版社 2016

傅刚 《魏晋南北朝诗歌史论》 商务印书馆 2017

傅军 《国富之道》 北京大学出版社 2009

傅佩荣 《儒道天论发微》 中华书局 2010

傅渥成 《宇宙从何而来》 湖南科学技术出版社 2018

干春松 《制度化儒家及其解体》 中国人民大学出版社 2012

冈本隆司 吉泽诚一郎 袁广泉、袁广伟译 《近代中国研究入门》 当代世界出版社 2022

冈村秀典 陈馨、秦小丽译 《中国文明：农业与礼制的考古学》 上海古籍出版社 2020

冈田英弘 陈心慧译 《世界史的诞生：蒙古帝国的文明意义》 北京出版社 2016

高本汉 赵元任等译 《中国音韵学研究》 商务印书馆 1940

高福 《Science 125 个前沿问题解读》 科学出版社 2019

高华 《革命年代》 广东人民出版社 2010

高全喜 《理心之间：朱熹和陆九渊的理学》 生活·读书·新知三联书店 2008

高善文 《经济运行的逻辑》 中国人民大学出版社 2013

高翔 《在历史的深处》 中国社会科学出版社 2012

格尔哈特·伦斯基 关信平、陈宗显、谢晋宇译 《权力与特权：社会分层的理论》 社会科学文献出版社 2018

葛晓音 《唐宋散文》 上海古籍出版社 1990

宫崎市定 张学锋、马云超译《宫崎市定亚洲史论考》 上海古籍出版社 2017

宫崎市定 韩昇、刘建英译 《九品官人法研究：科举前史》 中华书局 2008

宫晓卫 《王士禛》 上海古籍出版社 1993

龚育之 逄先知 石仲泉 《毛泽东的读书生活》 生活·读书·新知三联书店 2009

拱玉书 刘文鹏 刘欣如 李政 王以欣 《世界文明起源研究：历史与现状》 昆仑出版社 2015

贡布里希 范景中、杨成凯译 《艺术的故事》 广西美术出版社 2008

沟口雄三 乔志航、龚颖译 《中国的历史脉动》 生活·读书·新知三联书店 2013

沟口雄三 小岛毅 孙歌译 《中国的思维世界》 江苏人民出版社 2006

谷川道雄 李济沧译 《隋唐帝国形成史论》 上海古籍出版社 2011

谷川道雄 马彪译 《中国中世社会与共同体》 上海古籍出版社 2013

顾凡及 《三磅宇宙与神奇心智》 上海科技教育出版社 2017

顾凡及 《脑海探险：人类怎样认识自己》 上海世纪出版集团 2014

顾颉刚 《古史辨自序》 商务印书馆 2011

顾立雅　高专诚译《孔子与中国之道》大象出版社　2004
顾随《顾随诗词讲记》中国人民大学出版社　2010
顾学颉《元明杂剧》上海古籍出版社　1979
顾易生《柳宗元》上海古籍出版社　1979
关洪《量子力学的基本概念》高等教育出版社　1999
郭成康《清代政治论稿》生活·读书·新知三联书店　2021
郭鹏　尹变英《中国古代的诗社与诗学》商务印书馆　2015
郭廷以《近代中国的变局》九州出版社　2012
郭维森《屈原》上海古籍出版社　1979
郭正忠《欧阳修》上海古籍出版社　1982
国家制造强国建设战略咨询委员会《中国制造 2025 蓝皮书》电子工业出版社　2018
哈·麦金德　林尔蔚、陈江译《历史的地理枢纽》商务印书馆　2010
哈罗德·埃文斯　倪波、蒲定东、高华斌、玉书译《他们创造了美国：从蒸汽机到搜索引擎：美国两个世纪历史上最著名的 53 位革新者》中信出版社　2013
哈诺赫·古特弗罗因德　于尔根·雷恩　李新洲、翟向华译《相对论之路》湖南科学技术出版社　2019
哈斯巴根《清初满蒙关系演变研究》北京大学出版社　2016
韩毓海《五百年来谁著史》中信出版社　2009
阚治东《荣辱二十年：我的股市人生》中信出版社　2010
汉娜·阿伦特　王寅丽、张立立译《过去与未来之间》译林出版社　2011
汉娜·霍姆斯　朱方译《盛装猿：人类的自然史》上海科技教育出版社　2010
何炳棣　徐泓译《明清社会史论》联经出版公司　2013

何炳棣 《何炳棣思想制度史论》 中华书局 2017
何炳棣 《读史阅世六十年》 广西师范大学出版社 2009
何帆 《〈21世纪资本论〉导读本》 中信出版社 2015
何俊 《西学与晚明思想的裂变》 上海人民出版社 2013
何俊 《从经学到理学》 上海人民出版社 2021
何俊 《南宋儒学建构》 上海人民出版社 2013
何中华 《马克思与孔夫子：一个历史的相遇》 中国人民大学出版社 2021
何忠礼 《宋高宗新论》 上海古籍出版社 2021
何兹全 《中国古代社会及其向中世社会的过渡》 商务印书馆 2013
赫伯特·芬格莱特 彭国翔、张华译 《孔子：即凡而圣》 江苏人民出版社 2002
洪业 《杜甫：中国最伟大的诗人》 上海古籍出版社 2014
侯吉谅 《如何看懂书法》 北京联合出版社 2014
侯吉谅 《如何写楷书：破解〈九成宫〉》 山东人民出版社 2016
侯世达 桑德尔 刘健、胡海、陈祺译 《表象与本质：类比，思考之源和思维之火》 浙江人民出版社 2018
侯外庐 《中国思想通史第五卷：中国早期启蒙思想史》 人民出版社 1956
胡鞍钢 《中国政治经济史论（1949—1976）》 清华大学出版社 2007
胡宝国 《汉唐间史学的发展》 北京大学出版社 2014
胡宝国 《将无同：中古史研究论文集》 中华书局 2020
胡鸿 《能夏则大与渐慕华风：政治体视角下的华夏与华夏化》 北京师范大学出版社 2017
胡军 《中国儒学史（现代卷）》 北京大学出版社 2011
胡文宁 《伪齐政权研究》 上海古籍出版社 2021
胡雪冈 《孔尚任和桃花扇》 上海古籍出版社 1985

华尔特·惠特曼·罗斯托　陈春良、茹玉骢、王长刚、郑恒译 《经济增长理论史：从大卫·休谟至今》 浙江大学出版社　2016

华觉明　冯立昇 《中国三十大发明》 大象出版社　2018

华喆 《礼是郑学：汉唐间经典诠释变迁史稿》 生活·读书·新知三联书店　2018

黄达 《黄达学术自传》 广东经济出版社　2020

黄道炫　陈铁健 《蒋介石，一个力行者的思想资源》 山西人民出版社　2012

黄怀信 《〈论语〉与孔子之道再认识》 上海古籍出版社　2021

黄进德 《唐五代词》 上海古籍出版社　1987

黄奇帆 《结构性改革：中国经济的问题与对策》 中信出版社　2020

黄仁宇 《黄河青山：黄仁宇回忆录》 生活·读书·新知三联书店　2001

黄仁宇 《万历十五年》 中华书局　1982

黄仁宇 《中国大历史》 生活·读书·新知三联书店　2007

黄仁宇 《赫逊河畔谈中国历史》 生活·读书·新知三联书店　1997

黄仁宇 《资本主义与二十一世纪》 生活·读书·新知三联书店　2006

黄仁宇　阿风、许文继、倪玉平、徐卫东译 《十六世纪明代中国之财政与税收》 生活·读书·新知三联书店　2001

黄仁宇 《放宽历史的视界》 生活·读书·新知三联书店　2007

黄仁宇 《大历史不会萎缩》 广西师范大学出版社　2011

黄仁宇 《地北天南叙古今》 生活·读书·新知三联书店　2001

黄绍筠 《论语重构本》 浙江工商大学出版社　2016

黄永义 《量子力学基本概念的发展》 中国科学技术大学出版社　2018

黄宇和 《孙文革命：〈圣经〉和〈易经〉》 广东人民出版社　2016

黄宇和 《三十岁前的孙中山：翠亨、檀岛、香港（1866—1895）》 生活·读书·新知三联书店 2012
霍华德·津恩 蒲国良、许光春、张爱平、高增霞译 《美国人民史》 上海人民出版社 2013
霍华德·马克斯 孙伊译 《投资最重要的事》 中信出版社 2012
基普·S. 索恩 李泳译 《黑洞与时间弯曲：爱因斯坦的幽灵》 湖南科学技术出版社 1999
基普·S. 索恩 荀利军、王岚、李然译 《星际穿越》 浙江人民出版社 2015
基辛格 顾淑馨、林添贵译 《大外交》 海南出版社 1997
基辛格 胡利平、林华、杨韵琴、朱敬文译 《论中国》 中信出版社 2012
吉川幸次郎 章培恒、骆玉明等译 《中国诗史》 复旦大学出版社 2012
吉拉德·米耶 都德莱·西尔斯 刘鹤、梁钧平、杨焕昌、陈研译 《经济发展理论的十位大师》 中国经济出版社 2013
吉姆·艾尔·哈利利 约翰乔·麦克法登 侯新智、祝锦杰译 《神秘的量子生命》 浙江人民出版社 2016
吉姆·巴戈特 邢志忠译 《希格斯："上帝粒子"的发明与发现》 上海科技教育出版社 2013
吉姆·哈利利 李果译 《寻路者：阿拉伯科学的黄金时代》 中国画报出版社 2020
冀朝鼎 朱诗鳌译 《中国历史上的基本经济区与水利事业的发展》 中国社会科学出版社 1981
加来道雄 刘玉玺、曹志良译 《超越时空：通过平行宇宙时间卷曲和第十维度的科学之旅》 上海科技教育出版社 2009
加里·哈默尔 陈劲译 《管理的未来》 中信出版社 2012

贾根良 《国内大循环：经济发展新战略与政策选择》 中国人民大学出版社 2020

江南 《蒋经国传》 中国友谊出版社 1987

江小涓 《江小涓学术自传》 广东经济出版社 2020

江晓原 钮卫星 《欧洲天文学东渐发微》 上海书店出版社 2009

姜士彬 范兆飞、秦伊译 《中古中国的寡头政治》 中西书局 2016

姜义华 《中华文明的经脉》 商务印书馆 2019

蒋凡 《智能增长》 人民邮电出版社 2017

蒋凡 《叶燮和原诗》 上海古籍出版社 1985

蒋和 《习字秘诀》 上海人民美术出版社 2018

蒋庆 《公羊学引论：儒家的政治智慧与历史信仰》 福建教育出版社 2014

蒋庆 《政治儒学：当代儒学的转向特质与发展》 福建教育出版社 2014

蒋绍愚 《唐诗语言研究》 语文出版社 2008

蒋廷黻 《中国近代史》 上海世纪出版集团 2006

蒋勋 《汉字书法之美》 广西师范大学出版社 2009

蒋祖怡 《王充的文学理论》 上海古籍出版社 1980

杰夫·霍金斯 贺俊杰、李若子、杨倩译 《人工智能的未来》 陕西科学技术出版社 2006

杰弗里·图宾 何帆译 《九人：美国最高法院风云》 上海三联书店 2010

杰弗里·瓦夫罗 黄中宪译 《哈布斯堡的灭亡：第一次世界大战的爆发和奥匈帝国的解体》 社会科学文献出版社 2016

杰弗瑞·菲佛 杨洋译 《权力：为什么只为某些人所拥有》 中国人民大学出版社 2012

杰克·戈德斯通 章延杰、黄立志、章璇译 《早期现代世界的革命与反抗》 上海人民出版社 2013

解玺璋 《梁启超传》 上海文化出版社 2012

金冲及 《决战：毛泽东、蒋介石是如何应对三大战役的》 生活·读书·新知三联书店 2012

金观涛 《兴盛与危机：论中国社会超稳定结构》 法律出版社 2011

金观涛 《历史的巨镜》 法律出版社 2015

金观涛 《系统的哲学》 鹭江出版社 2019

金观涛 华国凡 《控制论与科学方法论》 新星出版社 2005

金观涛 刘青峰 《中国现代思想的起源：超稳定结构与中国政治文化的演变》 法律出版社 2011

金观涛 刘青峰 《开放中的变迁：再论中国社会超稳定结构》 法律出版社 2011

金观涛 刘青峰 《观念史研究：中国现代重要政治术语的形成》 法律出版社 2009

金克木 《怎样读汉译佛典》 生活·读书·新知三联书店 2017

金圣叹 《金圣叹选批杜诗》 北京联合出版社 2016

金雁 《倒转红轮：俄国知识分子的心路回溯》 北京大学出版社 2012

金一南 《苦难辉煌》 华艺出版社 2009

金一南 《心胜：心胜则兴 心败则衰》 长江文艺出版社 2013

金以林 《国民党高层的派系政治：蒋介石“最高领袖”的地位是如何确立的》 社会科学文献出版社 2009

经本植 《中国古典诗歌写作》 中华书局 2014

景海峰 《新儒学与二十世纪中国思想》 中州古籍出版社 2006

卡尔·波兰尼 黄树民译 《巨变：当代政治与经济的起源》 社会科学文献出版社 2013

卡尔·纽波特 宋伟译 《深度工作：如何有效使用每一点脑力》 江西人民

出版社 2017
卡尔·齐默 唐嘉慧译 《演化：跨越40亿年的生命记录》 上海人民出版社 2011
卡尔·施米特 林国基译 《陆地与海洋：世界史的考察》 上海三联书店 2018
卡伦·明斯特 伊万·阿雷奎恩－托夫特 潘忠岐译 《国际关系精要》 上海人民出版社 2018
卡罗尔·德韦克 楚祎楠译 《终身成长：重新定义成功的思维模式》 江西人民出版社 2017
卡洛·罗韦利 文铮、陶慧慧译 《七堂极简物理课》 湖南科学技术出版社 2016
卡斯滕·哈里斯 张卜天译 《无限与视角》 湖南科学技术出版社 2014
凯伦·阿姆斯特朗 蔡昌雄译 《神的历史》 海南出版社 2007
凯文·凯利 东西文库译 《失控：全人类的最终命运和结局》 新星出版社 2010
凯文·凯利 熊祥译 《科技想要什么》 中信出版社 2011
柯文 林同奇译 《在中国发现历史：中国中心观在美国的兴起》 社会科学文献出版社 2017
柯文 刘楠楠译 《走过两遍的路：我研究中国历史的旅程》 社会科学文献出版社 2022
克拉伦斯·格拉肯 梅小侃译 《罗得岛海岸的痕迹：从古代到十八世纪末西方思想中的自然与文化》 商务印书馆 2017
克劳斯·迈因策尔 曾国屏、苏俊斌译 《复杂性思维：物质、精神和人类的计算动力学》 上海辞书出版社 2014
克里斯托夫·科赫 顾凡及、侯晓迪译 《意识探秘：意识的神经生物学研

究》 上海科学技术出版社 2012

克里斯托弗·万杰克 李平译 《太空居民：人类将如何在无垠宇宙中定居》 社会科学文献出版社 2021

肯·理查森 武越译 《基因、大脑和人类潜能》 中信出版社 2018

肯尼思·博尔丁 张岩译 《权力的三张面孔》 经济科学出版社 2012

肯尼斯·胡佛 启蒙编译所译 《改变世界的三个经济学家：凯恩斯、拉斯基、哈耶克》 上海社会科学院出版社 2013

孔飞力 李明欢译 《他者中的华人：中国近现代移民史》 江苏人民出版社 2016

邝士元 《中国经世史》 上海三联书店 2013

拉马钱德兰 布莱克斯利 顾凡及译 《脑中魅影》 湖南科学技术出版社 2018

拉塞尔·柯克 张大军译 《美国秩序的根基》 江苏凤凰文艺出版社 2018

拉塞尔·柯克 张大军译 《保守主义思想：从伯克到艾略特》 江苏凤凰文艺出版社 2019

赖欣巴哈 侯德彭译 《量子力学的哲学基础》 商务印书馆 2015

兰小欢 《置身事内：中国政府与经济发展》 上海人民出版社 2021

蓝凡 《高则诚和琵琶记》 上海古籍出版社 1989

劳伦斯·彼得 雷蒙德·赫尔 闾佳、司茹译 《彼得原理》 机械工业出版社 2013

雷·贾亚瓦哈纳 李学潜、沈彭年、丁亦兵译 《中微子猎手：如何追寻鬼魅粒子》 上海科技教育出版社 2015

李·斯莫林 钟益鸣译 《时间重生：从物理学危机到宇宙的未来》 浙江人民出版社 2017

李宝均 《曹氏父子和建安文学》 上海古籍出版社 1978
李碧妍 《危机与重构：唐帝国及其地方诸侯》 北京师范大学出版社 2015
李伯重 《火枪与账簿：早期经济全球化时代的中国与东亚世界》 生活·读书·新知三联书店 2017
李超 《南宋宁宗朝前期政治研究》 上海古籍出版社 2019
李峰 徐峰译 《西周的灭亡：中国早期国家的地理和政治危机》 上海古籍出版社 2016
李怀印 《现代中国的形成（1600—1949）》 广西师范大学出版社 2022
李开元 《复活的历史：秦帝国的崩溃》 中华书局 2007
李亮 《大统历法研究》 中国科学技术大学出版社 2020
李亮 《古历兴衰：授时历与大统历》 中州古籍出版社 2016
李零 《我们的中国：茫茫禹迹、周行天下、大地文章、思想地图》 生活·读书·新知三联书店 2016
李零 《简帛古书与学术源流》 生活·读书·新知三联书店 2020
李录 《文明、现代化、价值投资与中国》 中信出版社 2020
李凭 《北魏平城时代》 上海古籍出版社 2014
李清晨 《心外传奇》 清华大学出版社 2012
李申 《中国科学史》 广西师范大学出版社 2018
李硕 《南北战争三百年：中国4—6世纪的军事与政权》 上海人民出版社 2018
李炜光 《李炜光说财税》 河北大学出版社 2010
李晓鹏 《这个国家会好吗：中国崛起的经济学分析》 中国发展出版社 2012
李晓鹏 《从黄河文明到“一带一路”1：中华帝国的治乱得失》 中国发展出版社 2015

李晓鹏 《从黄河文明到“一带一路”2：王朝覆灭的历史宿命》 中国发展出版社 2016

李晓鹏 《从黄河文明到“一带一路”3：东西文明的千年剧变》 中国发展出版社 2019

李亚明 《考工记名物图解》 中国广播影视出版社 2019

李彦宏 《智能革命：迎接人工智能时代的社会、经济与文化变革》 中信出版社 2017

李幼蒸 《〈论语〉解释学与新仁学：仁学与现代人文科学的关系论》 中国人民大学出版社 2018

李允鉌 《华夏意匠：中国古典建筑设计原理分析》 天津大学出版社 2005

李圳 《羯族与后赵史研究》 人民出版社 2021

李宗仁 《李宗仁回忆录》 广西师范大学出版社 2005

理查德·德威特 李跃乾、张新译 《世界观：科学史与科学哲学导论》 电子工业出版社 2014

理查德·费曼 关洪译 《物理定律的本性》 湖南科学技术出版社 2012

理查德·费曼 吴程远译 《别闹了，费曼先生：科学顽童的故事》 生活·读书·新知三联书店 2005

理查德·费曼 王文浩译 《费曼讲演录：一个平民科学家的思想》 湖南科学技术出版社 2012

理查德·费曼 周国荣译 《费曼讲物理：相对论》 湖南科学技术出版社 2012

理查德·费曼 张钟静译 《QED：光和物质的奇妙理论》 湖南科学技术出版社 2012

理查德·福提 高环宇译 《生命简史：地球生命40亿年的演化传奇》 中信出版社 2018

莉萨·马丁　刘宏松译 《民主国家的承诺：立法部门与国际合作》 上海人民出版社　2010
练性乾 《南怀瑾谈历史与人生》 复旦大学出版社　1995
梁漱溟 《中国文化要义》 上海人民出版社　2011
梁治平 《为政：古代中国的致治理念》 生活·读书·新知三联书店　2020
廖彬宇 《平心平天下：传统文化中的内圣外王之道和经世致用之学》 北京时代华文书局　2017
廖彬宇 《大成之道：中国精神的气质、气度、气势与气象》 北京时代华文书局　2018
廖名春 《〈周易〉经传十五讲》 北京大学出版社　2012
廖名春 《孔子真精神：〈论语〉疑难问题解读》 孔学堂书局　2014
廖仲安 《陶渊明》 上海古籍出版社　1979
林肯·佩恩　陈建军、罗燚英译 《海洋与文明》 天津人民出版社　2017
林满红　詹华庆、林满红译 《银线：19世纪的世界与中国》 江苏人民出版社　2011
林梅村 《观沧海：大航海时代诸文明的冲突与交流》 上海古籍出版社　2018
林沄 《古文字学简论》 中华书局　2012
刘宝俊 《战国楚简特形“心”符字群研究》 中华书局　2020
刘灿 《先秦寓言》 上海古籍出版社　1988
刘禾　杨立华译 《帝国的话语政治》 生活·读书·新知三联书店　2009
刘禾 《世界秩序与文明等级：全球史研究的新路径》 生活·读书·新知三联书店　2016
刘鹤 《两次全球大危机的比较研究》 中国经济出版社　2013
刘家和 《史学经学与思想：在世界史背景下对于中国古代历史文化的思

考》 北京师范大学出版社 2005
刘家和 《古代中国与世界》 商务印书馆 2020
刘节 《中国史学史稿》 商务印书馆 2016
刘开杨 《杜甫》 上海古籍出版社 1978
刘莉 陈星灿 《中国考古学：旧石器时代晚期到早期青铜时代》 生活·读书·新知三联书店 2017
刘梦溪 《学术与传统》 北京时代华文书局 2017
刘浦江 《正统与华夷：中国传统政治文化研究》 中华书局 2017
刘浦江 《宋辽金史论集》 中华书局 2017
刘擎 《刘擎西方现代思想讲义》 新星出版社 2021
刘叔新 《古典诗词的体式韵律极其运用》 商务印书馆 2017
刘涛 《极简中国书法史》 人民美术出版社 2014
刘统 《早年毛泽东：传记、史料与回忆》 生活·读书·新知三联书店 2011
刘文忠 《鲍照和庾信》 上海古籍出版社 1986
刘新成 《全球史评论（第十一辑）：欧亚大陆的联系与交流》 中国社会科学出版社 2016
刘绪贻 《箫声剑影：刘绪贻口述自传》 广西师范大学出版社 2010
刘学锴 余恕诚 《李商隐》 中华书局 1980
刘叶秋 《魏晋南北朝小说》 上海古籍出版社 1978
刘叶秋 《类书简说》 上海古籍出版社 1980
刘易斯·芒福德 宋俊岭译 《刘易斯·芒福德著作精粹》 中国建筑工业出版社 2010
刘易斯·芒福德 陈允明、王克仁、李华山译 《技术与文明》 中国建筑工业出版社 2009

刘毓庆 《从经学到文学：明代“诗经”学史论》 商务印书馆 2003
刘毓庆 《汉字浅说》 商务印书馆 2017
刘峥 《中国地缘政治的战略选项》 人民出版社 2017
刘致中 侯敬昶 《读曲常识》 上海古籍出版社 1985
刘仲敬 《从华夏到中国》 广西师范大学出版社 2014
流沙河 《解字一百》 新星出版社 2015
柳红 《80年代：中国经济学人的光荣与梦想》 四川人民出版社 2010
卢兴基 《顾炎武》 上海古籍出版社 1985
鲁西奇 《中国历史的空间结构》 广西师范大学出版社 2014
陆键东 《陈寅恪的最后20年》 生活·读书·新知三联书店 2013
陆侃如 牟世金 《刘勰和文心雕龙》 上海古籍出版社 1978
陆在春 《唯物史观视域下社会权力思想研究》 安徽师范大学出版社 2021
陆宗达 王宁 《训诂方法论》 中华书局 2018
陆宗达 王宁 《古汉语词义答问》 中华书局 2018
路新生 《中国近三百年疑古思潮史纲》 复旦大学出版社 2014
吕澂 《印度佛学源流略讲》 上海人民出版社 2005
吕澂 《中国佛学源流略讲》 中华书局 1979
吕思勉 《文学与文选四种》 上海古籍出版社 2016
吕思勉 《史学与史籍七种》 译林出版社 2016
吕思勉 《吕思勉读史札记》 上海古籍出版社 2020
吕思勉 《经子解题》 吉林出版集团 2016
罗伯特·J. 阿特 罗伯特·杰维斯 陈积敏、聂文娟、张键译 《政治的细节》 世界图书出版公司 2014
罗伯特·艾克斯罗德 吴坚忠译 《合作的进化》 上海人民出版社 2007
罗伯特·艾伦 毛立坤译 《近代英国工业革命揭秘》 浙江大学出版

社　2012

罗伯特・基欧汉　苏长和、信强、何曜译《霸权之后：世界政治经济中的合作与纷争》上海人民出版社　2006

罗伯特・杰维斯　秦亚青译《国际政治中的知觉与错误知觉》上海人民出版社　2015

罗伯特·麦基　周铁东译《故事：材质、结构、风格和银幕剧作的原理》天津人民出版社　2014

罗伯特・帕特南　田雷、宋昕译《我们的孩子：危机中的美国梦》中国政法大学出版社　2017

罗伯特・普尔　安德斯・艾列克斯　王正林译《刻意练习：如何从新手到大师》机械工业出版社　2016

罗伯特・普洛明　温暖、王小慧、杨彦平、刘晓陵译《行为遗传学》华东师范大学出版社　2008

罗伯特・所罗门　张卜天译《大问题：简明哲学导论》清华大学出版社　2011

罗伯特·所罗门　凯瑟琳·　希金斯　克兰西·马丁　陈高华译《哲学导论：综合原典教程》天津人民出版社　2019

罗伯特・韦斯特曼　霍文利、蔡玉斌译《哥白尼问题：占星预言、怀疑主义与天体秩序》广西师范大学出版社　2020

罗杰・费希尔　艾伦・夏普　刘青山译《横向领导力：不是主管，如何带人成事？》北京联合出版社　2015

罗杰·戈斯登　刘学礼、陈俊学、毕东海译《欺骗时间：科学、性与衰老》上海科学技术出版社　2014

罗杰・克劳利　陆大鹏译《1453：君士坦丁堡之战》社会科学文献出版社　2014

罗杰·克劳利　陆大鹏、张骋译 《财富之城：威尼斯海洋霸权》 社会科学文献出版社　2015

罗杰·克劳利　陆大鹏译 《海洋帝国：地中海大决战》 社会科学文献出版社　2014

罗杰·克劳利　陆大鹏译 《征服者：葡萄牙帝国的崛起》 社会科学文献出版社　2016

马丁·贝尔纳　郝田虎、程英译 《黑色雅典娜：古典文明的亚非之根（第一卷）》 吉林出版集团　2011

马尔科姆·朗盖尔　向守平、郑久仁、朱栋培、袁业飞译 《物理学中的理论概念》 中国科学技术大学出版社　2017

马骊　莫旭强译 《朱元璋的政权及统治哲学：专制与合法性》 吉林出版集团　2018

马里奥·邦格　颜锋、刘文霞、宋琳译 《物理学哲学》 河北科学技术出版社　2003

马美信 《凌濛初和二拍》 上海古籍出版社　1994

马士　张汇文译 《中华帝国对外关系史》 上海世纪出版集团　2006

马修·德斯蒙德　胡䜣谆、郑焕升译 《扫地出门：美国城市的贫穷与暴利》 广西师范大学出版社　2018

玛格丽特·奥斯勒　张卜天译 《重构世界：从中世纪到近代早期欧洲的自然、上帝和人类认识》 湖南科学技术出版社　2012

玛格丽特·麦克米兰　荣慧、刘彦汝译 《大国的博弈：改变世界的一百八十天》 重庆出版社　2006

玛西亚·芭楚莎　杨泓、孙红贵译 《黑洞简史：从史瓦西奇点到引力波，霍金痴迷、爱因斯坦拒绝、牛顿错过的伟大发现》 湖南科学技术出版社　2016

迈克尔·怀特　卢欣渝译 《战争的果实》 生活·读书·新知三联书店　2009
迈克尔·加扎尼加　彭雅伦译 《人类的荣耀：是什么让我们独一无二》 北京联合出版社　2016
迈克尔·刘易斯　钟莉婷译 《思维的发现：关于决策与判断的科学》 中信出版社　2018
梅然 《战争、帝国与国际政治变迁》 山西人民出版社　2017
梅运生 《钟嵘和诗品》 上海古籍出版社　1982
蒙文通 《儒学五论》 广西师范大学出版社　2007
孟琢 《〈齐物论释〉疏证》 上海人民出版社　2019
米尔顿·弗里德曼　安佳译 《货币的祸害：货币史片段》 商务印书馆　2006
米尔顿·弗里德曼　安娜·J. 施瓦茨　巴曙松、王劲松等译 《美国货币史（1867—1960）》 北京大学出版社　2009
米尔顿·弗里德曼　罗丝·弗里德曼　张琦译 《自由选择：个人声明》 机械工业出版社　2008
米歇尔·艾伦·吉莱斯皮　张卜天译 《现代性的神学起源》 湖南科学技术出版社　2019
敏泽 《李贽》 上海古籍出版社　1984
摩西·芬利　黄洋译 《古代经济》 商务印书馆　2021
莫里斯·克莱因　张祖贵译 《西方文化中的数学》 商务印书馆　2013
缪咏禾 《冯梦龙和三言》 上海古籍出版社　1979
缪钺 《读史存稿》 北京大学出版社　2017
纳西姆·尼古拉斯·塔勒布　雨珂译 《反脆弱：从不确定性中获益》 中信出版社　2014

南怀瑾 《论语别裁》 复旦大学出版社　2003

南怀仁　余三乐译 《南怀仁的〈欧洲天文学〉》 大象出版社　2016

内莎·凯里　贾乙、王亚菲译 《遗传的革命：表观遗传学将改变我们对生命的理解》 重庆出版社　2015

内藤湖南　马彪译 《中国史学史》 上海古籍出版社　2017

内藤湖南　李振声译 《禹域鸿爪》 浙江文艺出版社　2018

尼克 《人工智能简史》 人民邮电出版社　2017

尼克·波斯特洛姆　张体伟、张玉青译 《超级智能：路线图、危险性与应对策略》 中信出版社　2015

倪德卫　邵东方、解芳译 《〈竹书纪年〉解谜》 上海古籍出版社　2018

欧文·金格里奇　王今、徐国强译 《无人读过的书：哥白尼〈天体运行论〉追寻记》 生活·读书·新知三联书店　2017

帕拉格·康纳　崔传刚、周大昕译 《超级版图：全球供应链、超级城市与新商业文明的崛起》 中信出版社　2016

裴士锋　黄中宪译 《天国之秋》 社会科学文献出版社　2014

彭慕兰　史建云译 《大分流： 欧洲、中国及现代世界经济的发展》 江苏人民出版社　2004

彭慕兰　黄中宪、吴莉苇译 《贸易打造的世界：1400年至今的社会、文化与世界经济》 上海人民出版社　2018

彭慕兰　马俊亚译 《腹地的构建：华北内地的国家、社会和经济（1853—1937）》 上海人民出版社　2017

彭文生 《渐行渐远的红利：寻找中国新平衡》 社会科学文献出版社　2013

彭文生 《渐行渐近的金融周期》 中信出版社　2017

皮埃尔·布尔迪厄　张祖建译 《世界的苦难》 中国人民大学出版社　2017

蒲立本　丁俊译 《安禄山叛乱的背景》 中西书局　2018

普赖斯　任元彪译《巴比伦以来的科学》河北科学技术出版社　2002
普鲁塔克　席代岳译《希腊罗马名人传》吉林出版集团　2011
普鸣　杨启予译《作与不作：早期中国对创新与技艺问题的论辩》生活·读书·新知三联书店　2020
普鸣　张常煊、李健芸译《成神：早期中国的宇宙论、祭祀与自我神化》生活·读书·新知三联书店　2020
齐治平《陆游》上海古籍出版社　1979
启功　秦永龙《书法常识》中华书局　2017
前田正名　李凭、孙耀、孙蕾译《平城历史地理学研究》上海古籍出版社　2012
钱冬父《唐宋古文运动》上海古籍出版社　1979
钱歌川《翻译的基本知识》世界图书出版公司　2013
钱歌川《翻译的技巧》世界图书出版公司　2011
钱基博《经学通志》吉林出版集团　2016
钱穆《中国史学名著》生活·读书·新知三联书店　2019
钱穆《两汉经学今古文平议》商务印书馆　2001
钱穆《庄子纂笺》九州出版社　2011
钱穆《论语文解》九州出版社　2019
钱锺书《谈艺录》生活·读书·新知三联书店　2007
钱锺书《宋诗选注》生活·读书·新知三联书店　2017
乔波岩《义疏学衰亡史论》生活·读书·新知三联书店　2017
乔吉奥·列略　刘媺译《棉的全球史》上海人民出版社　2018
乔瓦尼·维尼亚勒　曹则贤译《至美无相：创造、想象与理论物理》中国科学技术大学出版社　2013
乔治·莱考夫　李葆嘉、章婷、邱雪玫译《女人、火与危险事物：范畴显

示的心智》 世界图书出版公司　2017
乔治·丘奇　周东译 《再创世纪：合成生物学将如何重新创造自然和我们人类》 电子工业出版社　2017
乔治·萨顿　鲁旭东译 《希腊黄金时代的古代科学》 大象出版社　2012
秦元 《颜之推研究》 齐鲁书社　2012
裘锡圭 《文字学概要》 商务印书馆　2013
裘锡圭 《中西学术名篇精读：裘锡圭卷》 中西书局　2015
瞿同祖 《中国法律与中国社会》 中华书局　2010
全汉昇 《中国近代经济史论丛》 中华书局　2011
全汉昇 《中国经济史研究》 中华书局　2011
让-雅克·卢梭　吕卓译 《论人类不平等的起源》 中国社会科学出版社　2009
饶宗颐 《梵学集》 上海古籍出版社　1993
热拉尔·迪梅尼尔　多米尼克·莱维　陈杰译 《大分化：正在走向终结的新自由主义》 商务印书馆　2015
仁博德　徐德林译 《人文学的历史：被遗忘的科学》 北京大学出版社　2017
仁井田陞　牟发松译 《中国法制史》 上海古籍出版社　2011
任冲昊　王巍　周小路　白熊 《大目标：我们与这个世界的政治协商》 光明日报出版社　2012
任志强 《任他评说：任志强的微思考》 工商联出版社　2010
荣新江 《丝绸之路与东西文化交流》 北京大学出版社　2015
荣新江 《学术训练与学术规范：中国古代史研究入门》 北京大学出版社　2022
塞巴斯蒂安·哈夫纳　景德祥译 《解读希特勒》 译林出版社　2016

塞德里克·维拉尼　马跃、杨苑艺译　《一个定理的诞生：我与菲尔茨奖的1000个日夜》　人民邮电出版社　2015
塞缪尔·亨廷顿　王冠华、刘为译　《变化社会中的政治秩序》　上海人民出版社　2008
三崎良章　刘可维译　《五胡十六国：中国史上的民族大迁徙》　商务印书馆　2019
桑兵　《学术江湖：晚清民国的学人与学风》　广西师范大学出版社　2017
桑兵　《晚清民国的国学研究》　北京师范大学出版社　2014
桑兵　于梅舫　陈欣　《读书法》　人民出版社　2014
杉山正明　黄美蓉译　《游牧民的世界史》　中华工商联合出版社　2014
杉山正明　周俊宇译　《忽必烈的挑战：蒙古帝国与世界历史的大转向》　社会科学文献出版社　2013
邵东方　《竹书纪年研究（1980—2000）》　广西师范大学出版社　2015
邵东方　《竹书纪年研究（2001—2013）》　广西师范大学出版社　2014
邵则宪　《昭隆传统之大美：中国文化如何成为全球治理的建构者》　清华大学出版社　2019
施罗默·桑德　王宗、张蓉译　《虚构的犹太民族》　中信出版社　2012
史蒂芬·霍金　吴忠超、许明贤译　《时间简史：从大爆炸到黑洞》　湖南科学技术出版社　1992
史蒂芬·平克　张旭红、梅德明译　《思想本质：语言是洞察人类天性之窗》　浙江人民出版社　2015
史蒂芬·平克　袁冬华译　《白板：科学常识所揭示的人性奥秘》　浙江人民出版社　2016
史蒂芬·平克　郝耀伟译　《心智探奇：人类心智的起源与进化》　浙江人民出版社　2016

史蒂芬·平克　欧阳明亮译 《语言本能：人类语言进化的奥秘》 浙江人民出版社　2015
史蒂芬·平克　安雯译 《人性中的善良天使：暴力为什么会减少》 中信出版社　2015
史蒂芬·平克　王烁、王佩、阳志平译 《风格感觉：21 世纪写作指南》 机械工业出版社　2018
史蒂夫·奥尔森　霍达文译 《人类基因的历史地图》 生活·读书·新知三联书店　2008
史景迁　温洽溢译 《曹寅与康熙》 广西师范大学出版社　2014
守屋美都雄　钱杭、杨晓芬译 《中国古代的家族与国家》 上海古籍出版社　2010
束景南 《朱子大传："性"的救赎之路》 复旦大学出版社　2016
束景南 《阳明大传："心"的救赎之路》 复旦大学出版社　2019
斯蒂芬·茨威格　舒昌善译 《人类的群星闪耀时》 广西师范大学出版社　2004
斯蒂芬·茨威格　舒昌善、孙龙生、刘春华、戴奎生译 《昨日的世界：一个欧洲人的回忆》 广西师范大学出版社　2004
斯蒂芬·温伯格　凌复华、彭婧珞译 《给世界的答案：发现现代科学》 中信出版社　2016
斯蒂芬·温伯格　杨建邺、肖明译 《亚原子粒子的发现》 湖南科学技术出版社　2007
斯科特·派克　于海生译 《少有人走的路：心智成熟的旅程》 吉林文史出版社　2007
斯坦利·麦克里斯特尔　坦吐姆·科林斯　戴维·西尔弗曼　克里斯·富塞尔　林爽喆译 《赋能：打造应对不确定性的敏捷团队》 中信出版社　2017

斯图尔特·施拉姆　田松年、杨德译 《毛泽东的思想》 中国人民大学出版社　2005

松本三之介　李冬君译 《国权与民权的变奏：日本明治精神结构》 东方出版社　2005

宋浩庆 《元明散曲》 上海古籍出版社　1987

宋鸿兵 《货币战争》 中信出版社　2007

宋鸿兵 《货币战争 2：金权天下》 中华工商联合出版社　2012

宋鸿兵 《货币战争 3：金融高边疆》 中华工商联合出版社　2011

宋鸿兵 《货币战争 4：战国时代》 长江文艺出版社　2011

宋鸿兵 《货币战争 5：山雨欲来》 长江文艺出版社　2014

宋杰 《中国古代战争的地理枢纽》 北京科学技术出版社　2022

宋平 《蒋介石生平》 吉林人民出版社　1986

宋仲福　赵吉惠　裘大洋 《儒学在现代中国》 中州古籍出版社　1991

苏秉琦 《中国文明起源新探》 生活·读书·新知三联书店　2019

孙机 《中国古代物质文化》 中华书局　2014

孙文光 《龚自珍》 上海古籍出版社　1985

孙闻博 《秦汉军制演变史稿》 中国社会科学出版社　2016

孙逊 《董西厢和王西厢》 上海古籍出版社　1983

孙仲兹 《格物学》 九州出版社　2020

谭凯　胡耀飞、谢宇荣译 《中古中国门阀大族的消亡》 社会科学文献出版社　2017

汤川秀树　那日苏译 《人类的创造》 河北科学技术出版社　2002

汤川秀树　周林东译 《创造力与直觉：一个物理学家对于东西方的考察》 河北科学技术出版社　2000

汤一介 《儒学十论及外五篇》 北京大学出版社　2009

汤用彤 《隋唐佛教史稿》 中华书局 2010

唐君毅 《中国文化之精神价值》 广西师范大学出版社 2005

唐纳德·特朗普 比尔·赞克 唐其芳、顾岳译 《特朗普传：激情创造梦想》 中华工商联合出版社 2016

唐文明 《与命与仁：原始儒家伦理精神与现代性问题》 商务印书馆 2020

唐文明 《隐秘的颠覆：牟宗三、康德与原始儒家》 生活·读书·新知三联书店 2012

唐文明 《彝伦攸斁：中西古今张力中的儒家思想》 中国社会科学出版社 2019

唐长孺 《魏晋南北朝史论丛》 中华书局 2010

陶涵 林添贵译 《蒋经国传》 华文出版社 2016

陶磊 《“直译”“意译”观念溯源：从佛经翻译到兰学翻译》 上海古籍出版社 2020

特雷泽·休斯敦 张佩译 《理性的抉择：女性如何做决定》 北京联合出版社 2017

特里·伊格尔顿 李杨、任文科、郑义译 《马克思为什么是对的》 新星出版社 2011

特伦斯·基莱 王耀德等译 《科学研究的经济定律》 河北科学技术出版社 2002

藤森照信 景瑞琴译 《何谓建筑：藤森照信的建筑思考》 上海人民美术出版社 2015

田晓菲 张元昕译 《赤壁之戟：建安与三国》 生活·读书·新知三联书店 2022

田晓菲 《尘几录：陶渊明与手抄本文化研究》 生活·读书·新知三联书店 2022

田晓菲 《烽火与流星：萧梁王朝的文学与文化》 生活·读书·新知三联书店 2022
田晓菲 《神游：早期中古时代与十九世纪的行旅写作》 生活·读书·新知三联书店 2022
田毅 《他乡之税：一个乡镇的三十年，一个国家的隐秘财政史》 中信出版社 2008
田余庆 《秦汉魏晋史探微》 中华书局 2011
田余庆 《东晋门阀政治》 北京大学出版社 2012
托马斯·埃特曼 郭台辉、郭忠华 《利维坦的诞生：中世纪及现代欧洲早期的国家与政权建设》 上海人民出版社 2010
托马斯·皮凯蒂 巴曙松译 《21世纪资本论》 中信出版社 2014
托马斯·索威尔 沈宗美译 《美国种族简史》 中信出版社 2011
托尼·朱特 苏光恩译 《思虑20世纪：托尼·朱特思想自传》 中信出版社 2016
万明华 《为学之道：中国先贤的核心学养》 北京大学出版社 2019
万维钢 《万万没想到：用理工科思维理解世界》 电子工业出版社 2014
汪丁丁 《经济学思想史讲义》 上海人民出版社 2012
汪丁丁 《经济学思想史进阶讲义：逻辑与历史的冲突和统一》 上海人民出版社 2015
汪籛 《汪籛汉唐史论稿》 北京大学出版社 2016
汪涛 《科学经济学原理：看见看不见的手》 东方出版社 2019
汪涛 《实验、测量与科学》 东方出版社 2017
汪学群 《吾心自有光明月：王阳明思想原论》 中国社会科学出版社 2017
王从仁 《王维和孟浩然》 上海古籍出版社 1983
王鼎钧 《作文七巧》 生活·读书·新知三联书店 2019

王东京 《经济学笔谭》 人民出版社 2016

王冬龄 《画人学书要义》 中国人民大学出版社 2015

王冬龄 《中国书法篆刻简史》 中国人民大学出版社 2015

王汎森 《中国近代思想与学术的系谱》 生活·读书·新知三联书店 2018

王国斌 李伯重、连玲玲译 《转变的中国：历史变迁与欧洲经验的局限》 江苏人民出版社 2010

王国斌 罗森塔尔 周琳译 《大分流之外：中国和欧洲经济变迁的政治》 江苏人民出版社 2021

王沪宁 《政治的逻辑：马克思主义政治原理》 上海人民出版社 2016

王俊年 《吴敬梓与〈儒林外史〉》 上海古籍出版社 1980

王力 《汉语诗律学》 中华书局 2015

王力 《中国古代文化常识》 北京联合出版社 2014

王立铭 张卜天译 《生命是什么》 人民邮电出版社 2014

王勉 《吴伟业》 上海古籍出版社 1987

王明珂 《华夏边缘：历史记忆与族群认同》 社会科学文献出版社 2006

王明珂 《反思史学与史学反思：文本与表征分析》 上海人民出版社 2016

王奇生 《党员、党权与党争：1924—1949年中国国民党的组织形态》 上海书店出版社 2009

王气中 《刘熙载和艺概》 上海古籍出版社 1987

王石 《大道当然：我与万科（2000—2013）》 中信出版社 2014

王水照 《苏轼》 上海古籍出版社 1981

王水照 《北宋三大文人集团》 上海古籍出版社 2021

王巍 《金融可以颠覆历史》 中国友谊出版社 2013

王巍 《高收益债券与杠杆收购：中国机会》 机械工业出版社 2012

王希 《原则与妥协：美国宪法的精神与实践》 北京大学出版社 2005

王曦 《论语绎读》 广西师范大学出版社 2022
王湘穗 《币缘论：货币政治的演化》 中信出版社 2017
王小盾 《经典之前的中国智慧》 北京大学出版社 2016
王星 《那些滚雪球的人：中国投资者访谈录》 浙江人民出版社 2013
王阳明 陆永胜译 《传习录》 中华书局 2021
王英志 《袁枚与随园诗话》 上海古籍出版社 1990
王永健 《洪昇和长生殿》 上海古籍出版社 1982
王元卓 《科幻电影中的科学：科学家奶爸的宇宙手绘》 科学普及出版社 2020
王运熙 李宝均 《李白》 上海古籍出版社 1979
王运熙 王国安 《汉魏六朝乐府诗》 上海古籍出版社 1986
王镇远 《桐城派》 上海古籍出版社 1990
王中江 《儒家的精神之道和社会角色》 中华书局 2015
威廉·雷姆塞 孙晶晶译 《希腊文明中的亚洲因素》 大象出版社 2013
威廉·夏伊勒 董乐山等译 《第三帝国的兴亡：纳粹德国史》 译林出版社 2020
维特鲁威 陈平译 《建筑十书》 北京大学出版社 2012
尾形勇 张鹤泉译 《中国古代的“家”与国家》 中华书局 2009
魏斐德 陈苏镇、薄小莹译 《洪业：清朝开国史》 江苏人民出版社 1992
温骏轩 《谁在世界中心》 中信出版社 2017
文扬 《天下中华：广土巨族与定居文明》 中华书局 2019
文一 《伟大的中国工业革命：“发展政治经济学”一般原理批判纲要》 清华大学出版社 2016
闻人军 《考工司南：中国古代科技名物论集》 上海古籍出版社 2021
沃尔夫冈·麦克尔 童建挺译 《社会民主党的改革能力》 重庆出版

社　2009
沃尔特·拉塞尔·米德　涂怡超、罗怡清译 《上帝与黄金：英国、美国与现代世界的形成》 社会科学文献出版社　2014
吴敬琏　刘鹤　樊纲 《中国经济新方位：如何走出增长困境》 中信出版社　2017
吴军 《文明之光》 人民邮电出版社　2017
吴荔明 《梁启超和他的儿女们》 北京大学出版社　2009
吴庆峰 《训诂学新篇》 中华书局　2020
吴文治 《韩愈》 上海古籍出版社　1991
吴晓波 《吴敬琏传：一个中国经济学家的肖像》 中信出版社　2010
吴晓波 《激荡三十年：中国企业 1978—2008》 中信出版社　2007
吴学云 《美元刀：美元全球经济殖民战略解析》 中国经济出版社　2009
吴丈蜀 《读诗常识》 上海古籍出版社　1981
吴志达 《唐人传奇》 上海古籍出版社　1981
西达·斯考切波　何俊志、王学东译 《国家与社会革命：对法国、俄国和中国的比较分析》 上海人民出版社　2007
西嶋定生　顾姗姗译 《秦汉帝国：中国古代帝国之兴亡》 社会科学文献出版社　2017
西门·沙马　黄福武译 《犹太人的故事：寻找失落的字符（公元前 1000 年—公元 1492 年）》 化学工业出版社　2016
西蒙·加菲尔德　段铁铮、吴涛、刘振宇译 《地图之上：追溯世界的原貌》 电子工业出版社　2017
悉达多·穆克吉　李虎译 《重病之王：癌症传》 中信出版社　2013
夏承焘　游止水 《辛弃疾》 上海古籍出版社　1962
夏德　朱杰勤译 《大秦国全录》 大象出版社　2009

夏含夷 《三代损益记：夏商周文化史研究》 上海古籍出版社 2020

夏鼐 《中国文明的起源》 中华书局 2009

夏鼐 《丝绸之路考古学研究》 浙江大学出版社 2019

萧春雷 《中国的掌纹：自然骨魄、大地栖居、华夏边城》 中信出版社 2016

萧涤非 《杜甫诗选注》 人民文学出版社 2018

萧冬连 《探路之役：1978—1992年的中国经济改革》 社会科学文献出版社 2019

萧冬连 《筚路维艰：中国社会主义路径的五次选择》 社会科学文献出版社 2014

萧延中 《中国思维的根系：研究笔记》 中央编译出版社 2020

小柴昌俊 逸宁译 《幽灵粒子：透视未知的宇宙》 人民邮电出版社 2020

小约瑟夫·奈 戴维·韦尔奇 张小明译 《理解全球冲突与合作：理论与历史》 上海人民出版社 2018

谢春涛 《历史的轨迹：中国共产党为什么能》 新世界出版社 2011

谢桃坊 《宋词概论》 四川文艺出版社 2016

谢桃坊 《柳永》 上海古籍出版社 1986

谢质彬 《古汉语语法训诂研究及其他》 河北大学出版社 2011

辛德勇 《祭獭食蹠》 中华书局 2016

辛德勇 《历史的空间与空间的历史：中国历史地理与地理学史研究》 北京师范大学出版社 2005

辛德勇 《古代交通与地理文献研究》 商务印书馆 2018

辛德勇 《建元与改元：西汉新莽年号研究》 中华书局 2013

星云大师 《宗教与体验》 上海辞书出版社 2008

熊培云 《重新发现社会》 新星出版社 2010
休·昂纳 刘爱英、秦红译 《中国风：遗失在西方800年的中国元素》 北京大学出版社 2017
休斯顿·史密 刘安云译 《人的宗教：世界七大宗教的历史和智慧》 海南出版社 2013
徐扶明 《汤显祖与牡丹亭》 上海古籍出版社 1993
徐公持 《阮籍与嵇康》 上海古籍出版社 1986
徐培均 《李清照》 上海古籍出版社 1981
许宏 《何以中国：公元前2000年的中原图景》 生活·读书·新知三联书店 2016
许宏 《大都无城：中国古都的动态解读》 生活·读书·新知三联书店 2016
许进雄 《文字小讲》 天津人民出版社 2016
许靖华 甘锡安译 《气候创造历史》 生活·读书·新知三联书店 2014
许抗生 《儒家思想的过去、现在和未来》 中华书局 2015
许全兴 《毛泽东与孔夫子》 人民出版社 2020
许知远 《醒来：110年的中国变革，从甲午战争到镀金时代》 湖北人民出版社 2009
许知远 《历史新声：中国杰出青年历史学人》 广西师范大学出版社 2013
许倬云 《说中国：一个不断变化和复杂共同体》 广西师范大学出版社 2015
薛爱华 吴玉贵译 《撒马尔罕的金桃：唐代舶来品研究》 社会科学文献出版社 2016
薛凤 吴秀杰、白岚玲 《工开万物：17世纪中国的知识与技术》 江苏人民出版社 2015

雅各布·克莱因　张卜天译《雅各布·克莱因思想史文集》湖南科学技术出版社　2015
亚历山大·柯瓦雷　张卜天译《牛顿研究》商务印书馆　2016
亚历山大·温特　秦亚青译《国际政治的社会理论》上海人民出版社　2008
严耕望《中国政治制度史纲》上海古籍出版社　2013
严耕望《治史三书》上海人民出版社　2016
盐也七生　计丽屏等译《罗马人的故事》中信出版社　2020
盐也七生　田建国、田建华译《罗马灭亡后的地中海世界》中信出版社　2013
阎步克《波峰与波谷：秦汉魏晋南北朝的政治文明》北京大学出版社　2017
阎步克《品位与职位：秦汉魏晋南北朝官阶制度研究》中华书局　2009
阎宗临《中西交通史》三晋出版社　2015
晏绍祥《古典历史研究史》北京大学出版社　2013
扬·卢滕·范赞登　隋福民译《通往工业革命的漫长道路》浙江大学出版社　2016
扬·索克儿　何文忠、竺琦玫译《小哲学：如何思考普通的事物》北京大学出版社　2018
阳志平《追时间的人：信息过载时代的知识解决方案》中信出版社　2016
杨伯峻《经子浅谈》中华书局　2016
杨国强《晚清的士人与世相》生活·读书·新知三联书店　2017
杨际开《清末变法与日本：以宋恕政治思想为中心》上海古籍出版社　2010
杨继绳《三十年河东：权力市场经济的困境》武汉出版社　2010

杨奎松 《中间地带的革命：国际大背景下看中共成功之道》 山西人民出版社 2010

杨奎松 《忍不住的关怀：1949 年前后的书生与政治》 广西师范大学出版社 2013

杨奎松 《西安事变新探：张学良与中共关系之谜》 山西人民出版社 2012

杨奎松 《开卷有疑：中国现代史读史札记》 江西人民出版社 2015

杨奎松 《学问有道：中国现代史研究访谈录》 九州出版社 2009

杨奎松 《中华人民共和国建国史研究》 江西人民出版社 2009

杨奎松 《国民党的联共与反共》 社会科学文献出版社 2008

杨奎松 《毛泽东与莫斯科的恩恩怨怨》 江西人民出版社 2005

杨联陞 《国史探微：宏观视野下的微观考察》 中信出版社 2015

杨联陞 《汉学书评》 商务印书馆 2016

杨天石 《蒋氏密档与蒋介石真相》 重庆出版社 2015

杨新勋 《经学蠡测》 凤凰出版社 2012

姚大力 《追寻“我们”的根源：中国史上的族群及国家认同》 生活·读书·新知三联书店 2018

姚中秋 《政府的本分》 江苏文艺出版社 2010

叶檀 《拿什么拯救中国经济》 中信出版社 2009

伊曼纽尔·沃勒斯坦 郭方、夏继果、顾宁译 《现代世界体系》 社会科学文献出版社 2013

易社强 饶佳荣译 《战争与革命中的西南联大》 九洲出版社 2012

尤瓦尔·赫拉利 林俊宏译 《人类简史：从动物到上帝》 中信出版社 2014

于尔根·奥斯特哈默 强朝晖译 《中国革命：1925 年 5 月 30 日，上海》 社会科学文献出版社 2017

于尔根·奥斯特哈默　强朝晖、刘风译《世界的演变：19世纪史》社会科学文献出版社　2016

于建嵘《抗争性政治：中国政治社会学基本问题》人民出版社　2010

余欣《瞻奥集：中古中国共同研究班十周年纪念论丛》上海古籍出版社　2021

俞樾　刘师培　杨树达　马叙伦　姚维锐《古书疑义举例五种》中华书局　2005

宇文所安　陈磊、陈引驰译《中国"中世纪"的终结：中唐文学文化论集》生活·读书·新知三联书店　2014

宇文所安　贾晋华译《初唐诗》生活·读书·新知三联书店　2014

郁贤皓　朱易安《李商隐》上海古籍出版社　1980

袁剑《中国证券市场批判》中国社会科学出版社　2004

约翰·奥莫亨德罗　张经纬、任珏译《像人类学家一样思考》北京大学出版社　2017

约翰·波尔金霍恩　张用友、何玉红译《量子理论》译林出版社　2015

约翰·邓恩　尹钛译《让人民自由：民主的历史》新星出版社　2010

约翰·戈登　祁斌译《伟大的博弈》中信出版社　2005

约翰·加尔通　阮岳湘译《美帝国的崩溃：过去、现在与未来》人民出版社　2013

约翰·马仁邦　吴天岳译《中世纪哲学：历史与哲学导论》北京大学出版社　2015

约翰·米尔斯海默　王义桅、唐小松译《大国政治的悲剧》上海人民出版社　2014

约翰·施塔赫尔　许良英译《爱因斯坦奇迹年：改变物理学面貌的五篇论文》上海科技教育出版社　2020

约瑟夫·坎贝尔　比尔·莫耶斯　朱侃如译 《神话的力量：在诸神与英雄的世界中发现自我》 浙江人民出版社　2013

岳南 《南渡北归》 湖南文艺出版社　2013

增渊龙夫　吕静译 《中国古代的社会与国家》 上海古籍出版社　2017

詹姆斯·伯克　张大川、王书锋译 《线：现代世界意外起源的双重轨迹》 上海科技教育出版社　2011

詹姆斯·费尔格里夫　胡坚译 《地理与世界霸权》 浙江人民出版社　2016

詹姆斯·卡斯　马小悟、于倩译 《有限与无限的游戏》 电子工业出版社　2013

詹姆斯·克劳森　马昕译 《权力与领导：如何影响他人，怎样激发正能量》 世界图书出版公司　2015

詹尼弗·特拉斯特德　刘钢、任定成译 《科学推理的逻辑》 河北科学技术出版社　2000

詹锳 《唐诗》 上海古籍出版社　1979

张白山 《王安石》 上海古籍出版社　1986

张葆全 《诗话和词话》 上海古籍出版社　1983

张卜天 《质的量化与运动的量化：14世纪经院自然哲学的运动学初探》 北京大学出版社　2010

张岱年 《中国古典哲学概念范畴要论》 中华书局　2017

张涤华 《古代诗文总集选介》 上海古籍出版社　1985

张光直 《考古学专题六讲》 生活·读书·新知三联书店　2013

张军 《不为公众所知的改革》 中信出版社　2010

张凯 《经今古文之争与近代学术嬗变》 四川人民出版社　2020

张鸣 《重说中国近代史》 中国致公出版社　2012

张耐冬 《太原功臣与唐初政治》 中国社会科学出版社　2018

张千帆 《美国联邦宪法》 法律出版社 2011

张荣昌 《〈论语〉的内在逻辑》 中国书籍出版社 2021

张汝舟 《二毋室古代天文历法论丛》 贵州大学出版社 2016

张舜徽 《中国史学名著题解》 东方出版社 2019

张舜徽 《中国文献学》 东方出版社 2019

张维迎 《市场的逻辑》 上海人民出版社 2019

张文木 《中国地缘政治论》 海洋出版社 2015

张文木 《印度与印度洋：基于中国地缘政治视角》 中国社会科学出版社 2015

张闻玉 《古代天文历法讲座》 广西师范大学出版社 2017

张西平 孙健 《中国古代文化在世界：以20世纪为中心》 大象出版社 2017

张锡厚 《敦煌文学》 上海古籍出版社 1980

张祥龙 《儒家哲学讲演录：孔子的现象学阐释九讲》 商务印书馆 2019

张祥龙 《儒家哲学讲演录：从〈春秋〉到荀子》 商务印书馆 2019

张祥龙 《儒家哲学讲演录：拒秦兴汉和应对佛教的儒家哲学》 商务印书馆 2019

张祥龙 《儒家哲学讲演录：儒家心学及其意识依据》 商务印书馆 2019

张祥龙 《中西印哲学导论》 北京大学出版社 2022

张祥龙 《从现象学到孔夫子》 商务印书馆 2011

张旭华 《九品中正制研究》 中华书局 2015

张煦 《通鉴学》 北京联合出版社 2019

张衍田 《中国古代纪时考》 上海古籍出版社 2019

张之洞 《书目答问补正》 中华书局 2018

章启群 《渊默而雷声：〈庄子〉的哲学论证》 商务印书馆 2019

章永乐 《旧邦新造：1911—1917》 北京大学出版社 2016

赵鼎新 《国家、战争与历史发展：前现代中西模式的比较》 浙江大学出版社 2015

赵鼎新 徐峰、巨桐译 《儒法国家：中国历史新论》 浙江大学出版社 2022

赵敏俐 《先秦文学与文献研究》 商务印书馆 2019

赵平安 《隶变研究》 上海古籍出版社 2020

赵汀阳 《每个人的政治》 社会科学文献出版社 2010

赵汀阳 《天下体系：世界制度哲学导论》 中国人民大学出版社 2011

赵汀阳 《惠此中国：作为一个神性概念的中国》 中信出版社 2016

赵元任 《中西学术名篇精读：赵元任李方桂卷》 中西书局 2014

珍妮·卡维洛斯 周思颖、曹烨、吴奕俊译 《〈星球大战〉里的科学》 北京联合出版社 2016

正和岛 《圆桌内参》 世界图书出版公司 2013

郑绍平 赵卫华 董昌武 刘中庆 《倚声探源：对宋词本体的研究》 学苑出版社 2011

郑永年 《中国模式：经验与困局》 浙江人民出版社 2010

郑永年 《全球化与中国国家转型》 浙江人民出版社 2009

中国编辑学会 《读书的方法与技巧》 人民出版社 2018

中国金融博物馆书院 《阅读的版图》 四川文艺出版社 2013

中科院理论物理研究所 《从夸克到宇宙：理论物理的世界》 科学出版社 2018

周笃文 《宋词》 上海古籍出版社 1980

周满江 《诗经》 上海古籍出版社 1980

周启成 《杨万里和诚斋体》 上海古籍出版社 1990

周叔莲 《周叔莲学术自传》 广东经济出版社 2020

周勋初 姚松 《高适和岑参》 上海古籍出版社 1994

周义敢 《苏门四学士》 上海古籍出版社 1983

周膺 何宝康 《良渚文化与中国早期文化研究》 天津社科院出版社 2008

周予同 《中国经学史论著选编》 复旦大学出版社 2015

周泽雄 《知识分子的笔墨事功》 中华书局 2017

朱凤瀚 《商周家族形态研究》 商务印书馆 2022

朱高正 《近思录通解》 华东师范大学出版社 2010

朱谦之 《中国思想对于欧洲文化之影响》 山西人民出版社 2014

朱维铮 《章太炎与近代学术》 上海人民出版社 2022

朱熹 何雪燕、杜均译 《朱子读书法》 中国致公出版社 2018

朱泽厚 《美的历程》 人民文学出版社 2021

兹比格纽·布热津斯基 洪漫、于卉芹、何卫宁译 《战略远见：美国与全球权力危机》 新华出版社 2012

兹比格纽·布热津斯基 中国国际问题研究所译 《大棋局：美国的首要地位及其地缘战略》 上海人民出版社 2007

宗宁 《格局逆袭：普通人的制胜之道》 中信出版社 2015

宗泽亚 《清日战争：1894—1895》 世界图书出版公司 2012

邹晓丽 《基础汉字形义释源：〈说文〉部首今读本义》 中华书局 2007

邹逸麟 《中国历史地理概述》 上海教育出版社 2005

邹逸麟 《中国历史地理十讲》 复旦大学出版社 2019

祖保泉 《司空图的诗歌理论》 上海古籍出版社 1984

祖保泉 张晓云 《王国维与人间词话》 上海古籍出版社 1990

后 记

昔有孔子删述六经，为早期儒家思想选定了经典文本，于是从汉到唐一直有经学家在不断地注释这些经典，影响了中国人几百年间的思维方式；后有朱子从《礼记》中摘取了《中庸》和《大学》,再加上《论语》和《孟子》构成了四书，成为儒者进阶入门的必经之路。四书于是逐渐取代了五经，又成了从宋元直到清末影响中国人行为处世的经典文本。

四书之中需先读《大学》，以定其规模；次读《论语》，以定其根本；次读《孟子》，以观其发越；次读《中庸》，以求古人之微妙处。而《大学》之中最为精要的就是“格物致知诚意正心修身齐家治国平天下”这十七个字了。因此可以说，儒家思想的核心就在《大学》的三纲八目里。将儒学断为“经世为学”之学，丝毫不为过。

只可惜在《大学》之后围绕着这三纲八目的目标，讨论如何才能做到的历代注释，基本都是以工业革命以前的传统中国知识体系为基础的。历代贤圣无法预知鸦片战争以后中华文明将会面临的前所未有的冲击，无法想象现代文明的科技力量所能将社会资源调动起来的巨大威力和展现出的惊人景象，无法预先在他们精心编织的理论体系里为后人留出容纳突变的空间。一切都戛然而止。

当100多年后人们试图重新拾起对儒学信仰的时候，上一个时代有关如何经世为学的论说就显得陈腐了。儒学在现代之所以一直无法让人信服，原因就在于它已经没法提供一整套回答自己所树立核心问题的解决方案了。照着讲只会让儒学变得越来越面目模糊，让人们随着大流继续昏睡在往日的余晖中；接着讲似乎是一种可行的方案，但仍然从根本上摆脱不了前人的限制；自己讲虽然满足了思想者自成体系、表达自我的愿望，但有多少人能够认同又成了大问题。

时至今日，唯有从头讲才是正途。我们要回到儒学最核心的地方，回到上一次它被重新接续上道统的地方，将新时代的思考注入其中，重新解释三纲八目的含义，找出能在现代社会中完成这一目标的可行路径。只有这样，儒学才能获得重生，中华文明才能得以进一步展示其开放性和生命力，在中国大地上经历了几十年的伟大实践才能得到几千年来更伟大实践的认可，从此一起汇入世界文明浩浩荡荡的潮流之中。

正是出于这个想法，本书将三纲八目扩展成更为切实可行的十条，即穷理格物、尽性致知、修辞立诚、慎思用意、明辨正心、笃行修身、鉴史齐家、经略治国、别异复礼、合同兴乐。对于每一条都尽力依据严谨可信的资料为其细化并寻求正确的实现方法。这必将是一项长期而艰巨的任务，远不是这一本书的内容能够穷尽的。但也只有先走出这第一步，才能吸引更多人从头开始，重新接续上儒家的真精神，实现北宋思想家张载的毕生愿望："为天地立心，为生民立命，为往圣继绝学，为万世开太平"。